中華古籍保護計劃

ZHONG HUA GU JI BAO HU JI HUA CHENG GUO

·成 果·

安徽博物院古籍普查登記目録

全國古籍普查登記目録

國家圖書館出版社
National Library of China Publishing House

圖書在版編目(CIP)數據

安徽博物院古籍普查登記目録/安徽博物院編. —北京:國家圖書館出版社,2020.7
(全國古籍普查登記目録)
ISBN 978 - 7 - 5013 - 7005 - 4

Ⅰ.①安…　Ⅱ.①安…　Ⅲ.①博物館—古籍—圖書目録—安徽　Ⅳ.①Z838

中國版本圖書館 CIP 數據核字(2020)第074145號

書　　名	安徽博物院古籍普查登記目録	
著　　者	安徽博物院　編	
責任編輯	趙　嫄	

出版發行　國家圖書館出版社(北京市西城區文津街7號　100034)
　　　　　(原書目文獻出版社 北京圖書館出版社)
　　　　　010 - 66114536　63802249　nlcpress@ nlc. cn(郵購)

網　　址　http://www. nlcpress. com
排　　版　京荷(北京)科技有限公司
印　　裝　河北三河弘翰印務有限公司
版次印次　2020年7月第1版　2020年7月第1次印刷

開　　本　787×1092(毫米)　1/16
印　　張　42.75
字　　數　830千字
書　　號　ISBN 978 - 7 - 5013 - 7005 - 4
定　　價　420.00圓

《全國古籍普查登記目録》

工作委員會

主　任：周和平

副主任：張永新　詹福瑞　劉小琴　李致忠　張志清

委　員（按姓氏筆畫排序）：

于立仁　王水喬　王　沛　王紅蕾　王筱雯

方自今　尹壽松　包菊香　任　競　全　勤

李西寧　李　彤　李忠昊　李春來　李　培

李曉秋　吳建中　宋志英　努　木　林世田

易向軍　周建文　洪　琰　倪曉建　徐欣禄

徐　蜀　高文華　郭向東　陳荔京　陳紅彦

張　勇　湯旭岩　楊　揚　賈貴榮　趙　嫄

鄭智明　劉洪輝　歷　力　鮑盛華　韓　彬

魏存慶　鍾海珍　謝冬榮　謝　林　應長興

《全國古籍普查登記目録》

序　言

　　全國古籍普查登記工作是"中華古籍保護計劃"的首要任務,是全面開展古籍搶救、保護和利用工作的基礎,也是有史以來第一次由政府組織、參加收藏單位最多的全國性古籍普查登記工作。

　　2007年國務院辦公廳發布《關於進一步加強古籍保護工作的意見》(國辦發〔2007〕6號),明確了古籍保護工作的首要任務是對全國公共圖書館、博物館和教育、宗教、民族、文物等系統的古籍收藏和保護狀况進行全面普查,建立中華古籍聯合目録和古籍數字資源庫。2011年12月,文化部下發《文化部辦公廳關於加快推進全國古籍普查登記工作的通知》(文辦發〔2011〕518號),進一步落實了全國古籍普查登記工作。根據文化部2011年518號文件精神,國家古籍保護中心擬訂了《全國古籍普查登記工作方案》,進一步規範了古籍普查登記工作的範圍、内容、原則、步驟、辦法、成果和經費。目前進行的全國古籍普查登記工作的中心任務是通過每部古籍的身份證——"古籍普查登記編號"和相關信息,建立古籍總臺賬,全面瞭解全國古籍存藏情况,開展全國古籍保護的基礎性工作,加强各級政府對古籍的管理、保護和利用。

　　《全國古籍普查登記工作方案》規定了全國古籍普查登記工作的三個主要步驟:一、開展古籍普查登記工作;二、在古籍普查登記基礎上,編纂出版館藏古籍普查登記目録,形成《全國古籍普查登記目録》;三、在古籍普查登記工作基本完成的前提下,由省級古籍保護中心負責編纂出版本省古籍分類聯合目録《中華古籍總目》分省卷,由國家古籍保護中心負責編纂出版《中華古籍總目》統編卷。

　　在黨和政府領導下,在各地區、各有關部門和全社會共同努力下,古籍普查登記工作得以扎實推進。古籍普查已在除臺、港、澳之外的全國各省級行政區域開展,普查内容除漢文古籍外,還包括各少數民族文字古籍,特别是於2010年分别啓動了新疆古籍保護和西藏古籍保護專項,因地制宜,開展古籍普查登記工作;國家古籍保護中心研製的"全國古籍普查登記平臺"已覆蓋到全國各省級古籍保護中心,并進一步研發了"中華古籍索引庫",爲及時展現古籍普查成果提供有力支持;截至目前,已有11375部古籍進入《國家珍貴古籍名録》,浙江、江蘇、山東、河北等省公布了省級《珍貴古籍名録》，古籍分級保護機制初步形成。

《全國古籍普查登記目録》是古籍普查工作的階段性成果，旨在摸清家底，揭示館藏，反映古籍的基本信息。原則上每申報單位獨立成册，館藏量少不能獨立成册者，則在本省範圍內幾個館目合并成册。無論獨立成册還是合并成册，均編製獨立的書名筆畫索引附於書後。著録的必填基本項目有：古籍普查登記編號、索書號、題名卷數、著者（含著作方式）、版本、册數及存缺卷數。其他擴展項目有：分類、批校題跋、版式、裝幀形式、叢書子目、書影、破損狀況等。有條件的收藏單位多著録的一些擴展項目，也反映在《全國古籍普查登記目録》上。目録編排按古籍普查登記編號排序，内在順序給予各古籍收藏單位較大自由度，可按分類排列古籍普查登記編號，也可按排架號、按同書名等排列古籍普查登記編號，以反映各館特色。

此次全國古籍普查登記工作，克服了古籍數量多、普查人員少、普查難度大等各種困難，也得到了全國古籍保護工作者的極大支持。在古籍普查登記過程中，國家古籍保護中心、各省古籍保護中心爲此舉辦了多期古籍普查、古籍鑒定、古籍普查目録審校等培訓班，全國共 1600 餘家單位參加了培訓，爲古籍普查登記工作培養了大量人才。同時在古籍普查登記工作中，也鍛煉了普查員的實踐能力，爲將來古籍保護事業發展奠定了良好的基礎。

《全國古籍普查登記目録》的出版，將摸清我國古籍家底，爲古籍保護和利用工作提供依據，也將是古籍保護長期工作的一個里程碑。

國家古籍保護中心

2013 年 10 月

《全國古籍普查登記目録》

編纂凡例

一、收録範圍爲我國境内各收藏機構或個人所藏,産生於 1912 年以前,具有文物價值、學術價值和藝術價值的文獻典籍,包括漢文古籍和少數民族文字古籍以及甲骨、簡帛、敦煌遺書、碑帖拓本、古地圖等文獻。其中,部分文獻的收録年限適當延伸。

二、以各收藏機構爲分册依據,篇幅較小者,適當合并出版。

三、一部古籍一條款目,複本亦單獨著録。

四、著録基本要求爲客觀登記、規範描述。

五、著録款目包括古籍普查登記編號、索書號、題名卷數、著者、版本、册數、存缺卷等。古籍普查登記編號的組成方式是:省級行政區劃代碼—單位代碼—古籍普查登記順序號。

六、以古籍普查登記編號順序排序。

《安徽博物院古籍普查登記目録》

前　言

　　中國古代文獻典籍是中華民族創造的重要文明成果,是中華文明綿延數千年的歷史見證,也是人類文明的瑰寶。經過多年的徵集、收藏和保護,安徽博物院古籍藏量達到 15000 多部,近 11 萬册。收藏古籍内容豐富、體系完整,涵蓋經、史、子、集四大部類;地域特色顯著,包含大量極具文獻研究價值和文物價值的地方志書、宗譜及皖籍名人專著;版本形式多樣,包括刻印本、木活字印本、稿本、抄本等。館藏古籍中有 53 部古籍先後入選第一至五批《國家珍貴古籍名録》,36 部入選首批《安徽省珍貴古籍名録》。

　　我院收藏古籍四部分類體系完整。經部,包括詩、書、禮、樂、易、春秋等類别,如館藏明萬曆四十八年(1620)吴興閔齊伋刻朱墨套印本《讀風臆評》是對《詩經·國風》的評論,可謂"千古陳言,一朝新徹"。史部,含通史、斷代史等,内容上起西周,下迄晚清,凡在歷史上占有重要地位的史書,我院多有收藏,如明萬曆清真館刻本《唐摭言》、明天啓五年(1625)刻本《資治通鑑》等。子部,有老子、莊子、管子等諸子百家的相關著作,如館藏明刻朱墨套印本《道德經》有宋蘇轍注、明凌以棟批點,蘇轍以佛解《老子》,借佛學智慧增進道家精神,"使五千餘言爛然如皎日"。集部,有總集、别集等,如明嘉靖刻本《秦漢魏晉文選》、清康熙十七年(1678)刻本《王陽明先生全集》等,又如明刻朱墨套印本《唐詩始音》,"天下學詩而嗜唐者,爭售而讀之"。

　　館藏地方志和家譜藏量豐富。徽州在宋元明清時期,志書和家譜的纂修始終未輟。館藏重要的地方志書有明弘治十五年(1502)刻本《[弘治]徽州府志》,這是最早冠名"徽州"之《徽州府志》,爲歙縣虬村黄氏刻工的初期代表作。館藏家譜版本上起元,下迄清,其中元泰定元年(1324)刻本《新安旌城汪氏家録》爲海内外孤本,元代家譜存世量較少,該譜爲研究元代家譜的修纂、體例提供了不可多得的範本。

　　館藏新安理學及桐城文派等相關著述頗豐。朱熹是南宋著名的思想家、教育家,也是新安理學集大成者。我院藏有朱熹相關著作如明嘉靖十九年(1540)刻本《晦菴文鈔》、清康熙五十二年(1713)刻本《朱子全書》等。明弘治十年(1497)祁司員等刻本《新安文獻志》,是明代新安理學代表人物之一程敏政輯録的南北朝以來新安先賢事迹文章,具有極高的學術和文獻資料價值。我院還藏有清代桐城文派諸代表人物的著作,如清咸豐二年(1852)刻本《方望溪先生全集》(清方苞著)、清咸豐四年(1854)會文堂石印本《惜抱軒全集》(清姚鼐著)等。

安徽地方自然人文專著收藏亦獨具特色。明萬曆十六年(1588)刻本《新安蠹狀》是明代萬曆時期徽州知府的文件彙編,記述萬曆年間徽州社會萬象,史料價值很高。清順治五年(1648)裏古堂刻本《太平山水圖畫》,爲清初著名畫家蕭雲從所繪,描繪了清代江南省太平州的風景名勝古迹,是傳統山水畫鐫刻到畫版上的杰作。

除此之外,我院還藏有不少稿本、抄本。如清程瑶田的《蓮飲集》,《儒林外史》作者吳敬梓長子吳烺的《杉亭集》,清翰林學士、近代收藏家許承堯的《疑庵詞》《疑庵雜抄》等,都是極爲珍貴的史料。

2007年1月,國務院辦公廳頒發《關於進一步加强古籍保護工作的意見》,啓動"中華古籍保護計劃",我院作爲全國古籍保護試點單位,全面推進古籍普查和古籍保護工作,逐步改善古籍保管條件,建立起科學有效的古籍保護制度。2010年6月,我院被國務院列爲第三批"全國古籍重點保護單位",標志着我院古籍保護與利用工作進入了新的發展階段。

2011年4月底,國家古籍保護中心確定我院爲《中華古籍總目·安徽卷》參編單位之一。爲保質保量完成此項工作,我院迅速啓動,制訂科學有效的書目編纂工作計劃,開始對古籍進行分類排序、逐册核對,在全國古籍普查登記平臺上錄入古籍相關信息,形成普查登記表。2013年7月至2016年12月,我院又將全國古籍普查與全國第一次可移動文物普查結合起來,組織人員繼續整理、錄入館藏古籍信息,最終完成了全部館藏古籍的普查工作。爲了能更準確地將館藏古籍信息展現給讀者,我院的古籍普查人員與安徽省古籍保護中心的專家進行了多次溝通與交流,修改錄入信息,調整體例,最終於2020年完成了《安徽博物院古籍普查登記目録》的編纂和審校工作,該書共收録古籍10849部61634册。

《安徽博物院古籍普查登記目録》的順利出版,離不開安徽省古籍保護中心石梅主任的指導與幫助,離不開皖西學院舒和新老師的認真核查,離不開國家圖書館出版社編輯們的再三審校,離不開我院古籍普查人員不畏嚴寒與酷暑的辛勤工作,在此我們對嚴謹執着的專家和員工們表示感謝!同時,因專業知識有限,文中難免出現錯誤,敬請各位專家及讀者予以批評、指正。

《安徽博物院古籍普查登記目録》編委會
2020年5月

目　　録

1

340000－1881－0000001　00001

十三經古注二百八十九卷　（明）金蟠考訂
清同治十三年(1874)浙江書局刻本　四十
八冊

340000－1881－0000002　00002

十三經註疏三百三十三卷　（□）□□撰　明
崇禎常熟汲古閣刻本　八十八冊　存二百一
卷(尚書註疏二十卷、周禮註疏四十二卷、儀
禮註疏十七卷、春秋左傳註疏六十卷、春秋公
羊註疏二十八卷、春秋穀梁註疏二十卷、孟子
註疏經解十四卷)

340000－1881－0000003　00003

宋本十三經注疏四百十六卷附校勘記四百十
六卷　（□）□□撰　清光緒十三年(1887)脈
望仙館石印本　三十二冊

340000－1881－0000004　00005

周易兼義九卷　（三國魏）王弼注　（唐）孔穎
達疏　**周易注疏校勘記九卷**　（清）阮元撰
清嘉慶二十年(1815)阮元刻本　四冊　存十
六卷(周易兼義一至二、四至九,周易注疏校
勘記一至二、四至九)

340000－1881－0000005　00006

經義雜記三十卷　（清）臧琳撰　**經義雜記敘**
錄一卷　（清）臧鏞堂編　清嘉慶四年(1799)
武進臧氏刻拜經堂叢書本　六冊

340000－1881－0000006　00008

春秋三十卷　（宋）胡安國傳　（宋）林堯叟音
註　明刻本　四冊

340000－1881－0000007　00009

禮記十卷　（元）陳澔集說　清康熙刻本
十冊

340000－1881－0000008　00010

春秋大事表五十卷春秋輿圖一卷附錄一卷
(清)顧棟高纂輯　清同治十三年(1874)平遠
丁穉璜刻本　二十冊

340000－1881－0000009　00011

半農先生春秋說十五卷　（清）惠士奇撰
(清)吳泰來　（清）惠棟校　清嘉慶十五年

(1810)刻本　六冊

340000－1881－0000010　00012

禮說十四卷大學說一卷　（清）惠士奇撰
(清)吳紹昶校　清嘉慶三年(1798)上海彭霖
刻本　四冊

340000－1881－0000011　00013

左通補釋三十二卷　（清）梁履繩學　清道光
九年(1829)錢塘汪氏振綺堂刻光緒元年
(1875)補刻本　十六冊

340000－1881－0000012　00014

周易洗心十卷　（清）任啟運纂　清乾隆四十
七年(1782)耿毓孝刻本　五冊

340000－1881－0000013　00015

書傳音釋六卷　（宋）蔡沈集傳　（元）鄒季友
音釋　清同治五年(1866)望三益齋刻本
六冊

340000－1881－0000014　00016

周官精義十二卷　（清）連斗山編次　清刻本
六冊

340000－1881－0000015　00017

周易占鵠三卷　（清）張文炳鑒定　（清）周維
槐校　清雍正四年(1726)刻本　三冊

340000－1881－0000016　00018

易漢學八卷　（清）惠棟撰　清光緒十三年
(1887)上海大同書局影印本　一冊

340000－1881－0000017　00019

緯攟十四卷首一卷末一卷　（清）喬松年輯
(清)喬聯寶校　（清）喬廷槐彙訂　清光緒四
年(1878)強恕堂刻本(卷一至二以抄本補配)
八冊

340000－1881－0000018　00020

周官新義十六卷附二卷　（宋）王安石撰
(清)王簡校訂　清道光至咸豐刻經苑叢書本
四冊

340000－1881－0000019　00021

周禮節訓六卷　（清）黃叔琳原定　（清）姚培
謙重訂　（清）王永祺參閱　清光緒十四年

（1888）刻本　二冊

340000－1881－0000020　00022

周禮讀本六卷　（清）周樽輯　清乾隆五十八年（1793）刻本　二冊

340000－1881－0000021　00023

宋葉文康公禮經會元四卷　（清）陸稼書點定　（清）許元准輯　（清）黃瑞校讎　清乾隆五十年（1785）黃暹刻本　二冊

340000－1881－0000022　00024

六書叚借經徵四卷　（清）朱駿聲紀錄　清光緒十八年（1892）金陵刻本　三冊

340000－1881－0000023　00025

六藝論疏證不分卷尚書中候疏證不分卷　（清）皮錫瑞著　清光緒二十五年（1899）刻本　一冊

340000－1881－0000024　00026

古文尚書冤詞平議二卷　（清）皮錫瑞著　清光緒二十二年（1896）思賢書局刻本　一冊

340000－1881－0000025　00027

春秋經傳類聯三十三卷　（清）王繩曾編　（清）屈作梅補注　清嘉慶七年（1802）紉蘭書塾刻本　二冊

340000－1881－0000026　00028

愛日堂尚書註解纂要六卷　（清）吳蓮纂輯　（清）史貽直鑒定　清乾隆十九年（1754）吳氏愛日堂刻本　五冊　存五卷（一至五）

340000－1881－0000027　00029

春秋董氏學八卷附史記儒林列傳一卷漢書董仲舒傳一卷　康有為撰　清光緒二十三年（1897）廣州演孔書局朱印本　六冊

340000－1881－0000028　00030

尚書後案三十卷尚書後辨附不分卷　（清）王鳴盛學　清乾隆四十五年（1780）刻本　八冊

340000－1881－0000029　00031

宋葉文康公禮經會元四卷　（宋）葉時著　（清）陸稼書點定　（清）許元准輯　（清）黃瑞校讎　清乾隆五十二年（1787）刻本　四冊

340000－1881－0000030　00033

古文尚書撰異三十二卷　（清）段玉裁撰　清刻本　四冊

340000－1881－0000031　00034

爾雅三卷　（晉）郭璞注　（唐）陸德明音義　清乾隆二十九年（1764）刻本　一冊

340000－1881－0000032　00035

四書考輯要二十卷　（清）陳宏謀輯　（清）陳蘭森編校　清乾隆三十四年（1769）吳門穆大展局刻本　十冊

340000－1881－0000033　00036

緇衣集傳四卷　（明）黃道周輯　（清）鄭開極重訂　清刻本　四冊

340000－1881－0000034　00037

公羊穀梁春秋合編附註疏纂十二卷　（漢）何休學　（晉）范甯集解　（唐）楊士勛疏　（明）朱泰禎纂述　（明）張燮　（明）楊文驄　（明）莫遠閱　（明）朱爾鄴較輯　清乾隆五十六年（1791）刻本　四冊

340000－1881－0000035　00040

古經解彙函十六種一百三十卷附小學彙函十四種一百五十三卷　（清）鍾謙鈞輯　清光緒十四年（1888）石印本　十九冊

340000－1881－0000036　00041

毛詩稽古編三十卷　（清）陳啟源述　（清）龐佑清校　毛詩稽古編附攷不分卷　（清）費雲倬輯　清光緒九年（1883）上海同文書局石印本　八冊

340000－1881－0000037　00042

經籍纂詁一百六卷首一卷　（清）阮元撰集　（清）臧鏞堂　（清）臧禮堂總纂　（清）何蘭汀　（清）朱為弼　（清）孫鳳起等分纂　（清）方起謙　（清）何元錫總校　清光緒十四年（1888）上海鴻寶齋石印本　十二冊

340000－1881－0000038　00043

左傳人名辨異三卷　（清）程廷祚撰　清光緒中江寧傅氏晦齋刻本　一冊

340000 – 1881 – 0000039　00045

全謝山先生經史問答十卷　（清）全祖望撰
清乾隆三十年（1765）刻本　二冊

340000 – 1881 – 0000040　00046

古微書三十六卷　（明）孫瑴著　清嘉慶二十一年（1816）對山問月樓刻本　十冊

340000 – 1881 – 0000041　00047

井田圖攷二卷　（清）朱克己撰　清光緒十六年（1890）山東書局刻本　二冊

340000 – 1881 – 0000042　00048

駢雅訓纂七卷首一卷　（明）朱謀㙔撰　清光緒十二年（1886）刻後知不足齋叢書本　八冊

340000 – 1881 – 0000043　00049

說文引經證例二十四卷　（清）承培元撰　清光緒二十一年（1895）廣雅書局刻廣雅書局叢書本　六冊

340000 – 1881 – 0000044　00050

說文本經答問二卷　（清）鄭知同撰　清光緒十六年（1890）廣雅書局刻廣雅書局叢書本　一冊

340000 – 1881 – 0000045　00051

廣潛研堂說文答問疏證八卷　（清）承培元撰　清光緒十八年（1892）廣雅書局刻廣雅書局叢書本　一冊

340000 – 1881 – 0000046　00052

潛研堂說文答問疏證六卷　（清）薛傳均撰　清光緒八年（1882）廣雅書局刻廣雅書局叢書本　一冊

340000 – 1881 – 0000047　00054

小學考五十卷　（清）謝啟昆輯　清光緒十四年（1888）浙江書局刻本　二十冊

340000 – 1881 – 0000048　00055

小學考五十卷　（清）謝啟昆輯　清光緒十四年（1888）浙江書局刻本　十二冊

340000 – 1881 – 0000049　00056

說文解字注三十二卷六書音均表五卷　（清）段玉裁撰　**說文部目分韻一卷**　（清）陳奐編

清嘉慶二十年（1815）刻本　二十四冊

340000 – 1881 – 0000050　00057

說文解字徐氏繫傳四十卷校勘記三卷　（五代）徐鍇傳釋　（五代）朱翱反切　清光緒三年（1877）吳縣吳氏刻本　八冊

340000 – 1881 – 0000051　00058

說文通訓定聲十八卷分部檢韻一卷附說雅一卷古今韻準一卷　（清）朱駿聲輯　（清）朱鏡蓉參訂　清道光二十九年（1849）刻本　二十四冊

340000 – 1881 – 0000052　00059

說文逸字二卷附錄一卷　（清）鄭珍記　（清）鄭知同撰　清同治至光緒福山王氏刻天壤閣叢書本　二冊

340000 – 1881 – 0000053　00062

文選古字通疏證六卷　（清）薛傳均撰　清道光二十年（1840）刻本　一冊

340000 – 1881 – 0000054　00063

說文古籀補十四卷附錄一卷　（清）吳大澂撰　清光緒七年（1881）刻本　二冊

340000 – 1881 – 0000055　00064

說文解字韻譜十卷　（五代）徐鍇撰　清同治六年（1867）馮桂芬刻本　二冊

340000 – 1881 – 0000056　00065

苗氏說文四種四十六卷　（清）苗夔撰　清咸豐元年（1851）刻本　八冊

340000 – 1881 – 0000057　00066

說文解字韻譜十卷　（五代）徐鍇撰　清同治六年（1867）馮桂芬刻本　二冊

340000 – 1881 – 0000058　00067

說文解字徐氏繫傳四十卷校勘記三卷　（五代）徐鍇傳釋　（五代）朱翱反切　清道光十九年（1839）刻本　八冊

340000 – 1881 – 0000059　00072

說文辨字正俗八卷　（清）李富孫撰　清同治九年（1870）刻本　四冊

340000 – 1881 – 0000060　00073

說文發疑六卷　(清)張行孚述　清光緒九年
(1883)刻本　三冊

340000－1881－0000061　00074

說文校議十五卷　(清)姚文田　(清)嚴可均
撰　清同治十三年(1874)歸安姚氏刻本
四冊

340000－1881－0000062　00075

唐抄本說文解字木部箋異一卷　(清)莫友芝
撰　仿唐抄本說文解字木部一卷　(漢)許慎
撰　清同治三年(1864)曾國藩刻本　一冊

340000－1881－0000063　00076

說文韻譜校五卷　(清)王筠撰　清光緒十六
年(1890)濰縣劉嘉禾刻本　二冊

340000－1881－0000064　00077

說文分韻易知錄十卷　(清)許巽行編纂
(清)許嘉德校　(清)蔡賡沅校篆文　清光緒
五年(1879)武林任有容齋刻本　十冊

340000－1881－0000065　00078

說文解字五百四十部目音釋不分卷　(清)周
懋泰撰　清光緒二十年(1894)休寧屯溪茹古
堂刻本　一冊

340000－1881－0000066　00079

說文解字十五篇　(清)段玉裁注　清嘉慶二
十年(1815)刻本　二十冊　存十二篇(三、五
至十五)

340000－1881－0000067　00080

說文引經攷異十六卷　(清)柳榮宗撰　清咸
豐二年(1852)刻本　四冊

340000－1881－0000068　00081

讀說文雜識不分卷　(清)許槤撰　清光緒七
年(1881)刻本　一冊

340000－1881－0000069　00082

說文解字繫傳四十卷附錄一卷　(五代)徐鍇
傳釋　(五代)朱翱反切　清刻本　六冊

340000－1881－0000070　00085

說文古籀疏證六卷原目一卷　(清)莊述祖撰
　清光緒二十年(1894)津郡明文堂刻本

四冊

340000－1881－0000071　00086

說文新附攷六卷說文續攷一卷　(清)鈕樹玉
撰　清同治七年(1868)碧螺山館刻本　二冊

340000－1881－0000072　00087

說文答問疏證六卷　(清)薛傳均撰　清道光
十八年(1838)刻本　一冊

340000－1881－0000073　00089

六書通十卷　(明)閔齊伋撰　(清)畢宏述篆
訂　(清)閔章　(清)程昌煒校　清乾隆六十
年(1795)刻本　九冊　存九卷(一至九)

340000－1881－0000074　00090

汲古閣說文訂不分卷　(清)段玉裁撰　清嘉
慶二年(1797)五硯樓刻本　一冊

340000－1881－0000075　00091

唐抄本說文解字木部箋異一卷　(清)莫友芝
撰　仿唐抄本說文解字木部一卷　(漢)許慎
撰　清同治二年(1863)刻本　一冊

340000－1881－0000076　00093

六書通十卷　(清)畢弘述篆訂　(清)閔章
(清)程昌煒校　清刻本　五冊

340000－1881－0000077　00094

六藝綱目二卷六藝發源一卷字原一卷　(元)
舒天民述　(元)舒恭注　(明)趙宜中附注
清咸豐三年(1853)海源閣刻本　二冊

340000－1881－0000078　00095

六書通摭遺十卷　(清)畢星海輯　(清)葛時
徵校　清嘉慶六年(1801)基聞堂刻本　一冊

340000－1881－0000079　00096

六書分類十二卷首一卷　(清)傅世堯輯
(清)傅世磊參訂　(清)周呈兆鑒定　(清)
周天辰補校　清康熙四十年(1701)聽松閣刻
本　十二冊

340000－1881－0000080　00097

古今韻略五卷　(清)邵長蘅纂　(清)宋至校
清康熙三十五年(1696)刻本　五冊

340000－1881－0000081　00098

新增說文韻府羣玉二十卷　（元）陰時夫編
（元）陰中夫註　（明）王元貞校　明萬曆十八
年(1590)文秀堂刻本　十八冊　存十八卷
（一至七、九至十五、十七至二十）

340000－1881－0000082　00099

韻歧五卷　（清）江昱輯　清乾隆二十五年
(1760)刻本　二冊

340000－1881－0000083　00100

律音彙考八卷　（清）邱之稑撰　（清）邱慶善
（清）邱慶譜　（清）邱慶籥校　清光緒十六
年(1890)刻本　四冊

340000－1881－0000084　00101

丁祭禮樂備考三卷　（清）邱之稑編　清道光
二十一年(1841)刻本　一冊

340000－1881－0000085　00102

皇清誥封奉政大夫議敘八品大學生邱穀士先
生崇祀鄉賢錄不分卷　（清）邱穀士撰　琴旨
申邱不分卷　（清）劉人熙撰　清光緒十七年
(1891)刻本　一冊

340000－1881－0000086　00103

古今韻略五卷　（清）邵長蘅纂　（清）宋至校
清康熙三十五年(1696)刻本　五冊

340000－1881－0000087　00104

韻徵十六卷　（清）安吉輯　（清）安念祖編
（清）華湛恩校　清道光十八年(1838)刻本
六冊

340000－1881－0000088　00105

古文韻語一卷石鼓文音釋三卷附錄一卷
（明）楊慎撰　（清）李調元校定　清刻本
一冊

340000－1881－0000089　00106

古韻標準四卷首一卷　（清）江永撰　（清）錢
熙祚校　清道光十四年(1834)刻守山閣叢書
本　一冊

340000－1881－0000090　00110

顧氏音學五書五種三十八卷　（清）顧炎武撰
（清）徐秉義　（清）徐乾學　（清）徐元文

參閱　（清）張弨校　清康熙六年(1667)符山
堂刻本　十六冊

340000－1881－0000091　00111

隸韻十卷附碑目一卷隸韻攷證二卷碑目攷證
一卷　（宋）劉球纂　清嘉慶十五年(1810)刻
本　五冊　存十一卷(隸韻十卷、碑目一卷)

340000－1881－0000092　00112

隸韻十卷附碑目一卷隸韻攷證二卷碑目攷證
一卷　（宋）劉球纂　清嘉慶十五年(1810)刻
本　六冊

340000－1881－0000093　00113

繆篆分韻五卷附繆篆補　（清）桂馥編　（清）
姚覲元校　清光緒歸安姚氏咫進齋刻本
二冊

340000－1881－0000094　00114

集漢隸分韻七卷　（□）□□撰　清乾隆三十
七年(1772)刻本　三冊

340000－1881－0000095　00115

字類標韻六卷　（清）華綱輯　清光緒八年
(1882)肄江王氏刻本　二冊

340000－1881－0000096　00116

緯攟十四卷首一卷　（清）喬松年輯　（清）喬
聯寶校勘　（清）喬廷橒訂　（清）李霖校　清
光緒四年(1878)強恕堂刻本　八冊

340000－1881－0000097　00117

隸釋二十七卷隸續二十一卷　（宋）洪适輯釋
清乾隆樓松書屋刻本　七冊　存四十三卷
(隸釋一至四、十至二十七,隸續二十一卷)

340000－1881－0000098　00120

新鍥全補海篇直音十二卷　（明）蔡燏輯　明
刻本　四冊　存四卷(二、五至六、九)

340000－1881－0000099　00121

六書分類十二卷首一卷　（清）傅世堯輯
(清)傅世磊參訂　（清）周呈兆鑒定　（清）
周天辰補校　清康熙四十四年(1705)刻本
十四冊

340000－1881－0000100　00122

隸辨八卷 （清）顧藹吉纂 清康熙五十七年(1718)刻本 八冊

340000－1881－0000101 00123

隸辨八卷 （清）顧藹吉纂 清乾隆八年(1743)刻本 六冊 存六卷(一至六)

340000－1881－0000102 00124

隸篇十五卷續十五卷再續十五卷 （清）翟云升纂 清道光二十四年(1844)刻本 八冊

340000－1881－0000103 00125

隸篇十五卷續十五卷再續十五卷 （清）翟云升纂 清道光二十四年(1844)刻本 十冊

340000－1881－0000104 00127

字林古今正俗異同通攷四卷六書辨異二卷補遺一卷 （清）湯容熠輯 （清）吳應庚 （清）吳應樞 （清）梅杰編 清嘉慶二年(1797)刻本 二冊 存四卷(字林古今正俗異同通攷四卷)

340000－1881－0000105 00128

名原二卷 （清）孫詒讓記 清光緒三十一年(1905)刻本 一冊

340000－1881－0000106 00129

名原二卷 （清）孫詒讓記 清光緒三十一年(1905)刻本 一冊

340000－1881－0000107 00130

隸釋二十七卷隸續二十一卷 （宋）洪适著 清同治十年(1871)皖南洪氏晦木齋刻本 七冊

340000－1881－0000108 00131

字林古今正俗異同通攷四卷六書辨異二卷補遺一卷 （清）湯容熠輯 （清）吳應庚 （清）吳應樞 （清）梅杰編 清嘉慶二年(1797)刻本 六冊

340000－1881－0000109 00132

澄衷蒙學堂字課圖說四卷 （清）劉樹屏編 （清）吳子誠繪圖 清光緒二十七年(1901)石印本 八冊

340000－1881－0000110 00133

增訂金壺字攷不分卷 （清）郝在田輯 清光緒元年(1875)刻本 一冊

340000－1881－0000111 00134

字學舉隅不分卷 （清）龍光甸輯 清光緒六年(1880)刻本 一冊

340000－1881－0000112 00135

字學舉隅續編不分卷 （清）汪敘疇輯 清光緒十年(1884)埽葉山房刻本 一冊

340000－1881－0000113 00141

十三經集字摹本不分卷 （清）彭玉雯纂 （清）萬青銓校 清同治十三年(1874)刻本 八冊

340000－1881－0000114 00142

字說一卷 （清）吳大澂撰 清光緒十九年(1893)思賢講舍刻本 一冊

340000－1881－0000115 00143

鐘鼎字源五卷 （清）汪立名纂 清光緒二年(1876)洞庭秦氏刻本 二冊

340000－1881－0000116 00144

班馬字類二卷 （宋）婁機纂 清光緒九年(1883)後知不足齋刻本 四冊

340000－1881－0000117 00145

文字蒙求四卷 （清）王筠纂 清光緒十三年(1887)梁溪浦氏刻本 一冊

340000－1881－0000118 00148

分隸偶存二卷 （清）萬經編輯 （清）萬縣前校 清光緒八年(1882)刻本 一冊

340000－1881－0000119 00151

繪圖簡明白話字彙十二卷 （清）沈燊編輯 清宣統三年(1911)上海彪蒙書室石印本 二冊

340000－1881－0000120 00154

欽定清漢對音字式不分卷 清乾隆刻本 一冊

340000－1881－0000121 00164

文字蒙求四卷 （清）王筠輯 清道光十八年(1838)刻本 一冊

340000－1881－0000122　00168

康熙字典十二集　（清）張玉書　（清）陳廷敬
總閱　（清）凌紹雯等纂修　清光緒二十年
(1894)上海寶善書局石印本　六冊

340000－1881－0000123　00169

康熙字典十二集　（清）張玉書　（清）陳廷敬
總閱　（清）凌紹雯等纂修　清光緒十三年
(1887)上海積山書局石印本　六冊

340000－1881－0000124　00170

普通百科新大詞典十二卷目錄二卷補遺一卷
　（清）黃人編輯　清宣統三年(1911)上海國
學扶輪社鉛印本　十五冊

340000－1881－0000125　00171

康熙字典十二集　（清）張玉書　（清）陳廷敬
總閱　（清）凌紹雯等纂修　清光緒九年
(1883)上海同文書局石印本　六冊

340000－1881－0000126　00173

康熙字典十二集　（清）張玉書　（清）陳廷敬
總閱　（清）凌紹雯等纂修　清光緒二十年
(1894)上海點石齋石印本　三冊

340000－1881－0000127　00175

四書典林三十卷四書古人典林十二卷　（清）
江永編　（清）汪基參定　清光緒十三年
(1887)上海積山書局石印本　四冊

340000－1881－0000128　00176

正字通十二卷首一卷　（清）廖文英輯　清康
熙十年(1671)刻本　三十五冊

340000－1881－0000129　00177

正字通十二卷首一卷　（清）廖文英輯　清康
熙十年(1671)刻本　二十六冊

340000－1881－0000130　00179

澄衷蒙學堂字課圖說四卷　（清）劉樹屏編
(清)吳子誠繪圖　清石印本　五冊

340000－1881－0000131　00180

惜陰書院東齋課藝八卷　（清）孫葓田鑒定
清光緒五年(1879)刻本　八冊

340000－1881－0000132　00181

簡字全譜不分卷　（清）王筱航撰　清光緒三
十二年(1906)徽州簡字學堂刻本　一冊

340000－1881－0000133　00183

述學六卷　（清）汪中撰　清同治八年(1869)
揚州書局刻本　二冊

340000－1881－0000134　00184

述學六卷　（清）汪中撰　清嘉慶二十一年
(1816)刻本　一冊

340000－1881－0000135　00186

陸堂詩學十二卷　（清）陸奎勳撰　（清）周朱
耒　（清）李宗仁校　清康熙五十三年(1714)
刻本　八冊

340000－1881－0000136　00187

字典考證十二卷　（清）奕繪等輯　清光緒二
年(1876)崇文書局刻本　六冊

340000－1881－0000137　00188

字典考證十二卷　（清）奕繪等輯　清光緒二
年(1876)崇文書局刻本　六冊

340000－1881－0000138　00189

宋元舊本書經眼錄三卷附錄二卷　（清）莫友
芝纂　清同治十二年(1873)刻本　一冊

340000－1881－0000139　00191

經籍籑詁一百六卷首一卷　（清）阮元編錄
清光緒六年(1880)淮南書局刻本　四十八冊

340000－1881－0000140　00197

經傳攷證八卷　（清）朱彬撰　清道光十六年
(1836)刻本　二冊

340000－1881－0000141　00198

隸辨八卷　（清）顧藹吉撰　清刻本　四冊
存四卷(五至八)

340000－1881－0000142　00199

新訂四書補註備旨十卷　（清）鄧林撰　（清）
鄧煜編　（清）杜定基增訂　清乾隆二十七年
(1762)刻本　五冊　存八卷(大學一、中庸
一、上論一至二、下論三至四、下孟三至四)

340000－1881－0000143　00200

增訂金壼字考十九卷　（宋）釋適之編　（清）

田朝恒增訂　清乾隆二十六年(1761)刻本
二冊

340000－1881－0000144　00201

四書或問語類大全合訂六卷　(清)黃越等訂
清刻本　二冊　存四卷(一至二、五至六)

340000－1881－0000145　00202

經籍舉要不分卷家塾課程一卷告示一卷
(清)龍啟瑞撰　清光緒十九年(1893)中江講
院刻本　一冊

340000－1881－0000146　00203

經籍舉要不分卷家塾課程一卷告示一卷
(清)龍啟瑞撰　清光緒十九年(1893)中江講
院刻本　一冊

340000－1881－0000147　00205

說文解字十五卷　(漢)許慎記　(宋)徐鉉校
清道光六年(1826)刻本　一冊　存四卷
(一至四)

340000－1881－0000148　00206

經典釋文三十卷攷證一卷　(唐)陸德明撰
清同治八年(1869)湖北崇文書局刻本　十
二冊

340000－1881－0000149　00207

隸辨八卷　(清)顧藹吉撰　清同治十二年
(1873)刻本　八冊

340000－1881－0000150　00210

說文解字舊音不分卷　(清)畢沅編　清乾隆
四十八年(1783)靈巖山館刻本　一冊

340000－1881－0000151　00211

說文字原韻表二卷　(清)胡重編　(清)金孝
柏訂　清嘉慶十六年(1811)秀水金氏月香書
屋刻本　一冊

340000－1881－0000152　00212

**康熙字典十二集三十六卷等韻一卷補遺一卷
備考一卷**　(清)張玉書　(清)陳廷敬總閱
(清)凌紹雯等編　清康熙五十五年(1716)刻
本　四十冊

340000－1881－0000153　00213

字典考證十二卷　(清)奕繪等輯　清光緒二
年(1876)崇文書局刻本　六冊

340000－1881－0000154　00214

漢隸字源五卷碑目一卷附字一卷　(宋)婁機
輯　清姚氏咫進齋刻本　六冊

340000－1881－0000155　00216

石經彙函十種四十五卷　(清)王秉恩輯　清
光緒十六年(1890)四川尊經書局刻本　十
二冊

340000－1881－0000156　00217

增訂五經體注大全四十卷　(清)陳允頤輯
清光緒九年(1883)四明珍經閣刻本　十五冊

340000－1881－0000157　00218

汗簡七卷　(宋)郭忠恕輯　清光緒九年
(1883)上海點石齋石印本　一冊

340000－1881－0000158　00220

繪圖三字鑑不分卷　(□)□□撰　清上海錦
章圖書局石印本　一冊

340000－1881－0000159　00224

小蒙童便讀不分卷　(明)左光斗編　清刻本
一冊

340000－1881－0000160　00227

重刻四庫全書辨正通俗文字不分卷　(清)陸
費墀撰　(清)王朝梧增補　清乾隆六十年
(1795)刻本　一冊

340000－1881－0000161　00230

理學正宗十五卷　(清)竇克勤編　清康熙刻
本　一冊　存一卷(十五)

340000－1881－0000162　00232

養蒙針度五卷　(清)潘子聲纂　清刻本
四冊

340000－1881－0000163　00233

**十三經注疏卷數撰人歌不分卷廿四史卷數撰
人歌不分卷**　(清)許家惺撰　清光緒二十四
年(1898)刻本　一冊

340000－1881－0000164　00234

五經類編二十八卷　(清)周世樟輯　清乾隆

三十八年(1773)刻本 三冊 存二十卷(一至八、十七至二十八)

340000－1881－0000165 00235

詩經讀本八卷 (宋)朱熹集傳 **毛詩品物圖攷四卷** (日本)岡元鳳纂輯 清宣統二年(1910)上海鑄記書局石印本 一冊

340000－1881－0000166 00236

寄傲山房塾課纂輯書經備旨蔡註捷錄七卷 (清)鄒聖脈纂輯 (清)鄒廷猷編 (清)鄒景鴻 (清)鄒景揚 (清)鄒景章訂 清末上海錦章圖書局石印本 一冊

340000－1881－0000167 00237

學庸順文九卷首一卷 (清)李實輯 (清)李天植校 清康熙四十二年(1703)刻本 一冊 存四卷(一至三、首一卷)

340000－1881－0000168 00238

孝經不分卷 (□)□□撰 清同治七年(1868)金陵書局刻本 一冊

340000－1881－0000169 00239

六書通摭遺十卷 (清)畢星海輯 (清)葛時徵校 清刻本 一冊 存三卷(三至五)

340000－1881－0000170 00240

重訂類字蒙求不分卷 (清)師竹齋主人編 清光緒六年(1880)刻本 一冊

340000－1881－0000171 00241

楷法溯源十四卷 楊守敬編 (清)潘存輯 (清)陳喬森校 清宜都李宏讓刻本 一冊 存一卷(十四)

340000－1881－0000172 00243

廣金石韻府五卷 (清)朱時望編 (清)林尚葵輯 (清)李根校 (清)周亮工鑒定 清咸豐七年(1857)巴郡理董軒刻本 四冊 存三卷(上聲、去聲、入聲)

340000－1881－0000173 00245

尚書古文證疑四卷 (清)孫喬年撰 清嘉慶十五年(1810)刻本 二冊

340000－1881－0000174 00247

音韻辨訛不分卷補遺不分卷 (清)萬青銓參訂 (清)余任槐校 清道光十二年(1832)芋栗園刻本 一冊

340000－1881－0000175 00248

欽定篆文六經四書四十五卷 (清)李光地 (清)王掞總閱 (清)張廷玉等校閱 清光緒九年(1883)上海同文書局石印本 十冊

340000－1881－0000176 00249

周禮集解節要六卷 (清)高愈原本 (清)鄧愷纂訂 清雍正十二年(1734)大西齋刻本 二冊

340000－1881－0000177 00252

石經考不分卷 (清)萬斯同撰 清常熟劉光德局刻本 一冊

340000－1881－0000178 00253

易經體註大全合參四卷 (清)來爾繩輯 (清)朱采治 (清)朱之澄編 **周易四卷** (宋)朱熹本義 清康熙五十八年(1719)刻本 一冊 存二卷(易經體註大全合參一、周易一)

340000－1881－0000179 00254

睿川易義合編不分卷 (清)徐天璋演 清宣統三年(1911)鉛印本 八冊

340000－1881－0000180 00271

春秋公羊傳十二卷 (明)閔齊伋裁注 清刻本 四冊

340000－1881－0000181 00272

春秋穀梁傳十二卷 (明)閔齊伋裁注 清刻本 四冊

340000－1881－0000182 00273

日講四書解義二十六卷 (清)喇沙里 (清)陳廷敬總裁 (清)沈荃等撰 清康熙十六年(1677)刻本 十二冊 存二十卷(一、五、九至二十六)

340000－1881－0000183 00274

大廣益會玉篇三卷 (南朝梁)顧野王撰 清刻本 三冊

340000－1881－0000184　00275

欽定書經傳說彙纂二十一卷首二卷書序一卷
（清）王頊齡總裁　（清）張廷玉等校　清雍正八年(1730)刻本　十四冊

340000－1881－0000185　00276

經典文字辨正書五卷　（清）畢沅撰　清乾隆四十九年(1784)刻本　一冊

340000－1881－0000186　00277

隸篇十五卷續十五卷　（清）翟云升纂　清道光十八年(1838)刻本　十冊

340000－1881－0000187　00279

四書緯四卷　（清）常增撰　清刻本　二冊　存二卷(二至三)

340000－1881－0000188　00280

爾雅郭注義疏三卷　（清）郝懿行撰　清同治四年(1865)刻本　八冊

340000－1881－0000189　00281

弟子職集解不分卷　（清）莊述祖輯　**弟子職集解考證不分卷**　（清）黃彭年輯　清光緒十四年(1888)江蘇書局刻本　一冊

340000－1881－0000190　00282

道德經解二卷　（□）純陽帝君釋義　（□）雲門魯史纂述　明刻本　一冊

340000－1881－0000191　00283

新增說文韻府群玉二十卷　（元）陰時夫編　（元）陰中夫註　（明）王元貞校　清康熙五十五年(1716)刻本　十二冊

340000－1881－0000192　00284

梁山來知德先生易經集註十六卷　（明）來知德集註　（清）崔華重訂　清刻本　五冊　存十五卷(一至十五)

340000－1881－0000193　00286

易酌十四卷　（清）刁包撰　（清）刁再濂編　（清）刁顯祖等重訂　清雍正十年(1732)刻本　六冊　存五卷(一至五)

340000－1881－0000194　00287

欽定詩經傳說彙纂二十一卷首二卷詩序二卷　（清）王鴻緒　（清）揆敘總裁　（清）張廷玉等校　（清）吳士玉等修　清雍正五年(1727)刻本　二十四冊

340000－1881－0000195　00288

春秋穀梁傳十二卷　（明）閔齊伋裁注　明天啓元年(1621)閔齊伋刻本　四冊

340000－1881－0000196　00291

愚一錄十二卷　（清）鄭獻甫著　（清）周幹臣校　清光緒二年(1876)黔南道署刻本　三冊

340000－1881－0000197　00292

增訂春秋世本圖譜不分卷　（清）陳厚耀撰　清嘉慶十三年(1808)刻本　一冊

340000－1881－0000198　00294

大戴禮記十三卷　（漢）戴德撰　清康熙五十七年(1718)高安朱軾刻本　一冊

340000－1881－0000199　00295

白虎通疏證十二卷　（清）陳立疏證　清道光十二年(1832)刻本　四冊

340000－1881－0000200　00296

大戴禮記十三卷　（漢）戴德撰　（北周）盧辯注　清乾隆刻本　一冊

340000－1881－0000201　00297

說文解字注三十卷六書音均表五卷汲古閣說文訂序一卷　（清）段玉裁注　清同治十一年(1872)湖北崇文書局刻本　十八冊

340000－1881－0000202　00298

說文引經考異十六卷　（清）柳榮宗撰　清同治六年(1867)刻本　四冊

340000－1881－0000203　00299

輶軒使者絕代語釋別國方言十三卷續二卷補一卷首一卷　（漢）揚雄記　（晉）郭璞注　（清）杭世駿纂輯　清光緒十七年(1891)長沙思賢講舍刻本　三冊

340000－1881－0000204　00300

漢學諧聲二十四卷說文補考一卷說文又考一卷　（清）戚學標撰　清嘉慶九年(1804)刻本　八冊

340000 – 1881 – 0000205　00301

經典文字辨正書五卷　（清）畢沅撰　清乾隆四十八年(1783)刻本　一冊

340000 – 1881 – 0000206　00302

爾雅注疏參義六卷　（清）姜兆錫撰　清雍正十一年(1733)刻九經補注本　二冊

340000 – 1881 – 0000207　00303

古韻溯源八卷　（清）安念祖　（清）華湛恩輯　清道光十九年(1839)親仁堂刻本　四冊

340000 – 1881 – 0000208　00304

春秋或問六卷　（清）邵坦撰　清光緒二年(1876)淮南書局刻本　二冊

340000 – 1881 – 0000209　00305

說文分韻易知錄五卷說文重文標目五卷　（清）許巽行編纂　（清）蔡賡沅校篆文　清光緒五年(1879)松江許氏葆素堂刻本　十冊

340000 – 1881 – 0000210　00306

小爾雅訓纂六卷　（清）宋翔鳳撰　清光緒廣雅書局刻朱印本　一冊

340000 – 1881 – 0000211　00307

經傳繹義五十卷　（清）陳煒撰　清嘉慶九年(1804)刻本　二十冊

340000 – 1881 – 0000212　00308

雷刻四種二十一卷　（清）雷浚撰　清光緒十年(1884)吳縣雷氏刻本　六冊

340000 – 1881 – 0000213　00309

李氏蒙求八卷　（唐）李瀚撰　（清）楊迦懌集註　（清）尹竹農鑒定　清道光刻本　八冊

340000 – 1881 – 0000214　00310

經書源流歌訣三卷　（清）李鍾倫撰　**握奇經訂本一卷榕村字畫辨訛一卷**　（清）李光地鑒定　清乾隆十三年(1748)成雲山房刻本　一冊

340000 – 1881 – 0000215　00312

中庸直指不分卷　（明）史德清述　清光緒十年(1884)金陵刻經處刻本　一冊

340000 – 1881 – 0000216　00313

說文辨字正俗八卷　（清）李富孫撰　清嘉慶二十三年(1818)刻本　四冊

340000 – 1881 – 0000217　00314

古文尚書考二卷　（清）惠棟撰　清乾隆五十七年(1792)讀經樓刻本　一冊

340000 – 1881 – 0000218　00315

石經考不分卷　（清）萬斯同撰　清常熟蔣氏刻本　一冊

340000 – 1881 – 0000219　00316

天子肆獻裸饋食禮三卷　（清）任啟運纂　清乾隆刻本　一冊

340000 – 1881 – 0000220　00317

漢魏音四卷　（清）洪亮吉撰　清乾隆五十年(1785)刻本　一冊

340000 – 1881 – 0000221　00319

康熙甲子史館新刊古今通韻十二卷　（清）毛奇齡撰　清康熙二十四年(1685)刻本　六冊

340000 – 1881 – 0000222　00320

老子道德經二卷　（三國魏）王弼注　嚴復評點　清光緒三十一年(1905)刻本　一冊

340000 – 1881 – 0000223　00322

增訂金壺字考不分卷　（清）郝在田纂　清同治十三年(1874)刻本　一冊

340000 – 1881 – 0000224　00323

四書小參不分卷四書問答不分卷　（明）朱斯行撰　清光緒三年(1877)姑蘇刻經處刻本　一冊

340000 – 1881 – 0000225　00324

廣續方言四卷　程先甲輯　清光緒二十三年(1897)木活字印本　二冊

340000 – 1881 – 0000226　00325

周禮撮要三卷　（清）潘相撰　清乾隆十八年(1753)刻本　一冊

340000 – 1881 – 0000227　00326

聖證論補評二卷　（清）皮錫瑞撰　清光緒二十五年(1899)刻本　一冊

340000－1881－0000228　00327

六書音均表五卷　（清）段玉裁撰　清乾隆四十二年(1777)刻本　一冊

340000－1881－0000229　00328

六書正譌五卷　（元）周伯琦編注　清同治五年(1866)刻本　三冊

340000－1881－0000230　00329

公羊墨史二卷　（清）周拱辰撰　（明）陸時雍　（清）張履祥評點　清光緒元年(1875)刻本　一冊

340000－1881－0000231　00330

說文分韻易知錄十卷　（清）許巽行編纂（清）許嘉德校　（清）蔡賡沅校篆文　清光緒刻本　三冊　存五卷(一至五)

340000－1881－0000232　00333

汲塚周書十卷　（晉）孔晁注　（明）吳琯校　清刻本　四冊

340000－1881－0000233　00334

老子道德經解二卷首一卷　（明）釋德清撰　清光緒十二年(1886)金陵刻經處刻本　二冊

340000－1881－0000234　00335

韓詩內傳徵四卷　（清）宋綿初纂　清刻本　二冊

340000－1881－0000235　00336

說文繫傳考異四卷　（清）汪憲撰　清嘉慶十一年(1806)八杉齋刻本　二冊

340000－1881－0000236　00341

詩緝三十六卷　（宋）嚴粲述　清光緒三年(1877)刻本　十四冊

340000－1881－0000237　00342

隸辨八卷　（清）顧藹吉纂　清光緒十三年(1887)上海蜚英館石印本　八冊

340000－1881－0000238　00343

韻字辨同五卷　（清）彭元瑞撰　（清）翁方綱補正　清乾隆五十九年(1794)刻本　一冊

340000－1881－0000239　00344

重刊辨正通俗文字不分卷　（清）陸費墀纂

清嘉慶刻本　一冊

340000－1881－0000240　00347

苗氏說文四種二十卷　（清）苗夔撰　清咸豐元年(1851)刻本　四冊

340000－1881－0000241　00348

許氏說文解字雙聲疊韻譜不分卷　（清）鄧廷楨纂　清光緒七年(1881)刻後知不足齋叢書本　一冊

340000－1881－0000242　00349

李氏音鑑六卷　（清）李汝珍撰　清嘉慶十五年(1810)刻本　四冊

340000－1881－0000243　00351

說文通檢十四卷首一卷末一卷　（清）黎永椿編　清光緒五年(1879)刻本　二冊

340000－1881－0000244　00352

夏小正一卷　（漢）戴德傳　（宋）金履祥註（清）張爾岐輯　（清）黃叔琳增訂　清乾隆十年(1745)刻本　二冊

340000－1881－0000245　00353

周易禪解十卷　（清）釋智旭撰　清刻本　一冊　存三卷(一至三)

340000－1881－0000246　00354

孝經一卷　（清）朱軾撰　**孝經三本管窺四卷**　（清）吳隆元撰　清光緒二十三年(1897)刻本　一冊

340000－1881－0000247　00355

春秋鈔十卷　（清）朱軾輯　（清）鄂彌達校　清刻本　二冊　存五卷(六至十)

340000－1881－0000248　00356

鄭志疏證八卷鄭記考證一卷附答臨孝存周禮難一卷　（清）皮錫瑞撰　清光緒二十五年(1899)刻本　三冊

340000－1881－0000249　00357

經學通論五卷　（清）皮錫瑞撰　清光緒三十三年(1907)刻本　五冊

340000－1881－0000250　00358

經學歷史一卷王制箋一卷　（清）皮錫瑞撰

清光緒三十四年(1908)思賢書局刻本　一冊

340000－1881－0000251　00359

詩經精義集抄四卷　(清)梁中孚編　(清)汪汝式參訂　清道光七年(1827)刻本　四冊

340000－1881－0000252　00362

欽定書經圖說五十卷　(清)孫家鼐等纂修　清光緒三十一年(1905)石印本　十六冊

340000－1881－0000253　00363

爾雅註疏十一卷　(晉)郭璞註　(宋)邢昺疏　清青雲樓刻本　三冊　存七卷(一至二、四至八)

340000－1881－0000254　00364

禮運注不分卷　康有為撰　清光緒十年(1884)中國圖書公司鉛印演孔叢書本　一冊

340000－1881－0000255　00365

公羊逸禮考徵不分卷　(清)陳奐撰　清同治七年(1868)刻本　一冊

340000－1881－0000256　00367

儒林宗派十六卷　(清)萬斯同纂　清宣統三年(1911)浙江圖書館刻本　二冊

340000－1881－0000257　00368

周禮政要二卷　(清)孫詒讓撰　清光緒二十八年(1902)瑞安普通學堂刻本　二冊

340000－1881－0000258　00369

授經圖二十卷　(明)朱睦㮮撰　清道光十九年(1839)刻惜陰軒叢書本　二冊

340000－1881－0000259　00370

周易本義音訓附十二卷首一卷末一卷　(宋)朱熹本義　清光緒刻本　二冊

340000－1881－0000260　00371

春秋左傳五十卷　(晉)杜預　(宋)林堯叟註釋　(唐)陸德明音義　(明)鍾惺　(明)韓範評閱　清芥子園刻本　八冊　存三十七卷(一至四、十八至五十)

340000－1881－0000261　00372

論語集注大全二十卷　(清)陸隴其輯　(清)

席永恂　(清)王前席參閱　(清)陸禮徵　(清)陸宸徵校訂　清刻本　五冊　存十卷(一至二、五至八、十三至十四、十九至二十)

340000－1881－0000262　00373

易緯乾鑿度二卷易緯稽覽圖二卷易緯辨終備一卷　(漢)鄭玄注　清乾隆武英殿木活字印本　一冊

340000－1881－0000263　00374

易象意言一卷　(宋)蔡淵撰　**易緯乾坤鑿度二卷**　(□)□□撰　清乾隆武英殿木活字印本　一冊

340000－1881－0000264　00375

禮記十卷　(元)陳澔集說　清同治五年(1866)金陵書局刻本　八冊　存八卷(一、三至七、九至十)

340000－1881－0000265　00376

孟子集注大全十四卷　(清)陸隴其輯　清刻本　六冊　存十二卷(三至十四)

340000－1881－0000266　00377

御纂周易折中二十二卷　(清)李光地等編　清刻本　十一冊　存十八卷(一至八、十一至十二、十五至二十二)

340000－1881－0000267　00378

詩八卷　(宋)朱熹集傳　清南京李光明莊刻本　五冊　存六卷(三至八)

340000－1881－0000268　00380

孝經一卷　(唐)玄宗李隆基注　清同治九年(1870)揚州書局刻本　一冊

340000－1881－0000269　00381

禮記十卷　(元)陳澔集說　清光緒三年(1877)永康胡氏退補齋刻本　十冊

340000－1881－0000270　00382

廣韻二十九卷　(宋)陳彭年等撰　(清)張士俊校勘　清康熙刻本　三冊　存三卷(二至四)

340000－1881－0000271　00383

玉篇校刊札記不分卷　(清)鄧顯鶴述　清咸

豐元年(1851)刻本　一冊

340000－1881－0000272　00384
書經集傳六卷首一卷末一卷　（宋）蔡沈集傳
清南京李光明莊刻本　二冊　存四卷(一至三、首一卷)

340000－1881－0000273　00385
孟子七卷　（宋）朱熹集註　清刻本　七冊

340000－1881－0000274　00386
詩經八卷　（宋）朱熹集傳　清刻本　三冊

340000－1881－0000275　00387
書經六卷　（宋）蔡沈集傳　辨志堂新輯書經集解六卷　（清）萬經輯　清康熙二十八年(1689)刻本　一冊　存六卷(書經一至三、辨志堂新輯書經集解一至三)

340000－1881－0000276　00388
禮記十卷　（元）陳澔集說　清刻本　八冊
存八卷(二至八、十)

340000－1881－0000277　00389
書經六卷　（宋）蔡沈集傳　清同治七年(1868)湖北崇文書局刻本　四冊

340000－1881－0000278　00390
唐石經一百五十卷五經字樣三卷九經文字一卷　（三國魏）王弼等注　清拓本　一百四十五冊

340000－1881－0000279　00391
論語十卷　（三國魏）何晏集解　清拓本
四冊

340000－1881－0000280　00392
孟子七卷　（宋）朱熹集註　清拓本　十四冊

340000－1881－0000281　00393
論語十卷　（三國魏）何晏集解　清拓本　三冊　存七卷(一至七)

340000－1881－0000282　00394
孟子七卷　（宋）朱熹集註　清拓本　七冊

340000－1881－0000283　00395
尚書十二卷　（漢）孔安國傳　清拓本　四冊

340000－1881－0000284　00396
欽定禮記義疏八十二卷首一卷　（清）鄂爾泰等纂修　清刻本　五十冊

340000－1881－0000285　00397
周易通義十六卷　（清）邊廷英撰　清道光十六年(1836)刻本　十六冊

340000－1881－0000286　00399
影宋大字本尚書釋音二卷　（唐）陸德明撰
清遵義黎氏刻本　一冊

340000－1881－0000287　00400
唐抄本唐韻不分卷　（唐）陸德明撰　清光緒三十四年(1908)刻本　一冊

340000－1881－0000288　00401
唐抄本唐韻不分卷　（唐）陸德明撰　清光緒三十四年(1908)刻本　一冊

340000－1881－0000289　00402
唐抄本唐韻不分卷　（唐）陸德明撰　清光緒三十四年(1908)刻本　一冊

340000－1881－0000290　00404
周禮政要二卷　（清）孫詒讓撰　清光緒二十八年(1902)刻本　二冊

340000－1881－0000291　00405
周禮正義六卷　（漢）鄭玄注　（唐）陸德明音義　清南京李光明莊刻本　六冊

340000－1881－0000292　00406
釋毛詩音四卷毛詩說一卷　（清）陳奐撰　清咸豐元年(1851)蘇州漱芳齋刻本　二冊

340000－1881－0000293　00407
易經八卷　（宋）程頤傳　清同治五年(1866)金陵書局刻本　三冊

340000－1881－0000294　00408
易經十二卷　（宋）朱熹本義　清刻本　一冊
存九卷(四至十二)

340000－1881－0000295　00409
孟子七卷　（宋）朱熹集註　清南京李光明莊刻本　三冊

340000－1881－0000296　00410

孟子七卷　（宋）朱熹集註　清慎怡堂刻本
三冊

340000－1881－0000297　00411

孟子七卷　（宋）朱熹集註　清森寶齋刻本
三冊

340000－1881－0000298　00412

佩文詩韻釋要五卷　（清）朱蘭重輯　清同治
三年(1864)皖城督學使院刻本　一冊

340000－1881－0000299　00413

公羊傳選不分卷穀梁傳選不分卷　（清）儲欣
評　（清）史章期等校訂　（清）儲芝參述　清
雍正六年(1728)刻本　一冊

340000－1881－0000300　00414

字學舉隅不分卷　（清）龍光甸輯　清光緒十
四年(1888)徽城古香堂刻本　一冊

340000－1881－0000301　00415

爾雅註音釋三卷　（明）黃九門輯　清康熙二
十六年(1687)刻本　二冊

340000－1881－0000302　00416

小學彙函十四種　（清）鍾謙鈞輯　清刻本
一冊　存五卷(干祿字書一卷、五經文字三
卷、新加九經字樣一卷)

340000－1881－0000303　00419

大戴禮記十三卷　（北周）盧辯注　清乾隆二
十一年(1756)刻雅雨堂叢書本　二冊

340000－1881－0000304　00420

書經集註六卷　（宋）蔡沈集註　新刻項玄池
先生書經竁斯集註六卷　（明）項德禎輯
(明)陳懿典校　明雙峰堂余文臺刻本　一冊

340000－1881－0000305　00421

重定齊家寶要二卷　（清）張文嘉編　（清）張
廷瑞校　清刻本　二冊

340000－1881－0000306　00422

刊謬正俗八卷　（唐）顏師古撰　清光緒三年
(1877)湖北崇文書局刻本　一冊

340000－1881－0000307　00423

孝經注疏九卷附考證　（唐）玄宗李隆基注
(唐)陸德明音義　（宋）邢昺校　（清）李清
植考證　清乾隆四年(1739)李清植刻本
一冊

340000－1881－0000308　00424

周易用初四卷　（清）杜宗嶽解　清道光二十
二年(1842)刻本　二冊　存二卷(一、四)

340000－1881－0000309　00437

十三經集字摹本不分卷　（清）彭玉雯篆
(清)萬青銓校　清道光二十九年(1849)刻本
八冊

340000－1881－0000310　00438

六書故三十三卷六書通釋一卷　（宋）戴侗撰
清刻本　十六冊

340000－1881－0000311　00439

字學舉隅不分卷　（清）龍光甸輯　清同治十
年(1871)刻本　一冊

340000－1881－0000312　00440

增補字學舉隅不分卷　（清）龍光甸輯　清光
緒十七年(1891)刻本　一冊

340000－1881－0000313　00441

睿川易義合編不分卷　（清）徐天璋演　清宣
統三年(1911)鉛印本　八冊

340000－1881－0000314　00442

倉頡篇三卷補本二卷　（清）孫星衍　（清）陶
方琦撰　字林考逸八卷附錄一卷補本一卷
(清)任大椿撰　清光緒十六年(1890)江蘇書
局刻本　六冊

340000－1881－0000315　00443

簡字叢錄不分卷　勞乃宣撰　清光緒三十二
年(1906)刻本　一冊

340000－1881－0000316　00444

增訂金壺字考二十一卷金壺字考二集二十一
卷　（宋）釋適之原編　（清）田朝恒增訂　清
乾隆刻本　四冊

340000－1881－0000317　00445

急就篇不分卷　（清）陳本禮箋訂　（清）陳逢

衡校讀　清嘉慶十七年(1812)刻本　一冊

340000－1881－0000318　00446

韻辨附文五卷　(清)沈文忠纂　清同治十二年(1873)刻本　五冊

340000－1881－0000319　00447

銅版四書闡注十九卷　(清)謝浦泰輯　(清)謝安瀾校　清道光十四年(1834)刻本　六冊

340000－1881－0000320　00450

韻府萃音十二卷　(清)龍柏纂　清嘉慶十五年(1810)刻本　十二冊

340000－1881－0000321　00451

選雅二十卷　程先甲述　清光緒二十八年(1902)刻千一齋叢書本　八冊

340000－1881－0000322　00452

增訂金壺字考三卷　(清)郝在田纂　清同治十二年(1873)刻本　一冊

340000－1881－0000323　00453

增訂金壺字考三卷　(清)郝在田纂　清光緒二年(1876)刻本　一冊

340000－1881－0000324　00454

十三經集字摹本不分卷　(清)彭玉雯纂　清刻本　七冊　存易經、詩經、禮記、左傳、論語、爾雅、孟子

340000－1881－0000325　00455

拾雅二十卷　(清)夏味堂述　清嘉慶二十四年(1819)高郵張寶田刻本　十冊

340000－1881－0000326　00456

刊謬正俗八卷　(唐)顏師古撰　清光緒三年(1877)湖北崇文書局刻本　一冊

340000－1881－0000327　00457

六書音均表五卷　(清)段玉裁撰　清乾隆四十二年(1777)刻本　一冊

340000－1881－0000328　00458

五經文字三卷疑一卷　(唐)張參輯　新加九經字樣一卷　(唐)唐玄度輯　清乾隆紅棉書屋刻本　一冊

340000－1881－0000329　00459

六書音均表五卷　(清)段玉裁記　清乾隆四十一年(1776)刻本　一冊

340000－1881－0000330　00460

篆學三書三卷　(清)楊錫觀述　清雍正刻本　一冊

340000－1881－0000331　00461

說文解字繫傳校勘記三卷　(清)祁寯藻記　清光緒姚覲元刻本　一冊

340000－1881－0000332　00463

傳音快字不分卷　(清)蔡錫勇撰　清光緒三十一年(1905)湖北官書局刻本　一冊

340000－1881－0000333　00464

爾雅正郭三卷　(清)潘衍桐撰　清光緒十七年(1891)刻本　一冊

340000－1881－0000334　00465

說文分韻易知錄五卷說文重文標目五卷　(清)許巽行撰　清光緒五年(1879)刻本　十冊

340000－1881－0000335　00466

漢隸異同十二卷　(清)甘揚聲輯　(清)錢侍宸錄　清道光十一年(1831)勤約堂刻本　二冊

340000－1881－0000336　00467

說文引經例辨三卷　(清)雷浚撰　清光緒八年(1882)刻本　一冊

340000－1881－0000337　00468

虛字說不分卷　(清)袁仁林撰　(清)王德修校　清光緒三原李錫齡刻惜陰軒叢書本　一冊

340000－1881－0000338　00469

韻綜五卷　(清)陳詒厚輯　清道光二十一年(1841)刻本　五冊

340000－1881－0000339　00470

易象闡微不分卷　(清)張之銳撰　清宣統二年(1910)刻本　二冊

340000－1881－0000340　00471

讀說文雜識不分卷 （清）許棫撰 清光緒七年(1881)刻本 一冊

340000－1881－0000341 00472

古文原始不分卷 （清）曹金籀編 清刻本 一冊

340000－1881－0000342 00473

增補臨文便覽不分卷 （清）龍光甸 （清）龍啟瑞輯 清光緒元年(1875)刻本 三冊

340000－1881－0000343 00474

汲古閣說文訂不分卷 （清）段玉裁訂 清嘉慶二年(1797)刻本 一冊

340000－1881－0000344 00475

爾雅音義二卷 （唐）陸德明撰 清刻本 一冊

340000－1881－0000345 00476

三百篇原聲七卷 （清）夏味堂撰 清嘉慶十二年(1807)刻本 一冊

340000－1881－0000346 00477

澄衷蒙學堂字課圖說四卷 （清）劉樹屏編 （清）吳子誠繪圖 清光緒二十九年(1903)上海澄衷蒙學堂印書處石印本 八冊

340000－1881－0000347 00478

五經全文匯參揭要二十五卷 （清）許寶善選輯 清刻本 八冊

340000－1881－0000348 00479

注夏小正不分卷 （清）季楚玠輯 清乾隆三十九年(1774)刻本 一冊

340000－1881－0000349 00481

四書味根錄三十九卷 （清）金澂輯 清光緒十六年(1890)鴻文書局刻本 六冊

340000－1881－0000350 00482

詩韻全璧五卷 （□）□□撰 清刻本 三冊 存三卷(三至五)

340000－1881－0000351 00483

四書味根錄三十九卷 （清）沈祖燕輯 清光緒十九年(1893)上海鴻寶齋石印本 七冊 存二十二卷(大學一,中庸一至二,論語一至十四、首一卷,孟子十一至十四)

340000－1881－0000352 00484

四書味根錄□□卷 （清）金澂撰 清石印本 一冊 存四卷(孟子七至十)

340000－1881－0000353 00485

四書合講十九卷 （宋）朱熹集註 （清）浦泰輯 清同治四年(1865)刻本 六冊

340000－1881－0000354 00486

增廣五經備旨□□卷 （清）鄒聖脈輯 清刻本 二冊 存四卷(詩經備旨五至八)

340000－1881－0000355 00487

四書人物類典串珠□□卷 （清）臧志仁編 （清）臧銘 （清）臧鋸校勘 清刻本 一冊 存二卷(二十四至二十五)

340000－1881－0000356 00488

別雅五卷 （清）吳玉搢輯 清道光二十九年(1849)小蓬萊山館刻本 三冊

340000－1881－0000357 00489

毛詩稽古編三十卷 （清）陳啟源述 （清）龐佑清校 清石印本 二冊 存八卷(九至十二、十五至十八)

340000－1881－0000358 00490

推易始末四卷 （清）毛奇齡撰 （清）馬俊良輯 清大酉山房刻本 一冊

340000－1881－0000359 00491

群經字類二卷 （清）王念孫纂 清石印本 一冊

340000－1881－0000360 00492

絜齋毛詩經筵講義四卷 （宋）袁燮撰 清乾隆四十年(1775)刻本 一冊

340000－1881－0000361 00493

五經類編二十八卷 （清）周世樟輯 清乾隆四十四年(1779)刻本 十二冊

340000－1881－0000362 00494

康熙字典十二集三十六卷總目一卷檢字一卷辨似一卷等韻一卷備考一卷補遺一卷 （清）張玉書 （清）陳廷敬總閱 （清）凌紹雯等纂

修　清道光七年(1827)刻本　四十册

340000－1881－0000363　00495

四書備旨遵注詳解四卷　(清)鄧林撰　清光緒十九年(1893)刻本　一册　存三卷(大學、中庸、論語)

340000－1881－0000364　00496

詩韻全璧五卷　(清)湯祥瑟輯　清光緒十七年(1891)上海鴻寶齋石印本　四册　存四卷(一、三至五)

340000－1881－0000365　00497

番漢合時掌中珠不分卷　(西夏)骨勒茂才撰　清影印本　一册

340000－1881－0000366　00498

說文釋例二十卷　(清)王筠撰　清光緒十三年(1887)石印本　一册　存四卷(一至四)

340000－1881－0000367　00500

增補四書人物聚考□□卷　(□)□□撰　清刻本　四册　存四卷(十一至十二、十四、二十一)

340000－1881－0000368　00502

宋本十三經注疏四百十六卷附校勘記四百十六卷　(漢)鄭玄注　(唐)孔穎達疏　清光緒十三年(1887)脈望仙館石印本　十册　存一百七十七卷(附釋音禮記注疏十一至六十三、校勘記一至八,監本附音春秋公羊注疏一至二十八、校勘記一至二十八,監本附音春秋穀梁注疏一至二十、校勘記一至二十,爾雅疏一至十、校勘記一至十)

340000－1881－0000369　00503

越諺三卷越諺賸語二卷　(清)范寅輯　(清)黃以周審定　(清)王詒壽閱定　清光緒八年(1882)刻本　三册

340000－1881－0000370　00504

爾雅直音二卷　(清)孫佀輯　清乾隆六十年(1795)刻本　二册

340000－1881－0000371　00505

易庸四卷　(清)周幹註　清刻本　一册　存一卷(二)

340000－1881－0000372　00506

群經識小八卷　(清)李惇撰　清刻本　一册　存四卷(五至八)

340000－1881－0000373　00507

三字經訓詁一卷千字文釋義一卷　(清)汪嘯尹纂輯　(清)孫謙益參注　清歙縣徐士業刻本　一册

340000－1881－0000374　00508

孝經不分卷　(清)汪承沆等校勘　清道光二十年(1840)茹古堂刻本　一册

340000－1881－0000375　00509

九經補韻不分卷　(宋)楊伯嵒撰　(清)錢侗考證　清嘉慶四年(1799)汗筠齋刻本　一册

340000－1881－0000376　00511

四書玩注詳說□□卷　(清)冉覲祖輯　清刻本　三册　存三卷(六十一至六十三)

340000－1881－0000377　00512

說文提要不分卷　(清)陳建侯撰　清同治十二年(1873)湖北崇文書局刻本　一册

340000－1881－0000378　00513

說文字原韻表二卷　(清)胡重編　(清)金孝柏訂　清嘉慶十六年(1811)刻本　一册

340000－1881－0000379　00514

說文辨疑不分卷　(清)顧廣圻撰　清光緒三年(1877)湖北崇文書局刻本　一册

340000－1881－0000380　00515

太上寶筏圖說八卷　(清)毛金蘭增輯　清光緒十八年(1892)上海鴻文書局石印本　四册

340000－1881－0000381　00516

天子肆獻裸饋食禮纂三卷　(清)任啟運纂　清光緒十一年(1885)浙江書局刻本　一册

340000－1881－0000382　00517

陰騭文制藝試帖合璧不分卷　(清)徐炳炎輯　清光緒五年(1879)京都琉璃廠刻本　二册

340000－1881－0000383　00518

八陣發明不分卷　（清）陸世儀撰　清刻本
一冊

340000－1881－0000384　00519

蠶桑輯要不分卷　（清）沈秉成輯　清刻本
一冊

340000－1881－0000385　00520

蠶桑輯要不分卷　（清）沈秉成輯　清刻本
一冊

340000－1881－0000386　00521

蠶桑輯要不分卷　（清）沈秉成輯　清刻本
一冊

340000－1881－0000387　00522

讀法圖存四卷　（清）邵繩清編　清光緒七年
（1881）刻本　四冊

340000－1881－0000388　00523

博物新編三集　（英國）合信撰　清咸豐五年
（1855）上海墨海書館刻本　一冊

340000－1881－0000389　00524

孽海帆六卷　（清）夢覺子纂　清同治十二年
（1873）刻本　一冊

340000－1881－0000390　00525

佛教西來玄化應運略錄不分卷　（宋）程輝編
清同治九年（1870）金陵刻經處刻本　一冊

340000－1881－0000391　00526

楊椒山家訓十九條　（明）楊繼盛撰　清學務
公所印刷局石印本　一冊

340000－1881－0000392　00527

蘇海餘波不分卷　徐琪輯　清光緒七年
（1881）仁和徐氏刻本　一冊

340000－1881－0000393　00528

桑麻水利族學彙存四卷　（清）李有棻編　清
光緒十三年（1887）武昌府署刻本　一冊

340000－1881－0000394　00529

柞蠶簡法不分卷　（清）徐瀾編輯　清宣統元
年（1909）安徽勸業道署石印本　一冊

340000－1881－0000395　00531

海天琴思續錄八卷　（清）林昌彝輯　清廣州
富文齋刻本　三冊　存六卷（三至八）

340000－1881－0000396　00532

海天琴思錄八卷　（清）林昌彝輯　清同治三
年（1864）刻本　四冊

340000－1881－0000397　00533

事類統編九十三卷　（清）王鳳喈撰註　（清）
王仕偉校錄　清道光味經堂林氏刻本　二十
四冊　存六十七卷（二十七至九十三）

340000－1881－0000398　00538

益智圖二卷續圖不分卷字圖不分卷燕几圖不
分卷　（清）童叶庚　（清）瑤華仙史梅君撰
清光緒十六年（1890）刻本　五冊

340000－1881－0000399　00539

新刻指南彙纂演算法四卷　（清）陳啟祥編
清康熙五年（1666）遺經堂刻本　一冊

340000－1881－0000400　00541

西河文選十一卷　（清）毛奇齡撰　（清）汪霦
等選評　清康熙三十五年（1696）刻本　四冊

340000－1881－0000401　00543

繡像京本雲合奇蹤玉茗英烈全傳十卷　（明）
徐渭編　清刻本　五冊

340000－1881－0000402　00544

益智圖二卷　（清）童叶庚撰　清光緒四年
（1878）虎林任有容齋刻本　二冊

340000－1881－0000403　00545

韜厂蹈海錄四卷　（清）陸光熙輯　清宣統二
年（1910）鉛印本　二冊

340000－1881－0000404　00548

天演論二卷　（英國）赫胥黎撰　嚴復譯述
清光緒二十八年（1902）石印本　一冊

340000－1881－0000405　00549

理財學綱要六編　（日本）田野為之撰　清光
緒二十八年（1902）鉛印本　一冊

340000－1881－0000406　00551

廣藝舟雙楫六卷首一卷　康有為撰　清光緒
十五年（1889）鉛印本　一冊

340000 – 1881 – 0000407　00557

歐美政治要義十八章　（清）戴鴻慈等編纂
清光緒三十二年(1906)石印本　四冊

340000 – 1881 – 0000408　00558

精選黃眉故事十卷　（明）鄧志謨編　清乾隆
七年(1742)刻本　六冊

340000 – 1881 – 0000409　00561

天祿識餘十二卷　（清）高士奇輯　清康熙刻
本　四冊

340000 – 1881 – 0000410　00562

續博物志十卷　（唐）李石撰　清光緒元年
(1875)湖北崇文書局刻本　一冊

340000 – 1881 – 0000411　00563

庭立記聞四卷　（清）梁學昌輯　清嘉慶刻本
一冊

340000 – 1881 – 0000412　00565

子史精華一百六十卷　（清）允祿等纂　清雍
正刻本　四十冊

340000 – 1881 – 0000413　00566

授時通考七十八卷　（清）弘晝監理　（清）張
廷玉　（清）鄂爾泰總裁　清光緒二十八年
(1902)刻本　六冊

340000 – 1881 – 0000414　00567

二如亭群芳譜二十八卷首一卷　（明）王象晉
（明）陳繼儒纂輯　（明）毛晉　（明）姚元
台校勘　明汲古閣刻本　二十冊　存三十九
卷(天譜一至三、首一卷,歲譜一,穀譜一卷、
首一卷,蔬譜一至二、首一卷,果譜一至四、首
一卷,茶譜一卷,竹譜一卷、首一卷,桑麻葛譜
一卷,棉譜一卷,藥譜一至三、首一卷,木譜一
至四、首一卷,花譜一至四、首一卷,卉譜一至
二、首一卷,鶴魚譜一、首一卷)

340000 – 1881 – 0000415　00568

榕村語錄三十卷　（清）李光地撰　（清）徐用
錫記　清乾隆刻本　十二冊

340000 – 1881 – 0000416　00569

農候雜占四卷　（清）梁章鉅撰　清同治十二

年(1873)浙江書局刻本　二冊

340000 – 1881 – 0000417　00570

重訂增補陶朱公致富全書四卷　（明）陳繼儒
纂輯　（清）石巖逸叟增定　清刻本　二冊
存二卷(三至四)

340000 – 1881 – 0000418　00571

知退齋稿七卷　（清）張瑛撰　清光緒二十四
年(1898)刻本　三冊

340000 – 1881 – 0000419　00572

輪臺雜記二卷　（清）史善長撰　清石印本
一冊

340000 – 1881 – 0000420　00574

齊民要術十卷　（北魏）賈思勰撰　清光緒二
十二年(1896)漸西村舍刻本　四冊

340000 – 1881 – 0000421　00575

捕蝗要訣一卷除蝻八要一卷　（清）錢炘和撰
清同治八年(1869)湖北崇文書局刻本
一冊

340000 – 1881 – 0000422　00577

二十一史彈詞輯註十卷　（明）楊慎編　（清）
孫德威輯註　清康熙四十年(1701)刻本
四冊

340000 – 1881 – 0000423　00578

四大奇書第一種十九卷首一卷　（清）毛宗崗
評　清順治元年(1644)芥子園刻本　八冊
存九卷(一至六、十二至十三,首一卷)

340000 – 1881 – 0000424　00579

二如亭群芳譜二十八卷首一卷　（明）王象晉
纂輯　（明）陳繼儒　（明）毛晉校勘　（明）
姚元台　（明）王與胤　（明）王士和詮次　明
崇禎二年(1629)刻本　十冊

340000 – 1881 – 0000425　00580

增補尚友錄二十二卷　（明）廖用賢編纂
（清）張伯琮補輯　（清）張坦讓參訂　（清）
張任鄭　（清）張任郎校勘　清光緒十六年
(1890)上海掃葉山房鉛印本　六冊

340000 – 1881 – 0000426　00581

雲林別墅繪像妥註第六才子書六卷首一卷
(元)王實甫撰　(清)鄒聖脈註　清刻本　五
冊　存五卷(一至四、首一卷)

340000－1881－0000427　00582
新刻天花藏批評平山冷燕四卷　(清)荻岸散
人編　清聚盛堂刻本　二冊

340000－1881－0000428　00584
石渠餘紀六卷　(清)王慶雲述　清光緒十六
年(1890)龍氏刻本　六冊

340000－1881－0000429　00587
新鐫濟顛大師醉菩提全傳二十回　(清)天花
藏主人編　清同治十年(1871)聚盛堂刻本
二冊

340000－1881－0000430　00590
古香齋鑒賞袖珍初學記三十卷　(唐)徐堅等
撰　清刻本　十二冊

340000－1881－0000431　00591
安邦志二十卷　(□)□□撰　清刻本　二
十冊

340000－1881－0000432　00592
格致入門七卷　(美國)丁韙良撰　清光緒二
十年(1894)上海書局石印本　六冊　存六卷
(一至六)

340000－1881－0000433　00593
繡像批點紅樓夢一百二十回　(清)曹雪芹撰
　清刻本　十四冊　存八十四回(一至六十
五、七十六至八十七、九十五至一百一)

340000－1881－0000434　00594
鳳凰山七十二卷　(□)□□撰　清海陵軒刻
本　十八冊　存五十四卷(一至八、十二至四
十二、四十六至四十八、六十一至七十二)

340000－1881－0000435　00595
甌缽羅室書畫過目考四卷首一卷附一卷
(清)李玉棻編輯　清光緒二十三年(1897)上
海鴻文齋石印本　四冊

340000－1881－0000436　00596
習苦齋畫絮十卷　(清)戴熙記　(清)惠年編

清光緒十九年(1893)上海文瑞樓石印本
四冊

340000－1881－0000437　00597
類書纂要三十三卷　(清)周魯輯　(清)黃機
鑒定　(清)侯杲參　清康熙三年(1664)刻本
二十冊

340000－1881－0000438　00598
歷科殿試策不分卷　(清)趙以炯等對策　清
光緒刻本　二冊

340000－1881－0000439　00599
陰陽擇日不分卷　(□)□□撰　清寫本
二冊

340000－1881－0000440　00600
修省編三卷首一卷　(清)范鍾銓纂輯　清刻
本　二冊

340000－1881－0000441　00601
閱微草堂筆記二十四卷　(清)紀昀撰　清嘉
慶二十一年(1816)北平盛氏刻本　八冊　存
二十卷(一至六、九至十六、十九至二十四)

340000－1881－0000442　00602
欽定授時通考七十八卷　(清)弘晝監理
(清)鄂爾泰等纂修　清道光六年(1826)成都
文三鳳刻本　二十四冊

340000－1881－0000443　00603
牡丹亭還魂記八卷　(明)湯顯祖編　清刻本
五冊

340000－1881－0000444　00604
懷永堂繪像第六才子書八卷　(元)王實甫撰
清康熙懷永堂刻本　六冊

340000－1881－0000445　00605
新齊諧二十四卷　(清)袁枚編　清同治蓮溪
書屋刻本　十二冊

340000－1881－0000446　00606
夢厂雜著十卷　(清)俞蛟撰　清道光八年
(1828)刻本　八冊

340000－1881－0000447　00608
續新齊諧十卷　(清)袁枚編　清光緒十八年

(1892)上海圖書集成印書局石印本　二冊

340000－1881－0000448　00609

諧鐸十二卷　（清）沈起鳳撰　清光緒二十一年(1895)海上書局石印本　四冊

340000－1881－0000449　00610

石渠餘紀六卷　（清）王慶雲述　清光緒十六年(1890)攸縣龍璋刻本　六冊

340000－1881－0000450　00612

星軺考轍四卷　（清）劉啟彤譯述　清光緒石印本　八冊

340000－1881－0000451　00613

聊齋志異詳註十六卷　（清）蒲松齡撰　（清）王士正評　（清）呂湛恩注　清道光二十六年(1846)刻本　十六冊

340000－1881－0000452　00614

秘傳花鏡六卷　（清）陳淏子輯　清康熙二十七年(1688)刻本　六冊

340000－1881－0000453　00615

結水滸全傳七十卷一百四十回末一卷　（清）俞萬春撰　（清）范辛來　（清）邵祖恩參評　（清）徐佩珂　（清）項盛增參閱　（清）俞龍光校訂　（清）俞佛恩繪像　清咸豐三年(1853)刻本　二十四冊

340000－1881－0000454　00616

區種五種五卷附錄一卷　（清）趙夢齡輯　清光緒四年(1878)蓮花池刻本　一冊

340000－1881－0000455　00617

東西學書錄總敘二卷　沈桐生述　（清）繆紹瑜　（清）張之梁校　清光緒二十三年(1897)讀有用書齋刻本　二冊

340000－1881－0000456　00618

蠶桑萃編十五卷首一卷　（清）衛傑編　清光緒二十五年(1899)刻本　八冊

340000－1881－0000457　00619

農候雜占四卷　（清）梁章鉅撰　清同治十二年(1873)浙江書局刻本　二冊

340000－1881－0000458　00620

重訂增補陶朱公致富奇書四卷　（明）陳繼儒纂輯　（明）許仲琳增定　清蔚文堂刻本　二冊

340000－1881－0000459　00622

授時通考七十八卷　（清）弘晝監理　（清）鄂爾泰　（清）張廷玉總裁　（清）蔣溥等纂修　清乾隆七年(1742)江西書局刻本　二十四冊

340000－1881－0000460　00623

佩文齋廣韻群芳譜一百卷　（明）王象晉撰　清同治七年(1868)刻本　三十二冊

340000－1881－0000461　00624

[光緒朝]歷科朝元卷不分卷　（□）□□撰　清光緒北京松竹齋刻本　二冊

340000－1881－0000462　00625

練勇芻言五卷　（清）王鑫撰　清光緒二十四年(1898)江西書局刻本　一冊

340000－1881－0000463　00626

蒙友蛾術編二卷　（清）王筠撰　清咸豐十年(1860)刻本　一冊

340000－1881－0000464　00628

集虛齋學古文十二卷　（清）方楘如撰　清光緒十年(1884)淳安縣署刻本　四冊

340000－1881－0000465　00629

懷古田舍梅統十三卷　（清）徐榮輯　清刻本　四冊

340000－1881－0000466　00630

同人集十二卷　（清）冒襄輯　清光緒八年(1882)如皋冒觀光刻本　六冊　存六卷(一至三、十至十二)

340000－1881－0000467　00631

校邠廬抗議不分卷　（清）馮桂芬撰　清咸豐十一年(1861)廣仁堂刻本　二冊

340000－1881－0000468　00633

國朝駢體正宗十二卷　（清）曾燠輯　清嘉慶十一年(1806)曾氏賞雨茆屋刻本　六冊

340000－1881－0000469　00634

釋氏稽古略四卷釋鑑稽古略續集三卷　（元）

釋覺岸編　清光緒十二年（1886）釋清道刻本
五冊

340000－1881－0000470　00635

天祿識餘十卷　（清）高士奇輯　清康熙二十
九年（1690）刻本　二冊

340000－1881－0000471　00636

董公選擇要覽不分卷　（元）董德彰撰　清光
緒二十四年（1898）浙江書局刻本　一冊

340000－1881－0000472　00637

人範六卷　（清）蔣元輯　清光緒二十七年
（1901）廣雅書局刻本　一冊

340000－1881－0000473　00638

顏氏學記十卷　（清）戴望述　清同治十年
（1871）冶城山館刻本　四冊

340000－1881－0000474　00639

吳氏遺著五卷　（清）吳炱雲撰　清廣雅書局
刻本　二冊

340000－1881－0000475　00640

菊逸山房地理正書不分卷　（唐）楊益撰
（清）高其倬批　（清）曾懷玉等參訂　清道光
十四年（1834）京都琉璃廠刻本　三冊

340000－1881－0000476　00642

訥庵駢體文存二卷　（清）李恩綬撰　（清）李
丙榮　（清）李正學校勘　清光緒二十四年
（1898）刻本　二冊

340000－1881－0000477　00643

楹聯集錦八卷　（清）胡鳳丹輯　清同治六年
（1867）退補齋刻本　二冊

340000－1881－0000478　00644

溉亭述古錄二卷　（清）錢塘撰　（清）阮元敘
錄　清刻本　一冊

340000－1881－0000479　00645

程氏家塾讀書分年日程三卷　（元）程端禮述
清康熙二十八年（1689）三魚堂刻本　一冊

340000－1881－0000480　00646

倚晴樓七種曲十二卷　（清）黃燮清填詞
（清）瞿世瑛評文　（清）李光溥訂譜　清光緒

刻本　九冊　存十一卷（茂陵弦二卷、帝女花
下、脊令原二卷、鴛鴦鏡一卷、凌波影一卷、桃
谿雪二卷、居官鑑二卷）

340000－1881－0000481　00647

稱謂錄三十二卷　（清）梁章鉅撰　清光緒十
年（1884）石印本　八冊

340000－1881－0000482　00648

二十一史彈詞輯註十卷　（明）楊慎編　（清）
孫德威輯註　清康熙刻本　一冊

340000－1881－0000483　00649

讀書續錄十二卷　（明）薛瑄撰　明嘉靖刻本
一冊

340000－1881－0000484　00650

竹林答問不分卷　（清）陳僅撰　清光緒十一
年（1885）刻本　一冊

340000－1881－0000485　00651

審看擬式四卷首一卷末一卷　（清）剛毅輯
清光緒十八年（1892）浙江書局刻本　二冊

340000－1881－0000486　00656

朝野類要五卷　（宋）趙升撰　清乾隆至道光
長塘鮑氏刻知不足齋叢書本　一冊

340000－1881－0000487　00657

圖繪寶鑑八卷　（元）夏文彥纂　（清）吳麒錄
（清）馮仙湜　（清）顧銘仲書　（清）藍瑛
（清）謝彬重訂　清刻本　四冊

340000－1881－0000488　00658

鏡花緣二十卷　（清）李汝珍撰　清道光二十
二年（1842）刻本　十冊　存十七卷（一至十
七）

340000－1881－0000489　00659

清河書畫舫十二卷　（明）張丑造　清乾隆二
十八年（1763）池北草堂刻本　十二冊

340000－1881－0000490　00660

聊齋志異新評十六卷　（清）蒲松齡撰　（清）
王士正評　（清）但明倫新評　清道光二十二
年（1842）廣順但氏刻朱墨套印本　五冊　存
五卷（一至二、五至六、十）

340000－1881－0000491　00661

桐陰論畫二卷首一卷續一卷二編二卷三編二卷桐陰畫訣一卷　（清）秦祖永撰　清宣統二年(1910)上海中國書畫會石印本　六冊

340000－1881－0000492　00662

中國魂二卷　梁啟超編輯　清鉛印本　一冊

340000－1881－0000493　00663

七真天仙寶傳四卷　（清）孚佑帝君敘　清石印本　一冊　存一卷(四)

340000－1881－0000494　00665

修齊遺言不分卷　（明）楊繼盛撰　清光緒十六年(1890)刻本　一冊

340000－1881－0000495　00666

繹史紀餘四卷　（清）陸次雲輯　（清）孫允升校　（清）曹沄訂　清刻本　一冊

340000－1881－0000496　00667

歷代仙史八卷　（清）王建章纂輯　（清）真吾青嵐氏增訂　清光緒七年(1881)常熟抱芳閣刻本　四冊　存六卷(一至六)

340000－1881－0000497　00670

讀書雜釋十四卷　（清）徐鼒撰　清咸豐十一年(1861)刻本　四冊

340000－1881－0000498　00671

鐵網珊瑚二十卷　（明）都穆撰　清乾隆刻本　四冊

340000－1881－0000499　00672

新書十卷　（漢）賈誼撰　清乾隆抱經堂刻本　二冊

340000－1881－0000500　00673

國朝畫徵錄三卷續錄二卷　（清）張庚撰　清光緒十九年(1893)上海積山書局石印本　二冊

340000－1881－0000501　00677

六如居士畫譜三卷制義不分卷　（明）唐寅輯　（清）唐仲冕訂　（清）魏標校勘　清嘉慶六年(1801)果克山房刻本　一冊

340000－1881－0000502　00678

餘冬錄六十一卷　（明）何孟春輯　清光緒二年(1876)刻本　二冊　存七卷(一至七)

340000－1881－0000503　00679

餘冬錄六十一卷　（明）何孟春輯　清刻本　一冊　存七卷(五至十一)

340000－1881－0000504　00680

鐵網珊瑚二十卷　（明）都穆撰　清乾隆刻本　四冊

340000－1881－0000505　00681

古今類傳四卷　（清）董穀士　（清）董炳文輯　清刻本　四冊

340000－1881－0000506　00682

文昌帝君孝經不分卷文昌孝經引證不分卷　（□）□□撰　清乾隆五十八年(1793)刻本　一冊

340000－1881－0000507　00684

王志二卷　（清）陳兆奎編　清光緒三十三年(1907)刻本　一冊

340000－1881－0000508　00685

合肥學舍劄記十二卷　（清）陸繼輅撰　清光緒四年(1878)刻本　四冊　存十一卷(二至十二)

340000－1881－0000509　00686

畫史不分卷　（宋）米芾撰　（明）毛晉訂　明汲古閣刻本　一冊

340000－1881－0000510　00688

出使奏疏二卷　（清）薛福成撰　清光緒二十年(1894)刻本　二冊

340000－1881－0000511　00689

筆嘯軒書畫錄二卷　（清）胡積堂輯　清同治六年(1867)徽城乙照齋刻本　一冊

340000－1881－0000512　00690

日下舊聞四十二卷　（清）朱彝尊輯　（清）朱昆田補遺　清刻本　二十冊

340000－1881－0000513　00691

武備火攻不分卷　（清）施永圖輯　清末刻本　一冊

340000－1881－0000514　00692

智囊補二十八卷　（明）馮夢龍輯　清刻本
四冊　存十二卷（一至二、十至十二、十六至
二十二）

340000－1881－0000515　00693

述異記二卷　（南朝梁）任昉撰　清光緒元年
（1875）湖北崇文書局刻本　一冊

340000－1881－0000516　00694

何博士備論二卷　（宋）何去非撰　**宋丞相李**
忠定公輔政本末不分卷　（宋）李綱撰　清光
緒元年（1875）湖北崇文書局刻本　一冊

340000－1881－0000517　00695

涑水記聞十六卷補遺一卷　（宋）司馬光撰
清光緒元年（1875）湖北崇文書局刻本　四冊

340000－1881－0000518　00696

從政遺規二卷　（清）陳宏謀編輯　清光緒二
十一年（1895）浙江書局刻本　二冊

340000－1881－0000519　00697

熙朝人鑒八卷首一卷　（清）丁承祐輯　清光
緒二十三年（1897）大興王重光刻本　四冊

340000－1881－0000520　00698

出使公牘十卷　（清）薛福成撰　清光緒二十
四年（1898）傳經樓刻本　十冊

340000－1881－0000521　00699

雜記二卷　（清）錢泳輯　清道光十八年
（1838）刻本　一冊

340000－1881－0000522　00700

闢邪錄三卷首一卷　王錫祺輯　清光緒王氏
小方壺齋鉛印本　一冊　存三卷（一至二、首
一卷）

340000－1881－0000523　00701

牧令書輯要十卷　（清）徐棟編　（清）丁日昌
選評　清同治七年（1868）江蘇書局刻本
十冊

340000－1881－0000524　00702

吾學錄初編二十四卷　（清）吳榮光述　清同
治九年（1870）江蘇書局刻本　六冊

340000－1881－0000525　00704

春融堂雜記不分卷　（清）王昶撰　清申報館
鉛印本　四冊

340000－1881－0000526　00705

桐陰清話八卷　（清）倪鴻撰　清同治十三年
（1874）刻本　一冊　存四卷（一至四）

340000－1881－0000527　00706

西俗雜誌不分卷　（清）袁祖志撰　（清）葛元
煦抄　清光緒十年（1884）上海文藝齋刻本
一冊

340000－1881－0000528　00707

談天十八卷　（英國）侯失勒約翰撰　（英國）
偉烈亞力口譯　（清）李善蘭刪述　（清）徐建
寅續述　清光緒二十二年（1896）上海著易堂
石印本　四冊

340000－1881－0000529　00714

子史精華三十卷　（清）允祿　（清）允禮監修
　（清）張廷玉等校對　（清）吳士玉等總裁
（清）吳襄等纂修　（清）三保等監造　清光緒
九年（1883）上海點石齋石印本　二冊

340000－1881－0000530　00715

庶人禮略類編不分卷　（清）江鍾秀述　清光
緒二十九年（1903）刻本　一冊

340000－1881－0000531　00716

山海經類對賦十四卷首一卷　（清）涂景濤編
　清光緒二十三年（1897）湘西章氏刻本
二冊

340000－1881－0000532　00717

寓意錄四卷　（清）徐渭仁校　清道光二十年
（1840）上海徐氏寒木春華館刻本　二冊

340000－1881－0000533　00719

科場條例錄要不分卷　（清）禮部纂　清光緒
刻本　一冊

340000－1881－0000534　00720

廣卓異記二十卷　（宋）樂史撰　（宋）黃秋模
校　清道光二十七年（1847）刻本　四冊

340000－1881－0000535　00722

菜根譚不分卷　(明)洪應明纂　娑羅館清語不分卷　(明)屠隆撰　清光緒十三年(1887)揚州藏經禪院刻本　一冊

340000－1881－0000536　00724

天文略論不分卷　(英國)合信撰　清道光二十九年(1849)刻本　一冊

340000－1881－0000537　00727

恒言錄六卷　(清)錢大昕纂　清光緒二十八年(1902)鉛印本　二冊

340000－1881－0000538　00729

定香亭筆談四卷　(清)阮元記　(清)吳文溥錄　清光緒二十五年(1899)浙江書局刻本　四冊

340000－1881－0000539　00730

劉光禄遺彙二卷　(清)劉錫鴻撰　清刻本　二冊

340000－1881－0000540　00732

庚子銷夏記八卷　(清)孫承澤著　清乾隆二十六年(1761)刻本　四冊

340000－1881－0000541　00734

道安室雜文一卷平安室雜記一卷蕭閒堂遺詩一卷戴花平安室遺詞一卷　(清)蕭道管撰　清光緒三十二年(1906)刻本　一冊

340000－1881－0000542　00735

佩文齋書畫譜一百卷　(清)孫岳頒等纂　清康熙四十七年(1708)刻本　六十二冊　存九十五卷(一至十一、十四至五十三、五十五至五十七、五十九至八十七、八十九至一百)

340000－1881－0000543　00736

異聞益智叢錄三十四卷　(清)種蕉藝蘭生撰　清光緒二十六年(1900)江南書局鉛印本　八冊

340000－1881－0000544　00737

明賢尺牘藏真三卷　(清)李經畲輯　清光緒七年(1881)刻本　一冊

340000－1881－0000545　00738

歷代畫史彙傳七十二卷附二卷　(清)彭蘊璨編　清三多堂刻本　三十八冊　存六十九卷(一至五十三、五十七至七十二)

340000－1881－0000546　00741

出使英法義比四國日記六卷(清光緒十六年正月十一日至十七年二月三十日)　(清)薛福成撰　(清)顧錫爵　(清)趙元益校勘　清光緒十八年(1892)醉六堂石印本　三冊

340000－1881－0000547　00743

甌鉢羅室書畫過目考四卷首一卷附一卷　(清)李玉棻編輯　清光緒上海江南圖書局石印本　四冊

340000－1881－0000548　00746

楊輝算法六卷　(宋)楊輝集　楊輝算法札記一卷　(清)宋景昌撰　清道光二十二年(1842)上海郁松年刻本　二冊

340000－1881－0000549　00747

詳解九章算法不分卷詳解九章算法纂類不分卷　(宋)楊輝撰　詳解九章算法札記不分卷　(清)宋景昌撰　清道光二十二年(1842)上海郁松年刻本　二冊

340000－1881－0000550　00748

學算筆談十二卷　(清)華蘅芳撰　(清)劉彝程校算　清光緒十年(1884)刻本　六冊

340000－1881－0000551　00749

代數術二十五卷首一卷　(英國)華里司輯　(英國)傅蘭雅口譯　(清)華蘅芳筆述　清刻本　六冊

340000－1881－0000552　00750

得一齋雜著四種八卷　(清)黄棟材撰　清光緒十二年(1886)夢花軒刻本　二冊

340000－1881－0000553　00751

算學課藝四卷　(清)席淦　(清)貴榮編　(清)李逢春等校勘　清光緒六年(1880)同文館鉛印本　四冊

340000－1881－0000554　00752

幾何原本十五卷　(意大利)利瑪寶口譯　(明)徐光啟筆受　清同治四年(1865)金陵刻

本　八冊

340000－1881－0000555　00753

療貧方不分卷　（清）江村遯廬輯　清光緒三
十三年(1907)刻本　一冊

340000－1881－0000556　00757

木郎祈雨咒不分卷　（宋）白玉蟾注　清同治
九年(1870)刻本　一冊

340000－1881－0000557　00758

虛齋名畫錄十六卷　龐元濟輯　清宣統元年
(1909)烏程龐氏刻本　十六冊

340000－1881－0000558　00761

國朝畫徵錄三卷　（清）張庚撰　清乾隆四年
(1739)刻本　一冊

340000－1881－0000559　00762

畫禪室隨筆四卷　（明）董其昌撰　（明）楊補
編　（明）陳王璵校　清康熙五十九年(1720)
掞藻堂刻本　二冊

340000－1881－0000560　00763

訂譌雜錄十卷　（清）胡鳴玉述　（清）查如塤
校　清乾隆二十三年(1758)刻本　二冊

340000－1881－0000561　00764

醒園錄二卷　（清）李化楠抄　清綿州李調元
影印本　一冊

340000－1881－0000562　00765

陶堂志微錄五卷　（清）高心夔編　（清）李鴻
裔刪定　清光緒八年(1882)刻本　二冊

340000－1881－0000563　00766

匡謬正俗八卷　（唐）顏師古撰　清乾隆二十
一年(1756)德州盧氏刻雅雨堂叢書本　一冊

340000－1881－0000564　00768

慈溪黃氏日抄分類九十七卷古今紀要十九卷
　（宋）黃震編輯　清乾隆三十二年(1767)刻
本　五十冊

340000－1881－0000565　00769

重刻賴古堂尺牘新鈔三選結鄰集十六卷
(清)周在梁　（清）周在浚　（清）周在延抄
　清道光十四年(1834)刻本　六冊

340000－1881－0000566　00770

賴古堂尺牘新鈔二選藏弃集十六卷　（清）周
在梁　（清）周在浚　（清）周在延抄　清道光
十九年(1839)刻本　四冊

340000－1881－0000567　00771

墨香居畫識十卷　（清）馮金伯撰　清刻本
四冊

340000－1881－0000568　00772

國朝畫識十七卷　（清）馮金伯纂　清刻本
六冊　存十三卷(三至四、七至十七)

340000－1881－0000569　00773

透簾細草不分卷　（□）□□撰　續古摘奇算
法不分卷　（宋）楊輝撰　（清）馬以晟算校
丁巨算法不分卷　（元）丁巨撰　清刻知不足
齋叢書本　一冊

340000－1881－0000570　00774

緝古算經三卷　（唐）王孝通撰并注　（清）張
敦仁撰　（清）李銳校算　清嘉慶八年(1803)
刻知不足齋叢書本　一冊

340000－1881－0000571　00775

華氏行素軒學算十六種三十九卷　（清）華蘅
芳撰　（清）劉彝程校算　清光緒石印本　十
二冊

340000－1881－0000572　00779

於越政略五卷　（清）勞可式撰　（清）胡崔嶙
輯　清刻本　五冊

340000－1881－0000573　00780

練兵實紀九卷雜集六卷　（明）戚繼光撰　清
刻本　四冊　存九卷(練兵實紀三至九、雜集
五至六)

340000－1881－0000574　00781

挹奎樓選稿十二卷　（清）林雲銘撰　（清）仇
兆鰲選　（清）陳一夔訂　清康熙六十年
(1721)刻本　三冊

340000－1881－0000575　00782

古香齋鑒賞袖珍初學記三十卷　（唐）徐堅等
撰　清乾隆至嘉慶古香齋刻本　九冊　存二

十四卷(一至九、十二至二十六)

340000－1881－0000576　00783

古今秘苑三十二卷　（清）墨磨主人編　清十
二銅樓刻本　一冊

340000－1881－0000577　00784

古今秘苑三十二卷　（清）墨磨主人編　清刻
本　四冊

340000－1881－0000578　00785

對山書屋墨餘錄十六卷　（清）毛祥麟編　清
同治十三年(1874)上海亦可居毛氏刻本　六
冊　存十二卷(一至二、五至十四)

340000－1881－0000579　00786

新刻鍾伯敬先生批評封神演義二十卷　（明）
許仲琳編　（明）鍾惺批評　清石印本　十一
冊　存十一卷(一、四、八、十二至十三、十五
至二十)

340000－1881－0000580　00787

浪跡叢談十一卷　（清）梁章鉅撰　清掃葉山
房石印本　三冊　存九卷(一至三、六至十
一)

340000－1881－0000581　00788

新齊諧五卷　（清）袁枚編　清石印本　二冊
存二卷(一、三)

340000－1881－0000582　00790

典林瑯環五十四卷續典林瑯環三十卷　（□）
□□撰　清光緒十年(1884)上海同文書局石
印本　三冊　存三十八卷(典林瑯環一至二
十四、續典林瑯環一至十四)

340000－1881－0000583　00791

困學紀聞注二十卷首一卷　（宋）王應麟撰
(清)翁元圻輯　清光緒十五年(1889)上海積
山書局石印本　六冊

340000－1881－0000584　00792

新鐫校正詳註分類百子金丹全書十卷　（明）
郭偉選註　（清）王星聚校訂　（清）郭中吉編
清光緒二十年(1894)石印本　六冊

340000－1881－0000585　00793

時事新編初集六卷　（清）陳耀卿編輯　清光
緒鉛印本　二冊

340000－1881－0000586　00794

各國時事類編十八卷　（清）沈純輯　清光緒
二十一年(1895)上海書局石印本　四冊

340000－1881－0000587　00795

適可齋記言四卷記行六卷(清光緒七年三月
至十一年八月)　（清）馬建忠撰　清光緒二
十三年(1897)上海文瑞樓石印本　四冊

340000－1881－0000588　00796

春融堂雜記不分卷　（清）王昶撰　清申報館
鉛印本　四冊

340000－1881－0000589　00797

學詩闕疑二卷　（清）劉青芝纂　清光緒六年
(1880)刻本　一冊

340000－1881－0000590　00798

茶經二卷　（唐）陸羽撰　清康熙刻本　一冊

340000－1881－0000591　00799

茶餘客話二十二卷　（清）阮葵生撰　清光緒
十四年(1888)鉛印本　四冊

340000－1881－0000592　00800

浪跡叢談十一卷　（清）梁章鉅撰　清道光二
十七年(1847)刻本　四冊

340000－1881－0000593　00802

揚州畫舫錄十八卷　（清）李斗撰　清刻本
一冊　存三卷(十三至十五)

340000－1881－0000594　00804

曝書雜記三卷　（清）錢泰吉撰　清同治七年
(1868)刻本　一冊

340000－1881－0000595　00805

庚子銷夏記八卷閒者軒帖考一卷　（清）孫承
澤撰　清乾隆二十六年(1761)刻本　四冊

340000－1881－0000596　00806

增補訂正地理直指原真三卷首一卷　（清）釋
如玉撰　清康熙三十五年(1696)四明指歸庵
刻本　三冊

340000－1881－0000597　00807

江邨銷夏錄三卷　（清）高士奇撰　清康熙至
雍正刻本　四冊

340000－1881－0000598　00808

讀書紀數略五十四卷　（清）宮夢仁輯　清康
熙刻本　十二冊

340000－1881－0000599　00809

湘學全報彙編不分卷　（清）江標編　清光緒
二十六年（1900）刻本　十六冊

340000－1881－0000600　00810

盛世危言五卷　鄭觀應撰　清光緒二十一年
（1895）上海古香閣鉛印本　五冊

340000－1881－0000601　00811

時務通考三十一卷　（清）杞廬主人纂　清光
緒二十四年（1898）上海點石齋石印本　二十
四冊

340000－1881－0000602　00813

新訂時尚昆腔綴白裘九編四集　（□）□□撰
　清乾隆三十七年（1772）金閶寶仁堂刻本
一冊　存一集（含集）

340000－1881－0000603　00816

新纂簡捷易明算法四卷　（清）沈士桂纂
（清）嚴瑛校勘　（清）祝經參閱　清乾隆五十
八年（1793）刻本　四冊

340000－1881－0000604　00817

臺灣雜記不分卷　（清）黃逢昶輯　清光緒十
一年（1885）刻本　一冊

340000－1881－0000605　00818

恪靖侯盾鼻餘瀋不分卷　（清）左宗棠撰　清
光緒八年（1882）刻本　一冊

340000－1881－0000606　00819

與古齋琴譜四卷　（清）祝鳳鳴講授　（清）祝
鳳喈編　清咸豐五年（1855）刻本　四冊

340000－1881－0000607　00820

敬信錄不分卷　（清）周鼎臣輯　清乾隆五十
三年（1788）刻本　一冊

340000－1881－0000608　00821

國朝畫徵錄三卷　（清）張庚撰　清乾隆四年
（1739）刻本　二冊

340000－1881－0000609　00822

五知齋琴譜八卷　（清）徐祺鑒定　（清）黃鎮
參訂　（清）徐俊校勘　（清）周魯封彙纂　清
乾隆二年（1737）刻本　六冊

340000－1881－0000610　00823

蕉庵琴譜四卷　（清）秦維瀚輯　清光緒三年
（1877）刻本　二冊　存二卷（一、三）

340000－1881－0000611　00825

越言釋不分卷　（清）茹敦和撰　清刻本
二冊

340000－1881－0000612　00826

談書錄不分卷　（清）汪師韓纂　清刻本
一冊

340000－1881－0000613　00827

詩學纂聞不分卷　（清）汪師韓纂　清刻本
一冊

340000－1881－0000614　00829

大還閣琴譜六卷　（清）徐祺撰　清康熙大還
閣刻本　三冊

340000－1881－0000615　00830

月令粹編二十四卷圖說一卷　（清）秦嘉謨編
　清嘉慶十七年（1812）刻本　三冊　存十二
卷（四至十五）

340000－1881－0000616　00831

春草堂琴譜六卷　（清）曹尚絅原訂　（清）釋
德輝重編　清光緒三十年（1904）刻本　四冊

340000－1881－0000617　00832

琴學入門二卷　（清）張鶴輯　清光緒七年
（1881）刻本　三冊

340000－1881－0000618　00833

琴學入門二卷　（清）張鶴輯　清同治十三年
（1874）刻本　三冊

340000－1881－0000619　00834

五知齋琴譜八卷　（清）徐祺鑒定　（清）黃鎮
參訂　（清）徐俊校勘　（清）周魯封彙纂　清

乾隆二年(1737)刻本　二冊　存二卷(一、六)

340000－1881－0000620　00835

蕉庵琴譜四卷　(清)秦維瀚輯　清光緒三年(1877)刻本　四冊

340000－1881－0000621　00836

天聞閣琴譜十六卷首三卷　(清)唐彝銘纂集　(清)張合修修　清光緒二年(1876)葉宗祺刻本　十六冊

340000－1881－0000622　00837

桃花泉棋譜二卷　(清)范世勳撰　清石印本　二冊

340000－1881－0000623　00839

歷朝弈事輯略不分卷前代弈譜目錄不分卷國朝弈譜目錄不分卷國朝弈家姓名錄不分卷　(清)鄧元鏸輯　清光緒二十四年(1898)上海文瑞樓書局石印本　一冊

340000－1881－0000624　00840

琴譜指法二卷　(清)徐褘纂　清乾隆三十八年(1773)澄鑒堂刻本　一冊

340000－1881－0000625　00841

自遠堂琴譜十二卷　(清)吳灯輯　(清)張敦仁　(清)張廷敬　(清)喬鍾吳鑒　清嘉慶七年(1802)自遠堂刻本　十二冊

340000－1881－0000626　00842

楹聯叢話十二卷續話四卷　(清)梁章鉅輯　清道光二十三年(1843)刻本　一冊　存九卷(楹聯叢話四至九、續話一至三)

340000－1881－0000627　00843

香祖樓二卷　(清)蔣士銓填詞　(清)陳守詒評文　(清)羅聘訂譜　清乾隆紅雪樓刻本　二冊

340000－1881－0000628　00844

弈萃一卷官子一卷　(清)卞文恒撰　清嘉慶二十一年(1816)刻本　二冊

340000－1881－0000629　00846

四子譜不分卷　(明)過文年輯著　(清)陸求

可訂正　清刻本　一冊

340000－1881－0000630　00847

四子譜二卷　(明)過文年輯著　(清)陸求可訂正　清刻本　二冊

340000－1881－0000631　00848

奕理指歸圖三卷　(清)錢長澤繪　清刻本　三冊

340000－1881－0000632　00849

棋譜二卷　(□)□□輯　清刻本　二冊

340000－1881－0000633　00850

待月諉奕存不分卷　(清)方濬頤輯　清同治十二年(1873)刻本　二冊

340000－1881－0000634　00851

周嬾予先生圍棋譜一卷　(清)周嘉錫輯　(清)盛如柏校　清同治十二年(1873)刻本　一冊

340000－1881－0000635　00852

兼山堂弈譜不分卷　(清)徐星友輯　清光緒六年(1880)金陵陶文魁刻字刷印處刻本　一冊

340000－1881－0000636　00853

受子譜選二卷首一卷　(清)李汝珍輯　(清)徐廷相　(清)蕭榮修校　清嘉慶二十二年(1817)刻本　二冊

340000－1881－0000637　00854

摘星譜不分卷　(清)胡陶軒編　清光緒十七年(1891)刻本　一冊

340000－1881－0000638　00855

摘星譜不分卷　(清)胡陶軒編　清光緒十七年(1891)刻本　一冊

340000－1881－0000639　00856

子史精華一百六十卷　(清)允祿等纂　清光緒十三年(1887)上海積山書局石印本　十冊

340000－1881－0000640　00857

定國志二十卷　(□)□□撰　清刻本　二十冊

340000 – 1881 – 0000641　00858

繡像綠牡丹全傳六卷六十四回　（□）□□撰
清刻本　六册

340000 – 1881 – 0000642　00859

義門讀書記五十八卷　（清）何焯撰　清乾隆
三十四年(1769)刻本　八册

340000 – 1881 – 0000643　00860

續古文苑二十卷　（清）孫星衍編　清光緒江
蘇書局刻本　六册

340000 – 1881 – 0000644　00861

如面譚二集十八卷　（明）鍾惺纂輯　明刻本
十二册

340000 – 1881 – 0000645　00862

潛莊文鈔六卷　（清）卜起元撰　清光緒五年
(1879)刻本　一册

340000 – 1881 – 0000646　00866

曲綫須知不分卷　（□）□□撰　清刻本
一册

340000 – 1881 – 0000647　00867

代數須知不分卷　（□）□□撰　清刻本
一册

340000 – 1881 – 0000648　00871

算書廿一種不分卷　（清）吳嘉善撰　清同治
十一年(1872)刻本　三册

340000 – 1881 – 0000649　00872

算書廿一種不分卷　（清）吳嘉善撰　清同治
十一年(1872)刻本　四册

340000 – 1881 – 0000650　00873

蛾術編八十二卷　（清）王鳴盛撰　（清）連鶴
壽參校　清道光二十三年(1843)世楷堂刻本
十六册

340000 – 1881 – 0000651　00874

求一術通解二卷　（清）黃宗憲編述　（清）左
潛參定　清同治十三年(1874)長沙丁氏古荷
花池精舍刻本　一册

340000 – 1881 – 0000652　00875

象數難題細草一集不分卷　（清）薛光鏑撰

（清）吳湘瑤　（清）裘淦　（清）薛光鐸校勘
清光緒三十年(1904)刻本　一册

340000 – 1881 – 0000653　00876

勾股算術細草不分卷　（清）李銳撰　清同治
十一年(1872)刻本　一册

340000 – 1881 – 0000654　00877

白芙堂算學叢書二十九卷　（清）丁取忠輯
清光緒二年(1876)刻本　十八册　缺二卷
(割圓八線綴術三至四)

340000 – 1881 – 0000655　00878

御定歷代題畫詩類一百二十卷　（清）陳邦彥
編　清康熙四十六年(1707)刻本　十五册
存七十四卷(二十九至一百二)

340000 – 1881 – 0000656　00880

補註洗冤錄集證四卷附作吏要言　（宋）宋慈
纂　（清）王又槐集證　（清）阮其新補註　清
道光刻三色套印本　四册

340000 – 1881 – 0000657　00881

則古昔齋算學十三種二十四卷　（清）李善蘭
撰　清同治六年(1867)刻本　六册

340000 – 1881 – 0000658　00882

墨香居畫識十卷　（清）馮金伯撰　清刻本
四册

340000 – 1881 – 0000659　00883

國朝畫識十七卷　（清）馮金伯纂輯　（清）吳
晉參訂　清道光十一年(1831)刻本　六册

340000 – 1881 – 0000660　00884

鏡花緣二十卷　（清）李汝珍撰　（清）謝葉梅
摹像　清道光二十一年(1841)刻本　九册
存五卷(一至五)

340000 – 1881 – 0000661　00887

歸田瑣記八卷　（清）梁章鉅撰　清道光二十
五年(1845)刻本　四册

340000 – 1881 – 0000662　00888

秘傳花鏡六卷　（清）陳淏子輯　清康熙刻本
三册　存五卷(一至五)

340000 – 1881 – 0000663　00890

來生福彈詞三十六回　（清）橘中逸叟撰　清同治九年(1870)聚錦堂刻本　二十冊

340000－1881－0000664　00892
高弧細草不分卷　（清）張作楠輯　清刻本　一冊

340000－1881－0000665　00893
圓率攷真圖解不分卷　（清）左潛　（清）曾紀鴻　（清）黃宗憲述　清同治十三年(1874)刻本　一冊

340000－1881－0000666　00894
通俗編三十八卷　（清）翟灝纂輯　清乾隆無不宜齋刻本　十二冊

340000－1881－0000667　00895
審看擬式四卷首一卷末一卷　（清）剛毅編　清光緒十五年(1889)江蘇書局刻本　二冊

340000－1881－0000668　00896
交食細草二卷首一卷　（清）張作楠撰　清刻本　一冊

340000－1881－0000669　00897
卜筮全書十四卷　（明）姚際隆編　（明）王友校正　明崇禎刻本　四冊

340000－1881－0000670　00898
文選音義八卷　（清）余蕭客輯著　（清）金旦評　（清）朱燦華參訂　清乾隆刻本　二冊

340000－1881－0000671　00899
讀書作文譜十二卷父師善誘法二卷　（清）唐彪輯撰　清康熙四十七年(1708)刻本　二冊

340000－1881－0000672　00900
學仕要箴五卷　（清）張圻編輯　（清）蔣伊鑒定　（清）袁滋參訂　清刻本　二冊

340000－1881－0000673　00901
潛邱劄記六卷　（清）閻若璩撰　左汾近稾一卷　（清）閻詠撰　清乾隆刻本　五冊

340000－1881－0000674　00902
紅樓復夢一百卷　（清）紅香閣小和山樵南陽氏編輯　（清）陳雯校訂　清嘉慶四年(1799)刻本　三十二冊

340000－1881－0000675　00903
庚子銷夏記八卷　（清）孫承澤撰　清光緒四年(1878)崇川曹氏刻本　二冊

340000－1881－0000676　00904
桐陰論畫二卷首一卷桐陰畫訣不分卷續桐陰論畫不分卷　（清）秦祖永撰　清同治五年(1866)刻朱墨套印本　二冊

340000－1881－0000677　00906
繪像第六才子書八卷　（元）王實甫撰　清光緒十六年(1890)刻朱墨套印本　六冊

340000－1881－0000678　00907
兩漢策要十二卷　（宋）陶叔獻編　清光緒石印本　一冊　存一卷(六)

340000－1881－0000679　00908
寶繪錄二十卷　（明）張泰階編　清刻本　十冊

340000－1881－0000680　00909
新鐫校正指明算法二卷　（□）□□撰　清刻本　一冊　存一卷(乘法還原)

340000－1881－0000681　00914
大方廣佛華嚴經淨行品不分卷大方廣佛華嚴經明法品不分卷大方廣佛華嚴經入不思議解脫境界普賢行願品不分卷　（唐）釋般若譯　清光緒二十二年(1896)揚州藏經院刻本　三冊

340000－1881－0000682　00915
妙法蓮華經七卷　（後秦）釋鳩摩羅什譯　清南京狀元境宜春閣影印本　一冊　存一卷(六)

340000－1881－0000683　00916
中峰國師三時繫念佛事不分卷　（清）釋隆清輯　清同治十二年(1873)刻本　一冊

340000－1881－0000684　00919
千手眼大悲心咒行法不分卷　（宋）釋知禮集　（清）釋廣濟　（清）釋湛祐合集　禮拜觀想偈略釋不分卷　（唐）釋湛然撰　（清）釋智旭釋　清康熙刻本　一冊

340000－1881－0000685　00920

千手眼大悲心咒行法不分卷　（宋）釋知禮集
（清）釋廣濟　（清）釋湛祐合集　禮拜觀想
偈略釋不分卷　（唐）釋湛然撰　（清）釋智旭
釋　清康熙刻本　一冊

340000－1881－0000686　00921

大悲懺不分卷　（□）□□撰　清咸豐五年
(1855)刻本　一冊

340000－1881－0000687　00923

大乘金剛般若波羅密經不分卷　（後秦）釋鳩
摩羅什譯　清同治六年(1867)刻本　一冊

340000－1881－0000688　00927

雨窗消意録甲部四卷　（清）牛應之編　清刻
本　四冊

340000－1881－0000689　00929

松陽講義十二卷　（清）陸隴其撰　（清）席永
恂　（清）侯銓　（清）王前席編　清康熙二十
九年(1690)刻本　四冊

340000－1881－0000690　00930

任庭文存二卷首一卷　（清）廖延齡撰　清道
光二十二年(1842)木活字印本　一冊

340000－1881－0000691　00931

先儒趙子言行録二卷　（清）陳廷吉鑒定
(清)陳廷鈞纂述　（清）陳廷儒校編　清同治
九年(1870)湖北崇文書局刻本　二冊

340000－1881－0000692　00932

張子全書十五卷　（宋）張載撰　清光緒三年
(1877)夏州李氏刻本　四冊

340000－1881－0000693　00933

蠶桑簡法二卷　（清）安徽蠶業講習所編　清
宣統三年(1911)安慶同文印書館鉛印本
一冊

340000－1881－0000694　00934

鄂宰四稿四卷　（清）王筠撰　清咸豐刻本
二冊

340000－1881－0000695　00935

錢穀刑名便覽二卷　（清）董公振輯　（清）董

公賜參訂　清雍正十二年(1734)刻本　二冊

340000－1881－0000696　00937

居士傳五十六卷　（清）彭際清述　清乾隆四
十年(1775)刻本　四冊

340000－1881－0000697　00938

天文揭要二卷　（美國）赫士口譯　（清）周文
源筆述　清光緒二十三年(1897)上海美華書
館鉛印本　二冊

340000－1881－0000698　00939

洛學編四卷　（清）湯斌輯　清康熙五十一年
(1712)刻本　一冊

340000－1881－0000699　00940

雷塘庵主弟子記七卷　（清）張鑑録　清道光
二十一年(1841)刻本　四冊

340000－1881－0000700　00941

新編古今事文類聚新集三十六卷　（元）富大
用編　明德壽堂刻本　十二冊

340000－1881－0000701　00942

震澤長語二卷　（明）王鏊輯　（清）王仲湘
（清）王仲淮校　清乾隆四十九年(1784)刻本
二冊

340000－1881－0000702　00943

退庵題跋二卷　（清）梁章鉅撰　清福州梁氏
刻本　一冊

340000－1881－0000703　00946

大乘起信論義記七卷別記一卷　（唐）釋法藏
撰　清光緒二十四年(1898)金陵刻經處刻本
二冊

340000－1881－0000704　00949

大乘本生心地觀經八卷　（唐）釋般若等譯
清刻本　二冊

340000－1881－0000705　00950

呂祖全書二十卷首一卷末一卷　（清）周匯淙
纂輯　清同治十三年(1874)聚文堂刻本　十
五冊

340000－1881－0000706　00951

山谷題跋三卷　（宋）黃庭堅撰　（清）溫一貞

錄　清同治十一年(1872)刻本　三冊

340000 - 1881 - 0000707　00952

東坡題跋二卷　(宋)蘇軾撰　(清)溫一貞錄
清同治十一年(1872)石印本　二冊

340000 - 1881 - 0000708　00954

維摩詰所說經三卷　(後秦)釋鳩摩羅什譯
清同治九年(1870)金陵刻經處刻本　一冊

340000 - 1881 - 0000709　00956

虛空樓閣不分卷　(清)妙空子輯　清刻本
一冊

340000 - 1881 - 0000710　00961

大佛頂首楞嚴經正脈疏四十卷首一卷　(明)
釋真鑒述　清光緒二十二年(1896)金陵刻經
處刻本　十四冊

340000 - 1881 - 0000711　00968

佛說阿彌陀經要解不分卷　(後秦)釋鳩摩羅
什譯　(清)釋智旭解　清光緒十一年(1885)
金陵刻經處刻本　一冊

340000 - 1881 - 0000712　00971

翻譯名義集二十卷　(宋)釋法雲編　清光緒
四年(1878)蒯氏帶耕草堂刻本　六冊

340000 - 1881 - 0000713　01010

感應篇引經箋注不分卷　(清)惠棟箋注　清
影印本　二冊

340000 - 1881 - 0000714　01015

摩訶般若波羅蜜多心經不分卷　(唐)釋玄奘
譯　清道光二十二年(1842)刻本　二冊

340000 - 1881 - 0000715　01018

重訂教乘法數十二卷　(清)釋超海等重訂
清光緒三十四年(1908)刻本　六冊

340000 - 1881 - 0000716　01020

了凡四訓不分卷　(明)袁黃撰　清光緒二十
一年(1895)刻本　一冊

340000 - 1881 - 0000717　01028

呂祖指玄篇秘註不分卷　(唐)純陽祖師呂真
人撰　(唐)邵菴校訂　(清)本誠子註　清刻
本　一冊

340000 - 1881 - 0000718　01029

佛說貝多樹下思惟十二因緣經不分卷　(三
國吳)釋支謙譯　**佛說緣起聖道經一卷**
(唐)釋玄奘譯　**大乘舍黎娑擔摩經不分卷**
(宋)釋施護譯　清光緒三年(1877)金陵刻經
處刻本　一冊

340000 - 1881 - 0000719　01031

戒殺放生文不分卷　(明)釋袾宏撰并註　清
光緒三十年(1904)石印本　一冊

340000 - 1881 - 0000720　01036

二十二史感應錄二卷　(清)彭希涑輯　清光
緒二十三年(1897)刻本　二冊

340000 - 1881 - 0000721　01038

佛昇忉利天為母說法經三卷　(晉)釋竺法護
譯　清宣統元年(1909)揚州藏經院刻本
一冊

340000 - 1881 - 0000722　01039

無隱禪師略錄不分卷　(清)普願居士輯　清
光緒十六年(1890)金陵刻經處刻本　一冊

340000 - 1881 - 0000723　01040

菩薩戒本經不分卷　(晉)釋曇無讖譯　清光
緒六年(1880)金陵刻經處刻本　一冊

340000 - 1881 - 0000724　01041

性相通說不分卷　(明)釋德清述　清同治十
二年(1873)金陵刻經處刻本　一冊

340000 - 1881 - 0000725　01042

選佛譜六卷　(清)釋智旭述圖　清光緒十七
年(1891)金陵刻經處刻本　二冊

340000 - 1881 - 0000726　01043

壇經不分卷　(唐)釋慧能說　(唐)釋法海錄
清同治十一年(1872)如皋刻經處刻本
一冊

340000 - 1881 - 0000727　01044

發菩提心論二卷　(後秦)釋鳩摩羅什譯　清
光緒十四年(1888)江北刻經處刻本　一冊

340000 - 1881 - 0000728　01045

教觀綱宗不分卷釋義不分卷　(清)釋智旭重

述　清末刻本　一冊

340000－1881－0000729　01047

修習止觀坐禪法要二卷六妙法門不分卷
(隋)釋智顗述　清光緒十八年(1892)金陵刻
經處刻本　一冊

340000－1881－0000730　01056

戒殺放生文不分卷　(明)釋袾宏撰并註　清
刻本　一冊

340000－1881－0000731　01063

師子林呆徹注禪師祿錄不分卷　(清)釋佛音
編　(清)汪縉評點　清乾隆刻本　一冊

340000－1881－0000732　01068

冶梅梅譜不分卷　(清)王寅撰　清光緒二十
六年(1900)上海文盛書局石印本　四冊

340000－1881－0000733　01069

國朝畫徵錄三卷續錄二卷　(清)張庚撰　清
光緒十九年(1893)上海積山書局石印本
三冊

340000－1881－0000734　01070

寶繪錄二十卷　(明)張泰階評訂　清刻本
八冊

340000－1881－0000735　01072

墨林今話十八卷續編一卷　(清)蔣寶齡撰
清同治十一年(1872)刻本　六冊

340000－1881－0000736　01073

畫學心印八卷　(清)秦祖永評輯　清掃葉山
房石印本　一冊　存二卷(七至八)

340000－1881－0000737　01074

清河書畫舫十二卷　(明)張丑造　清乾隆二
十八年(1763)池北草堂刻本　六冊

340000－1881－0000738　01075

苗民生活圖不分卷　(□)□□撰　清抄本
一冊

340000－1881－0000739　01077

事物紀原十卷　(宋)高承撰　(明)李果訂
清道光刻惜陰軒叢書本　十冊

340000－1881－0000740　01078

病榻夢痕錄二卷夢痕錄餘不分卷　(清)汪輝
祖撰　清同治十一年(1872)刻本　四冊

340000－1881－0000741　01079

穆勒名學八論八篇　(英國)穆勒約翰撰　嚴
復譯　清光緒三十一年(1905)金粟齋石印本
一冊

340000－1881－0000742　01083

見物五卷　(明)李蘇撰　(清)李錫齡校　清
刻惜陰軒叢書本　二冊

340000－1881－0000743　01084

履園叢話二十四卷　(清)錢泳輯　清道光刻
本　六冊

340000－1881－0000744　01085

札迻十二卷　(清)孫詒讓撰　清光緒二十一
年(1895)刻本　四冊

340000－1881－0000745　01086

御製資政要覽三卷後序一卷　(清)世祖福臨
編　清光緒刻本　四冊

340000－1881－0000746　01087

御製人臣儆心錄不分卷　(清)世祖福臨編
(清)張百熙書　清光緒二十二年(1896)刻本
一冊

340000－1881－0000747　01088

圖民錄四卷　(清)袁守定撰　清同治十一年
(1872)江西書局刻本　二冊

340000－1881－0000748　01089

覺顛冥齋內言四卷　(清)唐才常撰　清光緒
二十四年(1898)刻本　四冊

340000－1881－0000749　01091

山居瑣言不分卷　(清)王晉之撰　清光緒石
埭陳氏強本居石印本　一冊

340000－1881－0000750　01092

明道學案不分卷伊川學案不分卷　(清)黃宗
羲撰　(清)黃百家述　(清)賈樸參訂　清刻
本　一冊

340000－1881－0000751　01093

潛室陳先生木鍾集十一卷 （宋）陳埴撰 清同治六年（1867）東甌郡齋刻本 四冊

340000－1881－0000752 01095

國朝洛學文徵二卷 （清）李翰華輯 清光緒五年（1879）有不為齋刻本 一冊

340000－1881－0000753 01096

畫禪室隨筆四卷 （明）董其昌撰 （明）楊補編 （明）陳王寶校 清刻本 一冊 存一卷（一）

340000－1881－0000754 01097

懷古田舍梅統十三卷首一卷 （清）徐榮輯 清刻本 三冊 存十三卷（一至三、五至十三,首一卷）

340000－1881－0000755 01098

性理彙解六卷 （清）王熙祖纂集 （清）黃瑞等參訂 （清）周濂溪撰 （宋）朱熹註 清刻本 一冊

340000－1881－0000756 01099

南華發覆八卷 （明）釋性通注 （明）方應祥校 清文奎堂刻本 五冊 存六卷（一、四至八）

340000－1881－0000757 01101

北夢瑣言二十卷 （宋）孫光憲纂集 清乾隆二十一年（1756）刻雅雨堂叢書本 二冊 存十卷（十一至二十）

340000－1881－0000758 01102

冶金錄三卷 （美國）阿發滿撰 （英國）傅蘭雅口譯 （清）趙元益筆述 清刻本 二冊

340000－1881－0000759 01103

郎潛紀聞十四卷 （清）陳康祺撰 清光緒刻本 一冊 存二卷（十三至十四）

340000－1881－0000760 01106

觀世音菩薩感應靈課不分卷 （□）□□撰 清同治十一年（1872）石印本 一冊

340000－1881－0000761 01107

諏吉便覽不分卷 （清）俞榮寬輯 清嘉慶四年（1799）刻本 一冊

340000－1881－0000762 01108

鄉兵管見三卷 （清）李柬撰 清咸豐刻本 一冊

340000－1881－0000763 01109

佔畢叢談六卷 （清）袁守定撰 清刻本 一冊 存二卷（二至三）

340000－1881－0000764 01110

弭訟諭言不分卷 （清）徐上鏞撰 清光緒二十七年（1901）刻本 一冊

340000－1881－0000765 01112

固始張侍郎書不分卷 （清）張孝攽輯 清宣統元年（1909）石印本 一冊

340000－1881－0000766 01113

吳歈百絕不分卷 （清）蔡雲撰 （清）姚孟起書 清影印本 一冊

340000－1881－0000767 01121

樂飢齋詩草不分卷 （清）傅山撰 清宣統元年（1909）上海國學保存會石印本 一冊

340000－1881－0000768 01132

孔氏家語十卷附札記 （三國魏）王肅撰 清光緒二十四年（1898）影宋刻本 四冊

340000－1881－0000769 01139

宋人手寫發願經不分卷 （□）□□書 清宣統元年（1909）上海有正書局影印本 一冊

340000－1881－0000770 01151

翁松禪手札不分卷 （清）翁同龢撰 清宣統三年（1911）上海有正書局石印本 七冊

340000－1881－0000771 01152

常熟翁相國手札不分卷 （清）翁同龢撰 清光緒三十四年（1908）上海有正書局石印本 一冊

340000－1881－0000772 01156

翁松禪手札不分卷 （清）翁同龢撰 清宣統三年（1911）上海有正書局石印本 十冊

340000－1881－0000773 01158

昭代名人尺牘續集二十四卷 陶湘輯 清宣統三年（1911）石印本 二十五冊

340000－1881－0000774　01162

吳友如畫寶十二集二十四卷　（清）吳友如繪
清宣統元年(1909)石印本　二十四冊　存
二十三卷(一至二十三)

340000－1881－0000775　01166

圖畫雜俎新聞不分卷　（清）輿論時事報社編
清宣統上海時事報社石印本　五冊

340000－1881－0000776　01167

申報圖畫不分卷　（清）申報編　清宣統元年
(1909)石印本　一冊

340000－1881－0000777　01168

每日古事畫不分卷國朝名人政績圖不分卷
（□）□□編　清光緒上海時事報社石印本
一冊

340000－1881－0000778　01169

女子細花本不分卷　（□）□□編　清文益書
局石印本　一冊

340000－1881－0000779　01171

墨子經說解二卷　（清）張惠言述　清宣統元
年(1909)上海國學保存會石印本　一冊

340000－1881－0000780　01172

方泉先生詩集三卷　（宋）周文璞撰　清宣統
元年(1909)國光社影印本　一冊

340000－1881－0000781　01176

簡學齋清夜齋手書詩稿合印不分卷　（清）陳
沆　（清）魏源撰并書　清影印本　一冊

340000－1881－0000782　01179

翁相國手札第五集不分卷　（清）翁同龢撰
清宣統元年(1909)有正書局石印本　一冊

340000－1881－0000783　01185

昭代名人尺牘二十四卷　（清）吳修審定　清
光緒三十四年(1908)西泠印社石印本　二十
四冊

340000－1881－0000784　01187

新刻玉釧緣全傳三十二卷　（清）西湖居士撰
清石印本　十二冊　存十二卷(二十一至
三十二)

340000－1881－0000785　01211

山洋指迷原本四卷　（明）周景一撰　（清）張
九儀　（清）俞歸璞增註　清乾隆文盛堂刻本
二冊

340000－1881－0000786　01212

新增命學纂要大全三卷　（□）□□撰　清經
國堂刻本　四冊

340000－1881－0000787　01215

昭代名人尺牘續編六卷　（清）陳灝撰　清宣
統元年(1909)抉隱室石印本　六冊

340000－1881－0000788　01216

重刊人子須知資孝地理心學統宗三十九卷
（明）徐善繼　（明）徐善述撰　（明）葉君遷
校　（明）涂元良參錄　清刻本　十六冊

340000－1881－0000789　01217

新刻楊救貧秘傳陰陽二宅便用統宗二卷
（明）邵磻溪編　清光緒元年(1875)立文堂刻
本　二冊

340000－1881－0000790　01218

地理四彈子四卷　（清）張鳳藻輯　清刻本
四冊

340000－1881－0000791　01219

地理正義鉛彈子砂水要訣七卷　（清）張鳳藻
撰　（清）高爾公鑒定　（清）張廷芳　（清）
張廷樨校　清刻本　八冊

340000－1881－0000792　01220

乾坤法竅三卷　（清）范宜賓註　清文奎堂刻
本　四冊

340000－1881－0000793　01221

入地眼全書十卷　（宋）釋靜道撰　（清）袁泰
開等參訂　（清）萬樹華編　（清）萬基校　清
道光元年(1821)經國堂刻本　六冊

340000－1881－0000794　01223

**新刻諏吉便覽不分卷寶鏡圖不分卷滾盤珠不
分卷**　（清）俞榮寬編　清嘉慶二年(1797)大
文堂刻朱墨套印本　四冊

340000－1881－0000795　01224

春在堂尺牘不分卷　（清）俞樾撰并書　清石印本　一冊

340000－1881－0000796　01230
地理正義鉛彈子砂水要訣七卷　（清）張鳳藻撰　（清）高爾公鑒定　清刻本　六冊　存五卷（三至七）

340000－1881－0000797　01231
重鎸官板天機會元增補地學剖秘萬金琢玉斧三卷　（明）徐之鏌撰　（明）李挺秀校　（明）劉青史閲　明刻本　六冊

340000－1881－0000798　01232
秘藏千里眼二卷　（元）釋法心撰　清刻本　二冊

340000－1881－0000799　01233
東坡遺意不分卷　（宋）蘇軾撰　清石印本　一冊

340000－1881－0000800　01235
御纂性理精義十二卷　（清）李光地等編　清刻本　四冊

340000－1881－0000801　01243
明十五完人手帖不分卷　（清）錢柏齡輯　（清）朱彝尊鑒定　清光緒三十二年(1906)上海國學保存會石印本　一冊

340000－1881－0000802　01244
警察學不分卷　（清）胡淵編輯　清末江西高等巡警學堂鉛印本　一冊

340000－1881－0000803　01245
警察學不分卷　（清）胡淵編輯　清末江西高等巡警學堂鉛印本　一冊

340000－1881－0000804　01246
大清現行刑律講義錄不分卷　（清）王襄講述　清末江西高等巡警學堂鉛印本　一冊

340000－1881－0000805　01247
刑法大意不分卷　（清）徐安石講述　清末江西高等巡警學堂鉛印本　一冊

340000－1881－0000806　01248
現行法制大意講義錄不分卷　（清）王襄講述

清末江西高等巡警學堂鉛印本　一冊

340000－1881－0000807　01249
行政法不分卷　（清）胡淵編輯　清末江西高等巡警學堂鉛印本　一冊

340000－1881－0000808　01250
法學通論講義錄不分卷　（清）王襄講述　清末江西高等巡警學堂鉛印本　一冊

340000－1881－0000809　01251
民政部奏定官制章程不分卷　（清）徐安石講述　清末江西高等巡警學堂鉛印本　一冊

340000－1881－0000810　01252
大清違警律不分卷　（清）胡淵編輯　清末江西高等巡警學堂鉛印本　一冊

340000－1881－0000811　01253
新訂步兵操法不分卷　（清）周希頤講授　清末江西高等巡警學堂鉛印本　一冊

340000－1881－0000812　01254
江西高等巡警學堂算術講義不分卷　（清）胡同軾講述　清末江西高等巡警學堂鉛印本　一冊

340000－1881－0000813　01255
容齋隨筆七十四卷　（宋）洪邁撰　清乾隆五十九年(1794)刻本　十四冊

340000－1881－0000814　01256
玉芝堂談薈三十六卷　（明）徐應秋輯　清乾隆刻本　三十四冊

340000－1881－0000815　01257
黃孝子紀程不分卷　（清）黃向堅識　虎口餘生記不分卷　（清）邊大綬撰　澹生堂藏書約不分卷　（明）祁承㸁撰　苦瓜和尚畫語錄不分卷　（明）釋苦瓜述　清乾隆至道光長塘鮑氏刻知不足齋叢書本　一冊

340000－1881－0000816　01258
急就篇四卷　（漢）史游撰　（唐）顏師古註　（宋）王應麟補註　清刻本　二冊

340000－1881－0000817　01259
病榻夢痕錄二卷夢痕錄餘不分卷　（清）汪輝

祖撰　清同治十一年(1872)刻本　四冊

340000－1881－0000818　01260

群學肄言十六卷　(英國)斯賓塞爾撰　嚴復譯　清光緒二十九年(1903)上海文明編譯書局鉛印本　四冊

340000－1881－0000819　01267

清嘉錄十二卷　(清)顧祿撰　清道光十年(1830)刻本　四冊

340000－1881－0000820　01268

明夷待訪錄不分卷　(清)黃宗羲撰　清光緒三十年(1904)甘肅文學堂刻本　一冊

340000－1881－0000821　01269

楞伽阿跋多羅寶經四卷　(南朝宋)釋求那跋陀羅譯　清雍正十三年(1735)刻本　一冊　存二卷(一至二)

340000－1881－0000822　01270

楞伽阿跋多羅寶經義疏四卷　(南朝宋)釋求那跋陀羅譯　(清)釋智旭疏義　清順治刻本　五冊

340000－1881－0000823　01271

楊忠愍公遺書不分卷　(明)楊繼盛撰　清同治五年(1866)木樨山房刻本　一冊

340000－1881－0000824　01272

遼文萃七卷遼史藝文志補證一卷西夏文綴二卷西夏藝文志一卷　王仁俊輯　清光緒三十年(1904)石印本　一冊

340000－1881－0000825　01274

鐵橋漫稿八卷　(清)嚴可均撰　清光緒十一年(1885)長洲蔣氏心矩齋刻本　四冊

340000－1881－0000826　01275

穆堂初稿五十卷　(清)李紱撰　清無怒軒刻本　十四冊

340000－1881－0000827　01276

王肯堂箋釋三十卷　(清)顧鼎編　清刻本　四冊

340000－1881－0000828　01278

唐律疏議三十卷　(唐)長孫無忌等撰　清光

緒十六年(1890)刻本　十二冊

340000－1881－0000829　01279

惜穀免災寶卷不分卷　(□)□□撰　清咸豐八年(1858)蘇城元妙觀內得見齋刻本　一冊

340000－1881－0000830　01281

莊子因六卷　(清)林雲銘撰　清康熙二十六年(1687)刻本　四冊

340000－1881－0000831　01282

演算法大成上編十卷首一卷　(清)陳杰撰　清光緒二十四年(1898)浙江書局刻本　十冊

340000－1881－0000832　01284

魏武帝註孫子三卷　(春秋)孫武撰　(三國魏)武帝曹操註　**吳子二卷**　(春秋)吳起撰　**司馬灋三卷**　(春秋)□□撰　清同治十年(1871)淮南書局刻本　一冊

340000－1881－0000833　01285

文昌帝君勸孝歌不分卷　(清)江紹明書　清光緒十八年(1892)蕪湖田錦文齋鉛印本　一冊

340000－1881－0000834　01286

文昌帝君勸孝歌不分卷　(清)江紹明書　清光緒十八年(1892)蕪湖田錦文齋鉛印本　一冊

340000－1881－0000835　01287

仁學二卷　(清)譚嗣同撰　清鉛印本　一冊

340000－1881－0000836　01288

柚堂筆談四卷　(清)盛百二撰　清乾隆三十四年(1769)刻本　一冊

340000－1881－0000837　01290

魏武帝註孫子三卷　(春秋)孫武撰　(三國魏)武帝曹操註　**吳子二卷**　(春秋)吳起撰　**司馬灋三卷**　(春秋)□□撰　清嘉慶五年(1800)蘭陵孫氏刻本　一冊

340000－1881－0000838　01292

望古齋課徒草不分卷　(清)錢襄撰　清石印本　一冊

340000－1881－0000839　01293

望古齋課徒草不分卷 （清）錢襄撰　清石印本　一冊

340000－1881－0000840　01299

世說新語三卷 （南朝宋）劉義慶撰 （南朝梁）劉孝標註 （明）王世懋批點 明嘉靖十四年(1535)刻本　一冊　存二卷(中之上、下之下)

340000－1881－0000841　01300

菰中隨筆不分卷 （清）顧炎武撰　清道光十二年(1832)刻本　一冊

340000－1881－0000842　01301

陽明先生要書八卷附錄五卷 （明）陳龍正纂　明崇禎五年(1632)刻本　一冊　存一卷(一上、下)

340000－1881－0000843　01303

松崖筆記三卷 （清）惠棟撰　清道光二年(1822)刻本　二冊

340000－1881－0000844　01304

廬山詩錄四卷　易順鼎等撰　清光緒十九年(1893)刻本　一冊

340000－1881－0000845　01305

金剛般若波羅蜜經不分卷 （後秦）釋鳩摩羅什譯　清石印本　一冊

340000－1881－0000846　01307

金剛般若波羅蜜經集註不分卷 （後秦）釋鳩摩羅什譯　清刻本　一冊

340000－1881－0000847　01313

宋人百家小說一百三十一帙 （清）桃源居士輯　清康熙三十一年(1692)刻本　十二冊

340000－1881－0000848　01314

分甘餘話四卷 （清）王士禎撰 （清）王兆楳書　清康熙四十八年(1709)寫刻本　一冊

340000－1881－0000849　01316

紫栢老人集十五卷首一卷 （明）釋真可撰 （明）釋德清閱　明刻本　一冊　存二卷(十至十一)

340000－1881－0000850　01318

三國志六十卷首一卷 （明）羅貫中撰 （清）毛宗崗評 （清）金聖嘆外書　清刻本　二十四冊

340000－1881－0000851　01319

繡像批點紅樓夢一百二十回 （清）曹雪芹撰　清刻本　二十冊

340000－1881－0000852　01320

秦淮見聞錄二卷 （清）雪樵居士輯　清道光刻本　二冊

340000－1881－0000853　01321

第一奇書野叟曝言二十卷 （清）夏敬渠撰　清光緒八年(1882)鉛印本　十冊

340000－1881－0000854　01325

制義叢話二十四卷題名一卷 （清）梁章鉅撰　清咸豐九年(1859)刻本　八冊

340000－1881－0000855　01326

尚友錄二十二卷 （明）廖用賢編纂 （清）張伯琮補輯 （清）張坦讓參訂 （清）張任鄭 （清）張任郎校正　清乾隆刻本　十二冊

340000－1881－0000856　01328

古教彙參三卷 （英國）韋廉臣撰 （清）董樹堂筆　清光緒八年(1882)刻本　三冊

340000－1881－0000857　01337

事物異名錄四十卷 （清）厲荃原輯 （清）關槐增纂　清乾隆五十三年(1788)粵東刻本　八冊

340000－1881－0000858　01338

周子全書二十一卷首一卷 （宋）周敦頤撰 （清）董榕輯　清乾隆刻本　十冊

340000－1881－0000859　01341

明人百家小說一百八帙 （明）沈廷松輯　明末刻本　十二冊

340000－1881－0000860　01342

官板大字全像批評三國志二十四卷 （明）羅貫中撰 （清）金聖歎 （清）毛宗崗批點 （清）李漁評閱　清雍正刻本　二十四冊

340000－1881－0000861　01343

蘭雪堂古事苑定本十二卷 （明）鄧志謨編
清康熙蘭雪堂刻本 四冊

340000－1881－0000862 01344
鷗陂漁話六卷 （清）蔡廷瑠撰 清同治九年
（1870）姑蘇謝文翰齋刻本 二冊

340000－1881－0000863 01345
陳氏家言雜載十四卷 （清）陳貞慧等撰 清
康熙宜興陳氏家刻本 二冊

340000－1881－0000864 01346
西遊真詮六卷 （明）吳承恩撰 （明）李贄等
評閱 清英德堂刻本 六冊

340000－1881－0000865 01347
述學六卷 （清）汪中撰 清同治八年（1869）
揚州書局刻本 二冊

340000－1881－0000866 01349
高僧傳初集十五卷首一卷 （南朝梁）釋慧皎
撰 二集四十卷 （唐）釋道宣撰 三集三十
卷 （宋）釋贊寧等撰 四集六卷 （明）釋如
惺撰 清光緒十八年（1892）江北刻經處刻本
二十四冊

340000－1881－0000867 01351
桃花泉奕譜二卷 （清）范世勳撰 清乾隆三
十年（1765）刻本 二冊

340000－1881－0000868 01352
奕理指歸圖三卷 （清）錢長澤繪 清光緒七
年（1881）刻本 二冊 存一卷（上）

340000－1881－0000869 01353
墨池編二十卷 （宋）朱長文纂 印典八卷
（清）朱象賢編 清雍正十一年（1733）就閒堂
刻本 八冊

340000－1881－0000870 01354
楷法溯源十四卷 （清）潘存輯 楊守敬編
清光緒三年（1877）刻本 十五冊

340000－1881－0000871 01355
二程先生書五十一卷 （宋）程頤 （宋）程顥
撰 明隆慶四年（1570）刻本 一冊 存三卷
（四十四至四十六）

340000－1881－0000872 01357
書法正傳十卷 （清）馮武編輯 （清）馮鼎
（清）馮守謙 （清）馮許雄校 清乾隆五十年
（1785）世㣪堂刻本 四冊

340000－1881－0000873 01358
歷朝聖賢篆書百體千文不分卷 （清）尤侗鑒
定 （南朝梁）周興嗣次韻 （清）孫枝秀集篆
（清）周霦訂 清康熙二十四年（1685）刻本
一冊

340000－1881－0000874 01359
歷朝聖賢篆書百體千文不分卷 （清）尤侗鑒
定 （南朝梁）周興嗣次韻 （清）孫枝秀集篆
（清）周霦參訂 清康熙二十四年（1685）刻
本 一冊

340000－1881－0000875 01360
讀史兵略四十六卷 （清）胡林翼纂 清咸豐
十一年（1861）刻本 十六冊

340000－1881－0000876 01362
淳化秘閣法帖考正十卷 （清）王澍撰 （清）
沈宗騫臨帖 （清）陳焯校畫 清乾隆三十三
年（1768）刻本 四冊

340000－1881－0000877 01363
淳化閣釋文十卷 （清）徐朝弼集釋 清嘉慶
十七年（1812）刻本 一冊

340000－1881－0000878 01364
淳化帖釋文十卷 （清）徐朝弼集釋 清嘉慶
十七年（1812）刻本 一冊

340000－1881－0000879 01366
十七帖釋文不分卷 （清）孫槙撰 （清）趙嘉
稷校勘 清道光十三年（1833）刻本 一冊

340000－1881－0000880 01367
御刻三希堂石渠寶笈法帖釋文十六卷首一卷
（清）梁詩正撰 清刻本 一冊 存四卷
（五至八）

340000－1881－0000881 01368
淳化帖釋文十卷 （清）徐朝弼集釋 清嘉慶
十七年（1812）刻本 一冊

340000－1881－0000882　01369

淳化帖釋文十卷　（清）徐朝弼集釋　清嘉慶
十七年(1812)刻本　一冊

340000－1881－0000883　01370

淳化帖釋文十卷　（清）徐朝弼集釋　清嘉慶
十七年(1812)刻本　一冊

340000－1881－0000884　01371

淳化帖釋文十卷　（清）徐朝弼集釋　清嘉慶
十七年(1812)刻本　一冊

340000－1881－0000885　01372

笠翁偶集六卷　（清）李漁撰　清康熙芥子園
刻本　六冊

340000－1881－0000886　01373

新刻重校增補圓機活法詩學全書二十四卷
(明)王世貞校正　（明)楊淙參閱　（明）蔣
先庚訂　明萬曆刻本　十冊

340000－1881－0000887　01374

欽定重刻淳化閣帖十卷　（清）于敏中編
(清)金簡校　清乾隆三十四年(1769)刻武英
殿聚珍版書本　一冊　存五卷(一至五)

340000－1881－0000888　01375

淳化秘閣法帖考正十二卷　（清）王澍纂　清
乾隆刻本　二冊　存四卷(一至二、十一至十
二)

340000－1881－0000889　01378

快雪堂法書不分卷　（明）馮銓輯　清石印本
　一冊

340000－1881－0000890　01382

增訂四體字法三卷　（□）□□□輯　清咸豐四
年(1854)文奎堂刻本　二冊

340000－1881－0000891　01384

書小史十卷　（宋）陳思纂　清光緒二十二年
(1896)八千卷樓刻朱印本　一冊　存四卷
(一至四)

340000－1881－0000892　01385

曾惠敏公四體書法不分卷　（清）曾紀澤撰
清光緒十六年(1890)鴻寶齋石印本　一冊

340000－1881－0000893　01386

梁聞山先生評書帖不分卷　（清）梁巘撰　清
刻本　一冊

340000－1881－0000894　01387

歷代字法心傳不分卷　（清）丁康輯述　（清）
馬晉錫校　清石印本　一冊

340000－1881－0000895　01388

書法集要四卷　（清）皇甫鯤　（清）金大鍾輯
　（清）皇甫濬　（清）皇甫澐　（清）皇甫濂
校　清乾隆九年(1744)刻本　一冊

340000－1881－0000896　01389

漢溪書法通解八卷　（清）戈守智纂著　（清）
陸聲鍾編　清乾隆霽雲閣刻本　四冊

340000－1881－0000897　01390

書法離鉤十卷　（明）潘之淙撰　（清）潘之淇
校勘　清道光刻惜陰軒叢書本　二冊

340000－1881－0000898　01391

文房肆考圖說八卷　（清）唐秉鈞撰　（清）馮
孝壽纂　（清）康愷繪　（清）唐秉鉞　（清）
馮以炳校勘　清乾隆四十三年(1778)竹暎山
莊刻本　四冊

340000－1881－0000899　01392

文房肆攷圖說八卷　（清）唐秉鈞撰　清乾隆
四十三年(1778)唐氏竹暎山莊刻本　四冊

340000－1881－0000900　01393

御覽書苑菁華二十卷　（宋）陳思纂　清乾隆
刻本　二冊　存十卷(五至九、十六至二十)

340000－1881－0000901　01394

墨林今話十八卷　（清）蔣寶齡撰　清咸豐刻
本　四冊　存十三卷(一至十三)

340000－1881－0000902　01397

喝茫蠶書八卷　（法國）喝茫勒窩滂撰　（清）
鄭守箴譯　清光緒二十四年(1898)杭州蠶學
館石印本　一冊

340000－1881－0000903　01398

野菜博錄三卷　（明）鮑山編　清宣統二年
(1910)石印本　一冊　存一卷(中之上、下)

340000－1881－0000904　01399

農話十章　(清)陳啓謙編　清光緒三十三年(1907)商務印書館鉛印本　一冊

340000－1881－0000905　01402

增廣尚友錄統編二十二卷　應祖錫編輯　清光緒二十八年(1902)上海鴻寶齋石印本　十二冊

340000－1881－0000906　01406

佛爾雅八卷　(清)周春撰　清宣統二年(1910)上海國學扶輪社鉛印本　二冊

340000－1881－0000907　01407

群書拾補不分卷　(清)盧文弨撰　清光緒十三年(1887)上海蜚英館石印本　八冊

340000－1881－0000908　01409

保華全書四卷續編一卷首一卷末一卷　(英國)貝斯福撰　(美國)林樂知譯意　蔡爾康任廷旭述　清光緒二十五年(1899)鉛印本　四冊

340000－1881－0000909　01410

東西學書錄二卷附錄一卷　(清)徐維則編　清光緒二十五年(1899)石印本　三冊

340000－1881－0000910　01411

盛世危言三編十六卷　鄭觀應輯著　清光緒二十四年(1898)上海圖書集成局鉛印本　六冊

340000－1881－0000911　01412

墨子閒詁十五卷目錄一卷附錄一卷後語二卷　(清)孫詒讓撰　清上海涵芬樓影印本　八冊

340000－1881－0000912　01413

駢雅七卷　(明)朱謀㙔撰　清刻本　八冊

340000－1881－0000913　01414

異聞益智叢錄三十四卷　(清)種蕉藝蘭生撰　清光緒二十六年(1900)江南書局鉛印本　八冊

340000－1881－0000914　01415

洋務經濟通考十六卷　(清)邵友濂纂定　應祖錫　(清)徐毓洙校正　清光緒二十四年(1898)上海鴻寶齋石印本　十二冊

340000－1881－0000915　01416

古今算學書錄七卷附錄一卷　(清)劉鐸輯　清光緒二十四年(1898)上海算學書局石印本　四冊

340000－1881－0000916　01417

荀子集解二十卷首一卷　(唐)楊倞注　王先謙集解　清光緒影印本　六冊

340000－1881－0000917　01418

楊忠愍公遺書不分卷　(明)楊繼盛撰　清同治五年(1866)木樨山房刻本　一冊

340000－1881－0000918　01419

歸田瑣記八卷　(清)梁章鉅撰　清道光刻本　四冊

340000－1881－0000919　01420

勉益齋偶存稿八卷　(清)裕謙撰　清道光刻本　八冊

340000－1881－0000920　01421

札樸十卷　(清)桂馥撰　清光緒九年(1883)長洲蔣氏心矩齋刻本　六冊

340000－1881－0000921　01422

原富八卷　(英國)斯密亞丹撰　嚴復譯　清光緒南洋公學譯書院鉛印本　八冊　存五卷(甲上、下,乙,丙,丁上、下,戊上、下)

340000－1881－0000922　01423

表異錄二十卷　(明)王志堅輯　(清)張錫圭校勘　清光緒十四年(1888)長沙惜陰書局刻本　二冊

340000－1881－0000923　01424

農具圖說三卷　(法國)藍涉爾芒撰　(清)吳爾昌譯　清光緒石印本　一冊　存二卷(一至二)

340000－1881－0000924　01425

蠶桑說不分卷　(清)沈練撰　清光緒十四年(1888)刻本　一冊

340000－1881－0000925　01426

安徽勸辦柞蠶案不分卷 （清）徐瀾輯 （清）蔣汝正校勘 清宣統二年(1910)安徽勸業道署刻本 一冊

340000－1881－0000926 01427

蠶桑輯要不分卷 （清）沈秉成輯 清光緒九年(1883)金陵書局刻本 一冊

340000－1881－0000927 01428

增補註釋白眉故事六卷 （明）許以忠集 （清）許國球校 （清）許貫日註釋 清刻本 六冊

340000－1881－0000928 01430

省軒考古類編十二卷 （清）柴紹炳纂 （清）姚廷謙評 （清）汪琬等參 （清）高纘勳 （清）高越訂 清雍正四年(1726)刻本 六冊

340000－1881－0000929 01431

精選黃眉故事十卷 （明）鄧志謨彙編 清康熙三十九年(1700)三槐堂刻本 六冊

340000－1881－0000930 01432

述異記三卷 （清）東軒主人輯 清康熙四十年(1701)刻本 一冊

340000－1881－0000931 01433

韓門綴學五卷續編一卷 （清）汪師韓輯 清乾隆刻本 三冊

340000－1881－0000932 01434

群書疑辨十二卷 （清）萬斯同纂 （清）水雲校 清嘉慶二十一年(1816)刻本 四冊

340000－1881－0000933 01435

容齋隨筆全書七十四卷 （宋）洪邁撰 清康熙洪氏家刻本 十一冊

340000－1881－0000934 01436

容齋隨筆十六卷 （宋）洪邁撰 明刻本 一冊 存八卷(九至十六)

340000－1881－0000935 01437

容齋續筆十六卷 （宋）洪邁撰 清康熙洪氏家刻本 二冊 存十一卷(一至十一)

340000－1881－0000936 01438

事類賦三十卷 （宋）吳淑撰註 明刻本 一冊 存三卷(一至三)

340000－1881－0000937 01439

釋名八卷 （漢）劉熙撰 （明）吳琯校 明刻本 二冊

340000－1881－0000938 01440

藝文類聚一百卷 （唐）歐陽詢撰 （明）王元貞校 明萬曆刻本 四冊 存二十九卷(一至十四、三十三至四十七)

340000－1881－0000939 01441

古文淵鑒六十四卷 （清）聖祖玄燁選 （清）徐乾學等編注 清康熙二十四年(1685)刻五色套印本 四十冊

340000－1881－0000940 01442

讀書紀數略五十四卷 （清）宮夢仁輯 清康熙四十六年(1707)刻本 十六冊

340000－1881－0000941 01443

唐文粹刪十卷 （明）張溥編 明刻本 十冊

340000－1881－0000942 01444

御製數理精蘊上編五卷下編四十卷 （清）聖祖玄燁編 清光緒八年(1882)江寧藩署刻本 三十冊

340000－1881－0000943 01445

大明三藏法數五十卷 （明）釋一如等集註 清光緒六年(1880)刻本 十六冊

340000－1881－0000944 01447

評注賦體雲蒸前集不分卷中集不分卷後集不分卷 （清）燕毅編 清光緒二年(1876)刻本 三冊

340000－1881－0000945 01448

評注試律雲蒸十四卷 （清）燕毅編 （清）黃補之參訂 （清）辜衡齊注 （清）萬子英正譌 清光緒南州甘棠書社刻本 五冊 存十一卷(二至十、十三至十四)

340000－1881－0000946 01449

類纂古文雲蒸六卷 （清）燕毅編 清光緒三年(1877)亦政書齋刻本 二冊 存二卷(一、五)

340000－1881－0000947　01450

陶甓公牘十二卷　（清）劉汝驥撰　清宣統三年(1911)安徽印刷局鉛印本　四冊

340000－1881－0000948　01451

陸清獻公全集四十二卷　（清）陸隴其撰（清）吳光酉編　清同治九年(1870)武林薇署刻本　十二冊

340000－1881－0000949　01452

自西徂東五集五卷　（德國）花之安撰　清光緒十九年(1893)上海美華書館鉛印本　五冊

340000－1881－0000950　01453

小學韻語不分卷　（清）羅澤南撰　清光緒五年(1879)江蘇書局刻本　一冊

340000－1881－0000951　01454

重刊補註洗冤錄集證五卷　（宋）宋慈撰（清）王又槐增輯　（清）李觀瀾補輯　（清）阮其新補註　（清）張錫蕃重訂加丹　附刊洗冤錄解一卷　（清）姚德豫撰　（清）文晟校訂　清道光二十四年(1844)刻四色套印本　四冊

340000－1881－0000952　01455

履園叢話二十四卷　（清）錢泳輯　清刻本　一冊　存三卷(二十至二十二)

340000－1881－0000953　01456

試銀錢考工不分卷　（清）傅范初述　清光緒二十四年(1898)石印本　一冊

340000－1881－0000954　01457

臨陣心法不分卷　（清）劉連捷撰　清光緒十六年(1890)金陵刻本　一冊

340000－1881－0000955　01458

點石齋畫報十二集不分卷　（清）尊聞閣主人輯　（清）吳友如繪　清光緒十年(1884)石印本　一冊

340000－1881－0000956　01460

孟子說春秋兩章口義不分卷　（清）陳學受撰　清石印本　一冊

340000－1881－0000957　01462

新測中星圖表不分卷　（清）張作楠撰　清石印本　一冊

340000－1881－0000958　01463

八線對數類編不分卷　（清）張作楠輯　清石印本　四冊

340000－1881－0000959　01464

志學箴言不分卷　湯壽潛撰　清光緒二十四年(1898)木活字印本　一冊

340000－1881－0000960　01465

詳校新增繪圖幼學故事瓊林四卷首一卷　（清）程登吉原本　（清）鄒聖脈補　（清）謝梅林　（清）鄒可庭參訂　（清）石韞玉重校點評　清光緒三十年(1904)上海鴻寶齋石印本　五冊

340000－1881－0000961　01466

日知堂筆記三卷　（清）郭沛霖撰　清光緒十四年(1888)刻本　一冊

340000－1881－0000962　01470

鵬砭軒質言四卷　（清）戴蓮芬撰　清光緒五年(1879)上海進步書局石印本　一冊

340000－1881－0000963　01471

豈有此理四卷　（清）空空主人撰　清刻本　二冊　存二卷(二至三)

340000－1881－0000964　01472

屑玉叢譚四集□□卷　（清）錢徵　蔡爾康輯　清光緒上海申報館鉛印本　八冊　存二十一卷(屑玉叢譚初集:松江府志摘要不分卷、霜猿集二卷、仙閨集二卷、山曉閣詞集不分卷、物類相感志不分卷、蜂房春秋不分卷、花史不分卷、羅浮夢記不分卷、四海記不分卷、科場餤口不分卷、秋紅霓詠不分卷,二集:豐暇筆談不分卷、緒南筆談不分卷、小螺菴病榻憶語不分卷、杭俗遺風不分卷,三集:五石瓠不分卷、存是錄不分卷、復社紀事不分卷,四集:笠夫雜錄不分卷)

340000－1881－0000965　01474

此宜閣增訂金批西廂記四卷首一卷末一卷　（元）王實甫撰　清刻朱墨套印本　五冊　存

五卷(此宜閣增訂金批西廂記四卷、末一卷)

340000－1881－0000966　01475

文學興國策二卷　(美國)林樂知譯　清光緒二十二年(1896)上海圖書集成局鉛印本一冊

340000－1881－0000967　01480

新刻小喬五更自歎不分卷　(□)□□撰　清光緒三十三年(1907)刻本　一冊

340000－1881－0000968　01481

桐陰論畫二卷首一卷　(清)秦祖永撰　清宣統二年(1910)上海中國書畫會石印本　一冊　存二卷(上、首一卷)

340000－1881－0000969　01482

庚子銷夏記八卷　(清)孫承澤撰　清宣統三年(1911)上海掃葉山房石印本　四冊

340000－1881－0000970　01483

二十二史感應錄二卷　(清)彭希涑輯　清咸豐十一年(1861)刻本　二冊

340000－1881－0000971　01484

萬年書不分卷　(□)□□撰　清光緒石印本二冊

340000－1881－0000972　01486

嚴陵張九儀增釋地理琢玉斧巒頭歌括四卷(明)徐試可撰　(清)袁士麟參訂　清刻本四冊

340000－1881－0000973　01487

欽定協紀辨方書三十六卷　(清)允祿等編清刻本　十五冊　存三十五卷(二至三十六)

340000－1881－0000974　01488

陽宅輯要傳家寶三卷末一卷　(明)黃一鳳纂著　(明)龔居中增補　(清)趙廷棟撰(清)蔣道南輯　清嘉慶八年(1803)兩儀堂刻本　一冊

340000－1881－0000975　01489

三元三要八宅救害明鏡二卷　(清)箬冠道人撰　清光緒三年(1877)刻本　二冊

340000－1881－0000976　01490

地理五訣八卷　(清)趙廷棟撰　(清)趙夢麟(清)趙白麟校　(清)王庸弼　(清)張含章參著　清二讓堂刻本　四冊

340000－1881－0000977　01491

尺牘輯要八卷首三卷　(清)虞世英輯　清起鳳堂刻本　四冊

340000－1881－0000978　01492

欽定協紀辨方書三十六卷　(清)允祿等編清刻本　五冊　存十三卷(二至五、二十四至三十二)

340000－1881－0000979　01493

新刻楊救貧秘傳陰陽二宅便用統宗二卷(明)邵磻溪編　清光緒元年(1875)立文堂刻本　一冊

340000－1881－0000980　01494

卜筮正宗十四卷　(清)王維德輯　(清)王需(清)王鍾英參訂　(清)蔡鑑等校　清聚盛堂刻本　六冊

340000－1881－0000981　01495

四秘全書十二種二十七卷　(清)尹一勺撰清光緒元年(1875)刻本　十二冊

340000－1881－0000982　01496

河洛理數六卷　(宋)陳摶撰　(宋)邵雍述(明)史應選重訂　清刻本　四冊

340000－1881－0000983　01497

地理參贊玄機僊婆集十三卷　(明)張鳴鳳編集　(明)呂元　(明)杜詩評選　(明)萬國隆校正　(明)張希堯參補　清康熙三元堂刻本　十二冊

340000－1881－0000984　01498

浮邱子十二卷　(清)湯鵬撰　(清)湯佶昭(清)湯儆昭　(清)湯壽銘編　清宣統二年(1910)掃葉山房石印本　六冊

340000－1881－0000985　01499

考察日本學校記十六卷　(清)李宗棠編譯清光緒石印本　十六冊

340000－1881－0000986　01500

評點東萊左氏博議四卷 （宋）呂祖謙撰 清
光緒刻本 四冊

340000－1881－0000987 01501
異方便淨土傳燈歸元鏡三祖寶錄二卷 （清）
釋智達拈頌 （清）釋懿日閱錄 清刻本 一
冊 存一卷（下）

340000－1881－0000988 01502
陔餘叢考四十三卷 （清）趙翼撰 清乾隆五
十五年（1790）湛貽堂刻本 一冊 存四卷
（四至七）

340000－1881－0000989 01503
類書纂要三十三卷 （清）周魯輯 （清）侯杲
參 清康熙三年（1664）刻本 九冊 存十六
卷（一至十六）

340000－1881－0000990 01504
行軍策略不分卷 （清）俞益謨撰 清咸豐十
年（1860）宛平史致康刻本 一冊

340000－1881－0000991 01506
永嘉先生八面鋒十三卷 （宋）陳傅良撰 清
嘉慶十八年（1813）刻湖海樓叢書本 二冊

340000－1881－0000992 01507
尸子二卷尹文子不分卷 （清）汪繼培輯 清
嘉慶十七年（1812）蕭山陳氏刻湖海樓叢書本
一冊

340000－1881－0000993 01508
訂譌雜錄十卷 （清）胡鳴玉述 清嘉慶十八
年（1813）蕭山陳氏刻湖海樓叢書本 二冊

340000－1881－0000994 01509
訂譌雜錄十卷 （清）胡鳴玉述 清嘉慶十八
年（1813）蕭山陳氏刻湖海樓叢書本 二冊

340000－1881－0000995 01510
學林十卷 （宋）王觀國撰 清嘉慶十四年
（1809）蕭山陳氏刻湖海樓叢書本 四冊

340000－1881－0000996 01511
乾坤大略十卷補遺一卷 （清）王餘佑撰 清
宣統三年（1911）鉛印本 一冊 存五卷（一
至五）

340000－1881－0000997 01512
簷曝雜記六卷 （清）趙翼撰 清刻本 二冊

340000－1881－0000998 01519
精印［光緒三年］朱虞揚殿試卷不分卷 （清）
朱虞揚撰 清光緒安徽官紙印刷局石印本
一冊

340000－1881－0000999 01521
山居瑣言不分卷 （清）王晉之撰 清光緒十
年（1884）津河廣仁堂刻本 一冊

340000－1881－0001000 01522
無邪堂答問五卷 （清）朱一新撰 清光緒二
十一年（1895）葆真堂刻本 五冊

340000－1881－0001001 01523
撼龍經注不分卷 （唐）楊益撰 （清）李文田
注 清光緒十八年（1892）廬陵蕭允文刻本
一冊

340000－1881－0001002 01524
格致彙編不分卷 （英國）傅蘭雅輯 清光緒
十六年（1890）鉛印本 六冊

340000－1881－0001003 01525
元代合參不分卷 （清）胡豫 （清）沈光烈撰
（清）張之梁校勘 清光緒二十七年（1901）
石印本 一冊

340000－1881－0001004 01526
崇善堂訓文不分卷 （清）崇善堂董事會編
清崇善堂董事會鉛印本 一冊

340000－1881－0001005 01527
禪門日誦不分卷 （清）釋大根纂 清光緒二
十八年（1902）九華山祇園禪寺刻本 一冊

340000－1881－0001006 01528
桃花泉奕譜二卷 （清）范世勳撰 清乾隆三
十年（1765）進道堂刻本 二冊

340000－1881－0001007 01530
劉氏遺書八卷 （清）劉台拱撰 清光緒十五
年（1889）廣雅書局刻本 二冊

340000－1881－0001008 01531
蒐厓考古錄四卷 （清）鍾襄撰 清嘉慶刻本

一冊

340000－1881－0001009　01536
劉石菴墨蹟不分卷　（清）劉墉書　清光緒三十四年(1908)石印本　二冊

340000－1881－0001010　01537
北山錄十卷　（唐）釋神清撰　（宋）釋慧寶注
　北山錄註解隨函二卷　（宋）釋德珪撰　清影印本　四冊

340000－1881－0001011　01538
玉匣明珠二卷　（□）□□撰　清光緒三十四年(1908)溯源書舍刻本　一冊

340000－1881－0001012　01539
玉匣明珠二卷　（□）□□撰　清光緒三十四年(1908)溯源書舍刻本　一冊

340000－1881－0001013　01540
廖金精畫筴撥砂經心法地學四卷　（宋）廖禹撰　（宋）彭大雄集　（明）江之棟輯　（明）汪元標校　（明）吳公遂閱　清道光八年(1828)刻本　二冊

340000－1881－0001014　01541
新訂崇正闢謬通書十四卷　（清）李奉來輯清刻本　八冊

340000－1881－0001015　01542
河洛理數七卷　（宋）陳摶撰　（宋）邵雍述(明)史應選重訂　清刻本　八冊

340000－1881－0001016　01543
欽定協紀辨方書三十六卷　（清）允祿等編清刻朱墨套印本　十二冊　存二十卷(十七至三十六)

340000－1881－0001017　01544
秘傳花鏡六卷　（清）陳淏子訂輯　清刻本五冊　存五卷(二至六)

340000－1881－0001018　01545
盛世危言十六卷　鄭觀應撰　清光緒二十四年(1898)圖書集成局鉛印本　五冊　存十四卷(初編六卷、二編三至四、三編六卷)

340000－1881－0001019　01546

史學聯珠十卷　（清）胡文炳輯　清光緒十三年(1887)著易堂鉛印本　三冊　存三卷(一、八至九)

340000－1881－0001020　01547
讀律琯朗不分卷　（清）梁他山撰　清刻朱墨套印本　一冊

340000－1881－0001021　01548
四大奇書第一種六十卷首一卷　（明）羅貫中著　（清）毛宗崗評　清嘉慶至道光刻本　一冊　存二卷(一、首一卷)

340000－1881－0001022　01549
天演論二卷　（英國）赫胥黎撰　嚴復譯　清光緒石印本　一冊

340000－1881－0001023　01550
西學略述十卷　（英國）艾約瑟譯　清光緒二十四年(1898)上海盈記書莊石印本　一冊

340000－1881－0001024　01551
談天十八卷首一卷　（英國）侯失勒約翰撰(英國)偉烈亞力口譯　（清）李善蘭刪述(清)徐建寅續述　清光緒二十二年(1896)上海著易堂刻本　四冊

340000－1881－0001025　01553
蒙師箴言不分卷　方瀏生撰　清光緒三十二年(1906)鉛印本　一冊

340000－1881－0001026　01555
國文教科書不分卷　（清）蔣維喬　莊俞編纂清光緒三十二年(1906)商務印書館石印本三冊

340000－1881－0001027　01556
芥子園畫傳二集九卷　（清）王槩編　清光緒石印本　一冊

340000－1881－0001028　01558
新鐫濟顛大師醉菩提全傳二十回　（清）天花藏主人編　清會賢堂刻本　一冊

340000－1881－0001029　01559
原富八卷　（英國）斯密亞丹撰　嚴復譯　清光緒二十八年(1902)南洋公學譯書院鉛印本

七冊　存五卷(甲、乙、丙、丁下、戊)

340000－1881－0001030　01561

龍筋鳳髓判四卷　(唐)張鷟撰　(明)劉允鵬
原註　(清)陳春補正　清嘉慶十六年(1811)
蕭山陳氏刻湖海樓叢書本　二冊

340000－1881－0001031　01562

新增格古要論十三卷　(明)曹昭撰　(明)舒
敏編　清道光三原李錫齡刻本　六冊

340000－1881－0001032　01563

六如畫譜三卷　(明)唐寅輯　清道光三原李
錫齡刻本　一冊

340000－1881－0001033　01565

中學修身教科書一卷　(清)蔣智由撰　清光
緒三十二年(1906)同文印刷舍鉛印本　一冊

340000－1881－0001034　01566

龍文鞭影四卷　(明)蕭良有纂輯　(明)楊臣
靜增訂　(清)李恩綬校補　清光緒十三年
(1887)上海掃葉山房刻本　二冊

340000－1881－0001035　01567

孔子家語八卷　(明)何孟春註　(清)盧文弨
校補　清乾隆三十二年(1767)三讓堂刻本
二冊

340000－1881－0001036　01568

增補四書精繡圖像人物備考下學十二卷
(明)陳仁錫增訂　(清)唐光夔詳閱　(清)
陳義錫重校　清雍正十一年(1733)世榮堂刻
本　六冊

340000－1881－0001037　01569

崇正書院課卷不分卷　(清)黃信敏撰　清抄
本　二冊

340000－1881－0001038　01570

敬亭書院課卷不分卷　(清)黃時敏撰　清抄
本　一冊

340000－1881－0001039　01571

三元選擇集要六卷　(明)黃一鳳編集　清雍
正九年(1731)刻本　一冊

340000－1881－0001040　01572

治嘉格言不分卷　(清)陸隴其撰　清同治七
年(1868)上海道署刻本　一冊

340000－1881－0001041　01573

傳家必讀不分卷　(清)王正朋編　清道光十
九年(1839)刻本　一冊

340000－1881－0001042　01574

龍文鞭影四卷　(明)蕭良有纂輯　(明)楊臣
靜增訂　(清)李恩綬校補　清光緒二十二年
(1896)南京李光明莊刻本　四冊

340000－1881－0001043　01578

小學集註六卷　(明)陳選集註　清刻本
四冊

340000－1881－0001044　01579

[光緒九年]陳冕殿試策不分卷　(清)陳冕撰
　清影印本　一冊

340000－1881－0001045　01580

[同治七年]黃自元殿試策不分卷　(清)黃自
元撰　清影印本　一冊

340000－1881－0001046　01581

聖諭廣訓直解不分卷　(清)聖祖玄燁撰
(清)世宗胤禛廣訓　清末刻本　一冊　存八
條(一至八)

340000－1881－0001047　01582

關尹子文始真經二卷　(春秋)尹喜撰　(宋)
陳顯微註　清懿雲堂刻本　二冊

340000－1881－0001048　01583

重定鄉會試章程不分卷　(清)政務處禮部編
　清光緒二十九年(1903)新聞報館石印本
一冊

340000－1881－0001049　01586

蒙學地文教科書不分卷　(清)錢承駒撰　清
光緒三十二年(1906)上海文明書局鉛印本
一冊

340000－1881－0001050　01587

初學讀書要略不分卷　葉瀚撰　清光緒二十
三年(1897)仁和葉氏刻本　一冊

340000－1881－0001051　01588

人生必讀書十二卷　（清）鄒祖堂輯　清光緒
七年（1881）刻本　八冊

340000－1881－0001052　01589
訓蒙捷徑四卷　（清）黃慶澄輯　清光緒二十
五年（1899）刻本　一冊

340000－1881－0001053　01590
三字經註解備要二卷　（宋）王應麟撰　（清）
賀興思註　（清）岳門朗軒氏校　清咸豐四年
（1854）刻本　二冊

340000－1881－0001054　01591
地理捷徑二卷　（清）甘克復鑒定　（清）陳鍾
珍撰　（清）余學聖校　（清）余鳳江　（清）
余鳳浙　（清）余鳳漳錄　清乾隆刻本　一冊

340000－1881－0001055　01592
地學指略三卷　（英國）文教治口譯　（清）李
慶軒筆述　清光緒七年（1881）益智書會刻本
一冊

340000－1881－0001056　01594
持志編五卷首一卷　（清）楊錫齡撰　清嘉慶
二十年（1815）刻本　二冊

340000－1881－0001057　01595
勸學篇二卷　（清）張之洞撰　（清）盧弼校
（清）孟晉祺覆校　清光緒二十四年（1898）慎
始基齋刻本　一冊　存一卷（上）

340000－1881－0001058　01596
程氏家塾讀書分年日程三卷　（元）程端禮述
清同治七年（1868）湖北崇文書局刻本
二冊

340000－1881－0001059　01597
丁未分類中外官商快覽不分卷　（□）□□編
清光緒三十三年（1907）石印本　一冊

340000－1881－0001060　01599
辟邪紀實三卷　（清）天下第一傷心人撰　清
同治十年（1871）刻本　一冊

340000－1881－0001061　01600
清真釋疑不分卷　（清）金天柱撰　清光緒二
年（1876）刻本　一冊

340000－1881－0001062　01603
唯識二十論述記四卷　（唐）釋窺基撰　清宣
統二年（1910）江西刻經處刻本　一冊

340000－1881－0001063　01605
妙法蓮華經要解七卷　（宋）釋戒環解　清光
緒三十四年（1908）刻本　六冊

340000－1881－0001064　01607
大乘起信論不分卷　（南朝梁）釋真諦譯　清
光緒二十四年（1898）金陵刻經處刻本　一冊

340000－1881－0001065　01608
大乘起信論不分卷　（南朝梁）釋真諦譯　清
光緒二十四年（1898）金陵刻經處刻本　一冊

340000－1881－0001066　01609
大乘起信論纂註二卷　（南朝梁）釋真諦譯
（明）釋真界纂註　清光緒十一年（1885）金陵
刻經處刻本　一冊

340000－1881－0001067　01610
大乘起信論疏記會本六卷　（南朝梁）釋真諦
譯　（唐）釋元曉疏并別記　清光緒二十五年
（1899）金陵刻經處刻本　二冊

340000－1881－0001068　01611
大乘起信論直解二卷　（唐）釋法藏造疏
（明）釋德清直解　清光緒十六年（1890）金陵
刻經處刻本　一冊

340000－1881－0001069　01612
靈峰蕅益大師選定淨土十要十卷　（明）釋成
時評點節略　清光緒二十年（1894）刻本
四冊

340000－1881－0001070　01613
在官法戒錄四卷　（清）陳宏謀編輯　（清）葛
正笏　（清）張鳳孫訂　（清）李安民參校　清
刻本　二冊

340000－1881－0001071　01614
大佛頂如來密因修證了義諸菩薩萬行首楞嚴
經纂註八卷首一卷　（唐）釋般刺密諦譯
（唐）釋彌伽釋迦譯語　（唐）房融筆受
（明）釋真界纂註　清鉛印本　四冊

340000－1881－0001072　01615

真福歌新集不分卷新撰發答心言不分卷天基
樂事不分卷天基清戒不分卷　（清）石成金編
　清刻本　一冊

340000－1881－0001073　01624

諸佛要集經二卷　（晉）釋竺法護譯　佛說菩
薩投身飼餓虎起塔因緣經不分卷　（晉）釋法
盛譯　不思議光菩薩所說經不分卷　（後秦）
釋鳩摩羅什譯　清光緒二十一年（1895）金陵
經房刻本　一冊

340000－1881－0001074　01626

大清重刻龍藏彙記不分卷　（□）□□編　清
同治九年（1870）金陵刻經處刻本　一冊

340000－1881－0001075　01627

清真指南九卷　（清）馬文炳撰　（清）劉三傑
　（清）古之瓚校　（清）馬之騏　（清）馬綏
泰參訂　清光緒十年（1884）刻本　十冊

340000－1881－0001076　01628

救生船四卷　（□）□□編　清光緒三十一年
（1905）刻本　二冊　存二卷（一、三）

340000－1881－0001077　01629

維摩詰所說經三卷　（後秦）釋鳩摩羅什譯
清同治九年（1870）金陵刻經處刻本　一冊

340000－1881－0001078　01630

維摩詰所說經三卷　（後秦）釋鳩摩羅什譯
清同治九年（1870）金陵刻經處刻本　一冊

340000－1881－0001079　01631

維摩詰所說經折衷疏六卷　（明）釋大賢述
清金陵刻經處刻本　三冊

340000－1881－0001080　01632

維摩詰所說經註八卷　（後秦）釋鳩摩羅什譯
　（晉）釋僧肇註　清光緒十三年（1887）金陵
刻經處刻本　二冊

340000－1881－0001081　01633

佛說阿彌陀經疏鈔四卷阿彌陀經疏鈔事義四
卷阿彌陀經疏鈔問辯一卷續問答一卷答問一
卷答淨土四十八問一卷淨土疑辯一卷　（後

秦）釋鳩摩羅什譯　清光緒二十五年（1899）
刻本　五冊

340000－1881－0001082　01640

地藏菩薩本願經三卷　（唐）釋實叉難陀譯
清光緒三十年（1904）刻本　一冊

340000－1881－0001083　01644

關帝明聖真經附靈籤詳註并覺世經不分卷
（□）□□撰　清光緒青龍巷萃古齋石印本
一冊

340000－1881－0001084　01645

無量壽經起信論三卷觀無量壽佛經約論不分
卷阿彌陀經約論不分卷　（清）彭際清述　清
同治十一年（1872）如皋刻經處刻本　一冊

340000－1881－0001085　01646

唯心訣不分卷永明智覺禪師定慧相資歌不分
卷　（宋）釋延壽撰　高麗國普照禪師修心訣
不分卷真心直說不分卷　（朝鮮）釋知訥撰
清光緒七年（1881）金陵刻經處刻本　一冊

340000－1881－0001086　01648

大乘入楞伽經七卷　（唐）釋實叉難陀譯　清
光緒三十四年（1908）金陵刻經處刻本　二冊

340000－1881－0001087　01649

淨土四經不分卷　（清）魏源輯　清同治五年
（1866）金陵刻經處刻本　一冊

340000－1881－0001088　01655

呂祖注講金剛心經不分卷　（清）喻梅校
（清）圓通文尼自在光佛直解　清光緒十七年
（1891）上海翼化堂刻本　一冊

340000－1881－0001089　01656

金剛經集注不分卷　（明）成祖朱棣編　清嘉
慶十一年（1806）刻本　一冊

340000－1881－0001090　01657

儒釋道平心論二卷　（元）劉謐撰　清同治二
年（1863）刻本　一冊

340000－1881－0001091　01658

太上感應篇不分卷　（清）惠棟箋注　清同治
六年（1867）刻本　一冊

340000－1881－0001092　01659

地藏菩薩本願經三卷　（唐）釋實叉難陀譯
清光緒三年（1877）刻本　一冊

340000－1881－0001093　01660

法苑珠林一百卷　（唐）釋道世撰　清光緒三
年（1877）常熟三峯寺刻本　三十二冊

340000－1881－0001094　01666

法學通論二卷　（日本）鈴木喜三郎撰　（清）
震生譯　清光緒二十八年（1902）上海廣智書
局鉛印本　一冊

340000－1881－0001095　01667

草字彙十二卷　（清）石梁輯　清石印本　一
冊　存二卷（辰、巳）

340000－1881－0001096　01669

太上感應篇不分卷文昌帝君陰騭文不分卷關
聖帝君覺世真經不分卷白衣觀音大士靈感神
咒不分卷　（□）□□撰　清石印本　一冊

340000－1881－0001097　01670

淨土捷要不分卷　（明）釋德清撰　清宣統二
年（1910）鉛印本　一冊

340000－1881－0001098　01671

淨業知津不分卷　（清）釋悟開述　清同治十
三年（1874）金陵刻經處刻本　一冊

340000－1881－0001099　01680

阿育王舍利瑞應集不分卷　（清）釋妙然錄
清光緒元年（1875）刻本　一冊

340000－1881－0001100　01681

文帝孝經不分卷　（清）金本存　（清）劉體恕
原本　清光緒二十三年（1897）刻本　一冊

340000－1881－0001101　01682

性相通說不分卷　（明）釋德清述　清同治十
二年（1873）金陵刻經處刻本　一冊

340000－1881－0001102　01684

御選雲棲蓮池袾宏大師語錄不分卷　（明）釋
袾宏撰　清刻本　一冊

340000－1881－0001103　01687

周安士先生全書十五卷　（清）周安士述　清

光緒七年（1881）揚州藏經院刻本　七冊

340000－1881－0001104　01688

右台仙館筆記十六卷　（清）俞樾撰　清光緒
刻本　六冊

340000－1881－0001105　01689

[光緒庚子辛丑]恩正并科試卷不分卷　（清）
張宗祥等撰　清光緒刻本　一冊

340000－1881－0001106　01690

家範十卷　（宋）司馬光撰　清光緒元年
（1875）夏州李氏刻本　一冊

340000－1881－0001107　01691

媿生叢錄二卷　李詳撰　清宣統元年（1909）
江寧刻本　一冊

340000－1881－0001108　01692

張文襄幕府紀聞二卷　（清）辜鴻銘撰　清宣
統二年（1910）鉛印本　二冊

340000－1881－0001109　01693

經典釋文序錄不分卷　（唐）陸德明撰　（清）
黃起鳳　（清）繆九疇校　清江楚書局刻本
一冊

340000－1881－0001110　01694

夢溪筆談二十六卷首一卷末一卷補筆談三卷
續筆談一卷　（宋）沈括撰　清光緒三十二年
（1906）番禺陶氏愛廬刻本　四冊

340000－1881－0001111　01695

搜神記十卷　（晉）干寶撰　清光緒元年
（1875）湖北崇文書局刻本　一冊

340000－1881－0001112　01696

老學庵筆記十卷　（宋）陸游撰　清光緒三年
（1877）刻本　二冊

340000－1881－0001113　01698

名賢手札不分卷　（清）郭慶藩輯　清光緒十
年（1884）湘陰郭氏岵瞻堂摹刻本　二冊

340000－1881－0001114　01699

名賢手札不分卷　（清）郭慶藩輯　清光緒十
年（1884）湘陰郭氏岵瞻堂摹刻本　四冊

340000－1881－0001115　01700

名賢手札不分卷　（清）郭慶藩輯　清光緒十年(1884)湘陰郭氏岵瞻堂摹刻本　四冊

340000－1881－0001116　01701

澄衷蒙學堂字課圖說四卷　（清）劉樹屏編（清）吳子誠繪圖　清光緒二十九年(1903)澄衷蒙學堂石印本　三冊　存二卷(三至四)

340000－1881－0001117　01702

佩文韻府一百六卷韻府拾遺一百六卷　（清）張玉書等彙閱　（清）蔡升元等編輯兼校勘　清光緒十三年(1887)上海點石齋石印本　六十冊

340000－1881－0001118　01707

諧鐸十二卷　（清）沈起鳳撰　清光緒二十一年(1895)海上書局石印本　三冊　存九卷(一至三、七至十二)

340000－1881－0001119　01708

兩般秋雨盦隨筆八卷　（清）梁紹壬纂　清道光十七年(1837)錢塘汪氏振綺堂刻本　八冊

340000－1881－0001120　01709

金屋夢六十回　（清）夢筆生撰　清鉛印本　九冊　存四十五回(六至三十五、四十一至五十五)

340000－1881－0001121　01710

韻府拾遺一百六卷　（清）張廷玉等纂　清康熙五十九年(1720)刻本　二十冊

340000－1881－0001122　01711

異聞錄□□卷　（清）孫洙輯　清道光十八年(1838)刻本　二冊　存六卷(二、七至十一)

340000－1881－0001123　01712

繪圖筆生花十六卷　（清）邱心如撰　清光緒二十五年(1899)上海書局石印本　八冊

340000－1881－0001124　01713

新鐫濟顛大師醉菩提全傳二十回　（清）天花藏主人編　清同治十年(1871)聚盛堂刻本　四冊

340000－1881－0001125　01714

冷廬雜識八卷　（清）陸以湉撰　清光緒十九年(1893)石印本　四冊　存四卷(五至八)

340000－1881－0001126　01715

花月痕全書十六卷　（清）魏秀仁撰　（清）棲霞居士評　清光緒十八年(1892)上海圖書集成印書局石印本　四冊

340000－1881－0001127　01718

閒處光陰二卷　（清）彭邦鼎撰　清光緒二十四年(1898)石印本　二冊

340000－1881－0001128　01721

四書雜馥編八卷　（清）錢柳且輯　清嘉慶十六年(1811)刻本　二冊

340000－1881－0001129　01727

新刻粉粧樓傳記十卷八十回　（□）□□撰（清）竹溪山人重訂　清文富堂刻本　十冊

340000－1881－0001130　01729

四大奇書第一種六十卷首一卷　（明）羅貫中撰　（清）毛宗崗評　清芥子園刻本　十三冊　存四十卷(五至二十七、三十八至五十、五十四至五十七)

340000－1881－0001131　01731

對山書屋墨餘錄十六卷　（清）毛祥麟撰　清同治九年(1870)刻本　八冊

340000－1881－0001132　01732

寄蝸殘贅十六卷　（清）汪堃纂　清同治刻本　八冊

340000－1881－0001133　01734

繡像雙珠鳳全傳八十回　（□）□□撰　清嘉慶刻本　六冊

340000－1881－0001134　01736

堅瓠集□□卷　（清）褚人穫纂集　清刻本　十四冊　存二十八卷(堅瓠集四卷、堅瓠二集三至四、堅瓠三集四卷、堅瓠四集三至四、堅瓠五集四卷、堅瓠六集四卷、堅瓠七集四卷、堅瓠八集四卷)

340000－1881－0001135　01737

青溪風雨錄二卷　（清）雪樵居士撰　清嘉慶

二十四年(1819)一枝山房刻本 一冊

340000－1881－0001136 01738

昔柳攄談八卷 （清）梓華樓馮氏編 清嘉慶
十五年(1810)刻本 二冊

340000－1881－0001137 01739

夢談隨錄二卷 （清）厲秀芳述 清同治四年
(1865)刻本 二冊

340000－1881－0001138 01740

西溪叢語二卷 （宋）姚寬輯 （清）包祖同校
清光緒五年(1879)刻本 二冊

340000－1881－0001139 01741

繪圖新西廂不分卷 （□）□□撰 清宣統二
年(1910)改良小說社石印本 二冊

340000－1881－0001140 01742

埋憂集十卷續集二卷 （清）朱翊清撰 （清）
沈味辛校 清光緒元年(1875)文元堂刻本
四冊 存八卷(埋憂集一至八)

340000－1881－0001141 01743

紫藤館雜錄十六卷 （清）梁九圖撰 （清）吳
筠校 清道光二十五年(1845)梁氏紫藤館刻
本 八冊

340000－1881－0001142 01744

陶菴夢憶八卷 （明）張岱撰 清光緒上海鴻
文書局鉛印本 一冊

340000－1881－0001143 01745

妖怪學講義不分卷 （日本）井上圓了撰 蔡
元培譯 清光緒上海鴻文書局鉛印本 一冊

340000－1881－0001144 01746

新刻玉釧緣全傳三十二卷 （清）西湖居士撰
清道光二十二年(1842)北京靜觀齋刻本
六十三冊

340000－1881－0001145 01747

質直談耳八卷 （清）錢肇鼇撰 清刻本 四
冊 存四卷(一、三至五)

340000－1881－0001146 01749

音釋坐花誌果四卷 （清）汪道鼎撰 （清）鷟
峯樵者音釋 清光緒上海文芸山房石印本

二冊

340000－1881－0001147 01750

海上冶遊備覽四卷 （清）指迷生輯 清光緒
九年(1883)寄月軒主刻本 二冊

340000－1881－0001148 01755

紅樓復夢一百卷 （清）紅香閣小和山樵南陽
氏編輯 （清）陳雯校 清嘉慶十年(1805)石
印本 十六冊

340000－1881－0001149 01757

中國覺民錄第一百六期不分卷 （清）覺民錄
館編 清鉛印本 一冊

340000－1881－0001150 01758

中國覺民錄第一百六期不分卷 （清）覺民錄
館編 清鉛印本 一冊

340000－1881－0001151 01759

宋稗類鈔三十六卷 （清）潘永因編 田傳霖
校 清宣統三年(1911)上海藜光社石印本
十二冊

340000－1881－0001152 01760

消暑隨筆四卷 （清）潘世恩撰 清宣統三年
(1911)上海海左書局鉛印本 三冊

340000－1881－0001153 01764

答問錄存不分卷 （清）李杕撰 清光緒十六
年(1890)上海徐匯印書館鉛印本 一冊

340000－1881－0001154 01765

虞山妖亂志二卷 （清）馮舒撰 清光緒三十
二年(1906)鉛印本 一冊

340000－1881－0001155 01766

西游原旨二十四卷一百回首一卷 （明）吳承
恩撰 （清）劉一明解 清嘉慶十五年(1810)
刻本 二十四冊

340000－1881－0001156 01768

龍圖公案十卷 （□）□□撰 清嘉慶十三年
(1808)刻本 四冊

340000－1881－0001157 01770

辨惑編四卷附錄不分卷 （元）謝應芳撰 清
光緒四年(1878)刻本 二冊

340000 – 1881 – 0001158　01771

聞見偶鈔四卷　（清）吳汝言輯著　清光緒十二年(1886)南溪修桂書屋刻本　四冊

340000 – 1881 – 0001159　01772

浪跡續談八卷　（清）梁章鉅撰　清道光二十八年(1848)刻本　四冊

340000 – 1881 – 0001160　01773

勸戒近錄六卷　（清）梁恭辰撰　清道光二十七年(1847)刻本　一冊

340000 – 1881 – 0001161　01774

古格言十二卷　（清）梁章鉅撰　清刻本　二冊

340000 – 1881 – 0001162　01775

理學宗傳二十六卷　（清）孫奇逢輯　（清）魏一鰲等編　清康熙五年(1666)刻本　十冊

340000 – 1881 – 0001163　01779

椒生隨筆八卷　（清）王之春撰　清光緒七年(1881)刻本　四冊

340000 – 1881 – 0001164　01780

能改齋漫錄十八卷　（宋）吳曾纂　清乾隆四十年(1775)刻本　五冊

340000 – 1881 – 0001165　01781

唐語林八卷校勘記一卷　（宋）王讜撰　（清）錢熙祚校　清光緒十九年(1893)湖北官書處刻本　四冊

340000 – 1881 – 0001166　01782

風俗通義十卷　（漢）應劭撰　清光緒元年(1875)湖北崇文書局刻本　二冊

340000 – 1881 – 0001167　01783

聖諭廣訓直解不分卷　（清）聖祖玄燁撰　(清)世宗胤禛廣訓　清道光刻本　二冊

340000 – 1881 – 0001168　01784

世說新語六卷首一卷　（南朝宋）劉義慶撰　(南朝梁)劉孝標注　清光緒三年(1877)湖北崇文書局刻本　四冊

340000 – 1881 – 0001169　01785

浪跡三談六卷　（清）梁章鉅撰　清咸豐七年(1857)刻本　四冊

340000 – 1881 – 0001170　01788

雞窗叢話不分卷　（清）蔡澄撰　蕙櫋雜記不分卷　（清）嚴元照撰　清光緒十二年(1886)新陽趙元益刻本　一冊

340000 – 1881 – 0001171　01789

寒夜薲談三卷　（清）沈赤然撰　清光緒十一年(1885)新陽趙元益刻本　一冊

340000 – 1881 – 0001172　01790

雞窗叢話不分卷　（清）蔡澄撰　蕙櫋雜記不分卷　（清）嚴元照撰　清光緒十二年(1886)新陽趙元益刻本　一冊

340000 – 1881 – 0001173　01793

勸學白話演說不分卷　（清）江西學務公所編　清光緒三十四年(1908)江西學務公所刻本　一冊

340000 – 1881 – 0001174　01794

輶軒語不分卷　（清）張之洞撰　清光緒十九年(1893)同文書局石印本　一冊

340000 – 1881 – 0001175　01796

義門讀書記五十八卷　（清）何焯撰　清光緒六年(1880)刻本　十六冊

340000 – 1881 – 0001176　01797

佔畢叢談六卷附錄一卷　（清）袁守定撰　清光緒十二年(1886)刻本　四冊

340000 – 1881 – 0001177　01800

儒門法語不分卷　（清）彭定求原編　（清）湯金釗輯要　（清）廣厚重訂　清咸豐二年(1852)存悍書屋刻本　一冊

340000 – 1881 – 0001178　01801

南省公餘錄八卷　（清）梁章鉅撰　清道光刻本　二冊

340000 – 1881 – 0001179　01802

童歌養正不分卷　（清）歸繼先編　清光緒九年(1883)武昌書局刻本　一冊

340000 – 1881 – 0001180　01803

呂坤先生四禮翼不分卷　（明）呂坤撰　清同

治二年(1863)刻本　一冊

340000－1881－0001181　01804

童蒙必讀書不分卷　(清)涂宗瀛輯　清光緒
九年(1883)武昌書局刻本　四冊

340000－1881－0001182　01807

傳家必讀不分卷　(清)王正朋編　清道光十
九年(1839)刻本　一冊

340000－1881－0001183　01808

龍門師範學校教育史講義不分卷　(清)賈豐
臻纂述　清光緒三十二年(1906)上海時中書
局鉛印本　一冊

340000－1881－0001184　01809

閱史約書不分卷　(□)□□撰　清刻本
一冊

340000－1881－0001185　01811

西遊真詮六卷　(明)吳承恩撰　(清)金聖嘆
等評　清宏道堂刻本　六冊

340000－1881－0001186　01812

青樓集不分卷　(元)夏庭芝記　板橋雜記三
卷　(明)余懷撰　吳門畫舫錄不分卷　(清)
西溪山人編　清光緒三十四年(1908)長沙葉
德輝刻本　一冊

340000－1881－0001187　01813

西堂雜組初集□□卷　(清)尤侗撰　(清)徐
元文校　清石印本　一冊　存一卷(上)

340000－1881－0001188　01814

小學千家詩人生必讀二卷　(□)□□編　清
刻本　一冊

340000－1881－0001189　01815

錢神志七卷　(清)李世熊撰　清同治十年
(1871)刻本　六冊

340000－1881－0001190　01817

蠡測彙鈔不分卷　(清)鄧傳安撰　清道光十
年(1830)有本堂刻本　一冊

340000－1881－0001191　01818

煙嶼樓筆記八卷　(清)徐時棟撰　清光緒三
十四年(1908)鉛印本　二冊

340000－1881－0001192　01819

東周列國全志二十三卷一百八回　(清)蔡昇
評點　清刻本　九冊　存十七卷(一至九、十
四至十九、二十二至二十三)

340000－1881－0001193　01820

東周列國全志二十三卷一百八回　(清)蔡昇
評點　清刻本　二十一冊　存二十卷(一至
五、七至十、十二至二十、二十二至二十三)

340000－1881－0001194　01821

格致鏡原一百卷　(清)陳元龍纂　清雍正十
三年(1735)刻本　十八冊　存六十卷(一至
十、十三至二十八、四十三至五十五、五十九
至六十二、七十八至八十三、八十五至九十
一、九十七至一百)

340000－1881－0001195　01822

小學弦歌八卷　(清)李元度編　清光緒五年
(1879)刻本　四冊

340000－1881－0001196　01823

東周列國全志□□卷一百八回　(明)余邵魚
撰　(明)馮夢龍改編　(清)蔡昇評點　清乾
隆十七年(1752)刻本　二十一冊　存十九卷
(一至十五、十七至二十)

340000－1881－0001197　01824

欽定授時通考七十八卷　(清)鄂爾泰等總裁
　(清)蔣溥等纂　清乾隆七年(1742)刻本
二十四冊

340000－1881－0001198　01825

詳解袁先生秘傳相法全編三卷　(明)袁忠徹
撰　(清)煙霞野叟　(清)雲林子重訂　清光
緒文奎堂刻本　二冊

340000－1881－0001199　01826

六壬類聚四卷　(清)紀大奎撰　(清)紀壁東
校　清刻本　四冊

340000－1881－0001200　01827

金光斗臨經不分卷　(明)周繼撰　清咸豐三
年(1853)經綸堂刻本　二冊

340000－1881－0001201　01828

袁柳莊先生相法全書三卷首一卷 （明）袁忠
徹撰 （清）雲林子重訂 清咸豐十一年
(1861)丹陽文會堂刻本 二冊

340000－1881－0001202 01829
地理錄要四卷 （清）蔣平階撰 （清）于楷校
清道光二十一年(1841)刻本 四冊

340000－1881－0001203 01830
地理啖蔗錄八卷 （清）袁守定撰并釋 清咸
豐二年(1852)漁古山房刻本 六冊

340000－1881－0001204 01831
風水二書形氣類則四卷 （清）歐陽純撰
（清）袁繼道 （清）劉宗煦校 清光緒十九年
(1893)金溪三讓堂信記刻本 四冊

340000－1881－0001205 01832
金光斗臨經不分卷 （明）周繼撰 （清）張新
溪鑒定 清光緒二年(1876)刻本 一冊

340000－1881－0001206 01833
秘傳水龍經五卷 （清）蔣平階輯 清刻本
四冊

340000－1881－0001207 01834
星經二卷 （漢）甘公 （漢）石申撰 （唐）
李溶校 清刻本 一冊

340000－1881－0001208 01835
新刻東海王先生纂輯陽宅十書四卷 （明）王
君榮纂輯 （明）許從坤 （明）左之龍
(明)李本固校 清光緒八年(1882)掃葉山房
刻本 四冊

340000－1881－0001209 01836
地理辨正五卷 （清）蔣平階補傳 （清）姜垚
辨正 清康熙至雍正金閶書業堂刻本 一冊

340000－1881－0001210 01837
地理末學二卷首一卷 （清）紀大奎撰 清刻
本 四冊

340000－1881－0001211 01838
地理知本金鎖秘二卷 （清）鄧恭撰 （清）鄧
學晉 （清）鄧學升編 （清）黃其勤校 清嘉
慶二十一年(1816)刻本 六冊

340000－1881－0001212 01839
新鐫曆法總覽合節鰲頭通書大全十卷 （明）
熊宗立纂輯 （明）熊月壽重訂 清乾隆五十
一年(1786)刻本 十冊

340000－1881－0001213 01840
張宗道先生地理全書不分卷 （明）張瓦撰
清刻本 一冊

340000－1881－0001214 01841
地理辨正直解五卷 （清）蔣平階補傳 （清）
姜垚辨正 （清）章仲山直解 清道光元年
(1821)刻本 三冊

340000－1881－0001215 01842
心眼指要四卷 （清）章仲山輯 （清）陳柳愚
等校 清同治十二年(1873)刻本 二冊

340000－1881－0001216 01843
天元五歌闡義五卷 （清）蔣平階撰 （清）無
心道人注 元空秘旨不分卷 （清）目講禪師
撰 （清）無心道人解 清道光三年(1823)可
久堂刻本 一冊

340000－1881－0001217 01844
地理五訣八卷 （清）趙廷棟撰 （清）趙夢麟
（清）趙白麟校 （清）王庸弼 （清）張含
章參著 清刻本 四冊

340000－1881－0001218 01845
陽宅三要四卷 （清）趙廷棟撰 （清）趙夢麟
（清）趙白麟校 （清）王庸弼 （清）張含
章參著 清刻本 二冊

340000－1881－0001219 01846
增補地理直指原真三卷首一卷 （清）釋如玉
撰 清光緒十四年(1888)江左書林刻本
八冊

340000－1881－0001220 01847
陽宅大全十卷 （明）西陵一壑編 清同治十
年(1871)刻本 六冊

340000－1881－0001221 01848
角山樓增補類腋六十七卷 （清）姚培謙
(清)張卿雲編 （清）趙克宜增輯 清鉛印本

七冊　存五十九卷（地部一至二十四、人部一至十五、物部一至二十）

340000－1881－0001222　01849

增補事類統編九十三卷首一卷　（清）黃葆真增輯　清光緒二十年（1894）上海文海雨記書局石印本　十二冊

340000－1881－0001223　01850

增廣群策匯源五十卷首一卷　（清）同文書局輯　清光緒十一年（1885）上海同文書局石印本　四冊

340000－1881－0001224　01851

東坡題跋二卷　（宋）蘇軾撰　（清）溫一貞錄　清光緒二十年（1894）石印本　二冊

340000－1881－0001225　01852

山谷題跋三卷　（宋）黃庭堅撰　（清）溫一貞錄　清光緒二十年（1894）石印本　二冊　存二卷（上、下）

340000－1881－0001226　01853

鑄史駢言十二卷　（清）孫玉田編定　清光緒二年（1876）石印本　四冊

340000－1881－0001227　01856

秋圃擷餘不分卷　（明）王世懋原本　（清）朱琰重校　談藝錄不分卷　（明）徐禎卿原本（清）朱琰校　古夫于亭詩問不分卷　（明）劉大勤問　（清）王士禎答　（清）朱琰校　樂府古題要解二卷　（唐）吳競撰　樂府指迷不分卷　（宋）張炎撰　（清）姚培謙　（清）張景星編　詞旨不分卷　（元）陸輔之述　（清）姚培謙　（清）張景星閱　文章緣始不分卷（南朝梁）任昉撰　續文章緣起不分卷　（明）陳懋仁撰　端溪硯譜不分卷　（宋）葉樾撰　清刻本　二冊

340000－1881－0001228　01857

地理真傳不分卷　（□）□□撰　清抄本　十二冊

340000－1881－0001229　01858

繪圖小金錢全傳二十四卷　（□）□□撰　清光緒二十六年（1900）上海書局石印本　二冊

存十卷（一至四、十九至二十四）

340000－1881－0001230　01859

增像第六才子書西廂記六卷　（元）王實甫撰（清）金聖歎評述　清光緒二十七年（1901）上海書局石印本　四冊　存四卷（一、四至六）

340000－1881－0001231　01860

廣治平略綜要□□卷　（清）蔡方炳撰　清刻本　一冊　存一卷（下）

340000－1881－0001232　01861

考古質疑六卷　（宋）葉大慶撰　清刻本　一冊　存三卷（一至三）

340000－1881－0001233　01862

新刻劍嘯閣批評西漢演義傳八卷　（明）鍾惺批評　清四德堂刻本　四冊

340000－1881－0001234　01863

再生緣全傳二十卷　（清）陳端生撰　清光緒二年（1876）刻本（1980年補配第二十三至二十七冊，其中第二十三至二十六冊爲複印本，第二十七冊爲抄本）　四十冊

340000－1881－0001235　01864

聊齋志異新評十六卷　（清）蒲松齡撰　（清）王士正評　（清）但明倫新評　清道光二十二年（1842）廣順但氏刻朱墨套印本　十五冊　存十五卷（一至七、九至十六）

340000－1881－0001236　01865

漢溪書法通解八卷　（清）戈守智纂著　（清）陸聲鍾編　清乾隆霽雲閣刻本　四冊

340000－1881－0001237　01866

新刻東海王先生纂輯陽宅十書四卷　（明）王君榮纂輯　（明）許從坤　（明）左之龍（明）李本固校勘　清同文堂刻本　四冊

340000－1881－0001238　01867

地理辨正疏五卷首一卷末一卷　（清）張心言撰　清道光九年（1829）刻本　二冊

340000－1881－0001239　01868

增廣玉匣記通書六卷末一卷　（□）□□撰

清刻本　四册

340000 – 1881 – 0001240　01870
鐵網珊瑚二十卷　（明）都穆撰　清乾隆刻本
　六册

340000 – 1881 – 0001241　01872
御纂性理精義十二卷　（清）李光地等編　清
刻本　二册　存五卷(二至四、七至八)

340000 – 1881 – 0001242　01873
桐陰清話八卷　（清）倪鴻撰　清刻本　一册
　存四卷(五至八)

340000 – 1881 – 0001243　01874
事類賦三十卷　（宋）吳淑撰注　清刻本
六册

340000 – 1881 – 0001244　01875
邇言六卷　（清）錢大昭撰　清光緒四年
(1878)仁和葛氏嘯園刻本　二册

340000 – 1881 – 0001245　01876
子史輯要詩賦題解四卷　（清）胡本淵編　清
乾隆刻本　一册

340000 – 1881 – 0001246　01877
考古質疑六卷　（宋）葉大慶撰　清光緒四年
(1878)仁和葛氏嘯園刻本　二册

340000 – 1881 – 0001247　01878
新刻時調盜金刀全傳五十五卷　（□）□□撰
　清雲秀軒刻本　六册　存五十一卷(一至
二十七、三十二至五十五)

340000 – 1881 – 0001248　01886
金剛經石註不分卷　（清）石成金集註　清嘉
慶十七年(1812)刻本　一册

340000 – 1881 – 0001249　01901
眉庵詩集二卷　（元）楊基撰並書　清光緒三
十四年(1908)羅氏石印本　一册　存一卷
(上)

340000 – 1881 – 0001250　01904
尖陽叢筆十卷　（清）吳騫撰　清宣統三年
(1911)上海國學扶輪社鉛印本　二册

340000 – 1881 – 0001251　01907
湘學新報不分卷　（□）□□編　清光緒二十
三年(1897)長沙萃文堂刻刷局石印本　一册

340000 – 1881 – 0001252　01908
群學肄言十六卷　（英國）斯賓塞爾撰　嚴復
譯　清光緒二十九年(1903)上海文明編譯書
局鉛印本　四册

340000 – 1881 – 0001253　01909
墨池編二十卷　（宋）朱長文纂　清雍正十一
年(1733)寶硯山房刻本　六册

340000 – 1881 – 0001254　01910
呻吟語六卷　（明）呂坤撰　清道光七年
(1827)開封府署刻本　六册

340000 – 1881 – 0001255　01916
五十名家書札不分卷　（清）陸心源輯　清光
緒十九年(1893)上海學有根柢齋石印本
四册

340000 – 1881 – 0001256　01917
環瀛志險不分卷　（奧地利）愛孫孟撰　清光
緒三十二年(1906)上海商務印書館鉛印本
一册

340000 – 1881 – 0001257　01918
二十世紀奇書快覩十卷　（清）陳琰編　清宣
統三年(1911)上海六藝書局石印本　四册

340000 – 1881 – 0001258　01919
名賢手札不分卷　（清）郭慶藩輯　清光緒十
一年(1885)上海同文書局石印本　四册

340000 – 1881 – 0001259　01920
中西測量輿圖全編不分卷　（清）吳嘉善編
（清）徐啟書　清光緒二十四年(1898)刻本
一册

340000 – 1881 – 0001260　01921
蜨階外史四卷　（清）高繼珩撰　清咸豐十年
(1860)刻本　二册

340000 – 1881 – 0001261　01922
蜨階外史續編二卷　（清）高繼珩撰　清同治
三年(1864)刻本　一册

340000 – 1881 – 0001262   01923

高厚蒙求四集　（清）徐朝俊纂　（清）徐紱校
　　清嘉慶二十年(1815)刻本　二冊　存二集
（初集、四集）

340000 – 1881 – 0001263   01930

張文襄幕府紀聞二卷　（清）辜鴻銘撰　清宣
統二年(1910)鉛印本　一冊　存一卷(上)

340000 – 1881 – 0001264   01933

思益堂日札五卷　（清）周壽昌撰　清刻本
一冊　存三卷(一至三)

340000 – 1881 – 0001265   01934

世說新語補二十卷　（南朝宋）劉義慶撰
（南朝梁）劉孝標注　（宋）劉應登評　（明）
何良俊增　（明）王世貞刪　（明）王世懋評
（明）張文柱注　（清）黃汝琳補訂　清乾隆二
十七年(1762)茂清書屋刻本　一冊　存二卷
（一至二）

340000 – 1881 – 0001266   01935

北牕炙輠二卷　（宋）施彥執編　清嘉慶刻讀
畫齋叢書本　一冊

340000 – 1881 – 0001267   01936

佩韋齋輯聞四卷　（宋）俞德鄰撰　清嘉慶刻
讀畫齋叢書本　一冊

340000 – 1881 – 0001268   01938

遣愁集十四卷　（清）張貴勝纂輯　（清）顧有
孝　（清）余梠鑒定　清石印本　四冊　存七
卷(一、五至十)

340000 – 1881 – 0001269   01941

繪圖諧鐸十二卷　（清）沈起鳳撰　清光緒二
十一年(1895)海上書局石印本　二冊　存六
卷(一至三、七至九)

340000 – 1881 – 0001270   01944

清議報全編四卷　梁啟超主編　清末石印本
一冊

340000 – 1881 – 0001271   01945

識小類編八卷　（清）夏大觀編　清嘉慶四年
(1799)刻本　四冊

340000 – 1881 – 0001272   01946

文心雕龍十卷　（南朝梁）劉勰撰　（清）黃叔
琳輯注　（清）顧進　（清）金甡參訂　清乾隆
六年(1741)養素堂刻本　一冊　存二卷(一
至二)

340000 – 1881 – 0001273   01947

漢書引經異文錄證六卷　（清）繆祐孫撰　清
光緒十一年(1885)刻本　一冊　存三卷(一
至三)

340000 – 1881 – 0001274   01948

閱微草堂筆記擇要二卷　（清）紀昀撰　（清）
籜園居士選訂　清刻本　一冊　存一卷(下)

340000 – 1881 – 0001275   01949

廣藝舟雙楫六卷首一卷　康有為撰　清光緒
十五年(1889)上海廣智書局鉛印本　一冊

340000 – 1881 – 0001276   01950

校補玉海瑣記二卷　（清）張大昌撰　清光緒
浙江書局刻本　一冊

340000 – 1881 – 0001277   01951

增廣便讀昔時賢文不分卷　（□）□□選編
清南京李光明莊刻本　一冊

340000 – 1881 – 0001278   01952

西青散記四卷　（清）史震林撰　清乾隆二年
(1737)三餘堂刻本　四冊

340000 – 1881 – 0001279   01953

秀才約語不分卷　（清）吳毓珍撰　清光緒二
十三年(1897)刻本　一冊

340000 – 1881 – 0001280   01954

通俗編三十八卷　（清）翟灝輯　清乾隆十六
年(1751)刻本　六冊　存二十四卷(一至十
三、十八至二十四、二十八至三十一)

340000 – 1881 – 0001281   01955

解醒語四卷　（清）泖濱野客撰　清光緒二十
一年(1895)申報館鉛印本　二冊

340000 – 1881 – 0001282   01956

青樓夢六十四回　（清）俞達撰　（清）鄒弢評
清光緒四年(1878)申報館鉛印本　十冊

340000－1881－0001283　01957

女才子十二卷首一卷　（清）煙水散人撰　清光緒三年(1877)申報館鉛印本　三冊

340000－1881－0001284　01958

蟬史二十卷　（清）屠紳撰　清申報館鉛印本　三冊

340000－1881－0001285　01959

鸝砭軒質言四卷　（清）戴蓮芬撰　清光緒五年(1879)申報館鉛印本　二冊

340000－1881－0001286　01960

薈蕞編二十卷　（清）俞樾撰　清光緒七年(1881)申報館鉛印本　八冊

340000－1881－0001287　01961

嘯亭雜錄十卷續錄三卷　（清）昭槤撰　清申報館鉛印本　十冊

340000－1881－0001288　01962

嘯亭雜錄十卷續錄三卷　（清）昭槤撰　清申報館鉛印本　十冊

340000－1881－0001289　01963

醒睡錄初集十卷　（清）鄧文濱纂輯　清申報館鉛印本　六冊

340000－1881－0001290　01964

思益堂日札□□卷　（清）周壽昌撰　清鉛印本　一冊　存二卷(四至五)

340000－1881－0001291　01965

巧搭清新不分卷　（清）醉經室主人撰　清光緒十二年(1886)上海積山書局石印本　六冊

340000－1881－0001292　01966

增廣詩韻合璧六卷　（清）湯文潞輯　清光緒十四年(1888)松筠書屋鉛印本　五冊　存五卷(一、三至六)

340000－1881－0001293　01967

則古昔齋算學二十四卷　（清）李善蘭撰　清光緒二十二年(1896)上海積山書局石印本　二冊　存十三卷(一至十三)

340000－1881－0001294　01969

蒲編堂訓蒙草不分卷　（清）路德撰　清道光

二十三年(1843)刻本　一冊

340000－1881－0001295　01970

談古偶錄二卷　（清）陳星瑞撰　清光緒二年(1876)申報館鉛印本　二冊

340000－1881－0001296　01971

迴文傳十六卷　（清）李漁原本　（清）鐵華山人重輯　清道光六年(1826)刻本　八冊

340000－1881－0001297　01972

棉陽學準五卷　（清）藍鼎元撰　清刻本　二冊

340000－1881－0001298　01973

女學六卷　（清）藍鼎元編　清刻本　二冊

340000－1881－0001299　01974

土風錄十八卷　（清）顧張思編　清嘉慶三年(1798)刻本　五冊　存九卷(一、八至十三、十六至十七)

340000－1881－0001300　01975

六合內外瑣言二十卷　（清）屠紳編　（清）垂瀑山人校　清刻本　七冊　存十二卷(三至四、七至十、十五至二十)

340000－1881－0001301　01976

庸書內編二卷外編二卷　（清）陳熾撰　籌洋芻議不分卷　（清）薛福成撰　清光緒二十三年(1897)石印本　一冊

340000－1881－0001302　01977

適可齋記言四卷記行六卷(清光緒七年三月至十一年八月)　（清）馬建忠撰　清光緒二十二年(1896)石印本　一冊

340000－1881－0001303　01978

增補族制進化論不分卷　（日本）賀有長雄撰　（清）廣智書局譯　清光緒二十八年(1902)廣智書局鉛印本　一冊

340000－1881－0001304　01979

社會黨二篇　（日本）西川光次郎撰　（清）周子高譯　清光緒二十九年(1903)上海廣智書局鉛印本　一冊

340000－1881－0001305　01981

中國腦二卷　（清）寅半生編　清光緒二十九年(1903)鉛印本　二冊

340000－1881－0001306　01986
通州興辦實業章程不分卷　張謇撰　清光緒三十一年(1905)翰墨林編譯印書局鉛印本　二冊

340000－1881－0001307　01989
陳文恭公手札節要三卷　（清）陳宏謀撰　清光緒十三年(1887)江西糧署刻本　一冊

340000－1881－0001308　01990
求己錄三卷　（清）盧涇遯士編　清光緒二十四年(1898)刻本　三冊

340000－1881－0001309　01991
習苦齋畫絮十卷　（清）戴熙記　（清）惠年編　清光緒十九年(1893)刻本　四冊

340000－1881－0001310　01992
新刻批評繡像平山冷燕六卷　（清）弘曉批點　清靜寄書房刻本　六冊

340000－1881－0001311　01993
[光緒壬寅補行庚子辛丑恩正兩科]江南鄉試墨卷不分卷　（清）莊鼎元撰　清光緒二十八年(1902)學古山房刻本　一冊

340000－1881－0001312　01994
蒙學叢書不分卷　（日本）高山林次郎　（日本）幸田露伴撰　（日本）松林孝純譯　清吳縣汪氏石印本　一冊

340000－1881－0001313　01995
昭代名人尺牘續集小傳二十四卷　陶湘編　清宣統三年(1911)天寶石印局石印本　二十三冊　存二十三卷（一至二十二、二十四）

340000－1881－0001314　01996
庚子銷夏記八卷闕者軒帖考一卷　（清）孫承澤撰　清乾隆二十六年(1761)刻本　四冊

340000－1881－0001315　01998
測地繪圖十一卷附一卷附表一卷　（英國）富路瑪撰　（英國）傅蘭雅口譯　（清）徐壽筆述　清刻本　四冊

340000－1881－0001316　02000
[光緒壬寅補行庚子辛丑恩正兩科]寶熙鄉會試墨卷不分卷　（清）寶熙撰　清光緒刻本　一冊

340000－1881－0001317　02001
馬逸臣書治家格言不分卷　（明）朱用純撰　（清）馬逸臣書　清光緒十一年(1885)明達書莊影印本　一冊

340000－1881－0001318　02003
硯考二卷　（清）曾興仁編訂　清道光二十一年(1841)瓣香書屋刻本　二冊

340000－1881－0001319　02006
儒門法語不分卷　（清）彭定求原編　（清）湯金釗輯要　（清）廣厚重訂　清光緒六年(1880)新安昌溪庠里義學刻本　一冊

340000－1881－0001320　02007
百鳥圖說不分卷　（□）□□撰　清刻本　一冊

340000－1881－0001321　02008
連環帳譜五卷　（清）蔡錫勇撰　清光緒三十一年(1905)湖北官書局刻本　一冊

340000－1881－0001322　02009
似昇所收書畫錄不分卷　（清）周嵩堯輯　清宣統三年(1911)京師京華印書局鉛印本　一冊

340000－1881－0001323　02010
重學二十卷圓錐曲線說三卷　（英國）艾約瑟口譯　（清）李善蘭筆述　清同治五年(1866)刻本　五冊　存十九卷（重學一至十、十五至二十,圓錐曲線說三卷）

340000－1881－0001324　02015
星軺玫轍四卷　（清）劉啟彤譯述　清光緒十五年(1889)上海同文書局石印本　四冊

340000－1881－0001325　02017
歷代陵寢備考五十卷　（清）朱孔陽輯　清光緒三年(1877)申報館鉛印本　十二冊

340000－1881－0001326　02018

歷代宗廟附考八卷　（清）朱孔陽輯　清申報館鉛印本　二冊

340000－1881－0001327　02019

挑燈新錄六卷　（清）吳荊園編　清道光三年(1823)刻本　二冊

340000－1881－0001328　02022

墨子閒詁十五卷目錄一卷坿錄一卷後語二卷　（清）孫詒讓撰　清光緒三十三年(1907)涵芬樓影印本　八冊

340000－1881－0001329　02024

傳家必讀不分卷　（清）王正朋編　清同治八年(1869)刻本　一冊

340000－1881－0001330　02027

冊府元龜一千卷目錄十卷　（宋）王欽若等撰　（明）李嗣京參閱　（明）文翔鳳訂正　（明）黃國琦校釋　清嘉慶十九年(1814)刻本　三百二十冊

340000－1881－0001331　02028

駢字類編二百四十卷　（清）沈敬宗等編　清光緒十三年(1887)上海同文書局石印本　四十八冊

340000－1881－0001332　02029

佩文韻府一百六卷　（清）張玉書等彙閱　（清）蔡升元等纂修　清光緒十八年(1892)上海鴻寶齋石印本　二百冊

340000－1881－0001333　02030

古香齋新刻袖珍淵鑑類函四百五十卷目錄四卷　（清）張英等總裁　（清）徐秉義等分纂　（清）蔡升元校勘　清古香齋刻本　一百六十冊

340000－1881－0001334　02031

繪圖評點女僊外史八卷　（清）呂熊撰　清宣統元年(1909)上海章福記石印本　八冊

340000－1881－0001335　02033

揚州畫舫錄十八卷　（清）李斗著　清同治十一年(1872)刻本　四冊

340000－1881－0001336　02034

小腆紀年附攷二十卷　（清）徐鼒撰　（清）宋左夫等參校　清咸豐十一年(1861)刻本　十二冊

340000－1881－0001337　02035

小腆紀傳六十五卷補遺一卷考異一卷　（清）徐鼒　（清）徐承禮撰　清光緒十四年(1888)金陵刻本　十六冊

340000－1881－0001338　02036

廿一史約編八卷首一卷　（清）鄭元慶述　（清）潘之藻　（清）沈育馨參訂　清刻本　八冊

340000－1881－0001339　02037

欽定明鑑二十四卷首一卷　（清）胡敬　（清）陳用光總纂　（清）吳慈鶴等纂修　清嘉慶二十三年(1818)刻本　八冊

340000－1881－0001340　02038

南漢書十八卷考異十八卷南漢文字略四卷南漢叢錄二卷　（清）梁廷枏撰　清道光九年(1829)刻本　八冊

340000－1881－0001341　02039

南唐書合刻二種四十八卷　（宋）陸游　（宋）馬令編　清康熙刻本　四冊

340000－1881－0001342　02040

元和郡縣志四十卷　（唐）李吉甫撰　清乾隆四十四年(1779)刻本　八冊

340000－1881－0001343　02041

廿二史考異一百卷　（清）錢大昕撰　清乾隆四十六年(1781)刻本　二十四冊

340000－1881－0001344　02042

史記評林一百三十卷　（明）凌稚隆輯校　明萬曆刻本　三十二冊

340000－1881－0001345　02043

荊駝逸史五十二種八十卷　（清）陳湖逸士編　清刻本　三十二冊

340000－1881－0001346　02044

荊駝逸史五十二種八十卷　（清）陳湖逸士編　清刻本　三十二冊

安徽博物院古籍普查登記目錄

340000－1881－0001347　02045

繹史一百六十卷世系圖一卷年表一卷　（清）
馬驌撰　清康熙九年（1670）刻本　二十冊

340000－1881－0001348　02046

明朝紀事本末八十卷　（清）谷應泰撰　（清）
谷際科　（清）谷際第訂　清順治十五年
（1658）築益堂刻本　十四冊

340000－1881－0001349　02047

重訂路史全本四十七卷　（宋）羅泌輯　（宋）
羅苹註　（明）陳子龍閱　明武林化玉齋摹宋
刻本　十六冊

340000－1881－0001350　02048

說苑二十卷　（漢）劉向撰　（明）鍾人傑閱
清刻本　四冊

340000－1881－0001351　02049

同菴史彙十卷　（明）蔣善選評　（明）朱玉笥
筆受　（明）朱玉麟校閱　清康熙思永堂刻本
六冊

340000－1881－0001352　02050

吳越備史四卷首一卷　（宋）錢儼撰　（清）席
世臣訂　清道光二年（1822）掃葉山房刻本
二冊

340000－1881－0001353　02051

竹書紀年十四卷　（南朝梁）沈約附註　（清）
雷學淇校訂　清亦嚻嚻齋刻本　四冊

340000－1881－0001354　02052

竹書紀年辨正四卷　（清）韓怡纂修　清嘉慶
十二年（1807）刻本　四冊

340000－1881－0001355　02053

綏寇紀略十二卷補遺三卷　（清）吳偉業纂輯
（清）鄒漪原訂　（清）張海鵬重校　清嘉慶
十四年（1809）照曠閣刻本　六冊

340000－1881－0001356　02055

欽定遼史語解十卷　清光緒四年（1878）江蘇
書局刻本　二冊

340000－1881－0001357　02056

欽定金史語解十二卷　清光緒四年（1878）江

蘇書局刻本　二冊

340000－1881－0001358　02057

欽定元史語解二十四卷　清光緒四年（1878）
江蘇書局刻本　六冊

340000－1881－0001359　02058

三國志注證遺四卷　（清）周壽昌撰　（清）蕭
鑑初校　（清）陳名慎覆校　（清）陶福祥再覆
校　清光緒十七年（1891）廣雅書局刻本
二冊

340000－1881－0001360　02059

天咫偶聞十卷　震鈞撰　清光緒三十三年
（1907）刻本　八冊

340000－1881－0001361　02060

東周列國志二十七卷　（清）蔡昇評點　清光
緒十四年（1888）上海點石齋石印本　八冊

340000－1881－0001362　02065

秦良玉傳彙編初集不分卷　（清）秦嵩年編
清宣統元年（1909）石印本　一冊

340000－1881－0001363　02067

李鴻章十二章　梁啟超撰　清光緒二十七年
（1901）石印本　一冊　存七章（一至七）

340000－1881－0001364　02068

李鴻章十二章　梁啟超撰　清光緒二十七年
（1901）石印本　一冊

340000－1881－0001365　02071

江表忠略二十卷　陳澹然纂　清光緒二十六
年（1900）長沙刻本　八冊

340000－1881－0001366　02072

記事珠十卷　（清）張以謙輯　（清）江塽重鐫
（清）鄭夢明刪訂　清乾隆四十九年（1784）
刻本　六冊　存八卷（一至八）

340000－1881－0001367　02074

讀史提要錄十二卷　（清）夏之蓉編　清同治
四年（1865）刻本　二冊

340000－1881－0001368　02075

**朱子[熹]年譜四卷考異四卷朱子論學切要語
二卷**　（清）王懋竑纂訂　清乾隆十七年

(1752)白田草堂刻本　　四册

340000－1881－0001369　02076

五代史志疑四卷　（清）楊陸榮閱　清康熙五
十九年(1720)刻本　　二册

340000－1881－0001370　02077

兩晉南北合纂四十卷　（明）錢岱纂　明刻本
　　一册　　存五卷(南齊纂一至三、南梁纂一至
二)

340000－1881－0001371　02078

西魏書二十四卷附錄一卷　（清）謝啟昆撰
清乾隆六十年(1795)刻本　　四册

340000－1881－0001372　02079

三國志六十五卷　（晉）陳壽撰　（南朝宋）裴
松之注　明汲古閣刻本　　十二册

340000－1881－0001373　02080

唐書釋音二卷　（宋）董衝撰　清刻本　　一册

340000－1881－0001374　02081

南北史補志十四卷附南北史補志贊一卷
（清）汪世鐸撰　清光緒四年(1878)淮南書局
刻本　　六册

340000－1881－0001375　02082

五代史記纂誤續補六卷　（清）吳光耀撰　清
光緒十四年(1888)江夏吳氏刻本　　六册

340000－1881－0001376　02083

唐書釋音二卷　（宋）董衝撰　清刻本　　一册

340000－1881－0001377　02084

東都事略一百三十卷　（宋）王稱撰　清刻本
(卷三十至四十二以抄本補配)　　十二册

340000－1881－0001378　02085

竹書紀年集證五十卷首一卷　（清）陳逢衡撰
　　清嘉慶十八年(1813)刻本　　二十册

340000－1881－0001379　02086

大金國志四十卷　（宋）宇文懋昭撰　清嘉慶
二年(1797)刻本　　三册

340000－1881－0001380　02087

十國春秋一百十六卷　（清）吳任臣撰　（清）

牛奐閱　清乾隆五十八年(1793)刻嘉慶四年
(1799)補刻本　　十四册

340000－1881－0001381　02088

帝王廟謚年諱譜不分卷　（清）陸費墀撰　清
刻本　　一册

340000－1881－0001382　02089

司馬氏書儀十卷　（宋）司馬光撰　清雍正二
年(1724)刻本　　二册

340000－1881－0001383　02090

東觀漢記二十四卷　（漢）劉珍撰　清乾隆六
十年(1795)掃葉山房刻本　　二册

340000－1881－0001384　02091

東觀漢記二十四卷　（漢）劉珍撰　清乾隆四
十二年(1777)桐華館刻本　　二册

340000－1881－0001385　02092

宦游紀實二卷　（清）周樂撰　清光緒二十三
年(1897)刻本　　二册

340000－1881－0001386　02093

山東軍興紀畧二十二卷　（清）張曜撰　清光
緒十一年(1885)刻本　　十册

340000－1881－0001387　02094

十六國春秋一百卷　（北魏）崔鴻撰　清乾隆
三十九年(1774)刻　　十二册

340000－1881－0001388　02096

中東戰紀本末八卷首一卷末一卷　（美國）林
樂知著譯　蔡爾康纂輯　清光緒二十二年
(1896)圖書集成局鉛印本　　八册

340000－1881－0001389　02097

公車上書記不分卷　康有為等撰　清光緒二
十一年(1895)上海石印書局石印本　　一册

340000－1881－0001390　02099

中東戰紀本末八卷首一卷末一卷續編四卷首
一卷末一卷文學興國策二卷　（美國）林樂知
著譯　蔡爾康纂輯　清光緒二十三年(1897)
圖書集成局鉛印本　　十三册

340000－1881－0001391　02100

丁酉北闈大獄記畧不分卷　（清）信天翁撰

清宣統三年(1911)商務印書館鉛印本　一冊

340000－1881－0001392　02103

思文大紀八卷　(明)陳燕翼撰　清宣統三年(1911)商務印書館鉛印本　四冊

340000－1881－0001393　02104

弘光實錄鈔四卷　(清)黃宗羲撰　清宣統三年(1911)商務印書館鉛印本　一冊　存二卷(一至二)

340000－1881－0001394　02105

淮城紀事不分卷揚州變略不分卷京口變略不分卷　(□)□□撰　清宣統三年(1911)商務印書館鉛印本　一冊

340000－1881－0001395　02106

嘉定縣乙酉紀事不分卷　(清)朱子素撰　清宣統三年(1911)商務印書館鉛印本　一冊

340000－1881－0001396　02107

江上孤忠錄不分卷　(清)趙曦明撰　清宣統三年(1911)商務印書館鉛印本　一冊

340000－1881－0001397　02108

江上孤忠錄不分卷　(清)趙曦明撰　清宣統三年(1911)商務印書館鉛印本　一冊

340000－1881－0001398　02109

啟禎記聞錄八卷　商務印書館校訂　清宣統三年(1911)商務印書館鉛印本　四冊

340000－1881－0001399　02110

鹿樵紀聞三卷　(清)吳偉業撰　清宣統三年(1911)商務印書館鉛印本　一冊　存一卷(下)

340000－1881－0001400　02111

客滇述不分卷　(明)顧山貞撰　清宣統三年(1911)商務印書館鉛印本　一冊

340000－1881－0001401　02112

守鄖紀略不分卷　(清)高斗樞撰　大梁守城記不分卷　(清)周在浚撰　清宣統三年(1911)商務印書館鉛印本　一冊

340000－1881－0001402　02114

請纓日記十卷(清光緒八年七月初九日至十二年九月二十二日)　(清)唐景崧撰　清光緒十九年(1893)臺灣布政使署刻本　四冊

340000－1881－0001403　02115

契丹國志二十七卷　(宋)葉隆禮撰　清乾隆五十八年(1793)刻本　四冊

340000－1881－0001404　02117

歷代名儒傳八卷首一卷　(清)朱軾　(清)蔡世遠編　(清)李清植分纂　清雍正刻本二冊

340000－1881－0001405　02118

皇朝經世文續編一百二十卷　(清)葛士濬輯　清光緒十四年(1888)上海圖書集成局鉛印本　三十二冊

340000－1881－0001406　02122

歷代名臣奏議三百五十卷　(明)張溥編　明崇禎八年(1635)東觀閣刻本　六十冊　存二百七十二卷(一至一百一、一百二十九至一百四十五、一百五十三至二百、二百三十六至二百六十四、二百七十四至三百五十)

340000－1881－0001407　02123

明史稿三百十卷　(清)王鴻緒編　清雍正敬慎堂刻本　七十冊

340000－1881－0001408　02124

宋史四百九十六卷　(元)脫脫等纂修　明嘉靖三十五年至清康熙三十九年(1556－1700)刻本　一百十冊

340000－1881－0001409　02125

通鑑紀事本末二百三十九卷　(宋)袁樞編　(明)張溥論正　明末刻本　六十冊

340000－1881－0001410　02126

歷朝通鑑紀事本末五種一百四十八卷　(明)張溥編　明刻本　八十四冊

340000－1881－0001411　02127

歷代史表五十九卷首一卷　(清)萬斯同撰　清光緒十五年(1889)廣雅書局刻本　六冊

340000－1881－0001412　02128

帝王廟諡年諱譜不分卷　(清)陸費墀編　清

刻本　一冊

340000－1881－0001413　02129
歷代帝王年表不分卷　（清）齊召南編　（清）
阮福續編　清同治二年（1863）武林葉敦怡堂
刻本　三冊

340000－1881－0001414　02139
御定駢字類編二百四十卷　（清）吳士玉等編
清康熙刻本　一冊　存二卷（五十五至五
十六）

340000－1881－0001415　02143
十三經注疏四百十六卷附校勘記　（清）阮元
校勘　清光緒十三年（1887）脈望仙館石印本
三十二冊

340000－1881－0001416　02144
退思粗訂稿二卷　（清）朱文翰撰　（清）潘紹
曾編　清刻本　二冊

340000－1881－0001417　02147
洪秀全演義八卷五十四回　（清）嶠世次郎撰
清光緒三十二年（1906）石印本　八冊

340000－1881－0001418　02148
繡像太平天國演義四集□□卷　（清）嶠世次
郎撰　清上海文盛書局石印本　一冊　存一
卷（二）

340000－1881－0001419　02149
繪圖新編第八續洪秀全演義□□卷　（□）
□□撰　清上海大成書局石印本　一冊　存
一卷（四）

340000－1881－0001420　02151
歷代名書要論不分卷　（清）青蓮子撰　清抄
本　一冊

340000－1881－0001421　02153
肆雅堂課藝相長錄不分卷　（清）朱作霖等撰
清光緒十八年（1892）刻本　四冊

340000－1881－0001422　02156
張廉卿墨蹟不分卷　（清）張裕釗書　清上海
有正書局影印本　一冊

340000－1881－0001423　02157

佛教初學課本不分卷註不分卷　（清）楊文會
述　清光緒三十二年（1906）金陵刻經處刻本
一冊

340000－1881－0001424　02159
西游原旨二十四卷一百回　（清）劉一明解
清刻本　一冊　存一卷（二十二）

340000－1881－0001425　02160
［光緒乙巳科黃時敏戊戌科汪鳴珂壬辰科程
尚忠甲辰科鄭廣鎮］安徽貢卷不分卷　（清）
黃時敏等撰　清光緒三十一年（1905）刻本
四冊

340000－1881－0001426　02161
［壬寅補行庚子辛丑恩正并科］浙江鄉試闈卷
不分卷　（清）江宏藻　（清）江宏洛撰　清光
緒二十八年（1902）乙照齋寫刻本　三冊

340000－1881－0001427　02162
［光緒己丑科辛卯科甲午科壬寅補行癸卯科
癸巳科］江南鄉試硃卷不分卷　（清）汪春榜
等撰　清光緒二十九年（1903）刻本　十冊

340000－1881－0001428　02163
［光緒乙未科汪春榜］朝考卷不分卷　（清）汪
春榜撰　清光緒二十一年（1895）影印本
一冊

340000－1881－0001429　02164
［光緒壬午科己丑科］江南貢卷不分卷　（清）
汪佩蘅　（清）胡效鵬撰　清光緒十九年
（1893）刻本　二冊

340000－1881－0001430　02165
［光緒甲午科］恩貢卷不分卷　（清）程祚昌撰
清光緒二十年（1894）徽城乙照齋刻本
一冊

340000－1881－0001431　02166
［光緒庚寅科辛丑科丁酉科庚子科戊戌科乙
未科癸卯科壬辰科癸巳科］廩卷不分卷
（清）曹午暉等撰　清光緒三十年（1904）刻本
十冊

340000－1881－0001432　02167

[宣統己酉科]安徽選拔貢卷不分卷　（清）宋貞標　（清）汪鍾鼇撰　清宣統元年(1909)刻本　二冊

340000－1881－0001433　02168

試草不分卷　（清）鮑運泰等撰　清光緒刻本　二十二冊

340000－1881－0001434　02169

[光緒庚辰科、甲辰科]會試墨卷不分卷　許承堯等撰　清光緒三十年(1904)刻本(第二、三冊爲補配)　三冊

340000－1881－0001435　02170

龍溪密諦不分卷　（清）李衷燦輯　清光緒三年(1877)含山李氏刻本　一冊

340000－1881－0001436　02171

刑部題定驗尸圖格不分卷　（清）許達祥填　清光緒十四年(1888)寫本　一冊

340000－1881－0001437　02173

洪字秘本不分卷　（□）□□撰　清鉛印本　一冊

340000－1881－0001438　02176

新編後劉成美全傳二十五卷　（□）□□撰　清刻本　一冊　存八卷(十六至二十三)

340000－1881－0001439　02177

新編玉鴛鴦全傳□□卷　（□）□□撰　清刻本　一冊　存九卷(九至十七)

340000－1881－0001440　02187

中國覺民錄第一百六期不分卷　（清）覺民錄館編　清鉛印本　一冊

340000－1881－0001441　02188

中國覺民錄第一百六期不分卷　（清）覺民錄館編　清鉛印本　一冊

340000－1881－0001442　02189

平等閣筆記不分卷　（清）狄寶賢撰　清鉛印本　一冊

340000－1881－0001443　02190

列仙傳二卷　（漢）劉向撰　（清）汪士漢校　清刻本　一冊

340000－1881－0001444　02191

[光緒庚寅科]會試硃卷不分卷朝考卷不分卷　（清）程秉釗撰　清光緒十六年(1890)刻本　二冊

340000－1881－0001445　02192

問政紫陽書院課卷不分卷　（清）孫廷獻等撰　清抄本　三冊

340000－1881－0001446　02193

漢溪書法通解八卷　（清）戈守智纂著　（清）陸聲鍾編　清乾隆霽雲閣刻本　一冊　存二卷(六至七)

340000－1881－0001447　02194

憑山閣增輯詩林切玉八卷　（清）陳枚選　（清）陳德裕校　（清）朱從儀參閱　清刻本　二冊　存二卷(七至八)

340000－1881－0001448　02195

學林十卷　（宋）王觀國撰　清嘉慶十四年(1809)刻湖海樓叢書本　一冊　存二卷(一至二)

340000－1881－0001449　02196

游藝錄二卷別錄一卷　（清）彭齡　（清）柏景偉　（清）馬燦房輯　清咸豐二年(1852)刻　一冊　存一卷(游藝錄一)

340000－1881－0001450　02205

第五才子書水滸傳七十五卷　（元）施耐庵撰　（清）金聖歎批　清光霽堂刻本　三冊　存十卷(七至九、二十一至二十四、三十四至三十六)

340000－1881－0001451　02207

幾何原本十五卷　（英國）偉烈亞力口譯　（清）李善蘭筆受　清光緒二十二年(1896)鉛印本　一冊　存二卷(九至十)

340000－1881－0001452　02208

唐陸宣公集二十二卷　（唐）陸贄撰　（清）年羹堯重訂　清雍正刻本　一冊　存四卷(十九至二十二)

340000－1881－0001453　02209

詩韻合璧五卷　（清）湯文潞輯　清鉛印本
三冊　存三卷（一至二、五）

340000－1881－0001454　02210

欽定協紀辨方書三十六卷　（清）允祿總理
（清）弘畫監理　（清）李廷耀纂修　清乾隆六
年（1741）武英殿刻本　二冊　存三卷（一、六
至七）

340000－1881－0001455　02211

詳註聊齋志異圖詠十六卷　（清）蒲松齡撰
（清）呂湛恩註　清石印本　一冊　存四卷
（九至十二）

340000－1881－0001456　02214

池北偶談二十六卷　（清）王士禎撰　（清）王
廷掄校　清光緒二十二年（1896）上海慎記書
莊石印本　一冊　存五卷（一至五）

340000－1881－0001457　02215

圖像三國志演義六十卷首一卷　（清）金聖嘆
書　（清）毛宗崗評　（明）羅貫中撰　清鉛印
本　一冊　存一卷（首一卷）

340000－1881－0001458　02216

第一才子書六十卷　（明）羅貫中撰　（清）金
聖嘆外書　（清）毛宗崗評　清刻本　一冊
存四卷（五十三至五十六）

340000－1881－0001459　02217

醉墨軒畫稿□□卷　（清）胡鄭卿繪　清石印
本　一冊　存二卷（三至四）

340000－1881－0001460　02221

原富五卷　（英國）斯密亞丹撰　嚴復譯　清
光緒二十七年（1901）南洋公學鉛印本　八冊

340000－1881－0001461　02222

求己錄三卷　（清）蘆涇遯士編　清刻本　一
冊　存一卷（中）

340000－1881－0001462　02223

聊齋志異新評十六卷　（清）蒲松齡撰　（清）
王士正　（清）但明倫評　清刻朱墨套印本
一冊　存二卷（一至二）

340000－1881－0001463　02224

藝苑叢話十六卷　（清）陳琰編　清宣統三年
（1911）上海六藝書局石印本　四冊

340000－1881－0001464　02225

淵鑑類函四百五十卷目錄四卷　（清）張英等
總裁　（清）徐秉義等分纂　清光緒十三年
（1887）上海同文書局石印本　四十八冊

340000－1881－0001465　02229

尚史七十卷　（清）李鍇纂　清乾隆十年
（1745）刻本　四十冊

340000－1881－0001466　02230

三朝北盟會編二百五十卷首一卷校勘記二卷
附補遺　（宋）徐夢莘編　清光緒四年（1878）
刻本　四十冊

340000－1881－0001467　02231

十七史商榷一百卷　（清）王鳴盛撰　清乾隆
五十二年（1787）洞涇草堂刻本　十六冊

340000－1881－0001468　02237

九通二千三百十四卷　（唐）杜佑　（宋）鄭樵
等撰　清後期浙江書局刻本　五百九十九冊
缺三卷（皇朝文獻通考五十一至五十三）

340000－1881－0001469　02238

北洋銀元總局暫行試辦章程不分卷　　（□）
□□撰　清光緒鉛印本　一冊

340000－1881－0001470　02239

籌備案鈔不分卷　（清）王廷植撰　清咸豐十
一年（1861）渝城保甲團練總局刻本　四冊

340000－1881－0001471　02240

荊源銀場錄二卷　廖樹蘅撰　清光緒木活字
印本　一冊　存一卷（一）

340000－1881－0001472　02241

劉簾舫先生吏治三書六卷　（清）劉衡撰　清
同治八年（1869）江蘇書局刻本　一冊

340000－1881－0001473　02242

欽頒州縣事宜不分卷　（清）田文鏡撰　清同
治七年（1868）江蘇書局刻本　一冊

340000－1881－0001474　02243

晉省大學堂章程不分卷　（清）岑春煊撰　清

光緒二十八年（1902）刻本　一冊

340000－1881－0001475　02244

鄂省丁漕指掌十卷　（清）林遠村輯　清光緒
四年（1878）刻本　十冊

340000－1881－0001476　02245

籌濟編三十二卷首一卷　（清）楊景仁錄　清
光緒四年（1878）刻本　六冊

340000－1881－0001477　02246

欽定大清會典一百卷　（清）允祹等纂修　清
刻本　二十四冊

340000－1881－0001478　02247

文獻通考二十四卷首一卷　（元）馬端臨撰
清光緒十一年（1885）上海點石齋石印本　二
十冊

340000－1881－0001479　02251

歷代名人年譜十卷　（清）吳榮光撰　（清）瞿
樹辰　（清）吳彌光編　清光緒二年（1876）北
京寶經書房刻本　十冊

340000－1881－0001480　02252

文獻徵存錄十卷　（清）錢林輯　（清）王藻編
　清咸豐八年（1858）有嘉樹軒刻本　十冊

340000－1881－0001481　02253

明末紀事補遺十卷　（清）南沙三餘氏纂　清
同治刻本　六冊

340000－1881－0001482　02254

南疆繹史勘本二十五卷　（清）溫睿臨撰
（清）古高易氏勘定　清刻本　六冊

340000－1881－0001483　02255

[光緒庚寅科]會試硃卷不分卷　（清）程秉釗
撰　清光緒十六年（1890）刻本　一冊

340000－1881－0001484　02256

黎陽見聞錄不分卷　（清）趙如樁撰　清刻本
　一冊

340000－1881－0001485　02257

庚辛泣杭錄十六卷　（清）丁丙編　清光緒二
十一年（1895）錢塘丁氏刻本　二冊　存三卷
（一至三）

340000－1881－0001486　02258

長江水師全案三卷　（清）曾國藩等撰　清同
治刻本　二冊

340000－1881－0001487　02259

韓南溪四種不分卷　（清）空六居士撰　苗變
記事不分卷　（清）韓超撰　南溪韓公[超]年
譜不分卷　（清）陳昌運撰　清光緒至宣統泉
唐汪氏鉛印振綺堂叢書本　一冊

340000－1881－0001488　02260

思痛記二卷　（清）李圭撰　清光緒六年
（1880）刻本　一冊

340000－1881－0001489　02261

霆軍紀略十六卷　（清）陳昌編輯　清光緒八
年（1882）刻本　六冊

340000－1881－0001490　02262

二申野錄八卷　（清）孫之騄纂　清光緒二十
七年（1901）吟香館刻本　四冊

340000－1881－0001491　02263

郎潛紀聞十四卷　（清）陳康祺撰　清光緒六
年（1880）刻本　六冊

340000－1881－0001492　02264

表記集傳二卷附春秋表記問業一卷坊記集傳
二卷附錄坊記春秋問業一卷　（明）黃道周輯
　（清）鄭開極重訂　清刻本　四冊

340000－1881－0001493　02265

續表忠記八卷　（清）趙吉士纂　（清）盧宜輯
　清康熙三十七年（1698）刻本　四冊

340000－1881－0001494　02266

平定粵匪紀略十八卷附記四卷　（清）杜文瀾
撰　清同治十年（1871）木活字印本　八冊

340000－1881－0001495　02267

平定粵匪紀略十八卷附記四卷　（清）杜文瀾
撰　清同治十年（1871）木活字印本　十冊

340000－1881－0001496　02268

平定粵匪紀略十八卷附記四卷　（清）杜文瀾
撰　清同治十年（1871）木活字印本　一冊
存四卷（附記四卷）

340000－1881－0001497　02269

湘軍記二十卷　（清）王定安撰　清光緒十五年(1889)江南書局刻本　八冊

340000－1881－0001498　02270

豫軍紀略十二卷　（清）尹耕雲　（清）李汝鈞總纂　（清）康曾定　（清）方昌翰　（清）吳保清分纂　清同治十一年(1872)刻本　六冊

340000－1881－0001499　02272

竹瑞堂詩鈔不分卷　（清）黃德華撰　清抄本　一冊

340000－1881－0001500　02273

皇朝掌故彙編內編六十卷首一卷外編四十卷首一卷　（清）張壽鏞編　清光緒二十八年(1902)鉛印本　五十九冊

340000－1881－0001501　02274

皇朝經世文新編二十一卷　麥仲華輯　清上海大同譯書局石印本　二十四冊

340000－1881－0001502　02275

九通分類總纂二百四十卷　（清）汪鍾霖纂校　清光緒二十八年(1902)文瀾書局石印本　八十冊

340000－1881－0001503　02276

東華錄一百二十卷（天命至道光朝）　王先謙編　周潤蕃　周瀹蕃校　清光緒十年(1884)鉛印本　六十冊

340000－1881－0001504　02278

朱子[熹]年譜綱目十二卷首一卷末一卷　（清）李元祿編　清嘉慶七年(1802)敬修齋刻本　六冊

340000－1881－0001505　02279

攷史拾遺十卷　（清）錢大昕編　清嘉慶十二年(1807)稻香吟館刻本　二冊

340000－1881－0001506　02280

淮軍平捻記十二卷　（清）周世澄撰　清刻本　六冊

340000－1881－0001507　02281

明朝國初事蹟一卷　（明）劉辰撰　清同治八年(1869)退補齋刻金華叢書本　一冊

340000－1881－0001508　02282

明朝國初事蹟一卷　（明）劉辰撰　清同治八年(1869)退補齋刻金華叢書本　一冊

340000－1881－0001509　02283

先撥志始二卷　（明）文秉撰　（清）蕭國琛校　清同治二年(1863)刻本　二冊

340000－1881－0001510　02284

校正元親征錄不分卷　（□）□□撰　（清）何秋濤校　清道光二十九年(1849)刻本　一冊

340000－1881－0001511　02286

史略六卷　（宋）高似孫纂　清光緒九年(1883)虞山鮑氏刻本　四冊

340000－1881－0001512　02287

竹書紀年校正十四卷　（清）郝懿行撰　（南朝梁）沈約注　清光緒五年(1879)刻本　二冊

340000－1881－0001513　02288

東南紀事十二卷西南紀事十二卷　（清）邵廷采撰　清光緒十年(1884)邵武徐氏刻本　四冊

340000－1881－0001514　02289

繪圖湘軍平逆傳四卷　題（清）醴泉居士（清）崇猷撰　（清）崇熙摹　（清）禮焉校　清光緒二十五年(1899)上海書局石印本　四冊

340000－1881－0001515　02290

繪圖湘軍平逆傳四卷　題（清）醴泉居士（清）崇猷撰　（清）崇熙摹　（清）禮焉校　清光緒二十五年(1899)上海書局石印本　二冊

340000－1881－0001516　02291

聖武記十四卷　（清）魏源撰　清光緒四年(1878)申報館鉛印本　十冊

340000－1881－0001517　02293

國朝事略六卷　（□）□□輯　清同文官印書館鉛印本　二冊

340000－1881－0001518　02294

皇朝諡法考五卷續編一卷補編一卷　（清）鮑
康輯　清光緒三年(1877)永康胡氏退補齋刻
本　二冊

340000－1881－0001519　02297

蜀碧四卷附記一卷　（清）彭遵泗編述　清刻
本　一冊

340000－1881－0001520　02298

江楚會奏變法第二摺不分卷　（清）劉坤一
（清）張之洞撰　清光緒刻本　一冊

340000－1881－0001521　02299

金史詳校八卷首一卷末一卷　（清）施國祁撰
　清光緒六年(1880)會稽章氏刻本　十冊

340000－1881－0001522　02300

李鴻章不分卷　梁啟超撰　清光緒二十七年
(1901)鉛印本　一冊

340000－1881－0001523　02301

中國歷史教科書不分卷　夏曾佑編　（清）商
務印書館校閱　清光緒三十年(1904)上海商
務印書館鉛印本　二冊

340000－1881－0001524　02306

本朝史參考書不分卷　（□）□□撰　清光緒
鉛印本　一冊

340000－1881－0001525　02307

戰國策三十三卷　（宋）鮑彪校注　（元）吳師
道重校　明萬曆九年(1581)三餘堂刻本　三
冊　存八卷(一至五、八至十)

340000－1881－0001526　02308

文史通義八卷校讐通義三卷　（清）章學誠撰
　清道光十三年(1833)刻本　五冊

340000－1881－0001527　02309

[清順治三年至光緒八年]國朝兩浙科名錄不
分卷　（清）黃安綏編　清光緒八年(1882)刻
本　二冊

340000－1881－0001528　02310

元史譯文證補三十卷　（清）洪鈞撰　清光緒
二十三年(1897)刻本　四冊

340000－1881－0001529　02312

官板進士履歷不分卷　（清）張玉書等總裁
清康熙三十年(1691)北京正陽門外浙江洪氏
刻本　六冊

340000－1881－0001530　02313

平定關隴紀略十三卷　（清）易孔昭纂輯　清
光緒十三年(1887)刻本　十二冊

340000－1881－0001531　02314

周季編略九卷　（清）黃式三纂　清同治十二
年(1873)浙江書局刻本　四冊

340000－1881－0001532　02315

廿一史四譜五十四卷　（清）沈炳震編　清同
治十年(1871)武林清來堂刻本　十六冊

340000－1881－0001533　02316

西夏紀事本末三十六卷首二卷　（清）張鑑撰
　清光緒十一年(1885)金陵刻本　四冊

340000－1881－0001534　02317

歸潛志十四卷首一卷　（元）劉祁撰　清光緒
十年(1884)湘遠堂刻本　四冊

340000－1881－0001535　02318

文獻通考詳節二十四卷　（元）馬端臨撰
（清）嚴虞惇錄　清乾隆二十九年(1764)刻本
　八冊

340000－1881－0001536　02319

文獻通考詳節二十四卷　（元）馬端臨撰
（清）嚴虞惇錄　清乾隆二十九年(1764)刻本
　八冊

340000－1881－0001537　02320

戰國策三十三卷　（漢）高誘注　清嘉慶八年
(1803)讀未見書齋刻本　六冊

340000－1881－0001538　02321

國朝先正事略六十卷　（清）李元度纂　清同
治八年(1869)刻本　四十冊

340000－1881－0001539　02324

崇禎五十宰相傳不分卷　（清）曹溶重訂　清
宣統三年(1911)上海國學扶輪社鉛印本
一冊

340000－1881－0001540　　02325

崇禎五十宰相傳不分卷　　（清）曹溶重訂　　清宣統三年（1911）上海國學扶輪社鉛印本　　一冊

340000－1881－0001541　　02326

金陵待徵錄十卷　　（清）金鼇輯　　清光緒二年（1876）金陵黃啟東刻本　　二冊

340000－1881－0001542　　02329

中西紀事二十四卷首一卷　　（清）夏燮撰　　清同治七年（1868）刻本　　六冊

340000－1881－0001543　　02332

兩漢刊誤補遺十卷　　（宋）吳仁傑撰　　清同治七年（1868）金陵書局刻本　　二冊

340000－1881－0001544　　02333

兩浙鹽法續纂備考十二卷　　（清）楊昌濬（清）盧定勳　　（清）靈杰總纂　　（清）季綸全等編輯　　清同治十三年（1874）刻本　　十二冊

340000－1881－0001545　　02334

兩淮鹽法志四十卷首一卷　　（清）吉慶監纂（清）邵泰總裁　　（清）朱續晫等提調　　（清）王世球等纂修　　清乾隆十三年（1748）刻本　　二十冊

340000－1881－0001546　　02335

東方兵事紀略五卷　　姚錫光撰　　清光緒二十四年（1898）北京得古歡室鉛印本　　五冊

340000－1881－0001547　　02336

[清順治至光緒]國朝貢舉年表三卷　　（清）陳國霖　　（清）顧錫中編　　清光緒十四年（1888）上海積山書局石印本　　一冊

340000－1881－0001548　　02337

普天忠憤全集十四卷首一卷　　（清）孔廣德編　　清光緒二十一年（1895）石印本　　十二冊

340000－1881－0001549　　02338

朔方備乘六十八卷首十二卷目錄凡例一卷（清）何秋濤纂輯　　清光緒上海寶善書局石印本　　八冊

340000－1881－0001550　　02339

四裔編年表四卷　　（美國）林樂知　　嚴良勳譯（清）李鳳苞彙編　　清光緒二十三年（1897）石印本　　四冊

340000－1881－0001551　　02340

歷代統系錄六卷　　（清）黃本驥編　　清光緒二十八年（1902）上海鴻寶齋石印本　　二冊

340000－1881－0001552　　02341

李氏五種合栞二十八卷　　（清）李兆洛輯（清）六嚴等編　　清光緒二十四年（1898）掃葉山房石印本　　八冊

340000－1881－0001553　　02342

歷代謚號韻語不分卷　　（清）蔡緯撰　　清光緒二年（1876）抄本　　一冊

340000－1881－0001554　　02343

平原拳匪紀事不分卷　　（清）蔣楷撰　　清光緒刻本　　一冊

340000－1881－0001555　　02344

吳耿尚孔四王合傳不分卷　　（□）□□撰　　揚州十日記不分卷　　（明）王秀楚撰　　清刻本一冊

340000－1881－0001556　　02345

漢官儀六種十一卷　　（漢）應劭撰　　（清）孫星衍校集　　（清）劉澤溥覆校　　漢舊儀二卷（漢）衛宏撰　　（清）孫星衍校　　（清）徐炳覆校　　漢官典職儀式選用一卷　　（漢）蔡質撰（清）孫星衍校集　　（清）劉澤溥覆校　　漢舊儀補遺二卷　　（漢）衛宏撰　　（清）孫星衍校集（清）徐炳覆校　　漢禮器制度一卷　　（漢）叔孫通撰　　（清）孫星衍校集　　（清）徐炳覆校　　漢官解詁一卷　　（漢）胡廣注　　（清）孫星衍校集（清）徐炳覆校　　漢儀一卷　　（三國吳）丁孚撰　　（清）孫星衍校集　　（清）劉澤溥覆校　　漢官一卷　　（清）孫星衍校集　　清光緒六年（1880）刻誦芬閣叢書本　　二冊

340000－1881－0001557　　02346

三國會要二十二卷首一卷　　（清）楊晨纂　　清光緒二十六年（1900）江蘇書局刻本　　六冊

340000－1881－0001558　　02347

續後漢書四十二卷音義四卷　（宋）蕭常撰
清同治八年(1869)刻本　六冊

340000 – 1881 – 0001559　02348
魏書校勘記一卷　王先謙撰　清光緒九年
(1883)長沙王氏刻本　一冊

340000 – 1881 – 0001560　02349
魏書校勘記一卷　王先謙撰　清光緒九年
(1883)刻本　一冊

340000 – 1881 – 0001561　02350
魏書校勘記一卷　王先謙撰　清光緒九年
(1883)刻本　一冊

340000 – 1881 – 0001562　02351
三文忠傳不分卷　（清）李元度撰　清同治九
年(1870)刻本　一冊

340000 – 1881 – 0001563　02352
大清宣統元年時憲書不分卷　（清）欽天監輯
　清宣統元年(1909)刻朱墨套印本　一冊

340000 – 1881 – 0001564　02353
防海紀略二卷　（清）王之春編　清光緒六年
(1880)上洋文藝齋刻本　二冊

340000 – 1881 – 0001565　02354
辛丑和約文件彙錄不分卷　（清）上海新聞報
館輯　清光緒二十七年(1901)上海新聞報館
鉛印本　一冊

340000 – 1881 – 0001566　02357
太和縣禦寇始末二卷　（明）吳世濟撰　（清）
朱之彥輯　清道光十六年(1836)刻本　一冊

340000 – 1881 – 0001567　02358
袁爽秋京卿奏剿義和拳墨蹟不分卷　（清）袁
爽秋撰　清影印本　一冊

340000 – 1881 – 0001568　02360
皇朝兵制考略六卷　（清）翁同爵編纂　清光
緒元年(1875)刻本　一冊

340000 – 1881 – 0001569　02361
明宮史八卷　（明）劉若愚編述　清宣統三年
(1911)上海國學扶輪社鉛印本　二冊

340000 – 1881 – 0001570　02362
劉坤一不分卷　（□）□□撰　清光緒二十九
年(1903)石印本　一冊

340000 – 1881 – 0001571　02367
金陵瑣事四卷　（明）周暉撰　（清）張瀅輯
清道光元年(1821)刻本　二冊

340000 – 1881 – 0001572　02368
諭摺彙存不分卷　（□）□□編　清光緒北京
擷華書局鉛印本　十八冊

340000 – 1881 – 0001573　02369
中東戰紀本末八卷首一卷末一卷續編四卷首
一卷末一卷　（美國）林樂知著譯　蔡爾康纂
輯　清光緒二十三年(1897)上海圖書集成局
鉛印本　十二冊

340000 – 1881 – 0001574　02370
泰西新史攬要二十三卷附記一卷　（英國）馬
懇西撰　（英國）李提摩太譯　蔡爾康述稿
清光緒二十一年(1895)上海美華書館鉛印本
　八冊

340000 – 1881 – 0001575　02371
節本泰西新史攬要八卷　（英國）李提摩太譯
　周慶雲節錄　清光緒二十八年(1902)上海
書局石印西學新政叢書本　一冊

340000 – 1881 – 0001576　02373
金川教案述略不分卷　（清）江峯青撰　清光
緒三十年(1904)刻本　一冊

340000 – 1881 – 0001577　02375
安徽師範學堂歷史講義不分卷　（□）□□撰
　清鉛印本　一冊

340000 – 1881 – 0001578　02376
林文忠公政書甲集九卷乙集十七卷丙集十一
卷　（清）林則徐撰　清刻本　十六冊

340000 – 1881 – 0001579　02377
滇軺紀程不分卷荷戈紀程不分卷政書蒐遺不
分卷　（清）林則徐撰　清光緒五年(1879)刻
本　一冊

340000 – 1881 – 0001580　02378

畿輔水利議不分卷　（清）林則徐撰　**國史本傳不分卷**　（□）□□□撰　清光緒二年(1876)三山林氏刻本　一冊

340000－1881－0001581　02379

張文毅公奏稿八卷　（清）張芾撰　清光緒二年(1876)刻本　四冊

340000－1881－0001582　02380

胡文忠公政書十四卷　（清）胡林翼撰　（清）但湘良編輯　清光緒二十五年(1899)湖南糧儲道署刻本　八冊　存十一卷（一至二、四至十、十二、十四）

340000－1881－0001583　02381

左文襄公奏疏初編三十八卷續編七十六卷三編六卷　（清）左宗棠撰　清光緒十二年(1886)刻本　三十七冊　存五十七卷（左文襄公奏疏初編一至三十六、續編一至十五、三編六卷）

340000－1881－0001584　02382

胡文忠公遺集十卷首一卷　（清）胡林翼撰　（清）嚴樹森鑒定　（清）厲雲官　（清）閻敬銘　（清）盛康編輯　清同治三年(1864)武昌節署刻本　八冊

340000－1881－0001585　02383

曾文正公奏議十卷首一卷末一卷　（清）曾國藩撰　（清）薛福成編　清同治十二年(1873)蘇郡刻本　十冊

340000－1881－0001586　02384

駱文忠公奏議十六卷續刻四川奏議十一卷　(清)駱秉章撰　清光緒四年(1878)刻本　十二冊　存十四卷（駱文忠公奏議一至十、十四至十六,續刻四川奏議五）

340000－1881－0001587　02388

林文忠公政書甲集九卷乙集十七卷丙集十一卷　（清）林則徐撰　清刻本　十三冊

340000－1881－0001588　02389

春秋職官考略三卷　（清）程廷祚撰　清光緒二十四年(1898)晦齋刻本　一冊

340000－1881－0001589　02390

春秋地名辨異三卷　（清）程廷祚撰　清光緒二十四年(1898)晦齋刻本　一冊

340000－1881－0001590　02391

國朝歷科題名碑錄初集不分卷附明洪武至崇禎各科不分卷　（清）李周望輯　清刻本　十冊

340000－1881－0001591　02392

泰西十八周史攬要十八卷　（英國）亞各偉德撰　（英國）季理斐成章譯　（清）李鼎星述稿　清光緒二十七年(1901)鉛印本　六冊

340000－1881－0001592　02395

歷代職官表六卷　（清）黃本驥　（清）蔣瓛編　清道光二十六年(1846)刻三長物齋叢書本　二冊

340000－1881－0001593　02396

胡文忠公遺集十卷首一卷　（清）胡林翼撰　（清）嚴樹森鑒定　（清）厲雲官　（清）閻敬銘　（清）盛康編輯　清同治七年(1868)醉六堂刻本　十冊

340000－1881－0001594　02397

貳臣傳十二卷　（清）國史館編　清都城琉璃廠半松居士刻本　八冊

340000－1881－0001595　02398

皇朝武功紀盛四卷　（清）趙翼撰　清刻本　一冊

340000－1881－0001596　02400

桐城耆舊傳十二卷　馬其昶撰　清宣統三年(1911)刻本　六冊

340000－1881－0001597　02401

張楊園先生［履祥］年譜不分卷附錄一卷　(清)蘇惇元編纂　清同治三年(1864)錢塘丁氏刻本　一冊

340000－1881－0001598　02402

孔子年譜綱目不分卷　（明）夏洪基編　清同治二年(1863)刻朱印本　一冊

340000－1881－0001599　02403

古今法制表十六卷　（清）孫榮編著　清光緒
三十三年（1907）刻本　十冊

340000 - 1881 - 0001600　02404
歷代甲子紀元表不分卷　（清）董醇輯　清咸
豐五年（1855）東皐書堂刻本　一冊

340000 - 1881 - 0001601　02405
滿漢文合刊聖諭不分卷　（□）□□撰　清影
印本　一冊

340000 - 1881 - 0001602　02406
歷代紀元部表二卷　（清）江永撰　清乾隆二
十年（1755）刻本　二冊

340000 - 1881 - 0001603　02407
歷代世系紀年編不分卷　（清）姚文田增輯
清道光二年（1822）刻本　一冊

340000 - 1881 - 0001604　02408
歐亞紀元合表不分卷　（清）張瑛編　清光緒
三十年（1904）上海慈母堂鉛印本　一冊

340000 - 1881 - 0001605　02409
孔子年譜綱目不分卷　（清）倭什琿布等撰
清同治二年（1863）刻本　一冊

340000 - 1881 - 0001606　02410
題奏事件不分卷　（□）□□撰　清木活字印
本　一冊

340000 - 1881 - 0001607　02411
世界大事年表不分卷　（清）上海出洋學生編
輯所編　清光緒二十八年（1902）上海普通學
書室鉛印本　一冊

340000 - 1881 - 0001608　02412
歷代政要表二卷　（清）胡子清編　清光緒二
十九年（1903）長沙刻本　二冊

340000 - 1881 - 0001609　02413
貞觀政要十卷　（唐）吳競撰　（元）弋直編
清康熙十八年（1679）大易閣刻本　六冊

340000 - 1881 - 0001610　02414
孤忠錄二卷　（清）袁祖志編　（清）周光照抄
　（清）姚菜糸訂　清光緒六年（1880）上海新
報館鉛印本　二冊

340000 - 1881 - 0001611　02417
皇朝經世文編一百二十卷姓名總目二卷
（清）賀長齡輯　清光緒二十二年（1896）埽葉
山房石印本　二十四冊

340000 - 1881 - 0001612　02418
皇朝經世文續編一百二十卷　（清）葛士濬輯
　清光緒二十三年（1897）上海圖書集成印書
局鉛印本　三十冊

340000 - 1881 - 0001613　02419
國朝掌故不分卷　（□）□□撰　清光緒三十
年（1904）北洋武備研究所鉛印本　一冊

340000 - 1881 - 0001614　02420
海國圖志一百卷首一卷　（清）魏源撰　清光
緒十三年（1887）巴蜀善成堂刻本　三十九冊
　存九十四卷（一至六十四、七十一至一百）

340000 - 1881 - 0001615　02421
瀛環志略十卷　（清）徐繼畬撰　（清）陳慶偕
　（清）鹿澤長參訂　（清）霍明高譯　清光緒
二十一年（1895）上海寶文局石印本　四冊

340000 - 1881 - 0001616　02422
漢西域圖考七卷首一卷　（清）李光廷撰　清
光緒十九年（1893）上海寶善書局石印本
四冊

340000 - 1881 - 0001617　02423
西域水道記五卷　（清）徐松撰　清光緒十九
年（1893）上海寶善書局石印本　四冊

340000 - 1881 - 0001618　02424
漢書西域傳補注二卷　（清）徐松撰　清光緒
十九年（1893）上海寶善書局石印本　一冊

340000 - 1881 - 0001619　02425
新疆賦不分卷　（清）徐松撰　清石印本
一冊

340000 - 1881 - 0001620　02426
水道提綱二十八卷　（清）齊召南編　清光緒
七年（1881）上海文瑞樓石印本　八冊

340000 - 1881 - 0001621　02427
赤雅三卷　（明）鄺露纂　清刻本　一冊

340000 - 1881 - 0001622　02428

通鑑地理通釋十四卷　（宋）王應麟撰　清浙江書局刻本　三冊

340000 - 1881 - 0001623　02429

輿地廣記三十八卷　（宋）歐陽忞撰　校勘輿地廣記札記二卷　（清）黃丕烈撰　清光緒六年（1880）金陵書局刻本　四冊

340000 - 1881 - 0001624　02430

讀史方輿紀要一百三十卷　（清）顧祖禹輯著　清光緒二十七年（1901）圖書集成局鉛印本　二十八冊

340000 - 1881 - 0001625　02432

歷代地理志韻編今釋二十卷　（清）李兆洛輯　（清）六嚴等編　清同治十年（1871）刻本　七冊

340000 - 1881 - 0001626　02433

補三國疆域志二卷　（清）洪亮吉撰　清刻本　一冊

340000 - 1881 - 0001627　02434

廣東新語二十八卷　（清）屈大均撰　清康熙刻本　十八冊　存二十六卷（一至三、五至二十七）

340000 - 1881 - 0001628　02436

漢書地理志校本二卷　（清）汪遠孫校　清道光二十八年（1848）汪氏振綺堂刻本　一冊

340000 - 1881 - 0001629　02438

朔方備乘六十八卷首十二卷目錄凡例一卷　（清）何秋濤纂輯　清光緒七年（1881）石印本　八冊

340000 - 1881 - 0001630　02439

禹貢錐指二十卷　（清）胡渭撰　清雍正至乾隆刻本　六冊

340000 - 1881 - 0001631　02440

水經注匯校四十卷首一卷　（北魏）酈道元撰　水經注釋附錄二卷　（清）趙一清錄　清光緒七年（1881）福州刻本　十二冊

340000 - 1881 - 0001632　02441

資治通鑑地理今釋十六卷　（清）吳熙載撰　清光緒八年（1882）江蘇書局刻本　三冊

340000 - 1881 - 0001633　02442

漢書地理志水道圖說七卷　（清）陳澧撰　考正德清胡氏禹貢圖不分卷　（清）陳宗誼撰　清同治十一年（1872）廣州富文齋刻本　二冊

340000 - 1881 - 0001634　02443

太平寰宇記二百卷　（宋）樂史撰　（宋）樂之簇　（宋）樂蕊賓校　清嘉慶仿宋刻本　三十六冊

340000 - 1881 - 0001635　02445

吳中平寇記八卷　（清）錢勗撰　清光緒元年（1875）申報館石印本　二冊

340000 - 1881 - 0001636　02446

平浙紀略十六卷　（清）秦緗業　（清）陳鍾英纂輯　清光緒元年（1875）申報館石印本　四冊

340000 - 1881 - 0001637　02447

戊戌政變記九卷　梁啟超撰　清鉛印本　一冊　存四卷（二至五）

340000 - 1881 - 0001638　02448

拳匪紀事六卷　（日本）佐原篤介　（清）浙西漚隱輯　清光緒二十七年（1901）鉛印本　四冊　存四卷（一、四至六）

340000 - 1881 - 0001639　02449

拳匪紀事六卷　（日本）佐原篤介　（清）浙西漚隱輯　清光緒二十七年（1901）鉛印本　六冊

340000 - 1881 - 0001640　02450

欽定滿洲源流考二十卷首一卷　（清）阿桂等總裁　清光緒十九年（1893）杭州便益書局石印本　四冊

340000 - 1881 - 0001641　02451

逆臣傳四卷　（清）國史館編　清都城琉璃廠半松居士刻本　二冊

340000 - 1881 - 0001642　02452

安徽同官錄不分卷　（清）安徽藩經歷司編

清光緒三十三年(1907)安徽藩經歷司鉛印本
　五冊

340000－1881－0001643　02453
六朝事迹編類十四卷　(宋)張敦頤撰　清光
緒寶章閣仿宋刻本　四冊

340000－1881－0001644　02454
咸豐以來功臣別傳三十卷　朱孔彰撰　清光
緒二十四年(1898)石印漸學廬叢書本　六冊

340000－1881－0001645　02455
中興將帥別傳三十卷　朱孔彰撰　清光緒二
十三年(1897)江寧刻本　十冊

340000－1881－0001646　02456
中興將帥別傳三十卷　朱孔彰撰　清光緒三
十二年(1906)江寧刻本　六冊　存二十二卷
(五至十九、二十四至三十)

340000－1881－0001647　02457
林文忠公政書甲集九卷乙集十七卷丙集十一
卷　(清)林則徐撰　清刻本　十冊　存十八
卷(林文忠公政書甲集:東河奏稿一,江蘇奏
稿一至二、五至八;乙集:湖廣奏稿一至五、使
粵奏稿一至六)

340000－1881－0001648　02458
資治通鑑綱目發明五十九卷　(宋)尹起莘撰
　清光緒二年(1876)刻本　四冊

340000－1881－0001649　02459
通鑑綱目前編辨誤二卷　(清)萬斛泉撰　清
光緒二十一年(1895)尉山堂刻本　一冊

340000－1881－0001650　02460
資治通鑑綱目正篇正誤補三卷　(清)萬斛泉
撰　清光緒二十一年(1895)尉山堂刻本
一冊

340000－1881－0001651　02462
通鑑宋本校勘記五卷通鑑元本校勘記二卷
(清)張瑛撰　清光緒八年(1882)江蘇書局刻
本　二冊

340000－1881－0001652　02463
湘軍志十六卷　王闓運撰　清養翩齋刻本

四冊

340000－1881－0001653　02464
湘軍記二十卷　(清)王定安撰　清光緒十五
年(1889)上海書局石印本　四冊

340000－1881－0001654　02465
古今孝子所見錄十二卷　(清)李燕昌輯　清
道光十四年(1834)刻本　四冊

340000－1881－0001655　02466
俄史輯譯不分卷　(英國)闞斐迪譯　清光緒
十四年(1888)益智書會刻本　四冊

340000－1881－0001656　02467
遊歷日本圖經三十卷　(清)傅雲龍撰　清光
緒十五年(1889)鉛印本　十六冊

340000－1881－0001657　02468
遊歷古巴圖經二卷遊古巴詩董一卷遊秘魯詩
鑑一卷遊巴西詩志一卷　(清)傅雲龍撰　清
光緒十五年(1889)石印本　二冊

340000－1881－0001658　02469
小方壺齋輿地叢鈔十二帙六十四卷　王錫祺
輯　(清)王錫礽參　清光緒十七年(1891)上
海著易堂石印本　六十四冊

340000－1881－0001659　02470
硃批諭旨不分卷　(清)鄂爾泰　(清)張廷玉
編　(清)劉統勳等校　清光緒十三年(1887)
上海點石齋石印本　五十九冊

340000－1881－0001660　02472
水道提綱二十八卷　(清)齊召南編　(清)喬
樹枏校　清光緒五年(1879)宏達堂刻本
六冊

340000－1881－0001661　02473
李氏五種合刊二十八卷　(清)李兆洛輯
(清)六嚴等編　清同治十一年(1872)合肥李
氏刻本　十二冊

340000－1881－0001662　02474
萬國公法四卷　(美國)丁韙良譯　清同治三
年(1864)刻本　四冊

340000－1881－0001663　02475

顧亭林先生[炎武]年譜不分卷　（清）張穆編
清道光二十四年(1844)刻本　一冊

340000－1881－0001664　02476

閻潛丘先生[若璩]年譜不分卷　（清）張穆編
清道光二十七年(1847)壽陽祁氏刻本
一冊

340000－1881－0001665　02477

山東考古錄不分卷　（清）顧炎武撰　清光緒
八年(1882)山東書局刻本　一冊

340000－1881－0001666　02478

續山東考古錄三十二卷首一卷　（清）葉圭綬
撰　清光緒八年(1882)山東書局刻本　六冊

340000－1881－0001667　02479

元和郡縣圖志四十卷闕卷逸文一卷　（清）孫
星衍校　清嘉慶元年(1796)刻岱南閣叢書本
（卷十九至二十、二十三至二十四、三十五至
三十六原缺）　八冊

340000－1881－0001668　02480

漢書地理志水道圖說七卷　（清）陳澧撰　清
道光二十八年(1848)富文齋刻本　一冊

340000－1881－0001669　02481

今水經不分卷　（清）黃宗羲撰　清光緒三年
(1877)湖北崇文書局刻本　一冊

340000－1881－0001670　02482

淮揚水利圖說不分卷附淮揚治水論不分卷
（清）馮道立撰　清道光二十年(1840)刻朱墨
套印本　一冊

340000－1881－0001671　02483

禹貢錐指節要不分卷　（清）汪彥石撰　清咸
豐三年(1853)金陵刻本　一冊

340000－1881－0001672　02484

二渠九河考不分卷　（清）孫彤撰　清刻本
一冊

340000－1881－0001673　02485

漢志水道考證四卷　（清）洪頤煊撰　（清）孫
彤校　清嘉慶九年(1804)承德孫氏刻本
一冊

340000－1881－0001674　02486

關中水道記四卷　（清）孫彤撰　清嘉慶十五
年(1810)承德孫氏刻本　一冊

340000－1881－0001675　02487

漢書地理志校本二卷　（清）汪遠孫撰　清道
光二十八年(1848)錢塘汪氏振綺堂刻本
二冊

340000－1881－0001676　02488

七國地理考七卷　（清）顧觀光撰　清光緒五
年(1879)刻本　　三冊

340000－1881－0001677　02489

戰國策釋地二卷　（清）張琦撰　清光緒十一
年(1885)新陽趙氏刻本　一冊

340000－1881－0001678　02491

日本國志四十卷首一卷　（清）黃遵憲編纂
清光緒二十四年(1898)上海圖書集成印書局
石印本　十冊

340000－1881－0001679　02492

教務紀略四卷首一卷　周馥編　李剛己輯
清光緒三十一年(1905)刻本　　四冊

340000－1881－0001680　02493

乾隆府廳州縣圖志五十卷　（清）洪亮吉撰
清光緒五年(1879)授經堂刻本　　二十冊

340000－1881－0001681　02494

禹貢說斷四卷　（宋）傅寅撰　清刻本　　四冊

340000－1881－0001682　02495

各省教案嚴飭籌辦不分卷　（□）□□輯　清
光緒刻本　一冊

340000－1881－0001683　02496

修史試筆二卷　（清）藍鼎元纂　（清）曠敏本
評　清雍正刻本　　五冊

340000－1881－0001684　02497

國史考異四卷　（明）潘檉章撰　（明）吳炎訂
清刻本　二冊

340000－1881－0001685　02499

歷代名臣傳續編五卷首一卷　（清）朱軾
（清）蔡世遠訂　（清）張江分纂　清刻本　一

冊　存四卷（一至三、首一卷）

340000 – 1881 – 0001686　02500

疑年賡錄二卷　（清）張鳴珂編　清光緒二十
四年（1898）刻本　一冊

340000 – 1881 – 0001687　02501

疑年錄四卷　（清）錢大昕編　（清）吳修校
續疑年錄四卷　（清）吳修編　清嘉慶二十三
年（1818）刻本　一冊

340000 – 1881 – 0001688　02502

逸姓名錄六卷　（清）程大中輯　（清）程仲倫
編　清道光十六年（1836）刻本　一冊

340000 – 1881 – 0001689　02509

史姓韻編六十四卷　（清）汪輝祖輯　（清）馮
祖憲校　清光緒十年（1884）上海中西書局石
印本　四冊

340000 – 1881 – 0001690　02510

省軒考古類編十二卷　（清）柴紹炳纂　（清）
汪琬　（清）施閏章　（清）魏禧參　（清）姚
廷謙評　（清）高纘勳　（清）高越訂　清雍正
刻本　四冊

340000 – 1881 – 0001691　02511

中俄條約不分卷　（□）□□撰　清光緒七年
（1881）刻本　一冊

340000 – 1881 – 0001692　02512

英國條款稅則不分卷　（□）□□撰　清光緒
十七年（1891）刻本　一冊

340000 – 1881 – 0001693　02513

錢穀刑名便覽二卷　（清）董公振　（清）董公
賜　（清）申萬鍾編　清乾隆元年（1736）刻本
二冊

340000 – 1881 – 0001694　02514

闕里志十二卷　（明）陳鎬纂　明萬曆三十七
年（1609）刻本　六冊

340000 – 1881 – 0001695　02515

闕里文獻考一百卷首一卷末一卷　（清）孔繼
汾撰　清乾隆二十七年（1762）刻本　八冊

340000 – 1881 – 0001696　02516

水道提綱二十八卷　（清）齊召南編　清光緒
二十三年（1897）上海古香閣書局石印本
四冊

340000 – 1881 – 0001697　02517

湖山便覽十二卷　（清）翟灝　（清）翟瀚緝
（清）王維翰重訂　清光緒元年（1875）槐蔭堂
刻本　六冊

340000 – 1881 – 0001698　02518

岳廟志略十卷首一卷　（清）馮培編　清嘉慶
八年（1803）刻本　四冊

340000 – 1881 – 0001699　02519

岳忠武王集八卷　（宋）岳飛撰　（清）梁玉繩
編　清嘉慶十二年（1807）刻本　二冊

340000 – 1881 – 0001700　02520

湯陰精忠廟志十卷　（明）張應登編著　（清）
楊世達續纂　（清）何多學校　（清）王錫命參
閱　清乾隆十五年至六十年（1750。– 1795）刻
本　一冊　存一卷（十）

340000 – 1881 – 0001701　02521

遊歷日本圖經三十卷　（清）傅雲龍撰　清光
緒十五年（1889）鉛印本　十六冊

340000 – 1881 – 0001702　02522

畿輔水利議不分卷　（清）林則徐撰　國史本
傳不分卷　（□）□□撰　清光緒二年（1876）
三山林氏刻本　一冊

340000 – 1881 – 0001703　02523

憶臺雜記二卷　（清）史久龍撰　清光緒二十
二年（1896）鉛印本　二冊

340000 – 1881 – 0001704　02525

增訂教案彙編八卷首一卷　（清）程宗裕編
清光緒二十八年（1902）實學書社鉛印本　六
冊　存七卷（一至六、首一卷）

340000 – 1881 – 0001705　02526

大清縉紳全書四卷　（□）□□編　清同治十
年（1871）北京榮祿堂刻本　四冊

340000 – 1881 – 0001706　02527

大清搢紳全書四卷　（清）榮祿堂編　清同治

十年(1871)北京榮祿堂刻本　四冊

340000－1881－0001707　02528

元和郡縣圖志四十卷闕卷逸文一卷　(唐)李吉甫撰　(清)孫星衍校　元和郡縣補志不分卷　(清)嚴觀輯　清嘉慶二年(1797)蘭陵孫氏刻岱南閣叢書本　十冊

340000－1881－0001708　02529

莫愁湖志六卷首一卷　(清)馬士圖輯著　清光緒八年(1882)刻本　二冊

340000－1881－0001709　02532

海塘新志六卷　(清)琅玕纂　清乾隆刻本　四冊

340000－1881－0001710　02533

海塘新志六卷　(清)琅玕纂　清刻本　一冊　存一卷(六)

340000－1881－0001711　02534

光緒十三年春季邸鈔全錄不分卷　(清)字林滬報館編　清光緒十三年(1887)字林滬報館鉛印本　四冊

340000－1881－0001712　02538

崆峒山志二卷　(清)張伯魁纂修　清同治十一年(1872)崆峒山太和宮刻本　二冊

340000－1881－0001713　02539

山東省保存古蹟事項統計表不分卷　高裕瑞編輯　清宣統二年(1910)影印本　一冊

340000－1881－0001714　02540

說嵩三十二卷　(清)景日昣纂　清康熙六十年(1721)嶽生堂刻本　十冊

340000－1881－0001715　02541

武夷山志二十四卷首一卷　(清)董天工編　清道光二十七年(1847)刻本　八冊

340000－1881－0001716　02542

廬山志十五卷　(清)毛德琦重訂　清康熙順德堂刻道光、同治遞修本　十六冊

340000－1881－0001717　02543

石鐘山志十六卷首一卷　(清)李成謀　(清)丁義方輯　(清)方宗誠　(清)胡傳釗校　清

光緒九年(1883)聽濤眺雨軒刻本　六冊　存十三卷(一至十、十三至十四、十六)

340000－1881－0001718　02544

南嶽志八卷　(清)高自位重編　(清)曠敏本輯　清乾隆十八年(1753)刻本　六冊

340000－1881－0001719　02547

石鐘山志十六卷首一卷　(清)李成謀　(清)丁義方輯　(清)方宗誠　(清)胡傳釗校　清光緒九年(1883)聽濤眺雨軒刻本　八冊

340000－1881－0001720　02548

武夷山志十八卷　(明)衷仲孺編　明崇禎十六年(1643)刻本　六冊

340000－1881－0001721　02549

武夷山志二十四卷首一卷　(清)董天工編　清乾隆十六年(1751)刻本　十冊

340000－1881－0001722　02550

西天目祖山志八卷首一卷末一卷　(清)釋廣賓纂輯　(清)釋際界增訂　清光緒三年(1877)刻本　四冊

340000－1881－0001723　02552

重修南海普陀山志二十卷首一卷　(清)王鼎勳參定　(清)秦耀曾編輯　(清)釋能崙　(清)釋鴻崑校　清道光二十三年(1843)刻本　四冊

340000－1881－0001724　02553

焦山續志八卷　(清)陳任暘輯　清光緒三十一年(1905)刻本　二冊

340000－1881－0001725　02554

焦山志二十六卷首一卷　(清)吳雲輯　清同治十三年(1874)刻本　八冊

340000－1881－0001726　02555

京口山水志十八卷首一卷末一卷　(清)楊棨撰　清宣統三年(1911)鉛印本　四冊

340000－1881－0001727　02556

慧山記四卷　(明)邵寶編　(明)釋圓顯輯　慧山記續編三卷首一卷　(清)邵涵初輯　(清)邵文燾編　清同治七年(1868)刻本

六册

340000－1881－0001728　02558

天台山方外志三十卷　（明）釋無盡撰　明萬曆三十一年(1603)幽溪講堂刻本　六册

340000－1881－0001729　02559

天台山方外志三十卷　（明）釋傳燈撰　清光緒十九年(1893)刻本　一册　存四卷(三至六)

340000－1881－0001730　02560

清凉山志十卷　（明）釋鎮澄撰　清光緒十三年(1887)刻本　四册

340000－1881－0001731　02561

明州阿育王山志十卷　（明）郭子章撰　明州阿育王山續志六卷　（清）釋畹荃輯　明萬曆刻清乾隆續修本　六册

340000－1881－0001732　02562

阿育王山志略二卷　（明）陸基志輯　明刻本　一册

340000－1881－0001733　02563

南嶽志八卷　（清）高自位重編　（清）曠敏本輯　清乾隆十八年(1753)刻本　六册

340000－1881－0001734　02564

山西志輯要十卷首一卷　（清）雅德修　清凉山志輯要二卷　（清）汪本直輯　清乾隆四十五年(1780)刻本　十二册

340000－1881－0001735　02565

泰山述記十卷　（清）宋思仁纂　清乾隆五十五年(1790)泰安縣署刻本　十册

340000－1881－0001736　02566

懷玉山志八卷首一卷末一卷　（清）朱承煦編　清乾隆四十年(1775)刻道光十九年(1839)補刻本　四册

340000－1881－0001737　02567

西湖志八卷西湖志餘十八卷　（明）田汝成輯撰　（清）姚靖增删　清康熙二十九年(1690)刻本　十册

340000－1881－0001738　02570

西湖志四十八卷　（清）李衛　（清）程元章總裁　（清）王紘　（清）張若震參訂　（清）蘇滋恢等分修　清雍正十二年(1734)刻本　二十四册

340000－1881－0001739　02572

武夷山志二十四卷　（清）董天工編　清刻本　七册　存十七卷(二至四、八至十、十四至二十四)

340000－1881－0001740　02573

浙西水利備考不分卷　（清）王鳳生纂　清光緒四年(1878)浙江書局刻本　四册

340000－1881－0001741　02574

九域志十卷　（宋）王存等編　清乾隆四十九年(1784)刻本　四册

340000－1881－0001742　02575

太湖備考十六卷首一卷　（清）金友理纂述（清）金友珌校　湖程紀略一卷　（清）吳曾撰　清乾隆十五年(1750)刻本　八册

340000－1881－0001743　02576

西湖志四十八卷　（清）李衛　（清）程元章總裁　（清）王紘　（清）張若震參訂　（清）蘇滋恢等分修　清雍正十二年(1734)刻本　二十册

340000－1881－0001744　02578

皇朝輿地略不分卷　（清）六承如纂　（清）六嚴繪　清同治四年(1865)刻本　二册

340000－1881－0001745　02579

西湖三祠名賢考略三卷首一卷　（清）戴啟文纂輯　（清）孫峻參訂　清光緒三十年(1904)杭州任有容齋刻本　二册

340000－1881－0001746　02580

名山勝概記四十六卷　（明）何鏜輯　明刻本　十九册　存二十六卷(二十一至四十六)

340000－1881－0001747　02582

廬山志十五卷　（清）毛德琦重訂　清順德堂刻本　十二册

340000－1881－0001748　02586

武夷山志二十四卷首一卷　（清）董天工編
清道光二十六年(1846)刻同治補修本　八冊

340000－1881－0001749　02587
西域聞見錄八卷首一卷　（清）七十一撰　清
乾隆四十二年(1777)刻本　二冊

340000－1881－0001750　02589
精訂綱鑑廿四史通俗衍義六卷首一卷　（清）
呂撫輯　清光緒二十八年(1902)上海文寶書
局石印本　六冊

340000－1881－0001751　02590
鳳山筆記不分卷　（清）黃宗惺撰　清刻本
一冊

340000－1881－0001752　02591
咸豐以來功臣別傳三十卷　朱孔彰撰　清光
緒二十四年(1898)石印漸學廬叢書本　六冊

340000－1881－0001753　02592
大清道光十三年歲次癸巳時憲書不分卷
(清)欽天監編　清道光十三年(1833)刻三色
套印本　一冊

340000－1881－0001754　02593
從古堂款識學十六卷　（清）徐同柏釋文
(清)徐士燕錄　清光緒三十二年(1906)蒙學
報館石印本　十六冊

340000－1881－0001755　02595
隨軒金石文字不分卷建昭雁足鐙考二卷
(清)徐渭仁鉤摹并錄　清道光十七年(1837)
刻本　五冊

340000－1881－0001756　02597
歷代鐘鼎彝器款識法帖二十卷　（宋）薛尚功
撰　清嘉慶二年(1797)刻本　四冊

340000－1881－0001757　02598
陶齋吉金錄八卷　（清）端方輯　清光緒三十
四年(1908)上海有正書局石印本　八冊

340000－1881－0001758　02599
陶齋吉金錄八卷　（清）端方輯　清光緒三十
四年(1908)上海有正書局石印本　六冊　存
六卷(一至五、八)

340000－1881－0001759　02600
陶齋吉金錄八卷　（清）端方輯　清光緒三十
四年(1908)上海有正書局石印本　八冊

340000－1881－0001760　02601
陶齋吉金錄八卷　（清）端方輯　清光緒三十
四年(1908)石印本　八冊

340000－1881－0001761　02602
二銘草堂金石聚十二卷首一卷　（清）張德容
著　清同治十一年(1872)二銘草堂刻本　十
冊　存十一卷(一至三、五至八、十至十二,首
一卷)

340000－1881－0001762　02619
兩罍軒彝器圖釋十二卷　（清）吳雲撰　清同
治十二年(1873)刻本　六冊

340000－1881－0001763　02622
金石存十五卷　（清）吳玉搢纂　清嘉慶二十
四年(1819)聞妙香室刻本　六冊

340000－1881－0001764　02623
望堂金石初集不分卷　楊守敬輯　清光緒二
年(1876)宜都楊氏飛青閣刻本　六冊

340000－1881－0001765　02624
金石錄三十卷　（宋）趙明誠編著　清光緒四
年(1878)刻三長物齋叢書本　六冊

340000－1881－0001766　02625
金石錄三十卷　（宋）趙明誠編著　清光緒四
年(1878)刻三長物齋叢書本　六冊

340000－1881－0001767　02626
金石錄三十卷　（宋）趙明誠編著　清乾隆二
十七年(1762)雅雨堂刻本　六冊

340000－1881－0001768　02627
金石錄三十卷　（宋）趙明誠編著　清乾隆二
十七年(1762)雅雨堂刻本　六冊

340000－1881－0001769　02628
金石錄三十卷　（宋）趙明誠編著　清乾隆二
十七年(1762)雅雨堂刻本　四冊

340000－1881－0001770　02629
觀妙齋藏金石文攷略十六卷　（清）李光暎纂

清道光十七年(1837)刻本　　十冊

340000－1881－0001771　　02630

來齋金石刻考略三卷　　(清)林侗纂輯　　(清)徐渭仁校　　清道光二十一年(1841)上海徐氏刻本　　三冊

340000－1881－0001772　　02631

金石錄補二十七卷　　(清)葉奕苞撰　　(清)蔣光煦校勘　　石門碑醳不分卷　　(清)王森文撰　　清道光十八年(1838)海昌蔣氏別下齋刻本　　四冊

340000－1881－0001773　　02632

碑版文廣例十卷　　(清)王芑孫輯　　清道光二十一年(1841)江元文刻本　　四冊

340000－1881－0001774　　02633

關中金石記八卷　　(清)畢沅撰　　清乾隆四十六年(1781)刻本　　六冊

340000－1881－0001775　　02634

求古精舍金石圖不分卷　　(清)陳經纂　　清嘉慶二十二年(1817)刻本　　一冊

340000－1881－0001776　　02636

行素草堂金石叢書二十一種一百五十五卷　　(清)朱記榮輯　　清光緒十四年(1888)朱氏槐廬刻本　　四十冊

340000－1881－0001777　　02637

來齋金石刻考略三卷　　(清)林侗纂輯　　(清)徐渭仁校　　清道光二十一年(1841)刻本　　二冊

340000－1881－0001778　　02638

兩浙金石志十八卷補遺一卷　　(清)阮元編　　清光緒十六年(1890)浙江書局刻本　　十二冊

340000－1881－0001779　　02640

粵東金石略九卷首一卷附二卷　　(清)翁方綱撰　　清光緒十七年(1891)廣州石經堂書局石印本　　四冊

340000－1881－0001780　　02642

十二硯齋金石過眼錄十八卷續錄六卷　　(清)汪鋆撰　　清光緒十二年(1886)刻本　　八冊

340000－1881－0001781　　02643

碑版文廣例十卷　　(清)王芑孫輯　　清道光二十一年(1841)江元文刻本　　六冊

340000－1881－0001782　　02644

蜀碑記十卷　　(宋)王象之撰　　中麓畫品不分卷　　(明)李開先撰　　(清)李調元校　　巵辭一卷　　(明)王禕撰　　清刻本　　一冊

340000－1881－0001783　　02645

授堂金石文字續跋十四卷　　(清)武億撰　　(清)武穆淳編　　清道光二十三年(1843)刻本　　三冊

340000－1881－0001784　　02646

漢魏六朝志墓金石例三卷唐人志墓諸例不分卷　　(清)吳鎬撰　　清嘉慶十七年(1812)太倉張浩三刻本　　一冊

340000－1881－0001785　　02647

金石三跋十卷　　(清)武億撰　　(清)武穆淳編　　清道光二十三年(1843)刻本　　二冊

340000－1881－0001786　　02648

金石例十卷　　(元)潘昂霄撰　　(元)楊本編　　(元)王思明重校　　墓銘舉例四卷　　(明)王行撰　　金石要例不分卷　　(清)黃宗羲撰　　清光緒四年(1878)讀有用書齋刻朱墨套印本　　四冊

340000－1881－0001787　　02649

激素飛青閣摹刻金石文字不分卷　　楊守敬撰　　清光緒二年(1876)激素飛青閣刻本　　十三冊

340000－1881－0001788　　02650

金石例十卷　　(元)潘昂霄撰　　(元)楊本編　　(元)王思明重校　　墓銘舉例四卷　　(明)王行撰　　金石要例不分卷　　(清)黃宗羲撰　　清嘉慶十二年(1807)讀有用書齋刻朱墨套印本　　四冊

340000－1881－0001789　　02651

寰宇訪碑錄十二卷　　(清)孫星衍　　(清)邢澍撰　　清光緒九年(1883)江蘇書局刻本　　四冊

340000－1881－0001790　02652

補寰宇訪碑錄五卷失編一卷　（清）趙之謙纂集　（清）沈樹鏞覆勘　（清）朱記榮校　清光緒十二年（1886）吳縣朱氏槐廬校刻金石叢書本　二冊

340000－1881－0001791　02653

平津讀碑記八卷續記一卷　（清）洪頤煊纂　清光緒十二年（1886）吳縣朱氏家塾刻本　四冊

340000－1881－0001792　02655

敦煌石室真蹟錄五卷附一卷　王仁俊錄述　清宣統元年（1909）國粹堂石印本　三冊

340000－1881－0001793　02659

海東金石苑不分卷　（清）劉喜海撰　清同治十二年（1873）歙縣鮑氏觀古閣刻本　一冊

340000－1881－0001794　02660

重定金石契不分卷首一卷　（清）張燕昌纂　清光緒二十二年（1896）聚學軒主劉氏刻本　四冊

340000－1881－0001795　02661

重定金石契不分卷首一卷　（清）張燕昌纂　清光緒二十二年（1896）聚學軒主劉氏刻本　四冊

340000－1881－0001796　02665

匋齋臧石記四十四卷首一卷匋齋臧甎記二卷　（清）端方撰　清宣統元年（1909）上海商務印書館石印本　十二冊

340000－1881－0001797　02667

碑別字五卷　（清）羅振鋆輯　清光緒二十年（1894）刻食舊堂叢書本　一冊

340000－1881－0001798　02669

香南精舍金石契不分卷　（清）覺羅崇恩撰　清光緒二十六年（1900）刻本　一冊

340000－1881－0001799　02670

非見齋審定六朝正書碑目不分卷　（清）譚廷獻評　清光緒二年（1876）刻本　一冊

340000－1881－0001800　02671

高麗國永樂好太王碑釋文纂攷一卷　鄭文焯撰　清光緒二十六年（1900）平湖朱氏經注經齋刻本　一冊

340000－1881－0001801　02673

石鼓文定本十種□□卷　（清）古華山農編　清光緒十六年（1890）古華山館刻本　四冊存十五卷（岐陽石鼓文一卷、石鼓文釋音一卷、辨證二卷附敘記、章句註疏十卷、石鼓文地名攷一卷）

340000－1881－0001802　02677

墨妙亭碑目攷二卷附攷一卷　（清）張鑑撰　清光緒十年（1884）江蘇書局刻本　二冊

340000－1881－0001803　02678

虞恭公碑釋文不分卷　（清）翁方綱纂　清道光十七年（1837）漢陽葉氏平安館摹刻本　一冊

340000－1881－0001804　02679

石鼓文纂釋不分卷　（清）趙烈文纂　清光緒十一年（1885）靜園刻本　一冊

340000－1881－0001805　02680

魏稼孫先生全集四種四卷　（清）魏錫曾撰　清光緒九年（1883）羊城刻本　十冊

340000－1881－0001806　02681

金薤琳琅二十卷　（明）都穆撰　金薤琳琅補遺不分卷　（清）宋振譽撰　清乾隆四十三年（1778）刻本　十冊

340000－1881－0001807　02682

清儀閣題跋不分卷　（清）張廷濟撰　清光緒十九年（1893）錢塘丁氏刻本　四冊

340000－1881－0001808　02684

小琅嬛叢記二種　（清）阮福撰　清刻本　二冊

340000－1881－0001809　02685

積古齋鐘鼎彝器款識十卷　（清）阮元編錄　清光緒五年（1879）武昌刻本　六冊

340000－1881－0001810　02686

唐九成宮醴泉銘不分卷唐虞恭公溫公碑不分

卷　楊守敬輯　清同治十一年至光緒二年
(1872－1876)激素飛青閣刻本　一冊

340000－1881－0001811　02687

聖教集對不分卷　(清)張炳堃輯　清同治四
年(1865)刻本　一冊

340000－1881－0001812　02688

匡喆刻經頌十二卷　楊守敬摹　清光緒三十
三年(1907)鄰蘇園刻本　六冊

340000－1881－0001813　02690

思古齋雙鉤漢碑篆額不分卷　(清)何澂輯
清光緒九年(1883)刻本　三冊

340000－1881－0001814　02692

匋雅二卷　(清)寂園叟撰　清宣統三年
(1911)石印本　四冊

340000－1881－0001815　02693

雲深處印存不分卷　(清)史致謨撰　清咸豐
九年(1859)鈐印本　一冊

340000－1881－0001816　02695

吉金齋古銅印譜六卷續集一卷　(清)何昆玉
輯　清同治八年(1869)鈐印本　七冊

340000－1881－0001817　02696

金罍山民印存不分卷　(□)□□輯　清鈐印
本　一冊

340000－1881－0001818　02699

一木居印存不分卷　(清)鮑運本輯　清鈐印
本　一冊

340000－1881－0001819　02700

胡震印稿不分卷　(清)胡震鈐　清鈐印本
一冊

340000－1881－0001820　02701

古稀再度壽印不分卷　(□)□□輯　清鈐印
本　一冊

340000－1881－0001821　02703

二百蘭亭齋收藏金石記不分卷　(清)吳雲撰
清咸豐六年(1856)歸安吳氏刻本　四冊

340000－1881－0001822　02704

金石圖不分卷　(清)牛運震說　(清)褚峻摹
清刻本　三冊

340000－1881－0001823　02705

荊南萃古編不分卷　(清)周懋琦　(清)劉瀚
輯　清光緒二十年(1894)鴻寶署齋刻本
一冊

340000－1881－0001824　02708

行素草堂集古印譜四卷　(清)朱記榮編　清
光緒十年(1884)古樵書屋鈐印本　三冊　存
三卷(一下、二上、三下)

340000－1881－0001825　02709

雅藏閣書畫印印譜不分卷　(□)□□撰　清
鈐印本　一冊

340000－1881－0001826　02710

吉金齋古銅印譜六卷續集一卷　(清)何昆玉
輯　清同治八年(1869)鈐印本　六冊　存六
卷(吉金齋古銅印譜六卷)

340000－1881－0001827　02711

印譜不分卷　(□)□□撰　清鈐印本　一冊

340000－1881－0001828　02712

行素堂集古印存不分卷　(清)朱記榮寫　清
光緒九年(1883)古樵書屋鈐印本　二冊

340000－1881－0001829　02716

千甓亭磚錄六卷　(清)陸心源纂　清光緒七
年(1881)吳興陸氏十萬卷樓刻本　三冊

340000－1881－0001830　02719

西清古鑑四十卷錢錄十六卷　(清)允祿
(清)弘曕監理　(清)梁詩正等編纂　(清)
陳孝泳　(清)楊瑞蓮摹篆　(清)梁觀等繪圖
(清)勵宗萬等武英殿繕書　(清)陸宗楷等
校　清光緒三十四年(1908)集成圖書公司石
印本　二十四冊

340000－1881－0001831　02726

關中金石記八卷　(清)畢沅撰　(清)蔡星漢
參校　關中金石記附記不分卷　(清)蔡汝霖
編　清道光二十七年(1847)渭南焦氏校刻本
五冊

340000－1881－0001832　02727

兩漢金石記二十二卷　（清）翁方綱纂　清乾隆五十四年（1789）刻本　六冊

340000－1881－0001833　02728

古銅玉印譜不分卷　（清）南阜山人輯　清鈐印本　一冊

340000－1881－0001834　02734

玩月草堂印存不分卷　（清）馮士璌纂　清光緒七年（1881）鈐印本　三冊

340000－1881－0001835　02744

周秦古璽不分卷　（清）吳隱輯　清光緒二十一年（1895）西泠印社影印本　二冊

340000－1881－0001836　02751

金櫺山人印存不分卷　（□）□□輯　清鈐印本　三冊

340000－1881－0001837　02756

抱經樓日課編不分卷　（清）盧登焯纂　清乾隆四十六年（1781）鈐印本　四冊

340000－1881－0001838　02759

樂老堂集古百廿壽二卷　（清）孫蟠纂　清乾隆四十九年（1784）刻本　一冊

340000－1881－0001839　02760

印存二卷　（□）□□纂　清鈐印本　一冊
存一卷（下）

340000－1881－0001840　02764

榮寶印存不分卷　（□）□□纂　清鈐印本
一冊

340000－1881－0001841　02765

醫躁軒古今印存不分卷　（□）□□纂　清鈐印本　一冊

340000－1881－0001842　02769

百美印存不分卷　（清）查子圭纂　清光緒二十一年（1895）鈐印本　四冊

340000－1881－0001843　02770

二百蘭亭齋收藏古印不分卷　（清）吳雲集藏
清咸豐九年（1859）鈐印本　三冊

340000－1881－0001844　02771

廣印人傳十六卷補遺一卷　（清）葉銘輯　清宣統三年（1911）西泠印社刻本　四冊

340000－1881－0001845　02772

篆學叢書三十種四十卷　（清）顧湘輯　清光緒十四年（1888）虞山飛鴻延年堂刻本　八冊

340000－1881－0001846　02781

印典八卷　（清）朱家賢編　清刻本　六冊

340000－1881－0001847　02782

印典八卷　（清）朱家賢編　清乾隆就閒堂刻本　二冊

340000－1881－0001848　02783

西泠四家印譜附存三家七卷　（清）丁丙藏
清光緒百石齋影印本　八冊

340000－1881－0001849　02785

孫氏養正樓印存六卷末一卷　（清）孫阜昌鑒藏　（清）孟介臣鐫纂　清道光十九年（1839）孫氏養正樓鈐印本　二冊　存三卷（一、六，末一卷）

340000－1881－0001850　02786

西京職官印錄二卷箋說一卷　（清）徐堅輯
清乾隆褱新館鈐印本　二冊

340000－1881－0001851　02790

集古官印攷十七卷集古虎符魚符攷一卷
(清)瞿中溶編　（清）瞿樹鎬校　清同治十二年（1873）鉛印本　四冊

340000－1881－0001852　02791

鄭厂所藏泥封不分卷　羅振玉輯　清光緒二十九年（1903）石印本　一冊

340000－1881－0001853　02797

西巡回鑾始末記六卷　（清）八詠樓主人撰
(日本)吉田良太郎口譯　清光緒二十八年（1902）石印本　四冊　存四卷（一至二、四、六）

340000－1881－0001854　02801

文秘閣印稿不分卷　（清）楊心源纂　（清）楊徽校　清道光三年（1823）影印本　二冊

340000－1881－0001855　02802

遊戲三昧不分卷　（清）釋竹禪篆　清光緒元年(1875)影印本　四冊

340000－1881－0001856　02804

石鼓集聯附七六五言不分卷　（清）呂廬主人輯　（清）王壽祺雙鉤　清光緒二十六年(1900)雙鉤石印本　二冊

340000－1881－0001857　02810

古泉匯四集六十卷首四卷　（清）李佐賢編　（清）李貽良　（清）李貽雋校　清同治三年(1864)利津李氏石泉書屋刻本　三十二冊

340000－1881－0001858　02811

中西錢幣考略二卷中西度量權衡考略不分卷　（清）沈林一撰　清鉛印練青軒類槀本　一冊

340000－1881－0001859　02812

望堂金石文字不分卷　楊守敬輯　清同治至光緒刻本　八冊

340000－1881－0001860　02813

碑傳集一百六十卷首二卷末二卷　（清）錢儀吉纂錄　（清）黃彭年編　清光緒二十年(1894)刻本　六十冊

340000－1881－0001861　02814

續碑傳集八十六卷首二卷　繆荃孫纂錄　清宣統二年(1910)江楚編譯書局刻本　二十四冊

340000－1881－0001862　02816

[清光緒乙酉科]各省選拔全錄不分卷　（清）禮部輯　清光緒十一年(1885)禮部刻本　二冊

340000－1881－0001863　02817

中興將帥別傳三十卷續編六卷　朱孔彰撰　清光緒二十三年(1897)江寧刻本　十二冊

340000－1881－0001864　02818

候選知縣周君叔算行狀不分卷　（清）王詠霓撰　清光緒八年(1882)刻本　一冊

340000－1881－0001865　02819

340000－1881－0001865　02819

陸稼書先生[隴其]年譜定本二卷附錄一卷　（清）吳光西輯　清乾隆六年(1741)刻本　二冊

340000－1881－0001866　02820

忠武誌十卷　（清）張鵬翮輯　（清）劉廷璣　（清）方允猷校　清嘉慶十九年(1814)刻本　六冊

340000－1881－0001867　02821

康熙進士題名碑錄不分卷　（□）□□輯　清康熙刻本　一冊

340000－1881－0001868　02822

洪文惠公[适]年譜四卷　（清）錢大昕撰　（清）洪汝奎增訂　清宣統三年(1911)刻朱印本　三冊　存三卷(二至四)

340000－1881－0001869　02825

漁業歷史八卷　（清）沈同芳撰　清宣統三年(1911)鉛印本　一冊

340000－1881－0001870　02826

日本維新三十年史不分卷　（日本）博文館編　（清）廣智書局譯　清光緒二十九年(1903)上海廣智書局鉛印本　六冊

340000－1881－0001871　02827

大日本維新史二卷　（日本）重野安繹撰　清光緒二十五年(1899)上海商務印書館鉛印本　二冊

340000－1881－0001872　02829

經畧洪承疇奏對筆記二卷　（清）洪承疇撰　清刻本　一冊　存一卷(下)

340000－1881－0001873　02833

前蒙古紀事本末二卷後蒙古紀事本末二卷　（清）韓善徵編　清光緒三十一年(1905)上海春記石印本　四冊

340000－1881－0001874　02834

通鑑地理通釋十四卷　（宋）王應麟撰　清光緒九年(1883)浙江書局刻本　三冊

340000－1881－0001875　02835

廣輿記二十四卷　（清）蔡方炳增輯　清嘉慶

七年(1802)刻本　七冊　存十四卷(一至十四)

340000－1881－0001876　02836

歷代史論一編四卷　(明)張溥撰　明刻本四冊

340000－1881－0001877　02837

逸周書十卷校正補遺一卷附錄一卷　(晉)孔晁注　(清)盧文弨校勘　清乾隆五十一年(1786)刻抱經堂叢書本　二冊

340000－1881－0001878　02838

廿一史約編八卷首一卷　(清)鄭元慶述(清)姚淳燾　(清)朱廷桂等參訂　清康熙三十六年(1697)刻本　八冊

340000－1881－0001879　02839

廣輿記二十四卷　(明)陸應陽輯　清順治刻本　一冊　存二卷(一至二)

340000－1881－0001880　02840

水經四十卷　(漢)桑欽撰　(北魏)酈道元注　(明)吳中珩校　清順治刻本　十冊　存二十一卷(十至十五、十八至二十八、三十一至三十四)

340000－1881－0001881　02841

六部則例全書□□卷　(清)鄂海輯　清康熙五十九年(1720)寬恕堂刻本　十冊　存十四卷(吏部則例上、下,禮部則例上、下,刑部現行上,中樞政考上、下,六部處分則例一至七)

340000－1881－0001882　02842

欽定吏部則例二十二卷　(清)和珅等纂　清木活字印本　十四冊

340000－1881－0001883　02843

欽定大清會典一百卷　(清)允裪等總裁(清)文保等滿纂修　(清)顧汝珍等漢纂修清乾隆二十九年(1764)刻本　三十六冊

340000－1881－0001884　02844

弘簡錄二百五十四卷　(明)邵經邦撰　(清)邵遠平校　清刻本　六十一冊

340000－1881－0001885　02845

皇清名臣奏議六十八卷首一卷　(清)琴川居士編　清都城國史館琴川居士刻本　四十八冊

340000－1881－0001886　02846

沈文肅公政書七卷首一卷　(清)沈葆楨撰(清)朱記榮校　清光緒六年(1880)埽葉山房刻本　十二冊

340000－1881－0001887　02847

十六國春秋不分卷　(北魏)崔鴻撰　鄴中記不分卷　(晉)陸翽撰　清刻本　二冊

340000－1881－0001888　02848

南北史捃華八卷　(清)周嘉猷輯　(清)胡鳳丹校　清光緒二年(1876)退補齋刻本　四冊

340000－1881－0001889　02849

列國史補十八卷　(明)魏顯國輯注　明刻本四冊　存八卷(七至十四)

340000－1881－0001890　02851

前漢書一百二十卷　(漢)班固撰　(唐)顏師古注　明崇禎十五年(1642)汲古閣刻本　二十二冊　存九十三卷(一至三十四、四十二至一百)

340000－1881－0001891　02852

約章成案匯覽乙篇四十二卷　(清)北洋洋務局纂輯　清光緒上海點石齋石印本　三十六冊

340000－1881－0001892　02853

秋讞輯要六卷首一卷　(清)剛毅輯　清光緒十五年(1889)江蘇書局刻本　八冊

340000－1881－0001893　02856

積古齋鐘鼎彝器款識十卷　(清)阮元編錄清鉛印本　二冊　存四卷(三至四、七至八)

340000－1881－0001894　02858

乘槎筆記二卷　(清)斌椿纂　清光緒八年(1882)北京群英閣刻本　一冊

340000－1881－0001895　02859

革命軍七章　(清)鄒容撰　清光緒二十九年(1903)鉛印本　一冊

340000－1881－0001896　02862

匋雅二卷　（清）寂園叟撰　清宣統二年
(1910)書貴山房石印本　二冊

340000－1881－0001897　02865

三十三年落花夢不分卷　（日本）宮崎寅藏撰
　（清）金一翻譯　清光緒三十一年(1905)群
學社鉛印本　一冊

340000－1881－0001898　02868

古刻叢鈔不分卷　（明）陶宗儀編　（清）孫星
衍重編　建立伏博士始末二卷　（清）孫星衍
撰　清嘉慶刻平津館叢書本　一冊

340000－1881－0001899　02869

栞銘餘韻不分卷　（清）墨華居製　清咸豐九
年(1859)墨花居影印本　二冊

340000－1881－0001900　02873

今水經不分卷　（清）黃宗羲撰　清光緒三年
(1877)湖北崇文書局刻本　一冊

340000－1881－0001901　02877

金石萃編一百六十卷　（清）王昶撰　清石印
本　十二冊　存一百四卷(五十七至一百六
十)

340000－1881－0001902　02879

金石續編二十一卷首一卷　（清）陸耀遹纂
（清）陸增祥校　清光緒十九年(1893)上海醉
六堂石印本　六冊

340000－1881－0001903　02882

隨軒金石文字不分卷建昭雁足鐙考二卷
（清）徐渭仁鉤摹并錄　清同治七年(1868)刻
本　四冊

340000－1881－0001904　02883

重定金石契不分卷首一卷續一卷　（清）張燕
昌纂　清光緒二十二年(1896)聚學軒主劉氏
刻本　四冊

340000－1881－0001905　02884

歷代鐘鼎彝器款識法帖二十卷　（宋）薛尚功
纂　清嘉慶二年(1797)刻本　四冊

340000－1881－0001906　02885

積古齋鐘鼎彝器款識十卷　（清）阮元編錄
清光緒九年(1883)常熟鮑氏後知不足齋刻本
四冊

340000－1881－0001907　02887

遯庵秦漢印選不分卷　（清）吳隱輯　清鉛印
本　二十四冊

340000－1881－0001908　02889

鐵琴銅劍樓藏書目錄二十四卷　（清）瞿鏞撰
清光緒二十三年(1897)誦芬室刻本　十冊

340000－1881－0001909　02890

揚州吳氏測海樓藏書目錄十二卷　（清）吳引
孫編　清宣統二年(1910)刻本　六冊

340000－1881－0001910　02893

郘亭知見傳本書目十六卷　（清）莫友芝撰
清同治十二年(1873)鉛印本　八冊

340000－1881－0001911　02897

江刻書目三種十卷　（清）江標輯　清光緒蘇
州振新書社刻本　四冊

340000－1881－0001912　02898

群碧樓書目初編九卷書衣雜識一卷　鄧邦述
收藏　清宣統三年(1911)鉛印本　一冊

340000－1881－0001913　02902

續語堂題跋不分卷　（清）魏錫曾撰　清光緒
九年(1883)廣州刻本　一冊

340000－1881－0001914　02903

國朝未梨遺書志略不分卷　（清）朱記榮輯
（清）徐士愷校　清光緒十八年(1892)石埭觀
自得齋徐氏刻本　一冊

340000－1881－0001915　02904

宋元舊本書經眼錄三卷附錄二卷　（清）莫友
芝撰　清同治十二年(1873)刻本　一冊

340000－1881－0001916　02908

孫氏祠堂書目內編四卷外編三卷　（清）孫星
衍撰　清光緒十年(1884)刻本　四冊

340000－1881－0001917　02909

鐵琴銅劍樓藏書目錄二十四卷　（清）瞿鏞編
清光緒二十四年(1898)常熟瞿氏恬里家塾

刻本　十冊

340000－1881－0001918　02910

江刻書目三種十卷　（清）江標輯　清光緒蘇州振新書社刻本　四冊

340000－1881－0001919　02911

欽定天祿琳琅書目十卷後編二十卷　（清）于敏中等編校　清光緒十年（1884）長沙王氏刻本　十冊

340000－1881－0001920　02912

皕宋樓藏書志一百二十卷續志四卷　（清）陸心源編　（清）李宗蓮校　清光緒八年（1882）歸安陸心源十萬卷樓刻潛園總集本　三十二冊

340000－1881－0001921　02913

善本書室藏書志四十卷附錄一卷　（清）丁丙輯　清光緒二十七年（1901）錢塘丁氏刻本　十六冊

340000－1881－0001922　02914

浙江採集遺書總錄十一集　（清）沈初等編　清乾隆三十九年（1774）刻本　十二冊

340000－1881－0001923　02919

彙刻書目正續合編不分卷　（清）顧修撰　清同治九年（1870）崇雅堂刻本　十二冊

340000－1881－0001924　02921

愛日精廬藏書志三十六卷續志四卷　（清）張金吾撰　清道光七年（1827）昭文張氏刻本　六冊　存三十六卷（一至十二、十七至三十六,續志四卷）

340000－1881－0001925　02922

皇清經解敬修堂編目十六卷　陶治元編輯　李師善　王鳳藻分輯　清光緒十二年（1886）石印本　四冊

340000－1881－0001926　02923

四庫未收書目提要五卷　（清）阮元撰　清光緒四年（1878）鉛印本　一冊

340000－1881－0001927　02924

士禮居藏書題跋記六卷　（清）黃丕烈撰　清

光緒八年（1882）石印本　二冊

340000－1881－0001928　02925

欽定四庫全書簡明目錄二十卷　（清）紀昀（清）陸錫熊　（清）孫士毅總纂　清刻本　八冊

340000－1881－0001929　02926

行素堂目睹書錄十卷續藏經一卷　（清）朱記榮輯　汲古閣珍藏秘本書目一卷　（清）毛扆書　清光緒十一年（1885）朱氏槐廬刻本　十二冊

340000－1881－0001930　02929

匯刻書目初編十卷補一卷　（清）顧修撰　清嘉慶二十五年（1820）璜川吳氏刻本　十二冊

340000－1881－0001931　02932

續彙刻書目十二卷　（清）傅雲龍輯　清光緒二年（1876）善成堂刻本　十六冊

340000－1881－0001932　02933

增補彙刻書目十卷補一卷　（清）顧修撰　清光緒元年（1875）北京琉璃廠刻本　十一冊

340000－1881－0001933　02934

續彙刻書目十二卷　（清）傅雲龍輯　清光緒二年（1876）善成堂刻本　八冊

340000－1881－0001934　02935

漢書引經異文錄證六卷　（清）繆祐孫撰　清光緒十一年（1885）刻本　二冊

340000－1881－0001935　02936

南陽藝文志□□卷　（清）劉拱宸纂輯　（清）馬至毅等分校　清同治十年（1871）南陽郡署刻本　四冊　存四卷（二十至二十三）

340000－1881－0001936　02937

士禮居藏書題跋記六卷　（清）黃丕烈撰　清光緒八年（1882）潘祖蔭刻本　四冊

340000－1881－0001937　02942

宋元本行格表二卷　（清）江標輯　清光緒二十三年（1897）劉肇隅刻本　四冊

340000－1881－0001938　02943

藝風藏書記八卷　繆荃孫撰　清光緒二十七

年（1901）刻本　二冊

340000－1881－0001939　02954

補晉書藝文志四卷　（清）文廷式纂　清宣統
元年（1909）長沙鉛印本　六冊

340000－1881－0001940　02955

補後漢書藝文志攷十卷首一卷　（清）曾樸纂
清光緒二十一年（1895）刻常熟曾氏叢書本
六冊

340000－1881－0001941　02956

隋經籍志考證十三卷　（清）章宗源撰　清光
緒三年（1877）湖北崇文書局刻本　四冊

340000－1881－0001942　02957

元史藝文志四卷　（清）錢大昕補　清嘉慶五
年（1800）江蘇書局刻本　一冊

340000－1881－0001943　02961

拜經樓藏書題跋記五卷附錄一卷　（清）吳壽
暘纂　清道光二十七年（1847）刻本　二冊

340000－1881－0001944　02963

徵訪明季遺書目不分卷　（清）劉世珩輯　清
宣統二年（1910）鉛印本　一冊

340000－1881－0001945　02965

經籍跋文不分卷　（清）陳鱣撰　清道光十七
年（1837）刻本　一冊

340000－1881－0001946　02966

廉石居藏書記內編二卷　（清）孫星衍撰
（清）陳宗彝編　清道光十六年（1836）刻本
二冊

340000－1881－0001947　02967

昭德先生郡齋讀書志二十卷附志二卷　（宋）
晁公武撰　（宋）姚應績編　清光緒十年
（1884）長沙王氏刻本　十冊

340000－1881－0001948　02968

昭德先生郡齋讀書志二十卷附志二卷　（宋）
晁公武撰　（宋）姚應績編　清光緒十年
（1884）長沙王氏刻本　十冊

340000－1881－0001949　02969

平津館鑒藏書籍記三卷補遺一卷續編一卷

（清）孫星衍撰　**廉石居藏書記內編二卷**
（清）孫星衍撰　（清）陳宗彝編　清光緒十一
年（1885）木犀軒刻本　二冊

340000－1881－0001950　02970

讀書敏求記四卷　（清）錢曾撰　清乾隆六十
年（1795）刻本　四冊

340000－1881－0001951　02972

讀書敏求記四卷　（清）錢曾撰　清乾隆六十
年（1795）刻本　四冊

340000－1881－0001952　02974

日本訪書志十七卷　楊守敬撰　清光緒二十
三年（1897）刻本　八冊

340000－1881－0001953　02988

留真譜初編十二卷　楊守敬編　清光緒二十
七年（1901）宜都楊氏刻本　十二冊

340000－1881－0001954　03033

文獻通考敘不分卷　（□）□□輯　清光緒二
十六年（1900）同好樓刻本　一冊

340000－1881－0001955　03034

四庫全書總目序不分卷　（□）□□撰　清光
緒二十六年（1900）同好樓刻本　一冊

340000－1881－0001956　03035

勞氏碎金三卷　（清）勞經原等撰　吳昌綬輯
清宣統元年（1909）仁和吳昌綬雙照樓鉛印
本　一冊

340000－1881－0001957　03046

蘇溪漁隱讀書譜四卷　（清）耿文光撰　清光
緒十五年（1889）刻本　四冊

340000－1881－0001958　03050

直齋書錄解題二十二卷　（宋）陳振孫撰　清
刻本　十二冊

340000－1881－0001959　03063

說文書目不分卷　（清）葉銘　（清）葉舟編
傳古別錄不分卷　（清）陳介祺撰　清宣統二
年（1910）西泠印社鉛印本　一冊

340000－1881－0001960　03064

金石書目不分卷印譜目不分卷　（清）葉銘

（清）葉舟編　清宣統二年（1910）西泠印社鉛印本　一冊

340000－1881－0001961　03065

遂初堂書目不分卷　（宋）尤袤撰　清道光二十九年（1849）刻海山仙館叢書本　一冊

340000－1881－0001962　03066

禁書目不分卷　（□）□□輯　清刻本　一冊

340000－1881－0001963　03071

上海格致書院藏書樓書目六卷　（清）格致書院輯　清光緒三十三年（1907）商務印書館鉛印本　一冊

340000－1881－0001964　03079

西學書目表三卷附一卷　梁啟超撰　清光緒二十二年（1896）質學會刻本　一冊

340000－1881－0001965　03080

銷燬書目不分卷　（□）□□輯　清刻本　一冊

340000－1881－0001966　03082

汲古閣校刻書目一卷　（明）毛晉編　（清）顧湘校勘　補遺一卷汲古閣刻板存亡考不分卷　（清）悔道人輯　（清）顧湘參校　清道光二十一年（1841）刻本　一冊

340000－1881－0001967　03083

徵訪明季遺書目不分卷　（清）劉世珩輯　清宣統二年（1910）鉛印本　一冊

340000－1881－0001968　03085

國朝著述未梓書目不分卷　鄭文焯編　清蘇州書局刻本　一冊

340000－1881－0001969　03093

楚寶目錄不分卷　（清）劉人熙編　清光緒十四年（1888）刻本　一冊

340000－1881－0001970　03106

家刻書目十卷　（清）錢培蓀輯　清光緒四年（1878）刻本　四冊

340000－1881－0001971　03109

皕宋樓藏書志一百二十卷續志四卷　（清）陸心源編　清光緒八年（1882）十萬卷樓刻本

三十二冊

340000－1881－0001972　03111

菉竹堂書目六卷碑目六卷　（明）葉盛編　清咸豐四年（1854）刻粵雅堂叢書本　三冊

340000－1881－0001973　03112

行素草堂目睹書錄十卷　（清）朱記榮輯　清光緒十年（1884）吳縣朱氏槐廬刻本　十冊

340000－1881－0001974　03113

藝風藏書記八卷　繆荃孫撰　清光緒二十七年（1901）刻本　二冊

340000－1881－0001975　03117

四庫全書提要分纂稿一卷　（清）邵晉涵撰　（清）馬用錫校　清光緒十七年（1891）徐氏鑄學齋刻本　一冊

340000－1881－0001976　03119

江刻書目三種不分卷　（清）江標輯　清光緒二十三年（1897）蘇州振新書社刻本　四冊

340000－1881－0001977　03120

崇文總目五卷附錄不分卷　（宋）王堯臣等編　（清）錢東垣輯釋　崇文總目補遺不分卷　（清）錢侗輯　清光緒八年（1882）常熟後知不足齋刻本　五冊

340000－1881－0001978　03124

退庵題跋二卷　（清）梁章鉅撰　清福州梁氏刻本　二冊

340000－1881－0001979　03125

藏書紀要不分卷　（清）孫從添編　清光緒九年（1883）佞宋齋刻本　一冊

340000－1881－0001980　03133

士禮居藏書題跋記六卷　（清）黃丕烈撰　清光緒八年（1882）潘祖蔭刻本　四冊

340000－1881－0001981　03134

杭州藝文志十卷　吳慶坻纂　清光緒三十四年（1908）長沙刻朱印本　四冊

340000－1881－0001982　03137

欽定天祿琳琅書目後編二十卷　（清）彭元瑞等編　清光緒十年（1884）長沙王氏刻本

四冊

340000－1881－0001983　03138

百宋一廛賦一卷　（清）顧廣圻撰　（清）黃丕
烈注　清嘉慶十年(1805)吳郡黃氏士禮居刻
本　一冊

340000－1881－0001984　03139

百宋一廛賦一卷　（清）顧廣圻撰　（清）黃丕
烈注　清嘉慶十年(1805)吳郡黃氏士禮居刻
本　一冊

340000－1881－0001985　03140

百宋一廛賦一卷　（清）顧廣圻撰　（清）黃丕
烈注　清光緒三年(1877)刻本　一冊

340000－1881－0001986　03141

漢藝文志攷證十卷　（宋）王應麟撰　清光緒
九年(1883)浙江書局刻本　二冊

340000－1881－0001987　03148

華延年室題跋三卷　（清）傅以禮撰　清宣統
元年(1909)餘杭俞人蔚鉛印本　三冊

340000－1881－0001988　03150

五萬卷閣書目記四卷　（清）李嘉績輯　清光
緒三十年(1904)華清官舍刻本　一冊

340000－1881－0001989　03153

欽定四庫全書附存目錄十卷　（清）胡虔編
清乾隆五十八年(1793)刻本　六冊

340000－1881－0001990　03154

欽定四庫全書簡明目錄二十卷　（清）紀昀
（清）陸錫熊　（清）孫士毅總纂　清刻本　六
冊　存九卷(十二至二十)

340000－1881－0001991　03155

日本書目志十五卷　康有為輯　清光緒二十
三年(1897)上海大同譯書局石印本　八冊

340000－1881－0001992　03157

季滄葦書目不分卷　（清）季振宜撰　清光緒
元年(1875)刻粵雅堂叢書本　一冊

340000－1881－0001993　03158

述古堂藏書目四卷宋板書目一卷　（清）錢曾
攷藏　清道光三十年(1850)刻粵雅堂叢書本

一冊

340000－1881－0001994　03169

天一閣書目四卷　（清）阮元校　（清）范懋柱
錄　天一閣碑目不分卷　（清）范懋敏編
（清）錢大昕鑒定　（清）張燕昌　（清）水雲
懶生參訂　清嘉慶十三年(1808)阮氏文選樓
刻本　十冊

340000－1881－0001995　03170

天一閣見存書目四卷首一卷末一卷　（清）薛
福成編　清光緒十五年(1889)刻本　四冊

340000－1881－0001996　03173

帶經堂書目四卷附錄一卷　（清）陳徵芝鑒藏
（清）陳樹杓編　（清）周星詒　（清）陸心
源批訂　清宣統三年(1911)順德鄧氏鉛印本
二冊

340000－1881－0001997　03174

拜經樓藏書題跋記五卷附錄一卷　（清）吳壽
暘纂　清道光二十七年(1847)刻本　二冊

340000－1881－0001998　03177

福省重刻武英殿聚珍版書目不分卷　（清）宋
培初　（清）劉永昭校勘　清同治七年(1868)
福建刻本　一冊

340000－1881－0001999　03180

曝書雜記三卷　（清）錢泰吉撰　清同治七年
(1868)刻本　二冊

340000－1881－0002000　03183

閱藏知津四十四卷總目四卷　（清）釋智旭編
清光緒十八年(1892)金陵刻經處刻本　十
一冊

340000－1881－0002001　03184

清儀閣題跋不分卷　（清）張廷濟撰　清光緒
十九年(1893)刻本　四冊

340000－1881－0002002　03185

讀書引十二卷　（清）王謨輯　清乾隆四十八
年(1783)刻本　六冊

340000－1881－0002003　03187

經籍跋文一卷　（清）陳鱣撰　清道光十九年

(1839)刻本　一冊

340000－1881－0002004　03192

書目答問不分卷　（清）張之洞撰　清光緒五年(1879)刻本　二冊

340000－1881－0002005　03193

諸家藏書簿十卷　（清）李調元輯　清刻本　二冊

340000－1881－0002006　03194

武林藏書錄三卷首一卷末一卷　（清）丁申撰　清光緒二十六年(1900)嘉惠堂刻本　二冊

340000－1881－0002007　03196

日遊彙編四卷　繆荃孫編　清光緒二十九年(1903)高等學堂刻本　一冊

340000－1881－0002008　03197

復堂日記六卷(清同治二年五月至光緒七年再至十一年)　（清）譚獻撰　清光緒十三年(1887)刻本　二冊

340000－1881－0002009　03202

養吉齋叢錄二十六卷餘錄十卷　（清）吳振棫纂　清光緒二十二年(1896)刻本　八冊

340000－1881－0002010　03203

補晉書藝文志四卷附錄一卷　丁國鈞撰　丁辰注　清光緒中錫山文苑閣木活字印常熟丁氏叢書本　二冊

340000－1881－0002011　03204

儀顧堂續跋十六卷　（清）陸心源撰　清光緒十八年(1892)刻本　四冊

340000－1881－0002012　03206

文瀾閣志二卷首一卷附錄一卷　（清）孫樹禮　（清）孫峻撰　清光緒二十四年(1898)刻本　二冊

340000－1881－0002013　03242

金石索十二卷首一卷　（清）馮雲鵬　（清）馮雲鵷輯　清光緒十九年(1893)上海積山書局石印本　三冊

340000－1881－0002014　03269

文史通義八卷校讎通義三卷　（清）章學誠撰

清道光十三年(1833)刻本　五冊

340000－1881－0002015　03280

寰宇訪碑錄十二卷　（清）孫星衍　（清）邢澍撰　清光緒九年(1883)江蘇書局刻本　四冊

340000－1881－0002016　03282

禁書總目不分卷　（□）□□撰　清刻本　三冊

340000－1881－0002017　03283

全燬書目不分卷抽燬書目不分卷　（□）□□撰　清乾隆四十七年(1782)刻本　一冊

340000－1881－0002018　03289

書目答問不分卷　（清）張之洞撰　清光緒八年(1882)鉛印本　一冊

340000－1881－0002019　03291

恒軒所見所藏吉金錄不分卷　（清）吳大澂輯　清光緒十一年(1885)刻本　二冊

340000－1881－0002020　03292

欽定錢錄十六卷　（清）梁詩正纂述　清乾隆十五年(1750)刻本　四冊

340000－1881－0002021　03305

文史通義八卷校讎通義三卷　（清）章學誠撰　清道光十三年(1833)刻本　五冊

340000－1881－0002022　03306

欽定四庫全書簡明目錄二十卷　（清）永瑢撰　清蒲圻但氏刻本　十冊

340000－1881－0002023　03332

浙江採集遺書總錄十一集　（清）沈初總裁　（清）張羲年等總校　清乾隆三十九年(1774)刻本　七冊

340000－1881－0002024　03334

國朝耆獻類徵初編七百二十卷　（清）李桓輯　清光緒十六年(1890)湘陰李氏刻本　二百九十四冊

340000－1881－0002025　03335

硃批諭旨不分卷　（清）世宗胤禛撰　清刻朱墨套印本　一百一十二冊

340000－1881－0002026　　03336

資治通鑑綱目五十九卷首一卷　（宋）朱熹撰
清康熙二十八年（1689）張朝珍刻本　五十
九冊

340000－1881－0002027　　03337

晉略六十五卷序目一卷　（清）周濟撰　（清）
周重庚　（清）馮元燿等校勘　清光緒三年
（1877）味雋齋刻本　十冊

340000－1881－0002028　　03338

經濟類考約編二卷　（清）顧九錫輯著　（清）
西園書屋校勘　清康熙七年（1668）刻本
四冊

340000－1881－0002029　　03339

吾學錄初編二十四卷　（清）吳榮光述　清同
治九年（1870）江蘇書局刻本　六冊

340000－1881－0002030　　03340

倭文端公遺書八卷首二卷末一卷　（清）倭仁
輯　清光緒元年（1875）六安求我齋刻本
四冊

340000－1881－0002031　　03341

金石契不分卷　（清）張燕昌纂　清乾隆四十
三年（1778）刻本　一冊

340000－1881－0002032　　03342

多識錄四卷　（清）練恕撰　清道光十八年
（1838）連平練氏刻本　二冊

340000－1881－0002033　　03344

積古齋鐘鼎彝器款識十卷　（清）阮元編錄
清光緒九年（1883）常熟鮑氏後知不足齋刻本
四冊

340000－1881－0002034　　03345

欽定王公處分則例四卷　清刻本　二冊

340000－1881－0002035　　03346

總管內務府現行則例三卷　（□）□□撰　清
末鉛印本　三冊

340000－1881－0002036　　03347

欽定八旗則例十二卷　（清）福隆安等纂修
清刻本　四冊

340000－1881－0002037　　03349

文廟祀位不分卷　（清）倭什琿布等撰　清同
治八年（1869）楚北崇文書局刻本　一冊

340000－1881－0002038　　03364

國策編年不分卷　（清）顧觀光撰　清刻本
一冊

340000－1881－0002039　　03365

瀋陽紀程不分卷　（清）何汝霖撰　清光緒元
年（1875）武林刻本　一冊

340000－1881－0002040　　03366

黑龍江外記八卷　（清）西清撰　清光緒二十
年（1894）漸西村舍刻本　一冊　存四卷（五
至八）

340000－1881－0002041　　03368

四會守城紀畧不分卷　（清）張作彥撰　清同
治八年（1869）羊城西湖街鴻文堂刻本　一冊

340000－1881－0002042　　03369

四裔編年表四卷　（美國）林樂知　嚴良勳譯
（清）李鳳苞彙編　清刻本　一冊　存一卷
（四）

340000－1881－0002043　　03370

欽定新疆識畧十二卷首一卷　（清）松筠纂
清道光元年（1821）刻本　十冊

340000－1881－0002044　　03371

山東運河備覽十二卷　（清）陸燿纂　清乾隆
四十一年（1776）刻本　六冊

340000－1881－0002045　　03372

大清光緒六年歲次庚辰航海通書不分卷大清
光緒七年歲次辛巳航海通書不分卷　（清）江
南製造局譯改　（清）賈步緯校勘　清光緒鉛
印本　二冊

340000－1881－0002046　　03373

航海簡法四卷　（英國）那麗撰　（美國）金楷
理口譯　（清）王德均筆述　清光緒三十一年
（1905）刻本　一冊　存二卷（三至四）

340000－1881－0002047　　03374

山東鹽法續增備考六卷　（清）王定柱纂　清

同治三年(1864)刻本　十冊

340000－1881－0002048　03375
苗防備覽二十二卷　（清）嚴如熤撰　清道光
二十三年(1843)刻本　七冊

340000－1881－0002049　03376
洋防輯要二十四卷　（清）嚴如熤撰　清道光
刻本　十二冊

340000－1881－0002050　03377
三省邊防備覽十四卷　（清）嚴如熤輯　清道
光二年(1822)刻本　六冊

340000－1881－0002051　03379
中西關係略論四卷　（美國）林樂知撰　清光
緒七年(1881)刻本　一冊

340000－1881－0002052　03380
求可堂自記不分卷　（清）廖冀亨撰　（清）廖
雯英等校　清光緒九年(1883)刻本　一冊

340000－1881－0002053　03382
漢西域圖考七卷首一卷　（清）李光廷撰　清
同治九年(1870)廣州西湖街富文齋刻本
四冊

340000－1881－0002054　03383
禮部奏定大喪御用服色并王公百官服色奏摺
不分卷　（清）禮部奏　清光緒三十四年
(1908)刻本　一冊

340000－1881－0002055　03384
文廟上丁禮樂備考四卷　（清）吳祖昌　（清）
唐先霖　（清）黃壽英編　清同治九年(1870)
江右乙藜齋刻本　四冊

340000－1881－0002056　03385
北洋海軍章程十四卷　周馥等編　清光緒十
四年(1888)天津石印書局石印本　二冊

340000－1881－0002057　03386
歐洲列國戰事本末二十二卷　王樹枏撰　清
光緒二十八年(1902)刻陶廬叢稿本　六冊

340000－1881－0002058　03387
各國約章纂要六卷首一卷附錄一卷　勞乃宣
等纂　清光緒十七年(1891)刻本　四冊

340000－1881－0002059　03388
秦漢三十體印證二卷　（清）李陽纂輯　（清）
何瑛鑒賞　清道光二十年(1840)寶籀齋刻本
二冊

340000－1881－0002060　03389
安徽財政沿革利弊說明書二卷　（清）安徽財
政清理局編　清宣統安徽官紙印刷局鉛印本
二冊

340000－1881－0002061　03390
福星輪船被澳順輪船撞沉全案二卷　（清）唐
廷樞纂　清光緒元年(1875)刻本　二冊

340000－1881－0002062　03391
約章成案匯覽甲篇十卷　（清）北洋洋務局纂
輯　清光緒三十一年(1905)上海點石齋石印
本　十冊

340000－1881－0002063　03392
吳郡圖經續記三卷　（宋）朱長文撰　清同治
十二年(1873)江蘇書局刻本　一冊

340000－1881－0002064　03394
三省邊防備覽十四卷　（清）嚴如熤輯　清道
光二年(1822)刻本　五冊

340000－1881－0002065　03395
表忠錄不分卷　（清）羅忠祐撰　清同治刻本
一冊

340000－1881－0002066　03396
教務紀略四卷首一卷　周馥編　李剛己輯
清光緒三十一年(1905)南洋官報局刻本　一
冊　存一卷(首一卷)

340000－1881－0002067　03397
光緒時憲書不分卷　（清）欽天監製　清光緒
二十四年至三十四年(1898－1908)刻本　十
一冊

340000－1881－0002068　03398
大清光緒三十二年歲次丙午時憲書不分卷
（清）欽天監製　清光緒三十二年(1906)刻本
一冊

340000－1881－0002069　03399

大清同治八年歲次己巳時憲書不分卷　（清）
欽天監製　清同治八年(1869)刻本　一冊

340000－1881－0002070　03400

大清宣統元年歲次己酉時憲書不分卷　（清）
欽天監製　清宣統元年至三年(1909－1911)
刻本　三冊

340000－1881－0002071　03404

官商快覽一千種不分卷　（□）□□編　清光
緒三十四年(1908)石印本　四冊

340000－1881－0002072　03406

國朝漢學師承記八卷國朝經師經義目錄一卷
國朝宋學淵源記二卷附記一卷　（清）江藩纂
　清光緒十三年(1887)刻本　四冊

340000－1881－0002073　03407

河海崑崙錄四卷　裴景福撰　清宣統元年
(1909)鉛印本　四冊

340000－1881－0002074　03409

精忠錄二卷　（□）□□編　清光緒二年
(1876)刻本　一冊

340000－1881－0002075　03411

續幸存錄一卷　（明）夏完淳撰　求野錄一卷
　（清）客溪樵隱編　也是錄一卷　（清）自非
逸史編　清刻本　一冊

340000－1881－0002076　03412

幸存錄二卷　（明）夏允彝述　清刻本　二冊

340000－1881－0002077　03413

普法戰紀二十卷　（清）張宗良口譯　（清）王
韜纂　清光緒二十一年(1895)弢園王氏刻本
　十冊

340000－1881－0002078　03414

金石萃編一百六十卷　（清）王昶撰　清光緒
十九年(1893)上海寶善石印本　二十四冊

340000－1881－0002079　03415

所見集補編□□卷　（□）□□撰　清刻本
三十五冊　存二十九卷(一至十一、十五至三
十二)

340000－1881－0002080　03416

最新清國文武官制表二卷　（□）□□撰　清
影印本　一冊　存一卷(上)

340000－1881－0002081　03417

江表忠略二十卷　陳澹然撰　清刻本　三冊
存九卷(三至十一)

340000－1881－0002082　03418

自靖錄考略八卷外編一卷　（明）高承埏撰
（明）高佑釲補　（清）王逢辰考證　（清）周
晉錫　（清）沈傳渚參　清咸豐八年(1858)竹
里王氏槐花吟館刻本　六冊

340000－1881－0002083　03419

欽定西清古鑑四十卷錢錄十六卷　（清）梁詩
正等編纂　清光緒十四年(1888)上海鴻文書
局石印本　二十二冊

340000－1881－0002084　03421

天下郡國利病書一百二十卷　（清）顧炎武輯
　（清）龍萬育訂　清敷文閣刻本　六十四冊

340000－1881－0002085　03422

開平礦局交涉事彙不分卷　（□）□□撰　清
宣統元年(1909)教育圖書局鉛印本　一冊

340000－1881－0002086　03423

開平礦務切要案據不分卷　（□）□□撰　清
宣統二年(1910)鉛印本　一冊

340000－1881－0002087　03424

丁未和會類要四卷　（□）□□撰　清光緒三
十三年(1907)鉛印本　三冊

340000－1881－0002088　03425

儀顧堂題跋十六卷　（清）陸心源撰　清光緒
十六年(1890)刻本　四冊

340000－1881－0002089　03426

國朝詩人徵略六十卷　（清）張維屏輯　清道
光十年(1830)刻本　十冊

340000－1881－0002090　03427

國朝詩人徵略二編六十四卷首一卷　（清）張
維屏輯　清道光二十二年(1842)刻本　六冊

340000－1881－0002091　03435

處分則例圖要六卷　（□）□□撰　清同治九

年(1870)江蘇書局刻本　二冊

340000－1881－0002092　03436
律例便覽八卷　（清）蔡嵩年撰　（清）蔡逢年續編　清同治九年（1870）江蘇書局刻本　四冊

340000－1881－0002093　03437
學案小識十四卷首一卷末一卷　（清）唐鑑撰　清道光二十五年(1845)刻本　十二冊

340000－1881－0002094　03438
歷代帝王年表不分卷帝王廟謚年諱譜不分卷　（清）齊召南編　（清）阮福續編　（清）阮祜　（清）阮孔厚校勘　清道光四年(1824)小琅嬛僊館刻本　四冊

340000－1881－0002095　03439
漢禮器制度一卷　（漢）叔孫通撰　（清）孫星衍校集　**漢官一卷**　（清）孫星衍校集　**漢官解詁一卷**　（漢）胡廣注　（清）孫星衍校集　**漢舊儀二卷補遺二卷**　（漢）衛宏撰　（清）孫星衍校　**漢官典職儀式選用一卷**　（漢）蔡質撰　（清）孫星衍校集　**漢官儀二卷**　（漢）應劭撰　（清）孫星衍校集　**漢儀一卷**　（三國吳）丁孚撰　（清）孫星衍校集　清刻本　一冊

340000－1881－0002096　03440
京報不分卷　（□）□□撰　清光緒甘肅務本堂京報局木活字印本　三十冊

340000－1881－0002097　03443
精訂綱鑑廿四史通俗衍義二十六卷首一卷　(清)呂撫輯　清光緒十五年(1889)上海廣百宋齋鉛印本　四冊　存十七卷(一至十七)

340000－1881－0002098　03444
大清光緒新法令不分卷　（清）商務印書館編譯所編　清宣統元年(1909)上海商務印書館鉛印本　二十冊

340000－1881－0002099　03446
西域記八卷　（清）七十一撰　（清）盧浙參訂　（清）阮燦輝校　清嘉慶十九年(1814)味經堂刻本　二冊

340000－1881－0002100　03447
方輿紀要形勢論畧二卷　（清）顧祖禹撰　（清）杜文瀾錄　清同治六年(1867)曼陀羅華閣刻本　一冊

340000－1881－0002101　03448
皇朝輿地韻編二卷　（清）李兆洛輯　（清）六嚴等編集　清刻本　一冊

340000－1881－0002102　03449
大清律例刑案統纂集成四十卷末一卷督捕則例二卷　（清）姚雨薌輯　（清）胡仰山增修　清咸豐二年(1852)刻本　二十四冊

340000－1881－0002103　03450
朝市叢載八卷　（清）李虹若輯　清光緒十二年(1886)刻本　八冊

340000－1881－0002104　03451
貳臣傳八卷　（清）國史館編　清京都正陽門琉璃廠榮錦書坊刻本　五冊　存六卷(一至五、八)

340000－1881－0002105　03452
都門紀略四卷　（清）楊靜亭編　（清）李靜山增補　清同治十二年(1873)刻本　四冊

340000－1881－0002106　03453
宸垣識畧十六卷　（清）吳長元輯　清乾隆五十三年(1788)池北草堂刻本　四冊

340000－1881－0002107　03454
紀元編三卷末一卷　（清）李兆洛編　（清）六承如輯　清上海同文書局石印本　三冊

340000－1881－0002108　03455
元史譯文證補三十卷　（清）洪鈞撰　清光緒二十三年(1897)石印本　四冊　存二十卷(一至六、九至十二、十四至十五、十八、二十二至二十四、二十六至二十七、二十九至三十)

340000－1881－0002109　03456
元朝秘史十五卷　（清）李文田注　清光緒二十九年(1903)上海文瑞樓石印本　三冊　存十卷(一至七、十三至十五)

340000－1881－0002110　03457

萬國公法四卷　（美國）惠頓撰　（美國）丁韙良譯　清鉛印本　四冊

340000－1881－0002111　03458

朝市叢載八卷　（清）李虹若輯　清光緒十二年(1886)刻本　八冊

340000－1881－0002112　03459

漁洋感舊集小傳四卷補遺一卷　（清）盧見曾輯　清光緒四年(1878)上海淞隱閣鉛印本　二冊　存三卷(一至三)

340000－1881－0002113　03460

昭代名人尺牘小傳二十四卷　（清）吳修采輯　清光緒三十四年(1908)西泠印社石印本　二冊

340000－1881－0002114　03461

昭代名人尺牘小傳二十四卷　（清）吳修采輯　清光緒三十四年(1908)西泠印社石印本　二冊

340000－1881－0002115　03463

十朝東華錄五百二十五卷東華續錄一百卷(明萬曆至清同治朝)　王先謙編　清光緒二十四年(1898)石印本　八十八冊

340000－1881－0002116　03464

方輿全圖總說五卷　（清）顧祖禹輯　（清）浦錫齡校　清光緒二十七年(1901)圖書集成局鉛印本　四冊

340000－1881－0002117　03465

三國志六十五卷　（晉）陳壽撰　（南朝宋）裴松之注　清光緒十八年(1892)武林竹簡齋石印本　四冊

340000－1881－0002118　03467

嫖客風俗不分卷　（清）浮雲先生撰　（清）釋非非校　清光緒三十二年(1906)上海順成書局石印本　二冊

340000－1881－0002119　03475

紀元編三卷末一卷　（清）李兆洛編　（清）六承如輯　清刻本　一冊

340000－1881－0002120　03477

校正尚友錄統編二十四卷　（清）錢湖釣徒編　清光緒十四年(1888)鴻章書局石印本　十六冊

340000－1881－0002121　03479

曾文正公手書日記不分卷(清道光二十一年正月元日至同治十一年二月初三日)　（清）曾國藩撰　清宣統元年(1909)上海中國圖書公司影印本　四十冊

340000－1881－0002122　03480

淮鹺駁案類編八卷　（清）陳方坦編　清光緒十八年(1892)金陵刻本　八冊

340000－1881－0002123　03481

五省溝洫圖說不分卷　（清）沈夢蘭撰　清光緒十七年(1891)刻菱湖沈氏叢書本　一冊

340000－1881－0002124　03482

九邊圖論不分卷　（明）許論撰　清咸豐四年(1854)新昌莊氏過客軒刻長恩書室叢書本　一冊

340000－1881－0002125　03483

海防新論節要不分卷　（德國）希理哈撰　清光緒十一年(1885)金陵刻本　一冊

340000－1881－0002126　03484

海防新論節要不分卷　（德國）希理哈撰　清光緒十一年(1885)金陵刻本　一冊

340000－1881－0002127　03485

天一閣書目四卷　（清）范懋柱纂　清嘉慶十三年(1808)文選樓刻本　九冊

340000－1881－0002128　03486

西域水道記五卷漢書西域傳補註二卷新疆賦一卷　（清）徐松撰　清光緒十九年(1893)寶善書局石印本　八冊

340000－1881－0002129　03487

皇清開國方略三十二卷首一卷　（清）阿桂編　清鉛印本　四冊　存二十二卷(六至二十七)

340000－1881－0002130　03488

疑年錄四卷續疑年錄四卷 （清）錢大昕編
清同治元年（1862）福山王氏天壤閣刻本
二冊

340000－1881－0002131　03490

禹貢今注不分卷　閻寶森編輯　清宣統三年
（1911）北京宣元閣鉛印本　一冊

340000－1881－0002132　03491

印譜不分卷 （□）□□撰　清雅藏閣鈐印本
二冊

340000－1881－0002133　03492

三才論略四卷 （□）□□撰　清石印本
一冊

340000－1881－0002134　03493

雲南勘界籌邊記二卷　姚文棟撰　清光緒二
十三年（1897）湖南新學書局刻本　一冊

340000－1881－0002135　03494

帕米爾圖說不分卷 （清）許景澄輯　清光緒
二十二年（1896）刻本　一冊

340000－1881－0002136　03495

狀元閣三才略不分卷　蔣德鈞輯　清金陵狀
元閣李光明莊刻本　一冊

340000－1881－0002137　03496

國朝歷科館選錄不分卷 （清）沈廷芳輯
（清）陸費墀 （清）陸世煒重訂　清光緒刻本
二冊

340000－1881－0002138　03499

約章分類輯要三十八卷首一卷　蔡乃煌總纂
（清）羅維翰 （清）王士芬等編　清光緒二
十八年（1902）上海宜今室石印本　三十三冊

340000－1881－0002139　03503

莫愁湖志六卷首一卷 （清）馬士圖輯著　清
光緒八年（1882）刻本　一冊　存五卷（一至
四、首一卷）

340000－1881－0002140　03504

傅越石稿不分卷　傅鍾麟撰　清末刻本
一冊

340000－1881－0002141　03505

石渠餘紀六卷 （清）王慶雲撰　清刻本
六冊

340000－1881－0002142　03506

光緒乙巳年交涉要覽三卷 （清）北洋洋務局
纂輯　清光緒三十一年（1905）北洋官報局鉛
印本　五冊

340000－1881－0002143　03507

案事編不分卷退思編不分卷誓心編不分卷
（清）沈祖燕撰　清宣統元年（1909）刻本
二冊

340000－1881－0002144　03508

庚辛之際月表不分卷 （清）王延釗撰　清光
緒三十三年（1907）京華印書局鉛印本　一冊

340000－1881－0002145　03509

日用指明不分卷 （美國）林顯理撰　清宣統
元年（1909）上海美華書館鉛印本　一冊

340000－1881－0002146　03510

科名金鍼不分卷 （清）丁心齋撰 （清）毛昶
熙輯　清光緒元年（1875）刻本　一冊

340000－1881－0002147　03512

景德鎮陶錄十卷 （清）藍浦撰 （清）鄭廷桂
補輯　清嘉慶二十年（1815）刻本　二冊　存
六卷（二至四、八至十）

340000－1881－0002148　03514

憲政編查館會奏議覆山東巡撫奏地方自治擬
請變通章程摺不分卷 （清）奕劻等奏　清宣
統二年（1910）安徽官紙印刷局鉛印本　一冊

340000－1881－0002149　03515

江蘇諮議局研究會報告不分卷 （清）江蘇諮
議局研究會編　清鉛印本　一冊

340000－1881－0002150　03516

憲政編查館奏擬訂各省會議廳規則摺附清單
不分卷 （清）奕劻等奏　清宣統二年（1910）
安徽官紙印刷局鉛印本　一冊

340000－1881－0002151　03519

明季稗史彙編二十七卷 （清）留雲居士輯
清都城琉璃廠留雲居士木活字印本　十三冊

存二十二卷(烈皇小識一至三、五至八,行在陽秋二卷,也是錄一卷,聖安皇帝本紀二卷,江南聞見錄一卷,粵游見聞一卷,嘉定屠城紀略一卷,東明聞見錄一卷,耿尚孔吳四王合傳不分卷,青磷屑二卷,賜姓始末一卷,兩廣紀略一卷,揚州十日記一卷)

340000 - 1881 - 0002152   03524
蒙古游牧記十六卷 (清)張穆撰 (清)何秋濤校 清同治六年(1867)壽陽祁氏刻本 四冊

340000 - 1881 - 0002153   03525
浙東籌防錄四卷 (清)薛福成纂輯 (清)李圭 (清)陳昀 (清)楊楷參訂 清光緒十三年(1887)刻本 四冊

340000 - 1881 - 0002154   03526
皇朝藩部要略十八卷 (清)祁韻士纂 (清)毛嶽生編 (清)宋景昌校寫 **皇朝藩部世系表四卷** (清)祁韻士纂 (清)宋景昌增輯 (清)徐松重訂 清道光二十六年(1846)筠淥山房刻本 五冊 存十四卷(皇朝藩部要略九至十八、皇朝藩部世系表四卷)

340000 - 1881 - 0002155   03527
史通通釋二十卷附錄一卷 (清)浦起龍釋 (清)方懋福 (清)蔡焯 (清)蔡龍孫參釋 (清)浦錫齡校 清光緒二十年(1894)上海積山書局石印本 八冊

340000 - 1881 - 0002156   03528
使琉球記六卷 (清)李鼎元撰 清申報館鉛印本 二冊

340000 - 1881 - 0002157   03529
西域聞見錄八卷首一卷 (清)七十一撰 清刻本 二冊

340000 - 1881 - 0002158   03530
法人遊探記不分卷 (清)丁日昌編 (清)王韜校 清光緒二十五年(1899)上海著易堂書局鉛印本 四冊

340000 - 1881 - 0002159   03531
萬國史記二十卷 (日本)岡本監輔撰 (日本)中村正直閱 清光緒二十三年(1897)慎記書莊石印本 四冊

340000 - 1881 - 0002160   03533
集古錄跋尾十卷 (宋)歐陽修撰 清光緒十三年(1887)朱氏槐廬刻本 四冊

340000 - 1881 - 0002161   03534
補寰宇訪碑錄五卷失編一卷 (清)趙之謙纂輯 (清)沈樹鏞覆勘 清同治三年(1864)刻本 二冊

340000 - 1881 - 0002162   03535
浙東籌防錄四卷 (清)薛福成纂輯 (清)李圭 (清)陳昀 (清)楊楷參訂 清光緒十四年(1888)刻本 三冊

340000 - 1881 - 0002163   03536
地球韻言四卷 (清)張士瀛撰 清光緒二十三年(1897)金陵李光明莊刻本 二冊

340000 - 1881 - 0002164   03537
地球韻言四卷 (清)張士瀛著 清刻本 二冊

340000 - 1881 - 0002165   03538
禹貢注節讀不分卷 (清)馬俊良撰 清乾隆五十四年(1789)端溪書院刻本 一冊

340000 - 1881 - 0002166   03539
歷朝紀事本末九種六百五十八卷 (清)陳如升 (清)朱記榮輯 清光緒二十五年(1899)慎記書莊石印本 五十六冊

340000 - 1881 - 0002167   03540
楊忠湣公家訓不分卷 (明)楊繼盛撰 清同治十三年(1874)刻本 一冊

340000 - 1881 - 0002168   03542
青海調查不分卷 (清)康敷鎔撰 清影印本 一冊

340000 - 1881 - 0002169   03546
金陵釐捐總局詳定長江統捐專章不分卷 (□)□□撰 清光緒三十三年(1907)木活字印本 一冊

340000 - 1881 - 0002170   03547

甯屬淮河各局統捐捐例表不分卷　（□）□□
撰　清末湯明林書局木活字印本　一冊

340000－1881－0002171　03548
光緒乙酉科明經通譜不分卷　（□）□□撰
清光緒十二年(1886)北京六家刻字鋪刻本
四冊

340000－1881－0002172　03557
甯屬長江各局統捐章程不分卷　（□）□□撰
　清金陵宜春閣石印本　一冊

340000－1881－0002173　03558
商辦漢冶萍煤鐵廠礦股份有限公司歷次奏咨
案牘不分卷　（□）□□撰　清光緒三十四年
(1908)鉛印本　一冊

340000－1881－0002174　03559
利國礦務章程不分卷籌議利國礦務剳記不分
卷煤說不分卷　（清）胡恩燮編　清光緒八年
(1882)刻本　一冊

340000－1881－0002175　03560
金陵釐捐總局詳定整頓新章不分卷　（清）金
陵釐捐總局輯　清光緒三十一年(1905)刻本
　一冊

340000－1881－0002176　03561
金陵釐捐總局詳定裏下河並港口各局統捐章
程不分卷　（清）金陵釐捐總局輯　清光緒三
十四年(1908)鉛印本　一冊

340000－1881－0002177　03562
甯屬里下河並港口各局捐例表不分卷　（□）
□□撰　清木活字印本　一冊

340000－1881－0002178　03565
畫一幣制條議不分卷　（□）□□撰　清宣統
元年(1909)鉛印本　一冊

340000－1881－0002179　03567
蘇省同官錄不分卷　（清）郭柏蔭編　清同治
五年(1866)刻本　八冊

340000－1881－0002180　03570
書目答問不分卷　（清）張之洞撰　清光緒元
年(1875)刻本　二冊

340000－1881－0002181　03571
出使日記續刻十卷(清光緒十七年七月至二
十年二月)　（清）薛福成撰　清光緒二十四
年(1898)傳經樓刻本　九冊　存九卷(二至
十)

340000－1881－0002182　03572
清秘述聞十六卷　（清）法式善編　清嘉慶刻
本　六冊

340000－1881－0002183　03573
中東戰紀本末八卷首一卷末一卷　（美國）林
樂知著譯　蔡爾康纂輯　清光緒二十二年
(1896)圖書集成局鉛印本　八冊

340000－1881－0002184　03574
淮軍平捻記十二卷　（清）周世澄撰　清刻本
　六冊

340000－1881－0002185　03576
甲子紀元一卷　（清）陳弘謀輯　（清）高式亮
等訂　綱鑑正史約三十六卷　（明）顧錫疇編
　（清）陳弘謀增訂　清乾隆刻本　十六冊

340000－1881－0002186　03577
邊事彙鈔十二卷續鈔八卷　（清）朱克敬編
(清)江孝棠參訂　清光緒六年(1880)貢院西
街陳挹秀刻刷店刻本　十冊

340000－1881－0002187　03578
史姓韻編六十四卷　（清）汪輝祖輯　（清）馮
祖憲重校　清光緒十年(1884)慈溪耕餘樓鉛
印本　十六冊

340000－1881－0002188　03579
迴瀾紀要二卷　（清）徐端撰　清光緒十四年
(1888)刻本　二冊

340000－1881－0002189　03581
歷代史論十二卷宋史論三卷元史論一卷
(明)張溥撰　明史論四卷　（清）谷應泰撰
左傳史論二卷　（清）高士奇撰　清光緒九年
(1883)都城蒼松山房刻朱墨套印本　十冊

340000－1881－0002190　03582
書目答問不分卷　（清）張之洞撰　清光緒元

年(1875)刻本　二冊

340000－1881－0002191　03583

朱石君先生[珪]年譜三卷　（清）朱錫經纂
清嘉慶刻本　一冊

340000－1881－0002192　03584

貳臣傳十二卷逆臣傳四卷　（清）國史館編
清都城琉璃廠半松居士刻本　八冊

340000－1881－0002193　03585

新纂氏族箋釋八卷　（清）熊峻運撰　（清）李
正耀　（清）李正榮　（清）熊飛參　（清）王
思訓　（清）李鍾僑鑒定　（清）楊煌義編　清
文秀堂刻本　四冊

340000－1881－0002194　03586

鄂國金佗粹編二十八卷續編三十卷　（宋）岳
珂編　清光緒九年(1883)浙江書局刻本　十
二冊

340000－1881－0002195　03587

竹山史統二十卷　（明）余大朋撰　清乾隆六
十年(1795)鱣堂刻本　十冊

340000－1881－0002196　03588

歷代史論十二卷宋史論三卷元史論一卷
（明）張溥撰　明史論四卷　（清）谷應泰撰
左傳史論二卷　（清）高士奇撰　清光緒五年
(1879)西江裴氏刻本　四冊

340000－1881－0002197　03589

出使美日秘崔日記十六卷(清光緒十五年九
月初一日至十九年七月二十六日)　（清）薛
福成撰　清光緒二十年(1894)鉛印本　十
二冊

340000－1881－0002198　03590

道齊正軌二十卷　（清）鄒鳴鶴纂述　（清）蘇
源生編校　清道光三十年(1850)刻本　八冊

340000－1881－0002199　03591

歷朝史案二十卷首一卷　（清）洪亮吉編
（清）吳裕垂撰　（清）紀昀等訂　清刻本
六冊

340000－1881－0002200　03592

廿一史彈詞註十一卷　（明）楊慎編撰　（清）
張三異增定　（清）張仲璜註　（清）張伯琮訂
（清）張叔珽參　清康熙五十一年(1712)刻
本　七冊　存十卷(一至七、九至十一)

340000－1881－0002201　03593

明季北略二十四卷　（清）計六奇編　清都城
琉璃廠半松居士刻本　十六冊

340000－1881－0002202　03594

讀通鑑綱目條記二十卷首一卷　（清）李述來
撰　清嘉慶七年(1802)刻本　二十冊

340000－1881－0002203　03595

明季稗史彙編二十七卷　（清）留雲居士輯
清都城琉璃廠留雲居士木活字印本　十六冊

340000－1881－0002204　03596

欽定戶部漕運全書九十六卷首一卷　（清）載
齡等修　（清）福趾等總纂　（清）奕年等纂修
清光緒二年(1876)刻本　四十八冊

340000－1881－0002205　03599

海國聞見錄二卷　（清）陳倫炯撰　（清）張久
照輯　清道光三年(1823)刻本　一冊

340000－1881－0002206　03604

安瀾紀要二卷回瀾紀要二卷　（清）徐端撰
清光緒十四年(1888)河北道署刻本　二冊
存二卷(安瀾紀要二卷)

340000－1881－0002207　03605

宋元舊本書經眼錄三卷附錄二卷　（清）莫友
芝撰　清刻本　一冊

340000－1881－0002208　03606

司馬溫公稽古錄二十卷校勘記不分卷　（宋）
司馬光撰　清光緒五年(1879)江蘇書局刻本
三冊

340000－1881－0002209　03609

續海塘新志四卷　（□）□□撰　清道光刻本
四冊

340000－1881－0002210　03611

[安徽無為]何氏宗譜四卷　（清）何烺編纂
清乾隆四十八年(1783)世德堂刻本　四冊

340000－1881－0002211　03612

[安徽無為]何氏宗譜四卷　(清)何焜編纂
清乾隆四十八年(1783)世德堂刻本　四冊

340000－1881－0002212　03613

[安徽太平]義門李氏家乘四卷首一卷末一卷
　(清)李德彩　(清)李銘文　(清)李芬保
纂修　(清)李金魁等協修　清道光二十九年
(1849)敦本堂刻本　五冊

340000－1881－0002213　03616

[安徽休寧]西門汪氏宗譜十四卷　(□)□□
編　清順治刻本　一冊　存九卷(一至九)

340000－1881－0002214　03617

[安徽含山]濡須唐氏宗譜四卷　(清)唐名庚
　(清)唐永文纂修　清光緒二年(1876)世慶
堂木活字印本　四冊

340000－1881－0002215　03620

新安程氏統宗補正圖纂三十二卷首一卷
(宋)程祁傳述　(明)程孟會通　(明)程敏
政統宗　(明)程頊纂　(清)程士培補正　清
康熙二十四年(1685)刻本　二冊　存五卷
(一至四、首一卷)

340000－1881－0002216　03621

[安徽歙縣]新安程氏世譜十六卷首三卷
(清)程善述修　清康熙十一年(1672)刻本
二冊

340000－1881－0002217　03622

[安徽太平]館田李氏宗譜二十四卷首一卷
(清)李嘉賓　(清)李釗主修　(清)李志洙
　(清)李本爌纂修　清光緒三十三年(1907)
木活字印本　二十六冊

340000－1881－0002218　03623

[浙江遂安]括陽郡富石豐氏宗譜八卷　(清)
江正模纂修　清抄本　四冊　存四卷(一至
三、八)

340000－1881－0002219　03624

[安徽南陵]許氏宗譜十八卷　(清)許凌雲編
清光緒二十六年(1900)居仁堂木活字印本
三冊　存四卷(一、四至五、十八)

340000－1881－0002220　03625

[安徽歙縣]新安許氏世譜□□卷文集十三卷
　(明)方信編　清康熙五十六年(1717)抄本
　六冊

340000－1881－0002221　03626

[江西婺源]俞氏家譜十六卷首一卷末一卷
(清)俞大澐等纂修　清乾隆四十九年(1784)
刻本　四冊

340000－1881－0002222　03627

[安徽休寧]西門查氏祠記四卷　(明)查應光
編　(明)查維鼎輯　明崇禎十六年(1643)刻
本　一冊

340000－1881－0002223　03629

[安徽旌德]旌陽朱氏宗譜十八卷首一卷末一
卷　(清)朱氏萃漁堂統修　清乾隆五十二年
(1787)刻本　二十冊

340000－1881－0002224　03630

[安徽太平]僊源東溪項氏重修族譜二十六卷
首一卷末一卷增補墓圖一卷　(□)□□撰
清光緒十三年(1887)木活字印本　十九冊

340000－1881－0002225　03631

[江西德興、浙江開化]雁門童氏宗譜八卷
(清)童世德等修　清乾隆二十三年(1758)刻
本　二冊

340000－1881－0002226　03632

新安汪氏統宗譜十一卷首一卷末一卷　(清)
汪德祖輯　清乾隆二十一年(1756)刻本　十
二冊

340000－1881－0002227　03634

[安徽休寧]率東程氏重脩家譜十二卷上草市
宗譜一卷　(明)程良錫纂　明萬曆元年
(1573)刻本　二冊

340000－1881－0002228　03635

[安徽歙縣]新安張氏續修宗譜三十卷　(清)
張習孔修輯　清順治十六年(1659)刻本　十
四冊

340000－1881－0002229　03636

[安徽休寧]古城程氏宗譜十一卷 （明）洪垣定例 （明）程尚芳 （清）程惟時編輯 （明）程長棠 （清）程旺編 明隆慶二年(1568)刻本 一冊 存三卷(一至三)

340000－1881－0002230 03637

[安徽黟縣]南屏葉氏族譜八卷 （清）葉有廣等總修 清嘉慶十七年(1812)刻本 四冊

340000－1881－0002231 03639

[安徽祁門]陳氏大成宗譜八卷首一卷 （明）陳璽重修 明嘉靖五年(1526)刻本 三冊 存八卷(一至七、首一卷)

340000－1881－0002232 03640

[安徽歙縣]歙西朱方徐氏族譜十二卷 （清）徐亦政纂修 清乾隆四年(1739)刻本 二冊

340000－1881－0002233 03641

[安徽績溪]金紫胡氏家譜二十八卷首三卷末三卷 （清）胡秉衡等督理 （清）胡培翬纂 （清）胡肇羲等分修 （清）胡躍鱗 （清）胡尚運 （清）胡大醇繕錄 清嘉慶二十四年(1819)刻本 十冊

340000－1881－0002234 03642

[江西婺源]婺東永川俞氏仁本祠家譜十二卷 （明）俞一貫修 明萬曆四十七年(1619)抄本 三冊 存五卷(一至三、九至十)

340000－1881－0002235 03643

[安徽歙縣]吳氏永慕集不分卷 （清）吳允榕編 清乾隆十二年(1747)刻本 一冊

340000－1881－0002236 03644

[安徽休寧]新安藤溪陳氏宗譜七卷 （清）陳豐編輯 （清）陳吉龍等輯 （清）陳文京等參訂 清康熙十年(1671)刻本 二冊

340000－1881－0002237 03645

[安徽歙縣]長林吳氏支譜四卷 （清）吳敬思輯 （清）吳公洋編 清乾隆五年(1740)刻本 四冊

340000－1881－0002238 03646

[安徽涇縣]小嶺曹氏宗譜六卷 （清）曹思誠纂 清乾隆四十三年(1778)積慶堂刻本 四冊 存四卷(一、四至六)

340000－1881－0002239 03647

[浙江淳安]蜀阜徐氏世譜八卷 （明）徐楚纂 明萬曆刻本 一冊 存四卷(五至八)

340000－1881－0002240 03648

[安徽祁門]高塘鴻村王氏家譜六卷 （清）王信續編 （清）王大治 （清）王元輔 （清）王鳳輝編 （清）王學楓等校閱 （清）王學瑄等司書 （清）王道垣等監修 清乾隆五十七年(1792)刻本 六冊

340000－1881－0002241 03649

[浙江開化]徐氏正宗統譜十四卷首一卷末一卷 （清）徐惟本等總理 （清）徐宏傑 （清）徐太極主修 （清）徐惟惺纂修 清嘉慶二十一年(1816)刻本 十冊

340000－1881－0002242 03650

[安徽休寧]洪氏宗譜不分卷 （明）洪垣修 明刻本 一冊

340000－1881－0002243 03652

[安徽黟縣]明經胡氏存仁堂支譜四卷首一卷 （清）胡朝賀纂 清同治八年(1869)刻本 四冊

340000－1881－0002244 03656

[安徽壽縣]孫氏支譜□□卷 （□）□□撰 清石印本 五冊 存五卷(二、六至九)

340000－1881－0002245 03657

[安徽壽縣]孫氏支譜□□卷 （□）□□撰 清光緒石印本 九冊 存九卷(二至十)

340000－1881－0002246 03659

[安徽石台]唐氏宗譜六卷 （清）唐洪松等總理 （清）唐洪庫等首事 清乾隆三十年(1765)刻本 六冊

340000－1881－0002247 03661

[安徽桐城]章氏宗譜十五卷末一卷 （清）章衛武 （清）章汝調纂修 （清）章道智 （清）章廷槐校 清同治十三年(1874)敬勝堂

木活字印本　十六冊

340000－1881－0002248　03669
[湖南長沙]星沙張氏支譜八卷　(清)張錫榮
總理　(清)張江峽等纂修　清咸豐八年
(1858)培元堂刻本　二冊

340000－1881－0002249　03671
[安徽歙縣]新安歙西沙溪汪氏族譜十四卷
(清)汪志奇等修　清道光二十九年(1849)刻
本　一冊　存一卷(十四)

340000－1881－0002250　03672
[安徽歙縣]朱氏家乘不分卷　(清)朱嘉祚編
輯　(清)朱雲錄　清康熙二十二年(1683)抄
本　一冊

340000－1881－0002251　03673
[安徽六安]潘氏宗譜八卷　(清)潘崇發纂修
　(清)潘宗樞參訂　清光緒十六年(1890)文
光堂木活字印本　八冊

340000－1881－0002252　03674
[安徽歙縣]嘉慶六年許邨東支譜不分卷
(清)許灼錄　清嘉慶六年(1801)抄本　二冊

340000－1881－0002253　03675
[江西婺源]婺源程氏墓圖不分卷　(□)□□
撰　明嘉靖三十二年(1553)抄本　一冊

340000－1881－0002254　03677
[安徽歙縣]方氏族譜十卷首一卷　(清)方懷
德　(清)方淇蓋修　清康熙三十九年(1700)
刻本　十四冊　存十卷(一至三、五至十,首
一卷)

340000－1881－0002255　03678
[安徽歙縣]歙西溪南吳氏世譜不分卷　(明)
吳元滿纂修　(明)吳啟晃謄錄　明崇禎五年
(1632)藍格抄本　五冊

340000－1881－0002256　03679
[安徽休寧]凌氏族譜不分卷　(清)凌大魁纂
修　清康熙七年(1668)刻本　一冊

340000－1881－0002257　03680
[安徽休寧]甌山金氏眉公族譜不分卷　(清)

金敦爔編　清乾隆四年(1739)稿本　一冊

340000－1881－0002258　03682
[安徽歙縣]古歙長原托山程氏重修家譜二十
二卷　(明)程本華等編　(明)余嘉賓參訂
(明)洪一緯填諱　明崇禎九年(1636)刻本
四冊

340000－1881－0002259　03683
[江西]德興新建程氏世譜十二卷　(元)程龍
斗編　(元)程琰校刻　清乾隆二十六年
(1761)刻本　二冊

340000－1881－0002260　03684
[安徽潛山]王楊氏宗譜不分卷　(清)楊勝仲
主修　(清)楊正琮纂修　(清)楊正毅校
(清)沈道瑢編輯　清康熙五十五年(1716)刻
本　一冊

340000－1881－0002261　03685
[湖北黃岡]汪氏宗譜十卷首四卷末一卷
(□)□□撰　清光緒佑啟堂木活字印本　十
冊　存十一卷(一至五、七、九至十,首三至
四,末一卷)

340000－1881－0002262　03686
[安徽懷寧]查氏宗譜十卷首一卷末一卷
(清)查派英彙總　(清)查熰通等彙稿　清嘉
慶二十四年(1819)咸一堂刻本　十二冊

340000－1881－0002263　03687
[安徽休寧]江村洪氏家譜十四卷　(清)洪昌
纂修　清雍正八年(1730)刻本　四冊

340000－1881－0002264　03688
新安程氏世譜正宗不分卷　(漢)泰公　(晉)
延公纂　新安程氏世譜正宗遷徙註腳纂不分
卷　(明)程項註　(清)程浩明重訂　清康熙
十年(1671)刻本　二冊

340000－1881－0002265　03689
[安徽休寧]戴氏族譜十五卷　(明)戴堯天編
　明崇禎五年(1632)刻本　一冊　存一卷
(一)

340000－1881－0002266　03690

[安徽歙縣]歙西堨田程氏本宗譜不分卷
(明)程顯爵編　明嘉靖四十五年(1566)涵春
軒刻本　一冊

340000－1881－0002267　03692

[安徽]休寧七橋金氏家譜不分卷　(清)金燾
纂修　清乾隆刻本　二冊

340000－1881－0002268　03693

[安徽祁門]張氏統宗世譜十卷　(明)張憲纂
　明嘉靖十四年(1535)刻本　一冊

340000－1881－0002269　03694

[安徽蕪湖]王氏宗譜六卷　(清)王興敏等纂
修　清道光二十年(1840)刻本　六冊

340000－1881－0002270　03695

[安徽壽縣]孫氏支譜六卷　(清)孫愷元等督
修　(清)孫家懌等編　(清)孫家福校
(清)孫家翹等監修　清光緒十九年(1893)木
活字印本　六冊

340000－1881－0002271　03697

[安徽]績溪城西周氏宗譜二十卷末一卷
(清)周廣順等倡首　(清)周之屏　(清)周
贊賢編輯　(清)周濟等編　清光緒三十一年
(1905)木活字印本　二冊　存三卷(八、二
十,末一卷)

340000－1881－0002272　03698

[安徽績溪]華陽邵氏宗譜十八卷首一卷
(清)邵玉琳　(清)邵鳳離總修　(清)邵彥
彬等協修　清宣統二年(1910)木活字印本
十三冊

340000－1881－0002273　03700

[安徽歙縣]重修古歙東門許氏族譜十卷首一
卷　(清)許苓等修　(清)許謙學等校　清乾
隆六年(1741)刻本　十九冊

340000－1881－0002274　03701

[安徽歙縣]桂溪項氏族譜二十四卷首一卷末
一卷　(清)項啟鈉等纂　清嘉慶十六年
(1811)刻本　二十四冊

340000－1881－0002275　03703

[安徽池州]秋浦劉氏宗譜四卷首一卷末一卷
　(清)劉騰飛纂修　(清)劉聲懷協修　清光
緒二十二年(1896)木活字印本　六冊

340000－1881－0002276　03704

[江西婺源]慶源詹氏宗譜二十四卷　(清)詹
建邦纂修　清乾隆五十年(1785)刻本　十
二冊

340000－1881－0002277　03705

[安徽歙縣]唐氏家乘殘本不分卷　(□)□□
撰　明刻本　一冊

340000－1881－0002278　03706

[江蘇吳縣]吳中葉氏族譜不分卷　(清)葉長
馥撰　清康熙五十五年(1716)刻本　二冊

340000－1881－0002279　03707

[安徽黟縣]葉氏世系圖不分卷　(清)葉有廣
繪編　清抄本　一冊

340000－1881－0002280　03708

洪氏祠祭簿不分卷　(□)□□填寫　清道光
寫本　一冊

340000－1881－0002281　03709

[安徽南陵]界山朱氏重修宗譜四卷　(清)朱
禮廷纂　清光緒十二年(1886)木活字印本
四冊

340000－1881－0002282　03710

新安程氏世系源流不分卷　(□)□□纂　清
光緒十六年(1890)抄本　一冊

340000－1881－0002283　03711

[安徽歙縣]潭渡黃氏族譜不分卷　(□)□□
纂　清光緒抄本　一冊

340000－1881－0002284　03712

[安徽歙縣]蔭祠歷世祖考譜不分卷蔭祠歷世
祖妣譜不分卷　(□)□□編　清光緒元年
(1875)寫本　八冊

340000－1881－0002285　03713

[安徽歙縣]蔭祠歷世祖考譜不分卷蔭祠歷世
祖妣譜不分卷　(□)□□編　清咸豐抄本
二冊

340000－1881－0002286　03718

[河北正定]王氏家傳六卷　（清）王耕心撰
清光緒十九年(1893)刻本　一冊

340000－1881－0002287　03719

誥封光祿大夫先考丹林公行述不分卷　（清）
沈葆楨　（清）沈輝宗述　清刻本　一冊

340000－1881－0002288　03722

[安徽歙縣]程氏孟孫公支譜不分卷　（清）程
瓊珮等纂修　清光緒八年(1882)抄本　一冊

340000－1881－0002289　03723

[安徽歙縣]槐塘程氏本支世譜□□卷　（□）
□□纂　清抄本　一冊　存一卷(三)

340000－1881－0002290　03724

[安徽休寧]茗洲吳氏家典八卷　（清）吳翟輯
清雍正十三年(1735)刻本　五冊

340000－1881－0002291　03725

[安徽歙縣]許氏思養堂世譜不分卷　（□）
□□撰　清光緒抄本　二冊

340000－1881－0002292　03726

[安徽]歙縣堨溪派朱氏家譜不分卷　（清）朱
輪　（清）朱元灝　（清）朱元景纂修　清抄本
一冊

340000－1881－0002293　03727

[安徽休寧]瑝溪金氏譜補戚篇六卷　（明）金
應宿撰　明萬曆十五年(1587)刻本　一冊

340000－1881－0002294　03728

[安徽涇川]朱氏支譜四卷　（清）朱一賜纂
清乾隆四十五年(1780)刻本　一冊

340000－1881－0002295　03729

[安徽涇川]朱氏支譜八卷首一卷末一卷
（清）朱武江等主修　（清）朱炳　（清）朱安
堯纂修　清乾隆四十四年(1779)刻本　四冊

340000－1881－0002296　03731

[安徽歙縣]槐塘程氏宗譜二十卷　（清）程子
德等校正　清抄本　一冊

340000－1881－0002297　03734

新安大族誌全集不分卷　（元）陳櫟撰　清抄

本　一冊

340000－1881－0002298　03736

[安徽歙縣]朱氏本支百世不分卷　（□）□□
撰　清抄本　一冊

340000－1881－0002299　03737

[安徽涇縣]吳氏始祖系圖不分卷　吳開甲藏
清光緒抄本　一冊

340000－1881－0002300　03739

汪氏原姓篇不分卷　（清）汪宗沂纂　清刻本
一冊

340000－1881－0002301　03740

汪氏原姓篇不分卷　（清）汪宗沂纂　清刻本
一冊

340000－1881－0002302　03741

汪氏原姓篇不分卷　（清）汪宗沂纂　清刻本
一冊

340000－1881－0002303　03742

汪氏原姓篇不分卷　（清）汪宗沂纂　清刻本
一冊

340000－1881－0002304　03743

汪氏原姓篇不分卷　（清）汪宗沂纂　清刻本
一冊

340000－1881－0002305　03744

[安徽歙縣]潭渡黃氏族譜春暉堂世系不分卷
（清）黃日瑚纂　（清）黃履思抄　清乾隆八
年(1743)抄本　一冊

340000－1881－0002306　03745

新安大族不分卷　（元）陳櫟編　清抄本
一冊

340000－1881－0002307　03750

[安徽歙縣]葉氏宗譜五卷　（明）葉天爵輯編
明抄本　二冊

340000－1881－0002308　03752

[安徽懷寧]平陽郡汪氏宗譜續修十六卷末一
卷　（清）汪家珍纂修　清宣統二年(1910)木
活字印本　十九冊

340000 – 1881 – 0002309　03753

[安徽休寧]戴氏族譜十五卷　（明）戴堯天編
　明崇禎五年(1632)刻本　九冊　存十四卷
（一至十、十二至十五）

340000 – 1881 – 0002310　03755

[安徽南陵]鳳洲何氏宗譜十二卷　（清）何炳
敬等纂修　清同治六年(1867)木活字印本
十冊

340000 – 1881 – 0002311　03756

[安徽歙縣]潭渡黃氏族譜十卷首一卷末一卷
　（明）黃玄豹編　（清）黃景琯參補　清雍正
十年(1732)刻本　十冊

340000 – 1881 – 0002312　03757

[安徽歙縣]澤富王氏宗譜八卷首一卷　（明）
王景象纂修　明隆慶六年(1572)刻本　三冊
　存八卷(一至四、六至八,首一卷)

340000 – 1881 – 0002313　03758

[安徽涇縣]燉煌郡清塘洪氏支譜四卷首一卷
末一卷　（清）洪國楷總修　（清）洪吉煒
（清）洪璋祥纂輯　（清）洪欽吉　（清）洪吉
灼　（清）洪吉燿參訂　清嘉慶十四年(1809)
紫雲書屋刻本　四冊

340000 – 1881 – 0002314　03759

[安徽壽縣]朱氏續修支譜八卷　（清）朱天慶
主事　（清）朱本植　（清）朱開裕纂　清光緒
十九年(1893)左集文堂木活字印本　八冊

340000 – 1881 – 0002315　03761

[安徽青陽]重修墩頭曹氏宗譜八卷首一卷末
一卷　（清）曹氏闔族修　清道光二十五年
(1845)刻本　九冊　存八卷(一、三至四、六
至八,首一卷、末一卷)

340000 – 1881 – 0002316　03762

[安徽青陽]重修墩頭曹氏宗譜八卷首一卷末
一卷　（清）曹氏闔族修　清道光二十五年
(1845)刻本　二冊　存二卷(二、首一卷)

340000 – 1881 – 0002317　03763

[安徽旌德]新安旌城汪氏家錄七卷　（元）汪
炤纂修　元泰定元年(1324)刻本　一冊

340000 – 1881 – 0002318　03764

[安徽旌德]李氏宗譜十二卷首一卷末一卷
（清）李本直修　清乾隆二十三年(1758)刻本
　十四冊

340000 – 1881 – 0002319　03765

新安汪氏統宗正脉不分卷　（明）汪仲魯編
（清）汪文等校輯　清乾隆刻本　八冊

340000 – 1881 – 0002320　03766

[安徽歙縣、祁門,江西婺源]三田李氏統宗譜
不分卷　（□）□□纂　明萬曆刻本　四冊

340000 – 1881 – 0002321　03767

[安徽黟縣]濟陽江氏宗譜七卷首三卷　（清）
江光裕等纂修　清道光十八年(1838)刻本
四冊

340000 – 1881 – 0002322　03768

[安徽歙縣]潭渡黃氏族譜十卷首一卷末一卷
　（明）黃玄豹編　（清）黃景琯參補　清雍正
刻本　四冊　存六卷(三至四、六至九)

340000 – 1881 – 0002323　03769

[浙江遂安]西源詹氏宗譜一卷　（清）詹良鈺
等纂修　清康熙二十九年(1690)抄本　一冊

340000 – 1881 – 0002324　03770

[安徽歙縣、祁門,江西婺源]三田李氏統宗譜
不分卷　（清）李廷柳編修　（清）李文錡校
（清）李一宗考證　清乾隆抄本　一冊

340000 – 1881 – 0002325　03771

新安黃氏會通譜十六卷文獻錄二卷外集三卷
　（明）黃祿　（明）程天相纂修　明弘治十四
年(1501)刻本　四冊

340000 – 1881 – 0002326　03772

[浙江遂安]括陽郡富石豐氏宗譜八卷首一卷
　（清）江正模纂修　清同治十年(1871)刻本
　四冊　存四卷(一至三、八)

340000 – 1881 – 0002327　03773

[安徽歙縣]許氏家傳世譜不分卷　（□）□□
撰　清抄本　一冊

340000 – 1881 – 0002328　03774

[安徽]休寧古樓徐氏族譜三卷 （清）徐天樞纂輯 （清）徐光文 （清）徐煥參定 清乾隆二十三年(1758)刻本 一冊

340000－1881－0002329 03775

[安徽休寧]休西大塘徐氏中村族譜二卷 （清）徐天樞 （清）徐化寅纂輯 （清）徐廷炅參訂 清乾隆三十八年(1773)刻本 一冊

340000－1881－0002330 03776

[安徽歙縣]劍溪徐氏族譜十二卷 （清）徐亦政纂修 清乾隆五年(1740)刻本 一冊 存五卷(八至十二)

340000－1881－0002331 03777

新安徐氏統宗祠錄十卷 （清）徐禧編輯 （清）徐紹寧等參訂 清乾隆二十三年(1758)刻本 二冊

340000－1881－0002332 03778

[安徽歙縣]新安徐氏宗譜十八卷首一卷 （清）徐景京 （清）徐璟慶 （清）徐禋纂 （清）徐亦政 （清）徐天樞訂 清乾隆三年(1738)刻本 一冊

340000－1881－0002333 03782

[安徽歙縣]溪南江氏族譜不分卷 （明）江珍撰 明隆慶三年(1569)刻本 一冊

340000－1881－0002334 03783

[安徽桐城]金氏宗譜二十八卷 （清）金承詔督修 （清）金桂馨等編 （清）金英健等錄稿 清同治九年(1870)木活字印本 三冊 存三卷(二十六至二十八)

340000－1881－0002335 03784

[安徽桐城]金氏宗譜三十五卷 （清）金莘農纂修 清光緒二十四年(1898)木活字印本 一冊 存一卷(一)

340000－1881－0002336 03785

[安徽徽州]新安程氏諸譜會通十四卷 （明）程孟纂修 明景泰二年(1451)刻本 三冊

340000－1881－0002337 03786

[安徽歙縣]槐塘程氏重續宗譜二十卷首一卷 （清）程啟東等纂 清康熙十二年(1673)刻本 六冊

340000－1881－0002338 03787

[安徽歙縣]方氏族譜不分卷 （清）方逢義纂修 清康熙抄本 四冊

340000－1881－0002339 03788

[安徽]休寧藏溪汪氏世譜十卷 （□）□□纂 明嘉靖刻本 一冊

340000－1881－0002340 03789

[江西婺源]湖溪樂安孫氏宗譜八卷首一卷 （清）孫玉楠 （清）孫玉湖總理 （清）孫銀顯撰 （清）孫銀鈺 （清）孫良勳 （清）孫和通纂修 （清）孫和佳 （清）孫玉榜 （清）孫華鈞修 清同治九年(1870)木活字印本 八冊

340000－1881－0002341 03790

[安徽績溪]上川明經胡氏宗譜九卷首一卷末一卷 （清）胡祥麟等纂修 清宣統三年(1911)木活字印本 六冊 存六卷(上之上、中,中之下,下之上、中,下)

340000－1881－0002342 03791

[安徽太平]桂城黃氏續修宗譜十二卷末一卷 （清）黃廷鈺等纂 （清）黃汝德等修 清嘉慶二十三年(1818)刻本 六冊

340000－1881－0002343 03793

[安徽南陵]漳溪盛氏續修宗譜三十六卷 （清）盛臣幹等協修 （清）盛錫蕃等贊修 清光緒三十四年(1908)木活字印本 四冊 存四卷(一至二、三十五至三十六)

340000－1881－0002344 03794

[安徽蕪湖]胡氏宗譜八卷 （清）胡培炘纂修 清光緒三十一年(1905)兩齋堂木活字印本 一冊 存一卷(八)

340000－1881－0002345 03795

[安徽祁門]續修許氏族譜不分卷 （明）許誠纂修 明正德十二年(1517)抄本 一冊

340000－1881－0002346 03796

新安程氏統宗補正圖纂三十二卷首一卷末一卷　(宋)程祁傳撰　(明)程孟會通　(明)程敏政統宗　(明)程頊纂　(清)程士培補正　(清)黃伯文繕寫　清康熙二十四年(1685)抄本　一冊　存五卷(一至四、首一卷)

340000－1881－0002347　03797

[安徽歙縣]金山洪氏宗譜四卷首一卷　(清)洪之長　(清)洪之儒編修　(清)洪忠順　(清)洪必貴會修　(清)洪必華纂修　(清)鮑杏林主修　清同治十二年(1873)木活字印本　四冊

340000－1881－0002348　03798

[安徽黟縣]明經胡氏壬派宗譜十二卷　(清)胡叔咸編　清道光六年(1826)刻本　十二冊

340000－1881－0002349　03799

[安徽休寧]倫堂黃氏世譜四卷　(明)遊輪纂述　(明)黃瑞校正　明嘉靖刻本　一冊

340000－1881－0002350　03800

[安徽涇縣]張香都朱氏續修支譜三十八卷首一卷末一卷　(□)朱彝纂修　清光緒三十三年(1907)木活字印本　十冊

340000－1881－0002351　03801

[安徽歙縣]潭渡黃氏族譜十二卷　(明)黃玄豹編　(清)黃景琯參補　清雍正九年(1731)刻本　八冊

340000－1881－0002352　03802

[安徽祁門]王源謝氏孟宗譜十卷　(明)謝元祚　(明)謝顯纂修　明嘉靖十六年(1537)刻本　一冊　存五卷(一至五)

340000－1881－0002353　03803

[安徽歙縣]竦塘黃氏統宗譜十卷　(明)方信編　明嘉靖四十一年(1562)刻本　二冊

340000－1881－0002354　03804

[安徽休寧]洪氏宗譜不分卷　(明)洪中正纂修　明崇禎五年(1632)刻本　一冊

340000－1881－0002355　03805

[安徽績溪]明經胡氏宗譜六卷首一卷末一卷　(清)胡曾敏　(清)胡有梯纂修　清刻本　一冊　存二卷(一、首一卷)

340000－1881－0002356　03806

[安徽黟縣]明經胡氏存仁堂支譜四卷　(清)胡朝賀纂修　清同治七年(1868)刻本　一冊　存二卷(三至四)

340000－1881－0002357　03807

[安徽黟縣]明經胡氏壬派宗譜十二卷　(清)胡叔咸編　清道光六年(1826)刻本　八冊　存八卷(二、五、七至十二)

340000－1881－0002358　03808

[安徽黟縣]橫岡吳氏會通宗譜不分卷　(清)吳世翔纂　清光緒三十四年(1908)刻本　一冊

340000－1881－0002359　03809

[安徽休寧]新安雲溪程譜文翰七卷　(□)□□輯　明成化刻本　二冊

340000－1881－0002360　03810

[江西婺源]新安溪源程氏勢公支譜七卷　(宋)程祁傳述　(明)程頊續　(明)程時化校正　清康熙抄本　四冊

340000－1881－0002361　03811

[安徽黟縣]葉氏宗譜五卷　(明)葉天爵輯編　明嘉靖十年(1531)刻本　四冊

340000－1881－0002362　03812

[安徽歙縣]富饒吳氏會通譜二十卷　(明)吳奇茂　(明)吳道進　(明)吳常寧纂　明正德九年(1514)刻本　一冊　存五卷(十六至二十)

340000－1881－0002363　03813

[安徽南陵]奚氏宗譜六卷　(清)奚城心　(清)奚秋主事　(清)奚方善　(清)奚增源纂修　清光緒二十一年(1895)木活字印本　一冊　存一卷(一)

340000－1881－0002364　03815

[安徽旌德]呂氏宗譜不分卷　(□)□□撰　明抄本　一冊

340000－1881－0002365　03816

[安徽歙縣]虬川黃氏重修宗譜不分卷　（清）
黃開蔟修　清道光十年(1830)刻本　四冊

340000－1881－0002366　03818

[江西婺源]新安武口王氏統宗世譜十卷首一
卷末一卷　（清）王祺纂修　清雍正四年
(1726)刻本　二十四冊

340000－1881－0002367　03819

[安徽休寧]汪氏統宗譜□□卷　（□）□□撰
　明刻本　五冊　存三十七卷(六十三至六
十六、八十六至八十九、九十一至九十四、九
十八至一百、一百二至一百三、一百五至一百
六、一百十六至一百二十、一百二十八、一百
三十八至一百四十四、一百六十六至一百七
十)

340000－1881－0002368　03820

新安汪氏通宗世譜□□卷　（□）□□撰　清
乾隆刻本　二冊　存七卷(四十六至四十八、
一百二十一至一百二十四)

340000－1881－0002369　03821

[安徽歙縣]左臺吳氏大宗譜三卷　（清）吳正
遂彙纂　（清）吳祚裕分編　（清）吳閥總輯
（清）吳炳文校　清乾隆五十四年(1789)刻本
　二冊

340000－1881－0002370　03822

[河北武強]續葺新安白石分遷武強河間凌氏
宗譜□□卷　（明）凌大震撰　明天啓刻本
一冊　存三卷(一至三)

340000－1881－0002371　03823

[江西婺源]清華胡氏統宗正傳譜系五卷附錄
一卷　（明）胡璽橋等纂　明抄本　二冊

340000－1881－0002372　03824

鄭氏族譜不分卷　（宋）鄭樵纂修　（明）鄭先
覺編圖　（明）鄭晦增修　（明）鄭潛校　明抄
本　二冊

340000－1881－0002373　03826

[安徽歙縣]葉氏宗祠祭簿不分卷　（明）葉志
周書　明萬曆至清康熙遞抄本　二冊

340000－1881－0002374　03827

[安徽歙縣]余氏族譜不分卷　（□）□□纂
明抄本　一冊

340000－1881－0002375　03828

[安徽歙縣]許氏世譜不分卷　（□）□□纂
清嘉慶抄本　一冊

340000－1881－0002376　03829

[江西新建]李氏族譜不分卷　（清）李延模
(清)李士柱撰　清康熙十八年(1679)刻本
一冊

340000－1881－0002377　03830

[安徽歙縣]雙橋鄭氏宗支圖譜不分卷　（明）
鄭民瞻編　（明）鄭九夏繪　明萬曆五年
(1577)抄本　二冊

340000－1881－0002378　03831

[安徽歙縣]歙東蘭田葉氏族譜不分卷　（明）
葉榮達等輯　明抄本　一冊

340000－1881－0002379　03832

[江西婺源]燉煌郡洪氏通宗譜六十三卷
(清)洪輪溪輯修　（清）洪朝樣　（清）洪東
昇　（清）洪世喈編　（清）洪庚暢　（清）洪
鳳飛等參訂　清嘉慶二十三年(1818)刻本
二十九冊　存五十七卷(一至四、七至二十
五、二十七至三十七、四十至六十二)

340000－1881－0002380　03833

[安徽旌德]謝氏重修宗譜四卷首一卷末一卷
　（清）謝明濟　（清）謝正福　（清）謝泰保
纂修　清道光五年(1825)刻本　四冊

340000－1881－0002381　03835

新安程氏統宗補正圖纂十八卷末一卷　（清）
程世涵等修　清雍正十三年(1735)刻本　一
冊　存三卷(十七至十八、末一卷)

340000－1881－0002382　03837

新安鄭氏宗譜四卷　（□）□□撰　清刻本
一冊　存序、目錄、凡例

340000－1881－0002383　03839

[安徽歙縣]歙西柘源方氏宗譜九卷　（清）方

萬山纂 （清）方清耀續 （清）方南徵考
（清）方肇夒 （清）方履大編 清乾隆十年
（1745）敬授堂刻本 九冊 存八卷（一至三、
五至九）

340000－1881－0002384 03840

誥授振威將軍敖公輔丞大總戎紀述二卷
（清）陳翼亮纂 （清）黃守謙校 清光緒二十
一年（1895）刻本 二冊

340000－1881－0002385 03841

元史藝文志四卷元史氏族表三卷 （清）錢大
昕編 清刻本 二冊

340000－1881－0002386 03842

欽定金史語解十二卷 清光緒四年（1878）江
蘇書局刻本 二冊

340000－1881－0002387 03843

欽定遼史語解十卷 清光緒四年（1878）江蘇
書局刻本 一冊

340000－1881－0002388 03844

古今偽書考不分卷 （清）姚際恒撰 清光緒
三年（1877）蘇州文學山房刻本 一冊

340000－1881－0002389 03845

求實濟齋書目提要不分卷 （清）蕭開泰撰
清光緒十二年（1886）刻本 一冊

340000－1881－0002390 03847

欽定八旗氏族通譜輯要二卷 （清）阿桂
（清）和珅編輯 清乾隆五十七年（1792）刻本
二冊

340000－1881－0002391 03849

水經注圖不分卷附錄不分卷 （清）汪士鐸撰
清同治元年（1862）刻本 一冊

340000－1881－0002392 03851

峩山圖志二卷 （清）黃錫燾編 （清）顧復初
書 （清）譚鍾嶽繪 清光緒十四年（1888）刻
本 二冊

340000－1881－0002393 03853

光緒二十五年通商各關華洋貿易總冊二卷
（清）上海通商海關造冊處譯 清光緒二十六

年（1900）鉛印本 一冊

340000－1881－0002394 03854

安徽省諮議局文件不分卷 （□）□□輯 清
宣統影印本 一冊

340000－1881－0002395 03861

五大洲圖說不分卷 （清）李圭纂 簡明萬國
公法不分卷 （清）朱克敬撰 清光緒十六年
（1890）上海時報館石印本 一冊

340000－1881－0002396 03862

五大洲圖說不分卷 （清）李圭纂 簡明萬國
公法不分卷 （清）朱克敬撰 清光緒十六年
（1890）上海時報館石印本 一冊

340000－1881－0002397 03867

萬國通史前編十卷 （英國）李思倫白約翰輯
譯 蔡爾康紀述 清光緒二十六年（1900）上
海廣學會鉛印本 十冊

340000－1881－0002398 03868

航海通書不分卷 （清）江南製造局譯改
（清）賈步緯算校 清光緒八年（1882）鉛印本
一冊

340000－1881－0002399 03870

瀛環志畧十卷 （清）徐繼畬輯著 （清）陳慶
偕 （清）鹿澤長參訂 （清）霍明高採譯 清
道光三十年（1850）刻本 八冊

340000－1881－0002400 03874

泉布統誌九卷首一卷 （清）孟麐輯 清道光
十三年（1833）刻本 二十六冊 存七卷（一
至六、首一卷）

340000－1881－0002401 03875

中州金石記五卷 （清）畢沅撰 清刻本 一
冊 存三卷（一至三）

340000－1881－0002402 03877

湘軍記二十卷 （清）王定安撰 清光緒十五
年（1889）江南書局刻本 十二冊

340000－1881－0002403 03878

古品節錄六卷 （清）松筠節錄 清嘉慶四年
（1799）刻本 四冊

340000－1881－0002404　03879

關帝全書四十卷　（清）黃啟曙輯　清咸豐八年(1858)刻本　十四冊

340000－1881－0002405　03880

繹史一百六十卷　（清）馬驌撰　清光緒十五年(1889)金匱浦氏刻本　三十二冊

340000－1881－0002406　03881

廿二史劄記三十六卷首一卷補遺一卷　（清）趙翼撰　清光緒二十年(1894)廣雅書局刻本　十冊

340000－1881－0002407　03882

皇朝藩部要略十八卷　（清）祁韻士纂　（清）毛嶽生編　（清）宋景昌校寫　皇朝藩部世系表四卷　（清）祁韻士纂　（清）宋景昌增輯　(清)徐松重訂　清光緒十年(1884)浙江書局刻本　八冊

340000－1881－0002408　03883

隋書經籍志四卷　（唐）長孫無忌等撰　清道光五年(1825)刻本　一冊

340000－1881－0002409　03884

唐書藝文志四卷　（宋）歐陽修撰　清道光五年(1825)刻本　一冊　存三卷(一至三)

340000－1881－0002410　03889

目錄學九卷　（清）耿文光纂　清光緒二十年(1894)刻本　八冊

340000－1881－0002411　03890

續弘簡錄元史類編四十二卷　（清）邵遠平撰　清刻本　十六冊

340000－1881－0002412　03891

續資治通鑑二百二十卷　（清）畢沅編　清同治八年(1869)江蘇書局刻本　六十冊

340000－1881－0002413　03892

明季北略二十四卷　（清）計六奇編　清都城琉璃廠半松居士刻本　十四冊

340000－1881－0002414　03893

明季南略十八卷　（清）計六奇編　清都城琉璃廠半松居士刻本　十冊

340000－1881－0002415　03894

全史吏鑑十卷　（明）徐元太撰　（清）張祥雲輯　清嘉慶八年(1803)刻本　四冊

340000－1881－0002416　03895

讀史鏡古編三十二卷　（清）潘世恩輯　清同治十三年(1874)飛霞閣刻本　六冊

340000－1881－0002417　03896

曾文正公[國藩]年譜十二卷　（清）黎庶昌編　（清）李瀚章審定　清光緒二年(1876)傳忠書局刻本　六冊

340000－1881－0002418　03897

禹貢因不分卷　（清）沈練集註　清光緒十八年(1892)溧陽沈氏家塾刻本　一冊

340000－1881－0002419　03898

禹貢彙覽四卷　（清）夏之芳撰　清乾隆十二年(1747)刻本　四冊

340000－1881－0002420　03899

雲南勘界籌邊記二卷　姚文棟撰　清刻本二冊

340000－1881－0002421　03900

中國歷代帝王建都歌不分卷五洲各國京城歌不分卷　（清）許家惺撰　清光緒二十四年(1898)刻本　一冊

340000－1881－0002422　03901

吳地記不分卷　（唐）陸廣微撰　清同治十二年(1873)江蘇書局刻本　一冊

340000－1881－0002423　03902

漢口叢談六卷　（清）范鍇撰　清道光二年(1822)漢口張明心刻本　二冊

340000－1881－0002424　03903

詩地理攷六卷　（宋）王應麟撰　清刻本　二冊　存三卷(二至四)

340000－1881－0002425　03904

吳地記不分卷　（唐）陸廣微撰　清同治十二年(1873)江蘇書局刻本　一冊

340000－1881－0002426　03905

甌江小記不分卷　（清）郭鍾岳撰　清光緒四

年(1878)刻本 一冊

340000－1881－0002427 03907

歷代名臣言行錄二十四卷 （清）朱桓編輯
（清）潘永季校 清嘉慶二年(1797)刻本 三
十六冊

340000－1881－0002428 03908

資治通鑑綱目五十九卷 （宋）朱熹撰 （明）
陳仁錫評 清刻本 五十八冊 存五十一卷
（一至三十一、三十八至四十一、四十四至五
十九）

340000－1881－0002429 03910

胡忠烈遺事四卷 （清）史珥重編 （清）史存
闡校 清乾隆四十年(1775)刻本 一冊

340000－1881－0002430 03911

孔子編年四卷 （清）狄子奇纂 清光緒十三
年(1887)浙江書局刻本 一冊

340000－1881－0002431 03912

孟子編年四卷 （清）狄子奇編 清光緒十三
年(1887)浙江書局刻本 一冊

340000－1881－0002432 03913

靖節先生[陶淵明]年譜攷異二卷 （清）陶澍
撰 清刻本 一冊

340000－1881－0002433 03914

王船山先生[夫之]年譜二卷 （清）劉毓崧編
清光緒十二年(1886)江南書局刻本 二冊

340000－1881－0002434 03915

岳忠武王初瘞志不分卷 （□）□□撰 清同
治十三年(1874)教忠孝堂刻本 一冊

340000－1881－0002435 03916

王船山先生[夫之]年譜二卷 （清）劉毓崧編
清光緒十二年(1886)江南書局刻本 二冊

340000－1881－0002436 03919

陸清獻公莅嘉遺蹟三卷 （清）黃維玉編輯
清同治六年(1867)上海道署刻本 一冊

340000－1881－0002437 03920

陸清獻公[隴其]年譜不分卷 （清）吳光西編
（清）陸宸徵 （清）李鉉輯 清同治七年

(1868)武林薇署刻本 一冊

340000－1881－0002438 03921

行述傳不分卷名宦錄不分卷 （清）劉良驥等
述 清道光刻本 一冊

340000－1881－0002439 03922

馮太君表傳行略不分卷 （清）朱琦等撰 清
咸豐八年(1858)刻本 一冊

340000－1881－0002440 03923

王深寧先生[應麟]年譜不分卷 （清）陳僅纂
輯 （清）張恕編 清道光二十五年(1845)四
明繼雅堂刻本 一冊

340000－1881－0002441 03924

漢西域圖考七卷 （清）李光廷撰 （清）潘平
章繪 （清）李承緒重繪 清同治八年(1869)
刻本 四冊

340000－1881－0002442 03925

國朝詩人徵略六十卷 （清）張維屏輯 清道
光十年(1830)廣州富文齋刻本 九冊 存五
十三卷（一至四、十二至六十）

340000－1881－0002443 03927

法部奏定考試法官主要科應用法律章程不分
卷 （清）憲政編查館纂修 清宣統二年
(1910)石印本 一冊

340000－1881－0002444 03928

牧令書輯要十卷 （清）徐棟編 （清）丁日昌
重編 清同治八年(1869)湖北崇文書局刻本
十冊

340000－1881－0002445 03929

洋防說略二卷 （清）徐家幹撰 清光緒十三
年(1887)刻本 二冊

340000－1881－0002446 03930

吳疆域圖說三卷 （清）范本禮撰 清光緒十
四年(1888)江陰刻南菁書院叢書本 一冊

340000－1881－0002447 03931

皇朝武功紀盛四卷 （清）趙翼撰 清刻本
一冊

340000－1881－0002448 03932

越南輯略二卷　（清）徐延旭編　清光緒三年(1877)梧州郡署刻本　二冊

340000－1881－0002449　03933

東南海島圖經三卷澳大利亞洲志擬稿不分卷　（清）薛福成鑒訂　（清）張美翊撰　（清）世增譯　清光緒二十三年(1897)小方壺齋鉛印本　三冊

340000－1881－0002450　03934

四此堂稿十卷　（清）魏際瑞撰　清刻本　六冊

340000－1881－0002451　03935

蜀碧四卷　（清）彭遵泗編述　清嘉慶二十年(1815)刻本　二冊

340000－1881－0002452　03936

環遊地球新錄四卷　（清）李圭撰　清光緒四年(1878)鉛印本　四冊

340000－1881－0002453　03937

樊山政書二十卷　樊增祥撰　清宣統二年(1910)刻本　十冊

340000－1881－0002454　03938

歷代史略六卷　柳詒徵編　清光緒江楚書局刻本　八冊

340000－1881－0002455　03940

集古錄目五卷　（宋）歐陽棐撰　清光緒吳縣朱氏槐廬家塾刻本　二冊

340000－1881－0002456　03941

寰宇訪碑錄十二卷　（清）孫星衍　（清）邢澍撰　清嘉慶七年(1802)刻本　四冊

340000－1881－0002457　03942

重纂三遷志十卷　（清）陳綿重纂　清光緒十三年(1887)山東書局刻本　六冊

340000－1881－0002458　03943

廿二史纂略六卷　（清）郭衷恒纂輯　（清）郭一元　（清）郭一寧編　（清）王孝緝等參訂　清乾隆十四年(1749)源汾堂刻本　二冊

340000－1881－0002459　03944

小腆紀年附考二十卷　（清）徐鼒撰　（清）宋

左夫等參校　清刻本　十六冊

340000－1881－0002460　03947

欽定大清會典則例一百八十卷　（清）張廷玉等纂　清乾隆十三年(1748)刻本　一百四十四冊

340000－1881－0002461　03948

歷代名臣言行錄二十四卷　（清）朱桓編　（清）潘永季校　清光緒十一年(1885)刻本　三十二冊

340000－1881－0002462　03949

金石萃編一百六十卷　（清）王昶撰　金石續編二十一卷首一卷　（清）陸耀遹纂　（清）陸增祥校　清光緒十九年(1893)上海寶善書局石印本　二十四冊

340000－1881－0002463　03951

苗防備覽二十二卷　（清）嚴如熤撰　清道光二十三年(1843)刻本　八冊

340000－1881－0002464　03952

金石例十卷　（元）潘昂霄纂　清刻朱墨套印本　一冊　存四卷(七至十)

340000－1881－0002465　03953

隨軒金石文字不分卷建昭雁足鐙考二卷　（清）徐渭仁鉤摹并錄　清道光二十三年(1843)刻本　一冊

340000－1881－0002466　03955

陶齋吉金錄八卷　（清）端方輯　清光緒三十四年(1908)石印本　八冊

340000－1881－0002467　03957

陶齋吉金續錄二卷　（清）端方纂　清宣統元年(1909)石印本　二冊

340000－1881－0002468　03967

溫州瑞安縣仙巖寺誌十卷　（清）潘耒校　（清）釋佛岧增輯　（清）釋佛彥輯　清康熙三十七年(1698)刻本　四冊

340000－1881－0002469　03976

楚漕江程十六卷首一卷　（清）董恂輯　（清）齊長鴻校　清光緒三年(1877)刻本　十六冊

340000－1881－0002470　03977

雪泥鴻爪四卷　（清）邵亨豫撰　清光緒刻本
　　三冊

340000－1881－0002471　03980

頤壽老人年譜二卷　（清）錢寶琛自編　（清）
錢鼎銘　（清）錢鼐銘注　清同治八年(1869)
刻本　一冊

340000－1881－0002472　03981

頤壽老人年譜二卷　（清）錢寶琛自編　（清）
錢鼎銘　（清）錢鼐銘注　清同治八年(1869)
刻本　一冊

340000－1881－0002473　03982

皇清誥授光祿大夫特贈太子太保兵部尚書兼
都察院右都御史兩江總督馬端敏公[新貽]年
譜不分卷　（清）馬新祐編　清光緒三年
(1877)武林任有容齋刻本　一冊

340000－1881－0002474　03983

建昭雁足鐙考二卷　（清）徐渭仁錄　清道光
十七年(1837)刻本　一冊

340000－1881－0002475　03984

積古齋鐘鼎彝器款識十卷　（清）阮元編錄
清光緒八年(1882)常熟抱芳閣刻本　四冊

340000－1881－0002476　03985

隨軒金石文字不分卷建昭雁足鐙考二卷
(清)徐渭仁鉤摹并錄　清道光十七年(1837)
刻本　一冊

340000－1881－0002477　03986

兩漢金石記二十二卷　（清）翁方綱纂　清乾
隆五十四年(1789)刻本　十二冊

340000－1881－0002478　03987

張叔未解元所藏金石文字不分卷　（清）張廷
濟考釋　清光緒十一年(1885)四會嚴氏鶴緣
齋石印本　二冊

340000－1881－0002479　03988

皕宋樓藏書源流考不分卷　（日本）島田翰撰
　　清光緒三十三年(1907)刻朱印本　一冊

340000－1881－0002480　03989

校邠廬抗議二卷　（清）馮桂芬撰　清光緒十
年(1884)刻本　二冊

340000－1881－0002481　03990

明紀六十卷　（清）陳鶴纂　（清）陳克家參訂
清同治十年(1871)江蘇書局刻本　二十冊

340000－1881－0002482　03992

江南蘇州府報恩講寺志不分卷　（清）釋敏曦
輯　清光緒二十五年(1899)刻本　一冊

340000－1881－0002483　03993

虎丘山圖志四卷　（明）文肇祉輯　明萬曆二
十八年(1600)刻本　四冊

340000－1881－0002484　03996

宦游紀略二卷　（清）高廷瑤撰　（清）高培穀
校　清同治十二年(1873)成都刻本　一冊

340000－1881－0002485　03997

金石例十卷　（元）潘昂霄撰　（元）楊本編
(元)王思明重校　清刻本　二冊

340000－1881－0002486　03998

金石三例十五卷　（明）王行　（清）黃宗羲著
　（清）王芑孫評　（元）潘昂霄撰　（元）楊
本編　（元）王思明重校　清光緒四年(1878)
讀有用書齋刻朱墨套印本　四冊

340000－1881－0002487　03999

兩江忠義錄五十六卷　（□）□□撰　清光緒
二十八年(1902)刻本　五十三冊　存五十三
卷(一至二十七、三十一至五十六)

340000－1881－0002488　04000

月日紀古十二卷　（清）蕭智漢纂輯　（清）蕭
智澄參訂　清乾隆五十九年(1794)刻本　十
二冊

340000－1881－0002489　04001

語石十卷　葉昌熾撰　清宣統元年(1909)刻
本　四冊

340000－1881－0002490　04002

欽定勝朝殉節諸臣錄十二卷首一卷　（清）紀
昀纂　清嘉慶二年(1797)刻本　一冊　存二
卷(九至十)

340000－1881－0002491　04003

崇禎朝記事四卷　（清）李遜之撰　清光緒刻本　一冊　存二卷(三至四)

340000－1881－0002492　04004

淮北票鹽志略十五卷　（清）童濂編　清道光二十五年(1845)刻本　四冊

340000－1881－0002493　04005

隨軒金石文字不分卷建昭雁足鐙考二卷（清）徐渭仁鈎摹并錄　清道光十七年(1837)刻本　六冊

340000－1881－0002494　04006

秦邊紀略六卷　（□）□□撰　清同治十一年(1872)刻本　二冊

340000－1881－0002495　04007

語石十卷　葉昌熾撰　清宣統元年(1909)蘇城徐元圃刻本　四冊

340000－1881－0002496　04008

甯古塔紀略不分卷　（清）吳桭臣撰　（清）顧沅校　清光緒刻漸西村舍叢書本　一冊

340000－1881－0002497　04009

宋稗類鈔二卷　（清）潘永因編　（清）潘永圖訂　清康熙八年(1669)刻本　二冊

340000－1881－0002498　04012

橫渠先生[張載]年譜不分卷　（清）歸曾祁撰輯　清宣統三年(1911)鉛印本　一冊

340000－1881－0002499　04015

寰宇訪碑錄十二卷　（清）孫星衍　（清）邢澍撰　清嘉慶七年(1802)刻本　四冊

340000－1881－0002500　04016

黃公度日本國志序不分卷　（清）黃遵憲纂　清光緒二十八年(1902)蘇州開智書室刻本　二冊

340000－1881－0002501　04017

大美國史略八卷　（美國）蔚利高撰　（清）黃乃裳編　清光緒二十五年(1899)鉛印本　二冊

340000－1881－0002502　04018

環遊地球新錄四卷　（清）李圭撰　清光緒四年(1878)鉛印本　一冊　存一卷(一)

340000－1881－0002503　04019

歷代世系紀年編不分卷　（清）沈炳震撰（清）姚文田增輯　清末安慶正誼書局鉛印本　一冊

340000－1881－0002504　04022

汪王廟志畧不分卷　（清）汪文炳輯　（清）孫峻參訂　清光緒三十一年(1905)刻本　一冊

340000－1881－0002505　04023

汪王廟志畧不分卷　（清）汪文炳輯　（清）孫峻參訂　清光緒三十一年(1905)刻本　一冊

340000－1881－0002506　04026

王船山先生[夫之]年譜二卷　（清）劉毓崧編　清光緒十二年(1886)江南書局刻本　二冊

340000－1881－0002507　04029

甌北先生[趙翼]年譜不分卷　（□）□□撰　清嘉慶刻本　一冊

340000－1881－0002508　04030

漢西域圖考七卷首一卷　（清）李光廷撰　清同治九年(1870)刻本　四冊

340000－1881－0002509　04031

焦山志十八卷首一卷續志八卷　（清）吳雲輯　清光緒三十一年(1905)刻本　八冊

340000－1881－0002510　04032

聖水寺志六卷附補遺　（清）釋誌湛　（清）釋明倫輯　（清）釋通淵　（清）釋實懿重纂　清光緒十八年(1892)刻本　二冊

340000－1881－0002511　04033

後湖誌不分卷　（清）馬六皆鑒定　（清）王作械纂　（清）錢福臻增輯　（清）劉德沛編　清宣統二年(1910)南洋印刷官廠鉛印本　一冊

340000－1881－0002512　04034

武夷山志二十四卷首一卷　（清）董天工編　清同治十一年(1872)刻本　八冊

340000－1881－0002513　04035

敕建弘慈廣濟寺新志三卷　（清）釋湛祐撰

（清）釋然叢編 （清）余賓碩校 清康熙四十三年（1704）刻本 一冊

340000－1881－0002514 04036

吳山伍公廟志六卷首一卷附[光緒]溧陽縣志不分卷 （清）金志章總裁 （清）杭世駿鑒定 （清）金文淘等纂輯 清光緒二年（1876）刻本 一冊

340000－1881－0002515 04037

劍津名勝不分卷 （清）唐贊袞編 清光緒十六年（1890）刻本 一冊

340000－1881－0002516 04038

仲里志六卷 （清）顧彩重修 （清）仲秉貞鑒定 （清）仲承述參考 （清）仲承乾訂 清雍正刻本 四冊 存四卷（三至六）

340000－1881－0002517 04040

襄陽耆舊記三卷 （晉）習鑿齒撰 （清）任兆麟訂 清乾隆五十三年（1788）刻心齋十種叢書本 一冊

340000－1881－0002518 04041

南遊日記不分卷南遊詩草不分卷（清道光二十一年三月初八日至六月初六日） （清）胡佳楠撰 清道光二十一年（1841）刻本 一冊

340000－1881－0002519 04042

雷塘庵主弟子記八卷 （清）張鑑撰 清咸豐刻本 二冊

340000－1881－0002520 04043

典故列女傳四卷 （□）□□□編 清光緒八年（1882）刻本 四冊

340000－1881－0002521 04044

春秋世族譜不分卷 （清）陳厚耀纂 清道光二十年（1840）刻本 一冊

340000－1881－0002522 04045

文獻徵存錄十卷 （清）錢林輯 （清）王藻編 清咸豐八年（1858）有嘉樹軒刻本 十二冊

340000－1881－0002523 04046

西藏見聞錄二卷 （清）蕭騰麟撰 （清）蕭錫珀編 清乾隆二十四年（1759）刻本 一冊

340000－1881－0002524 04047

後樂堂裘厚齋先生鑑斷彙集三卷 （清）裘邦彥 （清）施裕貞 （清）何玉柯輯 清康熙五十五年（1716）刻本 一冊

340000－1881－0002525 04048

病榻夢痕錄二卷夢痕錄餘不分卷行狀不分卷 （清）汪輝祖撰 循吏汪君傳不分卷 （清）阮元撰 清嘉慶三年（1798）刻本 四冊

340000－1881－0002526 04053

郘亭知見傳本書目十六卷 （清）莫友芝撰 清鉛印本 一冊 存二卷（十一至十二）

340000－1881－0002527 04055

江南製造局譯書提要二卷 （清）繙譯館編 清宣統元年（1909）鉛印本 二冊

340000－1881－0002528 04056

諸史然疑不分卷榕城詩話三卷 （清）杭世駿撰 （清）許慶宗覆審 （清）杭賓仁校 清乾隆五十七年（1792）刻本 一冊

340000－1881－0002529 04057

顧亭林先生[炎武]年譜不分卷 （清）張穆編 清道光二十四年（1844）刻本 一冊

340000－1881－0002530 04058

閻潛丘先生[若璩]年譜不分卷 （清）張穆編 清道光二十七年（1847）壽陽祁氏刻本 一冊

340000－1881－0002531 04059

日本國志四十卷首一卷 （清）黃遵憲編纂 清光緒十六年（1890）羊城富文齋刻本 十三冊 存三十八卷（一至三十七、首一卷）

340000－1881－0002532 04060

[沈德潛]年譜不分卷 （清）沈德潛自編 清乾隆教忠堂刻本 一冊

340000－1881－0002533 04062

文端公[錢陳群]年譜三卷 （清）錢儀吉編 （清）錢志澄增訂 清光緒二十年（1894）刻本 三冊

340000－1881－0002534 04063

安道公[陳瑚]年譜二卷　(清)繆朝荃補纂
清光緒十九年(1893)東倉書庫刻本　一冊

340000－1881－0002535　04064
海國圖志一百卷　(清)魏源撰　清光緒六年
(1880)邵陽急當務齋刻本　三十二冊

340000－1881－0002536　04065
宋朝事實二十卷　(宋)李攸撰　(清)陸錫熊
　(清)紀昀總纂　(清)張義年纂修　清乾隆
四十一年(1776)刻本　六冊

340000－1881－0002537　04066
保甲事宜摘要五卷　(清)李有棻纂　清光緒
十三年(1887)武昌府署刻本　一冊

340000－1881－0002538　04067
大別山志十卷首一卷　(清)胡鳳丹編纂　清
同治十三年(1874)退補齋刻本　四冊

340000－1881－0002539　04068
唐陸宣公奏議讀本四卷　(清)汪銘謙編
(清)馬傳庚評點　清光緒二十六年(1900)會
稽馬氏石印本　二冊

340000－1881－0002540　04069
五洲圖考不分卷　(清)龔柴編譯　清光緒鉛
印本　一冊　存歐洲部分

340000－1881－0002541　04070
書目答問不分卷　(清)張之洞撰　清光緒十
四年(1888)上海蜚英館石印本　一冊

340000－1881－0002542　04071
栝蒼金石志十二卷　(清)李遇孫輯　(清)王
尚忠　(清)王尚廣參　清道光十三年(1833)
刻本　四冊

340000－1881－0002543　04072
保甲書輯要四卷　(清)徐棟編　(清)丁日昌
校　清同治七年(1868)江蘇書局刻本　一冊

340000－1881－0002544　04073
欽頒州縣事宜不分卷　(清)田文鏡撰　清同
治七年(1868)江蘇書局刻本　一冊

340000－1881－0002545　04074
庸吏庸言不分卷　(清)劉衡撰　清咸豐五年

(1855)陝西臨潼縣署刻本　一冊

340000－1881－0002546　04075
于公祠墓錄十卷首一卷末一卷　(清)丁丙輯
　清光緒二十六年(1900)錢塘丁氏刻本
六冊

340000－1881－0002547　04076
歷代名儒傳八卷　(清)朱軾　(清)蔡世遠編
　(清)李清植分纂　清刻本　二冊　存四卷
(三至四、七至八)

340000－1881－0002548　04077
歷代名臣傳三十五卷　(清)朱軾　(清)蔡世
遠編　(清)藍鼎元分纂　清刻本　八冊　存
十七卷(十三至二十九)

340000－1881－0002549　04079
倭文端公遺書八卷首一卷末一卷續刊三卷
(清)倭仁撰　清光緒元年(1875)六安求我齋
刻本　四冊

340000－1881－0002550　04080
吳可讀奏疏不分卷　(清)吳可讀撰　清光緒
刻本　三冊

340000－1881－0002551　04081
行素齋雜記二卷　(清)李佳繼昌撰　清光緒
二十七年(1901)刻本　二冊

340000－1881－0002552　04082
瀛壖雜誌六卷　(清)王韜撰　(清)錢徵校
清光緒元年(1875)刻本　二冊

340000－1881－0002553　04083
蜀僚問答二卷　(清)劉衡撰　清道光十七年
(1837)刻本　一冊

340000－1881－0002554　04084
資治通鑑綱目前編竊議二十五卷附四益友樓
文鈔五卷　(清)易其需撰　清光緒十五年
(1889)鶴山易氏四益友樓刻本　八冊

340000－1881－0002555　04085
大清光緒二十八年歲次壬寅不分卷　(清)欽
天監製　清光緒二十八年(1902)刻朱墨套印
本　一冊

340000 – 1881 – 0002556　04087

國史館現辦畫一列傳凡例不分卷　（清）蔡宗茂編修　（清）方俊擬　清道光二十年(1840)刻本　一冊

340000 – 1881 – 0002557　04088

三才論略四卷　（□）□□撰　清刻本　一冊

340000 – 1881 – 0002558　04089

歐洲族類源流略五卷　王樹枏撰　清光緒二十八年(1902)中衛縣署刻本　二冊

340000 – 1881 – 0002559　04090

東都事略一百三十卷　（宋）王稱撰　清乾隆六十年(1795)刻本　十二冊

340000 – 1881 – 0002560　04091

史通削繁四卷　（清）紀昀輯　清光緒元年(1875)湖北崇文書局刻本　四冊

340000 – 1881 – 0002561　04092

張制軍[亮基]年譜二卷　（清）林紹年輯　清光緒三十一年(1905)刻本　二冊

340000 – 1881 – 0002562　04093

曾大父鑑堂公雲陽紀事一卷　（清）余鑑堂撰　覺夢詞不分卷　（清）心禪居士撰　江蘇無錫楊氏家譜不分卷　（清）楊念祖重修　清光緒二十五年(1899)木活字印本　一冊

340000 – 1881 – 0002563　04094

歐洲十一國遊記不分卷　康有為撰　清光緒三十二年(1906)上海廣智書局鉛印本　一冊

340000 – 1881 – 0002564　04097

闕里文獻考一百卷首一卷末一卷　（清）孔繼汾撰　清乾隆二十七年(1762)刻本　八冊

340000 – 1881 – 0002565　04101

新刻爵秩全覽不分卷　（□）□□撰　清乾隆三十三年(1768)北京榮錦堂刻本　三冊

340000 – 1881 – 0002566　04102

歷代史論一編四卷　（明）張溥撰　清光緒二十七年(1901)上海書局石印本　一冊

340000 – 1881 – 0002567　04103

星命須知萬年曆合刻不分卷　（□）□□撰

清光緒興化寶經堂刻本　二冊

340000 – 1881 – 0002568　04104

歷代鐘鼎彝器款識法帖二十卷　（宋）薛尚功撰　清光緒八年(1882)上海點石齋影印本　四冊

340000 – 1881 – 0002569　04105

歷代鐘鼎彝器款識法帖二十卷　（宋）薛尚功撰　清光緒八年(1882)上海點石齋影印本　三冊　存十五卷(一至十五)

340000 – 1881 – 0002570　04106

重訂王鳳洲先生綱鑑會纂四十六卷　（明）王世貞纂　（明）陳仁錫訂　清光緒十三年(1887)上海大同書局石印本　十四冊

340000 – 1881 – 0002571　04107

御撰資治通鑑綱目三編四卷　（清）張廷玉等編　清石印本　二冊

340000 – 1881 – 0002572　04108

通鑑論三卷稽古錄論一卷　（宋）司馬光撰　（清）伍耀光輯　清光緒二十四年(1898)菁華閣刻本　二冊　存二卷(通鑑論一至二)

340000 – 1881 – 0002573　04109

評選船山史論二卷　林紓評選　清宣統二年(1910)上海商務印書館鉛印本　二冊

340000 – 1881 – 0002574　04110

讀通鑑論三十卷宋論十五卷　（清）王夫之撰　清光緒二十四年(1898)申昌書莊石印本　八冊

340000 – 1881 – 0002575　04111

東亞各港口岸志不分卷　（日本）參謀本部編輯　（清）廣智書局譯　清光緒二十八年(1902)上海廣智書局鉛印本　一冊

340000 – 1881 – 0002576　04112

西史綱目二十卷　（清）周維翰撰　清光緒二十七年(1901)石印本　十冊

340000 – 1881 – 0002577　04124

西域聞見錄八卷　（清）七十一撰　清刻本　二冊　存六卷(三至八)

340000－1881－0002578　04125

大清搢紳全書四卷　（□）□□撰　清光緒十三年(1887)北京榮祿堂刻本　一冊　存一卷（元）

340000－1881－0002579　04126

大清搢紳全書四卷　（清）善成堂主人輯　清光緒十九年(1893)北京善成堂刻本　三冊　存三卷(元、亨、貞)

340000－1881－0002580　04127

大清中樞備覽二卷　（□）□□撰　清光緒十三年(1887)北京榮祿堂刻本　二冊

340000－1881－0002581　04128

大清中樞備覽二卷　（□）□□撰　清光緒十九年(1893)北京榮錄堂刻本　一冊　存一卷（下）

340000－1881－0002582　04129

霆軍紀略十六卷　（清）陳昌編　清光緒八年(1882)上海申報館鉛印本　五冊　存十三卷（一至八、十二至十六）

340000－1881－0002583　04130

豫軍紀畧十二卷　（清）尹耕雲　（清）李汝鈞總纂　（清）康曾定　（清）方昌翰　（清）吳保清分纂　清光緒三年(1877)上海申報館鉛印本　六冊

340000－1881－0002584　04131

欽定四庫全書考證一百卷　（清）王太岳（清）曹錫寶纂輯　（清）王燕緒纂　（清）朱鈞編修　清刻本　十九冊　存十九卷(一、十三至十四、二十七至二十八、三十至三十二、三十四至三十八、四十一至四十三、四十五、四十七、六十六)

340000－1881－0002585　04132

禹貢指南四卷　（宋）毛晃撰　清刻本　一冊　存二卷(三至四)

340000－1881－0002586　04133

歷代職官表六卷　（清）黃本驥校　（清）王廷學重校　清光緒八年(1882)上海王氏刻本　三冊

340000－1881－0002587　04140

公車上書記不分卷　康有為等撰　清光緒二十一年(1895)上海石印書局石印本　一冊

340000－1881－0002588　04143

中國歷代疆域沿革考不分卷　（日本）重野安繹　（日本）河田羆著　（清）滌庵居士譯　清光緒二十八年(1902)上海商務印書館鉛印本　一冊

340000－1881－0002589　04146

大清搢紳全書四卷　（□）□□撰　清光緒十二年(1886)北京榮錄堂刻本　四冊

340000－1881－0002590　04147

大清中樞備覽不分卷　（□）□□撰　清光緒北京榮錄堂刻本　一冊　存廣東、福建、江南、山東

340000－1881－0002591　04151

光緒府廳州縣歌不分卷　（清）金粟庵主人編　清光緒抄本　一冊

340000－1881－0002592　04152

光緒府廳州縣歌不分卷　（清）金粟庵主人編　清光緒抄本　一冊

340000－1881－0002593　04153

淮壖小記四卷　（清）范以煦撰　清咸豐五年(1855)刻本　二冊

340000－1881－0002594　04154

地球十五大戰紀十五卷　賴鴻翰譯　清光緒二十四年(1898)上海大同譯書局石印本　二冊

340000－1881－0002595　04161

安徽旅湘公學章程不分卷　（□）□□撰　清光緒三十年(1904)鉛印本　一冊

340000－1881－0002596　04162

明季三朝野史四卷　（清）顧炎武編　清光緒三十四年(1908)上海石印本　一冊

340000－1881－0002597　04163

明季三朝野史四卷　（清）顧炎武編　清光緒三十四年(1908)上海石印本　一冊

340000 – 1881 – 0002598　04165

嘉惠書莊中西分類書目不分卷　（清）嘉惠書莊編　清光緒二十八年(1902)嘉惠書莊石印本　一冊

340000 – 1881 – 0002599　04170

彙刻書目二十卷　（清）顧修輯　清刻本　一冊　存一卷(四)

340000 – 1881 – 0002600　04171

彭剛直公奏稿八卷　（清）彭玉麟纂　（清）俞樾輯　清光緒十七年(1891)鉛印本　四冊

340000 – 1881 – 0002601　04205

臣鑑錄二十卷　（清）蔣伊編　清咸豐九年(1859)退思軒刻本　二十冊

340000 – 1881 – 0002602　04207

滿洲旅行記二卷（清光緒二十四年四月至五月、二十五年四月至七月）　（日本）小越平隆撰　（清）克齋譯　清光緒二十八年(1902)上海廣智書局鉛印本　二冊

340000 – 1881 – 0002603　04208

清朝史畧十一卷　（日本）佐藤楚材編　清光緒二十八年(1902)上海書局石印本　六冊

340000 – 1881 – 0002604　04211

中東戰紀本末八卷首一卷末一卷　（美國）林樂知著譯　蔡爾康纂輯　清光緒二十二年(1896)刻本　九冊

340000 – 1881 – 0002605　04214

瀛山書院誌十卷首一卷　（清）方漸鴻　（清）章應淦　（清）方精銳等彙輯　（清）方煜烈等補訂　清宣統二年(1910)刻本　三冊　存六卷(一、七至十,首一卷)

340000 – 1881 – 0002606　04215

資治通鑑外紀十卷目錄五卷　（宋）劉恕編　（清）胡克家注補　清同治十年(1871)江蘇書局刻本　十冊

340000 – 1881 – 0002607　04217

白鹿書院志十九卷　（清）毛德琦編　（清）周兆蘭重修　清乾隆六十年(1795)順德堂刻本

八冊

340000 – 1881 – 0002608　04218

府縣異名錄不分卷　（清）方敦儒撰　清光緒二十年(1894)抄本　一冊

340000 – 1881 – 0002609　04219

漢口紫陽書院志畧八卷首一卷　（清）董桂敷增訂　清嘉慶十一年(1806)刻本　四冊　存七卷(一至六、首一卷)

340000 – 1881 – 0002610　04220

漢口紫陽書院志畧八卷首一卷　（清）董桂敷增訂　清嘉慶十一年(1806)刻本　六冊

340000 – 1881 – 0002611　04221

漢口紫陽書院志略八卷首一卷　（清）董桂敷增訂　清嘉慶十一年(1806)刻本　六冊

340000 – 1881 – 0002612　04222

漢名臣傳三十二卷　（清）國史館編　清北京琉璃廠榮錦書坊刻本　三十冊　存三十卷(一至七、九至十五、十七至三十二)

340000 – 1881 – 0002613　04223

滿洲名臣傳四十八卷　（清）國史館編　清北京琉璃廠榮錦書坊刻本　四十七冊　存四十七卷(一至四十四、四十六至四十八)

340000 – 1881 – 0002614　04224

清史攬要四卷　（日本）增田貢撰　清光緒二十八年(1902)香港書局石印本　四冊

340000 – 1881 – 0002615　04225

尚友錄續集二十二卷　（清）退思主人纂　清光緒二十八年(1902)上海文記書莊石印本　五冊　存十九卷(一至十九)

340000 – 1881 – 0002616　04226

書目答問不分卷　（清）張之洞撰　清光緒十四年(1888)上海鴻文書局石印本　二冊

340000 – 1881 – 0002617　04228

元秘史山川地名攷十二卷　（清）施世杰編　**元耶律楚材西遊錄注不分卷**　（元）盛如梓編　（清）李文田注　**和林詩并注不分卷**　（清）李文田撰　**朔方備乘札記不分卷**　（清）李文

田撰　清光緒二十三年（1897）上海鴻文書局刻本　四冊

340000－1881－0002618　04229

變法奏議叢鈔不分卷　（清）張之洞等撰　清光緒石印本　四冊

340000－1881－0002619　04230

節相壯遊日録二卷　（清）桃谿漁隱　（清）惺新庵主輯　清光緒二十三年（1897）上海石印本　四冊

340000－1881－0002620　04231

熙朝紀政六卷　（清）王慶雲撰　清光緒二十七年（1901）上海天章書局石印本　六冊

340000－1881－0002621　04232

普天忠憤全集十四卷首一卷　（清）孔廣德編　清光緒二十一年（1895）石印本　十二冊

340000－1881－0002622　04233

支那新史攬要六卷　（日本）增田貢撰　清光緒二十七年（1901）上洋會文堂石印本　四冊

340000－1881－0002623　04234

金石存十五卷　（清）吳玉搢纂　清嘉慶二十四年（1819）山陽李氏聞妙香室刻本　四冊

340000－1881－0002624　04235

雍州金石記十卷雍州金石記餘一卷　（清）朱楓撰　（清）張錫圭校勘　清光緒十四年（1888）惜陰書局刻惜陰軒叢書本　二冊

340000－1881－0002625　04236

續泉匯□□卷　（清）鮑康　（清）李佐賢編　清光緒刻本　一冊　存四卷（利集三、貞集一至三）

340000－1881－0002626　04237

中興將帥別傳三十卷　朱孔彰撰　清光緒二十三年（1897）江寧刻本　十二冊

340000－1881－0002627　04238

張亞齋遺集不分卷　（清）張詔撰　清同治四年（1865）望三益齋刻本　一冊

340000－1881－0002628　04239

歸方評點史記合筆六卷　（清）王拯纂　清光

緒元年（1875）望三益齋刻本　四冊

340000－1881－0002629　04242

浙東籌防録四卷　（清）薛福成纂輯　（清）李圭　（清）陳昀　（清）楊楷參訂　清光緒十四年（1888）刻本　四冊

340000－1881－0002630　04243

讀律心得三卷　（清）劉衡纂輯　清道光十六年（1836）刻本　一冊

340000－1881－0002631　04244

書序考異一卷書序答問一卷　（清）王詠霓撰　清刻本　一冊

340000－1881－0002632　04245

長沙府嶽麓誌八卷首一卷　（清）趙甯纂修　（清）陶之典訂　（清）楊威盛　（清）孫調鼎　（清）王駿等纂　（清）朱前詒輯　（清）張維霖等參訂　（清）陶之采考訂　（清）李世樗等參考　長沙嶽麓書院續志四卷首一卷終一卷　（清）丁善慶纂輯　（清）劉岳同纂　（清）李沛霖等同輯參訂　清同治六年（1867）刻本　六冊

340000－1881－0002633　04246

石鐘山志十六卷　（清）李成謀　（清）丁義方輯　清光緒九年（1883）刻本　七冊　存十五卷（二至十六）

340000－1881－0002634　04247

石鐘山志十六卷　（清）李成謀　（清）丁義方輯　清光緒九年（1883）刻本　六冊　存十二卷（五至十六）

340000－1881－0002635　04248

增修籌餉事例條款二卷籌餉事例不分卷增修現行常例不分卷海防事例不分卷　（清）戶部纂　清光緒刻本　五冊

340000－1881－0002636　04249

西湖志四十八卷　（清）李衛　（清）程元章總裁　（清）王紘　（清）張若震參訂　（清）傅王露總修　（清）蘇滋恢等分修　清雍正十三年（1735）刻本　二十冊

340000－1881－0002637　04250

西湖志四十八卷　（清）李衛　（清）程元章總裁　（清）王紘　（清）張若震參訂　（清）傅王露總修　（清）蘇滋恢等分修　清乾隆刻本　二十三冊　存四十六卷（一至二、五至四十八）

340000－1881－0002638　04251

西湖志纂十五卷首一卷　（清）沈德潛　（清）傅王露輯　（清）梁詩正纂　清乾隆二十七年（1762）刻本　六冊　存十一卷（一至四、八至十、十三至十五,首一卷）

340000－1881－0002639　04252

西湖志纂十五卷首一卷　（清）沈德潛　（清）傅王露輯　（清）梁詩正纂　清乾隆二十七年（1762）刻本　三冊　存四卷（一至二、十四至十五）

340000－1881－0002640　04253

西湖志四十八卷　（清）傅王露總修　清刻本　二冊　存六卷（三十二至三十七）

340000－1881－0002641　04254

西湖志四十八卷　（清）李衛　（清）程元章總裁　（清）王紘　（清）張若震參訂　（清）傅王露總修　（清）蘇滋恢等分修　清乾隆刻本　十八冊　存二十一卷（一至四、七至九、十二至二十、二十四至二十八）

340000－1881－0002642　04255

海塘新志六卷　（清）琅玕纂　清刻本　四冊

340000－1881－0002643　04256

西湖竹枝集不分卷　（元）楊維楨撰　清光緒七年（1881）錢塘丁氏刻本　一冊

340000－1881－0002644　04257

南湖考不分卷　（明）陳幼學撰　清光緒五年（1879）浙江書局刻本　一冊

340000－1881－0002645　04258

西湖志纂十五卷首一卷　（清）沈德潛　（清）傅王露輯　（清）梁詩正纂　清乾隆二十七年（1762）刻本　八冊

340000－1881－0002646　04259

西湖志四十八卷　（清）李衛　（清）程元章總裁　（清）王紘　（清）張若震參訂　（清）傅王露總修　（清）蘇滋恢等分修　清乾隆刻本　十一冊　存二十六卷（五至十三、十六至二十六、四十三至四十八）

340000－1881－0002647　04260

清涼山志十卷　（明）釋鎮澄撰　清光緒十三年（1887）刻本　四冊

340000－1881－0002648　04261

甲子紀元一卷　（清）陳弘謀輯　（清）高式亮等訂　綱鑑正史約三十六卷　（明）顧錫疇編　（清）陳弘謀增訂　清乾隆二年（1737）刻本　九冊　存二十二卷（甲子紀元一卷,綱鑑正史約一至六、九至十九、二十八至三十一）

340000－1881－0002649　04262

泰西新史攬要二十四卷　（英國）馬懇西撰（英國）李提摩太譯　蔡爾康述稿　清光緒二十六年（1900）廣雅書局刻本　八冊

340000－1881－0002650　04263

資治通鑑綱目發明五十九卷　（宋）尹起莘撰　清光緒八年（1882）永康胡氏退補齋刻本　六冊

340000－1881－0002651　04265

欽定重修兩浙鹽法志三十卷首一卷　（清）阮元　（清）延豐總裁　（清）馮培　（清）潘庭筠總纂　（清）方溥　（清）許元仲　（清）張迎煦協修　（清）華瑞潢等分輯　清嘉慶七年（1802）刻本　二十四冊

340000－1881－0002652　04266

兩浙鹽法續纂備考十二卷　（清）楊昌濬（清）盧定勳　（清）靈杰總纂　（清）季綸全等編輯　清同治十三年（1874）刻本　十二冊

340000－1881－0002653　04277

安徽候補同官錄□□卷　（□）□□撰　清光緒鉛印本　四冊　存四卷（一至四）

340000－1881－0002654　04278

同治中興京外奏議約編八卷　（清）陳弢輯

清光緒元年(1875)篋劍囊琴之室刻本　八冊

340000－1881－0002655　04279

出使英法義比四國日記六卷（清光緒十六年正月十一日至十七年二月三十日）　（清）薛福成纂撰　（清）張美翊等采譯　清光緒十八年(1892)刻本　五冊　存五卷(一至二、四至六)

340000－1881－0002656　04280

京口山水志十八卷首一卷末一卷　（清）楊棨撰　清宣統三年(1911)鉛印本　四冊

340000－1881－0002657　04282

蕪湖育嬰堂徵信錄不分卷　（□）□□撰　清光緒三十二年(1906)刻本　一冊

340000－1881－0002658　04283

安徽在甯同鄉官紳住址錄不分卷　（□）□□撰　清宣統二年(1910)鉛印本　一冊

340000－1881－0002659　04284

南臺遺疏不分卷　（清）高熊徵輯　清康熙四十三年(1704)刻本　一冊

340000－1881－0002660　04285

律例圖說辨譌十卷　（清）萬維翰纂　（清）萬學升校　清乾隆三十六年(1771)刻本　八冊　存九卷(一至九)

340000－1881－0002661　04286

王先生十七史蒙求十六卷　（宋）王令撰　清道光九年(1829)刻本　二冊

340000－1881－0002662　04287

慧山記四卷　（明）邵寶編　（明）釋圓顯輯
慧山記續編三卷首一卷　（清）邵涵初輯（清）邵文燾編　清同治七年(1868)刻本四冊

340000－1881－0002663　04288

節本泰西新史攬要八卷　（英國）李提摩太譯　周慶雲節錄　清光緒二十七年(1901)夢坡室刻本　四冊

340000－1881－0002664　04289

莫愁湖楹聯便覽不分卷　（清）釋壽安輯　清

光緒五年(1879)刻本　一冊

340000－1881－0002665　04291

吳山伍公廟志六卷首一卷附[光緒]溧陽縣志不分卷　（清）金志章總裁　（清）杭世駿鑒定　（清）金文涫等纂輯　清光緒二年(1876)刻本　二冊

340000－1881－0002666　04292

唐書魏鄭公傳注一卷　王先謙輯注　清光緒九年(1883)長沙王氏刻本　一冊

340000－1881－0002667　04293

鮮虞中山國事表疆域圖說不分卷　王先謙撰　清光緒九年(1883)長沙王氏刻本　一冊

340000－1881－0002668　04294

鮮虞中山國事表疆域圖說不分卷　王先謙撰　清光緒九年(1883)長沙王氏刻本　一冊

340000－1881－0002669　04295

鮮虞中山國事表疆域圖說不分卷　王先謙撰　清光緒九年(1883)長沙王氏刻本　一冊

340000－1881－0002670　04296

關帝事蹟徵信編三十卷首一卷末一卷　（清）周廣業　（清）崔應榴纂輯　清乾隆三十八年(1773)刻本　六冊

340000－1881－0002671　04297

北洋銀元總局暫行試辦章程不分卷　（□）□□撰　清鉛印本　一冊

340000－1881－0002672　04298

國際公法志不分卷　（清）蔡鍔編譯　清光緒二十九年(1903)上海廣智書局鉛印本　一冊

340000－1881－0002673　04299

憲法精理二卷　（清）周遬編譯　清光緒二十八年(1902)鉛印本　一冊

340000－1881－0002674　04300

禹貢川澤考二卷　（清）桂文燦撰　清光緒十二年(1886)鉛印本　一冊

340000－1881－0002675　04301

安南志畧九卷首一卷　（越南）黎崱編　清光緒十年(1884)鉛印本　四冊

340000－1881－0002676　04307

綱鑑總論不分卷　（清）陳受頤撰　清光緒十四年（1888）刻本　二冊

340000－1881－0002677　04308

勸誡淺語不分卷　（清）曾國藩撰　清光緒五年（1879）江西撫署刻本　一冊

340000－1881－0002678　04310

中國史學通論五章　（清）京師大學堂編　清京師學務處官書局鉛印本　一冊

340000－1881－0002679　04311

忠貞錄不分卷　（清）顧雲纂　清光緒二十二年（1896）刻本　一冊

340000－1881－0002680　04312

金石錄三十卷　（宋）趙明誠編著　清光緒四年（1878）刻三長物齋叢書本　五冊

340000－1881－0002681　04313

東西洋考十二卷　（明）張燮撰　清光緒二十二年（1896）刻惜陰軒叢書本　四冊

340000－1881－0002682　04314

汪王廟志畧不分卷　（清）汪文炳輯　（清）孫峻參訂　清光緒三十一年（1905）刻本　一冊

340000－1881－0002683　04315

大清同治四年歲次乙丑時憲書不分卷　（清）欽天監編　清同治四年（1865）刻本　一冊

340000－1881－0002684　04317

畿輔水利經雜稿不分卷　（清）林則徐撰　清光緒二年（1876）三山林氏刻本　二冊

340000－1881－0002685　04318

四庫全書總目提要二百卷首一卷　（清）永瑢等總裁　（清）紀昀等總纂　清同治七年（1868）廣東書局刻本　八十冊

340000－1881－0002686　04319

國史本傳不分卷滇軺紀程不分卷荷戈紀程不分卷　（清）林則徐撰　清光緒三年（1877）宣武城南刻本　一冊

340000－1881－0002687　04320

政務處奏議禁烟章程不分卷　（清）政務處撰

清光緒三十二年（1906）石印本　一冊

340000－1881－0002688　04321

重修漁亭石橋徵信錄不分卷　（清）歐陽國光（清）歐陽國鈞纂　清宣統三年（1911）上海福興印刷所鉛印本　一冊

340000－1881－0002689　04323

史學綱領四卷　（明）顧充編　（清）蕭承煊增訂　（清）蕭先澤　（清）蕭先芝音註　清光緒十五年（1889）刻本　四冊

340000－1881－0002690　04324

歷代史略六卷　柳詒徵編　清江楚書局刻本　八冊

340000－1881－0002691　04326

金陵通紀六卷國朝金陵通紀四卷　陳作霖編　清光緒三十三年（1907）瑞華館刻本　四冊

340000－1881－0002692　04327

京師大學堂史學科講義不分卷　屠寄撰　京師大學堂萬國史講義不分卷　（日本）服部宇之吉講述　清光緒鉛印本　一冊

340000－1881－0002693　04328

養吉齋叢錄二十六卷餘錄十卷　（清）吳振棫纂　清光緒二十二年（1896）刻本　八冊

340000－1881－0002694　04329

孝肅奏議十卷　（宋）包拯撰　清同治二年（1863）合肥李瀚章刻本　四冊

340000－1881－0002695　04330

櫃徵急公定章全案不分卷　（□）□□撰　清光緒二十八年（1902）刻本　一冊

340000－1881－0002696　04331

皇朝輿地畧不分卷皇朝輿地韻編不分卷（清）六承如纂　皇朝內府輿地圖縮摹本不分卷　（清）六嚴繪圖　清道光二十一年（1841）辨志書塾刻本　一冊

340000－1881－0002697　04335

李鴻章不分卷　梁啟超撰　清光緒二十七年（1901）鉛印本　一冊

340000－1881－0002698　04337

通鑑答問五卷　(宋)王應麟撰　清光緒八年(1882)刻本　二冊

340000－1881－0002699　04339

日用備覽不分卷　(□)□□撰　清石印本　一冊

340000－1881－0002700　04343

滇軺紀程不分卷荷戈紀程不分卷政書蒐遺不分卷　(清)林則徐撰　清光緒五年(1879)刻本　一冊

340000－1881－0002701　04344

揚州金陵古迹填詞不分卷　(□)□□撰　清抄本　一冊

340000－1881－0002702　04345

諸葛忠武侯故事五卷　(清)張澍纂輯　清嘉慶十七年(1812)刻本　一冊

340000－1881－0002703　04346

紀元編三卷末一卷　(清)李兆洛撰　(清)六承如輯　清同治十年(1871)合肥李氏刻本　一冊

340000－1881－0002704　04347

安瀾紀要二卷　(清)徐端纂輯　清嘉慶十八年(1813)刻本　二冊

340000－1881－0002705　04348

廻瀾紀要二卷　(清)徐端編　清長沙袁培刻本　一冊　存一卷(下)

340000－1881－0002706　04349

銅陵江壩錄不分卷　(□)□□撰　清光緒十四年(1888)同仁局刻本　一冊

340000－1881－0002707　04353

明朝紀事本末八十卷　(清)谷應泰編著　(清)谷際科　(清)谷際第訂　清順治十五年(1658)刻本　十六冊

340000－1881－0002708　04354

廿二史言行略四十二卷　(清)過元旼輯　清嘉慶四年(1799)刻本　十六冊

340000－1881－0002709　04359

金石錄三十卷　(宋)趙明誠編著　清乾隆二

十七年(1762)雅雨堂刻本　六冊

340000－1881－0002710　04360

鐘鼎字源五卷　(清)汪立名纂　清光緒二年(1876)刻本　二冊　存三卷(一至三)

340000－1881－0002711　04361

積古齋鐘鼎彝器款識十卷　(清)阮元編　清嘉慶九年(1804)刻本　四冊

340000－1881－0002712　04362

歷代鐘鼎彝器款識法帖二十卷　(宋)薛尚功纂　清嘉慶二年(1797)刻本　四冊

340000－1881－0002713　04371

唐誌千種目錄不分卷　(清)萬氏攷藏　清抄本　一冊

340000－1881－0002714　04372

皇朝掌故彙編內編六十卷首一卷外編四十卷首一卷　(清)張壽鏞編　清光緒二十八年(1902)鉛印本　六十冊

340000－1881－0002715　04373

金石萃編一百六十卷　(清)王昶撰　清嘉慶十年(1805)刻本　六十四冊

340000－1881－0002716　04374

金石錄三十卷　(宋)趙明誠編著　清乾隆二十七年(1762)雅雨堂刻本　十四冊

340000－1881－0002717　04375

金石續錄四卷　(清)劉青藜撰　(清)劉伯安　(清)劉伯吉編　清刻本　一冊

340000－1881－0002718　04376

各國立約始末記三十卷首二卷　(清)陸元鼎編　清光緒三十二年(1906)商務印書館鉛印本　二十二冊

340000－1881－0002719　04377

各國立約始末記三十卷首二卷　(清)陸元鼎編　清光緒二十八年(1902)商務印書館鉛印本　十二冊　存二十一卷(十至三十)

340000－1881－0002720　04378

經圖彙考三卷　(清)毛應觀撰　(清)毛載磐　(清)毛載瀛編　清道光十九年(1839)刻本

一冊　存一卷(二)

340000－1881－0002721　04379

初等小學堂章程不分卷蒙養院章程及家庭教育法章程不分卷　（□）□□撰　清鉛印本　一冊

340000－1881－0002722　04381

環遊地球新錄四卷　（清）李圭撰　清光緒三年(1877)刻本　四冊

340000－1881－0002723　04382

金陵通傳四十五卷補遺四卷姓名韻編不分卷　陳作霖纂述　清光緒三十年(1904)瑞華館刻本　十冊

340000－1881－0002724　04385

康熙政要二十四卷　（清）章梫纂　清宣統二年(1910)鉛印本　十二冊

340000－1881－0002725　04386

大清會典四卷　（□）□□編　清同治十一年(1872)湖北崇文書局刻本　四冊

340000－1881－0002726　04387

劉中丞奏議二十卷　（清）劉蓉撰　清光緒十一年(1885)思賢講舍刻本　十冊

340000－1881－0002727　04389

欽定臺規二十卷　（清）英善等增輯　（清）多福等分修　清嘉慶九年(1804)刻本　八冊

340000－1881－0002728　04390

黎襄勤公奏議六卷　（清）黎世序撰　清道光七年(1827)刻本　二冊

340000－1881－0002729　04391

積古齋鐘鼎彝器款識十卷　（清）阮元編錄　清光緒五年(1879)刻本　四冊　存六卷(一至六)

340000－1881－0002730　04392

資治通鑑外紀十卷目錄五卷　（宋）劉恕編　（清）胡克家注補　清同治十年(1871)江蘇書局刻本　十冊

340000－1881－0002731　04393

日本國志四十卷　（清）黃遵憲纂　清光緒刻

本　十冊　存三十三卷(八至四十)

340000－1881－0002732　04394

鐘鼎字源五卷　（清）汪立名撰　清康熙五十五年(1716)刻本　一冊　存二卷(一至二)

340000－1881－0002733　04395

歷代鐘鼎彝器款識法帖二十卷　（宋）薛尚功纂　清嘉慶二年(1797)岳邑博文齋刻本　四冊

340000－1881－0002734　04396

諭摺彙存不分卷　（□）□□撰　清光緒木活字印本　一百七冊

340000－1881－0002735　04397

大清搢紳全書不分卷　（□）□□撰　清光緒二十四年(1898)北京榮祿堂刻本　四冊

340000－1881－0002736　04398

大清最新搢紳全書不分卷大清中樞備覽不分卷　（□）□□撰　清宣統二年(1910)北京榮祿堂刻本　六冊

340000－1881－0002737　04399

大清搢紳全書不分卷　（□）□□撰　清光緒十三年(1887)北京榮祿堂刻本　三冊

340000－1881－0002738　04400

大清搢紳全書第三本不分卷　（□）□□撰　清光緒十九年(1893)刻本　一冊

340000－1881－0002739　04401

大清中樞備覽上本不分卷　（□）□□撰　清光緒十九年(1893)北京善成堂刻本　一冊

340000－1881－0002740　04402

大清最新搢紳全書不分卷　（□）□□撰　清宣統三年(1911)北京榮寶齋刻本　五冊

340000－1881－0002741　04403

大清搢紳全書不分卷　（□）□□撰　清光緒十五年(1889)北京榮寶齋刻本　一冊

340000－1881－0002742　04404

大清搢紳全書不分卷大清中樞備覽不分卷　（□）□□撰　清光緒三十三年(1907)刻本　六冊

340000 – 1881 – 0002743   04405

歷代鐘鼎彝器款識法帖二十卷   (宋)薛尚功纂   (清)阮元輯   清光緒八年(1882)石印本   五冊

340000 – 1881 – 0002744   04409

大清教育新法令不分卷   (清)學部編   清宣統元年(1909)上海商務印書館鉛印本   一冊

340000 – 1881 – 0002745   04411

舊唐書二百卷   (五代)劉昫撰   清刻本   四十冊

340000 – 1881 – 0002746   04412

那文毅公奏議八十卷   (清)那彥成撰   (清)那容安輯   清道光十四年(1834)刻本   四十八冊

340000 – 1881 – 0002747   04413

積古齋鐘鼎彝器款識十卷   (清)阮元編錄   清嘉慶刻本   四冊

340000 – 1881 – 0002748   04415

金石錄三十卷   (宋)趙明誠編著   清光緒十三年(1887)吳縣朱氏槐廬刻本   四冊

340000 – 1881 – 0002749   04416

朱珏年譜三卷   (清)朱錫經編   清嘉慶刻本   一冊

340000 – 1881 – 0002750   04417

雷塘庵主弟子記八卷   (清)張鑑撰   清咸豐刻本   二冊

340000 – 1881 – 0002751   04418

補寰宇訪碑錄五卷失編一卷   (清)趙之謙纂集   (清)沈樹鏞覆勘   (清)朱記榮校   清光緒十二年(1886)吳縣朱氏槐廬校刻金石叢書本   二冊

340000 – 1881 – 0002752   04419

平津讀碑記八卷續記一卷再續一卷三續二卷   (清)洪頤煊撰   清光緒十一年(1885)刻本   三冊

340000 – 1881 – 0002753   04420

荊駝逸史五十二種八十卷   (清)陳湖逸士編

清刻本   二十八冊   缺十卷(全吳紀畧一卷、劉公旦先生死義記一卷、偽官據城記一卷、懿安事畧一卷、孫愷陽先生殉城論一卷、江陵紀事一卷、永曆紀事一卷、平定耿逆記一卷、錢氏家變錄一卷、兩粵夢遊記一卷)

340000 – 1881 – 0002754   04421

欽定四庫全書考證一百卷   (清)王太岳(清)曹錫寶纂輯   清道光十年(1830)刻武英殿聚珍版書本   八十冊

340000 – 1881 – 0002755   04425

積古齋鐘鼎彝器款識十卷   (清)阮元編錄   清光緒五年(1879)刻本   六冊

340000 – 1881 – 0002756   04427

長春真人西遊記二卷   (元)李志常撰   清道光二十七年(1847)靈石楊氏刻連筠簃叢書本   一冊

340000 – 1881 – 0002757   04428

樞垣記略二十八卷   (清)梁章鉅纂   (清)朱智重輯   清光緒元年(1875)木活字印本   六冊

340000 – 1881 – 0002758   04429

積古齋鐘鼎彝器款識十卷   (清)阮元編錄   清光緒八年(1882)常熟抱芳閣刻本   三冊

340000 – 1881 – 0002759   04430

重定金石契不分卷   (清)張燕昌編   清光緒二十二年(1896)貴池劉氏聚學軒刻本   四冊

340000 – 1881 – 0002760   04432

莫愁湖志六卷首一卷   (清)馬士圖輯著   清光緒八年(1882)刻本   二冊

340000 – 1881 – 0002761   04433

莫愁湖楹聯便覽不分卷   (清)釋壽安輯   清光緒五年(1879)刻本   一冊

340000 – 1881 – 0002762   04436

貳臣傳十二卷逆臣傳四卷   (清)國史館編   清都城琉璃廠半松居士刻本   八冊

340000 – 1881 – 0002763   04437

集古錄跋尾十卷   (宋)歐陽修撰   清道光十

五年(1835)甯鄉黃本驥刻本　三冊

340000－1881－0002764　04438

集古錄目五卷　(宋)歐陽棐撰　(清)黃本驥
編　清道光甯鄉黃本驥刻本　二冊

340000－1881－0002765　04439

寰宇訪碑錄十二卷　(清)孫星衍　(清)邢澍
撰　清光緒十一年(1885)吳縣朱氏槐盧刻本
五冊

340000－1881－0002766　04440

集古錄跋尾十卷　(宋)歐陽修撰　清道光十
五年(1835)甯鄉黃本驥刻本　三冊

340000－1881－0002767　04441

集古錄目五卷　(宋)歐陽棐撰　清道光十五
年(1835)甯鄉黃本驥刻本　一冊　存二卷
(一至二)

340000－1881－0002768　04442

戊戌政變記九卷　梁啟超撰　清末鉛印本
三冊

340000－1881－0002769　04444

德相俾斯麥傳不分卷　(清)廣智書局編譯
清光緒二十八年(1902)廣智書局鉛印本
一冊

340000－1881－0002770　04445

地球百二名王傳二卷　(清)新昌書局編輯
清光緒二十九年(1903)新昌書局鉛印本
一冊

340000－1881－0002771　04446

最新職官一覽表不分卷　(□)□□撰　清宣
統三年(1911)鉛印本　一冊

340000－1881－0002772　04448

匋雅二卷　(清)寂園叟撰　清宣統三年
(1911)上海朝記書莊石印本　四冊

340000－1881－0002773　04450

歷代帝王年表三卷　(清)齊召南編　清石印
本　一冊　存一卷(二)

340000－1881－0002774　04458

中外地輿圖說集成一百三十卷首三卷　　(清)

同康廬主人編　清光緒二十年(1894)上海順
成書局石印本　二十四冊

340000－1881－0002775　04507

清帝聖訓七百六十二卷　清鉛印本　二百十
四冊

340000－1881－0002776　04508

永定河志三十二卷　(清)李逢亨纂修　清嘉
慶刻本　八冊　存十五卷(一至十五)

340000－1881－0002777　04509

西湖志四十八卷　(清)傅王露總修　清光緒
四年(1878)浙江書局刻本　二十冊

340000－1881－0002778　04510

漢口紫陽書院志畧八卷首一卷　(清)董桂敷
編　清嘉慶十一年(1806)刻本　五冊　存七
卷(一至六、八)

340000－1881－0002779　04511

漢口紫陽書院志畧八卷首一卷　(清)董桂敷
編　清嘉慶十一年(1806)刻本　六冊

340000－1881－0002780　04512

漢口紫陽書院志畧八卷首一卷　(清)董桂敷
編　清嘉慶十一年(1806)刻本　一冊　存三
卷(三至五)

340000－1881－0002781　04513

漢口紫陽書院志畧八卷首一卷　(清)董桂敷
編　清嘉慶十一年(1806)刻本　六冊

340000－1881－0002782　04514

武夷山志二十四卷首一卷　(清)董天工編
清道光二十六年(1846)刻本　十冊

340000－1881－0002783　04515

西湖志四十八卷　(清)傅王露總修　清刻本
八冊　存十三卷(十、十三、十六、二十二至
二十五、二十九至三十、三十九至四十、四十
五至四十六)

340000－1881－0002784　04516

海塘新志五卷　(清)琅玕纂　清刻本　五冊
存四卷(一、三至五)

340000－1881－0002785　04517

[安徽黟縣]橫岡吳氏會通宗譜不分卷　（清）
吳世翔纂　清光緒三十四年（1908）刻本
一冊

340000－1881－0002786　04518
[安徽黟縣]橫岡吳氏會通宗譜不分卷　（清）
吳世翔纂　清光緒三十四年（1908）刻本
一冊

340000－1881－0002787　04519
[安徽黟縣]橫岡吳氏會通宗譜不分卷　（清）
吳世翔纂　清光緒三十四年（1908）刻本
一冊

340000－1881－0002788　04520
[安徽黟縣]橫岡吳氏會通宗譜不分卷　（清）
吳世翔纂　清光緒三十四年（1908）刻本
一冊

340000－1881－0002789　04521
[安徽黟縣]橫岡吳氏會通宗譜不分卷　（清）
吳世翔纂　清光緒三十四年（1908）刻本
一冊

340000－1881－0002790　04522
[安徽黟縣]橫岡吳氏會通宗譜不分卷　（清）
吳世翔纂　清光緒三十四年（1908）刻本
一冊

340000－1881－0002791　04523
[安徽黟縣]橫岡吳氏會通宗譜不分卷　（清）
吳世翔纂　清光緒三十四年（1908）刻本
一冊

340000－1881－0002792　04524
[安徽黟縣]橫岡吳氏會通宗譜不分卷　（清）
吳世翔纂　清光緒三十四年（1908）刻本
一冊

340000－1881－0002793　04525
[安徽黟縣]橫岡吳氏會通宗譜不分卷　（清）
吳世翔纂　清光緒三十四年（1908）刻本
一冊

340000－1881－0002794　04526
[安徽黟縣]橫岡吳氏會通宗譜不分卷　（清）

吳世翔纂　清光緒三十四年（1908）刻本
一冊

340000－1881－0002795　04527
[安徽黟縣]橫岡吳氏會通宗譜不分卷　（清）
吳世翔纂　清光緒三十四年（1908）刻本
一冊

340000－1881－0002796　04528
[安徽黟縣]橫岡吳氏會通宗譜不分卷　（清）
吳世翔纂　清光緒三十四年（1908）刻本
一冊

340000－1881－0002797　04529
[安徽黟縣]橫岡吳氏會通宗譜不分卷　（清）
吳世翔纂　清光緒三十四年（1908）刻本
一冊

340000－1881－0002798　04530
[安徽黟縣]橫岡吳氏會通宗譜不分卷　（清）
吳世翔纂　清光緒三十四年（1908）刻本
一冊

340000－1881－0002799　04531
[安徽黟縣]橫岡吳氏會通宗譜不分卷　（清）
吳世翔纂　清光緒三十四年（1908）刻本
一冊

340000－1881－0002800　04532
[安徽黟縣]橫岡吳氏會通宗譜不分卷　（清）
吳世翔纂　清光緒三十四年（1908）刻本
一冊

340000－1881－0002801　04533
金石萃編一百六十卷　（清）王昶撰　清刻本
　三十八冊　存一百二十卷（十一至一百十
九、一百二十三至一百三十三）

340000－1881－0002802　04536
歐洲十一國遊記不分卷　康有為撰　清光緒
三十二年（1906）上海廣智書局鉛印本　一冊

340000－1881－0002803　04538
劉子全書四十卷首一卷　（明）劉宗周撰　清
益善堂刻本　一冊　存一卷（四十）

340000－1881－0002804　04539

華陽國志十二卷　（晉）常璩撰　（晉）袁廷鰲校　清刻本　二冊

340000－1881－0002805　04540

西湖集覽二十六種四十一卷　（清）丁丙輯　清光緒九年（1883）武林丁氏嘉惠堂刻本　十冊

340000－1881－0002806　04541

武夷山志二十四卷首一卷　（清）董天工編　清同治十二年（1873）刻本　八冊

340000－1881－0002807　04542

金石萃編一百六十卷　（清）王昶撰　清光緒十九年（1893）上海寶善石印本　二十四冊

340000－1881－0002808　04570

曹江孝女廟誌八卷首一卷末一卷　（清）金廷棟編　清光緒八年（1882）刻本　一冊　存六卷（四至八、末一卷）

340000－1881－0002809　04571

石經彙函十種四十五卷　（清）王秉恩輯　清刻本　十六冊

340000－1881－0002810　04572

硃批諭旨不分卷　（清）世宗胤禛撰　清乾隆三年（1738）刻朱墨套印本　五十冊

340000－1881－0002811　04573

歷代地理志韻編今釋二十卷皇朝輿地韻編二卷　（清）李兆洛輯　清光緒上海蜚英館石印本　四冊

340000－1881－0002812　04574

癸卯東遊日記不分卷（清光緒二十九年四月二十五日至六月初四日）　張謇撰　清光緒二十九年（1903）南通翰墨林書局鉛印本　一冊

340000－1881－0002813　04575

日本新史攬要七卷　（日本）石村貞一編　（清）游瀛主人譯　清光緒二十五年（1899）石印本　七冊

340000－1881－0002814　04576

皇朝經世文統編一百二十卷　（□）□□撰　清光緒二十七年（1901）上海慎記石印本　三十一冊　存六十七卷（一至十、十七至十八、二十一至三十、四十至四十一、四十六至四十七、五十一至五十二、六十二至六十九、七十三至八十一、八十五至一百六）

340000－1881－0002815　04577

水道提綱二十八卷　（清）齊召南編　清光緒二十三年（1897）上海古香閣書局石印本　四冊

340000－1881－0002816　04578

奏定學堂章程不分卷　（□）□□撰　清末鉛印本　一冊

340000－1881－0002817　04579

歷代史論十二卷宋史論三卷元史論一卷（明）張溥撰　明史論四卷　（清）谷應泰撰　左傳史論二卷　（清）高士奇撰　清光緒五年（1879）石印本　六冊

340000－1881－0002818　04580

變法奏議叢鈔不分卷　（清）張之洞等撰　清光緒石印本　一冊

340000－1881－0002819　04581

國朝貢舉年表三卷首一卷　（□）□□撰　清光緒十八年（1892）袖海山房石印本　二冊

340000－1881－0002820　04582

西湖紀遊不分卷　（清）張仁美撰　清光緒九年（1883）刻本　一冊

340000－1881－0002821　04583

諮議局職務須知不分卷　（清）楊廷棟編纂　清光緒三十四年（1908）上海商務印書館鉛印本　一冊

340000－1881－0002822　04584

曆下志遊八卷　（清）孫點撰　清光緒九年（1883）鉛印本　二冊

340000－1881－0002823　04585

粵遊小志八卷　（清）張心泰撰　清光緒十年（1884）鉛印本　二冊

340000－1881－0002824　04586

出使英法義比四國日記不分卷（清光緒十六年正月十一日至十七年二月三十日）　（清）薛福成撰　王錫祺輯　清光緒二十三年（1897）上海著易堂鉛印本　二冊

340000－1881－0002825　04587

熙朝紀政八卷　（清）王慶雲撰　清光緒二十八年（1902）上海書局鉛印本　四冊

340000－1881－0002826　04588

普通新歷史不分卷　（清）普通學書室編　清光緒二十九年（1903）上海普通學書室鉛印本　一冊

340000－1881－0002827　04590

上海指南九卷　（清）商務印書館編　清宣統元年（1909）上海商務印書館石印本　一冊

340000－1881－0002828　04592

奏定府廳州縣地方自治並選舉章程不分卷（清）憲政編查館撰　清宣統元年（1909）中國圖書公司鉛印本　一冊

340000－1881－0002829　04594

戰國策選四卷　（清）儲欣評　（清）儲芝參述　清乾隆十年（1745）刻本　一冊

340000－1881－0002830　04595

京報不分卷　（清）聚恒報房輯　清光緒石印本　一冊

340000－1881－0002831　04597

諭摺彙存不分卷　（清）政務處編　清光緒三十二年（1906）刻本　一冊

340000－1881－0002832　04599

西學書目表三卷附一卷　梁啟超編　清光緒二十二年（1896）石印本　一冊

340000－1881－0002833　04600

德興實學館讀書約目不分卷　（清）陳祥燕編　清光緒二十四年（1898）刻本　一冊

340000－1881－0002834　04601

清代貨物稅冊不分卷　（□）□□撰　清末刻本　一冊

340000－1881－0002835　04602

東遊偶識不分卷　（清）林志道撰　清宣統二年（1910）鉛印本　一冊

340000－1881－0002836　04603

笠杖集不分卷　（清）張盛藻編　清刻本　一冊

340000－1881－0002837　04605

長蘆育嬰堂試行簡章不分卷　（□）□□撰　清光緒三十三年（1907）天津大公報館鉛印本　一冊

340000－1881－0002838　04606

美洲聖路易博覽會記十四章　（清）陳琪（清）陳輝德撰　清光緒三十一年（1905）鉛印本　一冊

340000－1881－0002839　04608

莫愁湖志六卷首一卷　（清）馬士圖輯著　清光緒八年（1882）刻本　二冊

340000－1881－0002840　04609

莫愁湖志六卷首一卷　（清）馬士圖輯著　清光緒八年（1882）刻本　二冊

340000－1881－0002841　04610

莫愁湖志六卷首一卷　（清）馬士圖輯著　清光緒八年（1882）刻本　二冊

340000－1881－0002842　04611

莫愁湖志六卷首一卷　（清）馬士圖輯著　清光緒八年（1882）刻本　二冊

340000－1881－0002843　04612

蘿菴遊賞小志不分卷　（清）李慈銘撰　清宣統元年（1909）沈氏鉛印晨風閣叢書本　一冊

340000－1881－0002844　04613

天台齊袁兩先生遊記二卷　（清）齊召南（清）袁海帆撰　清宣統二年（1910）鉛印本　一冊

340000－1881－0002845　04614

峨眉紀游不分卷　（清）樓藜然撰　清宣統元年（1909）成都昌福公司鉛印本　一冊

340000－1881－0002846　04615

定盦先生［龔自珍］年譜不分卷　吳昌綬編

清宣統元年(1909)中新印書局鉛印本 一冊

340000－1881－0002847 04616

明李文正公[東陽]年譜六卷 (清)法式善纂
輯 (清)唐仲冕增補 清嘉慶十四年(1809)
刻本 二冊

340000－1881－0002848 04618

朱文端公[軾]年譜不分卷 (清)朱瀚編
(清)朱舲補訂 清同治十年(1871)刻本
一冊

340000－1881－0002849 04619

年譜不分卷 (清)吳光西編 (清)陸宸徵
(清)李鉉輯 清同治七年(1868)刻本 一冊

340000－1881－0002850 04621

乾嘉詩壇點將錄不分卷 (清)舒位撰 葉德
輝輯 清宣統三年(1911)長沙葉德輝刻本
一冊

340000－1881－0002851 04623

史記菁華錄六卷 (清)姚祖恩節錄 清光緒
八年(1882)刻朱墨套印本 六冊

340000－1881－0002852 04624

金石萃編一百六十卷 (清)王昶撰 清光緒
十九年(1893)上海醉六堂石印本 十八冊

340000－1881－0002853 04625

金石續編二十一卷首一卷 (清)陸耀遹纂
(清)陸增祥校 清光緒十九年(1893)上海醉
六堂石印本 六冊

340000－1881－0002854 04629

江南安慶衛屯田清冊不分卷 (□)□□撰
清乾隆抄本 六冊

340000－1881－0002855 04630

徽州府歙縣魚鱗冊不分卷 (□)□□撰 清
康熙寫本 十冊

340000－1881－0002856 04631

保甲書四卷 (清)徐棟輯 (清)程恭壽
(清)王發桂校 清道光二十八年(1848)李煒
刻本 三冊

340000－1881－0002857 04632

河海崑崙錄四卷 裴景福撰 清宣統元年
(1909)鉛印本 三冊 存三卷(二至四)

340000－1881－0002858 04633

州縣提綱四卷 (宋)陳襄撰 捕蝗考一卷
(清)陳芳生撰 清咸豐四年(1854)新昌莊氏
過客軒刻長恩書室叢書本 一冊

340000－1881－0002859 04634

槐廳載筆二十卷 (清)法式善編 清嘉慶四
年(1799)刻本 二冊

340000－1881－0002860 04635

清秘述聞十六卷 (清)法式善編 清嘉慶四
年(1799)刻本 二冊

340000－1881－0002861 04636

實政錄七卷 (明)呂坤撰 清道光七年
(1827)開封府署刻本 六冊

340000－1881－0002862 04639

乘槎筆記不分卷 (清)斌椿纂 清同治八年
(1869)刻本 一冊

340000－1881－0002863 04640

三通典序不分卷 (□)□□撰 清光緒二十
八年(1902)上海廣智書局鉛印本 一冊

340000－1881－0002864 04643

文獻通考敘不分卷 (元)馬端臨撰 清光緒
二十六年(1900)同好樓木活字印本 一冊

340000－1881－0002865 04644

四庫全書總目序不分卷 (□)□□撰 清光
緒二十六年(1900)同好樓木活字印本 一冊

340000－1881－0002866 04645

吳門畫舫錄二卷 (清)西溪山人編 清嘉慶
十一年(1806)紅樹山房刻本 一冊

340000－1881－0002867 04647

[休寧]縣憲齡加禁糧差勒費告示不分卷
(□)□□撰 清光緒三十年(1904)刻本
一冊

340000－1881－0002868 04648

畿輔水利議不分卷 (清)林則徐撰 清光緒
二年(1876)刻本 一冊

340000－1881－0002869　04649

本朝崇祀三先生傳不分卷　（清）羅惇衍編
清道光二十八年(1848)刻本　一冊

340000－1881－0002870　04650

同案齒錄不分卷　（□）□□撰　清同治六年
(1867)徽城乙照齋刻本　一冊

340000－1881－0002871　04651

**出使英法意比四國日記六卷(清光緒十六年
正月十一日至十七年二月三十日)**　（清）薛
福成纂著　清光緒二十年(1894)孫溪校經堂
刻本　六冊

340000－1881－0002872　04652

名賢手札不分卷　（清）郭慶藩輯　清光緒十
年(1884)湘陰郭氏峀瞻堂摹刻本　三冊

340000－1881－0002873　04653

諭旨三卷(清光緒八年至十年)　（清）德宗載
湉撰　清光緒鉛印本　三冊

340000－1881－0002874　04655

日本憲法說明書不分卷　（日本）穗積八束講
述　清光緒政治官報局鉛印本　一冊

340000－1881－0002875　04657

張殿撰教育手牒不分卷　張謇撰　清宣統元
年(1909)影印本　一冊

340000－1881－0002876　04658

皇朝祭器樂舞錄二卷　（清）徐暢達輯　清刻
本　一冊　存一卷(下)

340000－1881－0002877　04661

唐宋璚梅花賦不分卷　（清）高宗弘曆書　清
拓本　一冊

340000－1881－0002878　04665

經籍舉要一卷附錄一卷　（清）龍啟瑞撰　清
光緒十九年(1893)中江講院刻本　一冊

340000－1881－0002879　04666

**皇朝名臣言行續錄八卷四朝名臣言行錄十三
卷四朝名臣言行錄別集十三卷皇朝道學名臣
言行外錄十七卷**　（宋）朱熹纂　（宋）李幼武
續纂　清末刻本　五冊　存三十三卷(皇朝

名臣言行續錄八卷、四朝名臣言行錄十三卷、
四朝名臣言行錄別集下一至六、皇朝道學名
臣言行外錄六至十一)

340000－1881－0002880　04669

克復金陵勳德記不分卷　（清）劉毓崧撰　清
同治五年(1866)刻本　一冊

340000－1881－0002881　04672

奏定學堂章程不分卷　（清）張百熙等編　清
光緒三十年(1904)上海商務印書館鉛印本
四冊

340000－1881－0002882　04673

牧令書輯要十卷　（清）徐棟編　（清）丁日昌
選評　清同治七年(1868)江蘇書局刻本　七
冊　存七卷(一至三、五至六、九至十)

340000－1881－0002883　04674

閱藏知津四十四卷總目四卷　（清）釋智旭輯
　清光緒十八年(1892)金陵刻經處刻本
十冊

340000－1881－0002884　04675

進士題名碑錄不分卷　（清）李周望編　清刻
本　六冊

340000－1881－0002885　04677

江南徽州府歙縣三十五都四圖魚鱗冊不分卷
　（□）□□撰　清刻寫本　九冊

340000－1881－0002886　04678

**全上古三代秦漢三國晉南北朝文編目一百三
卷**　（清）蔣壑編　清光緒五年(1879)刻本
十六冊

340000－1881－0002887　04679

昭代名人尺牘小傳二十四卷　（清）吳修采輯
　清光緒七年(1881)杭州亦鹵齋刻本　一冊
存九卷(一至九)

340000－1881－0002888　04680

項城袁氏家集六十五卷　（清）丁振鐸編
（清）陳善同等參校　清宣統三年(1911)鉛印
本　二十四冊

340000－1881－0002889　04687

滇考二卷　(清)馮甦編　(清)宋世犖輯　清道光元年(1821)刻台州叢書本　二冊

340000－1881－0002890　04688
廣志繹五卷　(明)王士性撰　(清)宋世犖輯　清嘉慶二十二年(1817)刻台州叢書本　二冊

340000－1881－0002891　04689
赤城集十八卷　(宋)林表民　(清)宋世犖輯　清嘉慶二十三年(1818)刻台州叢書本　四冊

340000－1881－0002892　04691
霞客遊記十卷　(明)徐宏祖撰　清光緒七年(1881)瘦影山房刻本　十冊

340000－1881－0002893　04692
經籍訪古志六卷附補遺一卷　(日本)澁江全善　(日本)森立之編　清光緒十一年(1885)六合徐承祖鉛印本　八冊

340000－1881－0002894　04693
欽定歷代職官表七十二卷首一卷　(清)紀昀等纂　清乾隆四十五年(1780)刻本　六十四冊

340000－1881－0002895　04694
歷代名儒傳八卷歷代名臣傳三十五卷　(清)朱軾　(清)蔡世遠訂　**歷代循吏傳八卷**　(清)朱軾撰　**朱文端公文集四卷朱文端公文集補編四卷朱文端公[軾]年譜不分卷**　(清)朱舲編　清同治十年(1871)刻本　三十二冊

340000－1881－0002896　04695
督捕則例附纂二卷　(□)□□撰　清刻本　一冊

340000－1881－0002897　04696
文廟通考六卷首一卷　(清)牛樹梅纂　清同治十一年(1872)浙江書局刻本　一冊　存四卷(一至三、首一卷)

340000－1881－0002898　04701
皇朝藩部要略十八卷皇朝藩部表四卷　(清)祁韻士纂　(清)毛嶽生編　(清)宋景昌校　(清)張穆覆審　清光緒十年(1884)浙江書局刻本　八冊

340000－1881－0002899　04702
續幸存錄一卷　(明)夏完淳撰　**求野錄一卷**　(清)客溪樵隱編　**也是錄一卷**　(清)自非逸史編　清刻本　一冊

340000－1881－0002900　04703
歷代史略六卷　柳詒徵撰　清光緒刻本　一冊　存一卷(四)

340000－1881－0002901　04704
華陽國志十二卷　(晉)常璩撰　清嘉慶十九年(1814)刻本　四冊

340000－1881－0002902　04705
中國魂二卷　梁啟超編　清光緒二十九年(1903)上海廣智書局鉛印本　二冊

340000－1881－0002903　04707
明季南北遺聞四卷　(清)鄒漪輯　清光緒三十四年(1908)鉛印本　一冊

340000－1881－0002904　04708
明季稗史正編三十七卷　(□)□□撰　清光緒二十九年(1903)刻本　四冊　存十八卷(一至四、九至十八、二十四至二十七)

340000－1881－0002905　04709
日本維新史十二卷附表一卷　(日本)博文館編　(清)羅孝高譯　清光緒二十八年(1902)鉛印本　六冊

340000－1881－0002906　04713
元史譯文證補三十卷　(清)洪鈞撰　清光緒二十三年(1897)石印本　三冊　存二十三卷(一至十八、二十二至二十六上)

340000－1881－0002907　04714
朝市叢載八卷　(清)李虹若輯　清光緒十二年(1886)刻本　七冊　存六卷(一、三至七)

340000－1881－0002908　04715
中日戰輯六卷　(清)王炳耀輯　清光緒二十二年(1896)上海書局石印本　四冊

340000－1881－0002909　04716

采風記五卷時務論不分卷　宋育仁編　清光緒二十一年(1895)上海書局石印本　四冊

340000 – 1881 – 0002910　04718

士禮居藏書題跋記六卷　(清)黃丕烈撰　清光緒八年(1882)石印本　一冊

340000 – 1881 – 0002911　04720

紀元編三卷末一卷　(清)李兆洛編　(清)六承如錄　清光緒十四年(1888)上海蜚英館石印本　一冊

340000 – 1881 – 0002912　04721

八紘繹史三卷　(清)陸次雲撰　(清)貢煒校　(清)曹沅訂　清刻本　一冊

340000 – 1881 – 0002913　04722

閩雜記十二卷　(清)施鴻保輯　清光緒四年(1878)上海申報館鉛印本　四冊

340000 – 1881 – 0002914　04725

樂老堂集古百廿壽二卷　(清)孫蟠篆　清乾隆樂老堂刻鈐印本　一冊　存一卷(下)

340000 – 1881 – 0002915　04726

俞伯孫印存不分卷　(□)□□撰　清鈐印本　一冊

340000 – 1881 – 0002916　04727

江南餘載二卷　(□)□□編　五國故事二卷　(□)□□撰　故宮遺錄不分卷　(明)蕭洵編　清末刻本　一冊

340000 – 1881 – 0002917　04728

大清中樞備覽二卷　(□)□□撰　清光緒十年(1884)北京文蔚堂刻本　二冊

340000 – 1881 – 0002918　04729

大清搢紳全書不分卷　(□)□□撰　清光緒十年(1884)北京文蔚堂刻本　四冊

340000 – 1881 – 0002919　04730

修史試筆二卷　(清)藍鼎元纂　(清)曠敏本評　清末刻本　二冊

340000 – 1881 – 0002920　04731

東征集六卷　(清)藍鼎元稿　(清)王者輔評　清末刻本　三冊

340000 – 1881 – 0002921　04738

歐洲東方交涉記十二卷　(英國)麥高爾輯　(美國)林樂知　(清)瞿昂來譯　清光緒二十二年(1896)刻儲英館叢書本　一冊

340000 – 1881 – 0002922　04739

英俄印度交涉書不分卷　(英國)馬文撰　(英國)羅亨利　(清)瞿昂來評　清光緒二十二年(1896)刻儲英館叢書本　一冊

340000 – 1881 – 0002923　04740

西疆雜述詩四卷　(清)蕭雄撰　清光緒十八年(1892)鉛印本　四冊

340000 – 1881 – 0002924　04744

明季南都殉難記不分卷　(清)屈大均撰　(清)陳鳳藻參校　清光緒三十三年(1907)國學叢書社鉛印本　一冊

340000 – 1881 – 0002925　04745

繪圖上海雜記十卷　(清)藜牀臥讀生編　清光緒三十一年(1905)上海文寶書局石印本　二冊　存三卷(三至五)

340000 – 1881 – 0002926　04747

西湖楹聯四卷　(清)周慶祺輯　清光緒十五年(1889)刻本　四冊

340000 – 1881 – 0002927　04749

明治政黨小史不分卷　(日本)東京日日新報撰　(清)出洋學生編輯所編　清光緒二十八年(1902)上海商務印書館鉛印本　一冊

340000 – 1881 – 0002928　04752

貳臣傳十二卷　(清)蔣千之編　(清)陳俠君校　清末上海大藝書局石印本　三冊

340000 – 1881 – 0002929　04758

欽定四庫全書簡明目錄二十卷　(清)于敏中等纂　清乾隆三十九年(1774)刻本　十冊

340000 – 1881 – 0002930　04759

金石萃編一百六十卷　(清)王昶撰　清同治十一年(1872)刻本　六十四冊

340000 – 1881 – 0002931　04760

皇朝經世文編一百二十卷姓名總目二卷

（清）賀長齡輯　清道光七年(1827)刻本　八十冊

340000－1881－0002932　04761
皇朝道學名臣言行外錄十七卷　（宋）李幼武纂集　清刻本　三冊

340000－1881－0002933　04762
封泥攷略十卷　（清）吳式芬　（清）陳介祺輯　清光緒三十年(1904)石印本　十冊

340000－1881－0002934　04763
皇朝詞林典故六十四卷　（清）陳希曾等總纂　清光緒十三年(1887)刻本　三十四冊

340000－1881－0002935　04764
俄羅斯史二卷　（日本）山本利喜雄撰　（清）麥鼎華譯　清光緒二十九年(1903)上海廣智書局鉛印本　二冊

340000－1881－0002936　04769
五大洲圖說不分卷　（清）李圭纂　簡明萬國公法不分卷　（清）朱克敬撰　清光緒十六年(1890)上海時報館石印本　一冊

340000－1881－0002937　04771
義大利建國三傑傳不分卷　梁啟超譯著　清光緒二十九年(1903)尊任學社鉛印本　一冊

340000－1881－0002938　04774
熱河新定稅則不分卷　（□）□□撰　清光緒三十一年(1905)刻本　一冊

340000－1881－0002939　04776
籌洋芻議不分卷　（清）薛福成撰　清光緒十一年(1885)刻本　一冊

340000－1881－0002940　04778
東南紀事十二卷　（清）邵廷采撰　清光緒十年(1884)邵武徐幹刻本　二冊

340000－1881－0002941　04779
西南紀事十二卷　（清）邵廷采撰　清光緒十年(1884)邵武徐幹刻本　二冊

340000－1881－0002942　04780
廿二史言行略四十二卷　（清）過元旼輯　清嘉慶四年(1799)刻本　一冊　存三卷(八至十）

340000－1881－0002943　04781
平津館鑒藏書籍記三卷補遺一卷續編一卷　（清）孫星衍撰　清光緒十年(1884)刻本　二冊　存二卷(二、補遺一卷)

340000－1881－0002944　04783
竹書紀年二卷　（南朝梁)沈約注　（明)吳琯校　明刻本　一冊

340000－1881－0002945　04784
平叛記二卷　（清）毛霦編　清康熙五十五年(1716)刻本　二冊

340000－1881－0002946　04788
通海墾牧公司集股章程啟不分卷　張謇等纂　清光緒二十七年(1901)鉛印本　一冊

340000－1881－0002947　04789
文獻通考詳節二十四卷　（元）馬端臨著　(清)嚴虞惇錄　清乾隆二十九年(1764)刻本　一冊　存五卷(一至五)

340000－1881－0002948　04791
商辦漢鎮既濟水電公司第一屆報告不分卷　（清）漢鎮既濟水電公司編　清宣統元年(1909)鉛印本　一冊

340000－1881－0002949　04792
防海新論十八卷　（德國)希理哈撰　（英國)傅蘭雅口譯　（清）華蘅芳筆述　清同治十二年(1873)刻本　六冊

340000－1881－0002950　04793
歐洲東方交涉記十二卷　（英國)麥高爾輯著　(美國)林樂知　（清）瞿昂來譯　清光緒六年(1880)刻本　二冊

340000－1881－0002951　04794
歐洲東方交涉記十二卷　（英國)麥高爾輯著　(美國)林樂知　（清）瞿昂來譯　清光緒六年(1880)刻本　二冊

340000－1881－0002952　04796
國語發正二十一卷　（清）汪遠孫撰　清刻本　一冊　存一卷(三)

340000－1881－0002953　04797

景慶堂印譜不分卷　（清）李覬篆　（清）李蕭筠釋　清鈐印本　一冊

340000－1881－0002954　04798

李氏三忠事蹟考證不分卷　（清）李慶來輯　清光緒十年(1884)刻本　一冊

340000－1881－0002955　04802

印譜不分卷　（□）□□撰　清鈐印本　一冊

340000－1881－0002956　04805

[光緒八年]江南鄉試題目不分卷　（□）□□撰　清光緒八年(1882)刻本　一張

340000－1881－0002957　04807

摹鈎硯銘不分卷　（清）鮑信齋編　清拓本　一冊

340000－1881－0002958　04809

長江五省水師營制江防總圖說七卷　（清）楊克勤編　（清）楊岳斌鑒定　（清）許孝虞參校　清末抄本　六冊

340000－1881－0002959　04810

史記集解索隱正義合刻本一百三十卷　（漢）司馬遷撰　（南朝宋）裴駰集解　（唐）司馬貞索隱　（唐）張守節正義　清同治九年(1870)金陵書局刻本　一冊　存四卷(一至四)

340000－1881－0002960　04814

舊唐書二百卷　（五代）劉昫撰　舊唐書逸文十二卷　（清）岑建功輯　舊唐書校勘記六十六卷　（清）羅士琳　（清）劉文淇纂　清同治十一年(1872)刻本　四十八冊

340000－1881－0002961　04815

輿地紀勝二百卷校勘記五十二卷補缺十卷　(宋)王象之撰　（清）岑建功輯　清道光十九年(1839)甘泉岑氏懼盈齋刻本　六十冊

340000－1881－0002962　04816

程梅溪印稿不分卷　（□）□□撰　清鈐印本　一冊

340000－1881－0002963　04817

松園印譜不分卷　（清）賈永篆　清乾隆四十

八年(1783)福壽堂鈐印本　一冊

340000－1881－0002964　04818

蜀碧四卷　（清）彭遵泗纂　（清）彭萃支等校　清乾隆刻本　一冊　存二卷(三至四)

340000－1881－0002965　04820

歷代鐘鼎彝器款識法帖二十卷　（宋）薛尚功撰　明崇禎六年(1633)寒玉館刻本　三冊　存十三卷(一至十、十六至十八)

340000－1881－0002966　04821

銷夏漫鈔諸家名人書畫不分卷　（□）□□撰　清抄本　一冊

340000－1881－0002967　04823

西清劄記四卷　（清）胡敬輯　清抄本　一冊　存三卷(一至三)

340000－1881－0002968　04824

宣和畫譜二十卷　（宋）□□撰　明崇禎汲古閣刻本　三冊

340000－1881－0002969　04825

積古齋鐘鼎彝器款識十卷　（清）阮元編錄　清光緒九年(1883)鮑氏後知不足齋刻本　四冊

340000－1881－0002970　04829

集古玉圖二卷　（元）朱德潤輯　清乾隆十八年(1753)槐蔭草堂刻本　一冊

340000－1881－0002971　04831

鐵橋金石跋四卷　（清）嚴可均撰　（清）姚慰祖校　清抄本　二冊

340000－1881－0002972　04832

金石存十五卷　（清）吳玉搢纂　清嘉慶二十四年(1819)聞妙香室刻本　四冊

340000－1881－0002973　04834

硯箋四卷　（宋）高似孫撰　墨經不分卷　(宋)晁說之撰　都城紀勝不分卷　（宋）灌圃耐得翁撰　頤堂先生糖霜譜不分卷　（宋）王灼撰　清康熙四十五年(1706)曹寅刻本　一冊

340000－1881－0002974　04835

錢志不分卷　（□）□□撰　清末抄本　一冊

340000－1881－0002975　04836

鐵雲藏龜不分卷　（清）劉鶚編　清光緒二十
九年(1903)羅振玉墨拓影印本　六冊

340000－1881－0002976　04837

墨妙樓鐵筆四卷　（清）溫純纂　清乾隆鈐印
本　二冊

340000－1881－0002977　04840

硯箋四卷　（宋）高似孫撰　清康熙四十五年
(1706)揚州使院刻本　二冊

340000－1881－0002978　04842

歷代鐘鼎彝器款識法帖二十卷　（宋）薛尚功
撰　清光緒二十九年(1903)嚴可均影印本
四冊

340000－1881－0002979　04844

古今錢略三十二卷首一卷末一卷　（清）倪模
纂　清光緒五年(1879)刻本　十六冊

340000－1881－0002980　04847

畫筌析覽不分卷　（清）湯貽汾編　清光緒抄
本　一冊

340000－1881－0002981　04848

畫史繪要五卷　（明）朱謀垔纂　明崇禎四年
(1631)刻本　三冊　存三卷(一至三)

340000－1881－0002982　04851

吳越所見書畫錄六卷　（清）陸時化編　清乾
隆四十二年(1777)懷烟閣刻本　六冊

340000－1881－0002983　04852

瑞芝生印存不分卷　（清）程士爽纂　清紫薇
華館鈐印本　一冊

340000－1881－0002984　04853

名家印存十卷　（□）□□撰　清鈐印本
一冊

340000－1881－0002985　04854

陰騭文印譜不分卷　（清）沈子憶纂　清道光
二十一年(1841)刻本　一冊

340000－1881－0002986　04855

中國六十年戰史不分卷　（英國）愛特華斯撰
　（清）史悠明　（清）程履祥譯　清光緒二十
九年(1903)上海美華書館鉛印本　六冊

340000－1881－0002987　04860

經窗軒印冊不分卷　（清）徐少農篆　清同治
至光緒鈐印並鉤抄本　二冊

340000－1881－0002988　04863

大明皇陵碑文不分卷　（明）太祖朱元璋撰
清光緒九年(1883)鳳陽興隆號石印本　一冊

340000－1881－0002989　04864

大明皇陵碑文不分卷　（明）太祖朱元璋撰
清光緒九年(1883)鳳陽興隆號石印本　一冊

340000－1881－0002990　04865

翰石山房印存不分卷　（清）霞章氏篆　清鈐
印本　一冊

340000－1881－0002991　04872

篆學瑣著三十種不分卷　（清）顧湘校　清道
光二十年(1840)顧氏刻本　十二冊

340000－1881－0002992　04873

金石索十二卷首一卷　（清）馮雲鵬　（清）馮
雲鵷輯　清道光七年(1827)刻本　十一冊
存十一卷(金索一至六、石索一至五)

340000－1881－0002993　04874

楚辭燈四卷　（清）林雲銘撰　（清）林沅等校
　清康熙三十六年(1697)刻本　二冊

340000－1881－0002994　04875

楚辭燈四卷　（清）林雲銘撰　（清）林沅等校
　清康熙三十六年(1697)益智堂刻本　二冊

340000－1881－0002995　04876

宋儒楊龜山先生集四十二卷首一卷　（宋）楊
時撰　清康熙四十九年(1710)刻本　八冊

340000－1881－0002996　04877

杜詩闡三十三卷　（清）王日藻閱　（清）盧元
昌述　（清）盧璉訂　清康熙二十五年(1686)
書林孫敬南刻本　十二冊

340000－1881－0002997　04878

李太白文集三十卷附六卷　（唐）李白撰

（清）王琦輯註　清乾隆二十四年(1759)聚錦堂刻本　十六冊

340000－1881－0002998　04879

李太白文集三十卷　（唐）李白撰　（清）繆曰芑校　清光緒十四年(1888)湖北官書處刻本　四冊

340000－1881－0002999　04880

李義山詩集三卷　（唐）李商隱撰　（清）朱鶴齡箋註　清乾隆五十八年(1793)三多齋刻本　二冊

340000－1881－0003000　04881

增訂徐文定公集六卷首二卷　（明）徐光啟撰　（明）徐允希增訂　清宣統元年(1909)鉛印本　四冊

340000－1881－0003001　04882

霜紅龕集四十卷附錄三卷[傅山]年譜一卷（清）傅山撰　丁寶銓編　清宣統三年(1911)刻本　十二冊

340000－1881－0003002　04883

梅崖居士文集三十卷外八卷　（清）朱仕琇撰　清乾隆四十七年(1782)刻本　十二冊

340000－1881－0003003　04884

陶彭澤集不分卷　（晉）陶潛撰　（明）張溥校　（明）潘錦參訂　明刻本　二冊

340000－1881－0003004　04885

羅昭諫集八卷　（唐）羅隱撰　清同治六年(1867)刻本　二冊

340000－1881－0003005　04886

宋宗忠簡公全集十二卷首一卷　（宋）宗澤撰　（清）宗文燦修　清康熙四十五年(1706)紅雪樓刻本　六冊

340000－1881－0003006　04887

杜詩論文五十六卷　（唐）杜甫撰　（清）吳興祚編　（清）吳見思注　清康熙十一年(1672)常州岱淵堂刻本　八冊

340000－1881－0003007　04888

諸葛丞相集四卷　（三國蜀）諸葛亮撰　（清）

朱璘纂輯　清康熙三十七年(1698)刻本　二冊

340000－1881－0003008　04890

楚辭八卷末一卷　（清）屈復集註　（清）屈啟賢編　（清）屈來泰錄　清乾隆刻本　四冊

340000－1881－0003009　04891

司馬溫公文集十四卷　（宋）司馬光撰　（清）張伯行訂　清康熙四十八年(1709)正誼堂刻本　四冊

340000－1881－0003010　04892

存硯樓文集十六卷　（清）儲大文撰　（清）儲廷菜　（清）儲廷槐校　清光緒元年(1875)刻本　八冊

340000－1881－0003011　04894

道古堂文集四十八卷詩集二十六卷　（清）杭世駿撰　清乾隆四十三年(1778)刻本　二十冊

340000－1881－0003012　04895

漱六山房全集十一卷　（清）吳昆田撰　清光緒十一年(1885)刻本　六冊

340000－1881－0003013　04896

李宮保湘洲先生集十二卷　（明）李騰芳撰（明）李馭芳等編　清乾隆至嘉慶刻本　十六冊

340000－1881－0003014　04897

儀顧堂集二十卷　（清）陸心源撰　清光緒二十四年(1898)刻本　六冊

340000－1881－0003015　04898

道鄉先生文集四十卷補遺一卷附錄一卷（宋）鄒浩撰　清道光二十五年(1845)刻本　六冊

340000－1881－0003016　04899

讀秋水齋詩十六卷　（清）陸黻恩撰　（清）馮效亮等校　清同治七年(1868)刻本　四冊

340000－1881－0003017　04900

揅經室集六十二卷　（清）阮元撰　清道光三年(1823)文選樓刻本　二十四冊

340000－1881－0003018　04901

梅村詩鈔三卷　（清）吳偉業撰　（清）顧偉孝
（清）趙澐輯　清刻本　一冊

340000－1881－0003019　04902

白茅堂集四十六卷　（清）顧景星撰　（清）顧
昌校輯　清康熙二十四年（1685）刻本　十
六冊

340000－1881－0003020　04903

岳忠武王文集八卷首一卷末一卷　（宋）岳飛
撰　（清）黃邦寧纂　清乾隆三十五年（1770）
刻本　四冊

340000－1881－0003021　04904

微尚齋詩集初編四卷續集一卷　（清）馮志沂
撰　清同治三年（1864）廬州郡齋刻本　一冊

340000－1881－0003022　04905

詒晉齋集八卷後集一卷　（清）永瑆撰　清道
光二十八年（1848）刻本　四冊

340000－1881－0003023　04906

冬青館古宮詞三卷　（清）張鑑撰　清末刻本
一冊

340000－1881－0003024　04907

板橋集六卷　（清）鄭燮撰　清乾隆八年
（1743）刻本　四冊

340000－1881－0003025　04908

昌黎先生集四十卷外集十卷遺文一卷朱子校
昌黎先生集傳一卷　（唐）韓愈撰　（唐）李漢
編　韓集點勘四卷　（清）陳景雲纂　清同治
九年（1870）江蘇書局刻本　十一冊

340000－1881－0003026　04909

板橋詩鈔一卷家書一卷題畫一卷　（清）鄭燮
撰　清乾隆刻本　三冊

340000－1881－0003027　04910

白鶴山房詩鈔二十卷　（清）葉紹本撰　清道
光十年（1830）桂林使廨刻本　七冊

340000－1881－0003028　04911

香樹齋文集二十八卷續鈔五卷　（清）錢陳羣
撰　清乾隆二十九年（1764）刻本　八冊

340000－1881－0003029　04912

漁洋山人精華錄十卷　（清）王士禛撰　（清）
林佶編　清康熙三十九年（1700）刻本　二冊

340000－1881－0003030　04913

俞俞齋詩稿二卷　（清）史念祖撰　清光緒十
六年（1890）黔南藩署木活字印本　二冊

340000－1881－0003031　04914

養晦堂詩集二卷文集十卷　（清）劉蓉撰　清
光緒三年（1877）思賢講舍刻本　五冊　存十
卷（文集十卷）

340000－1881－0003032　04915

賜龍堂詩稿八卷　（清）彭瑞毓撰　清同治十
年（1871）戎州刻本　四冊

340000－1881－0003033　04916

小酉腴山館文集十二卷詩集八卷〔吳大廷〕年
譜二卷　（清）吳大廷撰　清光緒五年（1879）
刻本　八冊

340000－1881－0003034　04917

汪子文錄十卷　（清）汪縉撰　（清）彭紹升錄
清光緒八年（1882）刻本　四冊

340000－1881－0003035　04918

御書印心石屋詩文薈十卷首一卷　（清）魏源
編　清道光十七年（1837）刻本　七冊

340000－1881－0003036　04919

墨井集五卷　（清）吳曆撰　清宣統元年
（1909）上海徐家匯印書館木活字印本　一冊

340000－1881－0003037　04920

海藏樓詩十三卷　（清）鄭孝胥撰　清光緒二
十八年（1902）武昌刻本　一冊　存一卷（一）

340000－1881－0003038　04921

嚼梅吟二卷　（清）釋寄禪撰　（清）白雲禪窟
道人評　清光緒八年（1882）刻本　一冊

340000－1881－0003039　04922

吟梅閣試帖詩存二卷　（清）寶鋆撰　清咸豐
九年（1859）刻本　一冊

340000－1881－0003040　04923

自怡悅齋試帖詩存二卷　（清）寶鋆撰　清刻

本　一册

340000－1881－0003041　04924

散原精舍詩二卷　陳三立撰　清宣統元年
(1909)鉛印本　二册

340000－1881－0003042　04925

劫火紀焚不分卷　(清)何桂笙撰　清光緒八
年(1882)刻本　一册

340000－1881－0003043　04926

龔定庵集外未刻詩詞不分卷　(清)龔自珍撰
　清宣統三年(1911)上海秋星社石印本
一册

340000－1881－0003044　04927

西崑酬唱集二卷　(宋)楊億編　清嘉慶十六
年(1811)留香室刻本　一册

340000－1881－0003045　04928

遜志齋集二卷　(清)吳熊撰　清光緒二年
(1876)刻本　一册

340000－1881－0003046　04929

蓉湖草堂存稿不分卷　(清)陳滋撰　清光緒
三年(1877)刻本　一册

340000－1881－0003047　04930

賈比部遺集二卷　(清)賈樹諴撰　清光緒元
年(1875)安越堂刻本　一册

340000－1881－0003048　04931

劉蕺山文粹二卷　(明)劉宗周撰　清光緒二
十二年(1896)海天旭日研齋刻本　二册

340000－1881－0003049　04932

蔡忠烈公遺集六卷　(明)蔡道憲撰　(清)鄧
顯鶴纂　清道光二十六年(1846)蔡應魁刻本
六册

340000－1881－0003050　04933

復見心齋詩草六卷　(清)孫人鳳撰　清光緒
四年(1878)福州刻本　一册

340000－1881－0003051　04934

式馨堂詩前集十二卷　(清)魯之裕撰　清雍
正四年(1726)刻本　一册　存五卷(一至五)

340000－1881－0003052　04935

醒予山房文存十二卷　(清)劉愚撰　清同治
四年(1865)刻本　六册

340000－1881－0003053　04936

梧溪集七卷　(元)王逢撰　清道光三年
(1823)刻知不足齋叢書本　五册　存四卷
(一至四)

340000－1881－0003054　04937

湘綺樓全集三十卷　王闓運撰　清宣統二年
(1910)上海國學扶輪社石印本　十二册

340000－1881－0003055　04940

全唐詩三十二卷　(清)曹寅等校　清光緒十
三年(1887)上海同文書局石印本　三十二册

340000－1881－0003056　04943

素餘堂集三十四卷　(清)于敏中撰　清嘉慶
十一年(1806)刻本　八册

340000－1881－0003057　04944

湘麋閣遺詩四卷　(清)陶方琦撰　清光緒十
六年(1890)刻本　一册

340000－1881－0003058　04945

松峯先生文集十卷　(明)祝廷璿撰　(明)王
俊輯　清咸豐四年(1854)刻本　四册

340000－1881－0003059　04946

柏梘山房文集十六卷文續集一卷詩集十卷詩
續集二卷駢體文二卷　(清)梅曾亮撰　清咸
豐六年(1856)刻本　六册

340000－1881－0003060　04947

簡莊文鈔六卷續編二卷河莊詩鈔一卷　(清)
陳鱣撰　清光緒十四年(1888)刻本　二册

340000－1881－0003061　04950

薛庸庵集二十一卷　(清)薛福成撰　清光緒
十四年(1888)刻本　十六册

340000－1881－0003062　04951

崇百藥齋文集二十卷續集四卷三集十二卷
(清)陸繼輅撰　五真閣吟藁一卷　(清)錢惠
尊撰　清光緒四年(1878)刻本　十二册

340000－1881－0003063　04952

春酒堂文集不分卷　（清）周容撰　清宣統二年(1910)上海國學扶輪社鉛印本　一冊

340000－1881－0003064　04953

伏敔堂詩錄十五卷　（清）江湜撰　清同治元年(1862)刻本　四冊

340000－1881－0003065　04954

兩當軒集二十二卷　（清）黃景仁撰　清光緒二年(1876)黃氏家塾刻本　六冊

340000－1881－0003066　04955

小酉腴山館文鈔五卷　（清）吳大廷撰　清同治三年(1864)刻本　二冊

340000－1881－0003067　04956

唐人萬首絕句選七卷　（宋）洪邁輯　（清）王士禛選　清刻本　二冊

340000－1881－0003068　04957

三家宮詞不分卷　（明）毛晉輯　清同治十二年(1873)淮南書局刻本　一冊

340000－1881－0003069　04958

韞山詩稿六卷　（清）朱鳳森撰　清咸豐七年(1857)刻本　二冊

340000－1881－0003070　04959

紅杏山房文稿五卷　（清）趙承恩撰　（清）鍾體志鑒定　（清）趙汝明等校　清光緒十八年(1892)刻本　四冊

340000－1881－0003071　04960

浙游百卅律不分卷　（清）李桓撰　清同治十一年(1872)刻本　一冊

340000－1881－0003072　04961

周止菴遺稿三卷　（清）周濟撰　清道光二十年(1840)刻本　一冊

340000－1881－0003073　04962

東山存稿不分卷　（明）劉大夏撰　宣召錄不分卷　（明）劉大夏撰　劉忠宣公[大夏]年譜二卷　（清）劉世節編　清嘉慶二十一年(1816)刻本　二冊

340000－1881－0003074　04963

石笥山房詩集十二卷　（清）胡天游撰　清刻本　四冊

340000－1881－0003075　04964

悼亡小草不分卷　（清）李桓撰　清咸豐九年(1859)刻本　一冊

340000－1881－0003076　04965

王無功集三卷補遺二卷校勘記一卷　（唐）王績撰　清光緒三十二年(1906)羅氏唐風樓刻本　一冊

340000－1881－0003077　04966

在陸草堂文集六卷　（清）儲欣著　（清）吳之彥　（清）邢維信編　清雍正元年(1723)刻本　二冊

340000－1881－0003078　04967

在陸草堂文集六卷　（清）儲欣著　（清）吳之彥　（清）邢維信編　清雍正元年(1723)刻本　六冊

340000－1881－0003079　04968

香蘇山館今體詩鈔十九卷古體詩鈔十七卷　（清）吳嵩梁撰　清咸豐三年(1853)木犀軒刻本　七冊

340000－1881－0003080　04969

角山樓蘇詩評注匯抄二十卷　（清）趙克宜輯　清咸豐二年(1852)刻本　十二冊

340000－1881－0003081　04970

吞松閣集四十卷　（清）鄭虎文撰　（清）馮敏昌編　清嘉慶十六年(1811)刻本　五冊

340000－1881－0003082　04971

補注東坡先生編年詩五十卷　（宋）蘇軾撰　（清）查慎行補註　清乾隆二十六年(1761)香雨齋刻本　十六冊

340000－1881－0003083　04974

六如居士全集七卷　（明）唐寅撰　（清）唐仲冕編　（清）魏標校　清光緒十一年(1885)鎮江文成堂刻本　四冊

340000－1881－0003084　04975

集義軒詠史詩鈔六十卷　（清）羅惇衍撰　清光緒元年(1875)刻本　四冊

340000－1881－0003085　04976

而菴說唐詩九卷首一卷　(清)徐增撰　清乾隆二十三年(1758)集盛堂刻本　六冊

340000－1881－0003086　04977

唐詩鼓吹十卷　(元)郝天挺撰　(明)廖文炳解　(清)錢朝鼒校注　(清)王清臣箋解　清乾隆十一年(1746)刻本　四冊

340000－1881－0003087　04978

思適齋集十八卷　(清)顧廣圻撰　清同治八年(1869)刻本　六冊

340000－1881－0003088　04979

國朝四大家詩鈔二十四卷　(清)宋琬等撰　(清)屠德修輯　清乾隆三十一年(1766)刻本　八冊

340000－1881－0003089　04980

曾惠敏公全集十七卷　(清)曾紀澤撰　清光緒二十年(1894)上海石印本　四冊

340000－1881－0003090　04981

煙霞萬古樓文集六卷詩選二卷　(清)王曇撰　清光緒二十一年(1895)鴻文書局石印粵雅堂叢書本　三冊　存六卷(煙霞萬古樓文集一至四、詩選二卷)

340000－1881－0003091　04982

煙霞萬古樓文集六卷　(清)王曇撰　清道光二十年(1840)刻本　二冊

340000－1881－0003092　04983

唐詩三百首注疏六卷　(清)孫洙編　(清)章燮注　(清)孫孝根校　唐詩三百首續選一卷　(清)于慶元編　清道光十五年(1835)刻本　二冊

340000－1881－0003093　04984

冬心草堂詩選□□卷　(清)李恩綬撰　(清)周行原校　清宣統二年(1910)安徽官紙印刷局鉛印本　一冊　存一卷(上)

340000－1881－0003094　04985

久芬室詩集六卷　(清)鄭襄撰　(清)鄭壽祺　(清)鄭壽黎校　清光緒二十一年(1895)刻本　二冊

340000－1881－0003095　04986

近光集二十八卷　(清)汪士鈜編纂　(清)徐修仁參注　清康熙五十八年(1719)刻本　八冊

340000－1881－0003096　04987

宛鄰書屋古詩錄十二卷　(清)張琦撰　清嘉慶二十年(1815)宛鄰書屋刻本　四冊

340000－1881－0003097　04988

丁戊之間行卷十卷　易順鼎撰　清光緒五年(1879)刻本　二冊

340000－1881－0003098　04989

醉樵山人集句牡丹詩不分卷　(□)□□撰　清道光二十八年(1848)刻本　一冊

340000－1881－0003099　04992

冬心先生續集不分卷三體詩不分卷自度曲不分卷雜撰不分卷隨筆不分卷　(清)金農撰　清光緒六年(1880)錢塘丁氏刻本　二冊

340000－1881－0003100　04993

函雅堂集四十卷　(清)王詠霓撰　清光緒二十二年(1896)刻本　四冊　存十六卷(一至十六)

340000－1881－0003101　04994

古唐詩合解十六卷　(清)王堯衢註　(清)李模　(清)李桓校　清雍正十年(1732)刻本　四冊

340000－1881－0003102　04995

古唐詩合解十六卷　(清)王堯衢註　(清)李模　(清)李桓校　清光緒十九年(1893)刻本　四冊

340000－1881－0003103　04996

測海集六卷　(清)彭紹升撰　清嘉慶二十四年(1819)刻本　二冊

340000－1881－0003104　04997

宋詩選二十卷　(清)吳曹直　(清)儲右文選輯　清康熙二十六年(1687)刻本　八冊

340000－1881－0003105　04998

十種唐詩選不分卷 （清）王士禛編 （唐）殷璠等撰 清刻本 五冊

340000－1881－0003106 04999

宜南鴻雪集二卷 （清）潘曾瑩輯 清道光刻本 一冊

340000－1881－0003107 05000

微尚齋詩集初編四卷續集一卷 （清）馮志沂撰 清同治三年(1864)廬州郡齋刻本 一冊

340000－1881－0003108 05001

湖海樓詩集十二卷文集六卷詞集二十卷駢體集十二卷 （清）陳維崧撰 （清）陳懿本等編 清乾隆六十年(1795)刻本 二十冊

340000－1881－0003109 05002

御定全唐詩錄一百卷 （清）徐倬 （清）徐元正校刊 清康熙四十五年(1706)刻本 二十八冊

340000－1881－0003110 05003

御選唐宋詩醇四十七卷 （清）梁詩正等纂 清乾隆二十五年(1760)刻本 二十冊

340000－1881－0003111 05004

國朝詩鐸二十六卷 （清）張應昌選輯 清同治八年(1869)永康應氏秀芷堂刻本 十四冊

340000－1881－0003112 05005

越風三十卷 （清）高盤評選 （清）劉文蔚等參訂 （清）王大治編輯 清嘉慶十六年(1811)刻本 十冊

340000－1881－0003113 05006

國朝松陵詩徵二十卷 （清）袁景輅編 清乾隆三十二年(1767)袁氏愛吟齋刻本 四冊

340000－1881－0003114 05007

小滄溟館三集十二卷 （清）朱瀚撰 清咸豐元年(1851)刻本 四冊

340000－1881－0003115 05008

唐賢三昧集三卷 （清）王士禛編 清雍正刻本 二冊

340000－1881－0003116 05009

九僧詩不分卷 （唐）釋希晝等撰 清道光十九年(1839)刻本 一冊

340000－1881－0003117 05010

紫竹山房詩文集二十卷詩集十二卷 （清）陳兆崙撰 清乾隆刻本 八冊

340000－1881－0003118 05011

邵亭詩鈔六卷 （清）莫友芝撰 清同治五年(1866)三山客舍刻本 一冊

340000－1881－0003119 05015

山谷集三十九卷 （宋）黃庭堅撰 （宋）史容注 清光緒二十五年(1899)刻本 十六冊 存三十一卷(山谷詩集注三至四、七至二十、外集詩註一至五、八至十七)

340000－1881－0003120 05020

離騷一卷 （宋）錢杲之集傳 離騷箋二卷 (清）龔景瀚撰 離騷草木疏四卷 （宋）吳仁傑撰 清光緒三十年(1904)石印本 三冊

340000－1881－0003121 05021

唐八家詩鈔八卷 （清）陳明善編 （清）沈歸愚 （清）莊養恬鑒定 清乾隆三十四年(1769)武進陳氏亦園刻本 八冊

340000－1881－0003122 05022

湖海樓全集五十一卷 （清）陳維崧撰 （清）陳淮同等編 （清）任光奇校 清光緒十九年(1893)弇山鐸署刻本 十六冊

340000－1881－0003123 05023

湖海文傳七十五卷 （清）王昶輯 清道光十九年(1839)刻本 十二冊

340000－1881－0003124 05024

湖海詩傳四十六卷 （清）王昶輯 清同治四年(1865)刻本 十二冊

340000－1881－0003125 05025

道咸同光四朝詩史一斑錄不分卷 孫雄選撰 清光緒三十四年(1908)影印本 四冊

340000－1881－0003126 05026

婦人集注不分卷 （清）陳維崧撰 （清）冒襄注 婦人集補不分卷 （清）冒丹書撰 清末刻冒氏叢書本 一冊

340000－1881－0003127　05027

宋氏先芬集八卷　（清）宋家蒸撰　清光緒八年(1882)述善堂刻本　一冊

340000－1881－0003128　05028

西泠五布衣遺著二十六卷　（清）丁敬等撰　清光緒四年(1878)錢塘丁氏刻本　八冊

340000－1881－0003129　05029

湖海樓詩八卷　（清）陳維崧撰　（清）葉方恒等選　清康熙二十八年(1689)患立堂刻本　三冊

340000－1881－0003130　05030

唐人試帖四卷　（清）毛奇齡編　清康熙四十一年(1702)刻本　一冊

340000－1881－0003131　05031

紅豆村人詩稿十四卷　（清）袁樹撰　清乾隆十七年(1752)刻本　三冊

340000－1881－0003132　05032

詠物詩選八卷　（清）俞琰輯　清雍正二年(1724)刻本　二冊

340000－1881－0003133　05034

漢詩評十卷　（清）李因篤評　清康熙二十八年(1689)刻本　二冊

340000－1881－0003134　05036

十國宮詞一百首不分卷　（清）吳省蘭輯　清同治十二年(1873)淮南書局刻本　一冊

340000－1881－0003135　05037

夢陔堂詩集二十五卷　（清）黃承吉撰　清道光十二年(1832)刻本　六冊

340000－1881－0003136　05038

呂新吾先生去偽齋文集十卷　（明）呂坤撰　明刻本　十冊

340000－1881－0003137　05039

經德堂文集六卷別集二卷　（清）龍啟瑞撰　清光緒七年(1881)京師刻本　四冊

340000－1881－0003138　05040

粵東三子詩鈔十四卷首一卷　（清）譚敬昭（清）黃培芳　（清）張維屏撰　（清）黃玉階

編　清道光二十二年(1842)廣州刻本　六冊

340000－1881－0003139　05041

甌香館集十二卷遺詩一卷　（清）惲格撰（清）蔣光煦輯　清光緒七年(1881)刻本　四冊

340000－1881－0003140　05043

國朝駢體正宗續編八卷　（清）張鳴珂輯　清光緒十四年(1888)寒松閣刻本　四冊

340000－1881－0003141　05044

續金陵詩徵六卷　（清）朱紹亭　陳作霖編　清光緒二十年(1894)刻本　六冊

340000－1881－0003142　05045

雁門集六卷補遺一卷倡和錄一卷別錄一卷　（元）薩都刺撰　清宣統三年(1911)刻本　四冊

340000－1881－0003143　05046

金詩選四卷　（清）顧奎光選輯　（清）陶玉禾參評　清乾隆十六年(1751)刻本　一冊　存二卷(一至二)

340000－1881－0003144　05047

梣湖文集十二卷　（清）吳敏樹撰　清光緒十九年(1893)刻本　四冊

340000－1881－0003145　05048

成志堂詩集十四卷外集一卷　（清）沈榮昌撰　清嘉慶十年(1805)刻本　四冊

340000－1881－0003146　05049

張文烈公遺詩不分卷　（明）張家玉撰　清光緒二十九年(1903)東莞寓園刻本　一冊

340000－1881－0003147　05050

國朝杭郡詩輯三十二卷　（清）吳顥輯　（清）吳振棫重編　清同治十三年(1874)錢塘丁氏刻本　十二冊

340000－1881－0003148　05051

何大復詩集二十六卷　（明）何景明撰　清同治至光緒刻本　五冊

340000－1881－0003149　05052

璞齋集七卷詞一卷　（清）諸可寶撰　**清足居**

集一卷　（清）鄧瑜匯撰　清光緒二十二年(1896)錢塘諸氏刻本　四冊

340000－1881－0003150　05054
艮齋先生薛常州浪語集三十五卷　（宋）薛季宣撰　（宋）薛旦編　清同治十年(1871)金陵書局刻本　六冊

340000－1881－0003151　05055
三恥齋初稿十二卷　（清）吳坤修撰　清同治八年(1869)鳩江半歗園刻本　二冊　存七卷(一至七)

340000－1881－0003152　05056
赤菫遺稿六卷　（清）葉元堦撰　清道光二十五年(1845)退一居刻本　二冊

340000－1881－0003153　05057
小滄溟館初集六卷二集八卷　（清）朱瀚撰　清道光十六年(1836)刻本　六冊

340000－1881－0003154　05058
曝書亭詩注二十二卷　（清）朱彝尊撰　（清）楊謙纂　（清）李集參　清乾隆刻本　八冊

340000－1881－0003155　05059
攜雪堂集一卷詩集一卷家訓一卷詩文一卷罔極編一卷　（清）吳可讀撰　清光緒十九年(1893)刻本　五冊

340000－1881－0003156　05062
豸華堂文鈔二十卷　（清）金應麟撰　清道光三十年(1850)刻本　六冊

340000－1881－0003157　05064
鴻慶居士集四十二卷　（宋）孫覿撰　清光緒二十二年(1896)武進盛氏刻本　八冊

340000－1881－0003158　05065
鑑止水齋集二十卷　（清）許宗彥撰　古春軒詩鈔二卷　（清）梁德繩撰　清道光二十六年(1846)刻本　六冊

340000－1881－0003159　05066
浣月山房詩內集三卷別集一卷外集一卷漢南春柳詞一卷坿梅神館集　（清）龍啟瑞撰　清光緒五年(1879)刻本　二冊　存五卷(浣月山房詩內集三卷、別集一卷、外集一卷)

340000－1881－0003160　05067
漢南春柳詞鈔不分卷　（清）龍啟瑞撰　梅神吟館詩草不分卷　（清）何慧生撰　清光緒四年(1878)京師刻本　一冊

340000－1881－0003161　05068
遜志齋集二十四卷　（明）方孝孺撰　（明）張紹謙纂　清道光二十六年(1846)刻本　十一冊　存二十卷(一至五、十至二十四)

340000－1881－0003162　05069
嚴太僕先生集十二卷　（清）嚴虞惇撰　清光緒十年(1884)常熟嚴氏刻本　二冊

340000－1881－0003163　05070
句東三家詩合刻十二卷　（清）陳僅　（清）葉元堦　（清）厲志撰　清道光十五年(1835)刻本　三冊

340000－1881－0003164　05071
二程文集十二卷　（宋）程顥　（宋）程頤撰　（清）張伯行訂　清康熙四十七年(1708)正誼堂刻本　六冊

340000－1881－0003165　05073
菜香書屋詩草十三卷　（清）吳煊撰　清嘉慶十年(1805)刻本　四冊

340000－1881－0003166　05075
海桐書屋詩鈔八卷　（清）岳夢淵撰　（清）徐學昭校　清乾隆三十二年(1767)刻本　二冊

340000－1881－0003167　05076
石雲山人文集五卷奏議六卷　（清）吳榮光撰　清道光二十一年(1841)吳氏筠清館刻本　八冊

340000－1881－0003168　05077
王子安集注二十卷首一卷末一卷　（唐）王勃撰　（清）蔣清翊注　清光緒九年(1883)蔣氏雙唐碑館刻本　六冊

340000－1881－0003169　05080
愧菴遺集七卷　（清）楊甲仁撰　清同治三年(1864)刻本　七冊

340000 - 1881 - 0003170　05081

題江南曾文正公祠百詠不分卷　朱孔彰撰
清光緒十三年(1887)金陵刻本　二冊

340000 - 1881 - 0003171　05082

恥夫詩鈔二卷　(清)楊昪撰　清咸豐二年
(1852)刻本　一冊

340000 - 1881 - 0003172　05083

李舍人遺集不分卷　(清)李結撰　清光緒二
十二年(1896)宗鄴堂刻本　一冊

340000 - 1881 - 0003173　05085

七家試帖輯注彙鈔七種九卷　(清)王廷紹等
撰　(清)張熙宇輯評　(清)王植桂輯注　清
同治九年(1870)京師琉璃廠刻本　八冊

340000 - 1881 - 0003174　05086

澹香齋詠史詩不分卷澹香齋試帖二集　(清)
王廷紹撰　清嘉慶二十五年(1820)刻本
一冊

340000 - 1881 - 0003175　05087

國朝杭郡詩輯十六卷　(清)吳顥彙編　清嘉
慶五年(1800)守惇堂刻本　八冊

340000 - 1881 - 0003176　05088

過雲精舍詞二卷　(清)楊葵生撰　碧梧山館
詞二卷　(清)汪世泰撰　清嘉慶十四年
(1809)刻本　一冊

340000 - 1881 - 0003177　05089

仁在堂全集十四集　(清)路德纂輯　清道光
十七年(1837)刻本　八冊　存四集(時藝課、
時藝辨、時藝話、時藝綜)

340000 - 1881 - 0003178　05091

歷朝名人詞選十三卷　(清)夏秉衡選　清宣
統元年(1909)掃葉山房石印本　六冊

340000 - 1881 - 0003179　05094

國朝正雅集九十九卷首一卷　(清)符葆森編
(清)李光廷參閱　清咸豐七年(1857)京都
半畝園刻本　三十六冊

340000 - 1881 - 0003180　05097

寓園文抄二卷文抄補一卷詩抄一卷詩抄補二

卷詩抄續刻一卷秦漢樂府一卷寓園問答一卷
(清)熊矩曾撰　清同治元年(1862)刻本
八冊

340000 - 1881 - 0003181　05101

紫薇花館詩稿□□卷文稿□□卷　(清)王廷
鼎撰　清光緒三年(1877)刻本　一冊　存三
卷(紫薇花館詩稿一、五,文稿一)

340000 - 1881 - 0003182　05102

紫薇花館詩稿□□卷文稿□□卷　(清)王廷
鼎撰　清光緒三年(1877)刻本　一冊　存三
卷(紫薇花館詩稿一、五,文稿一)

340000 - 1881 - 0003183　05103

懷麓堂集一百卷首一卷　(明)李東陽撰
(清)楊石淙鑒定　清嘉慶八年(1803)刻本
二十冊　存九十八卷(懷麓堂詩稿二十卷,詩
後稿十卷,文稿三十卷,文後稿一至十一、十
三至十四、十六至十八、二十至三十,稿雜記
十卷,首一卷)

340000 - 1881 - 0003184　05104

史忠正公集四卷首一卷末一卷　(明)史可法
撰　(清)史山清輯　清道光三十年(1850)刻
本　四冊

340000 - 1881 - 0003185　05105

小謨觴館詩集八卷序二卷文四卷續二卷
(清)彭兆蓀撰　清同治十三年(1874)刻本
六冊

340000 - 1881 - 0003186　05107

畏廬文集不分卷　林紓撰　清宣統二年
(1910)上海商務印書館鉛印本　一冊

340000 - 1881 - 0003187　05109

陳伯玉文集三卷首一卷　(唐)陳子昂撰　清
咸豐四年(1854)刻本　二冊　存三卷(一、
三,首一卷)

340000 - 1881 - 0003188　05110

懷古田舍詩節鈔六卷　(清)徐榮撰　清光緒
十四年(1888)刻本　六冊

340000 - 1881 - 0003189　05111

聽松濤館文鈔二十八卷首一卷　（清）阮文藻撰　清光緒八年（1882）聽松濤館刻本　八冊

340000－1881－0003190　05112

詩比興箋四卷　（清）陳沆撰　清光緒九年（1883）刻本　二冊

340000－1881－0003191　05113

瑞芝山房文鈔八卷詩鈔八卷東牟守城紀略一卷求治管見一卷　（清）戴綺輯　清光緒三年（1877）刻本　十二冊

340000－1881－0003192　05114

安序堂文鈔二十卷　（清）毛際可撰　（清）林雲銘　（清）嚴允肇評　清康熙刻本　四冊

340000－1881－0003193　05115

解春集文鈔十二卷補遺二卷詩鈔三卷　（清）馮景撰　清乾隆十七年（1752）刻本　四冊

340000－1881－0003194　05118

惕甫未定稿十六卷　（清）王芑孫撰　清嘉慶三年（1798）刻本　五冊

340000－1881－0003195　05119

淵雅堂編年詩稿□□卷小稿□□卷　（清）王芑孫撰　清嘉慶八年（1803）刻本　三冊　存八卷（淵雅堂編年詩稿三至七、十三，小稿一至二）

340000－1881－0003196　05120

柳待制文集二十卷　（元）柳貫撰　（清）柳寅東編　清順治十年（1653）刻本　六冊

340000－1881－0003197　05121

金源紀事詩八卷　（清）湯運泰撰　（清）湯顯業　（清）湯顯榦注　清同治十二年（1873）淮南書局刻本　四冊

340000－1881－0003198　05122

頻羅庵遺集十六卷　（清）梁同書撰　清嘉慶二十二年（1817）陸貞一刻本　八冊

340000－1881－0003199　05123

留春草堂詩鈔七卷　（清）伊秉綬撰　清嘉慶十九年（1814）刻本　二冊

340000－1881－0003200　05124

林和靖詩集四卷　（宋）林逋撰　清同治十二年（1873）刻本　二冊

340000－1881－0003201　05125

晚翠軒集一卷　（清）林旭撰　崦樓遺稿一卷　（清）沈鵲應撰　清末鉛印本　一冊

340000－1881－0003202　05126

香坪詩鈔四卷　（清）季蒘撰　清道光二十八年（1848）刻本　二冊

340000－1881－0003203　05128

京華百二竹枝詞不分卷　（清）夏忠生撰　清宣統二年（1910）鉛印本　一冊

340000－1881－0003204　05129

雁門集六卷　（元）薩都剌撰　（清）薩嘉曦校　清宣統元年（1909）湖北刷印局鉛印本　四冊

340000－1881－0003205　05130

庚辰集五卷唐人試律說一卷　（清）紀昀編　清乾隆二十七年（1762）太和堂刻本　六冊

340000－1881－0003206　05131

康齋先生集十二卷首一卷　（明）吳與弼撰　（清）劉詩華校　清道光十五年（1835）刻本　六冊

340000－1881－0003207　05132

駱臨海集十卷　（唐）駱賓王撰　清嘉慶二十五年（1820）義烏駱氏刻本　八冊

340000－1881－0003208　05134

好學為福齋詩鈔六卷　（清）俞樾撰　清道光二十九年（1849）刻本　一冊

340000－1881－0003209　05147

南野堂詩集七卷首一卷　（清）吳文博撰　清嘉慶四年（1799）刻本　一冊

340000－1881－0003210　05148

陸士龍文集十卷　（晉）陸雲撰　（明）汪士賢校　清光緒四年（1878）刻本　二冊

340000－1881－0003211　05149

伏敔堂詩錄十五卷首一卷　（清）江湜撰　清同治元年（1862）刻本　四冊

340000－1881－0003212　05150

離騷經不分卷九歌不分卷參同契不分卷陰符經不分卷　（戰國）屈原撰　（清）李光地注　清康熙刻本　一冊

340000－1881－0003213　05151

飲冰室文集十八卷　梁啟超撰　清光緒二十八年(1902)上海廣智書局鉛印本　十冊　存十卷(一、十至十八)

340000－1881－0003214　05153

國朝杭郡詩續輯四十六卷　（清）吳振棫編　清光緒二年(1876)錢塘丁氏刻本　十六冊

340000－1881－0003215　05154

鐵崖樂府注十卷詠史詩注八卷逸編注八卷　（元）楊維楨撰　（清）樓卜瀍注　清光緒十四年(1888)諸暨樓氏崇德堂刻本　六冊

340000－1881－0003216　05155

復莊詩問三十四卷　（清）姚燮撰　清道光二十六年(1846)大梅山館刻本　八冊

340000－1881－0003217　05156

因寄軒文初集十卷文集六卷補遺一卷附刻小異遺文一卷　（清）管同撰　（清）鄧嘉緝校　清光緒五年(1879)刻本　四冊

340000－1881－0003218　05157

古詩箋五言十七卷七言十五卷　（清）王士禎編　（清）聞人倓箋　清乾隆三十一年(1766)芝蘭堂刻本　十二冊

340000－1881－0003219　05158

南軒先生文集四十四卷　（宋）張栻撰　清康熙四十五年(1706)錫山華氏刻本　三冊　存二十一卷(一至二十一)

340000－1881－0003220　05159

長安宮詞不分卷　（清）胡延撰　清光緒二十八年(1902)刻本　一冊

340000－1881－0003221　05160

續古文辭類纂二十八卷　（清）黎庶昌纂　（清）蔣子瀟　（清）宦應清校　清光緒十五年(1889)金陵狀元閣刻本　十二冊

340000－1881－0003222　05161

誦芬堂詩鈔十卷首一卷詩鈔二集六卷詩鈔三集六卷文稿二卷　（清）郭儀霄撰　清道光十三年(1833)刻本　六冊

340000－1881－0003223　05163

恩餘堂經進初藁十二卷續藁二十二卷三藁十一卷策問存課二卷　（清）彭元瑞撰　清刻本　十八冊

340000－1881－0003224　05164

邗上題襟集一卷續集一卷　（清）曾燠撰　清嘉慶二年(1797)刻本　二冊

340000－1881－0003225　05165

聖雨齋詩文集十卷問魚篇二卷附錄　（清）周拱辰撰　清光緒元年(1875)刻本　五冊

340000－1881－0003226　05167

詩品不分卷　（唐）司空圖撰　（清）焦循校　清道光刻本　一冊

340000－1881－0003227　05168

妙吉祥室詩鈔十三卷附錄二卷　（清）朱葵之撰　清光緒十年(1884)刻本　六冊

340000－1881－0003228　05169

復初齋文集三十五卷　（清）翁方綱撰　清光緒三年(1877)刻本　八冊

340000－1881－0003229　05171

頻羅庵遺集十六卷　（清）梁同書撰　清嘉慶二十二年(1817)陸貞一刻本　五冊

340000－1881－0003230　05172

丙子人日試筆唱和詩不分卷　（清）潘曾瑋等撰　清刻本　一冊

340000－1881－0003231　05173

邗上題襟續集不分卷　（清）曾燠撰　清嘉慶二年(1797)刻本　一冊

340000－1881－0003232　05174

文信國公全集十七卷首一卷　（宋）文天祥撰　清道光二十五年(1845)文柱刻本　十冊

340000－1881－0003233　05175

道古堂集二十六卷　（清）杭世駿撰　清光緒

十四年(1888)錢塘汪氏振綺堂刻本　十六冊

340000－1881－0003234　05176

艮齋倦稿十四卷雜說六卷續說四卷　（清）尤
侗撰　清康熙二十九年(1690)刻本　八冊

340000－1881－0003235　05177

讀杜心解六卷首二卷　（清）浦起龍纂　清雍
正三年(1725)浦氏寧我齋刻本　七冊　存七
卷(二至六、首二卷)

340000－1881－0003236　05178

湘中草六卷　（清）湯傳楹撰　清康熙二十四
年(1685)刻本　一冊

340000－1881－0003237　05179

陋軒詩六卷續二卷　（清）吳嘉紀撰　（清）夏
荃輯　清道光二十年(1840)刻本　六冊

340000－1881－0003238　05180

強恕齋文鈔五卷　（清）張庚撰　（清）周虞藻
等校　清乾隆二十二年(1757)刻本　二冊

340000－1881－0003239　05181

翠筠館詩存二卷　（清）魁玉撰　清同治七年
(1868)刻本　二冊

340000－1881－0003240　05182

江漢炳靈集二卷　（清）張之洞編　清同治九
年(1870)刻本　六冊

340000－1881－0003241　05183

樊山集七十四卷　樊增祥撰　清光緒二十年
(1894)渭南縣梟署刻本　二十二冊

340000－1881－0003242　05184

樊山批判十四卷公牘□□卷　樊增祥撰　清
光緒二十三年(1897)刻本　八冊　存十七卷
(樊山批判十四卷、公牘一至三)

340000－1881－0003243　05185

江西詩徵九十四卷補遺一卷　（清）曾燠編輯
　清嘉慶九年(1804)刻本　六十四冊

340000－1881－0003244　05186

落驥樓文稿四卷　（清）沈垚撰　清道光二十
七年(1847)刻連筠簃叢書本　一冊

340000－1881－0003245　05187

一甌睡足詩草二卷　（清）譚龍驤撰　清宣統
元年(1909)刻本　二冊

340000－1881－0003246　05188

一枝山房詩文鈔二卷　（清）楊山鼎撰　清光
緒七年(1881)刻本　一冊

340000－1881－0003247　05189

樊南文集補編十四卷　（唐）李商隱撰　（清）
錢振倫箋　（清）錢振常注　清同治五年
(1866)望三益齋刻本　四冊

340000－1881－0003248　05190

有正味齋集五十三卷　（清）吳錫麒撰　清嘉
慶十三年(1808)刻本　十二冊

340000－1881－0003249　05191

靈芬館雜著二卷　（清）郭麐撰　清嘉慶九年
(1804)刻本　一冊

340000－1881－0003250　05195

宋戴剡源文鈔四卷　（清）戴表元撰　（清）黃
宗羲輯　清康熙三十九年(1700)刻本　二冊

340000－1881－0003251　05196

缾水齋詩集十七卷別集二卷　（清）舒位撰　
清嘉慶二十一年(1816)刻本　四冊

340000－1881－0003252　05197

質園詩集三十二卷　（清）商盤撰　清乾隆刻
本　八冊

340000－1881－0003253　05198

忠雅堂文集十二卷　（清）蔣士銓撰　清嘉慶
二十一年(1816)刻本　十冊

340000－1881－0003254　05203

木蘭將軍集三卷首一卷　（清）心吾氏輯　清
光緒三年(1877)刻本　一冊

340000－1881－0003255　05204

熊襄湣公集十卷首一卷末一卷　（明）熊廷弼
撰　清嘉慶十七年(1812)刻本　十冊

340000－1881－0003256　05205

呂晚村東莊詩存不分卷　（清）呂留良撰　清
宣統三年(1911)風雨樓鉛印本　一冊

340000－1881－0003257　05206

自知齋詩集十卷　（清）黃長森撰　清同治十二年(1873)刻本　二冊

340000－1881－0003258　05207

意園文略二卷　楊鍾羲撰　清宣統二年(1910)刻本　一冊

340000－1881－0003259　05208

臨江鄉人詩四卷　（清）吳穎芳撰　清同治十年(1871)錢塘丁氏刻本　一冊

340000－1881－0003260　05209

璜谿遺詩不分卷　（清）姜渭撰　清刻本　一冊

340000－1881－0003261　05210

順安詩草八卷清儀閣雜詠一卷竹田樂府一卷竹里畫者詩一卷竹里耆舊詩一卷感逝詩一卷　（清）張廷濟撰　清道光三十年(1850)清儀閣刻本　四冊

340000－1881－0003262　05211

張義士遺稿不分卷　（清）張繼庚撰　清末固始張榮光刻本　一冊

340000－1881－0003263　05215

航海吟草不分卷　（清）奕譞撰　清光緒十三年(1887)上海鴻文書局石印本　一冊

340000－1881－0003264　05221

天影庵詩存不分卷　（清）李壽蓉撰　清同治十二年(1873)刻本　一冊

340000－1881－0003265　05224

國朝詩鐸二十六卷首一卷　（清）張應昌撰　清同治八年(1869)永康應氏秀芷堂刻本　十六冊

340000－1881－0003266　05225

養知書屋集二十八卷詩集十五卷　（清）郭嵩燾撰　清光緒十八年(1892)刻本　十六冊

340000－1881－0003267　05226

櫻海詞不分卷　（清）葉玉森撰　清宣統元年(1909)鉛印本　一冊

340000－1881－0003268　05227

袖海集二卷　（清）葉玉森撰　清宣統二年(1910)鉛印本　一冊

340000－1881－0003269　05229

甌香館集十二卷遺詩一卷　（清）惲格撰　（清）蔣光煦輯　清光緒七年(1881)刻本　四冊

340000－1881－0003270　05230

東遊草不分卷　（清）江瀚撰　清光緒三十年(1904)刻本　一冊

340000－1881－0003271　05232

寒山舊廬詩不分卷　（清）梁同書選　（清）章煦編　清乾隆四十四年(1779)刻本　一冊

340000－1881－0003272　05235

嚼梅吟二卷　（清）釋寄禪撰　清光緒七年(1881)刻本　一冊

340000－1881－0003273　05236

管窺樓詩鈔不分卷　（清）朱本福撰　清乾隆五十八年(1793)刻本　一冊

340000－1881－0003274　05240

菀青集二十一卷　（清）陳至言撰　清乾隆二十六年(1761)刻本　四冊

340000－1881－0003275　05241

毋自欺齋詩略不分卷　（清）梁元撰　茗香室詩略不分卷　（清）李如蕙撰　清同治七年(1868)刻本　一冊

340000－1881－0003276　05242

述菴詩鈔十二卷　（清）王昶撰　清乾隆五十五年(1790)刻本　四冊

340000－1881－0003277　05243

思綺堂文集十卷　（清）章藻功撰注　（清）沈善式　（清）張應龍校　清康熙六十一年(1722)聚錦堂刻本　五冊　存五卷(一至五)

340000－1881－0003278　05244

鷺䕓集不分卷　（清）沈同芳輯　清光緒羊城成文堂刻本　一冊

340000－1881－0003279　05245

丁戊之間行卷不分卷　易順鼎撰　清光緒刻

本　一冊

340000－1881－0003280　05246
澄懷書屋詩鈔四卷　（清）穆彰阿撰　清道光二十七年(1847)刻本　一冊

340000－1881－0003281　05247
魏叔子詩集八卷附日錄三卷　（清）魏禧撰　清刻本　二冊

340000－1881－0003282　05248
杜工部集二十卷　（唐）杜甫撰　（明）王世貞評　（清）盧坤輯　清道光刻五色套印本　四冊　存十一卷(三至八、十六至二十)

340000－1881－0003283　05249
裘文達公奏議不分卷文集六卷古今體詩十二卷御製詩六卷　（清）裘曰修撰　清嘉慶刻本　十六冊

340000－1881－0003284　05250
一微塵集五卷　何震彝編　清宣統元年(1909)江陰何氏鞬芬室鉛印本　一冊

340000－1881－0003285　05251
百美新詠集詠不分卷　（清）顧希源輯　清嘉慶九年(1804)刻本　一冊

340000－1881－0003286　05252
題江南曾文正公祠百詠不分卷　朱孔彰撰　清光緒十三年(1887)刻本　一冊

340000－1881－0003287　05253
怡志堂詩初編八卷　（清）朱琦撰　清咸豐七年(1857)刻本　二冊

340000－1881－0003288　05255
擔公遺詩不分卷　（明）釋普荷撰　清宣統二年(1910)李根源鉛印本　一冊

340000－1881－0003289　05260
二家詠古詩一卷二家試帖一卷二家詞鈔五卷　（清）張之洞　（清）李慈銘撰　清光緒二十八年(1902)刻本　二冊

340000－1881－0003290　05262
鴛鴦湖櫂歌不分卷　（清）朱彝尊等撰　清乾隆四十年(1775)陸以誠刻本　二冊

340000－1881－0003291　05263
奉使車臣汗記程詩三卷　（清）延清撰　清宣統元年(1909)鉛印本　三冊

340000－1881－0003292　05267
佩蘅詩鈔八卷　（清）寶鋆撰　清咸豐九年(1859)刻本　三冊

340000－1881－0003293　05268
彙纂詩法度鍼三十三卷首一卷　（清）徐文弼輯　清乾隆刻本　八冊

340000－1881－0003294　05269
大雲山房文集初集四卷二集四卷言事二卷　（清）惲敬撰　清同治二年(1863)刻本　十冊

340000－1881－0003295　05270
西漚全集十卷外集八卷　（清）李惺撰　（清）宋寶械等編　清同治七年(1868)刻本　十六冊

340000－1881－0003296　05273
葉兒樂府不分卷　（清）朱彝尊撰　北樂府小令不分卷　（清）厲鶚撰　道情不分卷　（清）鄭板橋撰　西堂樂府不分卷　（清）尤侗撰　揚州竹枝詞不分卷　（清）董偉業撰　清刻本　一冊

340000－1881－0003297　05274
張小山小令二卷　（元）張可久撰　（明）李開先編　清刻本　一冊　存一卷(上)

340000－1881－0003298　05275
喬夢符小令不分卷　（元）喬吉撰　（明）李開先編　清刻本　一冊

340000－1881－0003299　05277
悼紅吟不分卷　（清）管斯駿編　清光緒十年(1884)蘇城管氏刻本　一冊

340000－1881－0003300　05278
詩品詩課鈔不分卷　（清）鍾寶撰　清嘉慶二十一年(1816)刻本　一冊

340000－1881－0003301　05279
紀曉嵐詩注釋四卷　（清）紀昀撰　（清）郭斌評注　清刻朱墨套印本　二冊

340000－1881－0003302　05280

國朝閨秀香咳集十卷附錄一卷　（清）許夔臣輯　蔡爾康校　清光緒上海申報館鉛印本　四冊

340000－1881－0003303　05281

笠翁一家言全集十六卷　（清）李漁撰　清刻本　三冊　存六卷（一至二、六至七、九至十）

340000－1881－0003304　05282

真州竹枝詞不分卷　（清）厲秀芳撰　清咸豐十年（1860）刻本　四冊

340000－1881－0003305　05283

漁洋山人古詩選三十二卷　（清）王士禎選　清同治七年（1868）湘鄉曾氏刻本　三冊　存十三卷（一至四、九至十七）

340000－1881－0003306　05290

國朝十家四六文鈔不分卷　王先謙輯　清光緒十五年（1889）長沙王氏刻本　四冊

340000－1881－0003307　05291

霏玉軒詩草二卷　（清）吳均撰　清道光三十年（1850）霏玉軒刻本　一冊

340000－1881－0003308　05292

復堂詩四卷　（清）譚獻撰　清刻本　一冊

340000－1881－0003309　05293

香蘇山館全集□□卷　（清）吳嵩梁撰　清刻本　八冊　存二十六卷（新田十憶圖詠一至四、石溪舫詩話一至二、香蘇山館今體詩集九至十五、香蘇山館古體詩集四至七、聽香館叢錄一至六、廬山紀游圖詠一、香蘇山館文集一至二）

340000－1881－0003310　05294

唐賢三昧集三卷　（清）王士禎編　清康熙二十七年（1688）刻本　一冊

340000－1881－0003311　05295

漁洋山人詩集二十二卷　（清）王士禎撰　清康熙刻本　一冊　存十一卷（十二至二十二）

340000－1881－0003312　05296

御製詩三集　（清）高宗弘曆撰　清乾隆刻本　四冊　存十二卷（四十至四十五、七十三至七十八）

340000－1881－0003313　05297

樂餘靜廉齋詩稿二集不分卷　（清）顧復初撰　清同治四年（1865）刻本　一冊

340000－1881－0003314　05298

有正味齋駢文十六卷　（清）吳錫麒撰　（清）葉聯芬箋注　清同治七年（1868）刻本　五冊

340000－1881－0003315　05299

司馬文正公傳家集八十卷目錄二卷附錄一卷　（宋）司馬光撰　（清）陳弘謀編　清乾隆刻本　一冊　存三卷（六至八）

340000－1881－0003316　05300

小南海集詩鈔二卷　（清）徐同善撰　清同治五年（1866）刻本　二冊

340000－1881－0003317　05301

五言排律輯要六卷　（清）吳元安類注　清康熙五十四年（1715）江左三多齋刻本　二冊

340000－1881－0003318　05302

三賢集□□卷　（元）劉因　（明）楊繼盛（清）孫奇逢撰　（清）俞廷獻修　清光緒二十四年（1898）李燦璋刻本　五冊　存三卷（一至三）

340000－1881－0003319　05303

漁洋山人詩集十六卷　（清）王士禎撰　清康熙二十三年（1684）刻本　一冊　存四卷（一至四）

340000－1881－0003320　05304

帶經堂集二十二卷　（清）王士禎撰　（清）程哲校編　清刻本　一冊　存六卷（十七至二十二）

340000－1881－0003321　05305

心日齋十六家詞錄二卷　（清）周之琦輯　清道光二十四年（1844）刻本　二冊

340000－1881－0003322　05306

心日齋詞集六卷　（清）周之琦輯　清刻本　二冊

340000 – 1881 – 0003323　05308

九靈山房集三十卷補編二卷　（元）戴良撰
清乾隆三十七年(1772)刻本　一冊　存五卷
(九靈山房集二十八至三十、補編二卷)

340000 – 1881 – 0003324　05309

西山先生真文忠公文章正宗二十四卷　（宋）
真德秀撰　（清）李開鄴　（清）盛符升評　清
刻本　二冊　存四卷(七至八、十九至二十)

340000 – 1881 – 0003325　05310

復堂類集十五卷　（清）譚獻撰　清光緒十一
年(1885)刻本　一冊　存二卷(一至二)

340000 – 1881 – 0003326　05311

刪訂唐詩解二十四卷　（明）唐汝詢選釋
（清）吳昌祺評　清刻本　一冊　存四卷(六
至九)

340000 – 1881 – 0003327　05312

陶靖節詩注四卷　（晉）陶潛撰　（宋）湯漢注
清嘉慶吳騫刻本　一冊

340000 – 1881 – 0003328　05313

梅村詩集箋注十八卷　（清）吳偉業撰　（清）
吳翌鳳注　清嘉慶滄浪吟榭刻本　一冊　存
三卷(三至五)

340000 – 1881 – 0003329　05314

沈文忠公集十卷　（清）沈兆霖撰　清同治刻
本　一冊　存三卷(八至十)

340000 – 1881 – 0003330　05315

曝書亭集詞注七卷　（清）朱彝尊撰　（清）李
富孫纂　清嘉慶十九年(1814)刻本　四冊

340000 – 1881 – 0003331　05316

珂雪詞二卷　（清）曹貞吉撰　清康熙刻本
一冊

340000 – 1881 – 0003332　05317

漁洋山人精華錄十卷　（清）王士禛撰　（清）
林佶編　清康熙刻本　二冊　存四卷(五至
六、九至十)

340000 – 1881 – 0003333　05318

三恥齋初稿六卷　（清）吳坤修撰　清同治四

年(1865)刻本　二冊

340000 – 1881 – 0003334　05319

曝書亭詞拾遺三卷　（清）朱彝尊撰　（清）翁
之潤輯　清光緒二十二年(1896)常熟翁氏刻
本　一冊

340000 – 1881 – 0003335　05320

靈芬館詞十二卷　（清）郭麐撰　清光緒五年
(1879)娛園刻本　四冊

340000 – 1881 – 0003336　05321

憶雲詞四卷　（清）項廷紀撰　清光緒二十五
年(1899)思賢書局刻本　一冊

340000 – 1881 – 0003337　05322

漱玉詞一卷　（宋）李清照撰　**斷腸詞一卷**
（宋）朱淑真撰　清光緒十五年(1889)四印齋
刻本　一冊

340000 – 1881 – 0003338　05323

馬太史匡菴集十二卷　（清）馬世俊撰　清康
熙二十八年(1689)刻本　四冊

340000 – 1881 – 0003339　05324

伏敵堂詩錄十五卷首一卷續三卷　（清）江湜
撰　清同治元年(1862)刻本　四冊

340000 – 1881 – 0003340　05325

詞律校勘記二十卷　（清）杜文瀾撰　清咸豐
十一年(1861)曼陀羅華閣刻本　一冊

340000 – 1881 – 0003341　05327

山中白雲詞八卷　（宋）張炎撰　清刻本
二冊

340000 – 1881 – 0003342　05328

清綺軒詞選十三卷　（清）夏秉衡選　清光緒
二十一年(1895)刻本　四冊

340000 – 1881 – 0003343　05330

薇省詞鈔十卷附錄一卷　況周儀撰　清光緒
二十四年(1898)刻本　四冊

340000 – 1881 – 0003344　05331

謫麐堂遺集四卷　（清）戴望撰　清光緒元年
(1875)刻本　一冊　存一卷(一)

340000 – 1881 – 0003345　05332

入洛集不分卷　（清）陸襄撰　清光緒刻本
一冊

340000 – 1881 – 0003346　05333

南宋樂府不分卷　（清）章季英撰　（清）趙葆
燧纂注　清光緒二年(1876)歸安趙氏刻本
一冊

340000 – 1881 – 0003347　05334

國朝駢體正宗十二卷　（清）曾燠輯　清刻本
一冊　存二卷(九至十)

340000 – 1881 – 0003348　05335

心庵詩存不分卷　（清）何兆瀛撰　清光緒五
年(1879)刻本　一冊

340000 – 1881 – 0003349　05337

詞選二卷　（清）張惠言編　續詞選二卷附錄
一卷　（清）董毅編　清道光十年(1830)刻本
二冊

340000 – 1881 – 0003350　05338

古文講授談不分卷　（清）尚秉和纂　清宣統
二年(1910)北京官書局鉛印本　二冊

340000 – 1881 – 0003351　05339

文則二卷　（宋）陳騤撰　清嘉慶二十二年
(1817)臨海宋氏刻本　一冊

340000 – 1881 – 0003352　05340

蘭當詞二卷　（清）陶方琦填詞　清刻本
一冊

340000 – 1881 – 0003353　05341

滄江虹月詞三卷　（清）汪初撰　清嘉慶九年
(1804)刻光緒十五年(1889)汪氏振綺堂補刻
本　一冊

340000 – 1881 – 0003354　05342

笙月詞四卷　（清）王詒壽撰　清同治十一年
(1872)杭州刻本　一冊

340000 – 1881 – 0003355　05343

淮海秋笳集不分卷　（清）李肇增輯　清咸豐
十年(1860)遲雲山館刻本　一冊

340000 – 1881 – 0003356　05344

侯鯖詞不分卷　（清）吳唐林輯　清光緒十一
年(1885)杭州刻本　一冊

340000 – 1881 – 0003357　05345

飲水詞鈔二卷　（清）納蘭性德撰　（清）袁通
編　清刻本　一冊

340000 – 1881 – 0003358　05346

明詞綜十二卷　（清）王昶纂　清嘉慶七年
(1802)刻本　二冊

340000 – 1881 – 0003359　05347

國朝詞綜四十八卷　（清）王昶纂　清嘉慶八
年(1803)刻本　十冊

340000 – 1881 – 0003360　05348

國朝詞綜二集八卷　（清）王昶纂　清嘉慶八
年(1803)刻本　二冊

340000 – 1881 – 0003361　05349

國朝詞綜續編二十四卷　（清）黃燮清撰　清
同治刻本　八冊

340000 – 1881 – 0003362　05350

青藜閣吟草六卷　（清）劉禮淞撰　清同治六
年(1867)刻本　二冊

340000 – 1881 – 0003363　05352

于中丞詩存不分卷　（清）成多祿　（清）柯紹
忞選　清刻本　一冊

340000 – 1881 – 0003364　05353

彭剛直公詩集八卷　（清）彭玉麟撰　清光緒
十七年(1891)刻本　一冊

340000 – 1881 – 0003365　05354

詞律二十卷　（清）萬樹纂　清光緒二年
(1876)刻本　十二冊

340000 – 1881 – 0003366　05355

詞律拾遺八卷補遺一卷　（清）徐本立纂
（清）杜文瀾補編　清同治十二年(1873)刻本
四冊

340000 – 1881 – 0003367　05356

香祖樓二卷　（清）蔣士銓填詞　（清）陳守詒
評文　（清）羅聘訂譜　清乾隆紅雪樓刻本
二冊

340000 – 1881 – 0003368　05357

冬青樹二卷　（清）蔣士銓填詞　清乾隆紅雪樓刻本　一冊

340000 – 1881 – 0003369　05358

雪中人一卷四絃秋一卷　（清）蔣士銓填詞　清乾隆紅雪樓刻本　一冊

340000 – 1881 – 0003370　05359

香祖樓二卷　（清）蔣士銓填詞　（清）陳守詒評文　（清）羅聘訂譜　清乾隆紅雪樓刻本　一冊

340000 – 1881 – 0003371　05360

冬青樹二卷　（清）蔣士銓填詞　清乾隆紅雪樓刻本　一冊

340000 – 1881 – 0003372　05361

臨川夢二卷　（清）蔣士銓填詞　清乾隆紅雪樓刻本　一冊

340000 – 1881 – 0003373　05362

桂林霜二卷　（清）蔣士銓填詞　清乾隆紅雪樓刻本　二冊

340000 – 1881 – 0003374　05364

漁洋山人古詩選三十二卷　（清）王士禎選　清同治五年(1866)金陵書局刻本　八冊

340000 – 1881 – 0003375　05365

五七言今體詩鈔十八卷　（清）姚鼐選　清同治五年(1866)金陵書局刻本　二冊

340000 – 1881 – 0003376　05366

詞選二卷附錄一卷　（清）張惠言編　續詞選二卷　（清）董毅編　清道光十年(1830)宛鄰書屋刻本　一冊

340000 – 1881 – 0003377　05367

約園詞四卷　（清）劉溎年撰　清光緒十二年(1886)刻本　二冊

340000 – 1881 – 0003378　05369

懷白軒詞鈔二卷南北曲一卷文鈔二卷駢體一卷賦鈔一卷　（清）陸初望撰　清同治五年(1866)刻本　二冊

340000 – 1881 – 0003379　05373

則山簃芰存草不分卷　（清）冷泉亭長撰　清宣統元年(1909)上海群學圖書社鉛印本　一冊

340000 – 1881 – 0003380　05375

彙纂詩法度鍼三十三卷首一卷　（清）徐文弼纂　清刻本　八冊

340000 – 1881 – 0003381　05376

藏園九種不分卷　（清）蔣士銓填詞　清刻本　一冊　存第二碑、冬青樹

340000 – 1881 – 0003382　05377

紅雪樓九種曲不分卷　（清）蔣士銓填詞　清刻本　二冊　存臨川夢、雪中人、一片石

340000 – 1881 – 0003383　05378

紅雪樓九種曲不分卷　（清）蔣士銓填詞　清刻本　四冊　存香祖樓、臨川夢、空谷香傳奇

340000 – 1881 – 0003384　05379

繡墨軒詩詞不分卷　（清）俞慶曾撰　清光緒二十三年(1897)刻本　二冊

340000 – 1881 – 0003385　05380

疎影樓名花百詠一卷　（清）李淑儀撰　清道光十三年(1833)疎影樓刻本　一冊

340000 – 1881 – 0003386　05381

蘇盦詩錄八卷附詞錄一卷　（清）楊葆光撰　清光緒元年(1875)刻本　一冊

340000 – 1881 – 0003387　05382

二家詠古詩一卷二家試帖一卷二家詞鈔五卷　（清）張之洞　（清）李慈銘撰　清光緒刻本　二冊

340000 – 1881 – 0003388　05383

印雪軒詩鈔十六卷　（清）俞鴻漸撰　清道光二十七年(1847)刻本　四冊

340000 – 1881 – 0003389　05384

文星榜二卷　（清）沈起鳳撰　清末刻本　二冊

340000 – 1881 – 0003390　05385

伏虎韜二卷　（清）沈起鳳撰　清末刻本　二冊

340000 – 1881 – 0003391　05387

和天倪齋詞四卷　（清）郭鍾岳撰　清光緒十三年(1887)刻本　二冊

340000 – 1881 – 0003392　05388

和天倪齋詞四卷　（清）郭鍾岳撰　清光緒十三年(1887)刻本　二冊

340000 – 1881 – 0003393　05389

鳳孫樓填詞二卷　（清）管繩萊撰　清道光十二年(1832)萬綠草堂刻本　一冊

340000 – 1881 – 0003394　05392

勸孝歌曲不分卷　（清）江紹明等撰　清光緒十八年(1892)刻本　一冊

340000 – 1881 – 0003395　05393

勸孝歌曲不分卷　（清）江紹明等撰　清光緒十八年(1892)刻本　一冊

340000 – 1881 – 0003396　05394

勸孝歌曲不分卷　（清）江紹明等撰　清光緒十八年(1892)刻本　一冊

340000 – 1881 – 0003397　05395

儀孝堂詩卷不分卷　（清）何承徽撰　清光緒五年(1879)刻本　一冊

340000 – 1881 – 0003398　05397

趙忠節公遺墨不分卷　（清）趙景賢撰　清光緒三年(1877)刻本　一冊

340000 – 1881 – 0003399　05398

麥浪園樂志山房倡和詩八卷附一卷　（清）胡履亨等撰　（清）馮文燦輯　清道光十二年(1832)刻本　二冊

340000 – 1881 – 0003400　05400

倫敦竹枝詞不分卷　（清）張祖翼撰　清光緒十四年(1888)觀自得齋刻本　一冊

340000 – 1881 – 0003401　05402

清娛閣詩鈔六卷　（清）鮑之蕙撰　清嘉慶刻本　二冊

340000 – 1881 – 0003402　05403

希古堂文甲集二卷乙集六卷　（清）譚宗浚撰　清光緒刻本　四冊

340000 – 1881 – 0003403　05405

紅樹山莊詩草四卷黔游草一卷　（清）劉家遜撰　清光緒刻本　二冊

340000 – 1881 – 0003404　05407

自然好學齋詩鈔十卷　（清）汪端撰　清道光九年(1829)刻本　一冊　存一卷(一)

340000 – 1881 – 0003405　05408

三十二蘭亭室詩存再續刻二卷　（清）劉湘年撰　清光緒十七年(1891)刻本　一冊

340000 – 1881 – 0003406　05410

德禮堂酬唱集八卷　（清）吳謙福編　清光緒三年(1877)銅梁吳氏刻本　二冊

340000 – 1881 – 0003407　05411

潛研堂答問十二卷　（清）錢大昕撰　清光緒七年(1881)刻本　四冊

340000 – 1881 – 0003408　05416

存素堂試帖□□卷　（清）法式善撰　芳草堂試帖□□卷　（清）王芑孫撰　清刻本　一冊　存二卷(存素堂試帖一、芳草堂試帖一)

340000 – 1881 – 0003409　05434

十二種曲二十四卷　（清）李漁編　南柯記傳奇二卷邯鄲夢傳奇二卷　（明）湯顯祖撰　清大知堂刻本　四十八冊

340000 – 1881 – 0003410　05437

皇甫持正文集六卷補遺一卷　（唐）皇甫湜撰　清光緒二年(1876)刻本　一冊

340000 – 1881 – 0003411　05438

澹園文集二卷一甌睡足詩草二卷　（清）譚龍驤撰　清宣統二年(1910)刻本　二冊　存二卷(澹園文集二卷)

340000 – 1881 – 0003412　05440

庚子山集十六卷[庚信]年譜一卷總釋一卷　（北周）庚信撰　（清）倪璠注釋　清康熙二十六年(1687)刻本　八冊

340000 – 1881 – 0003413　05441

樹經堂詠史詩八卷　（清）謝啟昆撰　清道光五年(1825)樹經堂刻本　八冊

340000－1881－0003414　05442

桐乳齋詩集十二卷　（清）梁文濂撰　清乾隆刻本　四冊

340000－1881－0003415　05444

樵川二家詩六卷　（宋）嚴羽　（元）黃鎮成撰　（清）徐榦輯　清光緒七年（1881）刻本　二冊

340000－1881－0003416　05445

文溪頌言十一卷首一卷附文溪廣頌二卷　（清）葉元堦輯　清道光二十五年（1845）刻本　二冊

340000－1881－0003417　05446

存悔齋集二十八卷外集四卷　（清）劉鳳誥撰　清道光十年（1830）刻本　十六冊

340000－1881－0003418　05447

道古堂文集四十八卷　（清）杭世駿撰　清刻本　十六冊

340000－1881－0003419　05448

思適齋集十八卷　（清）顧廣圻撰　清道光二十九年（1849）上海徐氏刻本　四冊

340000－1881－0003420　05449

蜜梅花館詩錄不分卷　（清）焦廷琥撰　清道光刻本　一冊

340000－1881－0003421　05450

南海百詠不分卷　（宋）方信孺撰　清光緒八年（1882）學海堂刻本　一冊

340000－1881－0003422　05451

閩川閨秀詩話四卷　（清）梁章鉅撰　清末甌郡師古齋刻本　二冊

340000－1881－0003423　05452

芙蓉山館詩鈔八卷補鈔一卷附詞二卷　（清）楊芳燦撰　清嘉慶刻本　二冊

340000－1881－0003424　05453

止齋先生文集五十二卷附一卷　（宋）陳傅良撰　清光緒五年（1879）刻本　八冊

340000－1881－0003425　05454

此宜閣增訂金批西廂四卷　（元）王實甫撰

（清）金聖歎評　清刻朱墨套印本　三冊　存三卷（二至四）

340000－1881－0003426　05472

十國宮詞一百首　（清）吳省蘭輯　清宣統三年（1911）上海掃葉山房石印本　一冊

340000－1881－0003427　05473

三家宮詞不分卷二家宮詞不分卷　（明）毛晉輯　清宣統三年（1911）上海掃葉山房石印本　一冊

340000－1881－0003428　05475

天韻閣詩存不分卷　（清）黃箴撰　清光緒三十一年（1905）上海謝文漪書畫室鉛印本　一冊

340000－1881－0003429　05476

平園雜著內編十四卷　（清）林有席撰　清道光六年（1826）刻本　一冊　存二卷（一至二）

340000－1881－0003430　05478

我法集二卷　（清）紀昀撰　清乾隆六十年（1795）河間紀氏閱微草堂刻本　二冊

340000－1881－0003431　05479

小酉腴山館詩鈔二卷補錄一卷續編二卷三編二卷　（清）吳大廷撰　清同治九年（1870）刻本　二冊

340000－1881－0003432　05480

景惠室詩存不分卷　（清）易縈撰　清光緒二十七年（1901）刻本　一冊

340000－1881－0003433　05482

五周先生集不分卷　（清）周沐潤等撰　清光緒二十三年（1897）刻本　一冊　存蟄室詩錄、訒庵遺稿、傳忠堂學古文

340000－1881－0003434　05483

洞庭集二十卷　（清）王慶麟撰　清嘉慶二十年（1815）刻本　二冊　存十八卷（三至二十）

340000－1881－0003435　05484

桃花山館吟稿十四卷　（清）郎葆辰撰　清道光十一年（1831）刻本　四冊

340000－1881－0003436　05485

蓬萊閣詩錄四卷　（清）陳克家撰　清同治二年(1863)刻本　一冊

340000 – 1881 – 0003437　05487

子良詩存二卷　（清）馮詢撰　清末刻本　二冊

340000 – 1881 – 0003438　05488

旅游小草四卷　（清）華振撰　燹餘賸草不分卷　（清）華持撰　清光緒二年(1876)刻本　一冊

340000 – 1881 – 0003439　05490

可青軒詩集不分卷　（清）長秀撰　清咸豐十一年(1861)刻本　一冊

340000 – 1881 – 0003440　05491

蘭舫詩遺不分卷　（清）陶森藻撰　清同治七年(1868)刻本　一冊

340000 – 1881 – 0003441　05492

城北草堂詩餘二卷附詞餘一卷　（清）顧燮撰　清光緒刻本　一冊

340000 – 1881 – 0003442　05493

青溪詩選二卷　（清）蔣師轍撰　清光緒十六年(1890)刻本　一冊

340000 – 1881 – 0003443　05494

學古集四卷詩論一卷　（清）宋大樽撰　清嘉慶十三年(1808)刻本　一冊

340000 – 1881 – 0003444　05496

御製巡幸盛京詩不分卷　（清）宣宗旻寧撰　清道光刻本　一冊

340000 – 1881 – 0003445　05498

吟紅閣詩鈔五卷　（清）夏伊蘭撰　清道光九年(1829)刻本　一冊

340000 – 1881 – 0003446　05499

壬癸詩錄不分卷　（清）孔繼鑅撰　清咸豐四年(1854)刻本　一冊

340000 – 1881 – 0003447　05500

南畇詩稿十卷續稿十七卷　（清）彭定求撰　清康熙四十八年(1709)刻本　六冊

340000 – 1881 – 0003448　05503

六朝唐賦讀本不分卷　（清）馬傳庚選注　清同治十三年(1874)京都玉燕書巢馬氏刻本　二冊

340000 – 1881 – 0003449　05505

華國編唐賦選二卷　（清）孫濩孫評訂　清雍正十一年(1733)刻本　二冊

340000 – 1881 – 0003450　05508

金陵賦一卷　程先甲撰　清宣統二年(1910)刻千一齋全書本　一冊

340000 – 1881 – 0003451　05511

牡丹亭還魂記八卷　（明）湯顯祖編　清刻本　四冊

340000 – 1881 – 0003452　05512

懷永堂繪像第六才子書八卷　（元）王實甫撰　（清）金聖歎評　清嘉慶三年(1798)刻本　六冊

340000 – 1881 – 0003453　05513

憐香伴傳奇四卷　（清）李漁編　清刻本　二冊

340000 – 1881 – 0003454　05514

蜃中樓傳奇四卷　（清）李漁編　清刻本　二冊

340000 – 1881 – 0003455　05515

奈何天傳奇四卷　（清）李漁編　清刻本　二冊

340000 – 1881 – 0003456　05516

玉搔頭傳奇四卷　（清）李漁編　清刻本　二冊

340000 – 1881 – 0003457　05517

巧團圓傳奇四卷　（清）李漁編　清刻本　二冊

340000 – 1881 – 0003458　05518

風箏誤傳奇四卷　（清）李漁編　清刻本　一冊　存一卷(上之上、下)

340000 – 1881 – 0003459　05519

牡丹亭還魂記二卷　（明）湯顯祖編　清光緒

十二年(1886)上海同文書局石印本 四冊

340000 – 1881 – 0003460　05520

梨花雪十二折首一折尾一折附白頭新六折
(清)徐鄂填詞　清光緒十三年(1887)大同書
局石印本 二冊

340000 – 1881 – 0003461　05521

帶經堂詩話三十卷首一卷 (清)王士禎撰
清同治十二年(1873)藏修堂刻本 十二冊

340000 – 1881 – 0003462　05522

焦桐集三卷 (清)何栻撰 清咸豐九年
(1859)刻本 一冊 存一卷(一)

340000 – 1881 – 0003463　05523

曝書亭集八十卷附錄一卷 (清)朱彝尊撰
清刻本 二冊 存十卷(六至十五)

340000 – 1881 – 0003464　05524

青溪草堂文偶存二卷 (清)蔣錫震撰 清刻
本 一冊

340000 – 1881 – 0003465　05525

拙尊園叢稿六卷 (清)黎庶昌撰 清光緒二
十一年(1895)金陵狀元閣刻本 四冊

340000 – 1881 – 0003466　05526

廬陵宋丞相信國公文忠烈先生全集十六卷
(宋)文天祥撰　清道光十四年(1834)刻本
十冊

340000 – 1881 – 0003467　05527

唐詩諧律二卷 (清)沈寶青編 清光緒十六
年(1890)刻本 二冊

340000 – 1881 – 0003468　05528

王貞白詩不分卷 (唐)王貞白撰 清宣統元
年(1909)刻本 一冊

340000 – 1881 – 0003469　05530

國朝文匯二百卷目一卷 (清)王文濡等纂
清宣統二年(1910)上海國學扶輪社石印本
一百一冊

340000 – 1881 – 0003470　05537

粲花樓詩稿不分卷 (清)郭元英撰 清刻本
一冊

340000 – 1881 – 0003471　05540

芳茂山人詩錄十卷附長離閣集一卷 (清)孫
星衍等撰　清光緒十一年(1885)吳縣朱氏槐
廬刻本 四冊

340000 – 1881 – 0003472　05541

香祖樓二卷 (清)蔣士銓填詞 清乾隆三十
九年(1774)刻本 二冊

340000 – 1881 – 0003473　05542

一片石不分卷第二碑不分卷 (清)蔣士銓填
詞 清刻本 一冊

340000 – 1881 – 0003474　05543

冬青樹二卷 (清)蔣士銓填詞 清乾隆四十
六年(1781)刻本 一冊

340000 – 1881 – 0003475　05544

臨川夢二卷 (清)蔣士銓填詞 清刻本
二冊

340000 – 1881 – 0003476　05545

古唐詩合解十二卷古詩四卷 (清)王堯衢注
清末南京李光明莊刻本 五冊 存十四卷
(古唐詩合解一至七、十至十二,古詩四卷)

340000 – 1881 – 0003477　05546

賦鈔箋略十五卷 (清)雷琳 (清)張杏濱輯
清嘉慶二十二年(1817)刻本 四冊

340000 – 1881 – 0003478　05547

方宦售世文不分卷 (清)顧曾烜撰 清光緒
二十三年(1897)刻本 四冊

340000 – 1881 – 0003479　05548

息園舊德錄不分卷 (清)福潤等撰 清光緒
二十六年(1900)刻鵠齋刻本 一冊

340000 – 1881 – 0003480　05549

問湘樓駢文初稿六卷 (清)胡念修撰 清光
緒二十四年(1898)刻鵠齋刻本 四冊

340000 – 1881 – 0003481　05550

遺愛詩編不分卷 (清)黃峻等撰 清光緒二
十六年(1900)刻本 一冊

340000 – 1881 – 0003482　05551

策學全璧四卷 (清)劉之屛纂 清同治元年

（1862）京都琉璃廠刻本　四冊

340000－1881－0003483　05552
好學為福齋文鈔二卷　（清）俞樾撰　清刻本
二冊

340000－1881－0003484　05553
范香溪先生文集二十二卷　（宋）范浚撰　清
乾隆刻本　三冊　存十四卷（九至二十二）

340000－1881－0003485　05554
廣寒梯傳奇二卷　（清）夏綸撰　（清）徐夢元
評　清乾隆十七年（1752）世光堂刻本　二冊

340000－1881－0003486　05555
無瑕璧傳奇二卷　（清）夏綸撰　（清）徐夢元
評　清乾隆十七年（1752）世光堂刻本　二冊

340000－1881－0003487　05556
讀離騷不分卷吊琵琶不分卷桃花源不分卷清
平調不分卷黑白衛不分卷　（清）尤侗撰　清
刻本　一冊

340000－1881－0003488　05557
賦學蕷錦八卷　（清）翁天游等編　（清）張慶
燾增訂　清刻本　四冊

340000－1881－0003489　05558
白雲文集五卷附詩集二卷　（清）陳斌撰　清
嘉慶十二年（1807）刻本　二冊

340000－1881－0003490　05559
攜雪堂全集不分卷　（清）吳可讀撰　清光緒
十九年（1893）刻本　四冊　存文集、詩集、
試帖

340000－1881－0003491　05560
奈何天傳奇四卷　（清）李漁編　清刻本
一冊

340000－1881－0003492　05561
味閑堂課鈔七卷　（清）陶然撰　清光緒五年
（1879）刻本　二冊　存二卷（三課賦上、試體
賦一卷）

340000－1881－0003493　05563
史泃侯先生課徒草不分卷　（清）史秉直撰
清同治十三年（1874）刻本　一冊

340000－1881－0003494　05564
抱膝山房古近體詩稿不分卷　（清）尹恭保撰
清光緒七年（1881）刻本　三冊

340000－1881－0003495　05565
忠孝福二卷　（清）黃兆森撰　清刻本　二冊

340000－1881－0003496　05566
鳴鳳記不分卷　（明）王世貞撰　荊釵記不分
卷　（明）柯丹丘撰　清刻本　一冊

340000－1881－0003497　05567
楹聯叢話十二卷　（清）梁章鉅編　清道光二
十二年（1842）刻本　二冊

340000－1881－0003498　05568
繹雅堂詩錄二卷　（清）廖基瑜撰　清宣統二
年（1910）長沙刻本　一冊

340000－1881－0003499　05569
賦鈔箋略十五卷　（清）雷琳　（清）張杏濱注
清嘉慶二十二年（1817）張士林刻本　八冊

340000－1881－0003500　05570
貞豐詩萃五卷　（清）陶煦輯　清同治三年
（1864）儀一堂寫刻本　二冊

340000－1881－0003501　05571
莘耕詩鈔不分卷　（清）鄒道聘撰　清光緒十
九年（1893）刻本　一冊

340000－1881－0003502　05575
蛙鼓詩集不分卷　（清）趙慶祥撰　清光緒十
四年（1888）刻本　一冊

340000－1881－0003503　05576
唐試帖約二卷　（清）喻端士評選　清嘉慶二
年（1797）刻本　一冊

340000－1881－0003504　05578
草草廬駢體文鈔二卷　（清）俞樾撰　清道光
二十八年（1848）刻本　一冊

340000－1881－0003505　05579
延秋吟館詩鈔四卷　（清）張聯桂撰　清光緒
十二年（1886）刻本　一冊

340000－1881－0003506　05580

全浙詩話五十四卷　（清）陶元藻輯　（清）陶
廷珍　（清）陶廷琡編　清嘉慶元年(1796)刻
本　二十冊

340000－1881－0003507　05581
歷代賦話十四卷續歷代賦話十四卷　（清）浦
銑輯　清乾隆五十三年(1788)刻本　三冊

340000－1881－0003508　05582
竹溪詩略二十四卷　（清）沈樹本撰　清乾隆
十九年(1754)刻本　六冊

340000－1881－0003509　05583
曾文正公文集四卷詩集四卷　（清）曾國藩撰
　（清）李瀚章編　清同治十三年(1874)傳忠
書局刻本　五冊

340000－1881－0003510　05584
繞竹山房詩稿十卷附詩餘一卷　（清）朱文治
撰　清嘉慶二十三年(1818)刻本　四冊

340000－1881－0003511　05585
中晚唐詩叩彈集十二卷續集三卷　（清）杜詔
　（清）杜庭珠編　清康熙四十三年(1704)刻
本　五冊　存五卷(中晚唐詩叩彈集三至五，
續集上、下)

340000－1881－0003512　05587
唐宋八大家類選十四卷　（清）儲欣評　清刻
本　二冊　存九卷(六至十四)

340000－1881－0003513　05588
讀左隨筆一卷讀史管見一卷駢散雜錄一卷
(清)江璧撰　清刻本　一冊

340000－1881－0003514　05589
草草廬駢體文鈔二卷　（清）俞樾撰　清道光
二十八年(1848)刻本　二冊

340000－1881－0003515　05592
四家賦鈔不分卷　（清）顧元熙等撰　（清）景
其濬輯　清咸豐三年(1853)刻本　三冊　存
有正味齋賦稿、蘭修館賦稿、簡學齋館課賦鈔

340000－1881－0003516　05593
四家賦鈔不分卷　（清）鮑桂星等撰　（清）景
其濬輯　清同治九年(1870)刻本　二冊　存

覺生賦鈔、簡學齋館課賦鈔

340000－1881－0003517　05595
錢牧齋文鈔不分卷　（清）錢謙益撰　清宣統
元年(1909)上海國學扶輪社鉛印本　四冊

340000－1881－0003518　05596
翁山文外十六卷　（清）屈大均撰　清宣統二
年(1910)上海國學扶輪社鉛印本　五冊

340000－1881－0003519　05597
賦海大觀三十二卷　（清）上海鴻寶齋書局輯
　清光緒十四年(1888)上海鴻寶齋書局石印
本　二十八冊

340000－1881－0003520　05598
香蘇山館詩鈔三十六卷　（清）吳嵩梁撰　清
道光刻本　四冊

340000－1881－0003521　05600
柳河東詩集二卷　（唐）柳宗元撰　清刻本
一冊

340000－1881－0003522　05601
有正味齋續集八卷詞集四卷　（清）吳錫麒撰
　清刻本　三冊

340000－1881－0003523　05602
文選旁證四十六卷　（清）梁章鉅撰　清光緒
八年(1882)刻本　十二冊

340000－1881－0003524　05606
墱印樓詩存不分卷　（清）章士珠撰　清光緒
刻本　一冊

340000－1881－0003525　05607
會稽三賦不分卷　（宋）王十朋撰　（宋）周世
則注　（宋）史鑄增注　清嘉慶十七年(1812)
陳氏湖海樓刻本　一冊

340000－1881－0003526　05608
方宦誨世文不分卷　（清）顧曾炬撰　清光緒
二十三年(1897)刻本　四冊

340000－1881－0003527　05609
儒酸福傳奇二卷　（清）汪繩武正譜　（清）魏
熙元填詞　（清）倪星垣評文　清光緒十年
(1884)玉玲瓏館刻本　一冊

340000－1881－0003528　　05610

唐宋八家文讀本三十卷　　（宋）蘇軾等撰
（清）沈德潛評點　清刻本　一冊　存四卷
（十八至二十一）

340000－1881－0003529　　05611

袁文合箋十六卷　　（清）袁枚撰　（清）王廣業
集箋　清刻本　五冊　存十卷（三至十二）

340000－1881－0003530　　05612

宛鄰詩二卷文二卷　　（清）張琦撰　清道光二
十年（1840）宛鄰書屋刻本　二冊

340000－1881－0003531　　05613

花萼吟傳奇二卷　　（清）夏綸撰　（清）徐夢元
評　清乾隆世光堂刻本　二冊

340000－1881－0003532　　05614

明詩別裁集十二卷　　（清）沈德潛　（清）周準
輯　清刻本　一冊　存三卷（七至九）

340000－1881－0003533　　05615

楹聯叢話十二卷續話四卷　　（清）梁章鉅輯
清道光二十三年（1843）刻本　六冊

340000－1881－0003534　　05616

杏花村傳奇二卷　　（清）夏綸撰　（清）徐夢元
評　清乾隆世光堂刻本　二冊

340000－1881－0003535　　05617

南陽樂傳奇二卷　　（清）夏綸撰　（清）徐夢元
評　清乾隆十四年（1749）世光堂刻本　二冊

340000－1881－0003536　　05618

繪風亭評第七才子書琵琶記六卷　　（元）高明
撰　（清）陳方平輯　清三多齋刻本　五冊
存五卷（一至五）

340000－1881－0003537　　05619

項城袁氏家集六十卷　　（清）袁甲三等撰　清
宣統三年（1911）清芬閣鉛印本　十七冊　存
十九卷（端敏公奏議二、二十三、十五至十七，函
牘二、七至八，閣學公文稿拾遺一卷，書劄二
至四，雪鴻吟社詩稿一至二，文誠公奏議二、
四，袁氏家書一至二，中議公事實紀略一卷）

340000－1881－0003538　　05620

杜工部集二十卷　　（唐）杜甫撰　（清）錢謙益
箋注　清宣統二年（1910）鉛印本　八冊

340000－1881－0003539　　05621

倚晴樓七種曲十二卷　　（清）黃燮清填詞　清
光緒三十三年（1907）刻本　十冊

340000－1881－0003540　　05622

三十二蘭亭室詩存八卷續刻二卷　　（清）劉湘
年撰　清光緒元年（1875）羊城刻本　三冊

340000－1881－0003541　　05623

翁山詩外二十卷　　（清）屈大均撰　清宣統二
年（1910）上海國學扶輪社鉛印本　十一冊
存十八卷（一至十四、十六至十九）

340000－1881－0003542　　05624

楚辭評注十卷　　（清）王萌評注　清刻本
二冊

340000－1881－0003543　　05625

吳詩集覽二十卷附吳詩談藪二卷　　（清）吳偉
業撰　（清）靳榮藩輯　清乾隆四十六年
（1781）刻本　二十冊

340000－1881－0003544　　05631

古文辭類纂十五卷　　（清）姚鼐纂集　**續古文
辭類纂十卷**　王先謙纂集　清光緒二十年
（1894）上海圖書集成印書局鉛印本　十冊

340000－1881－0003545　　05632

曾惠敏公全集十七卷　　（清）曾紀澤撰　清光
緒二十年（1894）石印本　四冊

340000－1881－0003546　　05634

素蘭集二卷附補遺一卷　　（明）翁孺安撰　清
光緒三十三年（1907）鉛印本　一冊

340000－1881－0003547　　05635

歸田詩話三卷　　（明）瞿佑撰　清乾隆四十年
（1775）刻本　一冊

340000－1881－0003548　　05637

綴白裘新集合編十二集四十八卷　　（清）玩月
主人輯　（清）錢德蒼增輯　清乾隆四十二年
（1777）刻本　四十三冊　缺五卷（五編之妙
卷，六編之共卷、樂卷、昇卷，十一編之萬卷）

340000－1881－0003549　05638

唐人詠物詩十二卷　（清）聶先編　清刻本
二冊　存六卷（四至六、十至十二）

340000－1881－0003550　05639

盧仝詩三卷李賀詩五卷　（唐）盧仝　（唐）李
賀撰　（清）曹寅　（清）彭定求編纂　清刻全
唐詩本　二冊

340000－1881－0003551　05640

吾炙集不分卷　（清）錢謙益撰　清光緒三十
三年（1907）刻本　一冊

340000－1881－0003552　05642

楹聯新話十卷　（清）朱應鎬輯　清光緒十八
年（1892）刻本　四冊　存八卷（一至四、七至
十）

340000－1881－0003553　05643

可園詩存二十八卷附詞存四卷　陳作霖撰
清宣統二年（1910）刻本　四冊　存二十二卷
（可園詩存一至十八、詞存四卷）

340000－1881－0003554　05644

四絃秋不分卷　（清）蔣士銓填詞　清紅雪樓
刻本　一冊

340000－1881－0003555　05646

牧齋晚年家乘文不分卷　（清）錢謙益撰　清
宣統三年（1911）上海國學扶輪社鉛印本
一冊

340000－1881－0003556　05648

桂林霜二卷　（清）蔣士銓填詞　清乾隆刻本
一冊

340000－1881－0003557　05649

好雲樓初集二十八卷首一卷　（清）李聯琇撰
清咸豐十一年（1861）刻本　八冊

340000－1881－0003558　05650

采香詞四卷　（清）杜文瀾撰　清咸豐十一年
（1861）曼陀羅華閣刻本　一冊

340000－1881－0003559　05651

金牛湖漁唱不分卷　（清）張雲璈撰　西湖遊
記不分卷　（清）查人漢撰　西湖雜詩不分卷

（清）黃任撰　湖船續錄不分卷　（清）厲鶚
撰　清光緒七年（1881）刻本　一冊

340000－1881－0003560　05652

新刻志明野狐放屁詩不分卷天基狂言不分卷
酒中趣不分卷　（清）石成金批選　清康熙六
十一年（1722）刻本　一冊

340000－1881－0003561　05653

古詩源十四卷　（清）沈德潛選　清刻本　一
冊　存八卷（一至八）

340000－1881－0003562　05654

執齋集二十卷　（明）劉玉撰　清同治十三年
（1874）劉福申刻本　六冊

340000－1881－0003563　05655

榆園雜興詩不分卷　（清）袁振業撰　清光緒
十八年（1892）春藻堂刻本　一冊

340000－1881－0003564　05656

讀書作文譜十二卷父師善誘法二卷　（清）唐
彪撰　清同治四年（1865）刻本　二冊

340000－1881－0003565　05657

世忠堂文集六卷家傳一卷附守城善後紀略一
卷　（清）鄒鳴鶴著　清光緒四年（1878）刻本
八冊

340000－1881－0003566　05658

小鷗波館詩鈔十卷　（清）潘曾瑩撰　清道光
二十五年（1845）刻本　一冊

340000－1881－0003567　05659

文章指南五卷　（明）歸有光選　清光緒二年
（1876）皖江節署校刻本　五冊

340000－1881－0003568　05661

同館經進賦鈔不分卷　（清）黃紹箕等撰　清
光緒十二年（1886）京都琉璃廠秀文齋刻本
一冊

340000－1881－0003569　05662

清尊集十六卷　（清）汪遠孫撰　清道光十九
年（1839）振綺堂刻本　八冊

340000－1881－0003570　05664

離騷草木史十卷附拾細一卷　（清）周拱辰注

清光緒元年(1875)刻本　　四冊

詁經精舍文續集八卷　（清）羅文俊撰　清同
治十二年(1873)錦江書院刻本　四冊

340000－1881－0003572　05666

文選六十卷附考異十卷　（南朝梁）蕭統編
（唐）李善注　清同治八年(1869)湖北崇文書
局刻本　十四冊　存四十二卷(一至十一、十
五至二十、二十四至二十六、三十六至四十
一、四十五至四十七、五十一至五十四、五十
八至六十,考異五至十)

340000－1881－0003573　05667

南畇文稿十二卷　（清）彭定求撰　清光緒六
年(1880)刻本　六冊

340000－1881－0003574　05668

宋王忠文公集五十卷目四卷　（宋）王十朋撰
（清）唐傳鉎重編　清道光十二年(1832)刻
本　十一冊　存五十卷(一至三十一、三十六
至五十,目四卷)

340000－1881－0003575　05669

離騷草木疏四卷　（宋）吳仁傑撰　清光緒元
年(1875)湖北崇文書局刻本　一冊

340000－1881－0003576　05670

離騷箋二卷　（清）龔景瀚撰　清光緒元年
(1875)湖北崇文書局刻本　一冊

340000－1881－0003577　05672

經史百家雜鈔二十六卷　（清）曾國藩纂　清
光緒刻本　十三冊　存十三卷(十四至二十
六)

340000－1881－0003578　05673

徐烈婦詩鈔二卷　（清）吳宗愛撰　清同治十
三年(1874)雲鶴仙館刻本　一冊

340000－1881－0003579　05674

倚晴樓詩集六卷　（清）黃燮清撰　清咸豐七
年(1857)刻本　一冊

340000－1881－0003580　05675

倚晴樓詩餘四卷　（清）黃燮清撰　清同治六

年(1867)黃鶴樓刻本　一冊

340000－1881－0003581　05677

屈騷心印五卷首一卷　（清）夏大霖疏注　清
乾隆一本堂刻本　二冊

340000－1881－0003582　05678

國朝畿輔詩傳六十卷　（清）陶樑輯　（清）崔
旭校　清末刻本　十四冊　存五十二卷(一
至十八、二十七至六十)

340000－1881－0003583　05680

退思軒詩集六卷　（清）張百熙撰　（清）王式
通校　清宣統三年(1911)刻本　一冊

340000－1881－0003584　05684

范伯子詩集十九卷附蘊素軒詩四卷　（清）范
當世撰　清末鉛印本　四冊

340000－1881－0003585　05686

缶廬詩四卷　（清）吳俊卿撰　清光緒十九年
(1893)刻本　一冊

340000－1881－0003586　05689

注釋唐詩三百首二卷　（清）孫洙編　清光緒
金陵李光明莊刻本　一冊　存一卷(上)

340000－1881－0003587　05690

四溟山人詩集十卷　（明）謝榛撰　（清）盛以
進選　清宣統元年(1909)問影樓鉛印本
三冊

340000－1881－0003588　05691

摩兜堅齋汲古集聯不分卷再續不分卷　（清）
白遇道纂　（清）張銑等校　清光緒三十三年
(1907)木活字印本　一冊

340000－1881－0003589　05692

吳中女士詩鈔不分卷　（清）任文田纂　清乾
隆五十四年(1789)刻本　三冊

340000－1881－0003590　05693

詞律二十九卷　（清）萬樹撰　清堆絮園刻本
二冊　存六卷(十五至二十)

340000－1881－0003591　05694

明詩綜一百卷　（清）朱彝尊編　（清）汪森緝
評　清康熙至雍正刻本　五冊　存九卷(十

三至十五、三十四至三十五、三十八至四十
一）

340000－1881－0003592　05695

重訂唐詩別裁集二十卷　（清）沈德潛選　清
刻本　一冊　存五卷（十二至十六）

340000－1881－0003593　05696

巧團圓傳奇二卷慎鸞交傳奇二卷　（清）李漁
編　清刻本　二冊　存二卷（巧團圓傳奇下
之上、下,慎鸞交傳奇下之上、下）

340000－1881－0003594　05697

古唐詩選不分卷　（明）眭石選　（明）夏長庚
校　清道光六年（1826）刻本　一冊　存天部

340000－1881－0003595　05698

東文典問答不分卷　丁福保編纂　（清）屈璠
參校　清光緒二十七年（1901）石印本　二冊

340000－1881－0003596　05699

三蘇策論十二卷　（清）張紹齡撰　清光緒二
十四年（1898）越郡會文堂石印本　八冊

340000－1881－0003597　05700

宋詩百一鈔八卷　（清）姚培謙　（清）張景星
（清）王永祺點閱　清刻本　一冊　存二卷
（三至四）

340000－1881－0003598　05701

覺生賦鈔不分卷簡學齋賦鈔不分卷　（清）鮑
桂星　（清）陳沆撰　清同治九年（1870）鉛印
本　一冊

340000－1881－0003599　05702

新政應試必讀不分卷　（清）顧厚焜編　清光
緒二十九年（1903）中西譯書會石印本　十
二冊

340000－1881－0003600　05703

東坡和陶合箋四卷　（清）溫汝能纂　清光緒
十九年（1893）上海五彩公司石印本　二冊

340000－1881－0003601　05704

陶詩彙評四卷　（清）溫汝能纂　清光緒十九
年（1893）上海五彩公司石印本　二冊

340000－1881－0003602　05705

煙霞萬古樓文集六卷詩選二卷　（清）王曇撰
清光緒二十一年（1895）鴻文書局石印粵雅
堂叢書本　三冊　存六卷（煙霞萬古樓文集
三至六、詩選二卷）

340000－1881－0003603　05706

六朝文絜四卷　（清）許槤評選　（清）朱鈞參
校　清光緒五年（1879）刻本　一冊

340000－1881－0003604　05707

增廣試律大觀彙編四卷　（清）補蠡書屋主人
纂　清光緒十二年（1886）上海同文書局石印
本　一冊　存一卷（一）

340000－1881－0003605　05708

近科館課分韻詩初集不分卷　王先謙編　清
末鉛印本　一冊

340000－1881－0003606　05709

空策從新又新彙編不分卷　（清）蕚研主人撰
清光緒十一年（1885）四明暢懷書屋銅活字
印本　一冊

340000－1881－0003607　05710

大題文府不分卷　（清）藕湖漁隱輯　清光緒
十三年（1887）石印本　三冊

340000－1881－0003608　05711

新注得月樓乙編不分卷　（清）夏柔嘉等撰
清末刻本　一冊

340000－1881－0003609　05712

夢華廬賦海三十卷　（清）夢華廬主人選　清
光緒十二年（1886）上海點石齋石印本　八冊

340000－1881－0003610　05713

明文才調集不分卷國朝才調集不分卷　（清）
許振褘編　（清）鄧輔綸參訂　（清）劉可毅校
清光緒十七年（1891）上海聚易堂鉛印本
九冊

340000－1881－0003611　05714

長生殿傳奇四卷　（清）洪昇填詞　（清）吳人
評　清小嫏嬛山館刻本　四冊

340000－1881－0003612　05715

紀曉嵐詩注釋四卷　（清）紀昀撰　（清）郭斌

評注　清嘉慶二年(1797)刻朱墨套印本　三冊　存三卷(一至二、四)

340000 – 1881 – 0003613　05716

涵芬樓古今文鈔一百卷　吳曾祺纂輯　清宣統二年(1910)上海商務印書館鉛印本　一百冊

340000 – 1881 – 0003614　05717

六朝文絜四卷　(清)許槤評選　(清)朱鈞參校　清末金陵李光明莊刻本　一冊

340000 – 1881 – 0003615　05718

六朝文絜四卷　(清)許槤評選　(清)朱鈞參校　清末金陵李光明莊刻本　一冊

340000 – 1881 – 0003616　05719

榕城詩話三卷　(清)杭世駿撰　清乾隆元年(1736)刻本　一冊

340000 – 1881 – 0003617　05720

曾文正公書劄三十三卷　(清)曾國藩撰　清光緒十五年(1889)上海鴻文書局石印本　六冊

340000 – 1881 – 0003618　05722

八賢手劄八卷　(清)郭慶藩編　清光緒二十四年(1898)石印本　二冊　存七卷(一至三、五至八)

340000 – 1881 – 0003619　05727

邯鄲夢傳奇四卷　(明)湯顯祖撰　清刻本　一冊　存二卷(一至二)

340000 – 1881 – 0003620　05728

意中緣傳奇四卷　(清)李漁編　清刻本　一冊　存二卷(三至四)

340000 – 1881 – 0003621　05729

青雲集分韻試帖詳注四卷　(清)楊逢春　(清)蕭應樞輯　清光緒六年(1880)刻本　四冊

340000 – 1881 – 0003622　05732

商賈尺牘二卷　(清)管斯駿撰　清光緒八年(1882)京口文成堂刻本　二冊

340000 – 1881 – 0003623　05733

父師善誘法二卷讀書作文譜十二卷　(清)唐彪輯注　清大文堂刻本　二冊

340000 – 1881 – 0003624　05734

弢園尺牘□□卷　(清)王韜撰　(清)鄒五雲校　清末鉛印本　一冊　存二卷(三至四)

340000 – 1881 – 0003625　05735

定庵續集四卷文集補編四卷餘集一卷補一卷　(清)龔自珍撰　清刻本　三冊

340000 – 1881 – 0003626　05736

柳柳州集四卷　(唐)柳宗元撰　清刻本　一冊

340000 – 1881 – 0003627　05738

杜工部草堂詩箋五十卷　(唐)杜甫撰　清刻本　二冊　存八卷(二十二至二十五、三十至三十三)

340000 – 1881 – 0003628　05746

詩法初津三卷　(清)葉弘勳輯　清初刻本　二冊　存二卷(一至二)

340000 – 1881 – 0003629　05747

國朝全蜀詩鈔六十四卷　(清)孫桐生選輯　清光緒五年(1879)刻本　十九冊　存六十卷(一至六十)

340000 – 1881 – 0003630　05748

應酬彙選新集八卷　(清)潘文光輯　清康熙五十六年(1717)刻本　四冊

340000 – 1881 – 0003631　05749

二賈太史合稿不分卷　(清)賈國維　(清)賈兆鳳撰　(清)周崧評　清康熙四十六年(1707)刻本　一冊

340000 – 1881 – 0003632　05750

王摩詰詩七卷　(唐)王維撰　清光緒十年(1884)上海同文書局石印本　二冊

340000 – 1881 – 0003633　05754

詞學全書十四卷　(清)毛先舒等撰　(清)查繼超增輯　清乾隆十一年(1746)世德堂刻本　五冊　存九卷(填詞名解一至四,填詞圖譜三、五至六,詞韻上、下)

340000－1881－0003634　05756

春影樓詩稿不分卷　（清）陳景雍撰　**問園詩集不分卷**　（清）范元亨撰　清刻本　一冊

340000－1881－0003635　05757

牧齋集外詩不分卷　（清）錢謙益撰　**柳如是詩不分卷**　（清）柳如是撰　清光緒三十三年（1907）鉛印本　一冊

340000－1881－0003636　05758

注廣折梅箋二集新編十卷　（明）馮夢龍撰　（清）余璟注　清康熙十七年（1678）正順堂刻本　一冊

340000－1881－0003637　05759

冶城遺集一卷　（清）孫星衍撰　**長離閣集一卷**　（清）王采薇撰　清刻本　二冊

340000－1881－0003638　05763

湖南文徵一百九十卷首一卷　（清）羅汝懷等編　清同治十年（1871）刻本　一百冊

340000－1881－0003639　05764

兩當軒集二十二卷　（清）黃景仁撰　清刻本　一冊　存三卷（四至六）

340000－1881－0003640　05766

會稽三賦不分卷　（宋）王十朋增注　清嘉慶十七年（1812）蕭山陳氏湖海樓刻本　一冊

340000－1881－0003641　05767

明尺牘墨華三卷　（清）黃本驥編　清道光二十七年（1847）湘陰蔣瓚刻本　一冊

340000－1881－0003642　05768

唐宋八大家類選十四卷　（清）儲欣評　（清）儲芝參述　（清）周恭壽　（清）周廷杰重校　清光緒九年（1883）刻本　一冊　存二卷（一至二）

340000－1881－0003643　05769

息耕草堂詩集十八卷　（清）黃安濤撰　清道光二十四年（1844）刻本　二冊　存八卷（九至十六）

340000－1881－0003644　05770

兩浙輶軒錄四十卷　（清）阮元編　清嘉慶六年（1801）仁和朱氏碧溪草堂、錢塘陳氏種榆仙館刻本　二十四冊

340000－1881－0003645　05771

古文辭略二十四卷　（清）梅曾亮編　清同治六年（1867）合肥李氏刻本　六冊

340000－1881－0003646　05772

宋黃文節公全集七十七卷首四卷　（宋）黃庭堅撰　清乾隆三十年（1765）刻本　三十二冊

340000－1881－0003647　05773

切問齋文鈔三十卷　（清）陸耀輯　清乾隆四十年（1775）刻本　八冊　存二十四卷（一至二十四）

340000－1881－0003648　05774

篋中詞六卷續四卷　（清）譚獻纂編　清光緒八年（1882）刻本　四冊

340000－1881－0003649　05776

小倉山房文集三十五卷　（清）袁枚撰　清刻本　五冊　存二十二卷（四至七、十四至二十三、二十八至三十五）

340000－1881－0003650　05777

新曲六種十二卷　（清）夏綸撰　清乾隆十八年（1753）世光堂刻本　十二冊

340000－1881－0003651　05778

藝風堂文集七卷　繆荃孫撰　清光緒二十七年（1901）刻宣統三年（1911）印本　四冊

340000－1881－0003652　05779

歐陽文忠公全集一百五十三卷　（宋）歐陽修撰　清乾隆十一年（1746）刻本　四十八冊

340000－1881－0003653　05780

撫吳艸四卷　（清）陶澍撰　清刻本　二冊

340000－1881－0003654　05781

通甫類稿六卷續編二卷通甫詩存四卷詩存之餘二卷　（清）魯一同撰　清同治刻本　六冊

340000－1881－0003655　05782

切問齋文鈔三十卷　（清）陸耀輯　清同治八年（1869）刻本　十二冊

340000－1881－0003656　05784

徐孝穆全集六卷　（南朝陳）徐陵撰　（清）吳兆宜注　清康熙刻本　三冊

340000－1881－0003657　05785

養默山房詩稿三十二卷　（清）謝元淮撰　清道光六年（1826）刻本　一冊　存八卷（一至八）

340000－1881－0003658　05786

藝風堂文集七卷外篇一卷　繆荃孫撰　清光緒刻本　四冊

340000－1881－0003659　05787

藝風堂文漫存九卷別存三卷　繆荃孫撰　清末刻本　五冊

340000－1881－0003660　05788

中州名賢文表三十卷　（明）劉昌輯　**續中州名賢文表六十八卷**　邵松年輯　清光緒三十一年（1905）鴻文書局石印本　二十八冊

340000－1881－0003661　05789

中州名賢文表三十卷　（明）劉昌輯　**續中州名賢文表六十八卷**　邵松年輯　清光緒三十一年（1905）鴻文書局石印本　二十八冊

340000－1881－0003662　05793

太師誠意伯劉文成公集二十卷　（明）劉基撰　清劉孤嶼刻本　一冊　存二卷（三至四）

340000－1881－0003663　05794

周文忠公尺牘二卷雜文附錄一卷　（清）周天爵撰　清同治七年（1868）刻本　一冊

340000－1881－0003664　05796

玉山草堂集三十二卷　（清）錢林撰　清刻本　一冊　存五卷（十八至二十二）

340000－1881－0003665　05798

哀生閣初稿四卷續三卷　（清）王大經撰　清光緒十一年（1885）刻本　二冊　存三卷（哀生閣初稿一至二、續一）

340000－1881－0003666　05800

蘿石山房文鈔四卷　（明）左懋第撰　（清）李清編　清乾隆五年（1740）刻本　一冊　存一卷（四）

340000－1881－0003667　05801

函雅堂集四十卷　（清）王詠霓撰　清末刻朱印本　一冊　存一卷（十九）

340000－1881－0003668　05802

恥堂存稿八卷　（宋）高斯得撰　（清）陳家鎮編　清刻本　一冊　存三卷（六至八）

340000－1881－0003669　05803

詩存四卷　（清）金德瑛撰　清乾隆刻本　一冊　存二卷（三至四）

340000－1881－0003670　05804

錢南園先生遺集五卷　（清）錢灃撰　清光緒十九年（1893）浙江書局刻本　一冊　存二卷（一至二）

340000－1881－0003671　05806

惺齋偶存詩集三卷　（清）徐琳撰　清道光二年（1822）芸暉閣刻本　一冊　存一卷（上）

340000－1881－0003672　05810

四憶堂詩集六卷　（清）侯方域撰　（清）賈開宗等選注　清同治十三年（1874）刻本　一冊　存三卷（一至三）

340000－1881－0003673　05811

夢窗甲稿不分卷　（宋）吳文英撰　清咸豐十一年（1861）曼陀羅華閣刻本　一冊

340000－1881－0003674　05812

方正學先生遜志齋集二十四卷　（明）方孝孺撰　（明）張紹謙纂　清末刻本　一冊　存二卷（十二至十三）

340000－1881－0003675　05813

曝書亭集詩注二十二卷　（清）朱彝尊撰　（清）楊謙纂　清刻本　一冊　存三卷（二十至二十二）

340000－1881－0003676　05814

古文觀止十二卷　（清）吳乘權編　清光緒四年（1878）蘇州懷德堂刻本　六冊

340000－1881－0003677　05815

舊香居文稿十卷　（清）王寶仁撰　清道二

十二年(1842)六安學舍刻本　一冊　存二卷
(一至二)

340000－1881－0003678　05816
鮚埼亭集三十八卷　(清)全祖望撰　(清)史
夢蛟校　清乾隆至嘉慶刻本　一冊　存三卷
(二十一至二十三)

340000－1881－0003679　05817
明理學月川曹先生[端]年譜纂二卷　(清)張
信民纂　(清)韓養元續輯　清康熙二十一年
(1682)刻本　一冊　存一卷(下)

340000－1881－0003680　05818
笛漁小稿十卷　(清)朱昆田撰　清刻本　一
冊　存六卷(五至十)

340000－1881－0003681　05819
宋宗忠簡公集八卷　(宋)宗澤撰　(明)熊人
霖編　(清)王廷曾重編　(清)丘克承校　清
康熙刻本　一冊　存二卷(七至八)

340000－1881－0003682　05820
海陵文徵二十卷　(清)夏荃輯　清道光十八
年(1838)刻木　十冊

340000－1881－0003683　05821
遂初堂詩集十六卷　(清)潘耒撰　清康熙至
雍正刻本　一冊　存三卷(十二至十四)

340000－1881－0003684　05822
七經樓文鈔六卷　(清)蔣湘南撰　清刻本
一冊　存二卷(三至四)

340000－1881－0003685　05824
欽定全唐文一千卷目三卷　(清)董誥編　清
嘉慶二十三年(1818)刻本　二百四十冊

340000－1881－0003686　05825
夢曉樓隨筆一卷　(清)宋顧樂撰　虞東先生
文錄八卷　(清)顧鎮撰　清道光十七年
(1837)海虞顧氏小石山房刻本　二冊

340000－1881－0003687　05826
[清同治庚午科]浙江鄉試第三房同門朱卷不
分卷　(清)吳紹正編　清同治刻本　一冊

340000－1881－0003688　05827

龍川先生詩鈔一卷　(清)李晴峰撰　(清)王
啟俊　(清)黃葆年校　清光緒三十三年
(1907)南薇草堂鉛印本　一冊

340000－1881－0003689　05831
古桐書屋續刻三種不分卷　(清)劉融齋撰
清光緒十三年(1887)刻本　一冊

340000－1881－0003690　05832
金詩選四卷　(清)顧奎光選　(清)陶玉禾參
評　清刻本　一冊　存二卷(三至四)

340000－1881－0003691　05833
東喦艸堂評訂唐詩鼓吹十卷　(金)元好問撰
(元)郝天挺注　(清)朱三錫評　清刻本
一冊　存二卷(一至二)

340000－1881－0003692　05834
唐詩別裁集二十卷　(清)沈德潛　(清)陳培
脈選編　清刻本　一冊　存二卷(七至八)

340000－1881－0003693　05835
李太白文集三十卷附六卷　(唐)李白撰
(清)王琦輯注　清乾隆二十四年(1759)刻本
十二冊

340000－1881－0003694　05836
唐詩別裁集二十卷　(清)沈德潛　(清)陳培
脈選編　清刻本　一冊　存二卷(九至十)

340000－1881－0003695　05838
儀顧堂集二十卷　(清)陸心源撰　清光緒二
十四年(1898)刻本　四冊　存十二卷(一至
四、九至十六)

340000－1881－0003696　05840
楊忠愍公遺書不分卷　(明)楊繼盛撰　清同
治五年(1866)木樨山房刻本　一冊

340000－1881－0003697　05841
蔡忠烈公遺集續編二卷　(明)蔡道憲撰
(清)鄧顯鶴編　清刻本　一冊　存一卷
(下)

340000－1881－0003698　05842
憑山閣留青廣集十二卷　(清)陳枚選輯　清
刻本　一冊　存一卷(二)

340000－1881－0003699　05843

夢影詞三卷　（清）陸烜填　清乾隆三十二年(1767)慶雲侍史刻本　一冊

340000－1881－0003700　05844

西青散記四卷　（清）史震林撰　清刻本　四冊

340000－1881－0003701　05846

詩說匯五卷　（清）張象魏輯　清乾隆五十三年(1788)學古堂刻本　五冊

340000－1881－0003702　05847

黃漳浦集五十卷　（明）黃道周撰　清末鉛印本　十六冊

340000－1881－0003703　05850

莪園白話二卷　（清）彭晉函撰　清光緒八年(1882)三省書局刻本　二冊

340000－1881－0003704　05852

增訂金批西廂四卷首一卷末一卷　（元）王實甫撰　清光緒二年(1876)如是山房刻本　一冊　存一卷(首一卷)

340000－1881－0003705　05853

乾坤正氣集五百七十四卷　（清）潘錫恩校　清刻本　八十三冊　存二百五十二卷(九十一至一百八十四、一百九十四至二百五十三、三百七十一至四百三十二、四百七十六至五百十一)

340000－1881－0003706　05854

羊士諤詩集不分卷　（唐）羊士諤撰　呂衡州詩集不分卷　（唐）呂溫撰　清光緒影宋刻本　一冊

340000－1881－0003707　05855

文粹一百卷補遺二十六卷　（宋）姚鉉纂　（清）郭麔補纂　清刻本　五冊　存二十六卷(二十七至三十八、補遺十三至二十六)

340000－1881－0003708　05858

宋詩鈔一百卷　吳曾祺編　清宣統二年(1910)涵芬樓鉛印本　一百冊

340000－1881－0003709　05862

左文襄公集一百七卷　（清）左宗棠撰　清光緒十六年(1890)刻本　一百四冊

340000－1881－0003710　05863

駱文忠公奏稿十卷　（清）駱秉章撰　清光緒十七年(1891)刻本　十冊

340000－1881－0003711　05864

張大司馬奏稿四卷　（清）張亮基撰　清光緒十七年(1891)刻本　四冊

340000－1881－0003712　05865

白香詞譜箋四卷　（清）舒夢蘭輯　（清）謝朝徵箋　（清）張蔭桓校　清光緒十二年(1886)刻本　二冊

340000－1881－0003713　05866

[道光]安徽通志二百六十卷首六卷　（清）蔣攸銛等修　（清）李振庸等纂　清道光刻本　一百九十五冊　存一百六十三卷(一至三十、六十四至一百、一百四十二至一百八十七、二百十六至二百二十、二百二十二至二百六十，首六卷)

340000－1881－0003714　05867

[道光]安徽通志二百六十卷首六卷　（清）蔣攸銛等修　（清）李振庸等纂　清道光十年(1830)刻本　九十四冊　存二百五十卷(十三至四十九、五十四至二百六十，首六卷)

340000－1881－0003715　05868

[光緒]重修安徽通志三百五十卷附補遺十卷　（清）沈葆楨等修　（清）何紹基等纂　清光緒四年(1878)刻七年(1881)補刻本　一百二十冊

340000－1881－0003716　05869

[光緒]重修安徽通志三百五十卷附補遺十卷　（清）沈葆楨等修　（清）何紹基等纂　清光緒四年(1878)刻七年(1881)補刻本　一百二十冊

340000－1881－0003717　05870

[光緒]重修安徽通志三百五十卷附補遺十卷　（清）沈葆楨等修　（清）何紹基等纂　清光緒四年(1878)刻七年(1881)補刻本　一百十

九冊　缺四卷(一百二十至一百二十三)

340000－1881－0003718　05871

[光緒]重修安徽通志三百五十卷附補遺十卷
　　(清)沈葆楨等修　(清)何紹基等纂　清光緒四年(1878)刻七年(1881)補刻本　一百二十冊

340000－1881－0003719　05872

[光緒]重修安徽通志三百五十卷附補遺十卷
　　(清)沈葆楨等修　(清)何紹基等纂　清光緒四年(1878)刻七年(1881)補刻本　一百二十冊

340000－1881－0003720　05873

[光緒]重修安徽通志三百五十卷附補遺十卷
　　(清)沈葆楨等修　(清)何紹基等纂　清光緒四年(1878)刻七年(1881)補刻本　一百二十冊

340000－1881－0003721　05874

[光緒]重修安徽通志三百五十卷附補遺十卷
　　(清)沈葆楨等修　(清)何紹基等纂　清光緒四年(1878)刻七年(1881)補刻本　一百二十冊

340000－1881－0003722　05875

[光緒]重修安徽通志三百五十卷附補遺十卷
　　(清)沈葆楨等修　(清)何紹基等纂　清光緒四年(1878)刻七年(1881)補刻本　四十五冊　存一百三十二卷(二十一至五十二、七十九至一百二十三、一百五十至一百五十三、一百五十八至一百九十九、二百二至二百七,補遺四至六)

340000－1881－0003723　05876

[光緒]重修安徽通志三百五十卷附補遺十卷
　　(清)沈葆楨等修　(清)何紹基等纂　清光緒四年(1878)刻七年(1881)補刻本　九十九冊　存二百五十九卷(一至五十八、六十九至九十二、九十四至九十七、一百、一百三至一百六、一百二十一至一百二十六、一百三十至一百三十一、一百三十七至一百五十三、一百六十一至一百六十二、一百六十七、一百七十七至一百八十、一百九十三至二百十七、二百

二十六至二百四十九、二百五十三至二百五十九、二百六十三至二百六十五、二百六十九至三百三十四、三百四十七至三百五十,補遺四至十)

340000－1881－0003724　05877

[光緒]重修安徽通志三百五十卷附補遺十卷
　　(清)沈葆楨等修　(清)何紹基等纂　清光緒四年(1878)刻七年(1881)補刻本　二十六冊　存七十五卷(七十二至八十一、一百三十二至一百五十三、三百三至三百十四、三百十八至三百二十、三百二十四至三百四十二、三百四十七至三百五十,補遺一至三、七至八)

340000－1881－0003725　05884

皖志便覽六卷　(清)李應珏撰　清光緒二十四年(1898)官紙印刷局鉛印本　二冊

340000－1881－0003726　05885

皖志便覽六卷　(清)李應珏撰　清光緒二十四年(1898)官紙印刷局鉛印本　一冊　存三卷(四至六)

340000－1881－0003727　05886

皖志便覽六卷　(清)李應珏撰　清光緒二十四年(1898)刻本　三冊

340000－1881－0003728　05887

安徽地理志略不分卷　(清)方彥恂纂　清宣統二年(1910)鉛印本　一冊

340000－1881－0003729　05889

安徽輿圖表說十卷　(□)□□撰　清光緒二十二年(1896)石印本　一冊　存三卷(一至三)

340000－1881－0003730　05891

[道光]皖省志略四卷　(清)朱雲錦輯　清道光元年(1821)金閶傳書齋刻本　四冊

340000－1881－0003731　05892

[道光]皖省志略四卷　(清)朱雲錦輯　清道光元年(1821)金閶傳書齋刻本　四冊

340000－1881－0003732　05899

安徽忠義表後編□□卷　(□)□□撰　清木

活字印本　六冊　存十四卷(七下、九至十、十五至十八、二十一至二十三、四十三至四十六)

340000－1881－0003733　05908
[嘉慶]廬州府志五十四卷　(清)張祥雲修 (清)孫星衍纂　清嘉慶八年(1803)刻本　十六冊

340000－1881－0003734　05909
[光緒]續修廬州府志一百卷首一卷末一卷 (清)黃雲總修　(清)汪宗沂等纂　清光緒十一年(1885)刻本　四十八冊

340000－1881－0003735　05910
[光緒]續修廬州府志一百卷首一卷末一卷 (清)黃雲總修　(清)汪宗沂等纂　清光緒十一年(1885)刻本　四十八冊

340000－1881－0003736　05911
[光緒]續修廬州府志一百卷首一卷末一卷 (清)黃雲總修　(清)汪宗沂等纂　清光緒十一年(1885)刻本　十四冊　存三十七卷(二十五至二十九、三十二至五十九、九十至九十二,末一卷)

340000－1881－0003737　05912
[光緒]續修廬州府志一百卷首一卷末一卷 (清)黃雲總修　(清)汪宗沂等纂　清光緒十一年(1885)刻本　三十九冊　存八十四卷(十四至十七、二十至七十三、七十五至八十四、八十六至一百,末一卷)

340000－1881－0003738　05915
香花墩志不分卷　(清)李恩綬輯　清光緒二十九年(1903)稿本　一冊

340000－1881－0003739　05921
[乾隆]銅陵縣誌十四卷首一卷　(清)李青岩等修　(清)史應貴　(清)王瑜纂　清乾隆二十二年(1757)刻本　六冊

340000－1881－0003740　05923
[光緒]宿州志三十六卷　(清)何慶釗修 (清)丁遜之纂　清光緒十五年(1889)金陵碧山堂刻本　十六冊

340000－1881－0003741　05924
[光緒]宿州志三十六卷　(清)何慶釗修 (清)丁遜之纂　清光緒十五年(1889)金陵碧山堂刻本　四冊　存九卷(十一至十三、十七至二十、三十五至三十六)

340000－1881－0003742　05925
[光緒]續蕭縣志十八卷首一卷　(清)顧景濂等修　(清)段廣瀛等纂　清光緒元年(1875)刻本　五冊　存十三卷(四至七、十一至十八,首一卷)

340000－1881－0003743　05926
[乾隆]靈璧縣志略四卷首一卷　(清)貢震纂修　清乾隆二十五年(1760)抄本　一冊　存二卷(三至四)

340000－1881－0003744　05928
[光緒]五河縣志二十卷首一卷　(清)賴同宴 (清)孫玉銘修　(清)俞宗誠纂　清光緒二十年(1894)刻本　八冊

340000－1881－0003745　05929
[光緒]五河縣志二十卷首一卷　(清)賴同宴 (清)孫玉銘修　(清)俞宗誠纂　清光緒二十年(1894)刻本　二冊　存六卷(十至十五)

340000－1881－0003746　05930
[光緒]泗虹合志十九卷　(清)方瑞蘭監修 (清)張傳玉　(清)李承志纂　清光緒十四年(1888)清江葉錦文齋刻本　八冊

340000－1881－0003747　05931
[光緒]泗虹合志十九卷　(清)方瑞蘭監修 (清)張傳玉　(清)李承志纂　清光緒十四年(1888)清江葉錦文齋刻本　八冊

340000－1881－0003748　05932
[光緒]泗虹合志十九卷　(清)方瑞蘭監修 (清)張傳玉　(清)李承志纂　清光緒十四年(1888)清江葉錦文齋刻本　三冊　存八卷(八至十二、十七至十九)

340000－1881－0003749　05933
[嘉慶]懷遠縣志二十八卷首一卷　(清)孫讓修　(清)李兆洛纂　(清)王文勳等校　清嘉

慶二十四年(1819)木活字印本　十一冊　存
二十七卷(二至二十八)

340000 - 1881 - 0003750　05934

[光緒]鳳陽府志二十一卷　(清)李光久等修
　　魏家驊等纂　清光緒三十四年(1908)木活
字印本　二十四冊

340000 - 1881 - 0003751　05935

[光緒]鳳陽府志二十一卷　(清)李光久等修
　　魏家驊等纂　清光緒三十四年(1908)木活
字印本　二十四冊

340000 - 1881 - 0003752　05936

[光緒]鳳陽府志二十一卷　(清)李光久等修
　　魏家驊等纂　清光緒三十四年(1908)木活
字印本　二十四冊

340000 - 1881 - 0003753　05937

[光緒]鳳陽府志二十一卷　(清)李光久等修
　　魏家驊等纂　清光緒三十四年(1908)木活
字印本　六冊　存一卷(十八)

340000 - 1881 - 0003754　05938

[光緒]鳳陽縣志十六卷續志十六卷　(清)于
萬培修　(清)謝永泰增修　(清)王汝琛纂
清光緒十三年(1887)刻本　二冊　存三卷
(鳳陽縣志九至十一)

340000 - 1881 - 0003755　05939

[乾隆]鳳陽縣志十六卷首一卷　(清)于萬培
纂修　清乾隆四十年(1775)刻本　十一冊

340000 - 1881 - 0003756　05942

[光緒]滁州志十卷首一卷末一卷　(清)熊祖
詒纂　清光緒二十三年(1897)刻本　三冊
存四卷(四之一至二、七之一至十、九之一至
二、十之一至二)

340000 - 1881 - 0003757　05947

[康熙]全椒縣志十八卷　(清)藍學鑒等修
(清)吳國對纂　清康熙十三年(1674)木活字
印本　八冊

340000 - 1881 - 0003758　05950

[道光]定遠縣志不分卷　(清)楊慧纂修　清

抄本　一冊

340000 - 1881 - 0003759　05959

[嘉慶]無為州志三十六卷首一卷　(清)顧浩
修　(清)吳元慶纂　清嘉慶八年(1803)木活
字印本　三冊　存十一卷(十一至二十一)

340000 - 1881 - 0003760　05961

[光緒]直隸和州志四十卷首一卷　(清)朱大
紳修　(清)高照纂　清光緒二十七年(1901)
木活字印本　十六冊

340000 - 1881 - 0003761　05962

[光緒]直隸和州志四十卷首一卷　(清)朱大
紳修　(清)高照纂　清光緒二十七年(1901)
木活字印本　五冊　存二十卷(十二至十四、
十八至二十九、三十六至四十)

340000 - 1881 - 0003762　05963

[光緒]直隸和州志四十卷首一卷　(清)朱大
紳修　(清)高照纂　清光緒二十七年(1901)
木活字印本　四冊　存七卷(七至八、十二至
十四、十八至十九)

340000 - 1881 - 0003763　05964

歷陽典錄三十四卷補六卷　(清)陳廷桂纂
清同治六年(1867)和州官舍刻本　十二冊

340000 - 1881 - 0003764　05965

歷陽典錄三十四卷補六卷　(清)陳廷桂纂
清同治六年(1867)和州官舍刻本　六冊　存
十七卷(歷陽典錄四至六、十二至十八、二十
至二十二、二十六,補一至三)

340000 - 1881 - 0003765　05966

歷陽典錄三十四卷補六卷　(清)陳廷桂纂
清同治六年(1867)和州官舍刻本　十一冊
存三十四卷(歷陽典錄四至六、十至三十四、
補六卷)

340000 - 1881 - 0003766　05969

[光緒]廬江縣志十六卷首一卷　(清)錢鑅修
　　(清)盧珏纂　清光緒十一年(1885)木活字
印本　十六冊

340000 - 1881 - 0003767　05970

[光緒]廬江縣志十六卷首一卷 （清）錢鑠修
（清）盧玨纂 清光緒十一年(1885)木活字
印本 一冊 存一卷(九)

340000－1881－0003768 05971
[光緒]廬江縣志十六卷首一卷 （清）錢鑠修
（清）盧玨纂 清光緒十一年(1885)木活字
印本 十六冊

340000－1881－0003769 05972
[光緒]廬江縣志十六卷首一卷 （清）錢鑠修
（清）盧玨纂 清光緒十一年(1885)木活字
印本 十六冊

340000－1881－0003770 05973
[康熙]太平府志四十卷 （清）黃桂等修
（清）宋驤纂 清光緒二十九年(1903)木活字
印本 二十冊

340000－1881－0003771 05974
[康熙]太平府志四十卷 （清）黃桂等修
（清）宋驤纂 清光緒二十九年(1903)木活字
印本 二十冊

340000－1881－0003772 05975
[康熙]太平府志四十卷 （清）黃桂等修
（清）宋驤纂 清光緒二十九年(1903)木活字
印本 二十冊

340000－1881－0003773 05976
[康熙]太平府志四十卷 （清）黃桂等修
（清）宋驤纂 清光緒二十九年(1903)木活字
印本 二十冊

340000－1881－0003774 05977
[康熙]太平府志四十卷 （清）黃桂等修
（清）宋驤纂 清光緒二十九年(1903)木活字
印本 二十冊

340000－1881－0003775 05978
[康熙]太平府志四十卷 （清）黃桂等修
（清）宋驤纂 清光緒二十九年(1903)木活字
印本 十九冊 存三十八卷(三至四十)

340000－1881－0003776 05979
[康熙]太平府志四十卷 （清）黃桂等修

（清）宋驤纂 清光緒二十九年(1903)木活字
印本 三冊 存七卷(二十二至二十四、三十
三至三十五、三十九)

340000－1881－0003777 05981
宛陵郡志備要四卷太平郡志二卷 （清）謝庭
氏輯 清光緒二年(1876)刻本 四冊

340000－1881－0003778 05982
[光緒]太平郡志備要二卷 （清）謝庭氏輯
清光緒十六年(1890)姑熟同文堂刻本 一冊

340000－1881－0003779 05983
宛陵郡志備要四卷太平郡志二卷 （清）謝庭
氏輯 清光緒二年(1876)刻本 二冊

340000－1881－0003780 05984
宛陵郡志備要四卷太平郡志二卷 （清）謝庭
氏輯 清光緒二年(1876)刻本 三冊

340000－1881－0003781 05985
宛陵郡志備要四卷 （清）謝庭氏輯 清光緒
二年(1876)刻本 二冊 存二卷(一至二)

340000－1881－0003782 05986
宛陵郡志備要四卷 （清）謝庭氏輯 清光緒
二年(1876)刻本 一冊 存一卷(一)

340000－1881－0003783 05987
宛陵郡志備要四卷太平郡志二卷 （清）謝庭
氏輯 清光緒二年(1876)刻本 四冊

340000－1881－0003784 06005
采石志不分卷 （清）李恩綬輯 清光緒稿本
一冊

340000－1881－0003785 06009
[光緒]廣德州志六十卷末一卷 （清）胡有成
修 清光緒七年(1881)刻本 二冊 存六卷
(三十七至四十二)

340000－1881－0003786 06010
[道光]增補廣德州志十六卷 （清）裕文纂修
清道光二十七年(1847)刻本 三冊 存九
卷(八至十六)

340000－1881－0003787 06011
[光緒]廣德州志六十卷末一卷 （清）胡有成

修　清光緒七年(1881)刻本　十五冊　存四十八卷(一至三、七至十三、二十至二十九、三十四至六十,末一卷)

340000－1881－0003788　06012

[光緒]宣城縣志二十五卷　（清）李應泰等修　（清）章綏纂　清抄本　五冊　存十七卷(五至十二、十五至十九、二十二至二十五)

340000－1881－0003789　06013

[康熙]宣城縣志十卷　（清）袁朝選修　(清)徐肇伊纂　清康熙二十六年(1687)刻本　二冊　存二卷(一、六)

340000－1881－0003790　06014

[光緒]宣城縣誌四十卷首一卷　（清）李應泰等修　（清）章綏纂　清光緒十四年(1888)刻本　二十四冊

340000－1881－0003791　06026

[乾隆]涇縣志四十五卷首一卷　（清）高晉鑒定　（清）鄭相如編　清乾隆十八年(1753)刻本　十三冊　存三十七卷(一至三、七至十五、十九至三十、三十四至四十五,首一卷)

340000－1881－0003792　06027

[乾隆]涇縣志四十五卷首一卷　（清）高晉鑒定　（清）鄭相如編　清乾隆十八年(1753)刻本　一冊　存三卷(十三至十五)

340000－1881－0003793　06028

涇縣鄉土記不分卷　（清）胡韞玉撰　清光緒三十四年(1908)上海白話報社鉛印本　一冊

340000－1881－0003794　06029

[乾隆]涇縣志十卷首一卷　（清）王廷棟等修　（清）錢人麟等纂　清乾隆二十年(1755)刻本　九冊

340000－1881－0003795　06030

[嘉慶]涇縣志三十二卷首一卷　（清）李德淦等修　（清）洪亮吉等纂　清嘉慶十一年(1806)刻本　十六冊

340000－1881－0003796　06031

[光緒]南陵小志四卷首一卷　宗能徵纂修

清光緒二十五年(1899)木活字印本　六冊

340000－1881－0003797　06037

[淳熙]新安志十卷　（宋）羅願撰　清光緒十四年(1888)黟縣李氏刻本　四冊

340000－1881－0003798　06038

[淳熙]新安志十卷　（宋）羅願撰　清光緒十四年(1888)黟縣李氏刻本　四冊

340000－1881－0003799　06039

[淳熙]新安志十卷　（宋）羅願撰　清光緒十四年(1888)黟縣李氏刻本　四冊

340000－1881－0003800　06040

[淳熙]新安志十卷　（宋）羅願撰　清光緒十四年(1888)黟縣李氏刻本　四冊

340000－1881－0003801　06041

[淳熙]新安志十卷　（宋）羅願撰　清光緒十四年(1888)黟縣李氏刻本　四冊

340000－1881－0003802　06042

[淳熙]新安志十卷　（宋）羅願撰　清光緒十四年(1888)黟縣李氏刻本　四冊

340000－1881－0003803　06043

[淳熙]新安志十卷　（宋）羅願撰　清光緒十四年(1888)黟縣李氏刻本　四冊

340000－1881－0003804　06044

[淳熙]新安志十卷　（宋）羅願撰　清光緒十四年(1888)黟縣李氏刻本　四冊

340000－1881－0003805　06045

[淳熙]新安志十卷　（宋）羅願撰　清光緒十四年(1888)黟縣李氏刻本　四冊

340000－1881－0003806　06046

[淳熙]新安志十卷　（宋）羅願撰　清光緒十四年(1888)黟縣李氏刻本　四冊

340000－1881－0003807　06047

[淳熙]新安志十卷　（宋）羅願撰　清光緒十四年(1888)黟縣李氏刻本　四冊

340000－1881－0003808

[淳熙]新安志十卷　（宋）羅願撰　清光緒十

四年(1888)黟縣李氏刻本　四冊

340000－1881－0003809　06049
[淳熙]新安志十卷　(宋)羅願撰　清光緒十
四年(1888)黟縣李氏刻本　四冊

340000－1881－0003810　06050
[淳熙]新安志十卷　(宋)羅願撰　清光緒十
四年(1888)黟縣李氏刻本　二冊　存五卷
(四至六、九至十)

340000－1881－0003811　06051
新安文獻志一百卷　(明)程敏政纂　明刻本
　三冊　存二十卷(七十六至九十五)

340000－1881－0003812　06053
新安文獻志一百卷　(明)程敏政輯　(明)畢
懋康等重訂　明萬曆四十二年(1614)刻本
三十六冊

340000－1881－0003813　06054
[嘉靖]徽州府志十二卷　(明)程敏政纂　明
嘉靖刻本　八冊　存八卷(二至七、九至十)

340000－1881－0003814　06055
[弘治]徽州府志十二卷　(明)彭澤修
(明)汪舜民纂修　明弘治十五年(1502)刻本
十二冊

340000－1881－0003815　06056
[嘉靖]徽州府志二十二卷　(明)汪尚寧等纂
修　明嘉靖四十五年(1566)刻本　三冊　存
六卷(一、十一至十三、十七至十八)

340000－1881－0003816　06057
[嘉靖]徽州府志二十二卷　(明)何東序修
明嘉靖刻本　八冊　存十七卷(一、五至十
八、二十一至二十二)

340000－1881－0003817　06058
[康熙]徽州府志十八卷　(清)趙吉士纂修
(清)吳苑等修　清康熙三十八年(1699)萬青
閣刻朱印本　十冊

340000－1881－0003818　06059
[康熙]徽州府志十八卷　(清)趙吉士纂修
(清)吳苑等修　清康熙三十八年(1699)刻本

十冊

340000－1881－0003819　06060
[康熙]徽州府志十八卷　(清)趙吉士纂修
(清)吳苑等修　清康熙三十八年(1699)刻本
十冊

340000－1881－0003820　06061
[康熙]徽州府志十八卷　(清)趙吉士纂修
(清)吳苑等修　清康熙三十八年(1699)刻本
一冊　存二卷(六至七)

340000－1881－0003821　06062
[康熙]徽州府志十八卷　(清)趙吉士纂修
(清)吳苑等修　清康熙三十八年(1699)萬青
閣刻本　一冊　存目錄、凡例等

340000－1881－0003822　06063
[康熙]徽州府志十八卷　(清)趙吉士纂修
(清)吳苑等修　清康熙三十八年(1699)刻本
二十冊

340000－1881－0003823　06064
[道光]徽州府志十六卷首一卷　(清)馬步蟾
纂修　清道光七年(1827)刻本　三十冊

340000－1881－0003824　06065
[道光]徽州府志十六卷首一卷　(清)馬步蟾
纂修　清道光七年(1827)府學尊經閣刻本
三十冊

340000－1881－0003825　06066
[道光]徽州府志十六卷首一卷　(清)馬步蟾
纂修　清道光七年(1827)刻本　三十冊

340000－1881－0003826　06067
[道光]徽州府志十六卷首一卷　(清)馬步蟾
纂修　清道光七年(1827)刻朱印本　一冊
存二卷(十四之一至三、十五)

340000－1881－0003827　06068
[道光]徽州府志十六卷首一卷　(清)馬步蟾
纂修　清道光七年(1827)刻本　三十冊

340000－1881－0003828　06069
[道光]徽州府志十六卷首一卷　(清)馬步蟾
纂修　清道光七年(1827)刻本　三冊　存三

卷(二之一至三、十二之四、十三之一)

340000－1881－0003829　06070
[道光]徽州府志十六卷首一卷　(清)馬步蟾
纂修　清道光七年(1827)刻本　三十冊

340000－1881－0003830　06071
[道光]徽州府志十六卷首一卷　(清)馬步蟾
纂修　清道光七年(1827)刻本　二十七冊
存十六卷(一之一至三、二之四至七、三之一
至四、四之一至四、五之一至二、六之一至二、
七之一至二、八之一至二、九之一至四、十之
一至三、十一至一至四、十二之一至六、十三
之一至六、十四之一至三、十五、十六之一至
三)

340000－1881－0003831　06072
[道光]徽州府志十六卷首一卷　(清)馬步蟾
纂修　清道光七年(1827)刻本　十冊　存五
卷(八之一至二、十一之一至四、十二之一至
六、十四之一至三、十五)

340000－1881－0003832　06073
[道光]徽州府志十六卷首一卷　(清)馬步蟾
纂修　清道光七年(1827)刻本　三十一冊

340000－1881－0003833　06074
[道光]徽州府志十六卷首一卷　(清)馬步蟾
纂修　清道光七年(1827)刻本　二十二冊
存十三卷(一之一至四、二之一至三、三之一、
四之一至四、五之一、六之一至二、七之一至
二、八之一至二、九之一至四、十二之一、十二之
二至五、十三之一至六,首一卷)

340000－1881－0003834　06076
徽志補正不分卷　(清)邵棠撰　清嘉慶十九
年(1814)刻本　一冊

340000－1881－0003835　06077
徽州府志辯證不分卷　(清)黃崇惺纂　清同
治刻本　一冊

340000－1881－0003836　06078
徽州府志辯證不分卷　(清)黃崇惺纂　清同
治刻本　一冊

340000－1881－0003837　06079
徽州府志辯證不分卷　(清)黃崇惺纂　清同
治刻本　一冊

340000－1881－0003838　06080
[順治]歙志十四卷　(清)宋希尚修　清順治
四年(1647)刻本　三冊　存六卷(七至十二)

340000－1881－0003839　06081
[康熙]歙縣志十二卷　(清)吳苑等纂修　清
康熙二十九年(1690)刻本　八冊

340000－1881－0003840　06082
[康熙]歙縣志十二卷　(清)吳苑等纂修　清
康熙二十九年(1690)刻本　一冊　存三卷
(三至四、九)

340000－1881－0003841　06083
[乾隆]歙縣志二十卷首一卷　(清)張佩芳掌
修　(清)劉大櫆等修　清乾隆三十六年
(1771)刻本　一冊　存四卷(一至三、首一
卷)

340000－1881－0003842　06085
[乾隆]歙縣志二十卷首一卷　(清)張佩芳掌
修　(清)劉大櫆等修　清乾隆三十六年
(1771)刻本　九冊

340000－1881－0003843　06086
[乾隆]歙縣志二十卷首一卷　(清)張佩芳掌
修　(清)劉大櫆等修　清乾隆三十六年
(1771)刻本　七冊　存十九卷(一至十五、十
八至二十,首一卷)

340000－1881－0003844　06087
[乾隆]歙縣志二十卷首一卷　(清)張佩芳掌
修　(清)劉大櫆等修　清末抄本　八冊

340000－1881－0003845　06088
[道光]歙縣志十卷首一卷　(清)勞逢源修
(清)沈柏棠纂　清道光八年(1828)刻本　十
二冊

340000－1881－0003846　06089
[道光]歙縣志十卷首一卷　(清)勞逢源修
(清)沈柏棠纂　清道光八年(1828)刻本　十

冊 存五卷(五之三、六之一至五、七之一至七、八之一至十二、九之一至三)

340000－1881－0003847　06090
[道光]歙縣志十卷首一卷　（清）勞逢源修（清）沈柏棠纂　清道光八年(1828)刻本　十二冊

340000－1881－0003848　06093
橙陽散志十五卷　（清）江登雲輯　（清）江紹蓮續編　清刻本　三冊　存五卷(三、十二至十五)

340000－1881－0003849　06096
巖鎮志草四卷　（清）佘華瑞纂　（清）程佶校　清乾隆三年(1738)留耕堂刻本　四冊

340000－1881－0003850　06104
[嘉靖]休寧縣志八卷　（明）宋國華修（明）吳宗堯等纂修　明嘉靖二十七年(1548)刻本　三冊

340000－1881－0003851　06105
[萬曆]休寧縣志八卷　（明）李喬岱纂修　明萬曆三十五年(1607)刻朱印本　五冊

340000－1881－0003852　06106
[康熙]休寧縣志八卷　（清）廖騰煃掌修（清）汪晉徵等總修　清康熙三十二年(1693)刻本　四冊　存六卷(一至六)

340000－1881－0003853　06107
[康熙]休寧縣志八卷　（清）廖騰煃掌修（清）汪晉徵等總修　清抄本　三冊　存六卷(二至四、六至八)

340000－1881－0003854　06108
[康熙]休寧縣志八卷　（清）廖騰煃掌修（清）汪晉徵等總修　清康熙三十二年(1693)刻本　十冊

340000－1881－0003855　06109
[康熙]休寧縣志八卷　（清）廖騰煃掌修（清）汪晉徵等總修　清康熙三十二年(1693)刻本　九冊

340000－1881－0003856　06110

[康熙]休寧縣志八卷　（清）廖騰煃掌修（清）汪晉徵等總修　清康熙三十二年(1693)刻本　九冊

340000－1881－0003857　06111
[嘉慶]休寧縣志二十四卷　（清）何應松修（清）方崇鼎纂　清嘉慶二十年(1815)刻本　十六冊

340000－1881－0003858　06112
[嘉慶]休寧縣志二十四卷　（清）何應松修（清）方崇鼎纂　清抄本　十六冊

340000－1881－0003859　06113
休寧碎事十二卷　（清）徐卓輯　清嘉慶十六年(1811)刻本　四冊

340000－1881－0003860　06114
休寧碎事十二卷　（清）徐卓輯　清嘉慶十六年(1811)刻本　一冊　存三卷(一至三)

340000－1881－0003861　06115
[道光]休寧縣志二十四卷　（清）何應松修（清）方崇鼎纂　清道光三年(1823)刻本　六冊　存七卷(九至十四、十八)

340000－1881－0003862　06116
[道光]休寧縣志二十四卷　（清）何應松修（清）方崇鼎纂　清道光三年(1823)刻本　十二冊

340000－1881－0003863　06117
[道光]休寧縣志二十四卷　（清）何應松修（清）方崇鼎纂　清刻本　一冊　存二卷(十三至十四)

340000－1881－0003864　06156
[嘉慶]續黟縣志十二卷首一卷　（清）清愷（清）彭志溶主修　（清）席存泰纂修　清嘉慶十五年(1810)刻本　八冊

340000－1881－0003865　06157
[嘉慶]續黟縣志十二卷首一卷　（清）清愷（清）彭志溶主修　（清）席存泰纂修　清嘉慶十五年(1810)刻本　六冊　存十一卷(二至十二)

340000－1881－0003866　06158

[乾隆]續溪縣志十卷　(清)較陳錫纂修　清
乾隆二十一年(1756)刻本　一冊　存三卷
(八至十)

340000－1881－0003867　06162

[康熙]祁門縣志八卷　(清)姚啟元等修
(清)張瑗等纂　清康熙二十二年(1683)刻本
八冊

340000－1881－0003868　06163

[道光]祁門縣志三十六卷首一卷　(清)王讓
主修　(清)桂超萬纂　清道光七年(1827)刻
本　八冊

340000－1881－0003869　06164

[同治]祁門縣志三十六卷首一卷　(清)周溶
等修　(清)汪韻珊纂　清同治十二年(1873)
刻本　十二冊

340000－1881－0003870　06165

[同治]祁門縣志三十六卷首一卷　(清)周溶
等修　(清)汪韻珊纂　清同治十二年(1873)
刻本　五冊　存十六卷(十九至二十一、二十
三至三十、三十二至三十六)

340000－1881－0003871　06166

[同治]祁門縣志三十六卷首一卷　(清)周溶
等修　(清)汪韻珊纂　清同治十二年(1873)
刻本　十二冊

340000－1881－0003872　06167

[同治]祁門縣志三十六卷首一卷　(清)周溶
等修　(清)汪韻珊纂　清同治十二年(1873)
刻本　十二冊

340000－1881－0003873　06168

[同治]祁門縣志三十六卷首一卷　(清)周溶
等修　(清)汪韻珊纂　清同治十二年(1873)
刻本　十二冊

340000－1881－0003874　06172

[同治]祁門縣志三十六卷首一卷　(清)周溶
等修　(清)汪韻珊纂　清同治十二年(1873)
刻本　十二冊

340000－1881－0003875　06173

[順治]黟縣誌八卷　(清)竇士範修　清順治
十二年(1655)刻本　四冊

340000－1881－0003876　06174

[順治]黟縣誌八卷　(清)竇士範修　清順治
十二年(1655)刻本　一冊　存二卷(七至八)

340000－1881－0003877　06175

[順治]黟縣誌八卷　(清)竇士範修　清順治
十二年(1655)刻本　四冊

340000－1881－0003878　06176

[康熙]黟縣誌四卷　(清)王景曾修　(清)
尤何等纂　清康熙二十二年(1683)刻本
四冊

340000－1881－0003879　06177

[順治]黟縣誌八卷　(清)竇士範修　清順治
十二年(1655)刻本　四冊

340000－1881－0003880　06178

[乾隆]黟縣志十二卷　(清)孫維龍修
(清)劉大櫆等纂　清乾隆三十一年(1766)刻
本　四冊

340000－1881－0003881　06179

[乾隆]黟縣志十二卷　(清)孫維龍修
(清)劉大櫆等纂　清乾隆三十一年(1766)刻
本　四冊

340000－1881－0003882　06180

[嘉慶]黟縣志十六卷首一卷　(清)吳甸華總
修　(清)葉有廣繪圖　清嘉慶十七年(1812)
刻本　十二冊

340000－1881－0003883　06181

[嘉慶]黟縣志十六卷首一卷　(清)吳甸華總
修　(清)葉有廣繪圖　清嘉慶十七年(1812)
刻本　二冊　存二卷(十五至十六)

340000－1881－0003884　06182

[同治]黟縣志十六卷附續志一卷首一卷
(清)吳甸華修　(清)呂子鈺　(清)詹錫齡
續修　清同治十年(1871)刻本　五冊　存七
卷(四、七、九至十、十二至十四)

340000 - 1881 - 0003885　06183

[道光]黟縣志十六卷附續志一卷　（清）吳甸
華修　（清）呂子鈺續修　清道光刻本　六冊
　存六卷（四至六、八、十四至十五）

340000 - 1881 - 0003886　06184

[同治]黟縣志十六卷附續志一卷首一卷
（清）吳甸華修　（清）呂子鈺　（清）詹錫齡
續修　清同治十年（1871）刻本　十六冊

340000 - 1881 - 0003887　06185

[同治]黟縣志十六卷附續志一卷首一卷
（清）吳甸華修　（清）呂子鈺　（清）詹錫齡
續修　清同治十年（1871）刻本　八冊　存九
卷（二至三、九至十、十二至十六）

340000 - 1881 - 0003888　06186

[同治]黟縣三志十六卷首一卷末一卷　（清）
謝永泰總修　（清）程鴻詔等纂　清同治八年
（1869）刻本　七冊　存七卷（一至六、八）

340000 - 1881 - 0003889　06187

[同治]黟縣志十六卷附續志一卷首一卷
（清）吳甸華修　（清）呂子鈺　（清）詹錫齡
續修　清同治十年（1871）刻本　十六冊

340000 - 1881 - 0003890　06188

[同治]黟縣志十六卷附續志一卷首一卷
（清）吳甸華修　（清）呂子鈺　（清）詹錫齡
續修　清同治十年（1871）刻本　十六冊

340000 - 1881 - 0003891　06189

[同治]黟縣志十六卷附續志一卷首一卷
（清）吳甸華修　（清）呂子鈺　（清）詹錫齡
續修　清同治十年（1871）刻本　一冊　存一
卷（七）

340000 - 1881 - 0003892　06190

[同治]黟縣志十六卷附續志一卷首一卷
（清）吳甸華修　（清）呂子鈺　（清）詹錫齡
續修　清同治十年（1871）刻本　十三冊　存
十三卷（一、四至十二、十四至十五,首一卷）

340000 - 1881 - 0003893　06191

[同治]黟縣志十六卷附續志一卷首一卷
（清）吳甸華修　（清）呂子鈺　（清）詹錫齡
續修　清同治十年（1871）刻本　八冊　存六
卷（四至五、七至八、十二、十四）

340000 - 1881 - 0003894　06192

[乾隆]黟縣志十二卷　（清）孫維龍修
（清）劉大櫆等纂　清乾隆三十一年（1766）刻
本　一冊　存二卷（一至二）

340000 - 1881 - 0003895　06193

[乾隆]黟縣志十二卷　（清）孫維龍修
（清）劉大櫆等纂　清乾隆三十一年（1766）刻
本　四冊

340000 - 1881 - 0003896　06194

[同治]黟縣三志十六卷首一卷末一卷　（清）
謝永泰總修　（清）程鴻詔等纂　清同治八年
（1869）刻本　四冊　存八卷（一至五、八之一
至二、十五之四,首一卷）

340000 - 1881 - 0003897　06195

[同治]黟縣三志十六卷首一卷末一卷　（清）
謝永泰總修　（清）程鴻詔等纂　清同治八年
（1869）刻本　十六冊

340000 - 1881 - 0003898　06196

[同治]黟縣三志十六卷首一卷末一卷　（清）
謝永泰總修　（清）程鴻詔等纂　清同治八年
（1869）刻本　十四冊　存十二卷（一至八、十
五之一至七、十六之一至七,首一卷,末一卷）

340000 - 1881 - 0003899　06202

[同治]黟縣三志十六卷首一卷末一卷　（清）
謝永泰總修　（清）程鴻詔等纂　清同治八年
（1869）刻本　七冊　存五卷（六至七、十五之
四至七、十六之四至七,末一卷）

340000 - 1881 - 0003900　06213

[康熙]池州府志九十二卷　（清）馬世永纂修
　清康熙五十年（1711）刻本　一冊　存十八
卷（五十八至七十五）

340000 - 1881 - 0003901　06214

[乾隆]池州府志五十八卷首一卷　（清）張士
範纂修　清乾隆四十四年（1779）刻本　十四
冊　存四十九卷（一至十八、二十六至五十、
五十四至五十八,首一卷）

340000－1881－0003902　06215

池州府志□□卷　（清）張士範纂修　清抄本
　　六冊　存二十一卷（三十六至五十三、五十
　　六至五十八）

340000－1881－0003903　06216

[光緒]貴池縣志四十四卷首一卷　（清）陸廷
齡重修　清光緒九年（1883）木活字印本　二
　　十冊

340000－1881－0003904　06217

[光緒]貴池縣志四十四卷首一卷　（清）陸廷
齡重修　清光緒九年（1883）木活字印本　十
　　四冊　存三十二卷（六至十、十二至三十八）

340000－1881－0003905　06218

[光緒]貴池縣志四十四卷首一卷　（清）陸廷
齡重修　清光緒九年（1883）木活字印本　十
　　九冊　存四十二卷（一至四十一、首一卷）

340000－1881－0003906　06219

[光緒]貴池縣志四十四卷首一卷　（清）陸廷
齡重修　清光緒九年（1883）木活字印本　八
　　冊　存二十四卷（十六至三十六、三十九至四
　　十一）

340000－1881－0003907　06220

[光緒]貴池縣志四十四卷首一卷　（清）陸廷
齡重修　清光緒九年（1883）木活字印本　一
　　冊　存一卷（三十一）

340000－1881－0003908　06221

[光緒]青陽縣志十二卷　（清）廖光珩
（清）華椿督修　（清）周贇總纂　（清）龍鳳
梧等分纂　清光緒十八年（1892）木活字印本
　　十二冊

340000－1881－0003909　06222

[光緒]青陽縣志十二卷　（清）廖光珩
（清）華椿督修　（清）周贇總纂　（清）龍鳳
梧等分纂　清光緒十八年（1892）木活字印本
（卷十二以抄本補配）　四冊　存四卷（四至
六、十二）

340000－1881－0003910　06242

[康熙]太平縣志十卷　（清）陳恭修　（清）

邵樸元等纂　清康熙四年（1665）刻本　一冊
　　存二卷（一至二）

340000－1881－0003911　06243

[乾隆]太平縣志十二卷　（清）彭居仁修
（清）魏子嵩纂　清乾隆二十一年（1756）刻本
　　一冊　存一卷（六）

340000－1881－0003912　06246

[嘉慶]東流縣志三十卷　（清）吳簏掌修
（清）李兆洛纂　清嘉慶二十三年（1818）刻本
　　九冊

340000－1881－0003913　06247

[嘉慶]東流縣志三十卷　（清）吳簏掌修
（清）李兆洛纂　清嘉慶二十三年（1818）刻本
　　二冊　存十卷（十八至二十七）

340000－1881－0003914　06248

[宣統]建德縣志二十卷首一卷　（清）張贊巽
　（清）張翊六監修　（清）周學銘總修　清宣
統二年（1910）湖北官刷印局鉛印本　十冊

340000－1881－0003915　06249

[宣統]建德縣志二十卷首一卷　（清）張贊巽
　（清）張翊六監修　（清）周學銘總修　清宣
統二年（1910）湖北官刷印局鉛印本　三冊
　　存六卷（十一至十六）

340000－1881－0003916　06250

[宣統]建德縣志二十卷首一卷　（清）張贊巽
　（清）張翊六監修　（清）周學銘總修　清宣
統二年（1910）湖北官刷印局鉛印本　十冊

340000－1881－0003917　06251

[宣統]建德縣志二十卷首一卷　（清）張贊巽
　（清）張翊六監修　（清）周學銘總修　清宣
統二年（1910）湖北官刷印局鉛印本　八冊
存十五卷（四至十七、首一卷）

340000－1881－0003918　06256

[道光]懷寧縣志二十八卷首一卷末一卷
（清）王毓芳　（清）趙梅總修　清道光五年
（1825）刻本　十冊

340000－1881－0003919　06257

[道光]懷寧縣志二十八卷首一卷末一卷
（清）王毓芳　（清）趙梅總修　清道光五年
(1825)刻本　十冊

340000－1881－0003920　06267
[道光]桐城續修縣志二十四卷首一卷　（清）
廖大聞　（清）金鼎壽纂修　清道光七年
(1827)刻本　十二冊

340000－1881－0003921　06268
[道光]桐城續修縣志二十四卷首一卷　（清）
廖大聞　（清）金鼎壽纂修　清道光七年
(1827)刻本　二冊　存五卷(九至十一、二十
至二十一)

340000－1881－0003922　06284
[同治]太湖縣志四十六卷首一卷末一卷
（清）符兆鵬主修　（清）趙繼元纂修　清同治
十一年(1872)熙湖書院刻本　十二冊

340000－1881－0003923　06286
[同治]六安州志六十卷　（清）李蔚修
（清）吳康霖纂　清同治十一年(1872)刻本
二十八冊

340000－1881－0003924　06287
[同治]六安州志六十卷　（清）李蔚修
（清）吳康霖纂　清抄本　二冊　存四卷(三
十七至四十)

340000－1881－0003925　06288
[同治]六安州志六十卷　（清）李蔚修
（清）吳康霖纂　清同治十一年(1872)刻本
五冊　存十四卷(十八至二十、二十六至三十
六)

340000－1881－0003926　06289
[光緒]霍山縣志十五卷　（清）秦達章修
（清）何國佑等纂　清光緒三十一年(1905)木
活字印本　三冊　存七卷(九至十五)

340000－1881－0003927　06292
[光緒]壽州志三十六卷首一卷末一卷　（清）
曾道唯等修　（清）葛蔭南纂　清光緒十六年
(1890)木活字印本　十六冊

340000－1881－0003928　06293
[光緒]壽州志三十六卷首一卷末一卷　（清）
曾道唯等修　（清）葛蔭南纂　清光緒十六年
(1890)木活字印本　十六冊

340000－1881－0003929　06294
[光緒]壽州志三十六卷首一卷末一卷　（清）
曾道唯等修　（清）葛蔭南纂　清光緒十六年
(1890)木活字印本　六冊　存十四卷(十四
至十六、十九至二十五、三十四至三十六,末
一卷)

340000－1881－0003930　06295
壽州鄉土志略不分卷　張樹侯輯　清宣統元
年(1909)石印本　一冊

340000－1881－0003931　06296
[光緒]續修舒城縣志五十卷首一卷末一卷
（清）呂林鍾　（清）崔保齡修　（清）趙鳳詔
（清）孫浤澤纂　清光緒三十三年(1907)木
活字印本　十六冊

340000－1881－0003932　06297
[光緒]續修舒城縣志五十卷首一卷末一卷
（清）呂林鍾　（清）崔保齡修　（清）趙鳳詔
（清）孫浤澤纂　清光緒三十三年(1907)木
活字印本　十六冊

340000－1881－0003933　06298
[光緒]續修舒城縣志五十卷首一卷末一卷
（清）呂林鍾　（清）崔保齡修　（清）趙鳳詔
（清）孫浤澤纂　清光緒三十三年(1907)木
活字印本　十六冊

340000－1881－0003934　06299
[光緒]續修舒城縣志五十卷首一卷末一卷
（清）呂林鍾　（清）崔保齡修　（清）趙鳳詔
（清）孫浤澤纂　清光緒三十三年(1907)木
活字印本　十六冊

340000－1881－0003935　06300
[光緒]續修舒城縣志五十卷首一卷末一卷
（清）呂林鍾　（清）崔保齡修　（清）趙鳳詔
（清）孫浤澤纂　清光緒三十三年(1907)木
活字印本　五冊　存十八卷(二十五至二十

八、三十三至四十三、四十九下、五十,末一卷)

340000－1881－0003936　06302
[乾隆]潁州府志十卷首一卷　（清）王斂福等纂　（清）潘遇莘編　清乾隆十七年(1752)刻本　十二冊

340000－1881－0003937　06303
[乾隆]潁州府志十卷首一卷　（清）王斂福等纂　（清）潘遇莘編　清乾隆十七年(1752)刻本　五冊　存二卷(六、八)

340000－1881－0003938　06307
[道光]阜陽縣志二十卷首一卷　（清）李虎文　（清）周天爵修　（清）李復慶纂　清道光九年(1829)刻本　二冊　存四卷(十至十三)

340000－1881－0003939　06308
[道光]亳州志四十三卷首一卷　（清）任壽世等修　（清）劉開等纂　清道光五年(1825)古譙官舍刻本　三冊　存八卷(一至二、三十九至四十三,首一卷)

340000－1881－0003940　06309
[光緒]亳州志二十卷首一卷　宗能徵等纂修　清光緒二十年(1894)木活字印本　十四冊

340000－1881－0003941　06310
[光緒]亳州志二十卷首一卷　宗能徵等纂修　清光緒二十年(1894)木活字印本　四冊　存六卷(十至十三、十九至二十)

340000－1881－0003942　06321
[光緒]鳳臺縣志二十五卷首一卷　（清）李師沅　（清）石成之纂修　（清）葛蔭南等纂輯　清光緒十八年(1892)木活字印本　十冊

340000－1881－0003943　06322
[光緒]鳳臺縣志二十五卷首一卷　（清）李師沅　（清）石成之纂修　（清）葛蔭南等纂輯　清光緒十八年(1892)木活字印本　二冊　存七卷(六至十二)

340000－1881－0003944　06327
[光緒]潁上縣志十二卷首一卷　（清）都寵錫修　清光緒四年(1878)木活字印本　八冊

340000－1881－0003945　06330
[光緒]潁上縣志十二卷首一卷　（清）都寵錫修　清光緒四年(1878)木活字印本　八冊

340000－1881－0003946　06337
[乾隆]太和縣志八卷　（清）成兆豫修　（清）洪朝元編　清乾隆十七年(1752)刻本　四冊

340000－1881－0003947　06338
[乾隆]太和縣志八卷　（清）成兆豫修　（清）洪朝元編　清乾隆十七年(1752)刻本　四冊

340000－1881－0003948　06339
[乾隆]太和縣志八卷　（清）成兆豫修　（清）洪朝元編　清乾隆十七年(1752)刻本　四冊

340000－1881－0003949　06344
江南通志節錄不分卷　（□）□□撰　清抄本　二冊

340000－1881－0003950　06345
[光緒]重刊江寧府志五十六卷首一卷　（清）呂燕昭主修　（清）姚鼐總修　清光緒六年(1880)刻本　十二冊

340000－1881－0003951　06346
同治上江兩縣志二十八卷首一卷附錄一卷　（清）莫祥芝　（清）甘紹盤纂　（清）陳槎等纂修　清光緒二年(1876)刻本　十二冊

340000－1881－0003952　06347
同治上江兩縣志二十八卷首一卷附錄一卷　（清）莫祥芝　（清）甘紹盤纂　（清）陳槎等纂修　清同治十三年(1874)刻本　八冊　存十七卷(一,二上,四至六,十二至十五上,十九中、下,二十四至二十九,首一卷)

340000－1881－0003953　06348
[光緒]六合縣志八卷圖說一卷附錄一卷　（清）謝延庚　（清）呂憲秋修　（清）葉曉嵐編　清光緒九年(1883)刻本　九冊　存七卷

(二至八)

340000－1881－0003954　06350

吳郡圖經續記三卷　（宋）朱長文撰　清乾隆
二十四年(1759)刻本　一冊

340000－1881－0003955　06351

吳郡圖經續記三卷　（宋）朱長文撰　清同治
十二年(1873)江蘇書局刻本　一冊

340000－1881－0003956　06352

甘棠小志四卷首一卷末一卷　（清）董醇撰
清咸豐五年(1855)甘棠董氏刻本　二冊　存
二卷(二至三)

340000－1881－0003957　06365

[光緒]通州直隸州志十六卷首一卷末一卷
（清）梁悅馨等修　（清）季念詒總纂　清光緒
二年(1876)刻本　十六冊

340000－1881－0003958　06366

[光緒]通州直隸州志十六卷首一卷末一卷
（清）梁悅馨等修　（清）季念詒總纂　清光緒
二年(1876)刻本　十六冊

340000－1881－0003959　06367

[光緒]通州直隸州志十六卷首一卷末一卷
（清）梁悅馨等修　（清）季念詒總纂　清光緒
二年(1876)刻本　十六冊

340000－1881－0003960　06368

[光緒]盱眙縣志稿十七卷首一卷　（清）王錫
元等纂修　清光緒二十五年(1899)刻本
八冊

340000－1881－0003961　06369

[光緒]盱眙縣志稿十七卷首一卷　（清）王錫
元等纂修　清光緒二十五年(1899)刻本
八冊

340000－1881－0003962　06370

[光緒]盱眙縣志稿十七卷首一卷　（清）王錫
元等纂修　清光緒二十五年(1899)刻本
八冊

340000－1881－0003963　06371

[光緒]盱眙縣志稿十七卷首一卷　（清）王錫
元等纂修　清光緒二十五年(1899)刻本
八冊

340000－1881－0003964　06372

[光緒]豐縣志十六卷首一卷　（清）姚鴻傑纂
修　清光緒二十年(1894)刻本　八冊

340000－1881－0003965　06373

[咸豐]邳州志二十卷首一卷　（清）董用威
（清）馬軼群修　（清）魯一同纂　清咸豐元年
(1851)刻光緒二十一年(1895)印本　六冊

340000－1881－0003966　06379

[同治]上海縣志三十二卷首一卷末一卷
（清）應寶時等修　（清）俞樾總纂　清同治十
一年(1872)上海文廟南園志局刻本　十六冊

340000－1881－0003967　06380

[乾隆]上海縣志十二卷首一卷　（清）范廷傑
等修　（清）皇甫樞纂　清乾隆四十九年
(1784)刻本　十一冊　存八卷(二至四、六、
八、十至十二)

340000－1881－0003968　06398

[光緒]趙州志十六卷首一卷末一卷　（清）
□□纂　清光緒二十三年(1897)刻本　二冊
存五卷(十至十四)

340000－1881－0003969　06399

棗強縣志補正五卷　（清）方宗誠纂　清光緒
二年(1876)刻本　二冊

340000－1881－0003970　06400

附鈔深州風土記四篇不分卷　（清）吳汝綸撰
清宣統二年(1910)國學扶輪社石印本
一冊

340000－1881－0003971　06401

深州風土記二十二卷附表五卷　（清）吳汝綸
纂　清光緒二十六年(1900)文瑞書院刻本
八冊

340000－1881－0003972　06403

[乾隆]冀州志二十卷續編一卷　（清）范清曠
纂　清乾隆十二年(1747)刻本　十冊

340000－1881－0003973　06404

[光緒]臨漳縣志十八卷首一卷　（清）周秉彝總修　清光緒三十一年(1905)刻本　十二冊

340000－1881－0003974　06406

[乾隆]渾源州志十卷　（清）桂敬順纂修　清乾隆二十八年(1763)刻本　五冊

340000－1881－0003975　06407

[光緒]渾源州續志十卷　（清）賀澍恩修（清）程續等纂　清光緒七年(1881)刻本　六冊

340000－1881－0003976　06408

[乾隆]渾源州志十卷　（清）桂敬順纂修　清乾隆二十八年(1763)刻本　四冊　存八卷（三至十）

340000－1881－0003977　06409

[道光]太原縣志十八卷　（明）屈鍾岳增修（清）沈繼賢重修　清道光六年(1826)刻光緒印本　六冊

340000－1881－0003978　06410

[光緒]續太原縣志二卷　（清）薛元釗修（清）王效尊纂　清光緒八年(1882)刻本　二冊

340000－1881－0003979　06411

[同治]榆次縣志十六卷首一卷　（清）俞世銓等修　清同治二年(1863)鳳鳴書院刻本　八冊

340000－1881－0003980　06412

[光緒]榆次縣續志四卷　（清）吳師祁等修　清光緒十一年(1885)刻本　二冊

340000－1881－0003981　06414

[乾隆]甯武府志十二卷首一卷　（清）李維梓纂（清）周景柱修　清乾隆十六年(1751)刻本　三冊　存五卷（一、五至七、十二）

340000－1881－0003982　06415

[嘉慶]介休縣志十四卷　（清）徐品山等纂修　清嘉慶二十四年(1819)刻本　八冊

340000－1881－0003983　06416

[同治]河曲縣志八卷　（清）金福增修

（清）張兆魁（清）金鍾彥纂　清同治十一年(1872)刻本　七冊　存七卷（二至八）

340000－1881－0003984　06417

[光緒]代州志十二卷首一卷　（清）俞廉三纂修（清）蔣模編　清光緒八年(1882)代山書院刻本　六冊

340000－1881－0003985　06418

蒙古三卷　（清）姚明煇編　清光緒三十三年(1907)中國圖書公司鉛印本　一冊

340000－1881－0003986　06420

黑龍江述略六卷　（清）徐宗亮著　清光緒十七年(1891)觀自得齋刻本　二冊

340000－1881－0003987　06421

吉林外紀十卷　（清）薩英額纂　清光緒漸西村舍刻本　四冊

340000－1881－0003988　06427

[嘉慶]葭州志二卷　（清）高珣纂修　清嘉慶十五年(1810)刻本　二冊

340000－1881－0003989　06428

[嘉慶]葭州志二卷　（清）高珣纂修　清嘉慶十五年(1810)刻本　二冊

340000－1881－0003990　06429

[嘉慶]葭州志二卷　（清）高珣纂修　清嘉慶十五年(1810)刻本　二冊

340000－1881－0003991　06430

[嘉慶]葭州志二卷　（清）高珣纂修　清嘉慶十五年(1810)刻本　二冊

340000－1881－0003992　06431

[嘉慶]葭州志二卷　（清）高珣纂修　清嘉慶十五年(1810)刻本　二冊

340000－1881－0003993　06432

[嘉慶]葭州志二卷　（清）高珣纂修　清嘉慶十五年(1810)刻本　一冊　存一卷（上）

340000－1881－0003994　06433

[嘉慶]葭州志二卷　（清）高珣纂修　清嘉慶十五年(1810)刻本　一冊　存一卷（上）

340000－1881－0003995　06434

[乾隆]武功縣志三卷首一卷　（明）康海撰
（清）孫景烈評注　清同治十二年(1873)湖北
崇文書局刻本　一冊

340000－1881－0003996　06435

[乾隆]澄城縣志二十卷　（清）戴治修
（清）洪亮吉　（清）孫星衍纂　清乾隆四十九
年(1784)刻本　四冊

340000－1881－0003997　06437

[康熙]隴州志八卷首一卷　（清）羅彰彝纂修
　清康熙五十二年(1713)刻本　四冊

340000－1881－0003998　06438

延綏鎮志六卷　（清）許占魁　（清）高光祖修
（清）譚吉璁纂　清康熙十二年(1673)刻本
八冊

340000－1881－0003999　06439

延綏鎮志六卷　（清）許占魁　（清）高光祖修
（清）譚吉璁纂　清康熙十二年(1673)刻本
七冊　存五卷(二之二至四、三之一至四、
四之一至四、五之一至四、六之一至四)

340000－1881－0004000　06440

[乾隆]敕修浙江通志二百八十卷首三卷
（清）李衛等修　（清）傅王露纂　清光緒二十
五年(1899)浙江書局刻本　一百二十冊

340000－1881－0004001　06445

咸淳臨安志一百卷　（宋）潛說友纂　清道光
十年(1830)錢塘汪氏振綺堂仿宋刻本　二十
四冊

340000－1881－0004002　06446

咸淳臨安志一百卷　（宋）潛說友纂　清道光
十年(1830)錢塘汪氏振綺堂仿宋刻本　二十
四冊

340000－1881－0004003　06451

[乾隆]湖州府志四十八卷　（清）胡承謀輯
清乾隆二十三年(1758)刻本　六冊　存十九
卷(五至九、十五至二十、二十五至二十七、三
十六至四十)

340000－1881－0004004　06452

[乾隆]湖州府志四十八卷　（清）胡承謀輯
清乾隆二十三年(1758)刻本　二十三冊　存
四十六卷(三至四十八)

340000－1881－0004005　06453

[同治]湖州府志九十六卷首一卷　（清）宗源
瀚修　（清）周學濬等纂　清同治十三年
(1874)刻本　七冊　存二十卷(一至三、二十
七至二十九、六十八至七十、七十六至七十
九、八十二至八十七,首一卷)

340000－1881－0004006　06454

[乾隆]遂安縣志十卷　（清）周世恩等修　清
乾隆十八年(1753)刻本　一冊　存二卷(一
至二)

340000－1881－0004007　06455

[光緒]遂安縣志十卷　（清）鄒錫壽等修
（清）姜士崟纂　清光緒十六年(1890)刻本
五冊　存八卷(三至十)

340000－1881－0004008　06458

[光緒]桐鄉縣志二十四卷首四卷　（清）嚴辰
纂　清光緒十三年(1887)刻本　八冊　存十
五卷(二至十一、十四,首二至四)

340000－1881－0004009　06459

[光緒]烏程縣志三十六卷　（清）潘玉璿修
（清）周學濬纂　清光緒七年(1881)刻本　十
二冊

340000－1881－0004010　06463

剡源鄉土志十九卷首一卷　（清）趙霈濤纂
清光緒二十八年(1902)木活字印本　五冊

340000－1881－0004011　06464

長興志拾遺二卷　（清）朱鎮撰　清光緒二十
三年(1897)刻本　一冊

340000－1881－0004012　06465

[光緒]餘姚縣志二十七卷首一卷末一卷
（清）周炳麟等修　（清）邵友濂　（清）孫德
祖纂　清光緒二十五年(1899)刻本　十六冊

340000－1881－0004013　06466

[光緒]處州府志三十卷首一卷末一卷 （清）潘紹詒修 （清）周榮椿纂 清光緒三年(1877)刻本 十四冊 存十六卷(一至十五、首一卷)

340000－1881－0004014 06468

[光緒]縉雲縣志十六卷首一卷末一卷 （清）何乃容纂 清光緒七年(1881)刻本 九冊 存十三卷(一、七至十六,首一卷,末一卷)

340000－1881－0004015 06469

光緒太平續志十八卷首一卷 （清）陳汝霖等修 （清）王棻纂 清光緒二十年(1894)刻本 八冊

340000－1881－0004016 06470

[嘉慶]瑞安縣志十卷首一卷 （清）張德標等修 （清）王殿金等纂 清嘉慶十三年(1808)刻本 四冊 存七卷(二至五、八至十)

340000－1881－0004017 06471

[光緒]宣平縣志二十卷首一卷 （清）皮樹棠主修 （清）向樹南協修 （清）祝鳳梧（清）潘澤鴻分纂 清光緒四年(1878)刻本 八冊

340000－1881－0004018 06472

[光緒]永嘉縣志三十八卷首一卷 （清）張寶林等修 （清）王棻 （清）孫詒讓纂 清光緒八年(1882)東甌郭博古齋刻本 三冊 存八卷(十三至二十)

340000－1881－0004019 06473

[光緒]永嘉縣志三十八卷首一卷 （清）張寶林等修 （清）王棻 （清）孫詒讓纂 清光緒八年(1882)東甌郭博古齋刻本 十六冊

340000－1881－0004020 06474

[嘉慶]赤城志四十卷 （宋）陳耆卿纂 （清）宋世犖纂修 清嘉慶二十三年(1818)臨海宋氏刻台州叢書本 六冊

340000－1881－0004021 06475

[光緒]蘭溪縣志八卷首一卷 （清）秦簧修（清）唐壬森纂 清光緒十四年(1888)刻本 十冊

340000－1881－0004022 06476

[光緒]蘭溪縣志八卷首一卷 （清）秦簧修（清）唐壬森纂 清光緒十四年(1888)刻本 十冊

340000－1881－0004023 06485

嚴州圖經八卷 （宋）陳公亮修 清光緒四年(1878)桐廬袁氏刻漸西村舍叢刊本 一冊 存二卷(二至三)

340000－1881－0004024 06488

[光緒]玉環廳志十四卷首一卷 （清）杜冠英 （清）胥壽榮修 （清）呂鴻燾纂 清光緒七年(1881)東甌郭博古齋刻本 八冊

340000－1881－0004025 06489

[光緒]玉環廳志十四卷首一卷 （清）杜冠英 （清）胥壽榮修 （清）呂鴻燾纂 清光緒七年(1881)東甌郭博古齋刻本 八冊

340000－1881－0004026 06490

江西考古錄十卷 （清）王謨撰 清乾隆三十二年(1767)刻本 四冊

340000－1881－0004027 06491

[雍正]江西通志一百六十二卷首三卷 （清）高其倬修 （清）惲鶴生纂 清雍正十年(1732)刻本 一冊 存二卷(一百四十至一百四十一)

340000－1881－0004028 06492

[光緒]江西通志一百八十卷首五卷 （清）劉坤一修 （清）趙之謙纂 清光緒七年(1881)刻本 一百二十冊

340000－1881－0004029 06493

[同治]建昌縣志十二卷首一卷 （清）陳惟清修 （清）王士彬等纂 清同治十年(1871)刻本 十冊

340000－1881－0004030 06494

[同治]建昌縣志十二卷首一卷 （清）陳惟清修 （清）王士彬等纂 清同治十年(1871)刻本 十冊

340000－1881－0004031 06495

[同治]南康府志二十四卷首一卷　（清）盛元纂修　清同治十一年(1872)刻本　十二冊

340000－1881－0004032　06496

[同治]安遠縣志十五卷首一卷　（清）歐陽鐸修　（清）丁珮等纂　清同治十一年(1872)刻本　八冊

340000－1881－0004033　06497

[乾隆]婺源縣志三十九卷首一卷　（清）俞雲耕等修　（清）潘繼善纂　清乾隆二十二年(1757)刻本　一冊　存三卷(十七至十九)

340000－1881－0004034　06498

[道光]婺源縣志三十九卷首一卷　（清）黃應昀等修　清道光六年(1826)刻本　十四冊

340000－1881－0004035　06499

[光緒]婺源縣志六十四卷首一卷　（清）吳鶚編纂　（清）汪正元等纂修　清光緒九年(1883)刻本　二十四冊

340000－1881－0004036　06500

[光緒]婺源縣志六十四卷首一卷　（清）吳鶚編纂　（清）汪正元等纂修　清光緒九年(1883)刻本　二十四冊

340000－1881－0004037　06501

[光緒]婺源縣志六十四卷首一卷　（清）吳鶚編纂　（清）汪正元等纂修　清光緒九年(1883)刻本　二十三冊　存六十三卷(二至六十四)

340000－1881－0004038　06502

[光緒]婺源縣志六十四卷首一卷　（清）吳鶚編纂　（清）汪正元等纂修　清光緒九年(1883)刻本　十五冊　存四十一卷(二至十、十八至三十二、三十五至三十六、三十九至四十一、四十六至五十、五十五至六十一)

340000－1881－0004039　06505

[光緒]吉水縣志六十六卷首一卷　（清）彭際盛總修　（清）胡宗元纂修　（清）陳炳星等分修　清光緒元年(1875)刻本　二十冊

340000－1881－0004040　06506

[同治]鄱陽縣志二十四卷首一卷末一卷　（清）王廷鑒等修　（清）劉文藻等纂　清同治十年(1871)刻本　十冊

340000－1881－0004041　06507

[同治]鄱陽縣志二十四卷首一卷末一卷　（清）王廷鑒等修　（清）劉文藻等纂　清同治十年(1871)刻本　二冊　存四卷(二至五)

340000－1881－0004042　06508

[同治]南康縣志十四卷首一卷　（清）沈恩華修　（清）文翼等纂　清同治十一年(1872)刻本　十二冊

340000－1881－0004043　06509

[同治]玉山縣志十卷首一卷補遺一卷　（清）黃壽祺等修　（清）吳華辰等纂　清同治十二年(1873)刻本　十一冊

340000－1881－0004044　06510

[同治]廬陵縣志五十六卷首一卷　（清）陳汝楨等修　（清）王汝諧纂　清同治十二年(1873)刻本　三十二冊

340000－1881－0004045　06511

[同治]廬陵縣志五十六卷首一卷　（清）陳汝楨等修　（清）王汝諧纂　清同治十二年(1873)刻本　三十二冊

340000－1881－0004046　06512

[光緒]吉安府志五十三卷首一卷　（清）定祥等修　（清）劉繹等纂　清光緒元年(1875)刻本　四十冊

340000－1881－0004047　06513

[光緒]吉安府志五十三卷首一卷　（清）定祥等修　（清）劉繹等纂　清光緒元年(1875)刻本　四十冊

340000－1881－0004048　06514

[同治]臨川縣志五十四卷首一卷末一卷　（清）童範儼修　（清）陳慶齡等纂　清同治九年(1870)刻本　二十四冊

340000－1881－0004049　06515

[同治]清江縣志十卷首一卷　（清）潘懿等修

（清）朱孫詒纂　清同治九年（1870）刻本
八冊

340000－1881－0004050　06516

[同治]永寧縣志十卷首一卷　（清）陳一新等
修　（清）蕭應乾等纂　清同治十三年（1874）
刻本　八冊

340000－1881－0004051　06517

[同治]永寧縣志十卷首一卷　（清）陳一新等
修　（清）蕭應乾等纂　清同治十三年（1874）
刻本　八冊

340000－1881－0004052　06518

[同治]永寧縣志十卷首一卷　（清）陳一新等
修　（清）蕭應乾等纂　清同治十三年（1874）
刻本　八冊

340000－1881－0004053　06540

[同治]臺灣府志二十六卷首一卷　（清）余文
儀修　（清）黃佾輯　清同治十一年（1872）刻
本　十三冊

340000－1881－0004054　06560

[嘉慶]安陽縣志二十八卷首一卷　（清）貴泰
修　（清）武穆淳纂　清嘉慶二十四年（1819）
刻本　九冊　存二十七卷（一至三、五至二十
三、二十五至二十八，首一卷）

340000－1881－0004055　06562

[道光]尉氏縣志二十卷首一卷　（清）劉厚滋
（清）沈淮修　（清）王觀潮纂　清道光十一
年（1831）刻本　八冊

340000－1881－0004056　06570

[光緒]鹿邑縣志十六卷首一卷　（清）于滄瀾
（清）馬家彦主纂　（清）蔣師轍纂修　清光
緒二十二年（1896）刻本　六冊

340000－1881－0004057　06572

[光緒]祥福縣志二十四卷首一卷　（清）黃舒
昺總修　（清）王文謙等纂　清光緒二十四年
（1898）刻本　二十二冊

340000－1881－0004058　06582

[同治]來鳳縣志三十二卷首一卷末一卷

（清）李勗主修　（清）何遠鑒　（清）張鈞纂
清同治五年（1866）刻本　八冊

340000－1881－0004059　06583

[同治]來鳳縣志三十二卷首一卷末一卷
（清）李勗主修　（清）何遠鑒　（清）張鈞纂
清同治五年（1866）刻本　八冊

340000－1881－0004060　06584

[光緒]荊州府志八十卷首一卷　（清）蔣銘勳
等修　（清）顧家衡纂　清光緒六年（1880）刻
本　三十一冊　存七十八卷（一至五十、五十
四至八十，首一卷）

340000－1881－0004061　06585

[嘉慶]南漳縣志集鈔三十五卷首一卷　（清）
陶紹侃修　（清）胡正楷纂　清嘉慶二十年
（1815）刻本　六冊　存三十二卷（一至三十
一、首一卷）

340000－1881－0004062　06586

[同治]江夏縣志八卷首一卷附文徵二卷
（清）王庭楨主修　（清）彭崧毓纂　清同治八
年（1869）刻本　十冊

340000－1881－0004063　06587

[同治]恩施縣志十二卷首一卷　（清）多壽等
纂修　（清）劉之彬校　清同治七年（1868）麟
溪書院刻本　六冊

340000－1881－0004064　06588

[同治]恩施縣志十二卷首一卷　（清）多壽等
纂修　（清）劉之彬校　清同治七年（1868）麟
溪書院刻本　六冊

340000－1881－0004065　06592

[光緒]湘潭縣志十二卷　（清）陳嘉榆修　王
闓運纂　清光緒十五年（1889）刻本　九冊
存九卷（一至五、七至十）

340000－1881－0004066　06593

[光緒]湘陰縣圖志三十四卷首一卷末一卷
（清）黃石珊等編　清光緒六年（1880）湘陰縣
志局刻本　十四冊

340000－1881－0004067　06594

[同治]巴陵縣志三十卷首一卷 （清）嚴鳴琦 （清）潘兆奎修 （清）吳敏樹纂 清同治十一年(1872)刻本 十冊

340000－1881－0004068 06595

[同治]醴陵縣志十四卷首一卷末一卷 （清）徐淦等修 （清）江普光等纂 清同治十年(1871)刻本 六冊

340000－1881－0004069 06597

[嘉慶]湘鄉縣志十卷首一卷 （清）翟聲煥等修 （清）朱祖恪等纂 清嘉慶二十二年(1817)刻本 十冊

340000－1881－0004070 06598

[同治]益陽縣志二十五卷首一卷 （清）姚念楊等修 （清）趙裝哲纂 清同治十二年(1873)刻本 十六冊

340000－1881－0004071 06599

[同治]沅陵縣志五十八卷首一卷 （清）宋忠等總修 （清）許光曙纂修 清同治十二年(1873)刻本 十冊

340000－1881－0004072 06600

[光緒]巴陵縣志八十卷首一卷 （清）姚詩德 （清）鄭桂星修 （清）杜貴墀纂 清光緒十七年(1891)刻本 十六冊

340000－1881－0004073 06601

[同治]桂陽直隸州志二十七卷首一卷 （清）汪敩灝 王闓運纂 清同治七年(1868)刻本 十二冊 存二十七卷(一至二十、二十二至二十七,首一卷)

340000－1881－0004074 06607

[同治]廣東通志三百三十四卷首一卷 （清）阮元修 （清）陳昌齊等纂 清同治三年(1864)刻本 一百冊

340000－1881－0004075 06611

羊城古鈔八卷首一卷 （清）仇池石輯 清嘉慶十一年(1806)文畣堂刻本 五冊

340000－1881－0004076 06613

[乾隆]潮州府志四十二卷首一卷 （清）周碩

勳纂 （清）康基田增補 清光緒十九年(1893)潮郡保安總局刻本 二十五冊

340000－1881－0004077 06625

[嘉慶]射洪縣志十八卷首一卷 （清）陳廷鈺 （清）張復總核 （清）聶厚盟 （清）馮學謨總纂 （清）田澍川 （清）趙燮元 （清）于靖安纂 清嘉慶二十五年(1820)刻本 五冊 存十三卷(一、八至十八,首一卷)

340000－1881－0004078 06626

[乾隆]富順縣志五卷首一卷 （清）段玉裁修 （清）李芝等纂 清光緒八年(1882)刻本 五冊

340000－1881－0004079 06627

[道光]蓬溪縣志十六卷圖一卷首一卷 （清）吳章祁等纂 清道光二十五年(1845)刻本 八冊

340000－1881－0004080 06628

[光緒]蓬溪縣續志十四卷 （清）周學銘修 （清）熊祥謙纂 清光緒二十五年(1899)刻本 四冊

340000－1881－0004081 06629

綏靖屯志十卷首一卷 （清）李涵元修 （清）潘時彤纂 清道光五年(1825)面城書屋刻本 四冊

340000－1881－0004082 06630

[道光]樂至縣志十六卷首一卷 （清）裴顯忠修 （清）劉孟興纂 清光緒九年(1883)刻本 四冊 存十六卷(一至四、六至十六,首一卷)

340000－1881－0004083 06631

[乾隆]珙縣志十五卷首一卷 （清）王聿修彙纂 清乾隆三十八年(1773)刻本 八冊

340000－1881－0004084 06633

[光緒]黔江縣志五卷首一卷 （清）張九章修 （清）陳藩垣等編 清光緒二十年(1894)刻本 五冊

340000－1881－0004085 06634

[同治]重修酆都縣志四卷首一卷　（清）田秀栗等修　（清）徐昌緒纂　清同治八年(1869)刻本　五冊

340000－1881－0004086　06640
[康熙]貴州通志三十七卷　（清）衛既齊等修　（清）薛載德纂　清康熙三十六年(1697)刻本　一冊　存二卷(一至二)

340000－1881－0004087　06646
黔書二卷　（清）田雯纂　清嘉慶十三年(1808)刻本　四冊

340000－1881－0004088　06647
[道光]黔西州志八卷　（清）魯壽崧修　（清）熊聲元等纂　清道光十五年(1835)刻本　六冊

340000－1881－0004089　06648
[道光]遵義府志四十八卷　（清）黃樂之修　（清）鄭珍等纂　清道光二十一年(1841)刻本　六冊

340000－1881－0004090　06650
滇繫四十卷　（清）師範纂輯　清嘉慶二十三年(1818)刻本　二十三冊　存七卷(二之一，五之二，六之一，七之二至七，八之三，六至十二，十四至十七，十之一至二，十一之二)

340000－1881－0004091　06651
滇繫四十卷　（清）師範纂輯　清嘉慶二十三年(1818)刻本　二冊　存二卷(七之四、八之十五)

340000－1881－0004092　06666
[光緒]菏澤縣志十八卷首一卷　（清）凌壽柏修　（清）葉道源纂　清光緒十一年(1885)刻本　六冊

340000－1881－0004093　06667
[道光]濟南府志七十二卷首一卷　（清）王贈芳等修　（清）冷烜等纂　清道光二十年(1840)刻本　二十二冊　存四十一卷(一至十九、三十一至三十二、三十七至四十、五十八至七十二，首一卷)

340000－1881－0004094　06668
[乾隆]曲阜縣志一百卷　（清）潘相纂修　清乾隆三十九年(1774)聖化堂刻本　十二冊

340000－1881－0004095　06669
[乾隆]曲阜縣志一百卷　（清）潘相纂修　清乾隆三十九年(1774)聖化堂刻本　十二冊

340000－1881－0004096　06670
[宣統]西藏新志三卷　（清）許光世　（清）蔡晉成編纂　清宣統三年(1911)上海自治編輯社鉛印本　一冊

340000－1881－0004097　06671
衛藏通志十六卷首一卷　（□）□□撰　清光緒二十二年(1896)刻本　八冊

340000－1881－0004098　06672
大明一統志九十卷首一卷　（明）李賢等纂　明嘉靖三十八年(1559)歸仁齋刻本　二十四冊　存六十五卷(一至十四、十九至二十九、三十三至三十八、四十七至六十三、七十二至八十七，首一卷)

340000－1881－0004099　06673
大清一統志表不分卷　（清）徐斗垣編　清刻本　六冊

340000－1881－0004100　06674
大清一統志三百五十六卷　（清）蔣廷錫等纂　清乾隆九年(1744)內府刻本　六十五冊存二百九十四卷(三至一百七十一、一百九十六至一百九十九、二百五至二百五十八、二百九十至三百五十六)

340000－1881－0004101　06677
重修績溪學記三卷首一卷　（清）王錫藩修　（清）湯顯忠纂　清乾隆二年(1737)刻本　一冊

340000－1881－0004102　06678
還古書院志二十卷　（清）施璜編輯　（清）方允淳　（清）施濃訂　清乾隆六年(1741)刻本　四冊

340000－1881－0004103　06679

還古書院志十八卷　（清）施璜編輯　（清）方允淳　（清）施澐訂　清乾隆六年(1741)刻本　四冊

340000－1881－0004104　06680

祠山志十卷首一卷末一卷　（宋）吳秉秀編　（明）周憲敬重編　清光緒十二年(1886)刻本　二冊　存四卷(一、九至十,首一卷)

340000－1881－0004105　06685

黃山志定本七卷首一卷　（清）閔麟嗣纂　清康熙二十五年(1686)刻本　七冊

340000－1881－0004106　06686

黃山志十卷　（清）紫石山主輯　清康熙六年(1667)刻本　十冊

340000－1881－0004107　06687

黃山志二卷　（清）張佩芳編　清乾隆三十五年(1770)刻本　一冊

340000－1881－0004108　06688

黃山志略不分卷　（清）黃身先輯　清康熙三十年(1691)刻本　一冊

340000－1881－0004109　06689

黃山勝跡詩不分卷　（□）□□撰　清初抄本　一冊

340000－1881－0004110　06698

黃山志定本七卷首一卷　（清）閔麟嗣纂　清康熙二十五年(1686)刻本　六冊

340000－1881－0004111　06699

黃山遊草一卷　（清）汪莘埜撰　清康熙六十年(1721)刻本　一冊

340000－1881－0004112　06700

黃山紀遊不分卷　（清）曹鈖撰　（清）顧宸選評　清抄本　一冊

340000－1881－0004113　06702

黃山志二卷　（清）張佩芳編　清乾隆三十五年(1770)刻本　一冊

340000－1881－0004114　06703

黃山紀遊詩二卷　（清）曹來復撰　清嘉慶七年(1802)刻本　一冊

340000－1881－0004115　06704

黃山草不分卷　（清）黃元治撰　清康熙二十八年(1689)刻本　一冊

340000－1881－0004116　06707

黃山草不分卷　（清）程楷撰　清康熙六十年(1721)刻本　一冊

340000－1881－0004117　06708

黃山紀遊詩不分卷　（清）曹文埴撰　清刻本　一冊

340000－1881－0004118　06714

黃山遊草不分卷　（清）余鴻撰　清光緒三十四年(1908)刻本　一冊

340000－1881－0004119　06715

黃山遊草不分卷　（清）余鴻撰　清宣統元年(1909)刻本　一冊

340000－1881－0004120　06723

黃海前游集不分卷　（清）汪宗沂撰　從游小草不分卷　（清）汪律本撰　清光緒十一年(1885)刻本　一冊

340000－1881－0004121　06726

黃山所見吟不分卷京江游草不分卷　（清）王嘉霈撰　清道光四年(1824)刻本　一冊

340000－1881－0004122　06728

黃山紀游詩不分卷　（清）程瑞祊撰　清康熙四十三年(1704)刻本　一冊

340000－1881－0004123　06729

黃海吟秋錄不分卷　（清）巴慰祖撰　清乾隆三十九年(1774)聖化堂刻本　一冊

340000－1881－0004124　06730

黃海看雲圖題辭二卷　（清）汪廷棟輯　清光緒二十年(1894)刻本　二冊

340000－1881－0004125　06732

憶昔黃山宴遊記不分卷　（清）汪侶巖撰　清嘉慶八年(1803)刻本　一冊

340000－1881－0004126　06735

黃山導珠璧集四卷　（清）汪瑮輯　（清）沈德潛評　清乾隆二十六年(1761)刻本　一冊

340000－1881－0004127　06737

黄山領要録二卷　（清）汪洪度撰　清乾隆四十年（1775）刻知不足齋叢書本　一冊

340000－1881－0004128　06752

九華山志十卷首一卷末一卷　（清）周贇纂修（清）謝維喈重修　清光緒二十六年（1900）刻本　八冊

340000－1881－0004129　06753

九華山志十卷首一卷末一卷　（清）周贇纂修（清）謝維喈重修　清光緒二十六年（1900）刻本　八冊

340000－1881－0004130　06754

九華山志十卷首一卷末一卷　（清）周贇纂修（清）謝維喈重修　清光緒二十六年（1900）刻本　一冊　存一卷（首一卷）

340000－1881－0004131　06755

九華山志十卷首一卷末一卷　（清）周贇纂修（清）謝維喈重修　清光緒二十六年（1900）刻本　六冊　存九卷（一至九）

340000－1881－0004132　06760

九華山志十卷首一卷末一卷　（清）周贇纂修（清）謝維喈重修　清光緒二十六年（1900）刻本　四冊

340000－1881－0004133　06766

九華紀勝二十三卷　（清）陳蔚纂　清嘉慶刻本　四冊　存十六卷（五至七、十一至二十三）

340000－1881－0004134　06767

齊雲山志五卷　（明）魯點纂　明萬曆刻本　四冊

340000－1881－0004135　06771

桐鄉書院志六卷　（□）□□撰　清道光二十五年（1845）刻本　二冊

340000－1881－0004136　06772

北鄉豐備倉志不分卷　（□）□□撰　清光緒二十八年（1902）刻本　一冊

340000－1881－0004137　06773

赤城集十八卷　（宋）林表民編撰　清嘉慶二十三年（1818）臨海宋氏刻本　四冊

340000－1881－0004138　06774

石屏集十卷　（宋）戴復古撰　清嘉慶臨海宋氏刻本　三冊

340000－1881－0004139　06775

廣志繹六卷　（明）王士性撰　清嘉慶二十二年（1817）臨海宋世犖刻本　一冊　存三卷（一至三）

340000－1881－0004140　06778

績溪山水歌略不分卷　胡晉接編纂　清光緒二十五年（1899）抄本　一冊

340000－1881－0004141　06780

匯刻謫仙樓楹聯不分卷　（清）方卧雲輯　清光緒七年（1881）退藏道院刻本　一冊

340000－1881－0004142　06787

紫陽書院志十八卷　（清）施璜編　（清）吳瞻泰　（清）吳瞻淇增訂　清雍正三年（1725）刻本　五冊

340000－1881－0004143　06793

新安景物約編不分卷　（清）江忠儔　（清）江正心纂　清道光十年（1830）青雲堂刻同治四年（1865）補刻本　二冊

340000－1881－0004144　06794

新安景物署四卷　（清）王夢銓輯　清嘉慶十年（1805）刻本　一冊

340000－1881－0004145　06795

徽郡古跡志不分卷　（明）吳天洪撰　（清）新安企瞻氏輯　清光緒二十一年（1895）刻本　一冊

340000－1881－0004146　06807

霍山縣誌圖說摹本不分卷　（清）潘際雲修　清同治十一年（1872）胡福傑摹抄本　一冊

340000－1881－0004147　06808

芍陂紀事二卷　（清）夏尚忠纂　清刻本　一冊　存一卷（下）

340000－1881－0004148　06812

大觀亭志二卷　（清）李丙榮纂　（清）李正學
（清）楊嵩生校　清宣統三年（1911）刻本
一冊

340000－1881－0004149　06816

說文解字注三十二卷　（清）段玉裁注　清嘉
慶二十三年（1818）刻同治六年（1867）蘇州保
息局補刻本　十六冊

340000－1881－0004150　06817

史記一百三十卷　（漢）司馬遷撰　清同治九
年（1870）金陵書局刻本　二十冊

340000－1881－0004151　06818

前漢書一百二十卷　（漢）班固撰　（唐）顏師
古注　清光緒十三年（1887）金陵書局刻本
十六冊

340000－1881－0004152　06819

三國志六十五卷　（晉）陳壽撰　清同治九年
（1870）金陵書局刻本　八冊

340000－1881－0004153　06820

梁書五十六卷　（唐）姚思廉撰　明末毛氏汲
古閣刻本　八冊

340000－1881－0004154　06821

南齊書五十九卷　（南朝梁）蕭子顯撰　明崇
禎十年（1637）毛氏汲古閣刻本　八冊

340000－1881－0004155　06822

周書五十卷　（唐）令狐德棻撰　明崇禎五年
（1632）毛氏汲古閣刻本　八冊

340000－1881－0004156　06823

春秋公羊經傳解詁十二卷　（漢）何休撰　清
乾隆影宋刻本　四冊

340000－1881－0004157　06824

六書音均表五卷　（清）段玉裁撰　清同治十
一年（1872）湖北崇文書局刻本　二冊

340000－1881－0004158　06825

天聖明道本國語二十一卷附剳記一卷考異四
卷　（三國吳）韋昭解　清光緒三年（1877）刻
本　四冊

340000－1881－0004159　06826

戰國策三十三卷　（漢）高誘注　清光緒三年
（1877）永康退補齋刻本　六冊

340000－1881－0004160　06827

宣統元年輿論彙報不分卷　上海神州日報社
編　清宣統二年（1910）石印本　一冊

340000－1881－0004161　06828

韻補正一卷　（清）顧炎武撰　清康熙刻本
一冊

340000－1881－0004162　06829

蘇詩續補遺二卷　（清）馮景補注　清康熙刻
本　一冊

340000－1881－0004163　06830

煉丹銅符鐵券二卷　（□）□□撰　明末清初
抄本　一冊

340000－1881－0004164　06831

中晚唐詩叩彈續集三卷　（清）杜詔　（清）杜
庭珠輯　清康熙采山亭刻本　一冊

340000－1881－0004165　06833

文章指南五卷　（明）歸有光選　（明）許筱蓮
輯　清光緒二年（1876）皖江節署校刻本
五冊

340000－1881－0004166　06836

傅忠肅公文集三卷首一卷末一卷附校勘記
（宋）傅察撰　清光緒十七年（1891）傅氏演慎
齋校刻本　三冊

340000－1881－0004167　06848

尚書今古文注疏三十卷　（清）孫星衍撰　清
嘉慶二十年（1815）冶城山館刻本　六冊

340000－1881－0004168　06849

乾坤法竅三卷　（清）范宜賓纂　清乾隆三十
一年（1766）林笏堂刻本　三冊

340000－1881－0004169　06851

御製避暑山莊詩二卷　（清）聖祖玄燁撰　清
康熙五十年（1711）刻朱墨套印本　一冊

340000－1881－0004170　06852

蓴鄉贅筆三卷　（清）董含撰　清康熙十七年
（1678）刻本　一冊

340000－1881－0004171　06853

定庵文集三卷續集四卷　（清）龔自珍撰　清同治七年(1868)刻本　三冊

340000－1881－0004172　06854

蠶桑輯要不分卷　（清）沈秉成輯　清光緒二十二年(1896)江西書局刻本　一冊

340000－1881－0004173　06855

歷朝賦楷八卷首一卷　（清）王修玉編　清康熙二十五年(1686)有文堂刻本　二冊　存五卷(一至四、首一卷)

340000－1881－0004174　06856

論語類考二十卷　（明）陳士元撰　（清）陳春校勘　清嘉慶二十四年(1819)湖海樓刻本　二冊　存十三卷(一至十三)

340000－1881－0004175　06857

孟子雜記四卷　（明）陳士元撰　（清）陳春校勘　清嘉慶蕭山湖海樓刻本　一冊

340000－1881－0004176　06858

列子張注八卷附釋文二卷　（晉）張湛注　清嘉慶十八年(1813)蕭山陳氏湖海樓刻本　一冊

340000－1881－0004177　06859

尸子二卷尹文子一卷　（清）汪繼培輯　清嘉慶十七年(1812)蕭山陳氏湖海樓刻本　一冊

340000－1881－0004178　06860

潛夫論十卷　（漢）王符撰　（清）汪繼培注　清嘉慶二十二年(1817)蕭山陳氏湖海樓刻本　一冊　存三卷(一至三)

340000－1881－0004179　06861

學林十卷　（宋）王觀國撰　清嘉慶十四年(1809)蕭山陳氏湖海樓刻本　四冊

340000－1881－0004180　06862

卮林十卷　（明）周嬰纂修　清嘉慶二十年(1815)蕭山陳氏湖海樓刻本　三冊　存八卷(一至五、八至十)

340000－1881－0004181　06863

訂譌雜錄十卷　（清）胡鳴玉述　清嘉慶十八

年(1813)蕭山陳氏湖海樓刻本　二冊

340000－1881－0004182　06864

賦梅書屋詩初集三卷二集三卷三集二卷　（清）宋廷樑撰　清光緒十七年至二十三年(1891－1897)刻本　三冊

340000－1881－0004183　06865

坡硯山房詩文稿十二卷　（清）鄒嶧賢撰　清同治元年(1862)鄒是政堂刻本　四冊

340000－1881－0004184　06866

宗約歌不分卷好人歌不分卷閨戒不分卷省心紀不分卷答通學諸友論優免書不分卷與槃縣鄉親論修城書不分卷展城或問不分卷　（明）呂坤撰　清康熙十八年(1679)呂紹楨刻本　一冊

340000－1881－0004185　06867

蘇文忠公詩集五十卷目錄二卷　（清）紀昀評點　清道光十四年(1834)兩廣節署刻朱墨套印本　十二冊

340000－1881－0004186　06868

張太岳文集四十七卷　（明）張居正撰　清刻本　十六冊

340000－1881－0004187　06870

釋名疏證八卷後編二卷　（漢）劉熙撰　清乾隆五十五年(1790)經訓堂刻本　一冊　存五卷(一至五)

340000－1881－0004188　06871

大清通禮五十四卷　（清）來保等纂　（清）穆克登額等續撰　清道光四年(1824)刻本　十二冊

340000－1881－0004189　06876

皇朝一統輿地全圖不分卷　（□）□□編　清光緒二十年(1894)上海鴻寶齋石印本　二冊

340000－1881－0004190　06877

璇璣碎錦不分卷　（清）萬樹填譜　（清）釋宏倫編　清刻本　一冊

340000－1881－0004191　06878

御製耕織圖二卷　（清）聖祖玄燁製　清光緒

十二年(1886)上海點石齋石印本　二冊

340000－1881－0004192　06879

文房肆考圖說八卷　（清）唐秉鈞撰　清乾隆
二十年(1755)刻本　二冊　存六卷(一至四、
七至八)

340000－1881－0004193　06880

周易三卷　（三國魏）王弼注　明末刻本
三冊

340000－1881－0004194　06881

山谷詩內集注二十卷山谷詩外集注十七卷山
谷詩外集補四卷山谷詩別集注二卷山谷詩別
集補不分卷重刻山谷先生[黃庭堅]年譜十四
卷　（宋）黃庭堅撰　（宋）任淵　（宋）史季
溫　（宋）史容注　清光緒二年(1876)刻本
二十四冊

340000－1881－0004195　06882

射策金門記不分卷　（清）程秉釗撰　清光緒
元年(1875)抄本　一冊

340000－1881－0004196　06883

廿四孝圖說不分卷　（清）陸昀繪　清退補齋
刻本　一冊

340000－1881－0004197　06884

竹窗隨筆不分卷二筆一卷三筆一卷　（明）釋
袾宏撰　清光緒二十四年(1898)金陵刻經處
刻本　三冊

340000－1881－0004198　06885

養蒙針度五卷首一卷　（清）潘子聲編　（清）
孫蒼璧等校　清光緒八年(1882)善成堂刻本
四冊

340000－1881－0004199　06886

楊忠湣公全集四卷　（明）楊繼盛撰　章鈺輯
清光緒二年(1876)願學堂刻本　四冊

340000－1881－0004200　06887

李義山詩集十六卷　（唐）李商隱撰　（清）姚
培謙箋　清乾隆四年(1739)松桂讀書堂刻本
四冊

340000－1881－0004201　06888

黃葉邨莊詩集八卷續集一卷後集一卷　（清）
吳之振撰　清光緒四年(1878)刻本　四冊

340000－1881－0004202　06889

香譜二卷　（宋）洪芻撰　明刻本　一冊

340000－1881－0004203　06890

評論出像水滸傳二十卷　（元）施耐庵撰　清
順治十四年(1657)刻本　二十冊

340000－1881－0004204　06893

儀禮正義四十卷　（清）胡培翬撰　清咸豐二
年(1852)蘇州湯晉苑局刻本　十二冊

340000－1881－0004205　06894

療貧方不分卷　（清）江村遯廬輯　清光緒三
十二年(1906)木活字印本　一冊

340000－1881－0004206　06895

萬國憲法志三卷　（清）周逵編著　清光緒二
十九年(1903)上海廣智書局鉛印本　一冊
存一卷(上)

340000－1881－0004207　06896

楊忠湣公傳家寶訓全集不分卷　（明）楊繼盛
撰　清道光二十一年(1841)上海晚桂堂刻本
一冊

340000－1881－0004208　06899

萬國官制志三卷　（清）馮斯欒編　清光緒二
十八年(1902)上海廣智書局石印本　一冊
存一卷(一)

340000－1881－0004209　06900

史學綱領四卷　（明）顧充編　（清）蕭承煊增
訂　（清）蕭先澤　（清）蕭先芝音注　清光緒
十五年(1889)刻本　四冊

340000－1881－0004210　06901

四書反身錄八卷　（清）李顒撰　清道光十一
年(1831)浙江書局刻本　四冊

340000－1881－0004211　06907

楊椒山先生家訓不分卷　（明）楊繼盛撰　清
末當塗敦善堂木活字印本　一冊

340000－1881－0004212　06908

漢溪書法通解八卷　（清）戈守智纂　清乾隆

十五年(1750)戈氏家刻本　一册　存二卷
(一至二)

340000－1881－0004213　06909

新樂府詞不分卷　(清)萬斯同撰　清同治八
年(1869)刻本　一册

340000－1881－0004214　06910

許慎淮南子注不分卷　(清)孫馮翼輯　清光
緒三年(1877)抄本　一册

340000－1881－0004215　06911

謫麐堂遺集詩二卷　(清)戴望撰　清末刻本
一册

340000－1881－0004216　06917

叢筆軒遺稿三卷附錄一卷　(清)孫采芙撰
清光緒十三年(1887)抄本　一册　存一卷
(一)

340000－1881－0004217　06921

小石山房印譜四卷附歸去來辭一卷集名刻一
卷　(清)顧湘　(清)顧浩編　清末影印本
六册

340000－1881－0004218　06924

國朝畫識十四卷　(清)馮金伯纂輯　清嘉慶
二年(1797)刻本　五册　存十卷(一至二、七
至十四)

340000－1881－0004219　06925

林蕙堂文集十二卷　(清)吳綺撰　(清)吳琥
繡校　清乾隆三十九年(1774)刻本　六册

340000－1881－0004220　06926

金薤琳琅二十卷　(明)都穆纂　清光緒八年
(1882)學古齋刻本　六册

340000－1881－0004221　06927

擇言尤雅錄不分卷　(清)袁祖志纂　清光緒
二年(1876)葛氏嘯園刻本　一册

340000－1881－0004222　06929

憶雲詞四卷　(清)項廷紀撰　(清)許增校勘
清光緒十九年(1893)上海有正書局石印本
一册

340000－1881－0004223　06930

遵旨重刊武英殿聚珍版書二十七卷　(清)紀
昀總編　清刻本　八册

340000－1881－0004224　06931

春秋日食辨正不分卷　(清)王韜撰　清光緒
十五年(1889)淞隱廬鉛印本　一册

340000－1881－0004225　06934

桐陰論畫二卷首一卷　(清)秦祖永撰　清同
治三年(1864)刻朱墨套印本　三册

340000－1881－0004226　06936

初等小學國文教科書不分卷　(清)上海春風
館編　清光緒三十一年(1905)上海春風館石
印本　十册

340000－1881－0004227　06938

書家傳不分卷畫家傳不分卷　(□)□□撰
清抄本　二册

340000－1881－0004228　06940

人道綱目不分卷　(清)邵班卿撰　清光緒二
十二年(1896)抄本　一册

340000－1881－0004229　06941

人道綱目不分卷　(清)邵班卿撰　清光緒二
十八年(1902)抄本　一册

340000－1881－0004230　06944

運甓齋印述不分卷　(清)陸載坤撰　清抄本
一册

340000－1881－0004231　06946

遵依古本校刻注解便蒙必讀古文傳燈四卷
(宋)朱熹選　(明)楊廷樞注解　清刻本
四册

340000－1881－0004232　06947

毛詩草木鳥獸蟲魚疏二卷　(三國吳)陸璣撰
大戴禮記十三卷　(漢)戴德撰　清光緒二
十年(1894)湖南藝文書局刻本　一册　存五
卷(毛詩草木鳥獸蟲魚疏二卷、大戴禮記一至
三)

340000－1881－0004233　06949

花窗夢影圖名流題詠不分卷　(清)程芝雲繪
清道光二十三年(1843)刻本　一册

340000－1881－0004234　06950

周禮精義六卷　(清)黃淦纂　清嘉慶十三年
(1808)刻本　二冊

340000－1881－0004235　06951

點石齋畫報十二集不分卷　(清)尊聞閣主人
輯　清光緒十年(1884)點石齋石印本　一冊
存一集(十二)

340000－1881－0004236　06952

世界新報不分卷　(清)世界新報編　清末石
印本　一冊

340000－1881－0004237　06953

悲盦居士文存不分卷　(清)趙之謙撰　清光
緒十六年(1890)刻本　一冊

340000－1881－0004238　06955

崇蘭堂詩初存十卷　(清)張預撰　清光緒刻
本　一冊　存三卷(丁集上,戊集上、下)

340000－1881－0004239　06958

國民鑒戒錄七章　周爾潤撰　清光緒三十二
年(1906)木活字印本　一冊

340000－1881－0004240　06959

三訓合讀不分卷　(清)曾國藩等撰　清光緒
七年(1881)徽州明德堂刻本　一冊

340000－1881－0004241　06961

新鐫玉茗堂批點按鑑參補楊家將傳十卷
(明)研石山樵纂　清寶翰樓刻本　二冊　存
六卷(一至六)

340000－1881－0004242　06963

學部奏摺不分卷　(清)學部纂　清宣統元年
(1909)鉛印本　一冊

340000－1881－0004243　06964

會稽三賦不分卷　(宋)王十朋撰　清嘉慶十
七年(1812)蕭山陳氏刻湖海樓叢書本　一冊

340000－1881－0004244　06965

甌北全集七種一百七十六卷　(清)趙翼撰
清乾隆、嘉慶間湛貽堂刻甌北全集叢書本
一冊　存一卷(廿二史劄記一)

340000－1881－0004245　06967

新刻算法大全統宗指南四卷　(明)程汝思編
清末寧波三昧堂刻本　一冊

340000－1881－0004246　06968

第六才子書西廂記八卷　(元)王實甫撰　清
刻本　二冊

340000－1881－0004247　06969

香祖筆記十二卷　(清)王士禛撰　清康熙刻
本　一冊

340000－1881－0004248　06970

豔異小品不分卷　(明)李鍾秦撰　明末刻本
一冊

340000－1881－0004249　06972

文選刪十二卷　(明)張溥編　明末刻本
四冊

340000－1881－0004250　06973

漢魏音四卷　(清)洪亮吉撰　清乾隆五十六
年(1791)刻本　一冊

340000－1881－0004251　06974

石泉吟稿六卷　(□)□□撰　明刻本　一冊

340000－1881－0004252　06975

書史一卷　(宋)米芾撰　明刻本　一冊

340000－1881－0004253　06976

說鈴二集不分卷　(清)吳震方輯　清康熙四
十四年(1705)刻本　十六冊

340000－1881－0004254　06977

山海經十八卷　(晉)郭璞傳　明刻本　一冊

340000－1881－0004255　06978

聊齋志異十六卷　(清)蒲松齡撰　(清)沈道
寬校　(清)何垠注　清道光十九年(1839)何
彤文刻本　十一冊　存十一卷(一至二、四至
九、十三、十五至十六)

340000－1881－0004256　06979

歷代史論十二卷　(明)張溥撰　清光緒五年
(1879)西江裴氏刻本　四冊

340000－1881－0004257　06980

字學七種二卷　(清)李秘園撰　清道光十三

年(1833)張邦泰刻本　二冊

340000－1881－0004258　06981

地理問答二卷　(清)王亨統撰　清光緒二十
九年(1903)四賢會刻本　四冊

340000－1881－0004259　06982

續金瓶梅十二卷六十四回　(清)紫陽道人編
　清刻本　八冊

340000－1881－0004260　06983

綴白裘十二集四十八卷　(清)錢德蒼輯　清
道光三年(1823)刻本　四十八冊

340000－1881－0004261　06988

漁洋山人精華錄十二卷　(清)王士禎撰　清
刻本　六冊

340000－1881－0004262　06990

邵亭知見傳本書目十六卷　(清)莫友芝撰
清末石印本　三冊

340000－1881－0004263　06991

漁洋詩話三卷　(清)王貽上撰　清雍正三年
(1725)刻本　一冊

340000－1881－0004264　06993

普天忠憤全集十四卷首一卷　(清)孔廣德編
　清光緒二十一年(1895)石印本　十二冊

340000－1881－0004265　06994

隨園詩話十六卷　(清)袁枚撰　清刻本　二
冊　存四卷(三至六)

340000－1881－0004266　06995

詩韻合璧五卷　(清)湯文潞輯　清光緒四年
(1878)上海淞隱閣鉛印本　五冊

340000－1881－0004267　06996

檇李遺書□□卷　(清)孫福清輯　清光緒孫
氏望雲仙館刻本　十九冊　存五十二卷(三
魚堂賸言十二卷、黑蝶齋詞一卷、巽隱先生文
集一卷、拙宜園詞二卷、延露詞三卷、耒邊詞
二卷、敝帚齋餘談一卷、鴛鴦湖櫂歌一卷、續
鴛鴦湖櫂歌一卷、藏密齋書牘一卷、匏廬詩話
三卷、曝書亭外集八卷、紫桃軒又綴三卷、紫
桃軒雜綴三卷、復小齋賦話二卷、柚堂續筆談

三卷、畢業素語一卷、家矩一卷、聖雨齋詩集
三卷)

340000－1881－0004268　06999

詩文經眼錄不分卷　(清)棃石老人錄　清光
緒二十七年(1901)抄本　一冊

340000－1881－0004269　07001

莊子南華真經不分卷　(宋)林希逸口義
(宋)劉辰翁點校　(明)唐順之釋略　明萬曆
十年(1582)刻本　三冊

340000－1881－0004270　07002

昭代名人尺牘小傳二十四卷　(清)吳修輯
清光緒三十四年(1908)上海集古齋石印本
二冊

340000－1881－0004271　07006

古今書刻二卷　(明)周弘祖撰　清光緒三十
二年(1906)長沙葉氏觀古堂刻本　二冊

340000－1881－0004272　07008

小學千家詩人生必讀二卷　(清)浙西心齋氏
編　清光緒三十三年(1907)蕪湖寄逸山房刻
本　一冊

340000－1881－0004273　07009

道古堂文集四十八卷詩集二十六卷　(清)杭
世駿撰　清乾隆刻本　十六冊

340000－1881－0004274　07011

謝疊山先生文章軌範七卷　(宋)謝枋得輯
(宋)邱維屏評　清刻本　四冊

340000－1881－0004275　07013

淳化法帖釋文十卷　題(清)濮魚村主默廬人
書　清乾隆十七年(1752)抄本　一冊

340000－1881－0004276　07015

花樣刻本不分卷　(□)□□撰　清刻本
一冊

340000－1881－0004277　07016

正陽真人戒淫歌不分卷　(清)程芝華撰　清
道光刻本　一冊

340000－1881－0004278　07025

玉茗堂四種三十五卷　(明)湯顯祖撰　清刻

本 四冊 存二卷(南柯記傳奇一至二)

340000－1881－0004279　07027

國朝四大家詩鈔二十四卷 　（清）宋琬等撰
（清）屠德修輯　清乾隆三十一年(1766)刻本
十冊

340000－1881－0004280　07028

京塵雜錄四卷　（清）楊掌生撰　清光緒十三
年(1887)上海同文書局石印本　二冊

340000－1881－0004281　07029

花甲閒談十六卷　（清）張維屏撰　（清）葉夢
草繪　清光緒十年(1884)上海同文書局石印
本　四冊

340000－1881－0004282　07030

普天忠憤全集十四卷首一卷　（清）孔廣德編
（清）寶璋等校　清光緒二十一年(1895)石
印本　十二冊

340000－1881－0004283　07031

陶淵明集十卷　（晉）陶潛撰　清光緒二年
(1876)刻本　二冊

340000－1881－0004284　07032

疑雨集四卷　（明）王彥泓撰　清刻本　三冊

340000－1881－0004285　07035

四印齋所刻詞六十二卷　（清）王鵬運輯　清
光緒十四年(1888)四印齋刻本　十二冊

340000－1881－0004286　07036

宋元三十一家詞不分卷　（清）王鵬運輯　清
光緒十九年(1893)四印齋刻本　四冊

340000－1881－0004287　07037

韞山堂時文四卷　（清）管世銘撰　清光緒十
四年(1888)上海石印本　四冊

340000－1881－0004288　07038

尚友錄二十二卷後二十二卷　（明）廖用賢編
（清）張伯琮輯　清光緒十四年(1888)上海
點石齋石印本　四冊

340000－1881－0004289　07039

河汾諸老詩集八卷　（元）房祺編　清咸豐二
年(1852)伍崇耀刻本　二冊

340000－1881－0004290　07040

古韻標準四卷　（清）江永編　清咸豐二年
(1852)伍崇耀刻本　二冊

340000－1881－0004291　07041

紅豆村人詩稿十四卷　（清）袁樹撰　清隨園
刻本　四冊

340000－1881－0004292　07043

說文通訓定聲十八卷　（清）朱駿聲纂　清光
緒十三年(1887)上海積山書局石印本　八冊

340000－1881－0004293　07044

遼史紀事本末四十卷　（清）李有棠纂　清光
緒十九年(1893)上海同文書局石印本　四冊

340000－1881－0004294　07047

御批歷代通鑑輯覽一百二十卷　（清）傅恒等
纂　清光緒十一年(1885)上海同文書局石印
本　二十冊

340000－1881－0004295　07070

七家試帖輯注彙鈔七種九卷　（清）王廷紹等
撰　（清）張熙宇輯評　（清）王植桂輯注　清
同治九年(1870)京師琉璃廠刻本　八冊

340000－1881－0004296　07085

淞濱瑣話十二卷　（清）王韜撰　清光緒十九
年(1893)上海淞隱廬鉛印本　四冊

340000－1881－0004297　07087

史通通義二十卷　（唐）劉知幾撰　（清）浦起
龍釋　（清）方懋福　（清）蔡焯　（清）蔡龍
孫參釋　清光緒十九年(1893)上海文瑞樓石
印本　八冊

340000－1881－0004298　07094

明季北略二十四卷　（清）計六奇編　清光緒
十三年(1887)上海圖書集成印書局石印本
六冊

340000－1881－0004299　07095

明季南略十八卷　（清）計六奇編　清光緒十
三年(1887)上海圖書集成印書局石印本
四冊

340000－1881－0004300　07097

國朝畫徵錄三卷續錄三卷　（清）張庚撰
（清）蔣泰　（清）湯之昱校　清光緒十九年
（1893）上海積山書局石印本　二冊

340000－1881－0004301　07099

無聲詩史七卷　（明）姜紹書輯　清宣統二年
（1910）上海端記書局石印本　六冊

340000－1881－0004302　07100

欽定篆文六經四書不分卷　（清）李光地等編
　清光緒九年（1883）上海同文書局石印本
十冊

340000－1881－0004303　07107

亭林遺書四十五卷　（清）顧炎武撰　清光緒
十一年（1885）文瑞樓石印本　十二冊

340000－1881－0004304　07109

國朝先正事略六十卷　（清）李元度纂　清光
緒二十八年（1902）益元書局刻本　二十四冊

340000－1881－0004305　07110

樊榭山房集十卷續集十卷文集八卷集外詩一
卷集外詞一卷集外曲一卷　（清）厲鶚撰　清
光緒十年（1884）錢塘汪氏振綺堂刻本　十冊

340000－1881－0004306　07111

笠翁傳奇五種十卷　（清）李漁撰　清刻本
十冊

340000－1881－0004307　07112

曝書亭集八十卷後一卷　（清）朱彝尊撰　清
光緒十五年（1889）陶氏寒梅館刻本　十六冊

340000－1881－0004308　07113

唐人合集二十八卷　（唐）王維等撰　清光緒
十年（1884）上海同文書局石印本　八冊

340000－1881－0004309　07117

湘綺樓全集三十卷　王闓運撰　清宣統二年
（1910）上海國學扶輪社石印本　十二冊

340000－1881－0004310　07119

古詩箋三十二卷　（清）王士禎選　（清）聞人
倓箋　清乾隆三十一年（1766）刻本　十六冊

340000－1881－0004311　07120

秣陵集六卷　（清）陳文述撰　清道光三年

（1823）刻本　三冊

340000－1881－0004312　07122

海峯詩集十一卷　（清）劉大櫆撰　清乾隆刻
本　六冊

340000－1881－0004313　07126

韋蘇州集十卷　（唐）韋應物撰　清宣統三年
（1911）上海自強書局石印本　六冊

340000－1881－0004314　07134

吳摯甫詩集不分卷　（清）吳汝綸撰　清宣統
二年（1910）上海國學扶輪社石印本　一冊

340000－1881－0004315　07135

饒崧生先生摺譜不分卷　（清）饒句宣纂　清
光緒十九年（1893）京都榮祿堂刻本　一冊

340000－1881－0004316　07136

洪文襄公奏對二卷　（清）洪承疇纂　清光緒
十九年（1893）京都榮祿堂刻本　一冊

340000－1881－0004317　07137

初學集二十卷　（清）錢謙益撰　（清）錢曾注
　清宣統三年（1911）國學扶輪社石印本　十
二冊

340000－1881－0004318　07139

范伯子詩集十九卷附蘊素軒詩四卷　（清）范
當世撰　清末鉛印本　四冊

340000－1881－0004319　07141

漁洋山人精華錄十卷　（清）王士禎撰　（清）
林佶編　清康熙刻本　四冊

340000－1881－0004320　07142

溫飛卿詩集九卷　（唐）溫庭筠撰　（明）曾益
注　（清）顧予咸補注　清光緒八年（1882）錢
塘汪氏刻本　二冊

340000－1881－0004321　07143

施註蘇詩四十二卷蘇詩續補遺二卷　（清）宋
犖　（清）張榕端閱定　（清）顧嗣立　（清）
邵長蘅　（清）宋至刪補　清刻本　十六冊

340000－1881－0004322　07144

王荊文公詩五十卷　（宋）王安石撰　（宋）李
壁箋注　清乾隆六年（1741）清綺齋刻本

八冊

340000－1881－0004323　07145

歷朝詩約選九十三卷　(清)劉大櫆纂　清光緒二十三年(1897)文徵閣刻本　二十二冊

340000－1881－0004324　07146

後山詩注十二卷　(宋)陳師道撰　(宋)任淵注　清乾隆四十一年(1776)刻本　四冊

340000－1881－0004325　07147

唐皮日休文藪十卷　(唐)皮日休撰　清光緒二十一年(1895)蘭雪堂影宋刻本　四冊

340000－1881－0004326　07148

黃詩全集五十八卷　(宋)黃庭堅撰　(宋)任淵　(宋)史容　(宋)史季溫注　清乾隆五十三年(1788)樹經堂刻本　二十四冊

340000－1881－0004327　07149

廣韻五卷　(唐)陸法言撰　清康熙四十三年(1704)吳門張氏刻本　五冊

340000－1881－0004328　07150

欽定書經圖說五十卷　(清)孫家鼐等纂修　清光緒三十一年(1905)石印本　十六冊

340000－1881－0004329　07151

宛陵先生文集六十卷　(宋)梅堯臣著　清宣統二年(1910)上海石印本　十冊

340000－1881－0004330　07152

國朝山左詩鈔六十卷　(清)盧見曾纂　清乾隆二十三年(1758)雅雨堂刻本　二十冊

340000－1881－0004331　07153

湘軍記二十卷　(清)王定安撰　清光緒十五年(1889)江南書局刻本　八冊

340000－1881－0004332　07154

平定粵匪紀略十八卷附記四卷　(清)杜文瀾纂　清同治八年(1869)群玉齋木活字印本　十冊

340000－1881－0004333　07155

小倉山房詩集三十一卷補遺一卷　(清)袁枚撰　清乾隆刻本　八冊

340000－1881－0004334　07156

館律分韻初編六卷　(清)春暉閣主人輯　清光緒十四年(1888)上海鴻寶齋石印本　六冊

340000－1881－0004335　07163

昌黎先生集四十卷　(唐)韓愈撰　(唐)李漢編　清宣統二年(1910)上海集成圖書公司石印本　八冊

340000－1881－0004336　07164

青樓小名錄八卷　(清)趙慶楨輯　清宣統二年(1910)上海國學扶輪社鉛印本　四冊

340000－1881－0004337　07165

館律分韻初編五卷　(清)延清編　清光緒十八年(1892)錦官堂增訂石印本　六冊

340000－1881－0004338　07172

明詩綜一百卷　(清)朱彝尊錄　(清)汪森輯評　清康熙四十四年(1705)六峰閣刻本　二十冊

340000－1881－0004339　07175

綏寇紀略十二卷補遺三卷　(清)吳偉業纂　(清)鄒漪訂　(清)張海鵬校勘　清嘉慶九年(1804)照曠閣刻本　六冊

340000－1881－0004340　07176

夕堂戲墨七卷　(清)王夫之撰　清同治四年(1865)金陵節署刻船山遺書本　一冊　存四卷(一至四)

340000－1881－0004341　07179

古文觀止十二卷　(清)吳乘權　(清)吳大職編　清光緒二十八年(1902)新化三味堂刻本　五冊　存十卷(一至六、九至十二)

340000－1881－0004342　07180

劍南詩鈔六卷　(宋)陸游撰　(清)楊大鶴選　清康熙二十四年(1685)刻本　四冊　存五卷(五言古一卷、七言古一卷、五言律一卷、七言律一卷、七言絕句一卷)

340000－1881－0004343　07185

林和靖詩集四卷拾遺一卷　(宋)林逋撰　清同治十二年(1873)長洲朱孔彰刻本　一冊

340000 – 1881 – 0004344　07187

欽定萬年書不分卷　（清）欽天監製　清道光
刻本　二冊

340000 – 1881 – 0004345　07190

陶淵明集十卷　（晉）陶潛撰　（清）胡伯薊抄
　　清光緒五年（1879）影印本　三冊

340000 – 1881 – 0004346　07194

五洲圖考不分卷　（清）龔柴撰　（清）許彬編
　　清光緒二十八年（1902）上海徐家匯印書館
石印本　三冊

340000 – 1881 – 0004347　07195

御刻三希堂石渠寶笈法帖釋文十六卷首一卷
　　（清）梁詩正編　清光緒二十三年（1897）上
海鴻寶齋石印本　四冊

340000 – 1881 – 0004348　07197

群學肄言十六卷　（英國）斯賓塞爾撰　嚴復
譯　清光緒二十九年（1903）上海文明編譯書
局鉛印本　四冊

340000 – 1881 – 0004349　07199

錢牧齋箋注杜工部集二十卷　（唐）杜甫撰
（清）錢謙益箋注　（清）錢曾　（清）季振宜
校　清宣統二年（1910）上海國光印刷所鉛印
本　七冊　存十八卷（三至二十）

340000 – 1881 – 0004350　07206

佩文詩韻釋要五卷　（清）周兆基纂　（清）陶
潤庠校　清宣統三年（1911）上海商務印書館
鉛印本　二冊

340000 – 1881 – 0004351　07211

鬼谷子三卷　（南朝梁）陶宏景注　清嘉慶十
年（1805）江都秦氏刻本　一冊

340000 – 1881 – 0004352　07212

孟浩然詩集二卷　（唐）孟浩然撰　（宋）劉辰
翁評　清光緒六年（1880）碧琳琅館刻三色套
印本　二冊

340000 – 1881 – 0004353　07215

子遺錄不分卷　（清）戴名世撰　清末復園主
人刻本　一冊

340000 – 1881 – 0004354　07216

十三經注疏三百四十六卷　（清）鄂爾泰
（清）張廷玉總閱　（清）張照等總裁　清同治
十年（1871）廣東刻本　一百十冊　存二百七
十六卷（周易注疏一至十三、尚書注疏一至十
九、毛詩注疏一至三十、周禮注疏一至四十
二、儀禮注疏一至六十三、春秋左傳注疏一至
六十、春秋公羊傳注疏一至九、春秋穀梁注疏
一至二十、孝經注疏一至九、爾雅注疏一至十
一）

340000 – 1881 – 0004355　07217

吳中平寇記八卷　（清）錢勗撰　清同治九年
（1870）刻本　二冊

340000 – 1881 – 0004356　07218

全唐詩鈔八十卷補遺十六卷　（清）吳成儀編
　　清乾隆二十四年（1759）刻本　二冊

340000 – 1881 – 0004357　07220

五洲圖考不分卷　（清）徐勘編輯　清光緒鉛
印本　一冊

340000 – 1881 – 0004358　07221

吳詩集覽二十卷　（清）靳榮藩輯　清乾隆刻
本　十八冊

340000 – 1881 – 0004359　07222

李青蓮文集三十六卷　（唐）李白撰　（清）王
琦輯注　清乾隆二十四年（1759）寶笏樓刻本
　　十二冊

340000 – 1881 – 0004360　07226

退思軒詩集六卷　（清）張百熙撰　清宣統三
年（1911）鉛印本　一冊

340000 – 1881 – 0004361　07229

莫愁湖志六卷首一卷　（清）馬士圖輯著　清
光緒八年（1882）刻本　二冊

340000 – 1881 – 0004362　07231

棗林詩集不分卷　（清）談遷撰　清宣統三年
（1911）上海國學扶輪社鉛印本　一冊

340000 – 1881 – 0004363　07239

捧月樓綺語八卷　（清）袁通撰　清嘉慶二十

年(1815)江甯顧晴崖局刻本　一冊

340000－1881－0004364　07244

六朝文絜四卷　(清)許槤評選　清光緒三年(1877)讀有用書齋刻朱墨套印本　一冊

340000－1881－0004365　07253

皇華集二卷　(明)董越等撰　明弘治元年(1488)刻本　一冊　存一卷(上)

340000－1881－0004366　07256

山海經十八卷　(晉)郭璞傳　(清)吳志伊注　清尊德堂刻本　四冊

340000－1881－0004367　07257

孟子七卷　(宋)朱熹集注　清同治五年(1866)金陵書局刻本　三冊

340000－1881－0004368　07258

大學不分卷中庸不分卷　(宋)朱熹章句　清同治五年(1866)金陵書局刻本　一冊

340000－1881－0004369　07259

論語十卷　(宋)朱熹集注　清同治五年(1866)金陵書局刻本　二冊

340000－1881－0004370　07260

大學不分卷中庸不分卷　(宋)朱熹集注　清光緒十二年(1886)湖北官書處刻本　一冊

340000－1881－0004371　07261

論語二卷　(宋)朱熹集注　清光緒十二年(1886)湖北官書處刻本　二冊

340000－1881－0004372　07262

孟子七卷　(宋)朱熹集注　清光緒十二年(1886)湖北官書處刻本　三冊

340000－1881－0004373　07263

重校蒙學字課圖說四卷　(清)劉樹屏纂　清光緒二十七年(1901)石印本　四冊

340000－1881－0004374　07264

國朝漢學師承記八卷　(清)江藩撰　清光緒十一年(1885)掃葉山房刻本　四冊

340000－1881－0004375　07265

周官指掌五卷　(清)莊有可撰　清道光九年

(1829)刻本　二冊

340000－1881－0004376　07266

御批歷代通鑑輯覽一百二十卷　(清)楊述曾等纂修　清光緒二十九年(1903)商務印書館石印本　二十二冊　存一百十卷(一至十五、二十一至一百十五)

340000－1881－0004377　07267

國朝先正事略六十卷　(清)李元度纂　清光緒二十五年(1899)上海圖書集成書局石印本　八冊

340000－1881－0004378　07268

中興名臣事略八卷　朱孔彰撰　清光緒二十五年(1899)上海圖書集成書局石印本　二冊

340000－1881－0004379　07270

[光緒]泗虹合志十九卷　(清)方瑞蘭監修　(清)張傳玉　(清)李承志纂　清光緒十四年(1888)刻本　八冊

340000－1881－0004380　07271

[光緒]續修廬州府志一百卷首一卷末一卷　(清)黃雲總修　(清)汪宗沂等纂　清光緒十一年(1885)刻本　五冊　存十卷(三至六、十至十三、十八至十九)

340000－1881－0004381　07272

[光緒]續修廬州府志一百卷首一卷末一卷　(清)黃雲總修　(清)汪宗沂等纂　清光緒十一年(1885)刻本　四十八冊

340000－1881－0004382　07273

[光緒]重修安徽通志三百五十卷附補遺十卷　(清)沈葆楨　(清)吳坤修　(清)何紹基纂　清光緒七年(1881)馮焌刻本　一百十七冊　存三百五十一卷(一至二百五十九、二百六十六至三百五十,補遺一至三、七至十)

340000－1881－0004383　07274

御製重刻二十一史三千二百十九卷　(清)鄂爾泰總裁　(清)張廷玉纂　清光緒三十四年(1908)上海集成圖書公司鉛印本　四百冊

340000－1881－0004384　07277

子史精華一百六十卷 （清）允祿等纂 （清）
張廷玉等校 清光緒十二年（1886）上海同文
書局石印本 八冊

340000－1881－0004385 07278
四書反身錄八卷首一卷 （清）李顒撰 清咸
豐小嫏嬛山館刻本 四冊

340000－1881－0004386 07279
讀杜心解六卷首二卷 （清）浦起龍撰 清雍
正二年（1724）寧我齋刻本 十冊

340000－1881－0004387 07280
漁洋山人古詩選三十二卷 （清）王士禎選
清同治七年（1868）湘鄉曾氏刻本 六冊

340000－1881－0004388 07502
名家竿牘四卷 （明）程弘寀選輯 （明）程大
約校 明刻本 二冊 存二卷（元、亨）

340000－1881－0004389 07503
精選大學衍義補摘粹十二卷 （明）許國編
（明）查鐸校 明抄本 二冊

340000－1881－0004390 07504
[淳熙]新安志十卷 （宋）羅願撰 清光緒十
四年（1888）刻本 四冊

340000－1881－0004391 07505
亘史鈔□□卷 （明）潘之恒輯 明刻本 三
冊 存三卷（亘史外紀雪濤集小說二卷、亘史
鈔雪濤小書之諧史四）

340000－1881－0004392 07506
爾雅翼三十二卷 （宋）羅願撰 （明）羅朗重
訂 明天啓六年（1626）刻本 六冊

340000－1881－0004393 07507
皇明名臣經濟錄五十三卷 （明）黃訓輯
（明）汪雲程校 明刻本 一冊 存一卷（二
十八）

340000－1881－0004394 07508
師山先生遺文五卷附錄一卷 （元）鄭玉撰
明洪武三年（1370）刻本 一冊

340000－1881－0004395 07509
瀛奎律髓四十九卷 （宋）方回選 清康熙五

十二年（1713）刻本 八冊

340000－1881－0004396 07510
羅鄂州小集五卷附羅鄂州遺文一卷 （宋）羅
願撰 明洪武二年（1369）刻本 一冊

340000－1881－0004397 07513
新編古今事文類聚前集六十卷 （宋）祝穆編
明影宋刻本 六冊 存十六卷（四十五至
六十）

340000－1881－0004398 07514
徽郡新刻名公尺牘三卷 （明）程大約編
（明）江東之校 明萬曆四年（1576）刻本
三冊

340000－1881－0004399 07515
我寓集九卷 （明）閔齡撰 （明）麻一鳳校
明萬曆四十五年（1617）刻本 二冊

340000－1881－0004400 07516
一漚集七卷 （明）閔齡撰 （明）陸君弼校
明萬曆二十七年（1599）刻本 一冊

340000－1881－0004401 07517
華陽編不分卷 （明）閔齡撰 （明）鄧伯羔校
明萬曆三十六年（1608）刻本 一冊

340000－1881－0004402 07518
武夷同亭詩蛻不分卷 （明）閔齡撰 明萬曆
二十七年（1599）刻本 一冊

340000－1881－0004403 07519
閔壽卿像贊挽詩不分卷 （□）□□編 明萬
曆四十三年（1615）刻本 一冊

340000－1881－0004404 07520
皇明名臣經濟錄五十三卷 （明）黃訓輯
（明）汪雲程校 明嘉靖三十年（1551）刻本
二十二冊 存四十三卷（一、七至二十一、二
十三至二十四、二十八至三十九、四十一至五
十三）

340000－1881－0004405 07521
師山先生文集八卷 （元）鄭玉撰 明刻清修
本 一冊

340000－1881－0004406 07522

對問編四卷　(明)江應曉撰　(明)江秉謙校
明萬曆三十八年(1610)刻本　一冊

340000－1881－0004407　07523

爾雅翼三十二卷　(宋)羅願撰　(元)洪焱祖
釋　明崇禎六年(1633)刻本　十二冊

340000－1881－0004408　07524

義府二卷　(清)黃生撰　清道光二十二年
(1842)刻本　二冊

340000－1881－0004409　07525

左策史漢約選八卷　(清)洪德常輯　(清)洪
玕等校　清康熙十八年(1679)世綸堂刻本
八冊

340000－1881－0004410　07526

選擇宗鏡集十卷　(明)吳國仕纂輯　明崇禎
三年(1630)刻本　七冊

340000－1881－0004411　07527

潔明堂存稿不分卷　(清)程玉撰　清康熙抄
本　一冊

340000－1881－0004412　07528

檀弓原二卷　(明)姚應仁輯　明天啓六年
(1626)刻本　一冊

340000－1881－0004413　07529

六書正義十二卷　(明)吳元滿編　明萬曆三
十三年(1605)刻本　八冊

340000－1881－0004414　07530

寒木堂看香草不分卷　(清)汪薇撰　清康熙
五十五年(1716)刻本　一冊

340000－1881－0004415　07531

地圖綜要三卷　(明)朱國達等編　明崇禎十
六年(1643)刻本　二冊

340000－1881－0004416　07532

詩倫二卷　(清)汪薇輯　清康熙五十六年
(1717)寒木堂刻本　一冊

340000－1881－0004417　07534

六書泝原直音二卷　(明)吳元滿編　明萬曆
十四年(1586)刻本　二冊

340000－1881－0004418　07535

六書泝原直音二卷　(明)吳元滿編　明萬曆
十四年(1586)刻本　二冊

340000－1881－0004419　07536

千一疏二十二卷　(明)程涓撰　明萬曆三十
七年(1609)刻本　六冊

340000－1881－0004420　07537

六書總要五卷　(明)吳元滿編集　明刻本
四冊　存四卷(二至五)

340000－1881－0004421　07539

歷代史畧十段錦詞話旁註二卷　(明)楊用修
纂　(明)程仲秩註　明刻朱墨套印本　二冊

340000－1881－0004422　07540

吳謙庵先生忠孝錄六卷　(明)吳宗堯撰
(明)江秉謙等校　明萬曆刻本　一冊　存四
卷(三至六)

340000－1881－0004423　07541

文章又玄十二卷　(明)吳士奇輯　明萬曆刻
本　四冊

340000－1881－0004424　07542

綺詠續集不分卷　(明)汪汝謙撰　明崇禎四
年(1631)刻本　一冊

340000－1881－0004425　07543

諧聲指南不分卷　(明)吳元滿撰　明萬曆十
一年(1583)刻本　一冊

340000－1881－0004426　07544

羅穎樓初稿二卷嶺上續稿一卷　(明)黃煥撰
明萬曆刻本　二冊

340000－1881－0004427　07545

南華真經旁注五卷　(明)方虛名輯注　明萬
曆二十二年(1594)刻本　四冊

340000－1881－0004428　07546

季漢書六十卷　(明)謝陛撰　明刻本　十五
冊　存四十七卷(本紀三卷、內傳一至四、世
家六卷、外傳三十卷、載記三卷、雜傳一卷)

340000－1881－0004429　07548

西來僅存草不分卷　(明)朱國達撰　清康熙

四十七年(1708)刻本　一冊

340000－1881－0004430　07549

十哲奇藝不分卷　（明）胡淵撰　明崇禎十四年(1641)刻本　一冊

340000－1881－0004431　07551

青山社草不分卷　（明）王世爵撰　明刻本　一冊

340000－1881－0004432　07554

青巖集十二卷　（清）許楚撰　（清）許象縉等校　清康熙五十二年(1713)刻本　三冊　存九卷(一至九)

340000－1881－0004433　07555

集杜百章不分卷菊花三十詠不分卷蘭亭集字詩不分卷廬山游草不分卷　（清）閔麟嗣輯　清康熙刻本　一冊

340000－1881－0004434　07556

歙賢崇祀志六卷　（清）胡承熙　（清）唐昕編　（清）吳菘等重訂　清康熙四十年(1701)刻本　一冊

340000－1881－0004435　07557

增訂唐詩摘鈔十六卷　（清）黃生選評　（清）朱之荊增訂　（清）程鴻緒重校　清嘉慶四年(1799)浣月齋刻本　五冊

340000－1881－0004436　07558

增訂唐詩摘鈔十四卷附錄古唐詩摘鈔四卷（清）黃生選評　（清）朱之荊增訂　清乾隆十五年(1750)南屏草堂刻本　六冊

340000－1881－0004437　07560

詒清堂集十三卷補遺四卷　（清）張習孔撰　清康熙三十八年(1699)刻本　十二冊

340000－1881－0004438　07561

一木堂詩稿十二卷　（清）黃生撰　（清）黃芹校　清康熙二十二年(1683)刻本　二冊

340000－1881－0004439　07562

虞初新志二十卷　（清）張潮輯　清咸豐元年(1851)小嫏嬛山館刻本　七冊

340000－1881－0004440　07563

虞初續志十二卷　（清）鄭澍若編　清咸豐元年(1851)小嫏嬛山館刻本　五冊

340000－1881－0004441　07565

易冒十卷　（清）程良玉撰　清康熙四十三年(1704)金杏園刻本　一冊

340000－1881－0004442　07566

杜工部詩說十二卷　（清）黃生撰　清乾隆三十二年(1767)一本堂刻本　三冊

340000－1881－0004443　07567

何水部集不分卷　（南朝梁）何遜撰　清乾隆十九年(1754)刻本　一冊

340000－1881－0004444　07568

練江詩鈔八卷　（清）程之鵔撰　清乾隆二十年(1755)刻本　四冊

340000－1881－0004445　07569

心齋詩集不分卷　（清）張潮撰　清康熙二十二年(1683)詒清堂刻本　一冊

340000－1881－0004446　07570

學庸講義不分卷　（清）胡含川輯撰　清虎谿六有唫舫抄本　一冊

340000－1881－0004447　07571

秀濯堂詩不分卷　（清）吳啟元輯　清康熙五十五年(1716)刻本　一冊

340000－1881－0004448　07572

晴綺軒集句不分卷　（清）江昉撰　清乾隆至嘉慶寫刻本　一冊

340000－1881－0004449　07573

允凝詩草四卷　（清）江允凝撰　清康熙二十八年(1689)刻本　一冊

340000－1881－0004450　07574

聽弈軒小稿三卷　（清）方成培撰　清乾隆寫刻本　一冊

340000－1881－0004451　07575

一輞集十八卷　（清）項淳撰　清乾隆五十五年(1790)刻本　六冊

340000－1881－0004452　07576

蘆洲遺草不分卷　（清）王廷模撰　清乾隆刻
本　一冊

340000－1881－0004453　07577
小巢壺詩二卷　（清）鮑善基撰　清嘉慶二十
一年(1816)刻本　一冊

340000－1881－0004454　07578
栗亭詩集六卷　（清）汪士鈜撰　清康熙刻本
四冊　存五卷(一至五)

340000－1881－0004455　07579
曝書亭集詩注二十二卷　（清）楊謙纂　清康
熙刻本　一冊　存三卷(十二至十四)

340000－1881－0004456　07580
霧隱山房詩二卷　（清）汪淳修撰　清乾隆三
十四年(1769)刻本　一冊

340000－1881－0004457　07581
檀几叢書二集五十卷餘集二卷　（清）王晫
（清）張潮輯　清康熙三十四年(1695)刻本
七冊

340000－1881－0004458　07582
檀几叢書首集五十卷　（清）王晫輯　（清）張
潮校　清康熙三十四年(1695)霞舉堂刻本
五冊　存二十五卷(一至二十五)

340000－1881－0004459　07584
隸八分辨不分卷　（清）方輔撰　（清）吳德治
校　清乾隆五十六年(1791)刻本　一冊

340000－1881－0004460　07585
松溪文集不分卷　（清）汪梧鳳撰　清刻本
二冊

340000－1881－0004461　07586
杜詩提要十四卷　（唐）杜甫撰　（清）吳瞻泰
評選　清雍正刻本　十二冊

340000－1881－0004462　07587
漁洋山人選研村詩五卷　（清）汪沅撰　（清）
汪樹琪等校　鹿門近體詩不分卷　（清）汪柯
玥撰　清康熙四十四年(1705)刻本　一冊

340000－1881－0004463　07588
香雪文鈔六卷　（清）曹學詩撰　清乾隆十年

(1745)刻本　五冊　存五卷(一至五)

340000－1881－0004464　07589
冶城游草不分卷　（清）汪樹琪輯　筆山堂詩
集不分卷　（清）程玥撰　清康熙二十五年
(1686)刻本　一冊

340000－1881－0004465　07590
廣讀書觀不分卷　（清）汪書輯　清雍正四年
(1726)詒穀堂刻本　一冊

340000－1881－0004466　07591
新安女史徵不分卷　（清）汪洪度撰　清乾隆
三十七年(1772)刻本　一冊

340000－1881－0004467　07592
陶詩彙注四卷首一卷末一卷　（清）吳瞻泰輯
清康熙四十四年(1705)拜經堂刻本　二冊

340000－1881－0004468　07593
七峯草堂詩稿十卷首一卷　（清）洪珵撰　清
康熙四十六年(1707)刻本　二冊

340000－1881－0004469　07594
嚶鳴集□□卷首一卷　（清）張節編　清寫刻
本　一冊　存一卷(首一卷)

340000－1881－0004470　07595
稽古堂詩草六卷　（清）許周仁輯　稽古堂詩
草自怡草不分卷　（清）許敏事撰　清雍正刻
本　二冊

340000－1881－0004471　07596
隸法彙纂十卷　（清）項懷述編　（清）項坤校
清乾隆五十一年(1786)刻本　二冊

340000－1881－0004472　07597
孫月峯先生批評史記一百三十卷　（明）馮元
仲參訂　（清）錢謙益　（清）馮眉校　清乾隆
刻本　一冊　存五卷(七、二十八、三十、五十
三至五十四)

340000－1881－0004473　07598
香雪詩鈔三卷　（清）曹學詩撰　清乾隆二十
七年(1762)刻本　三冊

340000－1881－0004474　07599
李長吉歌詩四卷外詩集一卷　（唐）李賀撰

(宋)劉辰翁評　明末刻本　一冊

340000－1881－0004475　07601

紫石泉山房文集十二卷詩鈔三卷　(清)吳定撰　清光緒十二年(1886)刻朱印本　五冊

340000－1881－0004476　07602

蔗亭梅花集句不分卷　(清)汪麟編　清乾隆五年(1740)刻本　一冊

340000－1881－0004477　07603

茹古齋稿不分卷　(清)方輔撰　清刻本　一冊

340000－1881－0004478　07604

懿行編八卷　(清)汪燨元編　(清)汪啟瑗等校　清乾隆二十年(1755)玉樹堂刻本　四冊

340000－1881－0004479　07605

鶴關文賸三卷　(清)吳邦治撰　清乾隆十年(1745)刻本　一冊

340000－1881－0004480　07606

鶴關詩集不分卷　(清)吳邦治撰　清康熙五十五年(1716)刻本　一冊

340000－1881－0004481　07607

鶴關詩二集不分卷　(清)吳邦治撰　清乾隆五年(1740)刻本　一冊

340000－1881－0004482　07608

應制體排律五卷　(清)陳九松輯　清康熙五十四年(1715)刻本　一冊

340000－1881－0004483　07609

新城伯子文集八卷首一卷　(清)胡賡善撰　清嘉慶四年(1799)刻本　三冊

340000－1881－0004484　07610

嚶鳴集□□卷末一卷　(清)張節彙編　清寫刻本　二冊　存二卷(四、末一卷)

340000－1881－0004485　07611

唐陸宣公翰苑集二十四卷　(唐)陸贄撰　(清)張佩芳注　清乾隆三十三年(1768)希音堂刻本　八冊

340000－1881－0004486　07612

松溪文集不分卷　(清)汪梧鳳撰　(清)汪灼編　清乾隆不踈園刻本　二冊

340000－1881－0004487　07613

詩經言志二十六卷　(清)汪灼撰　清嘉慶十二年(1807)拜經艸堂抄本　四冊

340000－1881－0004488　07614

鹿邨詩集不分卷　(清)方士琯撰　清乾隆九年(1744)刻本　一冊

340000－1881－0004489　07615

息廬詩不分卷　(清)汪洪度撰　清乾隆三十七年(1772)刻本　一冊

340000－1881－0004490　07616

綠溪草堂駢體二卷　(清)張弘殿撰　清刻本　一冊　存一卷(下)

340000－1881－0004491　07617

秋水詩鈔十七卷　(清)程萩農撰　清乾隆十八年(1753)刻本　二冊　存九卷(一至九)

340000－1881－0004492　07618

勉行堂文集六卷　(清)程晉芳撰　清嘉慶二十五年(1820)刻本　四冊

340000－1881－0004493　07619

勉行堂詩集二十四卷首一卷　(清)程晉芳撰　清嘉慶二十三年(1818)刻本　八冊

340000－1881－0004494　07620

黃山領要錄二卷　(清)汪洪度撰　清乾隆四十年(1775)刻知不足齋叢書本　一冊

340000－1881－0004495　07621

香研居詞麈五卷　(清)方成培撰　清光緒二年(1876)刻本　二冊

340000－1881－0004496　07622

良夜吟不分卷　(清)程梁撰　清雍正十一年(1733)刻本　一冊

340000－1881－0004497　07623

良夜吟不分卷　(清)程梁撰　清雍正十一年(1733)刻本　一冊

340000－1881－0004498　07626

文訣不分卷　（清）胡含川評選　（清）方樸山鑒定　（清）鄭燾校　清乾隆四十七年(1782)刻本　一冊

340000－1881－0004499　07627

學庸講義不分卷　（清）胡含川輯纂　清刻本　一冊

340000－1881－0004500　07628

貽軒詩集二卷　（清）仇夢巖撰　清嘉慶二十四年(1819)刻本　一冊

340000－1881－0004501　07629

北谿草堂吟稿不分卷　（清）吳熊撰　清乾隆四十四年(1779)刻本　一冊

340000－1881－0004502　07630

夢畹詩集不分卷　（清）張節撰　清刻本　一冊　存壬寅、癸卯

340000－1881－0004503　07631

通藝錄四十六卷　（清）程瑤田撰　清嘉慶八年(1803)刻本　二十四冊

340000－1881－0004504　07632

壺園詩鈔選十卷　（清）徐寶善撰　（清）顧南雅編　清道光十一年(1831)刻本　一冊

340000－1881－0004505　07633

諧聲表不分卷入聲表不分卷等韻叢書不分卷　（清）江有誥撰　清道光十一年(1831)刻本　一冊

340000－1881－0004506　07634

唐韻四聲正不分卷　（清）江有誥撰　清道光七年(1827)刻本　一冊

340000－1881－0004507　07635

群經韻讀不分卷　（清）江有誥撰　清嘉慶二十二年(1817)刻本　一冊

340000－1881－0004508　07636

先秦韻讀不分卷　（清）江有誥撰　清嘉慶二十五年(1820)刻本　二冊

340000－1881－0004509　07637

詩經韻讀四卷　（清）江有誥撰　清嘉慶十九年(1814)刻本　二冊

340000－1881－0004510　07638

隸書糾謬不分卷　（清）江有誥撰　清咸豐三年(1853)刻本　一冊

340000－1881－0004511　07639

壽藤齋詩三十五卷　（清）鮑倚雲撰　清嘉慶十三年(1808)刻本　八冊

340000－1881－0004512　07640

舊言集不分卷　（清）洪楚珩撰　（清）李兆洛編　清刻本　一冊

340000－1881－0004513　07641

黃海吟秋錄不分卷　（清）巴慰祖撰　清乾隆三十九年(1774)刻本　一冊

340000－1881－0004514　07642

壽藤齋詩三十五卷　（清）鮑倚雲撰　清同治十二年(1873)刻本　八冊

340000－1881－0004515　07643

通藝錄十九卷　（清）程瑤田撰　清嘉慶刻本　三冊　存三卷(五、十一、十四)

340000－1881－0004516　07644

木雁齋詩四卷　（清）胡長庚撰　清嘉慶十八年(1813)刻本　一冊

340000－1881－0004517　07645

程簡敬公奏疏八卷　（清）程祖洛撰　清同治七年(1868)程氏刻本　八冊

340000－1881－0004518　07646

梅寔詩集四卷　（清）江紹蓮撰　清乾隆四十三年(1778)刻本　一冊

340000－1881－0004519　07647

冷香吟不分卷　（清）吳熊撰　清刻本　一冊

340000－1881－0004520　07648

石鼓硯齋試帖二卷　（清）曹文埴撰　清乾隆五十年(1785)刻本　一冊

340000－1881－0004521　07649

壽藤齋時文不分卷　（清）鮑倚雲撰　（清）鮑桂星等校　清嘉慶二十一年(1816)刻本　一冊

340000 – 1881 – 0004522　07650

石鼓硯齋文鈔二十卷　（清）曹文埴撰　清嘉慶五年(1800)刻本　六冊

340000 – 1881 – 0004523　07651

春海詩餘不分卷　（清）程恩澤撰　**讀雪軒詞不分卷**　（清）孫承勳撰　清道光二十七年(1847)刻本　一冊

340000 – 1881 – 0004524　07652

聞見閒言四卷　（清）江紹蓮撰　清乾隆至嘉慶刻本　一冊　存二卷(二、四)

340000 – 1881 – 0004525　07653

程侍郎遺集十卷　（清）程恩澤撰　清道光二十六年(1846)登喜齋刻本　二冊

340000 – 1881 – 0004526　07654

話雲軒詠史詩二卷　（清）曹振鏞撰　清嘉慶刻本　一冊

340000 – 1881 – 0004527　07655

漢書地理志稽疑六卷　（清）全祖望撰　清嘉慶九年(1804)漸江得諼草堂刻本　一冊

340000 – 1881 – 0004528　07656

水道直指不分卷　（清）張匡學輯　清嘉慶二年(1797)刻本　一冊

340000 – 1881 – 0004529　07657

毛詩補禮六卷　（清）朱濂撰　清道光十九年(1839)刻本　二冊

340000 – 1881 – 0004530　07658

毛詩周韻誦法十卷　（清）汪灼編　清嘉慶十九年(1814)刻本　五冊

340000 – 1881 – 0004531　07659

墨歡吟館詩存六卷　（清）王鼎祚編　（清）曹鳴鑾撰　清道光三十年(1850)刻本　四冊

340000 – 1881 – 0004532　07660

嶺雲詞賸稿二卷木雁齋雜著不分卷　（清）胡長庚撰　（清）吳汝暮　（清）程奐輪編　清道光刻本　一冊

340000 – 1881 – 0004533　07661

禮經釋例十三卷首一卷　（清）凌廷堪撰　清

嘉慶十四年(1809)刻本　六冊

340000 – 1881 – 0004534　07662

宋四六選二十四卷　（清）曹振鏞編　清乾隆四十一年(1776)刻本　六冊

340000 – 1881 – 0004535　07663

觀古閣叢稿三編二卷　（清）鮑康著　清光緒二年(1876)觀古閣刻本　一冊

340000 – 1881 – 0004536　07664

木雁齋秋懷詩十五首不分卷　（清）胡長庚撰　清嘉慶十八年(1813)刻本　一冊

340000 – 1881 – 0004537　07665

袁詩選二卷　（清）許紹曾選評　清抄本　一冊

340000 – 1881 – 0004538　07666

帶星草堂詩鈔二卷　（清）曹文埴撰　清乾隆二十四年(1759)寫刻本　一冊

340000 – 1881 – 0004539　07668

孟子釋疑不分卷　（清）汪宗沂撰　清光緒二十三年(1897)刻本　一冊

340000 – 1881 – 0004540　07669

孝經十八章輯傳不分卷　（清）汪宗沂撰　清光緒二十四年(1898)刻本　一冊

340000 – 1881 – 0004541　07670

竹坪集句不分卷　（清）徐玉增撰　（清）徐上鏞輯　清道光七年(1827)刻本　一冊

340000 – 1881 – 0004542　07671

可齋經進文存不分卷　（清）朱文翰撰　清同治十一年(1872)舊書齋刻本　一冊

340000 – 1881 – 0004543　07672

香山詩選六卷　（清）曹文埴編　清刻本　二冊

340000 – 1881 – 0004544　07673

曹鳴鑾挽曹飴園詩不分卷　（清）曹鳴鑾撰　清道光二年(1822)刻本　一冊

340000 – 1881 – 0004545　07674

遂初堂詩集二卷　（清）何青撰　清嘉慶刻本

一冊

340000－1881－0004546　07676

黃山紀游詩不分卷　（清）曹文埴撰　清乾隆刻本　一冊

340000－1881－0004547　07677

直廬集八卷　（清）曹文埴撰　清乾隆六十年（1795）刻本　一冊

340000－1881－0004548　07678

石鼓硯齋詩鈔三十二卷　（清）曹文埴撰　清嘉慶五年（1800）刻本　六冊

340000－1881－0004549　07679

覺生詩鈔十卷　（清）鮑桂星撰　清嘉慶二十五年（1820）刻本　三冊

340000－1881－0004550　07680

覺生詠物詩鈔四卷　（清）鮑桂星撰　清嘉慶二十五年（1820）刻本　一冊

340000－1881－0004551　07681

覺生詠史詩鈔三卷　（清）鮑桂星撰　清嘉慶二十五年（1820）刻本　一冊

340000－1881－0004552　07682

覺生感舊詩鈔二卷　（清）鮑桂星撰　清嘉慶二十五年（1820）刻本　一冊

340000－1881－0004553　07683

覺生試律鈔不分卷覺生賦鈔不分卷覺生進奉文鈔不分卷　（清）鮑桂星撰　清刻本　一冊

340000－1881－0004554　07684

覺生時文鈔不分卷　（清）鮑桂星撰　清刻本　一冊

340000－1881－0004555　07685

夢東禪師遺集二卷　（清）釋際醒撰　清刻本　一冊　存一卷（下）

340000－1881－0004556　07686

曹文正公行述不分卷　（清）曹恩濚　（清）曹紹纂　清嘉慶刻本　一冊

340000－1881－0004557　07688

禮箋三卷　（清）金榜撰　清乾隆刻本　一冊

340000－1881－0004558　07689

毛詩異義四卷　（清）汪龍撰　清道光五年（1825）刻本　四冊

340000－1881－0004559　07690

皇朝諡法考五卷續編一卷補編一卷　（清）鮑康輯　清同治三年（1864）刻本　二冊

340000－1881－0004560　07691

觀泉詩鈔二卷　（清）程文囿撰　清嘉慶十七年（1812）刻本　一冊

340000－1881－0004561　07692

退思粗訂稿二卷　（清）朱文翰撰　（清）潘紹曾編　清刻本　一冊

340000－1881－0004562　07693

筠莊詩鈔不分卷　（清）鮑兆瑞輯　清嘉慶八年（1803）刻本　一冊

340000－1881－0004563　07694

觀古閣叢稿三編二卷　（清）鮑康撰　清光緒二年（1876）觀古閣刻本　一冊

340000－1881－0004564　07695

觀古閣叢稿二卷　（清）鮑康撰　清同治十二年（1873）刻本　一冊

340000－1881－0004565　07696

觀古閣泉說不分卷　（清）鮑康撰　**李佐賢續泉說不分卷**　（清）李佐賢撰　清同治十三年（1874）刻本　二冊

340000－1881－0004566　07697

觀古閣詩鈔八卷　（清）鮑康撰　清光緒二十一年（1895）刻本　二冊

340000－1881－0004567　07698

大錢圖錄不分卷　（清）鮑康撰　清光緒二年（1876）刻本　一冊

340000－1881－0004568　07699

海東金石苑不分卷　（清）劉喜海撰　清同治十二年（1873）觀古閣刻本　一冊

340000－1881－0004569　07700

嘉蔭簃論泉截句二卷　（清）劉喜海撰　清同治十二年（1873）觀古閣刻本　一冊

340000－1881－0004570　07701

虞夏贖金釋文不分卷　（清）劉師陸纂　清同治十二年(1873)觀古閣刻本　一冊

340000－1881－0004571　07702

松風草堂謝琴詩文鈔八卷　（清）吳景潮編　清嘉慶二十二年(1817)松風草堂刻本　四冊

340000－1881－0004572　07703

晚學齋文集二卷　（清）鄭由熙撰　清光緒二十四年(1898)靖安縣署刻本　二冊

340000－1881－0004573　07704

晚學齋詩初集二卷　（清）鄭由熙撰　清光緒二十四年(1898)靖安縣署刻本　一冊　存一卷(一)

340000－1881－0004574　07705

晚學齋詩二集十二卷　（清）鄭由熙撰　清光緒二十四年(1898)靖安縣署刻本　四冊

340000－1881－0004575　07706

桐華舸褒忠詩鈔不分卷　（清）鮑瑞駿撰　清同治五年至光緒三年（1866－1877）刻本　一冊

340000－1881－0004576　07707

桐華舸明季詠史詩鈔不分卷　（清）鮑瑞駿撰　清同治五年至光緒三年（1866－1877）刻本　一冊

340000－1881－0004577　07708

桐華舸詩續鈔八卷　（清）鮑瑞駿撰　清光緒二年(1876)刻本　四冊

340000－1881－0004578　07709

桐華舸詩鈔六卷　（清）鮑瑞駿撰　清同治五年(1866)刻本　三冊

340000－1881－0004579　07710

晚學齋詩鈔四卷　（清）鄭由熙撰　清同治十一年(1872)刻本　二冊

340000－1881－0004580　07713

周易學統九卷　（清）汪宗沂編　（清）鮑錫章校　清刻本　八冊

340000－1881－0004581　07714

說文引經異字三卷　（清）吳雲蒸撰　清道光六年(1826)刻本　一冊

340000－1881－0004582　07715

麗崎軒詩四卷　（明）查應光撰　明崇禎黃德聚刻本　四冊

340000－1881－0004583　07716

周易傍注十二卷前圖二卷　（明）朱升注　明刻本　二冊

340000－1881－0004584　07719

篁墩程先生文集九十三卷　（明）程敏政撰　明刻本　一冊　存六卷(十九至二十四)

340000－1881－0004585　07720

雁鳴霜不分卷　（清）湖上醉漁譜　（清）歠嵐道人填詞　（清）心香居士評訂　清光緒十六年(1890)暗香樓刻本　一冊

340000－1881－0004586　07721

木樨香不分卷　（清）歠嵐道人填詞　（清）湖上醉漁評　清光緒十六年(1890)暗香樓刻本　一冊

340000－1881－0004587　07722

霧中人不分卷　（清）歠嵐道人填詞　（清）湖上醉漁譜　（清）志道人評　清光緒十六年(1890)暗香樓刻本　一冊

340000－1881－0004588　07723

晚學齋外集四卷　（清）鄭由熙撰　清光緒二十四年(1898)靖安縣署刻本　一冊

340000－1881－0004589　07724

篁墩程先生文集九十三卷　（明）程敏政撰　明正德八年(1513)刻本　二冊　存十五卷(六十一至六十七、八十三至九十)

340000－1881－0004590　07725

篁墩程先生文集九十三卷　（明）程敏政撰　明刻本　六冊　存三十八卷(十三至二十四、三十七至四十二、四十八至六十七)

340000－1881－0004591　07727

先考京卿公事略不分卷　（清）汪福熙撰　清光緒三十二年(1906)抄本　一冊

340000－1881－0004592　07729

滕王閣填詞四卷　（清）鄭瑜撰　清嘉慶元年(1796)刻本　二冊

340000－1881－0004593　07730

後緹縈南曲不分卷　（清）汪宗沂編　清光緒十一年(1885)刻本　一冊

340000－1881－0004594　07731

後緹縈南曲不分卷　（清）汪宗沂編　清光緒十一年(1885)刻本　一冊

340000－1881－0004595　07732

居易居不易居詩存不分卷　（清）徐嘉幹撰　清光緒十七年(1891)刻本　一冊

340000－1881－0004596　07733

草心閣詩存不分卷　（清）徐景軾撰　清光緒刻本　一冊

340000－1881－0004597　07734

龍經不分卷　（唐）楊益口訣　（清）汪宗沂校注　清光緒十四年(1888)刻本　一冊

340000－1881－0004598　07735

梅龍閣詩集偶刻二卷外編一卷　（清）黃衡撰　清道光十三年(1833)刻本　一冊

340000－1881－0004599　07736

黃海前游集不分卷　（清）汪宗沂撰　從游小草不分卷　（清）汪律本撰　清光緒十一年(1885)刻本　一冊

340000－1881－0004600　07737

誰園詩存不分卷　（清）鮑宗軾撰　（清）鮑家瑞　（清）鮑典彝校　清光緒二年(1876)刻本　一冊

340000－1881－0004601　07738

同館賦鈔□□卷　（清）程恩澤撰　清刻本　一冊　存一卷(一)

340000－1881－0004602　07740

覺生自訂年譜不分卷　（清）鮑桂星編　清刻本　一冊

340000－1881－0004603　07741

新安二布衣詩八卷　（清）王士禎選　（清）汪洪度　（清）吳瞻泰校　清刻本　二冊

340000－1881－0004604　07742

新安二布衣詩八卷　（清）王士禎選　（清）汪洪度　（清）吳瞻泰校　清刻本　二冊

340000－1881－0004605　07744

新安十六名山紀勝詩鈔不分卷　（清）鮑鈞撰　清刻本　一冊

340000－1881－0004606　07746

竹隣遺稿不分卷　（清）金式玉撰　清嘉慶十三年(1808)刻本　一冊

340000－1881－0004607　07750

汪梅村先生集十二卷　（清）汪士鐸撰　清光緒七年(1881)刻本　一冊　存三卷(一至三)

340000－1881－0004608　07752

卷勺軒詩鈔不分卷　（清）江觀濤撰　清同治刻本　一冊

340000－1881－0004609　07753

蜀游草不分卷　（清）汪應鏞撰　清刻本　一冊

340000－1881－0004610　07754

松原詩鈔不分卷　（清）吳寧撰　雪坪詩鈔不分卷　（清）巴廷梅撰　清刻本　一冊

340000－1881－0004611　07757

蓮漪詞二卷　（清）鄭由熙編　（清）余瑞璋　（清）胡承弼校　清光緒二十四年(1898)靖安縣署刻本　一冊

340000－1881－0004612　07760

湘雪詩鈔四卷　（清）何易撰　清嘉慶四年(1799)刻本　一冊

340000－1881－0004613　07761

韜廬隸譜不分卷　（清）汪宗沂撰　清光緒二十二年(1896)刻本　一冊

340000－1881－0004614　07762

葬書校注不分卷　（晉）郭璞撰　（宋）蔡發編　（清）汪宗沂注　清光緒十四年(1888)刻本　一冊

340000－1881－0004615　07763

十翼遺文不分卷　（清）汪宗沂撰　清光緒刻
本　一冊

340000－1881－0004616　07764

二江草堂詩四卷　（清）黃崇惺撰　清刻本
二冊

340000－1881－0004617　07765

蓮漪詞二卷　（清）鄭由熙撰　清同治十年
(1871)刻本　一冊　存一卷(一)

340000－1881－0004618　07766

養雲山館試帖四卷　（清）許球撰　（清）王榮
絨注　清同治七年(1868)刻本　二冊

340000－1881－0004619　07767

有不為齋試律二卷　（清）許佐撰　清光緒八
年(1882)有不為齋刻本　二冊

340000－1881－0004620　07769

養雲山館試帖二卷　（清）許球撰　清刻本
一冊

340000－1881－0004621　07770

潔華館詩集不分卷　（清）程榮功撰　清光緒
二十一年(1895)刻本　一冊

340000－1881－0004622　07771

壺園賦鈔二卷　（清）徐寶善撰　清刻本
一冊

340000－1881－0004623　07772

初桃齋詩集不分卷　（清）程梯功撰　清刻本
一冊

340000－1881－0004624　07774

[清光緒壬午科]應天鄉試硃卷不分卷　（清）
洪琮撰　清末刻本　一冊

340000－1881－0004625　07775

化疾因四卷　（明）吳崑撰　（明）朱定遠校
明刻本　四冊

340000－1881－0004626　07776

碧雲秋露詞二卷　（清）黃衡撰　清光緒二年
(1876)刻本　一冊

340000－1881－0004627　07777

程孟陽先生中州詩選不分卷　（清）姚元振校
訂　明崇禎十六年(1643)刻本　一冊

340000－1881－0004628　07778

老子章義二卷　（清）姚鼐撰　（清）汪宗沂纂
清同治九年(1870)桐城吳氏刻本　一冊

340000－1881－0004629　07779

經史序錄二卷　（清）吳承漸纂　甲子會紀一
卷　（明）薛應旂編　清康熙刻本　二冊

340000－1881－0004630　07783

覺生詠史詩鈔不分卷覺生感舊詩鈔不分卷覺
生詠物詩鈔不分卷　（清）鮑桂星撰　麓樵小
艸不分卷　（清）胡傳釗注　清程振玉抄本
一冊

340000－1881－0004631　07784

林下人詩集不分卷　（清）許紹曾撰　清抄本
一冊

340000－1881－0004632　07785

滄香齋詠史詩不分卷　（清）王廷紹撰　清同
治四年(1865)刻本　一冊

340000－1881－0004633　07786

程可山先生壽序不分卷　（清）劉毓崧撰　清
同治五年(1866)刻本　一冊

340000－1881－0004634　07787

鮑母方淑人傳不分卷　（清）吳鼐撰　清刻本
一冊

340000－1881－0004635　07788

[清咸豐辛亥科]江南鄉試硃卷不分卷　（清）
曹恩謨撰　清咸豐元年(1851)刻本　一冊

340000－1881－0004636　07789

庚辛遺稿不分卷　（清）洪承熙撰　清光緒二
十五年(1899)研花館刻本　一冊

340000－1881－0004637　07793

龍山憶菊吟不分卷　（清）鮑鴻撰　清光緒二
十七年(1901)刻本　一冊

340000－1881－0004638　07794

[清光緒壬寅補行庚子辛丑科]江南鄉試闈卷

不分卷 （清）江友蠻撰 清光緒二十年(1894)刻本 一冊

340000 – 1881 – 0004639 07795

笑庵存稿不分卷 （清）鄭溥撰 清光緒二十九年(1903)黃海山人刻本 二冊

340000 – 1881 – 0004640 07796

龍山聯語續編□□卷 （清）鮑鴻撰 清抄本 一冊 存一卷(二)

340000 – 1881 – 0004641 07797

塾講規約不分卷 （清）施璜纂 清康熙三十九年(1700)抄本 一冊

340000 – 1881 – 0004642 07798

松寥詩不分卷吳裝不分卷雪浪詩不分卷 （明）程嘉燧書 明寫刻本 二冊

340000 – 1881 – 0004643 07800

新安文獻志一百卷先賢事略二卷目錄二卷 （明）程敏政輯 （明）洪文衡等重訂 明萬曆四十二年(1614)刻本 四十冊

340000 – 1881 – 0004644 07801

程嘉謨行略不分卷 （清）程紹容 （清）程紹寬 （清）程紹寯撰 清抄本 一冊

340000 – 1881 – 0004645 07802

棠樾鮑氏濟美錄不分卷 （清）鮑氏撰 清抄本 一冊

340000 – 1881 – 0004646 07804

江表集不分卷 （清）朱鐘撰 清抄本 一冊

340000 – 1881 – 0004647 07805

新安程氏統宗世譜不分卷 （□）□□撰 清康熙抄本 一冊

340000 – 1881 – 0004648 07806

吟紅閣詩鈔十二卷 （清）金翀撰 清嘉慶刻本 十一冊 存十一卷(二至十二)

340000 – 1881 – 0004649 07807

吟紅閣詞鈔三卷續鈔三卷 （清）金翀撰 清嘉慶十三年至十四年(1808 – 1809)刻本 六冊

340000 – 1881 – 0004650 07808

[安徽歙縣]槐塘程氏世系源流錄不分卷 （□）□□撰 清槐塘程氏抄本 一冊

340000 – 1881 – 0004651 07809

小學發明六卷 （清）施璜纂注 清康熙三十七年(1698)刻本 四冊

340000 – 1881 – 0004652 07810

黃山印藪不分卷 （清）項懷述篆 清乾隆四十一年(1776)伊蔚齋鈐印本 一冊

340000 – 1881 – 0004653 07812

襍抄胡氏事略不分卷 （清）汪光大撰 清道光元年(1821)抄本 一冊

340000 – 1881 – 0004654 07813

萬里集選二卷 （清）金翀撰 清刻本 一冊

340000 – 1881 – 0004655 07814

五子近思錄發明十四卷 （清）施璜纂注 （清）吳維信校 清康熙四十四年(1705)刻本 八冊

340000 – 1881 – 0004656 07815

謙山詩鈔四卷 （清）朱鐘撰 清嘉慶元年(1796)刻本 二冊

340000 – 1881 – 0004657 07817

王茂蔭行狀不分卷 （清）王銘慎纂 清同治四年(1865)刻本 一冊

340000 – 1881 – 0004658 07818

相儒堂家錄不分卷 （清）王言撰 清光緒五年(1879)抄本 二冊

340000 – 1881 – 0004659 07819

新安吳氏藝文志略不分卷 （宋）吳少微撰 （清）吳世裕輯 （清）吳引孫續輯 清光緒二十年(1894)刻本 一冊

340000 – 1881 – 0004660 07820

潭濱雜誌不分卷 （清）黃生撰 清抄本 一冊

340000 – 1881 – 0004661 07821

標孟七卷 （清）汪有光評 （清）汪有聲校 （清）汪能承編 清光緒十三年(1887)刻本

二冊

340000－1881－0004662　07822
偃谷詩鈔二卷　（清）朱集球撰　（清）朱鐘編
清乾隆六十年(1795)刻本　一冊

340000－1881－0004663　07823
初唐雅緒箋□□卷　（明）程元初輯　明刻本
一冊　存八卷(一至八)

340000－1881－0004664　07824
[安徽歙縣]雙橋鄭氏濟美錄四卷　（元）鄭燆
輯　明嘉靖十四年(1535)刻本　一冊

340000－1881－0004665　07826
程大冶祭文不分卷　（□）□□撰　清刻本
一冊

340000－1881－0004666　07827
閨範四卷　（明）呂坤注　（明）程夢暘等校
明刻本　四冊

340000－1881－0004667　07828
偃谷吟不分卷　（□）□□撰　清抄本　一冊

340000－1881－0004668　07829
毛詩異義二卷　（清）汪龍撰　清道光五年
(1825)刻本　二冊

340000－1881－0004669　07830
徐士修行述不分卷　（清）徐麒牲　（清）徐文
裔　（清）徐文祥撰　清刻本　一冊

340000－1881－0004670　07831
思豫述略六卷　（清）江同文撰　清咸豐十年
(1860)抄本　二冊

340000－1881－0004671　07832
黃承吉行狀不分卷　（清）王翼鳳纂　清道光
二十三年(1843)刻本　一冊

340000－1881－0004672　07833
人物志方技不分卷　（清）汪子濤書　清抄本
一冊

340000－1881－0004673　07834
思豫述略六卷　（清）江同文撰　清咸豐十年
(1860)抄本　三冊

340000－1881－0004674　07838
虞初新志十二卷　（清）張潮輯　清初抄本
六冊

340000－1881－0004675　07839
史漢合鈔十卷　（明）焦尊生纂　（明）吳允清
校　明萬曆刻本　十四冊

340000－1881－0004676　07840
歙賢崇祀志六卷　（清）胡承熙　（清）唐昕編
清抄本　一冊

340000－1881－0004677　07841
鄉賢手墨精刻類聚不分卷　（□）□□撰　清
刻本　一冊

340000－1881－0004678　07842
批檀弓二卷　（清）汪有光評　（清）汪有聲校
清康熙二十五年(1686)刻本　一冊

340000－1881－0004679　07843
欣所遇齋詩六卷附黃山紀游一卷雜著一卷
（清）鮑有萊撰　清同治抄本　四冊

340000－1881－0004680　07844
淳化秘閣法帖考正十二卷附錄二卷　（清）王
澍撰　清雍正八年(1730)詩鼎齋刻本　八冊

340000－1881－0004681　07845
程偉堂先生述略不分卷　（清）程樸生纂　清
光緒刻本　一冊

340000－1881－0004682　07846
程氏世譜序不分卷　（□）□□撰　清抄本
一冊

340000－1881－0004683　07847
歙縣揆日表不分卷　（□）□□撰　清抄本
一冊

340000－1881－0004684　07848
統宗世譜圖說不分卷　（□）□□撰　清抄本
一冊

340000－1881－0004685　07849
地理拾鉛巒頭理氣合編四卷附理氣真詮一卷
催官篇注四卷　（清）程承瀚輯　清光緒十二
年(1886)刻本　六冊

340000－1881－0004686　07850

白香山詩集四十卷　（唐）白居易撰　（清）汪
立名編　清一隅草堂刻本　十冊

340000－1881－0004687　07851

求古錄禮說不分卷　（清）金鶚撰　清同治節
錄抄本　二冊

340000－1881－0004688　07852

窗課改本不分卷　許承堯撰　清末抄本　十
一冊

340000－1881－0004689　07855

皇朝謚法考三卷　（清）鮑康輯　清同治三年
(1864)刻本　一冊

340000－1881－0004690　07856

百家姓考略不分卷　（清）徐士業輯　清刻本
一冊

340000－1881－0004691　07857

墨林初集不分卷　（清）曹素功輯　清藝粟齋
刻本　一冊

340000－1881－0004692　07858

南華真經旁注五卷　（明）方虛名輯注　（明）
孫平仲校　明萬曆二十二年(1594)刻本　二
冊　存二卷(一至二)

340000－1881－0004693　07859

禮箋三卷　（清）金榜撰　清乾隆五十九年
(1794)刻本　二冊

340000－1881－0004694　07860

書經地理今釋不分卷　（清）蔣廷錫撰　（清）
程洪溥校錄　清抄本　一冊

340000－1881－0004695　07862

篁墩廟後山案卷不分卷　（清）程世璞抄　清
宣統三年(1911)抄本　二冊

340000－1881－0004696　07864

黃山志略不分卷　（清）黃身先輯　清康熙刻
本　一冊

340000－1881－0004697　07865

南華真經旁注五卷　（明）方虛名輯注　（明）
孫平仲校　明萬曆刻本　三冊　存四卷(一、

三至五)

340000－1881－0004698　07866

淮南子二十一卷　（漢）劉向校定　（明）吳勉
學校　明刻本　十冊

340000－1881－0004699　07867

飛鴻堂印譜三集八卷　（清）汪啟淑鑒藏
（清）金農　（清）丁敬校　清乾隆十七年
(1752)鈐印本　八冊

340000－1881－0004700　07868

論衡三十卷　（漢）王充撰　（明）程榮校　明
萬曆刻本　五冊

340000－1881－0004701　07869

重刊埤雅二十卷　（宋）陸佃撰　（明）畢效欽
校　清刻本　十冊

340000－1881－0004702　07870

國語二十一卷　（三國吳）韋昭解　（明）金李
校　明嘉靖七年(1528)澤遠堂刻本　二冊
存九卷(一至九)

340000－1881－0004703　07871

四香堂摹印不分卷　（清）巴慰祖輯　清乾隆
三十九年(1774)鈐印本　二冊

340000－1881－0004704　07872

白香山詩長慶集二十卷後集十七卷別集一卷
補遺二卷　（唐）白居易撰　（清）汪立名編
清刻本　八冊

340000－1881－0004705　07873

卷勺軒詩稿三十一卷晚香堂詩鈔八卷　（清）
江觀濤撰　清咸豐稿本　五冊　存二十五卷
(卷勺軒詩稿十五至三十一、晚香堂詩鈔八
卷)

340000－1881－0004706　07874

里乘不分卷　（□）□□撰　清光緒抄本
八冊

340000－1881－0004707　07875

植芝堂今體詩選不分卷　（清）黃生評　清抄
本　二冊

340000－1881－0004708　07876

223

唐人應試詩選不分卷　(清)鮑倚雲評注　清乾隆抄本　一冊

340000－1881－0004709　07877

[安徽歙縣]新安唐氏昭慶錄三十三卷　(明)唐澤輯　明抄本　四冊　存十九卷(一至四、十二至二十六)

340000－1881－0004710　07878

帶經堂集九十二卷　(清)王士禎撰　(清)程哲編　清七略書堂刻本　六冊　存五十卷(一至三十八、五十三至六十四)

340000－1881－0004711　07879

帶經堂集九十二卷　(清)王士禎撰　(清)程哲編　清康熙刻本　十二冊　存四十卷(五十三至九十二)

340000－1881－0004712　07880

帶經堂集九十二卷　(清)王士禎撰　(清)程哲編　清康熙刻本　四冊　存十四卷(三十九至五十二)

340000－1881－0004713　07881

陰陽寶海三元玉鏡奇書三卷　(元)釋幕講纂　(明)江之棟輯　(明)汪元標校　清康熙刻本　一冊

340000－1881－0004714　07882

元經□□卷　(晉)郭璞撰　(晉)趙載注　(明)江之棟輯　(明)汪元標校　明末尚白齋刻本　一冊　存六卷(五至十)

340000－1881－0004715　07883

佐玄直指圖解九卷首一卷　(明)劉基撰　(明)江之棟輯　清康熙刻本　一冊

340000－1881－0004716　07884

邵氏危言二卷　(清)邵作舟撰　清抄本　二冊　存一卷(下)

340000－1881－0004717　07885

新刻黃鶴樓銘楹聯不分卷　(清)畢沅編　清光緒二年(1876)刻本　一冊

340000－1881－0004718　07886

大郛山人詩七卷　(明)周士先撰　明天啓刻本　一冊

340000－1881－0004719　07887

新安兵事考不分卷　(□)□□撰　清沈園書屋抄本　一冊

340000－1881－0004720　07889

程可山先生手錄雜文及書稿不分卷　(清)程焜錄　清抄本　一冊

340000－1881－0004721　07891

華陽山房詩鈔六卷　(清)方元泰撰　清同治刻本　二冊

340000－1881－0004722　07894

麗崎軒詩四卷　(明)查應光撰　明崇禎十二年(1639)刻本　一冊　存一卷(一)

340000－1881－0004723　07895

瓊州雜事詩不分卷　(清)程秉釗撰　清光緒十四年(1888)刻本　一冊

340000－1881－0004724　07897

古韻論三卷　(清)胡秉虔撰　清光緒二年(1876)世澤樓刻本　一冊

340000－1881－0004725　07898

論文彙語八卷　(清)余龍光編　清抄本　一冊　存一卷(四)

340000－1881－0004726　07899

梅花百詠八卷首一卷末二卷鵬南詩鈔十卷首一卷補遺一卷　(清)胡嗣運撰　叔璋雜詠二卷　(清)胡榮珂撰　秋漁雜唱一卷　(清)胡昌佑撰　清光緒二十年至二十四年(1894－1898)刻本　三冊

340000－1881－0004727　07900

陳檢討集二十卷　(清)陳維崧撰　(清)程師恭注　清康熙三十二年(1693)刻本　六冊

340000－1881－0004728　07901

韜廬隸譜不分卷　(清)汪宗沂編　清末抄本　一冊

340000－1881－0004729　07902

癸巳類稿十五卷　(清)俞正燮撰　清道光十三年(1833)刻本　五冊

340000－1881－0004730　07903

群經音辨七卷　(宋)賈昌朝撰　清乾隆五十二年(1787)刻本　一冊

340000－1881－0004731　07904

蘇東坡詩集注三十二卷　(宋)蘇軾撰　(宋)王十朋纂　(清)呂伯恭編　清康熙三十七年(1698)刻本　十冊

340000－1881－0004732　07905

黃山印藪不分卷　(清)項懷述篆　清嘉慶二十二年(1817)鈐印本　二冊

340000－1881－0004733　07906

老子古注通釋二篇　(清)汪宗沂撰　清光緒抄本　一冊

340000－1881－0004734　07907

南河印怡二卷　(清)南河氏撰　(清)汪啟淑鑒定　(清)程芝華參訂　清道光元年(1821)鈐印本　一冊

340000－1881－0004735　07908

新安佚詩輯不分卷　許承堯輯　清末抄本　四冊

340000－1881－0004736　07909

葉兒樂府不分卷　(清)朱彝尊撰　清抄本　一冊

340000－1881－0004737　07910

晚香詩草不分卷　(清)許榮撰　清抄本　一冊

340000－1881－0004738　07915

詩觀三集選歙人詩不分卷　(清)鄧漢儀評選　清抄本　三冊

340000－1881－0004739　07916

金丹真傳二卷　(清)汪啟賢撰　清抄本　二冊

340000－1881－0004740　07917

漢上閑吟寄紅集不分卷　(清)徐毅堂撰　清抄本　一冊

340000－1881－0004741　07918

培植蘭菊法不分卷　(清)汪畹腴撰　清抄本　一冊

340000－1881－0004742　07919

蓮飲集詩鈔四卷　(清)程瑤田撰　清抄本　二冊

340000－1881－0004743　07920

周易學統二卷　(清)汪宗沂編　清光緒抄本　二冊

340000－1881－0004744　07921

選詩七卷　(南朝梁)蕭統選　(明)吳勉學校　明萬曆二十九年(1601)刻本　一冊

340000－1881－0004745　07922

集河洛易卦圖解說二卷　(清)方廷咋輯　清抄本　二冊

340000－1881－0004746　07923

雁黃布衲黃山游草四卷　(清)釋大涵撰　清抄本　四冊　存二卷(三至四)

340000－1881－0004747　07924

古詩正聲七卷　(南朝梁)蕭統選　(明)吳勉學校　唐詩正聲二十二卷　(明)高棅選　(明)吳中珩校　明萬曆二十九年(1601)刻本　八冊

340000－1881－0004748　07925

三才發秘九卷　(清)陳雯撰　(清)陳昌賢編　清康熙刻本　六冊

340000－1881－0004749　07926

國語二十一卷　(三國吳)韋昭解　(宋)宋庠補音　明萬曆十三年(1585)刻本　三冊

340000－1881－0004750　07927

衡齋遺書九卷衡齋算學七卷　(清)汪萊撰　清咸豐四年(1854)刻本　二冊

340000－1881－0004751　07929

吳徽仲先生文集六卷　(明)吳慎撰　(清)張伯行編　清吳廷彥抄本　二冊

340000－1881－0004752　07930

小衡箕說二卷　(清)汪光恒撰　清光緒十一年(1885)刻本　二冊

340000－1881－0004753　07931

葬書輯注不分卷　（清）汪宗沂輯注　清光緒
抄本　一冊

340000－1881－0004754　07932

韜廬詩略□□卷　（清）汪宗沂撰　清抄本
一冊　存一卷(三)

340000－1881－0004755　07933

胡文忠公兵法不分卷　（清）汪宗沂輯述　清
抄本　一冊

340000－1881－0004756　07934

十翼遺文不分卷　（清）汪宗沂輯　清抄本
一冊

340000－1881－0004757　07936

京氏易略不分卷　（漢）京房撰　清光緒抄本
一冊

340000－1881－0004758　07937

通占大象曆星經二卷　（漢）石申著　清光緒
抄本　一冊

340000－1881－0004759　07938

握奇八陣心法三卷　（清）汪宗沂輯注　清抄
本　一冊

340000－1881－0004760　07939

逸禮大誼論一卷　（清）汪宗沂撰　清抄本
一冊

340000－1881－0004761　07940

汪弢廬選授李青蓮樂府不分卷　（唐）李白撰
清汪宗沂抄本　一冊

340000－1881－0004762　07941

何氏姓苑不分卷　（清）汪宗沂輯　清抄本
二冊

340000－1881－0004763　07942

汪宗沂手稿不分卷　（清）汪宗沂撰　清稿本
二冊

340000－1881－0004764　07944

禪機語錄稿不分卷　（清）許紹曾輯注　清咸
豐抄本　一冊

340000－1881－0004765　07945

[清光緒丁酉科宣統庚戌科]安徽優貢試卷不
分卷　（清）胡維德編　清宣統二年(1910)刻
本　一冊

340000－1881－0004766　07946

[清光緒丙申科壬辰科甲午科庚辰科]會試朱
卷不分卷　（清）程夔輯　清光緒刻本　一冊

340000－1881－0004767　07949

元和姓纂十卷　（唐）林寶撰　清嘉慶七年
(1802)刻本　四冊

340000－1881－0004768　07951

御選唐宋詩醇四十七卷　（清）梁詩正　（清）
錢陳群編　清乾隆二十五年(1760)刻本　十
三冊　存四十三卷(一至十四、十九至四十
七)

340000－1881－0004769　07953

退齋印類十卷　（清）汪啟淑編　清鈐印本
一冊　存二卷(四至五)

340000－1881－0004770　07955

周易補義四卷　（清）方芬輯　清康熙十五年
(1676)刻本　三冊　存三卷(一、三至四)

340000－1881－0004771　07956

潭濱雜誌不分卷　（清）黃生撰　（清）黃克呂
錄　（清）黃必桂校　清光緒二年(1876)刻本
一冊

340000－1881－0004772　07958

驪珠集八卷　（清）鄭還撰　清康熙元年
(1662)刻本　五冊

340000－1881－0004773　07959

許紹曾雜稿不分卷　（清）許紹曾撰　清稿本
二十七冊

340000－1881－0004774　07960

許青岩先生遺書選唐詩不分卷　（清）許青岩
選　清抄本　二冊

340000－1881－0004775　07961

徐氏遺稿不分卷　（清）徐毅堂撰　清抄本
一冊

340000 – 1881 – 0004776　07963

新州葉氏詩存不分卷　（清）葉為銘輯　清光緒鉛印本　一冊

340000 – 1881 – 0004777　07965

月漁賦草不分卷　（□）□□撰　清抄本　一冊

340000 – 1881 – 0004778　07966

宗乘長編不分卷　（清）許一緒撰錄　清抄本　一冊

340000 – 1881 – 0004779　07967

疑庵雜抄不分卷　許承堯撰　清抄本　一冊

340000 – 1881 – 0004780　07968

新安送別詩不分卷　（清）葛其仁撰　清道光十八年(1838)刻本　二冊

340000 – 1881 – 0004781　07969

抄本堪輿不分卷　（元）張定邊撰　（清）葉軒錄　清抄本　一冊

340000 – 1881 – 0004782　07970

疑庵詞不分卷　許承堯撰　清抄本　一冊

340000 – 1881 – 0004783　07971

蕭侶詩抄不分卷　（清）江紹芙撰　清乾隆四十三年(1778)刻本　一冊

340000 – 1881 – 0004784　07973

里璣儲材不分卷　（□）□□撰　清抄本　一冊

340000 – 1881 – 0004785　07974

宿游倡和草□□卷　（清）洪錫慶撰　清道光十七年(1837)刻本　一冊　存一卷(上)

340000 – 1881 – 0004786　07975

竺蔭樓詩稿十卷　（清）曹震亭撰　清雍正稿本　十冊

340000 – 1881 – 0004787　07976

華窗夢景圖六卷　（清）程卓芸撰　清道光二十二年(1842)刻本　一冊

340000 – 1881 – 0004788　07977

古歙鄉音字選不分卷　（□）□□撰　清抄本

一冊

340000 – 1881 – 0004789　07981

新安吳氏詩文存不分卷　吳蔭培輯　清宣統元年(1909)刻本　一冊

340000 – 1881 – 0004790　07982

青蓮輿頌二卷　（清）汪洪度等撰　清康熙五十六年(1717)刻本　二冊

340000 – 1881 – 0004791　07983

亦是詩不分卷　（清）汪犠槎撰　清嘉慶刻本　一冊

340000 – 1881 – 0004792　07987

舊印譜不分卷　（明）方仲芝等輯　清鈐印本　一冊

340000 – 1881 – 0004793　07989

求當集十二卷　（清）張鏐撰　清嘉慶二十年(1815)刻本　一冊

340000 – 1881 – 0004794　07991

味經堂集不分卷　（清）洪德嘉撰　清洪澍抄本　一冊

340000 – 1881 – 0004795　07992

王卓炎詩文集不分卷　（清）王卓炎撰　清康熙至雍正抄本　一冊

340000 – 1881 – 0004796　07994

汪陶邨梅花詩不分卷　（清）汪焯撰　清稿本　一冊

340000 – 1881 – 0004797　07995

新安吳氏詩文存不分卷　吳蔭培輯　清刻本　一冊

340000 – 1881 – 0004798　07996

吳會英才集二十四卷　（清）方正澍等撰　清刻本　六冊

340000 – 1881 – 0004799　07997

輶軒使者絕代語釋別國方言十三卷　（漢）揚雄記　（晉）郭璞解　（明）程榮校　明刻本　一冊

340000 – 1881 – 0004800　07998

[安徽歙縣]吳氏傳家集九卷末一卷 （清）吳其昌編纂 清乾隆三十四年（1769）刻本 二冊

340000－1881－0004801　07999
俗音便覽不分卷 （清）許元豐輯 清抄本 一冊

340000－1881－0004802　08001
文訣七卷 （清）胡含川評選 （清）鄭燾校勘 清乾隆四十七年（1782）刻本 一冊 存一卷（一）

340000－1881－0004803　08002
三百六旬稽古錄不分卷 （明）陳塏編 清項蓮嶼抄本 一冊

340000－1881－0004804　08003
拙窗小草不分卷 （清）汪貞明撰 附選漢魏六朝詩不分卷 （清）汪貞明編 清康熙抄本 一冊

340000－1881－0004805　08004
鮑薇省手寫手冊不分卷 （清）鮑倚雲撰 清乾隆二十二年（1757）稿本 一冊

340000－1881－0004806　08005
未了吟詩草不分卷 （清）瘦眉生撰 清光緒二十七年（1901）刻本 一冊

340000－1881－0004807　08006
碧窗繡餘閑課不分卷 （清）唐錦蕙撰 清光緒十三年（1887）刻本 一冊

340000－1881－0004808　08007
弱冠集稿不分卷 （清）蘇永椿撰 清稿本 一冊

340000－1881－0004809　08008
律賦自執集二卷 （清）金讓恩選 清道光十四年（1834）抄本 二冊 存一卷（一）

340000－1881－0004810　08009
三字經訓詁不分卷 （清）徐士業增補 清石印本 一冊

340000－1881－0004811　08010
繡餘草不分卷 （清）范滿珠撰 清康熙元年

（1662）刻本 一冊

340000－1881－0004812　08011
琴言閣詩錄不分卷 （清）方掌珍撰 清光緒二十年（1894）潘靜儉堂刻本 一冊

340000－1881－0004813　08012
疎影樓名花百詠不分卷 （清）李淑儀著 清道光十三年（1833）疎影樓刻本 一冊

340000－1881－0004814　08013
疎影樓名花百詠不分卷 （清）李淑儀著 清道光十三年（1833）刻本 一冊

340000－1881－0004815　08014
律例提綱不分卷 （清）汪棣編 清乾隆四十七年（1782）抄本 一冊

340000－1881－0004816　08015
[安徽歙縣]沖山家乘三卷 （清）吳文秀輯 清嘉慶三年（1798）刻本 二冊

340000－1881－0004817　08016
白嶽盦詩話二卷 （清）余楙撰 清宣統三年（1911）國學扶輪社鉛印本 一冊

340000－1881－0004818　08018
誠一堂琴談六卷 （清）程允基輯 清康熙五十四年（1715）刻本 四冊

340000－1881－0004819　08019
桐華舸吟稿不分卷桐華舸詩續鈔一卷長慶源流不分卷漢魏樂府精選不分卷鮑桐舟評選劉誠意詩不分卷李空同七言歌行樂府詩選不分卷杜少陵古詩選不分卷五律萃選不分卷 （清）鮑瑞駿撰 清同治十三年（1874）抄本 八冊

340000－1881－0004820　08020
披芸漫筆十八卷 （清）汪紹蓮輯 清抄本 六冊

340000－1881－0004821　08021
吳滄人石林詩集不分卷 （清）吳綏詔撰 （清）吳鳴捷錄 清抄本 二冊

340000－1881－0004822　08022
聽松樓詩鈔十四卷附續鈔四卷 （清）汪永崙

撰　清嘉慶十六年(1811)抄本　三冊

340000－1881－0004823　08023

程可山先生[焜]年譜不分卷　(清)汪宗沂編
　清光緒抄本　一冊

340000－1881－0004824　08024

曹茗仙畫藪不分卷　(清)曹永寬撰　清稿本
　一冊

340000－1881－0004825　08025

古文義法鈔不分卷　(清)許鍾嶽輯　清光緒
二十八年(1902)抄本　一冊

340000－1881－0004826　08026

齊民要術十卷　(北魏)賈思勰撰　(清)洪汝
奎校　清抄本　四冊

340000－1881－0004827　08027

群玉樓雜錄不分卷　(清)汪棣抄　清乾隆抄
本　一冊

340000－1881－0004828　08028

程讀山雜著不分卷　(清)程壎抄　清乾隆抄
本　一冊

340000－1881－0004829　08030

山海經存九卷首一卷　(清)汪紱釋　(清)盧
葆辰等校　清光緒二十一年(1895)石印本
四冊

340000－1881－0004830　08031

歎逝不分卷　(清)徐祖植　(清)徐祖樹撰
清光緒二十八年(1902)抄本　一冊

340000－1881－0004831　08032

探梅老人著復性真經等書稿本不分卷　　(清)
許紹曾撰　清光緒十一年(1885)抄本　一冊

340000－1881－0004832　08033

乾隆時精寫本制藝不分卷　(清)胡含川評選
　清乾隆抄本　一冊

340000－1881－0004833　08034

西溪舉人汪雲卿哀挽集不分卷　　(清)汪忠清
等撰　清抄本　一冊

340000－1881－0004834　08035

汪碧溪先生藏舊書杜詩不分卷　　(□)□□抄
　清抄本　一冊

340000－1881－0004835　08036

蓮花消暑圖拾遺詩不分卷　(清)程好山續編
　清嘉慶二十一年(1816)刻本　一冊

340000－1881－0004836　08038

韜廬劍譜八法不分卷　(清)汪宗沂撰　清光
緒刻本　一冊

340000－1881－0004837　08039

芝山汪門節烈匯錄不分卷　(清)方鼎銳等撰
　清光緒十七年(1891)刻本　一冊

340000－1881－0004838　08041

五車霏玉三十四卷　(明)汪道昆增訂　(明)
吳昭明纂輯　明刻本　八冊

340000－1881－0004839　08042

程蘭翹傳不分卷　(清)曹文埴撰　清乾隆六
十年(1795)刻本　一冊

340000－1881－0004840　08043

家常文字不分卷　(清)汪犧槎撰　清嘉慶十
九年(1814)刻本　一冊

340000－1881－0004841　08044

維摩詰所說經十四卷　(後秦)釋鳩摩羅什譯
　清嘉慶十三年(1808)汪章抄本　一冊

340000－1881－0004842　08045

世忠錄不分卷　　(□)□□撰　清咸豐八年
(1858)刻本　一冊

340000－1881－0004843　08046

山門詩史不分卷　(清)周贄撰　清光緒二十
四年(1898)六聲堂刻本　一冊

340000－1881－0004844　08047

汪陶村詩集不分卷　(清)汪焯撰　清抄本
一冊

340000－1881－0004845　08048

有恒心齋詩文鈔一卷　(清)程鴻詔撰　清同
治十三年(1874)抄本　一冊

340000－1881－0004846　08049

黄帝内經素問校義不分卷　（清）胡澍學撰

玉井山館筆記不分卷　（清）許宗衡撰　清同治十三年(1874)滂喜齋刻本　一冊

340000－1881－0004847　08050

說文管見三卷　（清）胡秉虔撰　清同治十二年(1873)世澤樓刻本　一冊

340000－1881－0004848　08052

詞榘二十六卷　（清）方成培輯　（清）洪肇泰校　清吳錦舟抄本　七冊　存十四卷（五至八、十一至十六、二十二至二十五）

340000－1881－0004849　08053

古歙鄉音集證三卷　（清）黃蓮坡撰　清抄本　三冊

340000－1881－0004850　08054

錄碧山汪謙子制義遺稿不分卷　（清）汪碧山撰　清抄本　一冊

340000－1881－0004851　08055

[清道光二十六年]程榮功試卷不分卷　（清）程榮功撰　清道光二十六年(1846)刻本　一冊

340000－1881－0004852　08056

萬壽覃恩旌表節孝建坊錄不分卷　（清）汪光大等撰　清嘉慶二十四年(1819)抄本　一冊

340000－1881－0004853　08058

兩岑書屋不分卷　（清）程喈撰　清雍正抄本　一冊

340000－1881－0004854　08059

弧三角演例不分卷　（清）汪麈杰撰　清光緒七年(1881)抄本　一冊

340000－1881－0004855　08060

一輻集□□卷　（清）項淳撰　（清）饒鈞（清）程時敏校　清乾隆刻本　二冊　存八卷（二至九）

340000－1881－0004856　08061

謙說十卷　（清）洪德斌撰　清康熙十四年(1675)抄本　一冊　存六卷（一至六）

340000－1881－0004857　08062

治讀堂存稿不分卷　（清）江銘勳撰　清康熙二十九年(1690)抄本　一冊

340000－1881－0004858　08063

明辨類函六十四卷　（明）詹景鳳撰　（明）朱惟藩訂　（明）鍾惺校　明刻本　五冊　存九卷（十一、十六至二十三）

340000－1881－0004859　08065

費隱與知錄不分卷　（清）鄭復光撰　清道光二十二年(1842)抄本　二冊

340000－1881－0004860　08066

鏡鏡詅癡五卷　（清）鄭復光撰　清道光二十二年(1842)抄本　一冊　存一卷（三）

340000－1881－0004861　08067

鄭瀚香遺稿不分卷　（清）鄭復光撰　清道光錦雲齋抄本　二冊

340000－1881－0004862　08068

鄭元甫札記不分卷　（清）鄭復光撰　清道光抄本　一冊

340000－1881－0004863　08069

四書約約不分卷　（清）汪璉撰　清康熙二十九年(1690)抄本　四冊

340000－1881－0004864　08070

黃蓮坡著古歙鄉音集證不分卷　（清）黃蓮坡撰　清抄本　一冊

340000－1881－0004865　08071

夢花舫集十八卷　（清）張振宗撰　（清）吳瓆（清）陳世仁輯　清康熙四十年(1701)抄本　十一冊　存十一卷（一至二、七至十五）

340000－1881－0004866　08072

晚書訂疑三卷　（清）程廷祚撰　清康熙抄本　四冊

340000－1881－0004867　08073

鄭松蓮詩不分卷　（清）鄭朋撰　清康熙抄本　四冊

340000－1881－0004868　08074

春秋擇言十二卷　（清）汪龍學撰　清乾隆五十五年(1790)抄本　二冊

340000－1881－0004869　08075

雨窗絕句不分卷　（清）程壎撰　清乾隆二十
六年(1761)抄本　一冊

340000－1881－0004870　08077

新安景物約編不分卷　（清）江忠儔　（清）江
正心纂　清道光十年(1830)刻本　四冊

340000－1881－0004871　08079

丘文莊公集十卷　（明）丘濬撰　海忠介公集
十六卷　（明）海瑞撰　清康熙四十七年
(1708)刻本　十冊

340000－1881－0004872　08080

聽秋樓叢書不分卷　（清）吳兆棠編　清嘉慶
九年(1804)刻本　二冊

340000－1881－0004873　08083

張陸二先生批評戰國策抄四卷　（明）阮宗孔
編注　明萬曆刻本　一冊

340000－1881－0004874　08084

洪書升詩稿不分卷　（清）洪遴撰　清康熙稿
本　一冊

340000－1881－0004875　08085

皇恩旌節錄不分卷　（清）吳金綬等纂　清雍
正十三年(1735)刻本　一冊

340000－1881－0004876　08086

三字經訓詁不分卷　（宋）王應麟撰　（清）王
相注　清康熙五年(1666)刻本　一冊

340000－1881－0004877　08088

笑庵存稿不分卷　（清）鄭溥撰　清光緒二十
九年(1903)黃海山人刻本　一冊

340000－1881－0004878　08089

明遼府左長史程節愍公貞白遺稿十卷　（明）
程通撰　清嘉慶十一年(1806)刻本　三冊

340000－1881－0004879　08090

國朝試帖不分卷　（清）鮑倚雲輯注　清乾隆
抄本　一冊

340000－1881－0004880　08091

王子年拾遺記十卷　（晉）王嘉撰　（明）程榮
校勘　明嘉靖十三年(1534)刻本　一冊　存

六卷(五至十)

340000－1881－0004881　08092

羅氏古今印藪不分卷　（明）羅龍文輯　明鈐
印本　二冊

340000－1881－0004882　08093

韜廬詩略不分卷　（清）汪宗沂撰　清抄本
一冊

340000－1881－0004883　08094

珊瑚木難四卷　（明）朱存理撰　（明）王廣編
明崇禎二年(1629)抄本　一冊

340000－1881－0004884　08095

螢窗集選三卷　（清）胡士亨撰　清康熙二十
七年(1688)映雪堂刻本　二冊

340000－1881－0004885　08096

程少尹祭文不分卷　（清）汪薇等撰　清康熙
四十六年(1707)刻本　一冊

340000－1881－0004886　08097

徐禹和傳四卷　（清）趙青藜撰　清乾隆二十
一年(1756)刻本　一冊

340000－1881－0004887　08098

本朝館閣詩二十卷　（清）阮學浩　（清）阮學
濬編　（清）曾文植參閱　清乾隆二十三年
(1758)刻本　四冊　存四卷(八、十八至二
十)

340000－1881－0004888　08099

古懽錄八卷　（清）王士禎撰　（清）朱從延校
勘　清康熙三十九年(1700)刻本　二冊

340000－1881－0004889　08100

唐宋八大家選二十四卷　（明）鍾惺選　（明）
汪應魁編　明末刻本　十冊

340000－1881－0004890　08101

通鑑綱目紀要六卷　（明）張鳴秋纂輯　明隆
慶四年(1570)稿本　六冊

340000－1881－0004891　08102

汪氏墨藪不分卷　（清）汪近聖輯　清嘉慶刻
本　二冊

340000－1881－0004892　08103

方氏墨譜殘頁不分卷　（明）方于魯輯　明萬曆刻本　一冊

340000－1881－0004893　08104

方于魯墨譜六卷　（明）方于魯輯　明萬曆刻本　二冊

340000－1881－0004894　08105

珊瑚網古今法書題跋六卷　（明）汪珂玉撰　清抄本　四冊

340000－1881－0004895　08106

曉采居印印二卷　（明）吳迴篆　明萬曆鈐印本　一冊

340000－1881－0004896　08107

性理綜要二十二卷　（明）詹淮纂輯　（明）陳仁錫訂正　明崇禎五年(1632)刻本　十二冊

340000－1881－0004897　08108

忍辱庵詩稿二卷　（清）鮑倚雲評　（清）查慎行撰　清咸豐十年(1860)抄本　一冊

340000－1881－0004898　08109

潘在澗等手評時文不分卷　（清）潘在澗等評　清抄本　一冊

340000－1881－0004899　08110

道咸時歇人聯吟詩不分卷　（清）胡長庚等評　清道光至咸豐抄本　一冊

340000－1881－0004900　08111

漁洋說部精華十二卷　（清）王士禎撰　（清）劉堅編　清乾隆抄本　二冊　存十卷(一至十)

340000－1881－0004901　08112

胡秉虔稿存不分卷　（清）胡秉虔撰　清嘉慶藝古堂抄本　九冊

340000－1881－0004902　08114

凹凸山房詩鈔四卷　（清）吳效英撰　清抄本　二冊

340000－1881－0004903　08115

飛鴻堂印譜四十卷　（清）汪啟淑輯　清乾隆十八年(1753)鈐印本　二十冊

340000－1881－0004904　08116

蒼耳齋詩集選不分卷　（明）方問孝撰　汪于鼎文二篇不分卷　（清）汪于鼎撰　清咸豐六年(1856)許長怡抄本　一冊

340000－1881－0004905　08117

紅朮軒紫泥法定本不分卷　（清）汪鎬京撰　清咸豐抄本　一冊

340000－1881－0004906　08118

汪敘惇先生詩草不分卷　（清）汪敘惇撰　清稿本　一冊

340000－1881－0004907　08119

丹青三昧志不分卷　（清）鮑光純書　清抄本　三冊

340000－1881－0004908　08120

朝京草不分卷　（清）黃元治撰　清康熙抄本　一冊

340000－1881－0004909　08122

黃次蓀鳳山筆記稿本不分卷　（清）黃次蓀撰　清稿本　一冊

340000－1881－0004910　08123

武德全書十五卷　（明）李槃編　（明）李名世集註　（明）李贊世補註　明萬曆十八年(1590)刻本　二冊　存七卷(一至七)

340000－1881－0004911　08124

伊蔚齋印譜不分卷　（清）項懷述篆　清道光二十七年(1847)芸香閣鈐印本　一冊

340000－1881－0004912　08125

抑齋手稿不分卷　（清）程朝儀撰　清抄本　一冊

340000－1881－0004913　08126

顏學辯八卷　（清）程朝儀撰　清光緒抄本　四冊

340000－1881－0004914　08127

四書改錯改四十卷　（清）程朝儀撰　清稿本　十冊

340000－1881－0004915　08128

芝亭詩選不分卷　（清）徐芝亭撰　清同治二

年(1863)抄本　一冊

340000－1881－0004916　08129

十駕齋賦稿不分卷　（清）鮑文淳撰　（清）張
地山評　（清）孫明珂錄　清抄本　二冊

340000－1881－0004917　08130

冬心先生題畫詩不分卷　（清）汪尚階錄　清
抄本　一冊

340000－1881－0004918　08131

宋金元詩永二十卷　（清）吳綺選　清康熙十
七年(1678)刻本　十冊

340000－1881－0004919　08132

博物志十卷桂海虞衡志不分卷　（晉）張華撰
（清）汪士漢校　清刻本　一冊

340000－1881－0004920　08133

尚書可解輯粹二卷　（清）潘相潤編　清嘉慶
四年(1799)刻本　一冊

340000－1881－0004921　08134

批檀弓二卷　（清）汪有光評　（清）汪有聲校
清光緒十三年(1887)刻本　一冊

340000－1881－0004922　08135

標孟七卷　（清）汪有光評　（清）汪有聲校
（清）汪能承編　清光緒十三年(1887)刻本
二冊

340000－1881－0004923　08136

熙朝新語十六卷　（清）余金輯　清嘉慶刻本
三冊　存十二卷(五至十六)

340000－1881－0004924　08137

熙朝新語十六卷　（清）余金輯　清道光二年
(1822)刻本　八冊

340000－1881－0004925　08138

天都楊龍文纂歷朝綱領不分卷　（清）楊芳漢
纂　清稿本　一冊

340000－1881－0004926　08139

十駕齋古今詩選不分卷　（清）鮑文淳選　清
抄本　一冊

340000－1881－0004927　08140

摭語別裁四卷　（清）洪遜　（清）洪遼編　清
康熙抄本　一冊

340000－1881－0004928　08142

黃次蓀凱歌集不分卷　（清）黃次蓀撰　清光
緒六年(1880)抄本　一冊

340000－1881－0004929　08143

棣華樓續選詩不分卷　（清）朱絃撰　清抄本
一冊

340000－1881－0004930　08144

黃山遊草不分卷　（清）朱絃撰　清抄本
一冊

340000－1881－0004931　08149

初桃齋詩集二卷　（清）程梯功撰　清同治二
年(1863)刻本　二冊

340000－1881－0004932　08152

南谿別墅詩稿不分卷南谿別墅詞稿不分卷
（清）朱鏡蓉撰　清同治十年(1871)抄本
一冊

340000－1881－0004933　08153

鄉人王杏駟手寫詩稿不分卷　（清）王鼎祚撰
清稿本　一冊

340000－1881－0004934　08154

隸法彙纂十卷　（清）項懷述纂　清乾隆四十
五年(1780)刻本　四冊

340000－1881－0004935　08156

瑣言對問續編不分卷　（清）江文熙編　清雍
正抄本　一冊

340000－1881－0004936　08157

王度和手寫詩稿不分卷　（清）王鼎祚撰　清
咸豐稿本　一冊

340000－1881－0004937　08158

學印聯珠四卷　（元）邱衍撰　清道光八年
(1828)刻本　二冊

340000－1881－0004938　08159

昭代叢書九十卷　（清）張潮輯　（清）王嗣槐
校　清康熙三十六年(1697)刻本　十八冊

340000－1881－0004939　08160

程讓堂先生遺書不分卷　(清)程瑤田撰　清乾隆抄本　一冊

340000－1881－0004940　08162

亭皋詩鈔四卷　(清)吳綺撰　(清)吳琥繡重校　清乾隆四十一年(1776)刻本　二冊

340000－1881－0004941　08163

何主臣七十二候印譜不分卷　(清)何震篆　清嘉慶十二年(1807)金陵杜新甫刻本　一冊

340000－1881－0004942　08164

新編直指算法纂要四卷　(明)程大位編　明萬曆刻本　一冊

340000－1881－0004943　08165

涵萃齋詩不分卷　(□)□□撰　清嘉慶抄本　一冊

340000－1881－0004944　08166

六硯齋詩不分卷　(□)□□撰　清嘉慶抄本　一冊

340000－1881－0004945　08168

大會目連全本□□卷　(明)鄭之珍撰　清抄本　五冊　存五卷(一之上、下,二之上、下,三之上)

340000－1881－0004946　08170

秋室印粹四卷　(清)汪啟淑輯　清乾隆二十一年(1756)鈐印本　二冊

340000－1881－0004947　08171

新鐫王觀濤先生四書翼注講意不分卷　(明)王聖俞撰　明萬曆三十八年(1610)吳明典刻本　二冊

340000－1881－0004948　08172

紫石泉山房文集十二卷　(清)吳定撰　清光緒十三年(1887)刻本　四冊

340000－1881－0004949　08173

周九真印問二卷　(明)周應麐篆　(明)葉貴尉訂　明天啓三年(1623)刻本　一冊

340000－1881－0004950　08174

批檀弓二卷　(清)汪有光評　(清)汪有聲校　清光緒十三年(1887)刻本　一冊

340000－1881－0004951　08175

黃海看雲圖題辭二卷　(清)汪廷棟輯　清光緒二十年(1894)刻本　二冊

340000－1881－0004952　08176

直廬集八卷　(清)曹文埴撰　清乾隆六十年(1795)刻本　一冊

340000－1881－0004953　08177

地圖綜要三卷　(明)吳學儼等輯　明末刻本　二冊

340000－1881－0004954　08178

吟紅閣詩鈔十二卷　(清)金翀撰　清嘉慶十九年(1814)刻本　十二冊

340000－1881－0004955　08179

江止庵遺集八卷首一卷　(明)江天一撰　(清)施璜等校刻　清光緒二十二年(1896)祭書草堂刻本　八冊

340000－1881－0004956　08180

增訂唐詩摘鈔十四卷　(清)黃生選評　(清)朱之荊增訂　清乾隆十八年(1753)南屏草堂刻本　四冊

340000－1881－0004957　08181

潛夫論十卷　(漢)王符撰　(明)程榮校　清順治刻本　二冊

340000－1881－0004958　08182

熙朝新語十六卷　(清)余金輯　清道光二年(1822)刻本　六冊

340000－1881－0004959　08183

新安景物約編不分卷附紀麗不分卷　(清)洪榜撰　(清)江忠儔　(清)江正心纂　清道光十年(1830)刻本　二冊

340000－1881－0004960　08184

毛詩補禮不分卷　(清)朱濂撰　清稿本　五冊

340000－1881－0004961　08185

程魚門選七言古詩不分卷　(清)程志鑰編　清乾隆稿本　一冊

340000－1881－0004962　08186

呓言四卷　（明）范涞撰　明萬曆四十五年
(1617)刻本　一冊

340000－1881－0004963　08187

程朱闕里志八卷　（明）趙滂編　（明）鮑應鰲
纂　（明）鮑觀光等校　明萬曆四十四年
(1616)刻本　五冊　存六卷(一、四至八)

340000－1881－0004964　08188

通藝錄四十二卷　（清）程瑤田撰　清刻本
四冊　存九卷(一至二、六至七、九至十一、十
三至十四)

340000－1881－0004965　08190

黃山畫冊題詠不分卷　（清）查士標等撰　清
抄本　一冊

340000－1881－0004966　08193

蘇東坡詩集注三十二卷附本傳年譜　（宋）呂
祖謙編　（宋）王十朋纂輯　清康熙三十七年
(1698)文蔚堂刻本　十二冊

340000－1881－0004967　08194

困學紀聞二十卷　（宋）王應麟撰　（清）方樸
山校　清乾隆三年(1738)刻本　五冊

340000－1881－0004968　08195

心師竹齋章牘存稿三卷　（清）程鼎撰　清光
緒三年(1877)刻本　二冊

340000－1881－0004969　08197

周易集解十七卷　（唐）李鼎祚集解　（清）汪
宗沂評　清嘉慶二十三年(1818)刻本　三冊

340000－1881－0004970　08198

香雪文鈔十二卷　（清）曹學詩撰　清乾隆十
年(1745)刻本　十二冊

340000－1881－0004971　08199

桂留堂詩集八卷　（清）吳之騄撰　清康熙刻
本　四冊

340000－1881－0004972　08202

津雲小草二卷梨花夢五卷　（清）何珮珠撰
清道光二十年(1840)刻本　一冊

340000－1881－0004973　08203

建造總旌孝貞節烈坊祠徵信錄不分卷　（清）
江廷鎮等撰　清咸豐二年(1852)刻本　一冊

340000－1881－0004974　08204

說文引經異字三卷　（清）吳雲蒸撰　清道光
五年(1825)刻本　一冊

340000－1881－0004975　08205

程勤齋家訓不分卷　（清）程彥纂　清抄本
一冊

340000－1881－0004976　08206

尚書私學四卷　（清）江昱纂　清乾隆二十年
(1755)刻本　二冊

340000－1881－0004977　08207

市橋西舍集□□卷　（清）程襄龍撰　清刻本
一冊　存六卷(十二至十七)

340000－1881－0004978　08208

說文繫傳四十卷　（五代）徐鍇傳釋　（五代）
朱翱反切　（清）汪啟淑校錄　清乾隆四十七
年(1782)新安汪氏刻本　八冊　存三十二卷
(一至二十四、二十九至三十二、三十七至四
十)

340000－1881－0004979　08209

春秋屬辭十五卷　（元）趙汸撰　明洪武元年
(1368)刻本　三冊　存十二卷(一至七、十一
至十五)

340000－1881－0004980　08210

瑞陽阿集十卷　（明）江東之撰　明萬曆三十
九年(1611)刻本　六冊

340000－1881－0004981　08211

地圖綜要三卷　（明）吳學儼編　明黃兆文刻
本　六冊

340000－1881－0004982　08212

集古印賞□□卷　（清）汪紹增鑒藏　（清）吳
德暉校　清鈐印本　四冊　存四卷(五至八)

340000－1881－0004983　08213

白香山詩集四十卷　（唐）白居易撰　（清）汪
立名編　清康熙四十二年(1703)刻本　十冊

340000－1881－0004984　08214

千一疏二十二卷 （明）程涓撰 明萬曆十三年(1585)刻本 六冊

340000－1881－0004985 08215

周禮述注八卷 （明）金瑤撰 明萬曆四十三年(1615)刻本 五冊 存五卷(一至四、六)

340000－1881－0004986 08216

春秋左傳節文十五卷 （明）汪道昆撰 明一本堂刻本 四冊

340000－1881－0004987 08217

杜工部詩說十二卷 （清）黃生撰 清康熙三十五年(1696)刻本 四冊

340000－1881－0004988 08218

濟美錄四卷 （明）洪杏庭等撰 明嘉靖十四年(1535)刻本 一冊

340000－1881－0004989 08219

師山先生文集八卷遺文五卷遺文附錄一卷 （元）鄭玉撰 明嘉靖十四年(1535)刻遞修本 四冊

340000－1881－0004990 08220

陶詩彙註四卷首一卷末一卷 （清）吳瞻泰編 清康熙四十四年(1705)拜經堂刻本 一冊

340000－1881－0004991 08221

新安文獻志一百卷 （明）程敏政編 明末刻本 三十八冊 存九十七卷(一至三十一、三十五至一百)

340000－1881－0004992 08222

新安文獻志一百卷先賢事略二卷目錄二卷 （明）程敏政輯 明弘治十年(1497)祁司員等刻本 十四冊

340000－1881－0004993 08224

唐詩類苑選三十四卷 （清）戴道默選 （清）吳綺校 清康熙五十八年(1719)刻本 十六冊

340000－1881－0004994 08225

宋金元詩永二十卷補遺二卷 （清）吳綺選 清康熙十七年(1678)刻本 四冊

340000－1881－0004995 08226

道統大成不分卷 （漢）魏伯陽撰 （清）汪啟濩輯 （清）韓景垚評點 清光緒二十六年(1900)刻本 十冊

340000－1881－0004996 08227

後山詩十二卷 （宋）陳師道撰 （宋）任淵注 清刻武英殿聚珍版書本 四冊

340000－1881－0004997 08228

程嘉訓事略不分卷 （清）程永庚撰 清抄本 一冊

340000－1881－0004998 08230

季漢書六十卷 （明）謝陛撰 （明）臧懋循訂 明萬曆三十年(1602)刻本 十一冊

340000－1881－0004999 08231

杏庭摘稾不分卷 （元）洪焱祖撰 清洪氏揖石山房刻本 一冊

340000－1881－0005000 08232

秦漢印統八卷 （明）羅王常編 （明）顧晉亨校 明吳氏樹滋堂刻朱印本 一冊 存一卷(八)

340000－1881－0005001 08233

唐四家詩八卷 （清）汪立名編 清康熙三十四年(1695)刻本 六冊

340000－1881－0005002 08234

國朝詩的□□卷 （清）陶煊選 （清）張璨輯 清雍正刻本 一冊 存三卷(六至八)

340000－1881－0005003 08235

吳午叔印可不分卷 （明）吳繼心 （明）吳維心集 （明）吳正暘摹 （明）鄭圭等校 明天啓五年(1625)黃氏鈐印本 一冊

340000－1881－0005004 08236

梨雲館類定袁中郎全集二十四卷 （明）袁宏道撰 明萬曆刻本 十二冊

340000－1881－0005005 08237

新安二布衣詩八卷 （清）王士禎選 （清）汪洪度 （清）吳瞻泰校 清康熙四十三年(1704)刻本 四冊

340000－1881－0005006 08238

施注蘇詩四十二卷 （宋）蘇軾撰 （宋）施元之注 （清）顧嗣立 （清）邵長蘅 （清）宋至編 清乾隆刻本 一冊 存四卷(一至四)

340000－1881－0005007 08239

黃山志定本□□卷 （清）閔麟嗣等纂 清刻本 三冊 存三卷(三、六至七)

340000－1881－0005008 08240

秦漢印統八卷 （明）羅王常編 （明）吳元維校 明萬曆三年(1575)吳氏樹滋堂刻本 八冊

340000－1881－0005009 08241

巴聖龑游黃山詩草不分卷 （清）巴廷梅書 清巴廷梅抄本 一冊

340000－1881－0005010 08242

全唐詩錄一百卷 （清）徐倬編 清刻本 一冊 存十卷(二十四至三十三)

340000－1881－0005011 08243

水經注四十卷 （漢）桑欽撰 （北魏）酈道元注 （清）項絪校 清康熙五十四年(1715)項氏群玉書堂刻本 十冊

340000－1881－0005012 08244

毛詩二十卷 （漢）鄭玄箋 清乾隆四十八年(1783)刻本 六冊

340000－1881－0005013 08245

訒葊集古印存三十二卷 （清）汪啟淑鑒藏 清鈐印本 二冊 存二卷(三十一至三十二)

340000－1881－0005014 08246

訒葊集古印存三十二卷 （清）汪啟淑鑒藏 清鈐印本 九冊 存九卷(一至三、九至十、十二至十三、十五至十六)

340000－1881－0005015 08247

顯忠錄二卷 （明）程樞編 （明）程應階補 清嘉慶十一年(1806)刻本 一冊

340000－1881－0005016 08248

監本五臣音注揚子法言十卷 （唐）柳宗元注 （宋）司馬光增注 清嘉慶九年(1804)刻本 一冊

340000－1881－0005017 08250

管子二十四卷 （唐）房玄齡注 （唐）劉績增注 （明）朱養和輯 清嘉慶九年(1804)姑蘇聚文堂刻本 五冊

340000－1881－0005018 08251

漢銅印叢八卷 （清）汪啟淑鑒藏 清乾隆鈐印本 七冊 存七卷(二至八)

340000－1881－0005019 08252

劉向說苑二十卷 （漢）劉向撰 （明）吳勉學校 清順治刻本 六冊

340000－1881－0005020 08253

訒葊集古印存三十二卷 （清）汪啟淑輯 清乾隆二十五年(1760)鈐印本 十三冊

340000－1881－0005021 08254

唐宋詩本七十六卷 （清）戴第元纂 （清）何永暹校 清乾隆三十八年(1773)覽珠堂刻本 四十二冊

340000－1881－0005022 08255

爾雅正名十九卷 （清）汪鋆撰 清同治四年(1865)抄本 二冊

340000－1881－0005023 08256

五代史七十四卷 （宋）歐陽修撰 （宋）徐無黨注 （清）汪鋆校 清同治十一年(1872)湖北崇文書局刻本 八冊

340000－1881－0005024 08257

說文解字十五卷 （漢）許慎撰 （清）汪鋆校 清嘉慶十二年(1807)刻本 五冊

340000－1881－0005025 08258

汗簡七卷 （宋）郭忠恕輯 （清）汪立名校 清康熙四十二年(1703)一隅草堂刻本 二冊

340000－1881－0005026 08260

止庵遺集八卷首一卷 （明）江天一撰 清嘉慶五年(1800)祭書草堂刻本 四冊

340000－1881－0005027 08261

文選六十卷 （南朝梁）蕭統撰 （唐）李善注 （清）汪鋆校 清同治八年(1869)崇文書局刻本 二十四冊

340000－1881－0005028　08262

新安蠹狀二卷　（明）古之賢撰　明萬曆十六年(1588)刻本　四冊

340000－1881－0005029　08263

爾雅正名初稿不分卷　（清）汪鋆撰　清稿本　八冊

340000－1881－0005030　08264

林蕙堂文集十二卷　（清）吳綺撰　（清）吳琭繡校　清乾隆三十九年(1774)刻本　六冊

340000－1881－0005031　08265

內閣交出奉彙鈔不分卷　（□）□□撰　清雍正七年(1729)抄本　一冊

340000－1881－0005032　08266

元時新安人遺詩不分卷　（□）□□撰　元至大四年(1311)稿本　一冊

340000－1881－0005033　08268

草心閣自訂年譜不分卷　（清）徐景軾撰　清光緒十一年(1885)刻本　一冊

340000－1881－0005034　08269

餐霞閣詩鈔不分卷　（清）張熾撰　清抄本　一冊

340000－1881－0005035　08270

紅朮軒山水篆冊不分卷　（清）汪鎬京撰　清光緒九年(1883)刻本　二冊

340000－1881－0005036　08271

李氏易傳十七卷　（唐）李鼎祚集解　（清）汪鋆校　易釋文不分卷　（唐）陸德明撰　清乾隆二十一年(1756)刻雅雨堂叢書本　五冊

340000－1881－0005037　08272

楚辭十七卷　（清）汪鋆錄　（清）張惠言注　清同治十一年(1872)金陵書局刻本　四冊

340000－1881－0005038　08273

岫雲雜著不分卷　（清）汪應鏞撰　清刻本　一冊

340000－1881－0005039　08274

山海經十八卷　（晉）郭璞注　清項氏群玉書堂刻本　四冊

340000－1881－0005040　08275

古文詞略二十四卷　（清）梅曾亮編　（清）汪鋆校　清同治六年(1867)合肥李氏刻本　五冊

340000－1881－0005041　08276

重續歙縣會館錄不分卷　（明）徐世寧　（清）楊熷編　（清）徐光文錄　（清）徐上鏞重錄　清道光十四年(1834)刻本　二冊

340000－1881－0005042　08277

資治通鑑二百九十四卷通鑑釋文辯誤十二卷宋資治通鑑二十四卷　（宋）司馬光撰　（元）胡三省音注　（明）王宗沐編　明刻本　六十冊

340000－1881－0005043　08278

太平廣記五百卷　（宋）李昉等編　（清）黃晟校　清乾隆二十二年(1757)刻本　四十八冊

340000－1881－0005044　08280

知不足齋叢書七百七十一卷　（清）鮑廷博輯　清乾隆刻本　二百四十冊　存一百八十三種七百六十三卷

340000－1881－0005045　08281

太平御覽一千卷　（宋）李昉等纂　（清）鮑崇城校　清嘉慶二十三年(1818)刻本　一百九十二冊　存三十八卷(四百十八至四百五十五)

340000－1881－0005046　08282

寄園寄所寄十二卷　（清）趙吉士輯　（清）馮雲驦等校　清康熙三十四年(1695)刻本　十冊　存八卷(一至八)

340000－1881－0005047　08283

考工記圖二卷　（清）戴震撰　（清）戴觀道（清）戴觀海校　清乾隆聚奎樓刻本　二冊

340000－1881－0005048　08284

寵錫編二卷　（清）吳錫爵輯　清同治八年(1869)抄本　一冊

340000－1881－0005049　08285

正俗編二十四卷　（清）吳墀撰　（清）吳成渠

等校　清咸豐三年(1853)刻本　二冊

340000－1881－0005050　08286

節序日考四卷　(清)徐卓撰　清嘉慶二十三年(1818)刻本　一冊

340000－1881－0005051　08287

還古書院志二十卷　(清)施璜編輯　(清)方允淳　(清)施澐訂　清乾隆六年(1741)刻本　二冊

340000－1881－0005052　08288

孝經集靈節略不分卷　(明)虞淳熙輯　孝經刊誤不分卷　(宋)朱熹撰　(明)程礎訂　孝經大義不分卷　(宋)朱熹撰　(元)董鼎注　孝經引證不分卷　(明)程一藩校　孝經宗旨不分卷　(明)羅汝芳撰　清立本堂刻本　一冊

340000－1881－0005053　08289

六書正譌五卷　(元)周伯琦編　(明)胡正言篆　清初十竹齋刻本　四冊

340000－1881－0005054　08290

續表忠記八卷　(清)趙吉士纂　(清)盧宜輯　清康熙抄本　四冊

340000－1881－0005055　08291

戴東原先生屈賦注首卷初寫本不分卷　(清)戴震書　清抄本　一冊

340000－1881－0005056　08293

苷園詩錄四卷　(清)程霱撰　清宣統元年(1909)刻本　一冊

340000－1881－0005057　08295

紅葉讀書樓續集六卷　(清)孫殿齡撰　清咸豐二年(1852)刻本　二冊

340000－1881－0005058　08297

楊徵君自攜集一卷後集一卷　(清)楊陳復撰　清光緒二十年(1894)刻本　二冊

340000－1881－0005059　08298

匏笙詞二卷　(清)程霱撰　清光緒三十四年(1908)京華書局鉛印本　一冊

340000－1881－0005060　08302

籽香堂詞三卷　(清)孫鼎煊撰　清乾隆二十七年(1762)刻本　三冊

340000－1881－0005061　08303

聲韻考三卷　(清)戴震撰　清刻本　一冊

340000－1881－0005062　08304

紅葉讀書樓詩草十卷　(清)孫殿齡撰　清道光二十八年(1848)刻本　四冊

340000－1881－0005063　08305

浣月齋印譜八卷　(清)程鴻緒編　清嘉慶刻本　一冊　存二卷(七至八)

340000－1881－0005064　08308

霞漪閣詩集不分卷　(清)陳治平撰　(清)陳昂昇　(清)陳聶昶校　清康熙十四年(1675)刻本　一冊

340000－1881－0005065　08309

海陽戴氏仿陶園題詠不分卷　(清)戴美含編　清刻本　一冊

340000－1881－0005066　08311

毛鄭詩考正一卷　(清)戴震撰　清道光二十一年(1841)世楷堂刻昭代叢書本　一冊

340000－1881－0005067　08312

澣雲詩鈔六卷　(清)汪梅鼎撰　清嘉慶二十四年(1819)刻本　二冊

340000－1881－0005068　08313

芸香館詩鈔不分卷　(清)汪夒著　清光緒九年(1883)刻本　一冊

340000－1881－0005069　08314

水地記一卷　(清)戴震撰　清道光二十二年(1842)世楷堂刻昭代叢書本　一冊

340000－1881－0005070　08315

尺木樓詩四卷　(清)程世繩撰　清乾隆二十五年(1760)刻本　四冊

340000－1881－0005071　08316

水經注不分卷　(北魏)酈道元撰　(清)戴震校勘　清乾隆三十七年(1772)刻本　五冊

340000－1881－0005072　08317

十華小築詩鈔四卷　（清）余本愚撰　清光緒
十二年(1886)刻本　二冊

340000－1881－0005073　08318

經義未詳說十二卷　（清）徐卓撰　（清）吳纘
修等校　清道光七年(1827)讀未見書齋刻本
六冊

340000－1881－0005074　08319

大戴禮記十三卷　（漢）戴德撰　（北周）盧辯
注　（清）戴震　（清）盧見曾訂　清乾隆二十
三年(1758)刻本　二冊

340000－1881－0005075　08320

居易齋存稿五卷　（清）吳懋瓚撰　清同治九
年(1870)居易齋刻本　二冊

340000－1881－0005076　08321

名詞集解六卷　（清）汪汲輯　清乾隆五十九
年(1794)刻本　二冊

340000－1881－0005077　08322

杜韓詩句集韻三卷　（清）汪文柏輯　清康熙
四十六年(1707)刻本　四冊

340000－1881－0005078　08323

知本堂讀杜詩二十四卷首一卷　（清）汪灝輯
清道光十二年(1832)刻本　十二冊

340000－1881－0005079　08324

讀易質疑二十卷　（清）汪璲撰　清康熙四十
二年(1703)學易山房刻本　六冊

340000－1881－0005080　08325

清詩大雅不分卷　（清）魏象樞撰　（清）汪觀
選　清雍正五年(1727)刻本　八冊

340000－1881－0005081　08326

姑存集二卷　（清）孫煌撰　（清）金香涇選
清道光八年(1828)刻本　一冊

340000－1881－0005082　08327

經畬堂存稿六卷　（清）胡暉吉撰　（清）吳玉
松編　清道光十四年(1834)刻本　一冊

340000－1881－0005083　08328

滄粟齋存稿四卷　（清）胡暉祥撰　（清）葉國
銓等校　清道光二十年(1840)刻本　一冊

340000－1881－0005084　08329

事物原會四十卷　（清）汪汲撰　清嘉慶二年
(1797)刻本　十冊

340000－1881－0005085　08330

樂府遺聲不分卷　（清）汪汲撰　清刻本
一冊

340000－1881－0005086　08331

韻府紀字不分卷疊字編不分卷　（清）汪汲撰
清乾隆五十九年(1794)刻本　一冊

340000－1881－0005087　08332

宋樂類編不分卷南北詞名宮調彙錄二卷院本
名目不分卷雜劇待考不分卷琴曲萃覽不分卷
（清）汪汲撰　清乾隆至嘉慶刻本　一冊

340000－1881－0005088　08333

十三經紀字不分卷字典紀字不分卷　（清）汪
汲撰　清乾隆五十九年(1794)刻本　一冊

340000－1881－0005089　08334

樂府標源二卷　（清）汪汲撰　清乾隆至嘉慶
刻本　一冊

340000－1881－0005090　08335

詞名集解續編二卷　（清）汪汲撰　清乾隆至
嘉慶刻本　一冊

340000－1881－0005091　08337

汪紫滄游黃山記不分卷　（清）汪灝撰　清光
緒八年(1882)抄本　一冊

340000－1881－0005092　08338

瀛山筆記二卷　（清）黃士塤撰　（清）黃煜校
清乾隆三十年(1765)刻本　一冊

340000－1881－0005093　08339

榴實山莊詩鈔六卷　（清）吳存義撰　清同治
九年(1870)刻本　三冊

340000－1881－0005094　08340

榴實山莊文稿不分卷　（清）吳存義撰　清同
治九年(1870)刻本　一冊

340000－1881－0005095　08341

落花倡和詩集不分卷　（清）金成棟　（清）顧
嘉譽輯　清康熙四十年(1701)刻本　一冊

340000－1881－0005096　08342

古今詞話二卷　（清）沈雄編纂　（清）江尚質增輯　清澄暉堂刻本　一冊　存一卷（上）

340000－1881－0005097　08343

知本堂讀杜詩二十四卷　（清）汪灝纂　清初刻本　六冊　存十四卷（十一至二十四）

340000－1881－0005098　08344

柯庭餘習十二卷　（清）汪文柏撰　清康熙四十四年（1705）刻本　一冊　存七卷（六至十二）

340000－1881－0005099　08345

戰國策纂四卷　（明）張榜纂　（明）朱士泰訂　明萬曆三十九年（1611）刻本　二冊

340000－1881－0005100　08346

夢香詞不分卷　（清）汪觀撰　清康熙四十四年（1705）松蘿書屋刻本　一冊

340000－1881－0005101　08347

槐江詩鈔六卷　（清）程瑞祊撰　清乾隆二年（1737）刻本　二冊

340000－1881－0005102　08348

香雪居詩草不分卷　（清）黃文彪撰　清乾隆十六年（1751）刻本　一冊

340000－1881－0005103　08349

藜琳囈語六卷　（清）程瑞祊撰　（清）程世綏輯　清康熙五十八年（1719）一峰閣刻本　一冊

340000－1881－0005104　08350

皇極經世年表二卷　（清）孫佑撰　清乾隆稿本　二冊

340000－1881－0005105　08351

六書正譌五卷　（元）周伯琦編注　（明）胡正言訂纂　清十竹齋刻本　四冊

340000－1881－0005106　08353

選擇秘旨不分卷　（清）程允正撰　清道光十四年（1834）抄本　一冊

340000－1881－0005107　08354

香繞花飛閣詩草不分卷　（清）汪菊珠撰　清抄本　一冊

340000－1881－0005108　08355

秘授命理須知滴天髓二卷　（宋）京圖撰（明）劉基注　（清）程芝雲校　清道光四年（1824）百二漢鏡齋刻本　一冊

340000－1881－0005109　08356

左山遺草不分卷　（清）楊言撰　（清）楊亶等校　清光緒四年（1878）刻本　一冊

340000－1881－0005110　08357

葵園陳府君順寧錄不分卷　（清）陳石麒輯　清康熙四十九年（1710）刻本　一冊

340000－1881－0005111　08358

問字集不分卷　（清）吳方漣輯　（清）汪書校　清刻本　一冊

340000－1881－0005112　08362

對類便讀六卷首一卷　（清）葉士撰　（清）程錫類編　（清）葉良儀刪訂　（清）葉士菖校　清康熙四十六年（1707）刻本　四冊

340000－1881－0005113　08365

春秋金鎖匙三卷　（元）趙汸撰　春秋詞命三卷　（明）王鏊編　清嘉慶九年（1804）刻本一冊

340000－1881－0005114　08366

因樹屋書影十卷　（清）周亮工編　（清）吳宗明訂　清雍正三年（1725）懷德堂刻本　六冊

340000－1881－0005115　08367

類選杜詩五言律二卷　（唐）杜甫撰　（元）趙汸選注批點　明刻本　一冊　存一卷（下）

340000－1881－0005116　08368

火珠林不分卷　（清）程芝雲校正　（宋）麻衣道者著　靈棋經不分卷　（清）程芝雲校　測字秘牒不分卷　（清）程省著　（清）程芝雲校訂　秘授命理須知滴天髓二卷　（明）劉基註（清）程芝雲校訂　清道光四年（1824）刻本四冊

340000－1881－0005117　08370

周易澹窩因指六卷　（明）張汝霖著　（明）夏

長庚 （明）史繼辰校 明萬曆三十年(1602)
刻本 三冊

340000－1881－0005118 08371

餘園詩稿(新樂府辭)二卷 （清）汪述祖著
清光緒刻本 一冊

340000－1881－0005119 08372

餘園詩稿(新樂府辭)二卷 （清）汪述祖著
清光緒刻本 一冊

340000－1881－0005120 08373

味秋館詩鈔二卷 （清）夏文菎著 清光緒二
十七年(1901)刻本 一冊

340000－1881－0005121 08374

味秋館詩鈔六卷 （清）夏文菎著 清光緒二
十七年(1901)刻本 一冊

340000－1881－0005122 08375

程氏所見詩鈔二十四卷 （清）程鴻緒纂輯
清嘉慶十二年(1807)刻本 九冊 存二十二
卷(一至六、九至二十四)

340000－1881－0005123 08376

金太史集九卷 （明）金聲著 清乾隆二十四
年(1759)刻本 六冊

340000－1881－0005124 08377

周易翼義五卷首一卷 （清）葉良儀纂輯
（清）葉士行校訂 清康熙四十九年(1710)抄
本 三冊

340000－1881－0005125 08378

王先生十七史蒙求十六卷 （宋）王令纂修
（清）程宗琠校刊 （清）朱甫田覆校 清康熙
四十九年(1710)刻本 二冊

340000－1881－0005126 08380

花仙刼圖詩集不分卷 （清）汪作霖著 清道
光十六年(1836)刻本 一冊

340000－1881－0005127 08381

覆瓿集八卷 （明）朱同著 （明）朱時新輯
（明）范淶校 明萬曆四十四年(1616)刻本
二冊

340000－1881－0005128 08382

朱楓林集十卷 （明）朱升著 （明）朱時新輯
明萬曆四十四年(1616)刻本 二冊

340000－1881－0005129 08383

詒穀堂彙編三卷 （清）吳方漣輯 （清）汪書
校 清乾隆三十三年(1768)刻本 二冊

340000－1881－0005130 08384

弟山樓印存七卷 （清）黃振昆篆 （清）黃培
鑑編 清乾隆十六年(1751)刻本 六冊

340000－1881－0005131 08385

金太史文集九卷 （明）金聲著 清抄本
四冊

340000－1881－0005132 08386

金正希先生文集輯略九卷 （明）金聲著 清
刻本 一冊 存二卷(八至九)

340000－1881－0005133 08387

趙徵君東山先生存稿七卷附錄一卷 （元）趙
汸著 明嘉靖三十七年(1558)刻本 二冊

340000－1881－0005134 08388

閭溪詩不分卷 （清）汪宗運著 清康熙四十
二年(1703)刻本 一冊

340000－1881－0005135 08389

愜心集十卷 （清）程烈撰 清乾隆五十八年
(1793)刻本 四冊

340000－1881－0005136 08390

陳定宇先生文集十六卷 （元）陳櫟著 （清）
陳嘉基編 清康熙三十五年(1696)刻本
六冊

340000－1881－0005137 08391

朱楓林集十卷 （明）朱升著 （明）朱時新輯
明萬曆四十四年(1616)刻本 六冊

340000－1881－0005138 08392

輶軒使者絕代語釋別國方言十三卷 （漢）揚
雄撰 （清）戴震注 清微波榭刻本 一冊

340000－1881－0005139 08393

聽月樓遺草二卷 （清）汪韠玉撰 清乾隆四
十七年(1782)刻本 二冊

340000－1881－0005140　08394

榴實山莊文稿六卷詞鈔二卷試律不分卷
（清）吳存義撰　清同治十年（1871）刻本
六冊

340000－1881－0005141　08395

沁園群芳集不分卷　（清）程允元編　清嘉慶
十八年（1813）抄本　一冊

340000－1881－0005142　08396

新編秘傳堪輿類纂人天共寶十二卷　（明）黃
慎仲編　明刻本　十五冊　存十一卷（一至
七、九至十二）

340000－1881－0005143　08397

明詩綜一百卷　（清）朱彝尊編　（清）汪森輯
評　清康熙四十四年（1705）刻本　三十二冊

340000－1881－0005144　08398

泰山志二十卷　（清）金棨撰　清嘉慶六年
（1801）刻本　十冊

340000－1881－0005145　08399

金忠節公文集八卷　（明）金聲撰　（清）邵勷
編　清道光七年（1827）刻本　四冊

340000－1881－0005146　08400

金忠節公文集八卷　（明）金聲著　清光緒十
四年（1888）李氏刻本　四冊

340000－1881－0005147　08401

制藝不分卷　（明）金聲　（明）陳際泰撰　清
宣統元年（1909）抄本　一冊

340000－1881－0005148　08402

餘年閒話四卷　（清）葉良儀著　（清）程功評
　清康熙四十五年（1706）刻本　三冊　存三
卷（一至二、四）

340000－1881－0005149　08403

餘年閒話四卷　（清）葉良儀著　（清）程功評
　清康熙四十五年（1706）刻本　二冊

340000－1881－0005150　08405

墨花館遺稿不分卷　（清）周載夫撰　清乾隆
五十一年（1786）刻本　一冊

340000－1881－0005151　08406

穀玉類編五十卷　（清）汪兆舒輯　清乾隆二
十三年（1758）汪質刻本　十冊

340000－1881－0005152　08407

華及堂視昔編六卷　（清）汪森編　清康熙四
十六年（1707）華及堂刻本　二冊

340000－1881－0005153　08408

名人尺牘小品四卷　（清）王元勳　（清）程化
騄輯　清康熙四十四年（1705）刻本　四冊

340000－1881－0005154　08409

詞綜三十六卷　（清）朱彝尊輯　（清）汪森增
定　（清）柯崇樸編　（清）周篔辨譌　清康熙
十七年（1678）刻本　六冊

340000－1881－0005155　08410

金栗齋先生文集十一卷　（明）金瑤撰　明萬
曆刻本　一冊　存二卷（七至八）

340000－1881－0005156　08411

百梅一韻四卷　（明）汪元英編　明刻本
一冊

340000－1881－0005157　08412

餘園詩稿二卷　（清）汪述祖著　清刻本
一冊

340000－1881－0005158　08413

餘園叢稿三卷　（清）汪述祖撰　清刻本
一冊

340000－1881－0005159　08414

餘園叢稿三卷　（清）汪述祖撰　清刻本
一冊

340000－1881－0005160　08415

金忠節公文集八卷　（明）金聲撰　（清）邵勷
編　清道光七年（1827）刻本　四冊

340000－1881－0005161　08416

斜川詩集十卷　（宋）蘇過著　清乾隆二十七
年（1762）刻本　二冊

340000－1881－0005162　08417

易原八卷　（宋）程大昌撰　清乾隆三十九年
（1774）劉鳳誥刻本　一冊

340000 – 1881 – 0005163　08418

明人尺牘選四卷　（清）王元勳　（清）程化駯編　清前期刻本　一冊

340000 – 1881 – 0005164　08419

金忠節公文集八卷　（明）金聲著　清光緒十四年(1888)刻本　四冊

340000 – 1881 – 0005165　08420

穀玉類編五十卷　（清）汪兆舒編　清乾隆二十二年(1757)刻本　十冊　存四十六卷(一至二十四、二十九至五十)

340000 – 1881 – 0005166　08421

古香樓吟藁三卷西山紀游詩一卷古香樓詞藁一卷　（清）汪文柏撰　清康熙四十年(1701)刻本　一冊

340000 – 1881 – 0005167　08422

韻切指歸二卷　（清）吳遐齡編　清康熙四十九年(1710)刻本　四冊

340000 – 1881 – 0005168　08423

牌統孚玉四卷　題(明)栖筠子著　明崇禎十三年(1640)刻本　·冊

340000 – 1881 – 0005169　08424

陶靖節集十卷　（晉）陶潛著　明萬曆十五年(1587)刻本　四冊

340000 – 1881 – 0005170　08425

知本堂讀杜詩二十四卷　（清）汪灝撰　清康熙四十三年(1704)刻本　六冊

340000 – 1881 – 0005171　08426

韻切指歸二卷　（清）吳遐齡編　清康熙四十九年(1710)刻本　三冊

340000 – 1881 – 0005172　08427

金正希先生[聲]年譜不分卷　（清）李宗煝撰　（清）汪宗沂等批校　清光緒十四年(1888)抄本　四冊

340000 – 1881 – 0005173　08430

自攜集二卷　（清）楊陳復撰　清光緒二十年(1894)刻本　二冊

340000 – 1881 – 0005174　08433

奕藪不分卷　（明）蘇之軾編　（明）朱士瑜評　清抄本　一冊

340000 – 1881 – 0005175　08434

留餘堂家刻不分卷　（清）金姓等撰　清乾隆刻本　一冊

340000 – 1881 – 0005176　08435

裕課清累全案不分卷　（□）□□撰　清同治十三年(1874)刻本　一冊

340000 – 1881 – 0005177　08436

國朝古文所見集十五卷　（清）陳兆麟編選　清道光二年(1822)刻本　四冊

340000 – 1881 – 0005178　08437

考工記圖不分卷　（清）戴震撰　清道光二十四年(1844)世楷堂刻昭代叢書本　一冊

340000 – 1881 – 0005179　08438

四本堂圖書不分卷　（清）陳森年輯　清乾隆四十七年(1782)鈐印本　二冊

340000 – 1881 – 0005180　08439

手札存稿不分卷　（□）□□撰　清稿本　一冊

340000 – 1881 – 0005181　08440

黃山導幻影集三卷首一卷　（清）汪璜輯　清乾隆二十六年(1761)寫本　一冊　存一卷(一)

340000 – 1881 – 0005182　08441

休寧率溪程氏烈婦合傳不分卷　程龍標著　清光緒二十三年(1897)同善堂鉛印本　一冊

340000 – 1881 – 0005183　08443

新刻通鑑集要二十八卷　（明）吳守謨輯　明萬曆三十五年(1607)刻本　十二冊

340000 – 1881 – 0005184　08444

屈原賦戴氏注十二卷　（清）戴震輯　清刻本　一冊

340000 – 1881 – 0005185　08445

三太史彙纂四書人物類考十六卷　（明）項煜編　（明）張鼐鑒定　（明）金聲考訂　明崇禎六年(1633)刻本　五冊

340000 – 1881 – 0005186　08446

周易本義翼不分卷　（明）仇二常撰　（明）王模　（明）周旋參訂　明天啓三年(1623)吳自瑛刻本　三冊

340000 – 1881 – 0005187　08447

續表忠記八卷　（清）趙吉士編　（清）盧宜輯　清康熙三十一年(1692)刻本　三冊　存六卷(一至二、五至八)

340000 – 1881 – 0005188　08448

新編直指算法纂要四卷　（明）程大位編　明萬曆二十六年(1598)維新堂刻本　一冊

340000 – 1881 – 0005189　08449

金忠節公文集八卷　（明）金聲著　清光緒十四年(1888)刻本　四冊

340000 – 1881 – 0005190　08450

金太史集九卷　（明）金聲著　明崇禎十七年(1644)刻本　四冊

340000 – 1881 – 0005191　08451

柯庭餘習十二卷　（清）汪文柏撰　清康熙四十六年(1707)刻本　二冊

340000 – 1881 – 0005192　08452

戴氏遺書文集十卷　（清）戴震撰　清乾隆四十三年(1778)刻本　二冊

340000 – 1881 – 0005193　08454

勾股割圜記三卷　（清）戴震撰　清乾隆二十三年(1758)刻本　一冊

340000 – 1881 – 0005194　08455

勾股割圜記三卷　（清）戴震撰　清乾隆二十三年(1758)刻本　一冊

340000 – 1881 – 0005195　08458

十七史逸士吟二卷　（清）程朝儀著　清光緒稿本　一冊

340000 – 1881 – 0005196　08459

戴氏遺書六十卷　（清）戴震著　（清）程演生藏　清乾隆四十三年(1778)微波榭刻本　三冊　存三十六卷(文集一至十,毛鄭詩考證一至四、首一卷,杲溪詩經補注一至二,續天文略一至二,策算一,聲韻考一至四,聲類表一至九、首一卷,原象一,水地記一)

340000 – 1881 – 0005197　08460

齊雲山誌五卷　（明）魯點編　清康熙六年(1667)刻本　四冊

340000 – 1881 – 0005198　08461

六書正譌五卷　（元）周伯琦編注　（明）胡正言訂篆　清刻本　四冊

340000 – 1881 – 0005199　08462

冠山園初稿不分卷　（清）朱裳撰　清嘉慶十年(1805)刻本　一冊

340000 – 1881 – 0005200　08463

竹瑞堂詩鈔十八卷　（清）黃德華撰　清同治三年(1864)刻本　一冊　存四卷(一至四)

340000 – 1881 – 0005201　08464

竹瑞堂詩鈔十八卷　（清）黃德華撰　清同治三年(1864)刻本　四冊

340000 – 1881 – 0005202　08465

汪東湖詩集不分卷　（清）汪士通撰　清乾隆刻本　一冊

340000 – 1881 – 0005203　08466

蓮西閣詩草四卷　（清）汪煮撰　清嘉慶十年(1805)刻本　一冊

340000 – 1881 – 0005204　08467

雪眉詩鈔不分卷雪眉詞鈔不分卷　（清）胡成浚撰　清嘉慶二十二年(1817)刻本　一冊

340000 – 1881 – 0005205　08468

雪眉詩鈔五卷雪眉詞鈔不分卷　（清）胡成浚著　清嘉慶二十二年(1817)刻本　一冊

340000 – 1881 – 0005206　08470

公餘集不分卷黃氏紀遊詩不分卷　（清）汪士通撰　**春雪草堂詩不分卷**　（清）汪士選撰　清乾隆三十二年(1767)刻本　一冊

340000 – 1881 – 0005207　08471

存悔集詩草不分卷　（清）胡與高著　（清）楊慕軒等鑒定　（清）程允遂等編　清乾隆二十年(1755)刻本　一冊

340000－1881－0005208　08472

冠山園初稿不分卷　（清）朱裳撰　清嘉慶十一年(1806)刻本　一冊

340000－1881－0005209　08473

畫梅雜詠不分卷　（清）雪江老人撰　清宣統元年(1909)刻本　一冊

340000－1881－0005210　08475

探驪未得草不分卷　（清）心田居士撰　清稿本　一冊

340000－1881－0005211　08476

樵貴谷詩選七卷　（清）孫維龍編　清乾隆三十一年(1766)刻本　二冊

340000－1881－0005212　08477

黃山遊草不分卷　（清）汪繹撰　（清）楊如緒評　清康熙二十四年(1685)刻本　一冊

340000－1881－0005213　08478

十三經注疏校刊記識語四卷　（清）汪文臺撰　清光緒三年(1877)江西書局刻本　二冊

340000－1881－0005214　08479

李二曲先生集要五卷　（清）李顒撰　清光緒十年(1884)刻本　一冊

340000－1881－0005215　08480

檀弓二卷　（清）汪有光評　清光緒十三年(1887)刻本　一冊

340000－1881－0005216　08481

韓隱廬詩鈔五卷　（清）黃瑞蓮著　清光緒三十四年(1908)刻本　一冊　存三卷(一至三)

340000－1881－0005217　08482

燕晉遊草不分卷黃山草不分卷　（清）黃元治著　清康熙二年(1663)刻本　一冊

340000－1881－0005218　08483

四養齋詩稿三卷　（清）俞正燮撰　清咸豐二年(1852)刻本　一冊

340000－1881－0005219　08484

古古詩不分卷　（清）閻爾梅著　（清）汪觀選　清康熙五十二年(1713)靜遠堂刻本　一冊

340000－1881－0005220　08485

汪子遺書不分卷　（清）汪文臺撰　清稿本　一冊

340000－1881－0005221　08486

客杭雜詠二卷　（清）汪燮撰　清乾隆三十八年(1773)刻本　一冊

340000－1881－0005222　08487

客杭雜詠二卷　（清）汪燮撰　清乾隆三十八年(1773)刻本　一冊

340000－1881－0005223　08488

淮南子校勘記不分卷　（清）汪文臺撰　清光緒十一年(1885)刻本　一冊

340000－1881－0005224　08489

筆嘯軒書畫錄二卷　（清）胡積堂輯　清道光十九年(1839)乙照齋刻本　二冊

340000－1881－0005225　08490

王先生十七史蒙求十六卷　（宋）王令撰　（清）程宗琠校　清康熙五十二年(1713)刻本　四冊

340000－1881－0005226　08494

冰梅詞不分卷　夏慎大輯　清光緒二十九年(1903)刻本　一冊

340000－1881－0005227　08495

大戴禮記十三卷　（北周）盧辯注　（清）汪文臺校批　清乾隆二十五年(1760)刻本　一冊

340000－1881－0005228　08496

畫江古近體詩不分卷　（清）徐大綸撰　清道光十年(1830)刻本　一冊

340000－1881－0005229　08497

周易外傳不分卷　（□）□□撰　清孫蒙抄本　八冊

340000－1881－0005230　08498

竹溪雜組不分卷　（清）盧培撰　清光緒二十七年(1901)刻本　一冊

340000－1881－0005231　08501

拜石山房雜體詩二卷　（清）胡文銓撰　清同治十一年(1872)抄本　一冊

340000 – 1881 – 0005232　08503

竹瑞堂文鈔二卷　（清）黃德華撰　清同治四年(1865)抄本　一冊

340000 – 1881 – 0005233　08504

賃春草不分卷　（清）汪嘉清撰　清光緒十三年(1887)刻本　一冊

340000 – 1881 – 0005234　08507

拜石山房試帖二卷　（清）胡文銓撰　清同治元年(1862)刻本　二冊

340000 – 1881 – 0005235　08508

望嶽樓詩草不分卷　（清）朱榮朝著　清刻本　一冊

340000 – 1881 – 0005236　08509

笠人詩稿不分卷　（清）孫學道撰　清嘉慶十七年(1812)刻本　一冊

340000 – 1881 – 0005237　08511

竹瑞堂詩鈔□□卷續鈔□□卷　（清）黃德華撰　竹瑞堂師友題贈集□□卷　（清）黃德華編　清同治九年(1870)抄本　五冊　存七卷（竹瑞堂詩鈔十九至二十一、續鈔一至二,竹瑞堂師友題贈集一至二）

340000 – 1881 – 0005238　08513

黟山聯話不分卷　（清）胡朝賀輯　清光緒三年(1877)刻本　一冊

340000 – 1881 – 0005239　08516

詩經正義二十七卷　（明）許天贈撰　明萬曆二十五年(1597)刻本　十冊

340000 – 1881 – 0005240　08517

有恆心齋前集一卷文十一卷詩七卷詩餘二卷詞餘一卷外集二卷駢體文六卷續蘇和陶詩一卷雜澤脞錄一卷迎靄筆記二卷先德記二卷附一卷夏小正集說四卷補一卷存一卷　（清）程鴻詔編　清同治十二年(1873)刻本　十一冊

340000 – 1881 – 0005241　08518

徐騎省集三十卷附補遺一卷附校勘記一卷　（宋）徐鉉著　清光緒十九年(1893)刻本　八冊

340000 – 1881 – 0005242　08520

顏學辯八卷　（清）程仲威撰　清光緒十年(1884)安徽官紙印刷局鉛印本　四冊

340000 – 1881 – 0005243　08521

學言不分卷　（明）李芳撰　明萬曆四十三年(1615)刻本　一冊

340000 – 1881 – 0005244　08522

雞澤脞錄一卷迎靄筆記二卷　（清）程鴻詔編　清同治刻本　一冊

340000 – 1881 – 0005245　08523

方宗誠行述不分卷　胡元吉撰　清光緒刻本　一冊

340000 – 1881 – 0005246　08524

四養齋詩稿三卷　（清）俞正燮撰　清咸豐二年(1852)刻本　一冊

340000 – 1881 – 0005247　08525

笠人詩稿不分卷　（清）孫學道撰　清嘉慶十七年(1812)刻本　一冊

340000 – 1881 – 0005248　08526

樵貴谷詩遺八卷　（清）黃元治　（清）程功　（清）程錦編　清康熙四十年(1701)刻本　四冊

340000 – 1881 – 0005249　08527

聊復爾集八卷　（清）鮑元偅撰　清嘉慶二十三年(1818)刻本　二冊

340000 – 1881 – 0005250　08528

新鐫焦太史彙選中原文獻經集六卷史集六卷子集七卷文集四卷通考一卷　（明）焦竑選　（明）陶望齡評　（明）朱之蕃注　明萬曆二十四年(1596)汪宗淳等刻本　七冊

340000 – 1881 – 0005251　08529

奏議二卷　（明）舒榮都撰　明天啓刻本　二冊

340000 – 1881 – 0005252　08534

畫梅雜詠不分卷　（清）雪江老人撰　清刻本　一冊

340000 – 1881 – 0005253　08536

黃山曆途記略不分卷　（清）胡文銓撰　清道光十九年(1839)刻本　一冊

340000－1881－0005254　08537

癸巳存稿外篇一卷　（清）俞正燮撰　清抄本　一冊

340000－1881－0005255　08538

黟東石谷汪良翰詩集不分卷　（明）汪良翰撰　明抄本　一冊

340000－1881－0005256　08539

力仁齋詩藁不分卷　（清）舒嘉聲著　清康熙五十七年(1718)刻本　一冊

340000－1881－0005257　08540

朱孔璋硃卷不分卷　（清）朱孔璋撰　清光緒八年(1882)藜照堂刻本　一冊

340000－1881－0005258　08541

四養齋詩稿三卷　（清）俞正燮撰　清咸豐二年(1852)刻本　一冊

340000－1881－0005259　08542

黔中雜記不分卷　（清）黃元治著　清康熙二十三年(1684)刻本　一冊

340000－1881－0005260　08543

望嶽樓詩二卷　（清）朱霈著　清嘉慶七年(1802)刻本　一冊

340000－1881－0005261　08544

增刪堅瓠集五卷　（清）汪燮輯　清乾隆二十一年(1756)刻本　二冊

340000－1881－0005262　08545

存悔集二卷　（清）胡與高撰　清康熙五十五年(1716)刻本　一冊

340000－1881－0005263　08546

杖鄉集四卷　（清）汪偉撰　清乾隆三十八年(1773)刻本　二冊

340000－1881－0005264　08547

奏略二卷　（明）舒榮都著　清道光元年(1821)刻本　二冊

340000－1881－0005265　08548

東湖詩鈔二卷　（清）汪士通著　清雍正十一年(1733)刻本　一冊　存一卷(一)

340000－1881－0005266　08549

苦吟詩草四卷　（清）汪廷杰著　清光緒三十年(1904)刻本　一冊

340000－1881－0005267　08550

七家後漢書二十一卷　（清）汪文臺輯　清光緒八年(1882)刻本　六冊

340000－1881－0005268　08551

癸巳類稿十五卷　（清）俞正燮撰　清道光十三年(1833)刻本　五冊

340000－1881－0005269　08552

癸巳類稿十五卷　（清）俞正燮撰　清道光十三年(1833)刻本　一冊　存三卷(一至三)

340000－1881－0005270　08553

癸巳存稿十五卷　（清）俞正燮撰　清光緒十年(1884)刻本　六冊

340000－1881－0005271　08554

偶古集不分卷　（清）朱集球撰　清抄本　一冊

340000－1881－0005272　08555

舫遊草不分卷　（清）胡文銓撰　清抄本　一冊

340000－1881－0005273　08556

松舫居士印譜不分卷　（清）胡宗姚著　清道光十五年(1835)刻鈐印本　二冊

340000－1881－0005274　08557

天咫閣詩集□□卷　（清）程功著　清康熙抄本　二冊　存一卷(上)

340000－1881－0005275　08558

屏山詩乘不分卷　（清）朱澄等撰　清嘉慶十五年(1810)刻本　二冊

340000－1881－0005276　08559

東洋歷史講義□□卷首一卷　胡元吉編　清末鉛印本　二冊

340000－1881－0005277　08560

燕晉遊草不分卷 （清）黃元治著 （清）顏泰
颺 （清）丘鴻選編 清康熙二年(1663)刻本
一冊

340000 – 1881 – 0005278　08561

蘿摩別墅詩鈔不分卷 （清）汪承恩撰 清道
光二十四年(1844)刻本 一冊

340000 – 1881 – 0005279　08563

徵君程抑齋先生[朝儀]年譜不分卷 （清）程
希濂述 胡元吉 王立中撰 清光緒二十七
年(1901)安徽官紙局鉛印本 一冊

340000 – 1881 – 0005280　08565

天美遺集不分卷 （清）汪方鍾撰 清道光二
十三年(1843)刻本 一冊

340000 – 1881 – 0005281　08566

集其清英集不分卷 （清）許懋和撰 清光緒
二年(1876)蔾照堂刻本 一冊

340000 – 1881 – 0005282　08567

守一齋詩三卷 （清）胡文鎬撰 清光緒元年
(1875)刻本 一冊

340000 – 1881 – 0005283　08569

夏小正集說四卷 （清）程鴻詔撰 清同治十
一年(1872)文元堂刻本 一冊

340000 – 1881 – 0005284　08570

孫盛晉陽秋三卷檀道鸞續晉陽秋二卷 （清）
湯球輯 清廣雅書局刻本 一冊

340000 – 1881 – 0005285　08571

三十國春秋輯本不分卷 （清）湯球輯 清廣
雅書局刻本 一冊

340000 – 1881 – 0005286　08572

晉紀輯本不分卷 （清）湯球輯 清廣雅書局
刻本 一冊

340000 – 1881 – 0005287　08573

習鑿齒漢晉春秋四卷 （清）湯球輯 清廣雅
書局刻本 一冊

340000 – 1881 – 0005288　08574

十六國春秋輯補一百卷十六國春秋纂錄校勘
記十卷 （清）湯球譔 清光緒二十年至二十

一年(1894 – 1895)廣雅書局刻本 十一冊

340000 – 1881 – 0005289　08575

癸巳類稿十五卷 （清）俞正燮撰 清光緒十
年(1884)刻本 八冊

340000 – 1881 – 0005290　08576

晉書輯本四十二卷 （清）湯球輯 清廣雅書
局刻本 六冊

340000 – 1881 – 0005291　08577

文選六十卷 （南朝梁）蕭統撰 （唐）李善注
明刻本 十冊

340000 – 1881 – 0005292　08578

林歷山集不分卷 （清）黃元治編 清刻本
一冊

340000 – 1881 – 0005293　08579

說文解字十五卷 （漢）許慎記 （宋）徐鉉校
定 清光緒五年(1879)孫星衍刻本 三冊

340000 – 1881 – 0005294　08580

癸巳類稿十五卷 （清）俞正燮著 清道光十
三年(1833)刻本 五冊

340000 – 1881 – 0005295　08581

書經六卷 （宋）蔡沈注 清康熙十二年
(1673)崇道堂刻本 二冊

340000 – 1881 – 0005296　08582

史記一百三十卷 （漢）司馬遷撰 （明）陳仁
錫評 明崇禎元年(1628)懷德堂刻本 三十
二冊

340000 – 1881 – 0005297　08583

黃山艸不分卷 （清）黃元治撰 清康熙二十
八年(1689)抄本 一冊

340000 – 1881 – 0005298　08584

南士讀書記不分卷 （清）汪文臺撰 清抄本
二冊

340000 – 1881 – 0005299　08585

癸巳類稿十五卷 （清）俞正燮撰 清道光十
六年(1836)求日益齋刻本 八冊

340000 – 1881 – 0005300　08587

汪復齋先生輓詩四卷　（清）汪慶雲編　清乾
隆三十八年(1773)刻本　二冊

340000－1881－0005301　08588

癸巳存稿十五卷　（清）俞正燮撰　清光緒十
年(1884)刻本　六冊

340000－1881－0005302　08589

癸巳類稿十五卷　（清）俞正燮撰　清道光十
六年(1836)求日益齋刻本　八冊

340000－1881－0005303　08590

癸巳類稿十五卷　（清）俞正燮撰　清道光十
六年(1836)刻本　三冊　存九卷(一至三、七
至十二)

340000－1881－0005304　08591

庚寅年日記不分卷　（□）□□撰　清光緒十
六年(1890)松竹齋稿本　一冊

340000－1881－0005305　08593

國朝文棟八卷　（清）胡嘉銓輯　清光緒十二
年(1886)刻本　一冊

340000－1881－0005306　08594

癸巳類稿十五卷　（清）俞正燮撰　清道光十
六年(1836)刻本　八冊

340000－1881－0005307　08595

癸巳類稿十五卷　（清）俞正燮撰　清道光十
六年(1836)刻本　八冊

340000－1881－0005308　08596

七家後漢書二十一卷　（清）汪文臺輯　清光
緒十三年(1887)刻本　六冊

340000－1881－0005309　08597

荀子二十卷　（唐）楊倞注　（清）趙曦明等輯
　清乾隆五十一年(1786)嘉善謝氏刻本
四冊

340000－1881－0005310　08598

癸巳類稿十五卷　（清）俞正燮撰　清道光十
六年(1836)刻本　八冊

340000－1881－0005311　08599

雪眉詩鈔二卷　（清）胡成浚撰　清嘉慶二十
三年(1818)刻本　一冊

340000－1881－0005312　08600

黃德華等唱和詩稿不分卷　（清）黃德華等撰
　清同治五年(1866)抄本　一冊

340000－1881－0005313　08601

抑齋記聞六卷　胡元吉撰　清光緒二十四年
(1898)黃樹梧抄本　一冊

340000－1881－0005314　08602

讀書抄要不分卷　（□）□□撰　清抄本
一冊

340000－1881－0005315　08603

抑抑齋偶存藁二卷　（清）程朝儀著　清抄本
一冊

340000－1881－0005316　08604

竹瑞堂詩鈔十八卷　（清）黃德華撰　清同治
三年(1864)刻本　四冊

340000－1881－0005317　08611

古黟節孝舒母葉太安人彤管集不分卷　（清）
舒泰輯　清光緒三十二年(1906)玉麟書局刻
本　一冊

340000－1881－0005318　08612

寶墨齋摹印不分卷　（清）汪文適輯　清鈐印
本　一冊

340000－1881－0005319　08614

芸香書屋吟草不分卷　（清）陳璠撰　清光緒
二十二年(1896)稿本　一冊

340000－1881－0005320　08615

望嶽樓古文二卷　（清）朱沛著　清稿本
二冊

340000－1881－0005321　08616

登臨選勝不分卷　題(清)慎餘主人編　清光
緒八年(1882)稿本　一冊

340000－1881－0005322　08617

續刻望嶽樓華拊集不分卷　（清）朱霈撰　清
嘉慶十九年(1814)抄本　一冊

340000－1881－0005323　08618

牖窺雜誌不分卷　（清）朱霈輯　清抄本
二冊

340000－1881－0005324　08620

詩外別傳不分卷　（清）汪勳選編　清抄本
一冊

340000－1881－0005325　08621

深山吟不分卷　（清）王勳　（清）王功父著
清抄本　一冊

340000－1881－0005326　08622

仙機纂要四卷　（清）超塵道人撰　清抄本
一冊

340000－1881－0005327　08623

黃山草不分卷　（清）黃元治撰　清康熙二十
八年(1689)刻本　一冊

340000－1881－0005328　08624

節壽集不分卷　（清）方國屏　（清）汪澐輯
清光緒三十三年(1907)闇學廬刻本　一冊

340000－1881－0005329　08625

安徽徽州歙縣勸學會章程不分卷　胡元吉等
編　清末鉛印本　一冊

340000－1881－0005330　08626

收繳癸未貳次春綱聯票不分卷　（□）□□撰
清光緒九年(1883)填寫本　一冊

340000－1881－0005331　08627

芸香齋課藝彙存不分卷　（清）汪澄等撰　清
抄本　一冊

340000－1881－0005332　08628

詩鈔不分卷　（□）□□撰　清抄本　一冊

340000－1881－0005333　08629

芸香書舍錄存不分卷　韓葆純編　清抄本
一冊

340000－1881－0005334　08630

和聲鳴盛不分卷　劉嗣綰等撰　清抄本
一冊

340000－1881－0005335　08631

在山小草詩四卷　（清）許懋和撰　清光緒二
十八年(1902)刻本　一冊

340000－1881－0005336　08632

古黟節孝舒母葉太安人彤管集不分卷　（清）
舒泰輯　清光緒三十二年(1906)玉麟書局刻
本　一冊

340000－1881－0005337　08634

桃源覆驗古墓不分卷　（清）韓履之撰　清光
緒抄本　一冊

340000－1881－0005338　08637

黃穆甫刻印不分卷　（清）黃穆甫篆　清鈐印
本　一冊

340000－1881－0005339　08639

癸巳類稿十五卷　（清）俞正燮撰　清道光十
六年(1836)刻本　五冊

340000－1881－0005340　08640

癸巳存稿十五卷　（清）俞正燮撰　清光緒十
年(1884)刻本　六冊

340000－1881－0005341　08642

卜歲恆言二卷　（清）吳鵠輯　清光緒四年
(1878)余庭訓刻本　一冊

340000－1881－0005342　08643

儀禮正義四十卷　（漢）鄭玄注　（清）胡培翬
疏　清同治七年(1868)刻本　二十冊

340000－1881－0005343　08644

達齋存稿一卷　（清）胡榮珂撰　清光緒七年
(1881)刻本　一冊

340000－1881－0005344　08645

鵬南文鈔補遺六卷　（清）胡嗣運撰　清光緒
二十三年(1897)刻本　二冊

340000－1881－0005345　08646

鵬南文鈔十五卷末一卷　（清）胡嗣運撰　清
光緒二十三年(1897)刻本　五冊

340000－1881－0005346　08647

四書參證七卷　（清）胡清煦撰　清嘉慶十四
年(1809)刻本　一冊

340000－1881－0005347　08649

麝塵蓮寸集四卷末一卷　（清）汪淵輯　（清）
程淑注　清光緒四年(1878)鉛印本　二冊

340000－1881－0005348　08650

說文管見三卷古韻論三卷黃帝內經素問校義
不分卷　（清）胡秉虔撰　清同治十二年至光
緒五年（1873－1879）刻本　一冊

340000－1881－0005349　08652

研六室文鈔十卷　（清）胡培翬撰　清道光十
七年（1837）涇川書院刻本　一冊　存五卷
（一至五）

340000－1881－0005350　08653

地理纂要三卷　（宋）廖禹撰　（清）汪冶亭選
　清抄本　三冊

340000－1881－0005351　08654

夏小正集說四卷　（清）程鴻詔撰　清同治十
一年（1872）文元堂刻本　二冊

340000－1881－0005352　08655

溥通學前編不分卷　（清）王昭三編　清光緒
二十八年（1902）抱吟館刻本　十一冊

340000－1881－0005353　08660

聞見晚錄二卷　（清）邵棠撰　清嘉慶二十年
（1815）刻本　一冊

340000－1881－0005354　08662

廣蠶桑說不分卷　（清）沈練輯　清光緒八年
（1882）婺源課桑局刻本　一冊

340000－1881－0005355　08663

石文瑞試卷不分卷　（清）石文瑞撰　清光緒
同文堂書坊刻本　一冊

340000－1881－0005356　08664

胡位咸試卷不分卷　（清）胡位咸撰　清光緒
刻本　一冊

340000－1881－0005357　08666

味菜堂詩集四卷　（清）汪淵撰　清光緒二十
三年（1897）刻本　二冊

340000－1881－0005358　08667

儀禮釋官九卷首一卷　（清）胡匡衷著　清同
治八年（1869）胡肇智刻本　四冊

340000－1881－0005359　08669

瓊州雜事詩不分卷　（清）程秉釗撰　清光緒

十三年（1887）刻本　一冊

340000－1881－0005360　08670

續溪金紫胡氏所著書目二卷　（清）胡培系編
　清光緒十年（1884）世澤樓刻本　一冊

340000－1881－0005361　08671

忠敬堂彙錄八卷　（明）胡煜撰　清光緒十三
年（1887）刻本　二冊

340000－1881－0005362　08672

味菜堂詩集四卷　（清）汪淵撰　清抄本
一冊

340000－1881－0005363　08674

胡春喬行略不分卷胡培孝行略不分卷　（清）
胡曉庭撰　清抄本　一冊

340000－1881－0005364　08675

說文管見三卷　（清）胡秉虔撰　清光緒七年
（1881）望益山房書局刻本　一冊

340000－1881－0005365　08679

叢筆軒遺槀三卷附錄一卷　（清）孫采芙撰
清光緒抄本　一冊

340000－1881－0005366　08680

邵氏族望考二卷　（清）邵作藩纂　清稿本
一冊

340000－1881－0005367　08681

說文解字五百四十部目音釋不分卷　（清）周
懋泰撰　清光緒二十年（1894）刻本　一冊

340000－1881－0005368　08686

續谿雜感詩不分卷　（清）汪澤注　清同治九
年（1870）刻本　一冊

340000－1881－0005369　08690

小農詩賸三卷　（清）周懋原撰　清同治十一
年（1872）刻本　一冊

340000－1881－0005370　08692

枕葄齋詩經問答十四卷　（清）胡嗣運撰　清
光緒三十四年（1908）鵬南書屋鉛印本　二冊

340000－1881－0005371　08693

枕葄齋書經問答八卷　（清）胡嗣運撰　清光

緒三十四年(1908)鵬南書屋鉛印本　一冊

340000－1881－0005372　08694

枕葄齋書經問答八卷　(清)胡嗣運撰　清光
緒三十四年(1908)鵬南書屋鉛印本　一冊

340000－1881－0005373　08697

胡少師總集六卷　(宋)胡舜陟著　(清)胡培
翬編　清道光十九年(1839)刻本　二冊

340000－1881－0005374　08699

卦本圖攷不分卷尚書序錄不分卷　(清)胡秉
虔撰　清光緒刻㴝喜齋叢書本　一冊

340000－1881－0005375　08700

研六室文鈔十卷　(清)胡培翬撰　清光緒四
年(1878)世澤樓刻本　四冊

340000－1881－0005376　08705

說文引六藝羣書及通人說不分卷　(清)胡秉
虔撰　清稿本　一冊

340000－1881－0005377　08706

華陽山房詩鈔六卷　(清)方元泰撰　清同治
五年(1866)刻本　二冊

340000－1881－0005378　08707

韓詩外傳十卷補逸一卷校注拾遺一卷　(漢)
韓嬰著　(清)周廷寀校注　清光緒元年
(1875)望三益齋刻本　四冊

340000－1881－0005379　08708

四書拾義五卷　(清)胡紹勳撰　清道光十四
年(1834)刻本　二冊

340000－1881－0005380　08709

鶴舫詩詞二卷　(清)石芝撰　清道光二十六
年(1846)刻本　一冊

340000－1881－0005381　08710

藕絲詞四卷　(清)汪淵撰　清光緒七年
(1881)刻本　一冊

340000－1881－0005382　08711

松石齋詩草三卷　(清)周懋泰撰　清光緒二
十二年(1896)鉛印本　一冊

340000－1881－0005383　08712

松石齋詩續二卷　(清)周懋泰撰　清光緒二
十五年(1899)刻本　一冊

340000－1881－0005384　08713

研六室文鈔十卷附補遺　(清)胡培翬撰　清
光緒六年(1880)世澤樓刻本　三冊

340000－1881－0005385　08714

孔子編年五卷　(宋)胡仔撰　清同治九年
(1870)胡湛刻本　二冊

340000－1881－0005386　08716

韓詩外傳校注十卷　(漢)韓嬰著　(清)周廷
寀校注　**拾遺一卷**　(清)周宗杬撰　**西漢儒
林傳經表二卷**　(清)周廷寀輯　清乾隆五十
六年(1791)刻本　二冊

340000－1881－0005387　08717

松石齋集古印存不分卷　(清)周懋泰輯　清
光緒十八年(1892)鈐印本　一冊

340000－1881－0005388　08718

梅軒詩草不分卷　丁福保撰　清光緒抄本
一冊

340000－1881－0005389　08719

續溪金紫胡氏所著書目二卷　(清)胡培系編
　清光緒十年(1884)世澤樓刻本　一冊

340000－1881－0005390　08723

味菜堂詩集四卷　(清)汪淵撰　清光緒二十
三年(1897)刻本　一冊

340000－1881－0005391　08724

續谿胡培翬行狀不分卷　(清)胡培系撰　清
光緒六年(1880)刻研六室文鈔本　一冊

340000－1881－0005392　08725

續谿雜感詩三卷　(清)高孝本撰　(清)汪澤
注　清同治九年(1870)刻本　三冊

340000－1881－0005393　08726

續谿雜感詩不分卷　(清)高孝本撰　(清)汪
澤注　清同治八年(1869)刻本　一冊

340000－1881－0005394　08727

鵬南詩鈔十三卷　(清)胡嗣運撰　清光緒二
十四年(1898)刻本　三冊

340000－1881－0005395　08728

華陽山房詩鈔六卷　（清）方元泰撰　清同治
六年（1867）刻本　二冊

340000－1881－0005396　08729

味菜堂詩集四卷　（清）汪淵撰　清光緒二十
二年（1896）刻本　二冊

340000－1881－0005397　08730

松石齋詩續二卷　（清）周懋泰撰　清光緒二
十五年（1899）刻本　一冊

340000－1881－0005398　08732

教士邇言三卷　（清）胡培系撰　清光緒七年
（1881）刻本　一冊

340000－1881－0005399　08733

齋中讀書不分卷　（清）胡肇昕撰　清光緒二
十五年（1899）世澤樓刻本　一冊

340000－1881－0005400　08738

孔子編年五卷　（宋）胡仔撰　清同治九年
（1870）胡湛刻本　二冊

340000－1881－0005401　08741

爾雅正義二十卷　（清）邵晉涵撰　爾雅釋文
三卷　（唐）陸德明撰　清乾隆刻本　四冊

340000－1881－0005402　08742

續邑唐金山祖墓盜砍盜葬兩案合刊不分卷越
國汪公祠墓誌續刊二卷汪司馬墓案稿不分卷
　　（□）□□撰　清光緒二十一年（1895）刻本
　　三冊

340000－1881－0005403　08743

朱子[熹]年譜四卷朱子論學切要語二卷朱子
年譜校勘記三卷附記校勘存疑二卷　　（清）王
懋竑纂　清光緒九年（1883）白田草堂刻本
四冊

340000－1881－0005404　08744

周易本義啟蒙翼傳四卷　　（宋）胡一桂撰
（宋）胡思紹輯　明萬曆四十三年（1615）胡烈
刻本　四冊

340000－1881－0005405　08745

文選箋證三十二卷　（清）胡紹煐撰　清光緒

十三年（1887）世澤樓刻本　十冊

340000－1881－0005406　08746

汪子中詮六卷附密齋病語　（明）汪應蛟撰
清雍正刻本　六冊

340000－1881－0005407　08747

補蕉叢訓五卷　（清）王鴻春輯　清刻本
四冊

340000－1881－0005408　08748

樵餘詩話一卷　（清）程南撰　清道光二十年
（1840）刻本　一冊

340000－1881－0005409　08749

周禮疑義舉要三卷　（清）江永撰　清乾隆五
十二年（1787）刻本　一冊

340000－1881－0005410　08750

群經補義五卷　（清）江永著　（清）江鴻緒編
　清乾隆三十八年（1773）江錞、江錦波刻本
　一冊

340000－1881－0005411　08751

一切經音義二十五卷　（唐）釋玄應撰　清乾
隆五十一年（1786）刻本　六冊

340000－1881－0005412　08752

幼學求源三十三卷　（清）程登吉著　（清）鄒
聖脉增　（清）董成注　清道光二十二年
（1842）湯文光齋刻本　八冊

340000－1881－0005413　08753

朱子家禮八卷附卷首　（明）丘濬輯　（明）楊
廷筠補　四禮初稿四卷　（明）宋纁輯　四禮
約言四卷　　（明）呂維祺著　清康熙四十年
（1701）刻本　六冊

340000－1881－0005414　08755

牧羊山人詩集□□卷　（明）程頊撰　（明）吳
敖輯　明抄本　一冊

340000－1881－0005415　08756

佩珊珊室詩存不分卷　（清）王紉佩著　清光
緒十九年（1893）刻本　一冊

340000－1881－0005416　08757

醉綠惜紅吟草不分卷　（清）江峯青撰　清光

緒二十七年（1901）刻本　一冊

340000 – 1881 – 0005417　08758

石交吟不分卷　（清）江峯青撰　清宣統三年
（1911）刻本　一冊

340000 – 1881 – 0005418　08759

林深吟唱和集不分卷　（清）江峯青等撰　清
宣統三年（1911）刻本　一冊

340000 – 1881 – 0005419　08760

蠡游唱和詩存不分卷　（清）江峯青等撰　清
光緒二十七年（1901）刻本　一冊

340000 – 1881 – 0005420　08761

重行行唱酬集不分卷　（清）江峯青等撰　清
光緒二十三年（1897）刻本　一冊

340000 – 1881 – 0005421　08762

謙山鴻印集不分卷　（清）江峯青撰　清光緒
二十三年（1897）刻本　一冊

340000 – 1881 – 0005422　08763

戊戌新政芻言不分卷　（清）江峯青撰　清光
緒刻本　一冊

340000 – 1881 – 0005423　08764

甲寅政局條議不分卷　（清）江峯青撰　清光
緒刻本　一冊

340000 – 1881 – 0005424　08766

魏塘署齋隨筆不分卷　（清）江峯青撰　清宣
統元年（1909）刻本　一冊

340000 – 1881 – 0005425　08767

借箸編不分卷　（清）江峯青撰　清刻本
一冊

340000 – 1881 – 0005426　08769

音學辨微不分卷　（清）江永撰　清宣統元年
（1909）影印本　一冊

340000 – 1881 – 0005427　08770

雙湖先生文集十卷　（宋）胡一桂撰　清康熙
四十二年（1703）刻本　二冊

340000 – 1881 – 0005428　08771

汪雙池先生手寫戊笈談兵稿本不分卷　（清）

汪紱撰　清康熙五十八年（1719）抄本　一冊

340000 – 1881 – 0005429　08773

考訂朱子世家不分卷　（清）江永著　清同治
六年（1867）刻本　一冊

340000 – 1881 – 0005430　08774

汪雙池先生遺書不分卷　（清）汪紱撰　清抄
本　九冊

340000 – 1881 – 0005431　08775

詩經詮義十二卷首一卷末一卷　（清）汪紱撰
　清道光二十三年（1843）世德堂刻本　十
五冊

340000 – 1881 – 0005432　08776

朱子遺書□□卷　（宋）朱熹撰　清寶誥堂刻
本　十冊　存七十三卷（近思錄一至十四，延
平李先生師弟子答問一、後錄一，雜學辨一、
附錄一，中庸輯略一至二，論語精義一至十，
孟子精義一至十四，易學啟蒙一至四，詩序辨
一，孝經刊誤一，周易參同契一，陰符經一，論
孟或問一至四，伊洛淵源錄一至十四，謝上蔡
語錄一至三）

340000 – 1881 – 0005433　08777

絲絹全集二卷　（明）程任卿編　明萬曆七年
（1579）刻本　一冊

340000 – 1881 – 0005434　08778

瓴餘詩鈔八卷　（清）胡翔雲撰　清嘉慶四年
（1799）刻本　二冊

340000 – 1881 – 0005435　08779

監本四書不分卷　（宋）朱熹章句　清道光十
三年（1833）一經堂刻本　一冊

340000 – 1881 – 0005436　08780

參讀禮志疑二卷　（清）汪紱撰　清乾隆三十
六年（1771）刻本　二冊

340000 – 1881 – 0005437　08781

浮溪遺集十五卷　（宋）汪藻著　清康熙八年
（1669）刻本　四冊

340000 – 1881 – 0005438　08782

易經如話十二卷　（清）汪紱撰　清曲水書局

刻本　六冊

340000－1881－0005439　08783

汪子中詮六卷附密齋病語　（明）汪應蛟撰
清雍正刻本　六冊

340000－1881－0005440　08784

新刻紫陽五言詩選二卷　（宋）朱熹撰　明萬
曆刻本　二冊

340000－1881－0005441　08785

朱子原訂近思錄十四卷　（清）江永集注　清
同治七年(1868)刻本　四冊

340000－1881－0005442　08786

近思錄□□卷　（宋）朱熹撰　清刻本　一冊
存十四卷(一至十四)

340000－1881－0005443　08787

朱文公語錄類要述十八卷　（明）范淶編　明
萬曆四十年(1612)刻本　二冊

340000－1881－0005444　08788

晦庵先生朱文公易說二十三卷　（宋）朱熹撰
清康熙十五年(1676)刻本　八冊

340000－1881－0005445　08789

朱子六經圖十六卷　（清）江為龍纂　（清）江
自峛　（清）江自崇　（清）江自崍編　清嘉慶
十九年(1814)刻本　八冊

340000－1881－0005446　08790

近思錄十四卷考訂朱子世家不分卷　（清）江
永編注　清嘉慶十二年(1807)刻本　四冊

340000－1881－0005447　08791

河南程氏遺書二十五卷　（宋）程頤　（宋）程
顥撰　（宋）朱熹編　清刻本　六冊

340000－1881－0005448　08792

朱子語類八十卷　（清）程川編　（清）潘思齊
訂　清刻本　十六冊

340000－1881－0005449　08793

周易本義四卷　（宋）朱熹本義　清文奎堂刻
本　四冊

340000－1881－0005450　08794

梅麓詩鈔不分卷　（清）齊彥槐著　清刻本
一冊

340000－1881－0005451　08795

庸言四卷　（清）余元遴著　清咸豐元年
(1851)刻本　二冊

340000－1881－0005452　08796

朱子晚年定論三卷　（宋）朱熹撰　（明）王守
仁編　明嘉靖三十一年(1552)周俶刻本
一冊

340000－1881－0005453　08797

論語集註朱子大全十四卷　（宋）朱熹撰
（清）秦宮璧輯　清刻本　六冊

340000－1881－0005454　08798

宋朱晦庵先生名臣言行錄十卷　（宋）朱熹纂
輯　（明）張采評　明崇禎十一年(1638)刻本
二十冊

340000－1881－0005455　08799

晦庵先生朱文公文集一百卷續集十一卷別集
十卷　（宋）朱熹撰　清同治十二年(1873)刻
本　四十冊

340000－1881－0005456　08800

朱子可聞詩集五卷　（宋）朱熹撰　（清）洪力
行釋　清康熙六十一年(1722)刻本　二冊

340000－1881－0005457　08801

雒閩源流錄十九卷　（清）張夏纂　清康熙二
十一年(1682)彝敘堂刻本　五冊

340000－1881－0005458　08802

四書古人典林十二卷　（清）江永編　清乾隆
三十九年(1774)刻本　五冊

340000－1881－0005459　08803

朱子年譜考異四卷　（清）王懋竑纂　清乾隆
二十四年(1759)白田草堂刻本　一冊

340000－1881－0005460　08804

小學六卷　（明）陳選點　明嘉靖三十五年
(1556)刻本　四冊

340000－1881－0005461　08805

雲峯胡先生文集十卷　（元）胡雲峯撰　（清）

胡積城輯　清道光十一年(1831)刻本　一冊

340000－1881－0005462　08806

星砂賦不分卷奢公遺囑不分卷山水知音不分卷南遊記不分卷中龍大槩不分卷東龍記不分卷遊姑蘇記不分卷吳山總記不分卷獅山地記不分卷　(清)蔣大鴻撰　清抄本　一冊

340000－1881－0005463　08807

四書典林三十卷　(清)江永編　(清)汪基參訂　清雍正十三年(1735)刻本　十冊

340000－1881－0005464　08808

朱子家政序不分卷　(宋)朱熹撰　題(清)三友亭注　清光緒二十四年(1898)刻本　一冊

340000－1881－0005465　08809

楚辭後語八卷　(宋)朱熹撰　清刻本　二冊

340000－1881－0005466　08810

聞和草不分卷　(清)潘書馨著　(清)黃餘莠(清)侯槊辰編　清康熙三十年(1691)刻本　一冊

340000－1881－0005467　08811

朱子經濟文衡類編七十二卷　(宋)朱熹撰(宋)滕珙編　清乾隆四年(1739)刻本　六冊

340000－1881－0005468　08812

射雕詞二卷射雕詞續鈔不分卷　(清)應寶時撰　清光緒十年至十四年(1884－1888)刻本　二冊

340000－1881－0005469　08813

晦菴朱夫子五言詩抄二卷　(宋)朱熹撰(清)朱世潤編　清乾隆二年(1737)朱欽紳刻本　一冊

340000－1881－0005470　08814

周易本義通釋十二卷輯錄雲峰文集易義一卷　(元)胡炳文釋　(明)胡珙輯　明嘉靖元年(1522)刻本　四冊

340000－1881－0005471　08815

河洛精蘊九卷　(清)江永撰　(清)汪禧編　清乾隆五十年(1785)抄本　四冊

340000－1881－0005472　08816

朱子性理吟二卷　(宋)朱熹撰　(清)吳日慎編釋　清康熙三十年(1691)刻本　一冊

340000－1881－0005473　08817

朱子古文讀本六卷　(宋)朱熹撰　(清)周大璋編　清康熙五十六年(1717)寶旭齋刻本　六冊

340000－1881－0005474　08818

鄉黨圖考十卷　(清)江永編　清乾隆三十九年(1774)刻本　五冊

340000－1881－0005475　08819

朱子全書六十六卷　(宋)朱熹撰　清康熙五十二年(1713)刻本　三十二冊

340000－1881－0005476　08820

闇然堂日錄八卷　(明)潘士藻著　明萬曆三十四年(1606)刻本　四冊

340000－1881－0005477　08821

汪榮和公傳略不分卷　(□)□□撰　清抄本　一冊

340000－1881－0005478　08822

四書纂疏不分卷　(宋)朱熹集注　(清)趙順孫纂疏　清康熙十六年(1677)刻本　八冊

340000－1881－0005479　08823

楚辭集注八卷楚辭辯證二卷　(宋)朱熹集注　清光緒二十二年(1896)三味堂刻本　二冊

340000－1881－0005480　08824

楚辭辯證二卷　(宋)朱熹撰　清光緒元年(1875)崇文書局刻本　一冊

340000－1881－0005481　08825

楚辭集注八卷　(宋)朱熹集注　清光緒元年(1875)崇文書局刻本　二冊

340000－1881－0005482　08827

少室山房筆叢四十八卷　(明)胡應麟著　明萬曆三十四年(1606)吳勉學刻本　十二冊

340000－1881－0005483　08828

音學辨微不分卷　(清)江永撰　清宣統元年(1909)影印本　一冊

340000 – 1881 – 0005484　08829

文公家禮儀節八卷　（明）丘濬輯　（明）楊廷
筠訂　明萬曆三十七年(1609)錢時刻本
四冊

340000 – 1881 – 0005485　08830

周易十卷　（宋）程頤傳　（宋）朱熹本義　明
正統十二年(1447)刻本　七冊

340000 – 1881 – 0005486　08831

張子全書十五卷　（宋）朱熹注　清康熙五十
八年(1719)刻本　三冊

340000 – 1881 – 0005487　08832

文公家禮儀節八卷　（宋）朱熹編　（明）丘濬
輯　清刻本　三冊

340000 – 1881 – 0005488　08833

雲峯胡先生文集十卷　（元）胡雲峯撰　（清）
胡積城輯　清道光十一年(1831)刻本　二冊

340000 – 1881 – 0005489　08834

四書正體校定字音不分卷大學不分卷中庸不
分卷論語十卷孟子七卷　（宋）朱熹注　（清）
呂世鏞訂　清康熙五十八年(1719)懷永堂刻
本　六冊

340000 – 1881 – 0005490　08835

四聲切韻表不分卷　（清）江永編　清乾隆五
十三年(1788)刻本　一冊

340000 – 1881 – 0005491　08837

余氏天文算學三種六卷　（清）余煌撰　清光
緒元年(1875)董應崧等刻本　一冊

340000 – 1881 – 0005492　08838

緋紫山房文集讀本不分卷　（清）詹養沉著
(清)詹壯國　（清）詹逢旦編　清乾隆三十三
年(1768)抄本　一冊

340000 – 1881 – 0005493　08839

寶褉室法帖二十四卷　（□）□□撰　清咸豐
二年(1852)齊學裘刻壽鼎齋叢書本　一冊
存目錄、序跋

340000 – 1881 – 0005494　08840

韋齋集十二卷　（宋）朱喬年著　清道光元年

(1821)刻本　四冊

340000 – 1881 – 0005495　08842

夢痕錄餘不分卷　（清）汪輝祖撰　清刻本
一冊

340000 – 1881 – 0005496　08843

晚聞堂集十六卷　（明）余紹祉著　（清）余龍
光輯　清道光十七年(1837)單士修刻本
五冊

340000 – 1881 – 0005497　08845

楚辭八卷附反離騷　（宋）朱熹集注　（明）蔣
之翹評　明天啓六年(1626)刻本　一冊

340000 – 1881 – 0005498　08846

二酉山人藥囊草不分卷　（清）汪書芳撰　清
乾隆九年(1744)抄本　一冊

340000 – 1881 – 0005499　08847

學庸脈絡不分卷　（清）董應崧　（清）董純修
撰　清光緒十年(1884)刻本　一冊

340000 – 1881 – 0005500　08848

環池課孫冊儷釋錄二卷　（清）汪星村輯　清
刻本　一冊

340000 – 1881 – 0005501　08849

翼梅八卷　（清）江永著　清光緒七年(1881)
群玉山房刻本　四冊

340000 – 1881 – 0005502　08851

魏塘文告摘錄不分卷　（清）江峯青輯　清光
緒二十五年(1899)顧文善刻本　一冊

340000 – 1881 – 0005503　08852

課餘涉筆不分卷　（清）夏雪湄撰　清同治十
年(1871)夏聲大抄本　一冊

340000 – 1881 – 0005504　08854

讀困知記不分卷　（清）汪紱撰　清乾隆余元
遴等抄本　一冊

340000 – 1881 – 0005505　08857

爾雅節訓不分卷　（清）王廷燮纂　清光緒九
年(1883)刻本　一冊

340000 – 1881 – 0005506　08858

浪游浪墨不分卷　（清）江峯青撰　清光緒三十三年(1907)刻本　一冊

340000－1881－0005507　08859

雙節堂庸訓六卷　（清）汪輝祖纂　清康熙五十九年(1720)刻本　一冊

340000－1881－0005508　08860

汪雙池［紱］年譜四卷　（清）余龍光編　（清）程元瑞等參訂　清同治五年(1866)金國焌等刻本　二冊

340000－1881－0005509　08861

龍莊遺書□□卷　（清）汪輝祖撰　清光緒十五年(1889)江蘇書局刻本　四冊　存八卷（學治上、下，續說一，說贅一，佐治藥言一、續一，病榻夢痕錄上、下）

340000－1881－0005510　08862

感秋吟不分卷　（清）江峯青撰　清光緒三十一年(1905)刻本　一冊

340000－1881－0005511　08863

梅麓詩鈔不分卷　（清）齊彥槐著　清嘉慶二十二年(1817)齊學箕等刻本　一冊

340000－1881－0005512　08865

春秋繹義十四卷首二卷　（清）王曜南輯　清咸豐元年(1851)刻本　六冊

340000－1881－0005513　08866

朱子禮纂五卷　（宋）朱熹纂　（清）李光地編　清雍正十一年(1733)刻本　二冊

340000－1881－0005514　08867

雙佩齋文集四卷　（清）王友亮撰　清嘉慶十五年(1810)刻本　一冊　存三卷（一至三）

340000－1881－0005515　08868

魏塘南浦吟一卷　（清）江峯青輯　清光緒二十六年(1900)刻本　一冊

340000－1881－0005516　08869

雙池策略六卷　（清）汪紱著　清道光八年(1828)汪膏德刻本　六冊

340000－1881－0005517　08870

樂經律呂通解五卷　（清）汪紱輯　清光緒九

年(1883)稿本　十冊

340000－1881－0005518　08871

拂衣草一卷　（明）詹天表撰　清順治稿本　二冊

340000－1881－0005519　08873

自知室文集四卷　（清）董桂敷撰　清道光二十九年(1849)刻本　二冊

340000－1881－0005520　08874

雙池文集十卷　（清）汪紱撰　清道光十四年(1834)一經堂刻本　四冊

340000－1881－0005521　08875

白圭堂詩鈔六卷續鈔六卷　（清）江之紀撰　清光緒十九年(1893)刻本　四冊

340000－1881－0005522　08876

典籍便覽八卷　（明）范泓輯　（明）范淶補注　明萬曆三十一年(1603)汪高朗等刻本　四冊

340000－1881－0005523　08877

五朝名臣言行錄七十五卷　（宋）朱熹撰　清刻本　十二冊

340000－1881－0005524　08878

河洛精蘊九卷　（清）江永著　清乾隆五十年(1785)刻本　四冊

340000－1881－0005525　08879

朱止泉先生朱子聖學考略十卷　（清）朱澤澐著　（清）高斌訂　清乾隆十七年(1752)朱蒜蒻、朱蒜芬刻本　十一冊

340000－1881－0005526　08880

金陵雜詠一卷　（清）王友亮撰　清嘉慶九年(1804)刻本　一冊

340000－1881－0005527　08881

秘書廿一種九十四卷　（清）汪士漢編纂　清康熙七年(1668)刻本　十六冊

340000－1881－0005528　08882

禮記或問八卷　（清）汪紱著　清光緒二十二年(1896)刻本　四冊

340000－1881－0005529　08883

資治通鑑綱目五十九卷首一卷　（宋）司馬光撰　明成化九年(1473)刻本　八十冊

340000－1881－0005530　08884

禮記十卷　（清）汪紱注　清光緒二十一年(1895)刻本　十冊

340000－1881－0005531　08885

樂經律呂通解五卷　（清）汪紱輯　清光緒九年(1883)刻本　五冊

340000－1881－0005532　08886

春秋集傳十六卷首一卷末一卷　（清）汪紱纂　清光緒二十一年(1895)刻本　四冊

340000－1881－0005533　08887

禮書綱目八十五卷首三卷　（清）江永編　清嘉慶十五年(1810)刻本　二十四冊

340000－1881－0005534　08888

孝經章句二卷　（清）汪紱注　清光緒二十一年(1895)汪起潢、汪達潢刻本　一冊

340000－1881－0005535　08889

書經詮義十二卷首二卷　（清）汪紱撰　清光緒二十年(1894)刻本　十三冊

340000－1881－0005536　08890

周易詮義十四卷首一卷　（清）汪紱撰　清光緒二十三年(1897)刻本　十五冊

340000－1881－0005537　08891

六禮或問十二卷　（清）汪紱著　清光緒二十一年(1895)刻本　四冊

340000－1881－0005538　08892

理學逢源十二卷　（清）汪紱集　（清）董昌瑑校　（清）汪嗣佳　（清）余元遴參訂　清光緒二十三年(1897)刻本　十二冊

340000－1881－0005539　08893

雙池先生［汪紱］年譜四卷　（清）余龍光編次　（清）盧葆辰　（清）程夢元　（清）余家鼎校　清光緒二十二年(1896)刻本　二冊

340000－1881－0005540　08894

讀近思錄一卷讀讀書錄二卷讀困知記三卷讀

問學錄一卷參讀禮志疑二卷儒先晬語二卷讀陰符經一卷讀參同契三卷詩韻析七卷立雪齋琴譜二卷大風集四卷物詮八卷　（清）汪紱著　清光緒二十二年(1896)刻本　十八冊

340000－1881－0005541　08895

四書詮義三十八卷　（清）汪紱纂　清道光六年(1826)刻本　十四冊

340000－1881－0005542　08896

易經如話十二卷首一卷　（清）汪紱著　清光緒二十二年(1896)刻本　六冊

340000－1881－0005543　08897

四翼附編四卷　（清）戴彭述　清光緒二十一年(1895)刻本　一冊

340000－1881－0005544　08898

戊笈談兵十卷首一卷附戊笈談兵補校錄　（清）汪紱錄　清光緒二十五年(1899)刻本　十冊

340000－1881－0005545　08899

禮記集說三十卷　（清）江永編　明萬曆吳勉學刻本　五冊　存二十四卷(一至二十四)

340000－1881－0005546　08900

四書經註集證十九卷　（清）吳昌宗輯　清嘉慶三年(1798)刻本　十五冊

340000－1881－0005547　08901

奇門遁甲啟悟不分卷　（清）朱榮璪述　清光緒二十一年(1895)刻本　一冊

340000－1881－0005548　08902

韻語不分卷北行紀事不分卷疑日小言不分卷　（明）余鳴盛著　明崇禎二年(1629)刻本　一冊

340000－1881－0005549　08903

四書典林三十卷　（清）江永編　（清）汪基參訂　清雍正十三年(1735)刻本　十冊

340000－1881－0005550　08904

群經補義五卷　（清）江永著　（清）江鴻緒編次　清刻本　一冊

340000－1881－0005551　08905

朱子家禮八卷首一卷　（明）丘濬輯　（明）楊廷筠校　四禮初稿四卷　（明）宋纁輯　四書約言四卷　（明）呂維祺著　清康熙四十年（1701）刻本　四冊

340000－1881－0005552　08906

四書問答二十四卷　（清）戴大昌撰　清嘉慶十五年（1810）刻本　四冊

340000－1881－0005553　08907

林和靖先生詩集四卷附詩話　（宋）林逋撰　清光緒二十一年（1895）刻本　二冊

340000－1881－0005554　08908

梅麓試帖不分卷　（清）齊彥槐著　（清）齊學箕校　清刻本　一冊

340000－1881－0005555　08909

梅麓詩鈔不分卷　（清）齊彥槐著　（清）齊學裘校　清道光二十五年（1845）刻本　五冊

340000－1881－0005556　08910

梅麓詩鈔不分卷　（清）齊彥槐著　（清）齊學裘校　清道光二十四年（1844）刻本　二冊

340000－1881－0005557　08911

四書通證不分卷　（元）張存中編　（清）納蘭性德校訂　清康熙十九年（1680）刻本　四冊

340000－1881－0005558　08912

物詮八卷　（清）汪紱著　清光緒九年（1883）刻本　二冊

340000－1881－0005559　08915

晚聞堂集十六卷　（明）余紹祉著　（清）余龍光輯　清道光十七年（1837）單士修刻本　五冊

340000－1881－0005560　08916

瀛奎律髓四十九卷　（宋）方回選　清康熙五十二年（1713）刻本　十冊

340000－1881－0005561　08917

易學詮義十四卷首一卷　（清）汪紱著　清抄本　十五冊

340000－1881－0005562　08918

紫陽文公先生［朱熹］年譜五卷　（明）李默

（明）朱河重訂　明嘉靖刻本　三冊　存三卷（一至三）

340000－1881－0005563　08919

白圭堂詩續鈔六卷　（清）江之紀著　（清）孫人鏡校重刻　清同治三年（1864）刻本　一冊

340000－1881－0005564　08920

近思錄集解十四卷　（宋）朱熹原編　（宋）葉采集解　清康熙刻本　二冊

340000－1881－0005565　08921

儀禮約編二卷　（清）汪基抄撰　（清）江永較纂　（清）江度參訂　清康熙五十八年（1719）刻本　一冊

340000－1881－0005566　08922

鄉黨圖考十卷　（清）江永編　清乾隆三十九年（1774）刻本　四冊

340000－1881－0005567　08923

雲峯胡先生文集十卷　（元）胡雲峯撰　（清）胡積城輯　清道光十一年（1831）刻本　二冊

340000－1881－0005568　08924

江慎齋先生［永］年譜不分卷　（清）江錦波（清）江柏森　（清）江廷駿撰　清嘉慶十四年（1809）抄本　一冊

340000－1881－0005569　08925

易經旁訓□□卷　（元）李恕撰　明萬曆二十三年（1595）刻本　一冊　存一卷（一）

340000－1881－0005570　08926

蓮廊雅集不分卷　（清）江峯青等著　清光緒二十年（1894）刻本　二冊

340000－1881－0005571　08927

鄉貢進士吏部截取知縣星川余公家傳不分卷　（清）余龍光撰　清光緒六年（1880）刻本　一冊

340000－1881－0005572　08928

余氏天文算學三種六卷　（清）余煌述　鄉貢進士吏部截取知縣星川余公家傳不分卷　（清）余龍光撰　清光緒六年（1880）刻本　一冊

340000－1881－0005573　08929

樂府外集琴譜四卷首一卷　（清）汪紱輯　清光緒九年(1883)刻本　一冊

340000－1881－0005574　08931

余黼山［龍光］年譜不分卷　（清）余香祖（清）余家鼎編次　清光緒二十二年(1896)刻本　一冊

340000－1881－0005575　08932

樂經或問三卷　（清）汪紱釋　（清）盧葆辰等校　清光緒二十二年(1896)刻本　三冊

340000－1881－0005576　08933

山海經存九卷首一卷　（清）汪紱釋　（清）盧葆辰等校　清光緒二十一年(1895)石印本　四冊

340000－1881－0005577　08934

訂正通鑑綱目前編二十五卷資治通鑑綱目五十九卷末一卷續資治通鑑綱目二十七卷　（明）丁永祚等校　明萬曆二十八年(1600)刻本　一百六冊

340000－1881－0005578　08935

晦庵先生朱文公文集一百卷續集十一卷別集十卷　（宋）朱熹撰　清同治十二年(1873)刻本　六十四冊

340000－1881－0005579　08936

朱子文集大全類編一百十一卷　（宋）朱熹著　清乾隆十五年(1750)刻本　三十六冊

340000－1881－0005580　08937

四書疑句輯解二卷　（清）倪偉人撰　清光緒刻本　一冊

340000－1881－0005581　08938

輟耕筆記二卷　（清）倪偉人撰　清光緒刻本　一冊

340000－1881－0005582　08939

樂府古題要解二卷　（清）倪偉人撰　清光緒刻本　一冊

340000－1881－0005583　08940

課徒試帖二卷　（清）倪偉人撰　清光緒二十

四年(1898)刻本　一冊

340000－1881－0005584　08941

錦城紀略三卷　（清）倪望重紀　清光緒二十四年(1898)刻本　一冊

340000－1881－0005585　08943

綠蔭軒遺集六卷　（清）胡佩芳撰　清光緒二十三年(1897)刻本　四冊

340000－1881－0005586　08944

輟耕吟槀詩存五卷　（清）倪偉人撰　清光緒十六年(1890)刻本　二冊

340000－1881－0005587　08945

輟耕吟槀詩存五卷四書疑句輯解二卷樂府古題要解二卷錦城紀略補遺一卷錦城詩存三卷課徒試帖二卷輟耕筆記一卷輟耕消暑錄一卷敦復堂文集二卷　（清）倪偉人撰　清光緒十六年(1890)刻本　七冊

340000－1881－0005588　08946

竹山遺略不分卷　（宋）謝璞著　（清）謝維甸重彙刊　清道光十七年(1837)刻本　一冊

340000－1881－0005589　08947

偶有軒詩鈔三卷　（清）陳鴻猷著　（清）陳光淦等校　清道光二十四年(1844)刻本　一冊

340000－1881－0005590　08948

幽芳錄四卷　（清）吳雲山輯　清嘉慶二年(1797)刻本　一冊

340000－1881－0005591　08949

四書疑句輯解二卷　（清）倪偉人述　清刻本　一冊

340000－1881－0005592　08950

祁米案牘不分卷　（清）黃光第輯　清光緒三十三年(1907)刻本　一冊

340000－1881－0005593　08951

秋崖先生小藁四十五卷詩集三十八卷　（宋）方岳著　明嘉靖六年(1527)刻本　七冊

340000－1881－0005594　08952

玲瓏山館秦漢印譜不分卷　（清）馬曰琯（清）馬曰璐選　清乾隆鈐印本　二冊

340000－1881－0005595　08953

秋崖先生小稾八十三卷　（宋）方岳著　清光
緒二十一年(1895)刻本　六册　存四十五卷
（一至四十五）

340000－1881－0005596　08954

秋崖先生小稾八十三卷　（宋）方岳著　明嘉
靖六年(1527)刻本　十册

340000－1881－0005597　08955

秋崖先生小稾詩集三十八卷　（宋）方岳撰
清光緒二十一年(1895)刻本　四册

340000－1881－0005598　08956

秋崖先生小稾八十三卷　（宋）方岳撰　明嘉
靖六年(1527)刻本　十册

340000－1881－0005599　08957

宋詩紀事一百卷　（清）厲鶚緝　（清）馬曰琯
同緝　清乾隆十一年(1746)刻本　三十二册

340000－1881－0005600　08958

徐位山六種八十三卷　（清）徐文靖著　（清）
徐眘樞　（清）毛大鵬注　（清）徐昉　（清）
徐榮樞校字　（南朝梁）沈約附注　（清）馬陽
　（清）崔萬烜校訂　清光緒二年(1876)刻本
　二十四册　存七十一卷(志寧堂全稿一、經
言拾遺一至十四、竹書紀年統箋一至十二、天
下山河兩戒考一至十四、管城碩記一至三十)

340000－1881－0005601　08959

養疴三編八卷　（清）夏炘輯　清同治元年
(1862)刻本　二册

340000－1881－0005602　08960

禹貢會箋十二卷　（清）徐文靖箋　（清）趙弇
訂　清光緒二年(1876)刻本　六册

340000－1881－0005603　08961

禹貢會箋十二卷　（清）徐文靖箋　（清）趙弇
訂　清乾隆十八年(1753)刻本　三册

340000－1881－0005604　08962

謝家山人集三卷　（清）唐鎣編　（清）唐汝瓖
校　清光緒十一年(1885)刻本　一册

340000－1881－0005605　08963

讀詩劄記八卷詩章句攷一卷詩樂存亡譜一卷
集傳校勘記一卷古韻表廿二部集說二卷
（清）夏炘學　清道光十三年(1833)刻本
四册

340000－1881－0005606　08964

聞見一隅錄三卷　（清）夏炘述　清石印本
一册

340000－1881－0005607　08965

天下山河兩戒考十四卷　（清）徐文靖註　清
雍正二年(1724)刻本　四册

340000－1881－0005608　08966

壹齋集四十卷奏御集二卷壹齋集二卷泛槳錄
二卷蕭湯二老遺詩合編不分卷　（清）黃鉞著
　（清）許文澄　（清）許文深校刊　清咸豐九
年(1859)刻本　十册

340000－1881－0005609　08967

檀弓辨誣三卷　（清）夏炘學　清咸豐四年
(1854)刻本　一册

340000－1881－0005610　08968

詒經堂藏書七種十九卷　（清）金長春輯　清
嘉慶十八年(1813)刻本　八册

340000－1881－0005611　08969

管城碩記三十卷　（清）徐文靖著　清乾隆九
年(1744)志寧堂刻本　九册

340000－1881－0005612　08970

當塗吳錫伯先生遺訓不分卷附箋釋不分卷
(清)吳錫伯訓　（清）吳騫箋釋　（清）吳立
同　（清）吳本涵　（清）吳本厚等校字　清雍
正八年(1730)刻本　一册

340000－1881－0005613　08971

西湖紀勝不分卷　（清）吳騫編輯　（清）吳本
涵　（清）吳本厚校　清刻本　二册

340000－1881－0005614　08972

惠陽山水紀勝二卷　（清）吳騫編輯　（清）吳
本涵　（清）吳本厚校　清康熙六十一年
(1722)刻本　二册

340000－1881－0005615　08973

竹書紀年統箋十二卷　（南朝梁）沈約注
（清）徐文靖統箋　清乾隆十五年(1750)刻本
四冊

340000－1881－0005616　08974

西域記八卷　（清）長白七十七椿園著　（清）
金長春參訂　（清）宋傳心校　清嘉慶十九年
(1814)刻本　三冊

340000－1881－0005617　08975

天下山河兩戒考十四卷　（清）徐文靖注　清
雍正元年(1723)刻本　四冊

340000－1881－0005618　08976

述朱質疑十六卷　（清）夏炘學　清咸豐二年
(1852)刻本　四冊

340000－1881－0005619　08977

述朱質疑十六卷　（清）夏炘學　清咸豐二年
(1852)刻本　四冊

340000－1881－0005620　08979

景紫堂全書八十一卷　（清）夏炘著　清同治
元年(1862)刻本　七冊　存三十卷(檀弓辨
誣一至三、三綱制服尊尊述義一至三、賈長沙
政書疏考補一、陶主敬先生年譜一、學制統述
一至二、六書轉注說一至二、學禮管釋一至十
八)

340000－1881－0005621　08980

梅氏叢書輯要六十二卷　（清）梅文鼎著
（清）梅文鼐學　（清）梅毅成校輯　（清）李
鐘倫等校字　清光緒十四年(1888)石印本
六冊

340000－1881－0005622　08981

說文段注撰要九卷　（清）馬壽齡述　清光緒
九年(1883)刻本　四冊

340000－1881－0005623　08982

然後知齋答問二十卷　（清）梅沖著　清嘉慶
二十一年(1816)刻本　四冊

340000－1881－0005624　08983

夏仲子集六卷　（清）夏炯撰　清道光二十年
(1840)刻本　三冊

340000－1881－0005625　08984

睡庵稿二十五卷　（明）湯賓尹著　明萬曆三
十九年(1611)刻本　十三冊

340000－1881－0005626　08985

貢尚書玩齋集十卷首一卷　（元）貢師泰著
（明）沈士彝編　清乾隆四十年(1775)刻本
五冊

340000－1881－0005627　08986

新鍥會元湯先生批評空同文選五卷　（明）李
夢陽撰　（明）湯賓尹評　明萬曆詹聖澤刻本
三冊

340000－1881－0005628　08987

新鍥會元湯先生批評弇州文選四卷　（明）李
夢陽撰　（明）湯賓尹評　明萬曆詹聖澤刻本
三冊

340000－1881－0005629　08988

省軒考古類編十二卷　（清）柴紹炳纂　（清）
姚廷謙評　清雍正四年(1726)刻本　六冊

340000－1881－0005630　08989

宛陵先生文集六十卷　（宋）梅堯臣著　清宣
統二年(1910)石印本　十冊

340000－1881－0005631　08990

李翰林姑孰遺蹟題詠類鈔六卷首二卷　（清）
沈雲閣鑒定　（清）曹笙南輯　清光緒八年
(1882)刻本　二冊

340000－1881－0005632　08991

類聯集古□□卷　（清）劉慶觀輯　清乾隆刻
本　一冊　存六卷(二至七)

340000－1881－0005633　08992

古今名喻分類全編八卷　（明）吳仕期編輯
（明）沈懋學披閱　（明）梅鼎祚全閱　（明）
蔡逢春校釋　（明）蔡逢時全校　（明）張尚志
錄　明萬曆五年(1577)葉貴刻本　八冊

340000－1881－0005634　08993

黃太史怡春堂藏稿三卷　（明）黃輝著　（明）
湯賓尹正　（明）張師繹校　明天啓五年
(1625)刻本　三冊

340000 - 1881 - 0005635　08994

古樂苑衍錄四卷　（明）梅鼎祚編次　（明）呂胤昌校閱　明刻本　二冊

340000 - 1881 - 0005636　08995

韻法直圖一卷末一卷　（明）梅膺祚撰　**韻法橫圖一卷**　（明）李世澤識　明刻本　一冊

340000 - 1881 - 0005637　08996

謝宣城集五卷　（南朝齊）謝朓著　（明）梅鼎祚校　明萬曆七年（1579）史元熙刻本　一冊

340000 - 1881 - 0005638　08997

施愚山先生學餘文集二十八卷　（清）施閏章著　（清）施彥淳　（清）施彥恪全錄輯　清康熙四十七年（1708）刻本　四冊

340000 - 1881 - 0005639　08998

施愚山先生學餘詩集五十卷　（清）施閏章撰　（清）施彥淳　（清）施彥恪輯　（清）施瑍等校　清康熙四十七年（1708）刻本　六冊

340000 - 1881 - 0005640　08999

施愚山先生別集四卷　（清）施閏章撰　（清）施企曾　（清）施念曾校　清刻本　一冊

340000 - 1881 - 0005641　09002

謝宣城集六卷　（南朝齊）謝朓撰　（明）梅庚校　清康熙四十六年（1707）郭威釗刻本　二冊

340000 - 1881 - 0005642　09003

隨村先生遺集六卷　（清）施瑍撰　（清）杭世駿訂　清乾隆四年（1739）刻本　一冊

340000 - 1881 - 0005643　09004

周氏三字箴不分卷　（清）周贇撰　清光緒二十二年（1896）六聲堂刻本　一冊

340000 - 1881 - 0005644　09005

字彙十二卷首一卷末一卷　（明）梅膺祚音釋　明萬曆四十三年（1615）刻本　十四冊

340000 - 1881 - 0005645　09006

宛陵先生集六十卷　（宋）梅堯臣撰　清順治十四年（1657）刻本　二冊　存五卷（一至五）

340000 - 1881 - 0005646　09007

字彙十二卷首一卷末一卷　（明）梅膺祚音釋　明萬曆四十三年（1615）刻本　十四冊

340000 - 1881 - 0005647　09008

宛雅三編二十四卷　（明）張汝霖　（清）施念曾編　清刻本　八冊

340000 - 1881 - 0005648　09009

宛雅二編八卷首一卷　（清）施閏章　（清）蔡蓁春編　清刻本　二冊

340000 - 1881 - 0005649　09010

宛雅初編八卷首一卷　（明）梅鼎祚編　清光緒元年（1875）刻本　二冊

340000 - 1881 - 0005650　09011

陸宣公全集二十四卷　（唐）陸贄撰　（明）湯賓尹評　（明）馬元訂　明崇禎元年（1628）刻本　四冊

340000 - 1881 - 0005651　09012

睡庵稿十一卷　（明）湯賓尹撰　明萬曆刻本　四冊

340000 - 1881 - 0005652　09013

兼濟堂纂刻梅勿菴先生曆算全書二十九種七十四卷　（清）梅文鼎撰　（清）魏荔彤輯　清咸豐九年（1859）兼濟堂刻梅氏叢書本　二十四冊

340000 - 1881 - 0005653　09014

湯宣城虛字訣不分卷　（明）湯賓尹撰　清抄本　一冊

340000 - 1881 - 0005654　09015

梅氏叢書輯要六十二卷　（清）梅文鼎撰　（清）梅毂成輯　清光緒十四年（1888）龍文書局石印本　六冊

340000 - 1881 - 0005655　09016

文成字彙十二卷首一卷　（明）梅膺祚音釋　清道光二十八年（1848）經國堂刻本　十三冊

340000 - 1881 - 0005656　09018

山門新語五種四卷首四卷　（清）周贇撰

(清)汪承詔　(清)周遵第校　清光緒三十三年(1907)刻本　四冊

340000－1881－0005657　09019
類聯集古四卷　(清)劉慶觀輯　清刻本　一冊

340000－1881－0005658　09020
檀弓通二卷　(明)徐昭慶輯注　(明)梅膺祚校　明萬曆刻本　二冊

340000－1881－0005659　09021
兼濟堂纂刻梅勿菴先生曆算全書二十九種七十四卷　(清)梅文鼎撰　(清)魏荔彤輯　清咸豐九年(1859)兼濟堂刻梅氏叢書本　三十冊

340000－1881－0005660　09022
鼎鐫睡庵湯太史易經脈□□卷　(明)湯賓尹撰　明刻本　二冊　存四卷(三至六)

340000－1881－0005661　09023
存養軒詩稿□□卷　(清)耿溶撰　清刻本　一冊　存五卷(四至八)

340000－1881－0005662　09024
宛雅四十卷首一卷　(明)梅膺祚編　清光緒元年(1875)刻本　十二冊

340000－1881－0005663　09025
文選集釋二十四卷　(清)朱珔撰　(清)朱葆元　(清)朱應坊校　清光緒元年(1875)涇川朱氏梅村家塾刻本　十二冊

340000－1881－0005664　09026
小萬卷齋詩藁三十二卷續藁十二卷末一卷　(清)朱珔撰　清光緒十一年(1885)刻本　十二冊

340000－1881－0005665　09027
三餘偶筆十六卷三餘續筆十二卷　(清)左暄撰　清嘉慶二十年(1815)刻本　四冊

340000－1881－0005666　09028
茂林賦鈔不分卷茂林賦鈔二集不分卷　(清)吳學洙編　(清)吳之綱　(清)吳之紀校　清光緒八年(1882)刻本　四冊

340000－1881－0005667　09029
帶草山房詩集二卷　(清)鄭驤撰　清抄本　一冊

340000－1881－0005668　09030
秋興排律不分卷咳蘭堂詩鈔不分卷　(清)吳慎旃撰　清光緒十六年(1890)刻本　一冊

340000－1881－0005669　09032
雲樵詩箋四卷　(清)吳芳培撰　(清)戴昶　(清)邵墍注　清刻本　一冊　存二卷(三至四)

340000－1881－0005670　09034
小園詩鈔不分卷　(清)吳毓麟撰　清道光十四年(1834)刻本　二冊

340000－1881－0005671　09039
吟秋館詩稿四卷　(清)朱葆元撰　清咸豐十年(1860)刻本　一冊

340000－1881－0005672　09040
杏軒集八卷　(清)胡貞干撰　清道光元年(1821)刻本　四冊

340000－1881－0005673　09041
小萬卷齋詩稿三十二卷續稿十二卷經進稿四卷　(清)朱珔撰　清道光九年(1829)刻本　六冊　存二十四卷(小萬卷齋詩稿一至六、二十二至二十六、二十八至三十、三十二,續稿一、六至十一,經進稿三至四)

340000－1881－0005674　09042
儀禮古今文疏義十七卷　(清)胡承珙撰　清光緒三年(1877)湖北崇文書局刻本　四冊

340000－1881－0005675　09043
南行日記不分卷(清光緒七年六月二十五日至八月二十三日)　吳廣霈撰　清光緒七年(1881)韜園鉛印本　一冊

340000－1881－0005676　09045
安吳四種三十六卷首一卷　(清)包世臣撰　清光緒十四年(1888)刻本　十六冊

340000－1881－0005677　09046
常語尋源二卷　(清)鄭志鴻纂　清光緒三年

(1877)刻本　一冊　存一卷(一)

340000－1881－0005678　09047

說儲不分卷　(清)包世臣撰　鄧實輯　清光緒三十二年(1906)國學保存會鉛印本　一冊

340000－1881－0005679　09048

不繫齋賦鈔不分卷　(清)吳慎旃撰　(清)吳爾賡校　清光緒十六年(1890)刻本　一冊

340000－1881－0005680　09049

姓氏串珠九卷　(清)王承波輯　清光緒十二年(1886)刻本　一冊

340000－1881－0005681　09050

印雪軒詩稿不分卷　(清)胡鴻澤撰　清光緒刻本　一冊

340000－1881－0005682　09051

宜識字齋詩鈔四卷　(清)潘慶瀾撰　(清)潘肇翰　(清)潘承翰校　清宣統二年(1910)擷華書局鉛印本　二冊

340000－1881－0005683　09052

易說醒四卷首一卷末一卷　(明)洪守美撰　清同治十一年(1872)刻本　三冊

340000－1881－0005684　09054

餘墨堂遺稿不分卷　(清)翟詠參撰　(清)崔英輯　清乾隆三十一年(1766)餘墨堂刻本　一冊

340000－1881－0005685　09055

毅齋查先生闡道集十卷末一卷　(明)查鐸撰　(明)蕭彥　(明)趙士登校　清光緒十六年(1890)刻本　四冊

340000－1881－0005686　09057

涇川叢書七十二卷　(清)趙紹祖　(清)趙繩祖輯　清道光十二年(1832)刻本　二十二冊　缺十三卷(毅齋經說一卷、學測一卷、讀書些子會心一卷、賓退錄四卷、筆記一卷、制府疏草二卷、玉城奏疏一卷、西臺摘書一卷、東井告敕一卷)

340000－1881－0005687　09058

乾坤正氣集五百七十四卷首一卷　(清)潘錫恩輯　清光緒十八年(1892)刻本　一百六十冊

340000－1881－0005688　09060

倚琴閣詩草不分卷　(清)吳麟珠撰　清光緒二十二年(1896)刻本　一冊

340000－1881－0005689　09062

桃花潭文徵六卷　(清)翟大程編　清光緒三十年(1904)涇川翟氏刻本　一冊　存一卷(一)

340000－1881－0005690　09063

續輯明刑圖說不分卷　(清)胡鴻澤編　清光緒八年(1882)涇川胡氏刻本　一冊

340000－1881－0005691　09065

蓮塘朱公家慶集不分卷　(清)朱守訓等編　清同治八年(1869)刻本　一冊

340000－1881－0005692　09066

鄉賢崇祀錄不分卷　(清)潘駿文等編　清同治刻本　一冊

340000－1881－0005693　09067

鄉賢崇祀錄不分卷　(清)潘駿文等編　清同治刻本　一冊

340000－1881－0005694　09068

[安徽涇縣]趙氏淵源集十卷消暑錄一卷　(清)趙紹祖抄　(清)趙國楨校　清光緒十三年(1887)小古墨齋刻本　六冊

340000－1881－0005695　09069

毛詩後箋三十卷　(清)胡承珙撰　清光緒十六年(1890)廣雅書局刻本　四冊　存二十五卷(一至二十五)

340000－1881－0005696　09070

白水集二卷　(明)徐榜撰　(明)徐文禮　(明)徐文褘編　清宣統三年(1911)刻本　一冊

340000－1881－0005697　09071

古月軒詩存彙稿十九卷　(清)朱伸林　(清)朱驤成　(清)朱駞成撰　清光緒十年(1884)刻本　六冊

340000 – 1881 – 0005698　09072

新刊精選陽明先生文粹六卷　（明）王守仁撰
（明）查鐸輯　明嘉靖四十五年（1566）涇川
查氏里仁堂刻本　六冊

340000 – 1881 – 0005699　09073

十三經集字摹本不分卷　（清）彭玉雯篆
（清）萬青銓校　清道光二十九年（1849）彭玉
雯刻本　八冊

340000 – 1881 – 0005700　09074

紫陽家塾詩鈔二十四卷　（清）朱珔輯　清道
光十二年（1832）刻本　六冊

340000 – 1881 – 0005701　09075

小萬卷齋文稿二十四卷首一卷末一卷　（清）
朱珔撰　清光緒十一年（1885）刻本　十二冊

340000 – 1881 – 0005702　09076

安吳四種三十六卷首一卷　（清）包世臣撰
（清）包世榮　（清）包慎言注　清同治十一年
（1872）刻本　十一冊　存二十七卷（一至七、
十至二十四、二十八至三十、三十五至三十
六）

340000 – 1881 – 0005703　09077

新義錄一百卷首一卷　（清）孫璧文撰　清光
緒八年（1882）刻本　二十冊

340000 – 1881 – 0005704　09079

煙波歸釣圖贈詩不分卷　（清）吳臺輯　清嘉
慶二十四年（1819）刻本　一冊

340000 – 1881 – 0005705　09080

安吳詞不分卷　（清）包世臣撰　清抄本
一冊

340000 – 1881 – 0005706　09088

桃花潭文徵六卷　（清）翟大程編　清光緒三
十年（1904）涇川翟氏刻本　六冊

340000 – 1881 – 0005707　09090

言孝錄不分卷　（清）劉瓊輯　清雍正六年
（1728）刻本　一冊

340000 – 1881 – 0005708　09094

雲海東遊記二卷　（清）江慕洵撰　清光緒三

十二年（1906）鉛印本　一冊

340000 – 1881 – 0005709　09095

先聖生卒年月日考二卷　（清）孔廣牧述
（清）劉嶽雲算校　清光緒四年（1878）寫刻本
一冊

340000 – 1881 – 0005710　09098

文節公奏疏二卷　（清）呂賢基撰　清光緒七
年（1881）惇福堂刻本　二冊

340000 – 1881 – 0005711　09099

月洲詩鈔不分卷　（清）釋先學撰　清嘉慶三
年（1798）刻本　一冊

340000 – 1881 – 0005712　09101

**[清咸豐癸丑科己未科庚申科、清同治癸亥科
乙丑科戊辰科辛未科甲戌科、光緒丙子科丁
丑科]欽定朝考卷不分卷**　（清）呂鳳崎等撰
清光緒三年（1877）刻本　一冊

340000 – 1881 – 0005713　09102

文選古字通補訓四卷附拾遺　（清）呂文錦撰
清光緒二十七年（1901）懷硯齋刻本　四冊

340000 – 1881 – 0005714　09103

文選古字通補訓四卷附拾遺　（清）呂文錦撰
清光緒二十七年（1901）懷硯齋刻本　四冊

340000 – 1881 – 0005715　09104

周易通論月令二卷　（清）姚配中撰　清道光
十四年（1834）一經廬刻本　一冊

340000 – 1881 – 0005716　09106

紅杏山房詩存四卷　（清）項兆麟撰　（清）項
伯堂編　清光緒十六年（1890）項肇坤刻本
一冊

340000 – 1881 – 0005717　09107

紅杏山房試帖詩草不分卷　（清）項兆麟撰
（清）項伯堂編　清同治三年（1864）項肇坤刻
本　一冊

340000 – 1881 – 0005718　09108

攷古錄十卷　（清）孫璧文撰　清光緒十四年
（1888）刻本　六冊

340000 – 1881 – 0005719　09109

敬業軒制藝不分卷　（清)焦景昌撰　（清)趙
昌裕等校　清光緒十二年(1886)刻本　二冊

340000－1881－0005720　09110

月洲詩鈔不分卷　（清)釋先學撰　清抄本
一冊

340000－1881－0005721　09112

呂氏三姊妹集不分卷　（清)安蹇齋主輯
（清)呂湘撰　清光緒三十一年(1905)鉛印本
一冊

340000－1881－0005722　09113

大成易旨四卷　（明)崔師訓撰　（明)崔宗鞏
校　清嘉慶十一年(1806)刻本　三冊

340000－1881－0005723　09115

未了吟初刻不分卷　（清)湯芷香撰　清光緒
二十二年(1896)刻本　一冊

340000－1881－0005724　09116

師水齋文集十八卷　（清)崔預撰　清道光二
十年(1840)刻本　四冊

340000－1881－0005725　09117

符山文集二卷　（清)崔寅衷撰　清執禮堂刻
本　二冊

340000－1881－0005726　09118

大成易旨四卷　（明)崔師訓撰　清光緒十六
年(1890)刻本　六冊

340000－1881－0005727　09119

獄鐙小稿三卷　（清)趙光祖撰　清光緒十四
年(1888)刻本　一冊

340000－1881－0005728　09122

韞山堂時文三卷　（清)管世銘撰　（清)崔星
門編　清光緒六年(1880)湖南書局刻本
一冊

340000－1881－0005729　09123

經史新義錄一百卷首一卷　（清)孫璧文撰
清光緒二十七年(1901)兩湖書院刻本　四十
八冊

340000－1881－0005730　09124

經史新義錄一百卷首一卷　（清)孫璧文撰

清光緒二十七年(1901)兩湖書院刻本　二十
冊　存三十八卷(一至九、三十二至四十四、
七十八至八十三、九十一至一百)

340000－1881－0005731　09125

懷幽雜俎十七卷　徐乃昌輯　清宣統三年
(1911)刻本　八冊

340000－1881－0005732　09131

元聲韻學大成四卷　（明)濮陽淶撰　明萬曆
二十六年(1598)刻本　四冊

340000－1881－0005733　09132

北戍草不分卷　（清)張光藻撰　清光緒二十
三年(1897)張光裕堂刻本　二冊

340000－1881－0005734　09133

北戍草不分卷　（清)張光藻撰　清光緒二十
三年(1897)張光裕堂刻本　二冊

340000－1881－0005735　09136

隨庵徐氏叢書十種　徐乃昌輯　清光緒三十
四年(1908)刻本　十一冊　存八卷(詞林韻
釋一、吳越春秋十、金石例十、中朝故事一、述
異記二、唐女郎魚玄機詩集一、篋中集一、樂
府新編陽春白雪前集五)

340000－1881－0005736　09138

皖詞紀勝不分卷　徐乃昌編　清光緒三十年
(1904)小檀欒室刻本　一冊

340000－1881－0005737　09140

曲江草堂詩草初集三卷貳集二卷叄集二卷
（清)李逢庚撰　清宣統元年(1909)抄本
七冊

340000－1881－0005738　09142

兩朝剝復錄六卷首一卷附校證　（明)吳應箕
輯　（清)夏燮校　先撥志始二卷　（明)文秉
撰　（清)蕭國琛校　清同治二年(1863)刻本
六冊

340000－1881－0005739　09143

東林本末三卷　（明)吳應箕纂　（清)夏燮
（清)朱航校　清同治五年(1866)刻本　一冊

340000－1881－0005740　09144

樓山堂集二十七卷附熹朝忠節死臣列傳一卷
　（明）吳應箕撰　清同治五年（1866）刻本
三冊　存十三卷（一至四、十九至二十七）

340000－1881－0005741　09145

隸通二卷　（清）錢慶曾撰　清末南陵徐乃昌
刻本　二冊

340000－1881－0005742　09149

老子宗旨四卷首一卷　（清）吳世尚注釋　清
康熙六十一年（1722）刻本　二冊

340000－1881－0005743　09150

忠節紀略八卷續一卷　（清）柯自遂輯　清同
治十年（1871）黃秉鈞刻本　二冊

340000－1881－0005744　09151

黃文貞公忠節紀略四卷首一卷　（清）柯自遂
輯　（清）劉瑞芬重編　清光緒元年（1875）刻
本　二冊

340000－1881－0005745　09152

翠微南征錄十卷首一卷　（宋）華岳撰　（清）
郎遂編　清光緒十五年（1889）刻本　一冊
存四卷（一至四）

340000－1881－0005746　09153

養浩齋詩稿九卷續稿五卷　（清）桂超萬撰
（清）桂青萬　（清）桂載萬編　清道光六年
（1826）刻本　一冊　存四卷（養浩齋詩稿一
至四）

340000－1881－0005747　09154

秋浦雙忠錄四十卷　（宋）華岳　（明）吳應箕
撰　劉世珩編　清光緒二十九年（1903）刻本
六冊

340000－1881－0005748　09155

留都見聞錄二卷　（明）吳應箕撰　清同治三
年（1864）刻本　一冊

340000－1881－0005749　09156

樓山堂集二十六卷　（明）吳應箕撰　清刻本
四冊

340000－1881－0005750　09157

樓山堂集二十六卷　（明）吳應箕撰　清光緒

六年（1880）刻本　八冊

340000－1881－0005751　09158

滬裕堂文集四卷　（清）桂超萬撰　清同治五
年（1866）刻本　二冊

340000－1881－0005752　09159

綺堂詩鈔八卷　（清）劉琦撰　清乾隆三十六
年（1771）雙清齋刻本　二冊

340000－1881－0005753　09160

休庵影語二卷　（明）盛於斯撰　清乾隆五十
年（1785）刻本　二冊

340000－1881－0005754　09161

宦游紀略六卷　（清）桂超萬撰　清同治三年
（1864）刻本　三冊

340000－1881－0005755　09162

續宦游紀略一卷　（清）桂超萬撰　清同治三
年（1864）刻本　一冊

340000－1881－0005756　09165

馬戲圖譜不分卷牙牌參禪圖譜不分卷　（宋）
李清照纂　（明）王蘭芳增輯　清光緒十四年
（1888）觀自得齋刻本　一冊

340000－1881－0005757　09166

朱杜溪先生集十二卷遊歷記存一卷　（清）朱
書撰　清道光三十年（1850）刻本　五冊

340000－1881－0005758　09174

皖學編十三卷首三卷　（清）徐定文編　清宣
統元年（1909）萬卷樓刻本　六冊

340000－1881－0005759　09176

建德尚書七十賜壽圖不分卷　（□）□□撰
清光緒三十三年（1907）石印本　二冊

340000－1881－0005760　09182

朱杜溪先生集七卷遊歷記存一卷　（清）朱書
撰　清光緒十九年（1893）刻本　四冊

340000－1881－0005761　09184

庚辛壬癸錄遺稿二卷　（明）吳應箕撰　（清）
吳孟堅校　明樓山堂刻本　一冊

340000－1881－0005762　09185

朱杜谿文鈔十卷附白柴文稿一卷 （清）朱書
撰 清道光十一年(1831)抄本 三冊

340000－1881－0005763 09186

槐卿政績六卷 （清）沈衍慶撰 清同治元年
(1862)刻本 六冊

340000－1881－0005764 09188

碑記祭文不分卷雜著不分卷流難記不分卷
（清）蘇吉治撰 清光緒抄本 三冊

340000－1881－0005765 09190

靈芝僊館詩鈔十二卷 （清）胡念修撰 （清）
朱昀等校錄 清光緒二十七年(1901)刻鵠齋
刻本 三冊 存十一卷(一至十一)

340000－1881－0005766 09191

捲秋亭詞鈔二卷靈芝僊館詩鈔十二卷 （清）
胡念修撰 （清）徐之楲等輯 清光緒二十七
年(1901)刻鵠齋刻本 一冊

340000－1881－0005767 09192

四家纂文敘錄彙編四卷附錄一卷 （清）胡念
修輯 清光緒二十五年(1899)刻鵠齋刻本
一冊

340000－1881－0005768 09198

歷陽典錄三十四卷補六卷 （清）陳廷桂纂
清同治六年(1867)刻本 十二冊

340000－1881－0005769 09203

一葉草堂詩鈔二卷 （清）濮嵩慶撰 （清）王
增榮校 清光緒十二年(1886)刻本 一冊

340000－1881－0005770 09204

懷園詩鈔二卷首一卷 （清）葉元吉撰 （清）
葉崇岵 （清）葉崇屺校 清光緒二十八年
(1902)刻本 一冊

340000－1881－0005771 09205

徵息齋遺詩二卷補遺不分卷徵息齋詞錄不分
卷補錄不分卷 （清）潘慎生撰 清宣統二年
(1910)刻本 一冊

340000－1881－0005772 09207

芝霞閣學吟不分卷 （清）熊象慧撰 清道光
元年(1821)刻本 一冊

340000－1881－0005773 09214

拜針樓八折不分卷 （清）王墅撰 （清）研露
齋主人批點 清光緒五年(1879)刻本 一冊

340000－1881－0005774 09215

史鑑節要便讀六卷 （清）鮑東里撰 清咸豐
元年(1851)孫殿齡刻本 二冊

340000－1881－0005775 09217

采真彙稿四卷 （清）檀萃撰 （清）曾力行箋
注 （清）周芬佩評 清乾隆四十二年(1777)
刻本 四冊

340000－1881－0005776 09219

求志居集八種五十一卷求志居禮記說五卷求
志居周易廓二十四卷求志居時文不分卷
（清）陳世鎔撰 清同治八年(1869)脈望齋刻
本 十六冊

340000－1881－0005777 09220

月當樓詩集八卷 （明）季孟蓮撰 （明）夏雲
鼎選 （清）汪有典重訂 清稿本 三冊

340000－1881－0005778 09221

藕頤類稿二十卷藕頤外集一卷 （清）熊寶泰
纂 清嘉慶八年(1803)性餘堂刻本 五冊

340000－1881－0005779 09222

皖江三家詩鈔四卷 （清）汪之順 （清）余鵬
年 （清）江爾維撰 清同治刻本 一冊

340000－1881－0005780 09225

重訂少嵒賦草四卷 （清）夏思沺撰 （清）姜
兆蘭注 清道光九年(1829)刻本 四冊

340000－1881－0005781 09228

薛文清公讀書錄節鈔十四卷 （清）胡啓淳編
（清）胡椿祚校 清乾隆四年(1739)荊西書
屋刻本 一冊 存七卷(一至七)

340000－1881－0005782 09229

儀禮韻言塾課藏本二卷 （清）檀萃纂 （清）
徐孟增補 清抄本 一冊 存一卷(上)

340000－1881－0005783 09232

文昌帝君勸孝歌不分卷 （清）江紹明書 烏
夜啼思親曲不分卷 （清）徐廷珍撰 清光緒

十八年(1892)刻本 一册

340000 - 1881 - 0005784 09238

桐蔭書屋詩草二卷 （清）楚炳然撰 清同治
十二年(1873)刻本 一册

340000 - 1881 - 0005785 09239

觀齋集十六卷 （清）王澤撰 清咸豐四年
(1854)刻本 二册

340000 - 1881 - 0005786 09240

遂園詩鈔六卷 （清）趙昀撰 清光緒二年
(1876)刻本 一册

340000 - 1881 - 0005787 09241

新鐫翰林三狀元會選二十九子品彙釋評二十
卷首一卷 （明）焦竑編 （明）朱之蕃評 明
萬曆四十四年(1616)刻本 十册

340000 - 1881 - 0005788 09242

經野規畧全書三卷附劉公政略一卷 （明）劉
光復撰 清同治五年(1866)刻本 五册

340000 - 1881 - 0005789 09243

釀齋雜編一卷 （清）鮑東里撰 清光緒十年
(1884)刻本 一册

340000 - 1881 - 0005790 09244

史鑑節要便讀六卷 （清）鮑東里編 清同治
十三年(1874)江蘇書局刻本 三册

340000 - 1881 - 0005791 09245

史鑑節要便讀六卷 （清）鮑東里編 清同治
十二年(1873)崇文書局刻本 二册

340000 - 1881 - 0005792 09246

安徽金石略十卷 （清）趙紹祖輯 劉世珩校
清光緒十九年(1893)刻本 四册

340000 - 1881 - 0005793 09247

嶁山堂集二十七卷 （明）吳應箕撰 嶧桐文
集十卷詩集十卷 （明）劉城撰 清光緒三十
四年(1908)刻本 九册 存三十四卷(嶁山
堂集五至十八、嶧桐文集十卷、詩集十卷)

340000 - 1881 - 0005794 09248

貴池唐人集十六卷 劉世珩編 三唐傳國編
年五卷 （清）吳非撰 清宣統元年(1909)刻

本 四册

340000 - 1881 - 0005795 09249

劇談錄二卷 （唐）康駢撰 清光緒三十年
(1904)刻本 一册

340000 - 1881 - 0005796 09250

復社姓氏二卷附補錄 （明）吳應箕編 清刻
本 二册

340000 - 1881 - 0005797 09254

錢陞園考訂資治通鑑綱目全書五十九卷
（清）錢選纂 （清）錢鵬 （清）錢鳴編 清
光緒八年(1882)刻本 五十九册 存五十八
卷(一至二十二、二十四至五十九)

340000 - 1881 - 0005798 09256

荒政輯要九卷首一卷 （清）汪志伊纂 清宣
統二年(1910)安徽官紙印刷局石印本 二册

340000 - 1881 - 0005799 09257

介亭全集二十七卷 （清）江濬源撰 清嘉慶
十三年(1808)刻本 八册

340000 - 1881 - 0005800 09258

皖江三家詩鈔四卷 （清）汪之順 （清）余鵬
年 （清）江爾維撰 清道光十四年(1834)刻
本 一册

340000 - 1881 - 0005801 09261

陳檢討集二十卷 （清）陳維崧撰 （清）程師
恭注 清康熙三十二年(1693)刻本 四册

340000 - 1881 - 0005802 09262

南莊詩鈔十卷 （清）魯琢撰 清乾隆三十九
年(1774)刻本 五册

340000 - 1881 - 0005803 09263

南軒文集四十四卷南軒先生論語解十卷南軒
先生孟子說七卷 （宋）張栻撰 （清）劉清遠
校 清道光二十九年(1849)洗墨池刻本 十
二册

340000 - 1881 - 0005804 09264

七經偶記十四卷 （清）汪德鉞撰 （清）臧庸
編 清刻本 四册

340000 - 1881 - 0005805 09265

四一居士文鈔六卷　（清）汪德鉞撰　（清）臧庸編　清嘉慶十六年(1811)刻本　三冊

340000－1881－0005806　09269

徵息齋遺詩二卷附補錄　（清）潘慎生撰　清宣統二年(1910)刻本　一冊

340000－1881－0005807　09274

明貢舉考略二卷國朝貢舉考略三卷　（清）黃崇蘭輯　（清）趙學曾續編　清道光三年(1823)刻本　一冊

340000－1881－0005808　09280

明貢舉考略二卷國朝貢舉考略三卷　（清）黃崇蘭輯　清道光元年(1821)刻本　四冊

340000－1881－0005809　09290

大衍筮法直解一卷仙源礪士參語一卷　（清）馬徵麐撰　（清）李榮　（清）張家亮校　清光緒十五年(1889)思古書堂刻本　一冊

340000－1881－0005810　09291

古文楷法十卷　（清）魯琭編　（清）洪士凱等校　清乾隆四十一年(1776)刻本　四冊

340000－1881－0005811　09292

四字鑑六卷　（清）李魁第編　清光緒五年(1879)刻本　三冊　存三卷(一、四、六)

340000－1881－0005812　09293

夏小正箋疏四卷　（清）馬徵麐撰　清光緒十四年(1888)思古書堂刻本　一冊

340000－1881－0005813　09295

晉希堂詩集二卷　（清）潘瑛撰　清嘉慶元年(1796)刻本　一冊

340000－1881－0005814　09300

枕經堂文鈔二卷　（清）方朔撰　清同治十一年(1872)刻本　一冊

340000－1881－0005815　09301

黃山松說不分卷　（清）古彥英撰　清抄本　一冊

340000－1881－0005816　09306

汲冢紀年存真二卷　（清）朱右曾輯　清抄本　一冊

340000－1881－0005817　09308

說文通檢不分卷　（清）馬徵麐撰　清抄本　四冊

340000－1881－0005818　09309

漢魏音四卷　（清）洪亮吉撰　清抄本　一冊

340000－1881－0005819　09310

經學析音十一卷　（清）馬徵麐撰　清抄本　二冊

340000－1881－0005820　09311

素行居詩稿不分卷　（清）馬徵麐撰　清李士棻抄本　二冊

340000－1881－0005821　09312

儀禮表讀節鈔二卷　（清）馬徵麐撰　清抄本　二冊

340000－1881－0005822　09313

雜稿不分卷　（清）馬徵麐撰　清抄本　一冊

340000－1881－0005823　09314

馬守愚雜稿□□卷　（清）馬守愚撰　清稿本　一冊

340000－1881－0005824　09315

神機制敵太白陰經十卷　（唐）李筌撰　（清）莊肇麟校　清抄本　一冊　存六卷(一至六)

340000－1881－0005825　09317

易蘊口訣不分卷　（清）馬徵麐抄　清抄本　一冊

340000－1881－0005826　09318

易書詩禮源流歌不分卷　（清）馬徵麐編　清抄本　一冊

340000－1881－0005827　09319

儀禮備解不分卷　（清）馬徵麐編　清抄本　一冊

340000－1881－0005828　09321

今用四禮淺說不分卷外祭述聞六卷　（清）馬徵麐編　清抄本　一冊

340000－1881－0005829　09322

儀禮提綱不分卷　（清）馬徵麐編　清稿本

二冊

340000－1881－0005830　09323
禮雅雜稿不分卷　（清）馬徵麐編　清稿本
二冊

340000－1881－0005831　09324
淡園絕句詩選□□卷　（清）馬徵麐編　清稿
本　一冊　存一卷(四)

340000－1881－0005832　09325
歷代州域形勢不分卷　（清）顧祖禹著　清抄
本　一冊

340000－1881－0005833　09326
雜鈔不分卷　（清）馬徵麐抄　清抄本　一冊

340000－1881－0005834　09327
文體明辯節要不分卷　（明）徐師曾撰　清馬
徵麐抄本　一冊

340000－1881－0005835　09328
邵子全書録要不分卷　（清）馬徵麐抄　清抄
本　一冊

340000－1881－0005836　09329
論語正蒙二十卷附論語正蒙摘讀　（清）馬徵
麐撰　清稿本　三冊　存三卷(一至三)

340000－1881－0005837　09330
六禮吾從録六卷　（清）馬徵麐輯　清同治十
一年(1872)抄本　六冊

340000－1881－0005838　09332
家禮外祭述訓十六卷首一卷　（清）馬徵麐纂
　清同治八年(1869)抄本　十七冊

340000－1881－0005839　09333
二五陳數啟蒙二十四卷　（清）馬守愚撰　清
光緒十四年(1888)抄本　十一冊　存十六卷
(一至十六)

340000－1881－0005840　09334
雜稿不分卷　（清）馬徵麐撰　清稿本　十
七冊

340000－1881－0005841　09335
摯誼視斯十四卷　（清）馬徵麐撰　（清）李富

孫輯　清稿本　六冊

340000－1881－0005842　09336
說文三辨不分卷　（清）馬徵麐撰　清稿本
一冊

340000－1881－0005843　09337
雜稿不分卷　（清）馬徵麐抄　清抄本　一冊

340000－1881－0005844　09338
御製律呂正義續編一卷　（清）馬徵麐撰　清
抄本　一冊

340000－1881－0005845　09340
說文重文彙集不分卷　（清）馬徵麐撰　清抄
本　一冊

340000－1881－0005846　09343
學詩多識篇不分卷　（清）馬徵麐撰　清抄本
十三冊

340000－1881－0005847　09344
馬鍾山雜稿不分卷　（清）馬徵麐撰　清抄本
二十七冊

340000－1881－0005848　09345
禮雅四十八卷　（清）馬徵麐編　清稿本　十
五冊

340000－1881－0005849　09346
二五陳數啓蒙二十四卷　（清）馬守愚撰　清
稿本　十二冊

340000－1881－0005850　09347
歷代文誠不分卷　（清）馬徵麐輯　清抄本
十六冊

340000－1881－0005851　09348
錢陂園考訂資治通鑑綱目全書五十九卷
（清）錢選纂　（清）錢鵬　（清）錢鳴編　清
刻本　六十冊

340000－1881－0005852　09350
三十六峰草堂詩鈔不分卷　（清）疏枝春撰
清抄本　一冊

340000－1881－0005853　09351
抱潤軒文集十卷　馬其昶撰　清宣統元年

(1909)安徽官紙印刷局石印本　一冊

340000 - 1881 - 0005854　09352
歸廬譚往錄二卷　（清）徐宗亮撰　清光緒十
二年（1886）刻本　一冊

340000 - 1881 - 0005855　09353
桐城耆舊傳十二卷　馬其昶撰　清宣統三年
（1911）刻本　六冊

340000 - 1881 - 0005856　09354
左侍御公集不分卷　（明）左光先撰　清康熙
元年（1662）刻本　一冊

340000 - 1881 - 0005857　09355
左忠毅公[宗棠]年譜二卷　（□）□□撰　清
刻本　二冊

340000 - 1881 - 0005858　09357
昭德先生郡齋讀書志十卷附志二卷後志二卷
附考異　（宋）晁公武撰　清康熙六十一年
（1722）刻本　四冊　存七卷（昭德先生郡齋
讀書志一至五、後志二卷）

340000 - 1881 - 0005859　09358
屈子正音三卷　（清）方績撰　清光緒六年
（1880）网舊聞齋刻本　一冊

340000 - 1881 - 0005860　09359
三方合稿不分卷　（清）方舟　（清）方林
（清）方苞撰　（清）韓慕廬評選　清光緒二十
年（1894）善成堂刻本　三冊

340000 - 1881 - 0005861　09361
左侍御公集不分卷　（明）左光先撰　清康熙
元年（1662）刻本　一冊

340000 - 1881 - 0005862　09362
端恪公筆記不分卷　（清）姚文然撰　羅田公
詩稿不分卷　（□）□□撰　清康熙抄本
四冊

340000 - 1881 - 0005863　09363
欽齋文不分卷　（清）蘇惇元撰　清道光三十
年（1850）刻本　一冊

340000 - 1881 - 0005864　09364
治蝗書不分卷　（清）陳崇砥撰　清同治十三

年（1874）刻本　一冊

340000 - 1881 - 0005865　09365
治蝗書不分卷　（清）陳崇砥撰　清同治十三
年（1874）刻本　一冊

340000 - 1881 - 0005866　09367
天開圖書樓文稿四卷　（清）郭則澐輯　（清）
楊用霖錄　（清）吳种校　清刻本　二冊

340000 - 1881 - 0005867　09369
朱魯存遺集十卷　（清）朱道文撰　清末抄本
二冊

340000 - 1881 - 0005868　09370
合山欒廬占不分卷　（明）方以智撰　（清）方
懋錄　清康熙刻本　一冊

340000 - 1881 - 0005869　09371
信叶不分卷　（明）方以智撰　清康熙此藏軒
刻本　一冊

340000 - 1881 - 0005870　09372
無生寱一卷　（明）方以智撰　清康熙此藏軒
刻本　一冊

340000 - 1881 - 0005871　09373
借廬語一卷　（明）方以智撰　（明）黃虞稷
（明）戴迳孝校　清康熙此藏軒刻本　一冊

340000 - 1881 - 0005872　09374
建初集一卷　（明）方以智撰　清康熙此藏軒
刻本　一冊

340000 - 1881 - 0005873　09375
正叶不分卷　（明）方以智撰　清康熙刻本
一冊

340000 - 1881 - 0005874　09376
藥集不分卷　（明）方以智撰　清康熙易寓刻
本　一冊

340000 - 1881 - 0005875　09377
五老約不分卷　（明）方以智撰　清康熙刻本
一冊

340000 - 1881 - 0005876　09378
鳥道吟一卷　（明）方以智撰　清康熙刻本

一冊

340000－1881－0005877　09379
内經經絡不分卷　（明）方以智撰　清抄本
一冊

340000－1881－0005878　09380
醫學會通不分卷　（明）方以智撰　清抄本
一冊

340000－1881－0005879　09381/09385
東西均不分卷　（明）方以智撰　清初決鼻行
者抄本　二冊

340000－1881－0005880　09382
一貫問答不分卷　（明）方以智撰　清抄本
一冊

340000－1881－0005881　09383
此藏軒會宜編不分卷　（明）方以智撰　（清）
方寶仁輯　清抄本　一冊

340000－1881－0005882　09384
冬灰錄不分卷　（明）方以智撰　清抄本
四冊

340000－1881－0005883　09386
盧墓考三卷　（明）方以智撰　（清）方寶仁輯
清抄本　三冊

340000－1881－0005884　09387
四韻定本正叶二卷　（明）方以智撰　（清）方
寶仁輯　清抄本　二冊

340000－1881－0005885　09388
冬灰錄不分卷　（明）方以智撰　清抄本
一冊

340000－1881－0005886　09390
空明閣集四卷　（清）姚士陛撰　清乾隆七年
(1742)刻本　一冊

340000－1881－0005887　09391
江表忠略二十卷　陳澹然撰　清光緒二十六
年(1900)刻本　六冊

340000－1881－0005888　09393
邇訓二十卷　（明）方學漸纂　（明）方大任校

清光緒九年(1883)鉛印本　四冊

340000－1881－0005889　09395
靜葊詩集五卷　（清）左眉撰　清刻本　二冊

340000－1881－0005890　09396
篤素堂文集四卷　（清）張英撰　清同治七年
(1868)刻本　一冊

340000－1881－0005891　09397
因寄軒文集十六卷補遺一卷　（清）管同撰
清道光十三年(1833)刻本　四冊

340000－1881－0005892　09399
敬孚類稿十六卷　（清）蕭穆撰　清光緒三十
二年(1906)刻本　四冊

340000－1881－0005893　09400
南山全集十六卷　（清）戴名世撰　清光緒十
九年(1893)印鴻堂刻本　八冊

340000－1881－0005894　09402
春秋比事目錄四卷　（清）方苞撰　清乾隆九
年(1744)刻本　一冊

340000－1881－0005895　09404
經腴類纂二卷　（清）孫顏編　清咸豐元年
(1851)小嬭嬛山館刻本　二冊

340000－1881－0005896　09405
方閑阿遺稿不分卷　（清）方日新撰　清抄本
一冊

340000－1881－0005897　09406
柏堂公文字不分卷　（清）方宗誠撰　清抄本
一冊

340000－1881－0005898　09408
明詩鈔不分卷　（清）姚氏清淙山人選　清抄
本　二冊

340000－1881－0005899　09409
隨手錄不分卷　（清）沈壽康記　清稿本
一冊

340000－1881－0005900　09410
望溪論文要言不分卷姚姬傳先生歸文評點不
分卷方望溪先生評點柳文不分卷　（清）方守

彝撰　清光緒四年(1878)网舊聞齋抄本
一冊

340000－1881－0005901　09411

文鈔不分卷　(□)□□撰　清抄本　一冊

340000－1881－0005902　09413

輔仁錄不分卷　(清)方宗誠撰　清抄本
一冊

340000－1881－0005903　09414

[清道光二年至同治九年]桐城科名續錄不分
卷　(清)蕭穆抄　清抄本　一冊

340000－1881－0005904　09416

鄉試對策不分卷　(□)□□撰　清蕭穆抄本
一冊

340000－1881－0005905　09417

南雷文定三集十八卷　(清)黃宗羲撰　清蕭
穆抄本　一冊　存一卷(三)

340000－1881－0005906　09420

柏堂家訓不分卷聰聽錄一卷知非錄一卷
(清)方宗誠撰　(清)方守彝輯　清抄本
四冊

340000－1881－0005907　09421

江表忠略二十卷　陳澹然撰　清光緒二十八
年(1902)刻本　二冊

340000－1881－0005908　09423

華農子遺詩不分卷文微君遺詩不分卷藕孔餘
生集不分卷　(清)文漢光撰　清蕭穆抄本
一冊

340000－1881－0005909　09424

敬孚雜記不分卷　(清)姚鼐撰　清蕭穆抄本
二冊

340000－1881－0005910　09425

安吳先生藝舟雙楫不分卷　(清)包世臣撰
清桐城方氏抄本　一冊

340000－1881－0005911　09426

葬經不分卷　(晉)郭璞撰　發微論不分卷
(宋)蔡發撰　清抄本　一冊

340000－1881－0005912　09428

澹無為齋詩稿五卷　(清)方淵如撰　清光緒
二十七年(1901)刻本　二冊

340000－1881－0005913　09430

漢學商兌三卷　(清)方東樹撰　清光緒八年
(1882)四明花雨樓刻本　四冊

340000－1881－0005914　09431

荒政輯要九卷首一卷　(清)汪志伊纂　清同
治十三年(1874)長白德愷刻本　一冊　存五
卷(一至四、首一卷)

340000－1881－0005915　09432

馬主政其昶奏稿不分卷　馬其昶纂　清宣統
二年(1910)京師京華印書局鉛印本　一冊

340000－1881－0005916　09433

易餘二卷　(明)方以智撰　(清)方寶仁輯
清抄本　六冊

340000－1881－0005917　09439

啟書刈楚集不分卷　(清)陸顯林編　清抄本
一冊

340000－1881－0005918　09441

同難錄四卷　(清)左國林　(清)左國柱等纂
輯　清雍正五年(1727)刻本　四冊

340000－1881－0005919　09442

存誠堂詩集五卷　(清)張英撰　清光緒二十
三年(1897)刻本　二冊

340000－1881－0005920　09443

春秋名賢列傳三卷　(清)方宗誠編　(清)方
培濬纂　清抄本　三冊

340000－1881－0005921　09444

左傳經世輯要十卷　(清)方宗誠輯　清抄本
四冊

340000－1881－0005922　09446

斯文正脈不分卷　(清)方宗誠撰　清咸豐六
年(1856)抄本　一冊

340000－1881－0005923　09447

柏堂讀書筆記十六卷　(清)方宗誠撰　清光
緒八年(1882)刻本　四冊

340000－1881－0005924　09448

方宗誠遺書三十二卷　（清）方宗誠撰　清光緒四年(1878)刻本　十五冊

340000－1881－0005925　09449

麻山先生詩集三卷　（明）孫學顏撰　清抄本　一冊

340000－1881－0005926　09450

亭林[顧炎武]年譜不分卷　（清）張穆撰　清道光二十四年(1844)刻本　一冊

340000－1881－0005927　09451

[清宣統二年庚戌科]朝考卷不分卷　（清）姚百琴撰　清宣統二年(1910)刻本　一冊

340000－1881－0005928　09453

物理小識十二卷首一卷　（明）方以智撰　清光緒十年(1884)寧靜堂刻本　六冊

340000－1881－0005929　09455

篤素堂文集四卷　（清）張英撰　清光緒二十六年(1900)抄本　一冊

340000－1881－0005930　09456

麻山遺集二卷附書後附補編　（清）孫學顏撰　清同治十三年(1874)刻本　一冊

340000－1881－0005931　09457

潛虛先生全集十四卷附補遺　（清）戴名世撰　清末抄本　十冊

340000－1881－0005932　09459

左忠毅公全集不分卷　（明）左光斗撰　清乾隆四年(1739)刻本　二冊

340000－1881－0005933　09460

左忠毅公[宗棠]年譜二卷　（清）左宰輯　（清）左帶　（清）左世玠校　清乾隆四年(1739)刻本　二冊

340000－1881－0005934　09461

戴南山文鈔六卷　（清）戴名世撰　清宣統二年(1910)上海國學扶輪社鉛印本　三冊

340000－1881－0005935　09462

桐城方氏七代遺書不分卷　（清）譚廷獻修　（清）方昌翰等編　清光緒十四年(1888)刻本

十冊

340000－1881－0005936　09465

田間易學不分卷　（清）錢澄之撰　清康熙二十三年(1684)刻本　六冊

340000－1881－0005937　09466

尚書誼略二十八卷敘錄一卷　姚永樸撰　清光緒三十一年(1905)集虛草堂刻本　二冊存九卷(一至五、二十五至二十八)

340000－1881－0005938　09468

南宋雜事詩七卷　（清）沈嘉轍撰　清道光六年(1826)刻本　六冊

340000－1881－0005939　09471

及將子不分卷　（清）許雨田撰　清宣統元年(1909)鉛印本　一冊

340000－1881－0005940　09472

大意尊聞三卷　（清）方東樹著　清同治五年(1866)刻本　一冊

340000－1881－0005941　09473

昭昧詹言十卷　（清）副墨子闇解　清道光十九年(1839)抄本　四冊

340000－1881－0005942　09474

寫定尚書不分卷　（清）吳汝綸纂　清光緒十八年(1892)石印本　一冊

340000－1881－0005943　09476

柏堂讀書筆記論文章本原三卷　（清）方宗誠撰　清光緒四年(1878)刻本　二冊

340000－1881－0005944　09477

左傳義法舉要不分卷　（清）方苞口述　（清）王兆符　（清）程崟傳述　清雍正六年(1728)刻本　一冊

340000－1881－0005945　09478

離騷正義不分卷　（清）方苞撰　清刻本　一冊

340000－1881－0005946　09479

惜抱先生尺牘八卷　（清）姚鼐撰　（清）陳用光輯　清道光三年(1823)刻本　一冊

340000－1881－0005947　09480

宋元詩會一百卷　（清）陳焯輯　清康熙二十二年(1683)刻本　二十冊

340000－1881－0005948　09481

陪詩五卷　（清）方中通撰　清刻本　二冊

340000－1881－0005949　09482

望溪先生全集三十二卷　（清）方苞撰　（清）戴鈞衡編　清咸豐元年(1851)刻本　十四冊

340000－1881－0005950　09483

海峰詩集六卷　（清）劉大櫆撰　清刻本　四冊

340000－1881－0005951　09484

海峰文集八卷　（清）劉大櫆撰　（清）方國輯　清刻本　六冊

340000－1881－0005952　09485

表忠芻議二卷　（清）洪恩波撰　清光緒二十八年(1902)刻本　一冊

340000－1881－0005953　09486

書林揚觶二卷　（清）方東樹撰　清光緒十七年(1891)刻本　二冊

340000－1881－0005954　09487

惜抱軒法帖題跋三卷　（清）姚鼐撰　清嘉慶十一年(1806)刻本　一冊

340000－1881－0005955　09489

惜抱先生尺牘補編二卷　（清）姚鼐撰　清光緒五年(1879)刻本　一冊

340000－1881－0005956　09491

方柏堂先生事實攷略五卷　陳澹然纂　清光緒十五年(1889)刻本　四冊

340000－1881－0005957　09492

南山全集十六卷　（清）戴名世撰　清道光三十年(1850)刻本　八冊

340000－1881－0005958　09493

歷代史纂左編一百四十二卷　（明）唐順之編　（明）吳用光　（明）陳邦瞻　（明）蕭近高校　明萬曆刻本　四十四冊　存六十三卷（一至五、七至三十四、七十五至七十八、八十一至九十四、九十六至一百七）

340000－1881－0005959　09495

寫定尚書不分卷　（清）吳汝綸撰　清光緒十八年(1892)吳氏家塾刻本　一冊

340000－1881－0005960　09496

方劍華書劄稿不分卷　（清）方鑄撰　清抄本　一冊

340000－1881－0005961　09497

通雅五十二卷首三卷　（明）方以智撰　（清）姚文燮校　清康熙五年(1666)浮山此藏軒刻本　十六冊

340000－1881－0005962　09498

原人四卷附晦堂書錄　陳澹然撰　清光緒三十二年(1906)鉛印本　二冊

340000－1881－0005963　09499

莊子十卷　（清）吳汝綸點勘　清宣統元年(1909)鉛印本　二冊

340000－1881－0005964　09501

篤素堂文集四卷澄懷主人[張廷玉]自訂年譜六卷　（清）張英撰　（清）張紹文鐫　清光緒六年(1880)刻本　四冊

340000－1881－0005965　09502

虛直軒文集十卷外集六卷　（清）姚文然撰　清光緒廣仁堂刻本　六冊

340000－1881－0005966　09504

韓昌黎詩集編年箋注十二卷　（清）方世舉纂　清乾隆雅雨堂刻本　六冊

340000－1881－0005967　09506

儀禮喪服或問不分卷　（清）方苞撰　清抄本　一冊

340000－1881－0005968　09510

古文讀本不分卷　（清）吳汝綸編　清光緒二十九年(1903)河北書局鉛印本　一冊

340000－1881－0005969　09513

莊屈合詁不分卷　（清）錢澄之撰　清刻本　四冊

340000－1881－0005970　09514

刪定管子不分卷刪定荀子不分卷　（清）方苞纂　清乾隆元年(1736)刻本　二冊

340000－1881－0005971　09515

文章練要十卷　（清）王源編　清刻本　四冊　存八卷(三至十)

340000－1881－0005972　09516

桐城吳先生全書不分卷　（清）吳汝綸撰　清光緒三十年(1904)刻本　二十冊

340000－1881－0005973　09517

援鶉堂筆記五十卷　（清）姚範撰　清道光十六年(1836)刻本　十二冊

340000－1881－0005974　09518

篤素堂文集四卷　（清）張英撰　澄懷園語四卷　（清）張廷玉撰　清光緒十五年(1889)高安玉雞苗館刻本　二冊

340000－1881－0005975　09520

擇識錄九卷　（清）方中編　清乾隆五十八年(1793)刻本　四冊

340000－1881－0005976　09521

海峰先生詩集十卷　（清）劉大櫆撰　（清）姚鼐校　清光緒二十五年(1899)刻本　二冊

340000－1881－0005977　09524

瓶山詩鈔五卷賦鈔一卷　（清）張輔贇撰　清光緒十年(1884)張日昇堂刻本　一冊

340000－1881－0005978　09525

憲法治原四卷首一卷　陳澹然撰　清光緒三十二年(1906)刻本　二冊

340000－1881－0005979　09529

易經衷論二卷　（清）張英撰　清光緒二十三年(1897)刻本　一冊

340000－1881－0005980　09530

書經衷論四卷　（清）張英撰　清光緒二十三年(1897)刻本　二冊

340000－1881－0005981　09531

存誠堂詩集二十五卷　（清）張英撰　清光緒二十三年(1897)桐城張氏刻本　六冊

340000－1881－0005982　09532

存誠堂詩集二十五卷　（清）張英撰　清康熙四十三年(1704)刻本　四冊　存十七卷(一至十七)

340000－1881－0005983　09535

馬孝女遺稿六卷　（清）馬延淑撰　清宣統二年(1910)刻本　一冊　存二卷(一至二)

340000－1881－0005984　09536

史記一百三十卷　（漢）司馬遷撰　（清）歸震川　（清）方苞評點　清光緒二年(1876)武昌張氏刻本　二十冊

340000－1881－0005985　09537

惜抱軒文集八十八卷　（清）姚鼐撰　清同治五年(1866)省心閣刻本　十二冊

340000－1881－0005986　09538

惜抱軒集八十八卷　（清）姚鼐撰　清道光十二年(1832)刻本　十冊　存六十五卷(九經說一至十七、詩集一至十、書錄一至四、筆記一至八、文集一至十六、文後集一至十)

340000－1881－0005987　09540

慎宜軒詩八卷　姚永概撰　清宣統二年(1910)安徽官紙印刷局鉛印本　一冊

340000－1881－0005988　09541

群經考略十六卷附七經問答　姚永樸撰　清光緒三十二年(1906)鉛印本　一冊　存三卷(十四至十六)

340000－1881－0005989　09542

群經考略七卷附七經問答　姚永樸撰　清光緒三十二年(1906)鉛印本　三冊

340000－1881－0005990　09543

會廟叢祀議薈二卷　（清）洪恩波編　清光緒二十九年(1903)刻本　二冊

340000－1881－0005991　09547

桐城吳氏古文讀本四卷　（清）吳汝綸評　清光緒三十一年(1905)刻本　四冊

340000－1881－0005992　09548

韓昌黎詩集編年箋注十二卷　（清）方世舉纂

清乾隆二十三年(1758)雅雨堂刻本　四冊

340000－1881－0005993　09550
望溪文集補遺不分卷　（清）方苞撰　清光緒
二十九年(1903)刻本　一冊

340000－1881－0005994　09556
善卷堂四六十卷　（清）陸繁弨撰　（清）吳自
高注　清光緒元年(1875)刻本　五冊　存八
卷(一至六、九至十)

340000－1881－0005995　09557
桐城姚氏碑傳錄七卷　姚永樸編　清光緒三
十二年(1906)刻本　一冊

340000－1881－0005996　09559
篤素堂文集四卷　（清）張英撰　**澄懷園語四
卷澄懷主人自訂年譜六卷**　（清）張廷玉撰
清光緒六年(1880)刻本　四冊

340000－1881－0005997　09560
日山文集四卷　（清）許新堂撰　**慎餘堂文集
四卷**　（清）許雨田撰　清光緒十四年(1888)
鉛印本　三冊

340000－1881－0005998　09561
近腐齋詩集九卷　（清）汪志伊撰　清嘉慶刻
本　六冊

340000－1881－0005999　09562
原人四卷附晦堂書錄　陳澹然撰　清光緒三
十二年(1906)鉛印本　二冊

340000－1881－0006000　09563
五經集腋二十八卷　（清）周世樟輯　清康熙
二十二年(1683)刻本　六冊

340000－1881－0006001　09585
尚書不分卷　（清）吳汝綸注　清光緒十三年
(1887)都門印書局鉛印本　二冊

340000－1881－0006002　09587
羣儒考略不分卷　姚永樸撰　清末鉛印本
二冊

340000－1881－0006003　09588
桐城吳氏文法教科書二卷　吳闓生撰　清光
緒三十一年(1905)鉛印本　一冊

340000－1881－0006004　09590
朱子詩義補正八卷　（清）方望溪著　（清）單
作哲編　清光緒三年(1877)南海馮氏刻本
二冊

340000－1881－0006005　09591
漁洋山人詩合集十八卷　（清）王士禛撰　清
康熙刻本　六冊

340000－1881－0006006　09593
田間尺牘四卷　（清）錢秉鐙撰　清光緒三十
四年(1908)鉛印本　一冊

340000－1881－0006007　09595
止隅錄不分卷　（清）龍舒病客編　清抄本
二冊

340000－1881－0006008　09597
翊翊齋遺書四卷　（清）馬翮飛撰　清道光十
七年(1837)刻本　一冊

340000－1881－0006009　09598
吳摯甫詩集不分卷　（清）吳汝綸撰　清宣統
元年(1909)石印本　一冊

340000－1881－0006010　09599
大意尊聞三卷　（清）方東樹著　清同治五年
(1866)刻本　一冊

340000－1881－0006011　09600
蘭園詩續集不分卷　（清）許麗京撰　清末天
津開文石印書局石印本　一冊

340000－1881－0006012　09601
中庸繹蘊三卷　（清）胡笴著　清道光二十二
年(1842)刻本　三冊

340000－1881－0006013　09602
通雅五十二卷首三卷　（明）方以智撰　（清）
姚文燮校　清康熙五年(1666)浮山此藏軒刻
本　八冊

340000－1881－0006014　09603
獨建齋古詩讀本不分卷　（□）□□撰　清光
緒二十三年(1897)抄本　二冊

340000－1881－0006015　09604
待廬遺集二卷　（清）方澤撰　清光緒十五年

(1889)刻本　一冊

340000－1881－0006016　09605

許玉峯先生集三卷　(清)劉元佐　(清)方宗
誠輯　陳松田先生遺文一卷　(清)陳紀撰
(清)許鼎編　清同治五年(1866)刻本　一冊

340000－1881－0006017　09606

左忠毅公集六卷　(明)左光斗撰　清道光二
十九年(1849)刻本　三冊　存三卷(一至三)

340000－1881－0006018　09607

包軒遺編三卷　(清)張泰來輯　清咸豐六年
(1856)抄本　一冊

340000－1881－0006019　09609

東游出關詩不分卷　(□)□□□撰　清末抄本
一冊

340000－1881－0006020　09612

姚永棠詩鈔不分卷　姚永棠撰　清抄本
一冊

340000－1881－0006021　09613

文選六十卷　(南朝梁)蕭統撰　(唐)李善注
明刻本　八冊

340000－1881－0006022　09614

儀衛軒詩集五卷　(清)方東樹撰　清同治七
年(1868)刻本　六冊

340000－1881－0006023　09616

可久處齋文鈔八卷　(清)馬樹華撰　清道光
刻本　二冊

340000－1881－0006024　09618

遜敏錄四卷　(清)蘇惇元著　清同治六年
(1867)蘇求莊刻本　一冊

340000－1881－0006025　09619

碧波詩選二卷　(清)胡恩溥撰　清道光三十
年(1850)刻本　一冊

340000－1881－0006026　09620

欽齋詩槀二卷　(清)蘇惇元撰　清道光二十
年(1840)刻本　一冊

340000－1881－0006027　09622

柏堂著書目錄不分卷　(□)□□著　清末稿
本　一冊

340000－1881－0006028　09625

教女彝訓一卷　(清)方宗誠撰　清抄本
一冊

340000－1881－0006029　09626

宦遊隨筆一卷　(清)方宗誠撰　清抄本
三冊

340000－1881－0006030　09627

義士張君傳一卷　(清)方宗誠撰　清抄本
一冊

340000－1881－0006031　09631

方柏堂手抄各經不分卷　(清)方宗誠輯　清
方宗誠抄本　一冊

340000－1881－0006032　09632

鶴鳴集六卷　(清)方績撰　清光緒二十二年
(1896)刻本　一冊

340000－1881－0006033　09633

五瑞齋詩鈔六卷　(清)姚濬昌撰　清光緒十
七年(1891)北京共和印刷局石印本　一冊

340000－1881－0006034　09634

漢學商兌三卷　(清)方東樹撰　清光緒十年
(1884)六安求我齋刻本　四冊

340000－1881－0006035　09636

行年錄不分卷　(清)方宗誠編　清稿本
一冊

340000－1881－0006036　09637

一拳石齋詩鈔四卷　(清)方龍光撰　清刻本
一冊　存三卷(一至三)

340000－1881－0006037　09639

通甫類槀四卷　(清)魯一同撰　清咸豐九年
(1859)刻本　一冊

340000－1881－0006038　09640

待廬遺集二卷　(清)方澤撰　清刻本　一冊

340000－1881－0006039　09641

許玉峯先生集三卷　(清)劉元佐　(清)方宗

誠輯　陳松田先生遺文一卷　（清）陳紀撰
（清）許鼎編　清同治五年(1866)刻本　一冊

340000－1881－0006040　09642

龍壁山房文集五卷　（清）王拯撰　清光緒九
年(1883)刻本　二冊

340000－1881－0006041　09646

桐城耆舊傳十二卷　馬其昶撰　清宣統三年
(1911)刻本　六冊

340000－1881－0006042　09647

屈賦微二卷　馬其昶撰　清光緒三十二年
(1906)集虛草堂刻本　一冊

340000－1881－0006043　09648

莊子故八卷　馬其昶撰　清光緒三十一年
(1905)集虛草堂刻本　四冊

340000－1881－0006044　09649

古今釋疑十八卷　（清）方履中撰　清康熙二
十一年(1682)汗青閣刻本　十二冊

340000－1881－0006045　09653

翊翊齋筆記二卷文鈔一卷詩鈔一卷　（清）馬
翮飛撰　清道光十八年(1838)刻本　一冊

340000－1881－0006046　09654

柏堂遺書一百六十八卷　（清）方宗誠撰　清
光緒十五年(1889)刻本　十二冊　存三十八
卷(讀易筆記一至二,讀論孟筆記一至三、補
記一至二,孝經章義一,讀大學中庸筆記一至
二,讀文雜記一,說詩章義一至三,陶詩真詮
一,書傳補義一至三,禮記集說補義一,詩傳
補義一至三,輔仁錄一至四,志學錄一至八,
志學續錄一至三,通書講義一)

340000－1881－0006047　09655

蘇欽齋文不分卷　（清）蘇惇元撰　清道光二
十五年(1845)刻本　一冊

340000－1881－0006048　09656

桐城耆舊傳十二卷　馬其昶撰　清宣統三年
(1911)刻本　六冊

340000－1881－0006049　09659

左侍御公集不分卷　（明）左光先撰　清康熙

元年(1662)刻本　一冊

340000－1881－0006050　09663

師友言行記一卷　（清）方宗誠撰　清同治三
年(1864)抄本　一冊

340000－1881－0006051　09664

蕭敬孚書札手稿不分卷　（清）蕭敬孚撰　清
末抄本　一冊

340000－1881－0006052　09665

彭羨門侍郎文抄不分卷　（清）彭孫遹撰　清
抄本　一冊

340000－1881－0006053　09666

柏堂師友觀摩錄不分卷　（清）方宗誠撰　清
光緒四年(1878)抄本　一冊

340000－1881－0006054　09667

阮仲勉日記不分卷　阮仲勉撰　清光緒七年
(1881)稿本　一冊

340000－1881－0006055　09669

一拳石齋文鈔二卷　（清）方龍光撰　清光緒
十五年(1889)刻本　一冊

340000－1881－0006056　09670

東槎紀畧五卷　（清）姚瑩撰　清道光十二年
(1832)刻本　四冊

340000－1881－0006057　09671

康輶紀行十六卷　（清）姚瑩撰　清道光刻本
六冊

340000－1881－0006058　09672

流離雜記二卷　（清）孫雲錦撰　（清）孫孟平
輯　清宣統二年(1910)鉛印本　一冊

340000－1881－0006059　09673

宦游偶錄二卷　（清）孫雲錦撰　清宣統二年
(1910)鉛印本　一冊

340000－1881－0006060　09675

稻花齋詩鈔十四卷　（清）方于穀撰　（清）方
華　（清）方輅補刊　清嘉慶二十二年(1817)
方命圭刻本　八冊

340000－1881－0006061　09676

篤素堂詩集七卷文集十六卷 （清）張英撰
清康熙三十七年(1698)刻本　四冊

340000－1881－0006062　09677

惜抱先生尺牘八卷 （清）姚鼐撰　清宣統元
年(1909)小萬柳堂刻本　四冊

340000－1881－0006063　09678

篤素堂集摘錄不分卷 （清）張英著　清同治
四年(1865)刻本　一冊

340000－1881－0006064　09683

瑞芝堂四六八卷瑞芝堂四六續刊一卷 （清）
左潢撰　清嘉慶八年(1803)刻本　五冊

340000－1881－0006065　09684

水經四十卷 （漢）桑欽撰 （北魏）酈道元注
清乾隆十八年(1753)黃曉峯刻本　八冊

340000－1881－0006066　09686

尚書離句六卷 （清）劉梅垞鑒定 （清）錢在
培輯解　清刻本　五冊

340000－1881－0006067　09687

權制八卷 陳澹然撰　清光緒二十八年
(1902)刻本　六冊

340000－1881－0006068　09689

哀鳴集二卷 （清）嚴釗撰　清宣統二年
(1910)鉛印本　一冊

340000－1881－0006069　09690

漢學商兌三卷 （清）方東樹撰　清刻本
三冊

340000－1881－0006070　09691

祁門令唐治殉難事略並遺墨不分卷 （清）方
宗誠等撰　清刻本　一冊

340000－1881－0006071　09692

聖門名字纂詁二卷補遺一卷 （清）洪恩波撰
清光緒二十五年(1899)刻本　二冊

340000－1881－0006072　09694

曾廟從祀議薈二卷 （清）洪恩波輯　清光緒
二十九年(1903)刻本　二冊

340000－1881－0006073　09697

南華經解三卷首一卷尾一卷 （清）方文通評
（清）方敦吉編　清光緒二十二年(1896)桐
城方氏刻本　三冊

340000－1881－0006074　09698

待圍詩鈔七卷 （清）江有蘭撰　清同治五年
(1866)刻本　三冊

340000－1881－0006075　09699

一拳石齋詩鈔四卷 （清）方龍光撰　清刻本
一冊　存二卷(一至二)

340000－1881－0006076　09700

梁昭明文選二十四卷 （南朝梁）蕭統撰
（明）張鳳翼注 （明）盧之頤訂　明萬曆八年
(1580)刻本　十冊

340000－1881－0006077　09701

有不為齋隨筆十卷 （清）光聰諧撰　清光緒
十四年(1888)刻本　二冊

340000－1881－0006078　09702

陶靖節集八卷末一卷 （晉）陶潛撰　清光緒
五年(1879)傳忠書舍刻本　二冊

340000－1881－0006079　09703

韓非子二十卷 （清）吳汝綸點勘　清宣統元
年(1909)鉛印本　二冊

340000－1881－0006080　09704

墨子十五卷荀子二十卷 （清）吳汝綸點勘
清宣統元年(1909)鉛印本　四冊

340000－1881－0006081　09705

莊子十卷 （清）吳汝綸點勘　清宣統元年
(1909)鉛印本　二冊

340000－1881－0006082　09706

賜硯齋集四卷 （清）龍汝言撰　清道光十八
年(1838)刻本　二冊

340000－1881－0006083　09707

桐城續修縣志□□卷 （清）廖大聞撰　清抄
本　一冊　存四卷(三至六)

340000－1881－0006084　09710

田間詩學不分卷 （清）錢澄之撰　清康熙二
十八年(1689)刻本　四冊

340000－1881－0006085　09711

程學啟像贊不分卷　（清）程建勳撰　清光緒二十七年(1901)影印本　一冊

340000－1881－0006086　09712

浮山志十卷　（清）方中履撰　清乾隆五十三年(1788)刻本　四冊

340000－1881－0006087　09714

青原志略十三卷　（清）釋笑峰編　（清）施閏章補輯　清康熙四十一年(1702)刻本　四冊

340000－1881－0006088　09715

朱魯岑先生遺集一卷　（清）朱魯岑撰　清同治十二年(1873)抄本　一冊

340000－1881－0006089　09716

世說新語六卷　（南朝宋）劉義慶撰　（南朝梁）劉孝標注　明嘉靖十四年(1535)刻本　十一冊

340000－1881－0006090　09718

海峯先生詩集評語不分卷　（清）劉大櫆輯　清乾隆三十年(1765)刻本　一冊

340000－1881－0006091　09720

張國樑神道碑稿不分卷　（清）張志道輯　清抄本　一冊

340000－1881－0006092　09721

張曜神道碑不分卷　（□）□□輯　清稿本　一冊

340000－1881－0006093　09722

考槃集不分卷　（清）方東樹著　清抄本　一冊

340000－1881－0006094　09723

贈序不分卷　（清）李潘　（清）傅壽彤（清）施補華撰　清同治稿本　一冊

340000－1881－0006095　09724

致一齋讀書記不分卷　（清）賫初軒居士撰　清末抄本　一冊

340000－1881－0006096　09726

欽齋尺牘二卷　（清）蘇惇元撰　清同治十年(1871)抄本　一冊

340000－1881－0006097　09727

潛虛先生文集十六卷　（清）宋潛虛著　清光緒十六年(1890)刻本　八冊

340000－1881－0006098　09728

淡園文集一卷　（清）馬徵麐撰　清光緒思古書堂刻本　二冊

340000－1881－0006099　09729

俟命錄十卷　（清）方宗誠撰　清光緒三年(1877)刻本　二冊

340000－1881－0006100　09730

二程粹言二卷　（宋）程顥　（宋）程頤撰　清抄本　二冊

340000－1881－0006101　09732

休那遺稿十二卷詩集一卷貨殖傳評一卷外集三卷　（明）姚康撰　（清）姚灼輯編　清光緒十五年(1889)五桂山房刻本　十二冊

340000－1881－0006102　09733

南山集十四卷補遺三卷　（清）戴名世撰　清光緒二十八年(1902)張仲沅刻本　八冊

340000－1881－0006103　09734

南山集十四卷補遺三卷　（清）戴名世著　清光緒二十六年(1900)張仲沅刻本　八冊

340000－1881－0006104　09737

山谷詩鈔五卷　（宋）黃庭堅著　（清）姚鼐編　清光緒八年(1882)刻本　二冊

340000－1881－0006105　09738

蘭苕館外史□□卷　（清）許奉恩撰　清道光二十四年(1844)刻本　一冊　存一卷(五)

340000－1881－0006106　09739

瓶山古文鈔不分卷　（清）張輔贇撰　清光緒十年(1884)刻本　一冊

340000－1881－0006107　09741

惜抱軒書錄四卷　（清）姚鼐撰　清光緒五年(1879)刻本　一冊

340000－1881－0006108　09744

左傳義法舉要不分卷　（清）王兆符撰　清光緒十九年(1893)金匱廉氏刻本　三冊

340000 - 1881 - 0006109 09745

春秋傳正誼四卷 （清）方宗誠撰 清光緒四年(1878)刻本 一冊

340000 - 1881 - 0006110 09747

孟塗初集十卷 （清）劉開撰 清刻本 二冊

340000 - 1881 - 0006111 09751

寱言二卷 陳澹然撰 清光緒二十八年(1902)刻本 一冊 存一卷(一)

340000 - 1881 - 0006112 09752

哀鳴集二卷 （清）嚴釗撰 清宣統二年(1910)鉛印本 一冊

340000 - 1881 - 0006113 09753

浮山此藏軒物理小識十二卷 （明）方以智等編 清康熙三年(1664)刻本 六冊

340000 - 1881 - 0006114 09754

小酉腴山館文不分卷 （清）吳大廷撰 清末抄本 一冊

340000 - 1881 - 0006115 09755

數度衍二十三卷首三卷 （清）方中通編 清光緒四年(1878)刻本 八冊

340000 - 1881 - 0006116 09756

書傳補商十七卷 （清）戴鈞衡撰 清刻本 六冊

340000 - 1881 - 0006117 09757

讀志隨筆不分卷 （清）鄭福照撰 清抄本 一冊

340000 - 1881 - 0006118 09758

歷朝詩約選九十三卷 （清）劉大櫆纂 清光緒二十三年(1897)文徵閣刻本 二十一冊

340000 - 1881 - 0006119 09759

中復堂全集九十卷 （清）姚瑩著 清同治六年(1867)姚濬昌刻本 二十七冊

340000 - 1881 - 0006120 09760

柏堂遺書一百六十八卷 （清）方宗誠述 清光緒十五年(1889)志學堂刻本 五十冊

340000 - 1881 - 0006121 09761

通雅五十二卷首三卷 （明）方以智撰 清光緒六年(1880)方氏刻本 十冊

340000 - 1881 - 0006122 09762

善思齋詩續鈔二卷文續鈔四卷 （清）徐宗亮撰 清光緒二十四年(1898)刻本 三冊

340000 - 1881 - 0006123 09763

黟園詩談八卷續編二卷 （清）許丙椿撰 清同治五年(1866)刻本 二冊

340000 - 1881 - 0006124 09764

張楊園先生[履祥]年譜一卷附錄一卷 （清）蘇惇元編 清同治三年(1864)當歸草堂刻本 一冊

340000 - 1881 - 0006125 09765

書傳補商十七卷 （清）戴鈞衡撰 清同治七年(1868)刻本 六冊

340000 - 1881 - 0006126 09766

馬徵君遺集四卷首一卷 （清）馬三俊撰 清同治三年(1864)刻本 二冊

340000 - 1881 - 0006127 09769

澹宜草四卷澹宜雜著一卷 （清）徐楫著 清光緒六年(1880)葉湛元刻本 四冊

340000 - 1881 - 0006128 09770

唐魯泉先生遺稿不分卷 （清）唐治撰 （清）甘紹盤輯 清刻本 一冊

340000 - 1881 - 0006129 09771

虛白室文鈔二卷 （清）方昌翰撰 清光緒十三年(1887)刻本 一冊

340000 - 1881 - 0006130 09772

通占大象曆星經二卷 （漢）石申著 清刻本 一冊

340000 - 1881 - 0006131 09773

知德軒文鈔二卷 （清）汪錚著 清刻本 一冊

340000 - 1881 - 0006132 09774

虛白室詩鈔十卷 （清）方昌翰撰 清光緒十三年(1887)刻本 二冊

340000－1881－0006133　　09775

陸象先先生集節要六卷首一卷　　（唐）陸景初撰　（清）方宗誠編　清同治七年(1868)吳坤修刻本　　三冊

340000－1881－0006134　　09776

惜抱先生尺牘八卷　（清）姚鼐撰　清宣統元年(1909)小萬柳堂刻本　　四冊

340000－1881－0006135　　09778

綺雲春閣詩鈔二卷　（清）方芬著　清咸豐六年(1856)刻本　　二冊

340000－1881－0006136　　09779

庸晦堂詩集二卷　（清）方葆馨撰　清光緒二十六年(1900)刻本　　一冊

340000－1881－0006137　　09780

才調集十卷　（五代）韋縠撰　明崇禎元年(1628)汲古閣刻本　　二冊

340000－1881－0006138　　09781

孟塗集四十四卷孟塗前集十卷孟塗後集二十二卷孟塗駢體文二卷孟塗先生遺集二卷（清）劉開撰　清道光六年(1826)蘗山草堂刻本　　七冊

340000－1881－0006139　　09782

廣列女傳二十卷　（清）劉開纂輯　清同治八年(1869)半畝園刻本　　六冊

340000－1881－0006140　　09783

柏溪詩鈔二卷　（清）張同準撰　清同治七年(1868)刻本　　二冊

340000－1881－0006141　　09785

漢學商兌三卷　（清）方東樹撰　清光緒十年(1884)六安求我齋刻本　　四冊

340000－1881－0006142　　09786

网舊聞齋抄本不分卷　（清）方宗誠撰　清抄本　　二冊

340000－1881－0006143　　09787

雜文僅存一卷　（清）孫雲錦著　（清）孫孟平輯　清末鉛印本　　一冊

340000－1881－0006144　　09788

異伶傳不分卷　陳澹然著　清末鉛印晨風閣叢書本　　一冊

340000－1881－0006145　　09790

鶴鳴集六卷　（清）方績撰　清光緒十五年(1889)刻本　　一冊

340000－1881－0006146　　09792

遜敏錄四卷　（清）蘇惇元著　清同治六年(1867)蘇求莊刻本　　一冊

340000－1881－0006147　　09793

代躬耕軒詩鈔二卷　（清）馬鼎梅撰　清嘉慶十八年(1813)刻本　　二冊

340000－1881－0006148　　09794

桃谿雪二卷二十齣　（清）黃燮清詞　（清）李光溥評　（清）吳廷康輯　清光緒元年(1875)雲鶴仙館刻本　　一冊

340000－1881－0006149　　09795

方柏堂先生事實攻略五卷　陳澹然　陳守彝　陳獻彝纂　清刻本　　四冊

340000－1881－0006150　　09796

病榻夢痕錄節要二卷　（清）汪輝祖著　（清）方宗誠輯　清光緒九年(1883)廣仁堂刻本　　一冊

340000－1881－0006151　　09797

讀詩日錄十三卷　（清）劉士毅撰　清光緒六年(1880)刻本　　二冊

340000－1881－0006152　　09798

柏堂遺書一百六十八卷　（清）方宗誠撰　清光緒十五年(1889)志學堂刻本　　五十冊

340000－1881－0006153　　09799

方植之全集六十卷　（清）方東樹撰　清光緒二十年(1894)刻本　　三十冊

340000－1881－0006154　　09800

古文辭類纂七十五卷　（清）姚鼐撰　清光緒二十七年(1901)求要堂刻本　　十二冊

340000－1881－0006155　　09801

定山堂古文小品二卷　（清）龔鼎孳撰　清宣統二年(1910)國學昌明社石印本　　一冊

340000－1881－0006156　09804

大觀亭志六卷　李國模纂　（清）李丙榮編
清宣統三年(1911)慎餘堂鉛印本　四冊

340000－1881－0006157　09805

包孝肅公奏議十卷　（宋）包拯撰　**青陽山房**
集五卷　（元）余闕撰　**周給事垂光集一卷**
(明)周璽撰　清光緒元年(1875)毓秀堂刻本
四冊

340000－1881－0006158　09808

方植之先生全集六十四卷　（清）方東樹撰
清光緒二十年(1894)刻本　二十四冊

340000－1881－0006159　09811

劉壯肅公奏議十卷首一卷　（清）劉銘傳撰
清光緒三十二年(1906)鉛印本　六冊

340000－1881－0006160　09812

文字蒙求廣義四卷　（清）王筠撰　清光緒二
十七年(1901)刻本　五冊

340000－1881－0006161　09813

鄭東父遺書六卷　（清）鄭杲撰　清光緒三十
年(1904)集虛草堂刻本　四冊

340000－1881－0006162　09814

謙齋詩草不分卷　（清）王尚辰撰　清稿本
一冊

340000－1881－0006163　09815

大清律例歌訣三卷　（清）程夢元編　清光緒
八年(1882)刻本　一冊

340000－1881－0006164　09817

敦艮吉齋文存四卷詩存二卷　（清）徐子苓撰
劫餘小錄一卷　（清）徐元叔撰　清光緒十
二年(1886)刻本　六冊

340000－1881－0006165　09818

周易同異辨不分卷論語同異辨不分卷青箱餘
論不分卷　（清）王世博撰　清光緒二十三年
(1897)刻本　二冊

340000－1881－0006166　09822

自怡悅齋詩存不分卷　（清）王映薇撰　清同
治七年(1868)刻本　一冊

340000－1881－0006167　09824

道旁散人集五卷附錄一卷　（清）李孚青撰
清光緒三十年(1904)集虛草堂刻本　一冊

340000－1881－0006168　09825

孝肅奏議十卷　（宋）包拯撰　清同治二年
(1863)李瀚章刻本　四冊

340000－1881－0006169　09826

謙齋續集二卷補一卷　（清）王尚辰撰　清光
緒二十八年(1902)刻本　一冊

340000－1881－0006170　09827

合肥相國七十賜壽圖坿壽言不分卷　（清）楊
宗濂等撰　清刻本　一冊

340000－1881－0006171　09832

敦艮吉齋詩存二卷　（清）徐子苓撰　清同治
五年(1866)刻本　二冊

340000－1881－0006172　09833

唉實齋文稿二卷　（清）秦寶瓛著　清光緒十
四年(1888)張雲霖刻本　一冊

340000－1881－0006173　09834

敦艮吉齋文鈔四卷　（清）徐子苓撰　清光緒
三十二年(1906)集虛草堂刻本　四冊

340000－1881－0006174　09837

吟梅唅草不分卷　李國模撰　清光緒三十三
年(1907)木活字印本　一冊

340000－1881－0006175　09841

盤亭記不分卷　（清）徐子苓撰　清同治十二
年(1873)刻本　一冊

340000－1881－0006176　09842

江左三大家詩鈔三卷　（清）錢謙益　（清）龔
鼎孳　（清）吳偉業撰　（清）顧有孝　（清）
趙澐輯　清康熙六年(1667)刻本　六冊

340000－1881－0006177　09852

定山堂古文小品二卷續集一卷詩餘四卷露涤
園稿四卷　（清）龔鼎孳撰　清光緒七年
(1881)刻本　十一冊

340000－1881－0006178　09853

陸陳二先生詩文鈔二十九卷　（清）陸世儀

（清）陳瑚撰　（清）葉裕仁編　清光緒二年
(1876)蒯德模刻本　八冊

340000－1881－0006179　09854

謙齋二集不分卷三集不分卷續集不分卷
（清）王尚辰撰　清光緒二十一年(1895)刻本
　　三冊

340000－1881－0006180　09855

遺園詩餘一卷　（清）王尚辰撰　蟄隱庵雜作
一卷　（清）肥上一民編　澹雅居小草一卷
（清）王德名撰　（清）王迺原　（清）王迺蔭
編輯　枚蓀遺草一卷　（清）王德棻撰　（清）
王迺原　（清）王迺蔭編　清光緒二十二年
(1896)刻本　一冊

340000－1881－0006181　09857

劉銘傳列傳不分卷　程先甲等撰　清末京華
印書局鉛印本　一冊

340000－1881－0006182　09859

臥雲山館詩存不分卷　（清）陳雲章著　清光
緒十三年(1887)陳以垣等刻本　一冊

340000－1881－0006183　09860

節相壯遊日錄二卷　（清）胡鳳丹　（清）楊鳳
藻輯　清光緒二十二年(1896)刻本　二冊

340000－1881－0006184　09861

盤亭小錄不分卷　（清）劉銘傳撰　清同治十
二年(1873)刻本　一冊

340000－1881－0006185　09864

周武壯公遺書九卷首一卷外集三卷別集一卷
　　（清）周盛傳撰　（清）周家駒編　清光緒三
十一年(1905)刻本　十冊

340000－1881－0006186　09865

敦艮吉齋文存四卷　（清）徐子苓撰　劫餘小
錄一卷　（清）徐元叔撰　清光緒十二年
(1886)刻本　四冊

340000－1881－0006187　09870

江左三大家詩鈔三卷　（清）錢謙益　（清）龔
鼎孳　（清）吳偉業撰　（清）顧有孝　（清）
趙澐輯　清康熙六年(1667)刻本　二冊

340000－1881－0006188　09872

明懿安皇后外傳不分卷　（清）紀昀輯　清抄
本　一冊

340000－1881－0006189　09873

柳柳州外集一卷　（唐）柳宗元撰　清光緒四
年(1878)刻本　一冊

340000－1881－0006190　09874

余忠宣青陽山房集五卷　（元）余闕撰　清光
緒元年(1875)毓秀堂刻本　一冊

340000－1881－0006191　09875

周給事垂光集二卷　（明）周璽撰　清光緒元
年(1875)毓秀堂刻本　一冊

340000－1881－0006192　09877

龔端毅公奏疏八卷　（清）龔鼎孳撰　清光緒
七年(1881)刻本　六冊

340000－1881－0006193　09878

孝肅包公奏議十卷　（宋）包拯撰　清道光二
十年(1840)刻本　四冊

340000－1881－0006194　09879

管窺輯要八十卷　（清）黄鼎纂　清順治十年
(1653)刻本　二十一冊

340000－1881－0006195　09885

小華山樵賸稿不分卷　（清）程汝濤著　（清）
鄒士杰編　清光緒二十八年(1902)程長椿刻
本　一冊

340000－1881－0006196　09890

讀史識存十卷　（清）王潯撰　清光緒二十一
年(1895)刻本　四冊

340000－1881－0006197　09891

尺牘爭奇八卷　（明）張一中選　明刻本
四冊

340000－1881－0006198　09892

東萊先生詩集二十卷　（宋）呂本中撰　清初
抄本　四冊

340000－1881－0006199　09896

圖像水黄牛經合併大全二卷附駝經　（明）喻
本元　（明）喻本亨撰　清刻本　二冊

340000－1881－0006200　09897

新刊纂圖元亨療馬集六卷　（明）喻本元（明）喻本亨撰　清乾隆元年(1736)刻本六冊

340000－1881－0006201　09900

將就山房詩存不分卷　（清）葉鉏撰　清道光十五年(1835)刻本　一冊

340000－1881－0006202　09901

重刊蕉窗遺韻詩集不分卷　（清）李照輯　清光緒二十三年(1897)刻本　一冊

340000－1881－0006203　09902

方孩未先生全集十六卷　（明）方震孺撰（清）李兆洛編　（清）周大槐訂正　清同治七年(1868)方長華等刻本　六冊

340000－1881－0006204　09903

小初詩棄九卷　（清）王之藩撰　清同治五年(1866)刻本　二冊

340000－1881－0006205　09905

太傅孫文正公手書遺摺稿不分卷　（清）孫家鼐撰　清宣統元年(1909)影印本　一冊

340000－1881－0006206　09908

金湯借箸十二籌十二卷　（明）李盤等撰　清咸豐刻本　八冊

340000－1881－0006207　09910

退一步齋隨筆一卷　（□）□□輯　**重遊長淮記程一卷**　（清）紫金山樵撰　**南遊小草一卷**（清）孫蟠撰　**本房宗譜一卷**　（□）□□輯　清抄本　六冊

340000－1881－0006208　09911

淮南耆舊小傳續稿不分卷　（□）□□撰　清抄本　一冊

340000－1881－0006209　09913

古文雋十六卷　（明）趙耀編　明萬曆六年(1578)刻本　十六冊

340000－1881－0006210　09915

管窺輯要八十卷　（清）黃鼎纂　清順治十二年(1655)刻本　十六冊

340000－1881－0006211　09922

淮山游草□□卷　（□）□□撰　清光緒十九年(1893)抄本　一冊　存五卷(三十八至四十二)

340000－1881－0006212　09929

囊中草不分卷　（清）吳廷棟撰　清方培澹抄本　一冊

340000－1881－0006213　09931

河海崑崙錄四卷　裴景福撰　清宣統元年(1909)鉛印本　四冊

340000－1881－0006214　09933

移孝軒疏稿二卷　（清）李灼華撰　清宣統三年(1911)石印本　二冊

340000－1881－0006215　09934

移孝軒疏稿二卷　（清）李灼華撰　清宣統三年(1911)石印本　二冊

340000－1881－0006216　09935

河海崑崙錄四卷　裴景福撰　清宣統元年(1909)鉛印本　四冊

340000－1881－0006217　09936

兩淮戡亂記不分卷　（清）張瑞墀著　（清）朱點衣編　清宣統元年(1909)鉛印本　一冊

340000－1881－0006218　09937

論文瑣言不分卷　（清）黃中輯　清康熙二十九年(1690)泳古堂刻本　一冊

340000－1881－0006219　09938

龍文鞭影二卷　（明）蕭良有撰　（明）楊臣静增訂　（清）陳士龍編　清乾隆四十四年(1779)刻本　一冊

340000－1881－0006220　09939

燹餘小草二卷　（清）王靜涵撰　清光緒十四年(1888)刻本　一冊

340000－1881－0006221　09940

劉秉璋行狀不分卷　（清）孫家鼐撰　清末刻本　一冊

340000－1881－0006222　09947

管子二十四卷　（春秋）管仲撰　（明）趙用賢

（明）朱長春評　明萬曆四十八年(1620)凌汝亨刻朱墨套印本　十冊

340000－1881－0006223　09948
管子二十四卷　（春秋）管仲撰　明刻朱墨套印本　四冊　存九卷(一至九)

340000－1881－0006224　09949
拙修集十卷　（清）吳廷棟撰　清同治十年(1871)六安求我齋刻本　四冊

340000－1881－0006225　09951
管子治略竅言八卷　（唐）房玄齡注　（唐）劉績補注　（明）凌登嘉輯評　明萬曆二十年(1592)刻本　二冊

340000－1881－0006226　09952
管子二卷　（明）張榜輯　清刻本　一冊

340000－1881－0006227　09953
詮敘管子成書十五卷首一卷　（唐）房玄齡注　（明）梅士亨釋　明天啓五年(1625)刻本　十六冊

340000－1881－0006228　09958
老子道德經二卷　（三國魏）王弼注　嚴復評點　清光緒三十一年(1905)鉛印本　一冊

340000－1881－0006229　09960
老子元翼二卷考異一卷附錄一卷　（明）焦竑輯　清乾隆五年(1740)蘇伍等刻本　四冊

340000－1881－0006230　09961
曹集詮評十卷逸文一卷附魏陳思王[曹植]年譜　（三國魏）曹植撰　（清）丁晏編纂　清同治八年(1869)刻本　二冊

340000－1881－0006231　09962
曹子建文抄不分卷　（三國魏）曹植撰　**王粲文抄不分卷**　（三國魏）王粲撰　明刻本　一冊

340000－1881－0006232　09963
玉堂校傳如崗陳先生二經精解全編九卷　（明）陳懿典撰　（明）焦竑攷定　（明）楊九經參訂　明萬曆二十二年(1594)熊雲濱刻本　四冊

340000－1881－0006233　09964
老子解二卷　（宋）蘇轍解　明刻本　一冊

340000－1881－0006234　09965
管子二十四卷　（春秋）管仲撰　（唐）房玄齡注　明刻本　十二冊

340000－1881－0006235　09966
莊子南華經三卷　（晉）郭象注　（明）孫鑛批點　明萬曆三十三年(1605)刻本　三冊

340000－1881－0006236　09967
莊子南華經三卷　（晉）郭象注　（明）孫鑛批點　明萬曆三十三年(1605)刻本　四冊

340000－1881－0006237　09968
南華經批評十卷　（明）蔡大節輯　明萬曆六年(1578)刻本　二冊

340000－1881－0006238　09970
印章法二卷　（明）潘茂弘編　明天啓五年(1625)刻本　一冊

340000－1881－0006239　09971
莊子南華經四卷　（清）徐笠山注　（清）楊如瑤等參訂　清乾隆六年(1741)藜照樓刻本　二冊

340000－1881－0006240　09972
南華經□□卷　（晉）郭象注　明萬曆三十三年(1605)刻朱墨套印本　一冊　存三卷(一至三)

340000－1881－0006241　09973
莊子翼八卷　（明）焦竑編訂　明萬曆十六年(1588)刻本　四冊

340000－1881－0006242　09974
南華真經副墨八卷　（明）陸西星撰　明萬曆十三年(1585)刻本　五冊　存六卷(一至六)

340000－1881－0006243　09975
莊子集解八卷　王先謙撰　清宣統元年(1909)思賢書局刻本　三冊

340000－1881－0006244　09976
莊子內篇注四卷　（明）釋德清注　清光緒十四年(1888)金陵刻經處刻本　二冊

340000－1881－0006245　09977

莊子內篇注四卷　（明）釋德清注　清光緒十四年(1888)金陵刻經處刻本　二冊

340000－1881－0006246　09979

莊子獨見不分卷　（清）胡文英評釋　（清）武啟圖訂　清乾隆文淵堂刻本　六冊

340000－1881－0006247　09980

南華發覆八卷　（明）釋性通注　清乾隆刻本　六冊

340000－1881－0006248　09981

南華真經解三卷　（清）宣穎撰　清康熙六十年(1721)刻本　六冊

340000－1881－0006249　09982

莊子翼八卷　（明）焦竑編訂　明萬曆十六年(1588)刻本　四冊

340000－1881－0006250　09983

休寧碎事十二卷　（清）徐卓輯　清嘉慶十六年(1811)刻本　四冊

340000－1881－0006251　09991

智囊不分卷　（清）高士鼎著　清光緒三十二年(1906)鉛印本　一冊

340000－1881－0006252　09992

芸香館詩鈔不分卷　（清）汪夔著　清光緒九年(1883)刻本　一冊

340000－1881－0006253　09994

安徽選拔貢卷不分卷　（□）□□撰　清光緒十一年(1885)刻本　一冊

340000－1881－0006254　09995

采真彙藻四卷　（清）檀萃著　（清）曾力行注　（清）周芬佩評　清乾隆四十二年(1777)致和堂刻本　四冊

340000－1881－0006255　09996

陳簠齋手拓古印集不分卷　（清）陳介祺編　清光緒七年(1881)鈐印本　四冊

340000－1881－0006256　09997

十琴軒黃山印冊二卷　（清）雲溪氏手摹　清光緒十六年(1890)影印本　二冊

340000－1881－0006257　09998

春暉堂印始八卷　（清）吳蒼雷篆　（清）汪啟淑鑒藏　清乾隆十四年(1749)刻鈐印本　四冊

340000－1881－0006258　10001

莊子郭注十卷　（晉）郭象注　（唐）陸德明音義　明刻本　六冊

340000－1881－0006259　10002

莊子翼八卷　（明）焦竑編　明萬曆十六年(1588)刻本　一冊　存二卷(一至二)

340000－1881－0006260　10003

莊子四卷　（宋）林希逸注　明刻本　一冊

340000－1881－0006261　10004

南華真經解不分卷　（清）宣穎著　清康熙六十年(1721)刻本　一冊

340000－1881－0006262　10005

南華真經評注十卷　（晉）郭象注　（明）歸有光批　（明）文震孟訂正　明刻本　二冊

340000－1881－0006263　10006

司馬彪莊子注不分卷　（漢）司馬彪注　清道光十四年(1834)刻本　一冊

340000－1881－0006264　10007

道德經二卷老子考異一卷　（宋）蘇轍注　（明）凌以棟批點　明刻朱墨套印本　四冊

340000－1881－0006265　10010

四書圖考十三卷　（清）杜炳雲撰　清光緒十三年(1887)鴻文書局石印本　四冊

340000－1881－0006266　10011

劍華堂續罪言不分卷　吳廣霈著　清光緒十六年(1890)弢園鉛印本　一冊

340000－1881－0006267　10015

名賢匯考集表式不分卷　（清）程功輯　清刻本　一冊

340000－1881－0006268　10018

金果毅公家書節錄不分卷　（清）金雲門撰　（清）夏文蕊編　清同治八年(1869)刻本　一冊

340000－1881－0006269　10019

老子翼八卷首一卷　(明)焦竑輯　清光緒二十一年(1895)漸西村舍刻本　四冊

340000－1881－0006270　10020

老子翼八卷　(明)焦竑輯　(明)王元貞校　清光緒二十一年(1895)漸西村舍刻本　四冊

340000－1881－0006271　10023

古蝸篆居印述四卷　(清)程遂篆　清道光四年(1824)程芝華刻本　二冊

340000－1881－0006272　10025

鴻雪齋儷體三卷　(清)汪卓撰　清康熙五十七年(1718)刻本　一冊

340000－1881－0006273　10027

三調樂府詩譜不分卷　(清)汪宗沂撰　清同治七年(1868)抄本　一冊

340000－1881－0006274　10028

新安先集二十卷　(清)朱之榛輯　清同治十三年(1874)刻本　六冊

340000－1881－0006275　10029

改菴選古詩不分卷　題(清)改菴輯　清康熙抄本　一冊

340000－1881－0006276　10030

城南草堂所藏尺牘不分卷　(清)黎庶昌等撰　王叔平編　清稿本　三冊

340000－1881－0006277　10031

古文虞山集□□卷　(□)□□輯　清抄本　一冊　存一卷(二)

340000－1881－0006278　10032

繼忠錄不分卷　(清)程端本等撰　清咸豐七年(1857)刻本　一冊

340000－1881－0006279　10033

讀騷閣賦存二卷　(清)李恩綬著　清光緒十六年(1890)李光明莊刻本　二冊

340000－1881－0006280　10034

為章公詩帙不分卷　(清)許生淖著　清抄本　一冊

340000－1881－0006281　10035

梅谿文集六卷　(清)方都秦著　清抄本　二冊　存一卷(五)

340000－1881－0006282　10037

光緒甲午科姚永樸鄉試硃卷不分卷　姚永樸撰　清光緒二十年(1894)刻本　一冊

340000－1881－0006283　10038

陳臥子先生兵垣奏議二卷　(明)陳子龍撰　清宣統二年(1910)時中書局鉛印本　一冊　存一卷(下)

340000－1881－0006284　10039

陳臥子先生安雅堂稿十五卷　(明)陳子龍撰　陳臥子先生傳　(清)高燮撰　清宣統二年(1910)時中書局鉛印本　六冊

340000－1881－0006285　10041

舟齋詩集四卷　(清)張穆撰　清咸豐六年(1856)刻本　一冊

340000－1881－0006286　10042

舟齋文集八卷　(清)張穆撰　清咸豐八年(1858)刻本　一冊

340000－1881－0006287　10043

孫子十家註十三卷　(清)孫星衍　(清)吳人驥編　孫子敍錄一卷　(清)畢以珣撰　清光緒十年(1884)楊霖萱刻本　六冊

340000－1881－0006288　10045

淮南鴻烈解輯畧二卷　(明)張榜輯　明刻本　一冊

340000－1881－0006289　10046

淮南鴻烈集解二十一卷　(漢)高誘注　明刻本　四冊

340000－1881－0006290　10048

集古印譜六卷　(明)王常編　(明)顧從德校　明萬曆三年(1575)顧氏芸閣刻本　八冊

340000－1881－0006291　10049

新安名勝試帖不分卷　(清)汪鐘淑撰　清鋤春氏抄本　一冊

340000－1881－0006292　10051

頤園題詠四卷　（清）胡敬輯　清道光二年
(1822)刻本　一冊

340000－1881－0006293　10054

乾坤大略十卷補遺一卷　（清）王餘佑撰　清
宣統三年(1911)綠雲樓鉛印本　一冊　存六
卷(六至十、補遺一卷)

340000－1881－0006294　10057

七頌堂文集二卷　（清）劉體仁著　清同治七
年(1868)刻本　二冊

340000－1881－0006295　10059

壽山叢錄二卷　（清）洪騰蛟撰　清乾隆五十
六年(1791)刻本　一冊

340000－1881－0006296　10060

夏小正四卷附小爾雅弟子職一卷　（清）王貞
箋　清光緒十四年(1888)刻本　一冊

340000－1881－0006297　10062

歷代地理志韻編今釋二十卷　（清）李兆洛輯
　（清）六承如等編　清同治九年(1870)合肥
李氏刻本　七冊

340000－1881－0006298　10064

鄉試貢卷集不分卷　（清）趙湘等撰　清光緒
三十三年(1907)刻本　一冊

340000－1881－0006299　10065

汪梅村先生集十二卷外集一卷　（清）汪士鐸
撰　清光緒七年(1881)刻本　四冊

340000－1881－0006300　10066

春秋屬辭十二卷　（清）王大樞編　清啜菽廬
刻本　二冊　缺五卷(一至三、十一至十二)

340000－1881－0006301　10067

志寧堂稿不分卷　（清）徐文靖著　（清）徐育
樞注　清雍正十三年(1735)刻本　一冊

340000－1881－0006302　10068

竹書紀年統箋十二卷雜述一卷　（南朝梁）沈
約注　（清）徐文靖釋　清乾隆十五年(1750)
刻本　四冊

340000－1881－0006303　10069

經言拾遺十四卷　（清）徐文靖撰　（清）毛大
鵬訂　清乾隆二十一年(1756)刻志寧堂叢書
本　二冊

340000－1881－0006304　10070

籌海圖編十三卷　（明）胡宗憲輯議　（明）胡
燈　（明）胡鳴岡　（明）胡階慶刪定　明天啓
四年(1624)刻本　九冊

340000－1881－0006305　10071

乘槎筆記不分卷　（清）斌椿纂　清光緒元年
(1875)抄本　一冊

340000－1881－0006306　10072

史腴二卷　（清）周金壇纂輯　清雍正三年
(1725)刻本　二冊

340000－1881－0006307　10074

舊雜錄冊不分卷　（□）□□撰　清稿本
二冊

340000－1881－0006308　10075

淮南子二十一卷淮南鴻烈解二十一卷　（漢）
高誘注　清乾隆五十三年(1788)莊逵吉刻本
　八冊　存二十六卷(淮南子一至七、淮南鴻
烈解三至二十一)

340000－1881－0006309　10076

淮南鴻烈解二十一卷　（漢）劉安著　（漢）高
誘注　（明）汪一鸞訂　明刻本　一冊　存六
卷(二至七)

340000－1881－0006310　10078

明通鑑九十卷前記四卷坿記六卷首一卷
（清）夏燮編　清同治十二年(1873)刻本　三
十七冊

340000－1881－0006311　10079

明通鑑前編四卷　（清）夏燮編　清刻本
二冊

340000－1881－0006312　10080

明通鑑目錄二十卷　（清）夏燮輯　清刻本
八冊

340000－1881－0006313　10081

儉德堂讀書隨筆二卷　（清）劉庠撰　（清）劉

孚京輯 （清）劉淇編 清宣統二年(1910)木活字印本 二冊

340000－1881－0006314 10082

明通鑑坿編六卷 （清）夏燮編 清刻本 三冊

340000－1881－0006315 10083

明通鑑前編四卷 （清）夏燮編 清刻本 二冊

340000－1881－0006316 10084

春秋或問六卷 （清）邵坦撰 清光緒二年(1876)淮南書局刻本 二冊

340000－1881－0006317 10087

水經注圖一卷附錄一卷 （清）汪士鐸撰 清同治元年(1862)刻本 一冊

340000－1881－0006318 10088

水經注圖一卷附錄一卷 （清）汪士鐸撰 清同治元年(1862)刻本 一冊

340000－1881－0006319 10089

新安程氏世譜徵文錄十卷首一卷 （清）程佐衡撰 清光緒十九年(1893)無為嘉會堂刻本 八冊

340000－1881－0006320 10090

南華真經影史九卷 （清）周拱辰注 清光緒元年(1875)周踽潛刻本 二冊

340000－1881－0006321 10091

安徽袖珍同官錄四卷 （□）□□撰 清宣統三年(1911)安徽藩經歷司鉛印本 四冊

340000－1881－0006322 10093

三科鄉會墨腴不分卷 （清）薛慰農編 清同治十二年(1873)刻本 四冊

340000－1881－0006323 10094

兩皖校士錄三卷 （清）吳魯輯 清光緒二十年(1894)刻本 四冊

340000－1881－0006324 10095

惜陰書院西齋課藝八卷 （□）□□編 清光緒四年(1878)刻本 八冊

340000－1881－0006325 10096

惜陰書院西齋課藝八卷 （□）□□編 清光緒四年(1878)刻本 八冊

340000－1881－0006326 10097

江南闈墨不分卷 （清）劉式通等撰 清光緒十七年(1891)衡鑒堂刻本 一冊

340000－1881－0006327 10098

管城碩記三十卷 （清）徐文靖著 清乾隆九年(1744)志寧堂刻本 十冊

340000－1881－0006328 10099

皖江校士錄八卷 （清）貴恒輯 清光緒十三年(1887)刻本 八冊

340000－1881－0006329 10100

光緒戊寅年試草不分卷 （□）□□輯 清宣統二年(1910)刻本 一冊

340000－1881－0006330 10101

光緒己丑安徽恩貢卷不分卷 （清）吳湘等撰 清光緒十五年(1889)刻本 一冊

340000－1881－0006331 10102

農桑輯要七卷 （元）司農司撰 **蠶事要略一卷** （清）張行孚撰 清光緒二十一年(1895)漸西村舍刻本 三冊

340000－1881－0006332 10103

陳少陽集十卷首一卷 （宋）陳東撰 （清）劉德麟輯 （清）聞福圻編 清光緒十六年(1890)刻本 二冊

340000－1881－0006333 10104

齊民要術十卷 （北魏）賈思勰撰 清光緒二十二年(1896)漸西村舍刻本 四冊

340000－1881－0006334 10105

種樹書一卷 （元）俞宗本撰 **廣蠶桑說輯補二卷** （清）沈練撰 （清）仲學輅輯補 **蠶桑說一卷** （清）趙敬如撰 清光緒二十三年(1897)漸西村舍刻本 一冊

340000－1881－0006335 10106

黃鉞文集五十卷 （清）黃鉞撰 清同治二年(1863)刻本 十五冊

340000－1881－0006336　10107

明通鑑九十卷前記四卷坿記六卷首一卷
(清)夏燮編　清同治十二年(1873)刻本　三
十九冊

340000－1881－0006337　10109

麗社筆談三卷　(清)張熙伯輯　清光緒十七
年(1891)刻本　一冊

340000－1881－0006338　10110

洪光祿遺集不分卷　(清)洪蓮生撰　清宣統
元年(1909)鉛印本　一冊

340000－1881－0006339　10111

規過三卷　(隋)劉炫撰　(清)薛承宣輯　清
刻本　一冊

340000－1881－0006340　10112

讀左小記二卷　(清)薛承宣輯　清道光十九
年(1839)刻本　一冊

340000－1881－0006341　10113

春秋經傳集解三十卷　(晉)杜預撰　(唐)陸
德明音釋　(宋)林堯叟注　(清)馮李驊增訂
　左繡不分卷　(清)馮李驊　(清)陸浩評輯
清康熙五十九年(1720)刻本　十六冊

340000－1881－0006342　10115

杜詩鏡銓二十卷　(唐)杜甫撰　(清)楊倫編
　清光緒十八年(1892)刻本　十二冊

340000－1881－0006343　10116

龍眠風雅六十四卷續集二十八卷　(清)潘江
輯　清康熙三十年(1691)刻本　四十八冊

340000－1881－0006344　10119

量倉通法五卷　(清)張作楠纂　(清)江臨泰
補圖　清刻本　二冊　存三卷(三至五)

340000－1881－0006345　10120

新測恒星圖表不分卷　(清)張作楠纂　(清)
江臨泰繪圖　清刻本　一冊

340000－1881－0006346　10121

翠薇山房數學三十八卷　(清)張作楠纂
(清)江臨泰補圖　清嘉慶二十五年(1820)刻
本　二十冊

340000－1881－0006347　10122

吳學士文集四卷詩集五卷　(清)吳鼐撰
(清)梁肇煌　(清)薛時雨編　清光緒八年
(1882)刻本　六冊

340000－1881－0006348　10123

倉田通法三卷　(清)張作楠纂　(清)俞俊編
　(清)江臨泰補圖　清嘉慶二十一年(1816)
刻本　一冊

340000－1881－0006349　10124

高弧細草不分卷　(清)張作楠纂　(清)江臨
泰補圖　清道光元年(1821)刻本　一冊

340000－1881－0006350　10125

揣籥續錄三卷　(清)張作楠纂圖　清道光元
年(1821)刻本　一冊

340000－1881－0006351　10126

棕亭詩鈔十八卷　(清)金兆燕撰　清嘉慶十
二年(1807)贈雲軒刻本　六冊

340000－1881－0006352　10127

夜雨秋燈續錄八卷　(清)宣鼎著　清光緒六
年(1880)鉛印本　四冊

340000－1881－0006353　10128

杉亭集不分卷　(清)吳娘撰　清抄本　二冊

340000－1881－0006354　10129

吳山尊評本庚辰集不分卷　(清)吳松鶴轉錄
　清道光四年(1824)抄本　一冊

340000－1881－0006355　10130

吳松鶴評選唐五言律詩不分卷　(清)吳松鶴
編　清道光四年(1824)抄本　一冊

340000－1881－0006356　10131

儒林外史五十六回　(清)吳敬梓撰　清同治
八年(1869)群玉齋木活字印本　十二冊

340000－1881－0006357　10133

東征集六卷平臺紀署一卷　(清)藍鼎元撰
(清)王者輔評　清雍正十年(1732)刻本
四冊

340000－1881－0006358　10134

重訂空谷傳聲不分卷　(清)汪鎣編　清光緒

八年(1882)李光明莊刻本　一冊

340000 – 1881 – 0006359　10135

重訂空谷傳聲不分卷　(清)汪鎏編　清光緒
八年(1882)李光明莊刻本　一冊

340000 – 1881 – 0006360　10136

吳學士文集五卷　(清)吳鼒撰　(清)梁肇煌
(清)薛時雨編　清光緒八年(1882)刻本
六冊

340000 – 1881 – 0006361　10137

二知軒詩鈔十四卷　(清)方濬撰　清同治五
年(1866)刻本　八冊

340000 – 1881 – 0006362　10138

安徽名家詞初集十九卷　(清)金泰等撰　清
刻本　七冊

340000 – 1881 – 0006363　10140

夢園書畫錄二十五卷　(清)方濬頤輯　(清)
杜洲編　清咸豐四年(1854)刻本　六冊　存
十二卷(三至六、十二至十三、十六至十七、二
十二至二十五)

340000 – 1881 – 0006364　10141

養蒙金鑑二卷首一卷　(清)沈錫慶編　(清)
林之望輯　清光緒元年(1875)瞿廷韶刻本
二冊

340000 – 1881 – 0006365　10142

啖蔗軒自訂年譜不分卷東歸日記不分卷
(清)方士淦撰　清同治十一年(1872)刻本
一冊

340000 – 1881 – 0006366　10143

啖蔗軒詩存三卷　(清)方士淦撰　清同治十
一年(1872)刻本　一冊　存二卷(上、中)

340000 – 1881 – 0006367　10144

紀效新書十八卷首一卷　(明)戚繼光撰　清
道光二十一年(1841)刻本　四冊

340000 – 1881 – 0006368　10145

退一步齋詩集十六卷文集四卷蕉軒續錄二卷
(清)方濬師著　(清)呂景端編　清光緒十
八年(1892)鉛印本　十二冊

340000 – 1881 – 0006369　10146

原本直指算法統宗十二卷　(明)程大位編
清同治三年(1864)刻本　六冊

340000 – 1881 – 0006370　10147

檀弓二卷　(清)孫濩孫評　清康熙六十一年
(1722)刻本　四冊

340000 – 1881 – 0006371　10148

蕉軒隨錄十二卷　(清)方濬師撰　清同治十
一年(1872)刻本　六冊

340000 – 1881 – 0006372　10149

夢園叢說內篇八卷　(清)方濬頤撰　清刻本
二冊　存四卷(五至八)

340000 – 1881 – 0006373　10150

古籌算考釋六卷　勞乃宣撰　清光緒十二年
(1886)刻本　六冊

340000 – 1881 – 0006374　10151

藤香館詩鈔四卷　(清)薛時雨撰　清同治七
年(1868)刻本　二冊

340000 – 1881 – 0006375　10152

海道圖說十五卷附長江圖說一卷　(英國)金
約翰輯　(英國)傅蘭雅　(美國)金楷理口譯
(清)王德均筆述　清末刻本　十冊

340000 – 1881 – 0006376　10153

練兵實紀雜集六卷　(明)戚繼光撰　清末吳
之勤刻本　三冊

340000 – 1881 – 0006377　10154

練兵實紀九卷　(明)戚繼光撰　清末吳之勤
刻本　三冊

340000 – 1881 – 0006378　10155

紀效新書十八卷首一卷　(明)戚繼光撰　清
道光二十一年(1841)刻本　六冊

340000 – 1881 – 0006379　10162

齊省堂增訂儒林外史五十六回　(清)吳敬梓
撰　清同治十三年(1874)齊省堂刻本　十
六冊

340000 – 1881 – 0006380　10164

望三益齋制義不分卷　(清)吳棠撰　清同治

三年(1864)刻本　一冊

340000－1881－0006381　10165

月令廣義二十四卷首一卷　（明）馮應京纂輯
（明）戴任增釋　明萬曆三十年(1602)刻本
六冊

340000－1881－0006382　10166

聖僧庵集不分卷　（明）吳應賓補訂　明萬曆
刻本　一冊

340000－1881－0006383　10167

績溪雜感詩不分卷　（清）高孝本撰　（清）汪
澤注　清同治刻本　一冊

340000－1881－0006384　10169

文選類林十八卷　（宋）劉攽編　明傅嘉祥等
刻本　六冊　存七卷(一、十、十四至十八)

340000－1881－0006385　10171

求是堂詩鈔六卷　（清）胡承珙撰　清抄本
二冊

340000－1881－0006386　10172

懶竉居士遺稿七卷　（清）季步驤著　（清）王
夢鯨編　（清）汪有典重訂　清光緒二十二年
(1896)刻本　二冊

340000－1881－0006387　10173

王茂蔭行狀不分卷　（清）王銘慎纂　清同治
四年(1865)刻本　一冊

340000－1881－0006388　10174

笑庵存稿不分卷　（清）鄭溥撰　清光緒二十
九年(1903)刻本　一冊

340000－1881－0006389　10175

瓊廬詩鈔十卷　（清）王蔭槐撰　清光緒七年
(1881)刻本　一冊　存五卷(一至五)

340000－1881－0006390　10176

函史上編八十二卷　（明）鄧元錫纂　明萬曆
元年(1573)刻本　四十冊

340000－1881－0006391　10177

物理小識十二卷首一卷　（明）方以智撰　清
光緒十年(1884)寧靜堂刻本　六冊

340000－1881－0006392　10179

通雅五十二卷　（明）方以智輯撰　（清）姚文
燮校　清康熙五年(1666)浮山此藏軒刻本
十二冊

340000－1881－0006393　10180

月令廣義二十四卷首一卷　（明）馮應京纂輯
（明）戴任增釋　明萬曆三十年(1602)聚文
堂刻本　十二冊

340000－1881－0006394　10181

歸方評點史記合筆六卷　（清）王拯纂　清光
緒元年(1875)望三益齋刻本　四冊

340000－1881－0006395　10182

月令廣義二十四卷首一卷　（明）馮應京纂輯
（明）戴任增釋　明萬曆三十年(1602)刻本
十二冊

340000－1881－0006396　10183

滄園瑣錄三十四卷　（清）仲良撰　清光緒二
十七年(1901)古香書室抄本　十六冊

340000－1881－0006397　10184

山門新語五種四卷首四卷　（清）周贇撰
（清）汪承詔　（清）周遵第校　清光緒三十三
年(1907)刻本　四冊

340000－1881－0006398　10185

竹葉亭雜記八卷　（清）姚元之撰　清光緒
十九年(1893)刻本　二冊

340000－1881－0006399　10188

標孟七卷　（清）汪有光評　（清）汪有聲校
（清）汪能承編　清抄本　一冊

340000－1881－0006400　10190

文選集釋二十四卷　（清）朱珔撰　清小萬卷
齋抄本　二十四冊

340000－1881－0006401　10191

文選附詮二十卷　（清）朱珔撰　清抄本　七
冊　存十四卷(三至十二、十七至二十)

340000－1881－0006402　10192

小萬卷齋詩稿三十二卷　（清）朱珔撰　清抄
本　一冊　存二卷(二十九至三十)

340000－1881－0006403　10193

小萬卷齋詩續稿□□卷　（清）朱琦撰　清抄本　一冊　存四卷(十三至十六)

340000－1881－0006404　10195

不得已不分卷　（清）楊光先撰　清吟秋館抄本　一冊

340000－1881－0006405　10196

吟秋館雜抄不分卷　（□）□□撰　清抄本　三冊

340000－1881－0006406　10197

清代人函牘不分卷　（□）□□撰　清抄本　二冊

340000－1881－0006407　10198

稟函文稿不分卷　（□）□□撰　清抄本　一冊

340000－1881－0006408　10199

尺牘套語不分卷　（□）□□撰　清抄本　一冊

340000－1881－0006409　10200

八股文抄本不分卷　（□）□□撰　清抄本　一冊

340000－1881－0006410　10201

雜抄不分卷　（□）□□撰　清抄本　一冊

340000－1881－0006411　10202

清代人尺牘不分卷　（□）□□撰　清抄本　二冊

340000－1881－0006412　10203

雜鈔不分卷　（□）□□撰　清抄本　一冊

340000－1881－0006413　10204

雜文抄不分卷　（清）桑調元等撰　清抄本　一冊

340000－1881－0006414　10205

稟函文稿不分卷　（□）□□撰　清抄本　一冊

340000－1881－0006415　10206

左傳一卷　（□）□□撰　清抄本　一冊

340000－1881－0006416　10207

新刻增訂釋義經書便用通考雜字二卷外卷一卷　（清）徐三省編　清康熙黃以孚刻本　一冊

340000－1881－0006417　10208

史腋不分卷　（□）□□撰　清抄本　二冊

340000－1881－0006418　10210

清代函牘一卷　（□）□□撰　清抄本　一冊

340000－1881－0006419　10211

清人詩一卷　（□）□□撰　清抄本　一冊

340000－1881－0006420　10212

刑錢信札一卷　（□）□□撰　清抄本　一冊

340000－1881－0006421　10213

清人詩存□□卷　（□）□□撰　清抄本　一冊　存一卷(三)

340000－1881－0006422　10214

館課賦稿一卷　（□）□□撰　清抄本　一冊

340000－1881－0006423　10215

說文稿不分卷　（□）□□撰　清抄本　一冊

340000－1881－0006424　10216

集何雪漁印譜二卷　（清）何震篆　清鈐印本　一冊

340000－1881－0006425　10217

守一齋詩詞三卷　（清）胡文鎬篆　清光緒元年(1875)刻本　一冊

340000－1881－0006426　10218

吳徵士遺文一卷遺詩一卷　（清）吳廷香著　清同治二年(1863)刻本　一冊

340000－1881－0006427　10219

有恒心齋外集二卷詩餘二卷詞餘一卷　（清）程鴻詔撰　清刻本　一冊

340000－1881－0006428　10224

松石齋印譜不分卷　（清）周懋泰輯　清光緒十八年(1892)鈐印本　一冊

340000－1881－0006429　10225

松石齋集古印存一卷　（清）周懋泰輯　清光

緒十八年(1892)鈐印本　一冊

340000 – 1881 – 0006430　10226

佩珊珊室詩存不分卷　（清）王紉佩著　清光緒十九年(1893)刻本　一冊

340000 – 1881 – 0006431　10227

消憂詩草一卷　（清）吳讓恒著　清嘉慶二年(1797)學灌園刻本　一冊

340000 – 1881 – 0006432　10228

潔華館詩集不分卷　（清）程榮功著　清光緒二十一年(1895)刻本　一冊

340000 – 1881 – 0006433　10230

定川草堂詩集詠物艸一卷　（清）張文詮撰　清道光二十三年(1843)刻本　一冊

340000 – 1881 – 0006434　10231

定川草堂詩集三燭艸一卷　（清）張文詮撰　清道光二十三年(1843)刻本　一冊

340000 – 1881 – 0006435　10232

定川草堂詩集喘歸艸一卷　（清）張文詮撰　清道光二十三年(1843)刻本　一冊

340000 – 1881 – 0006436　10233

定川草堂詩集題畫艸一卷　（清）張文詮撰　清道光二十三年(1843)刻本　一冊

340000 – 1881 – 0006437　10234

定川草堂詩集添毫艸一卷　（清）張文詮撰　清道光二十三年(1843)刻本　一冊

340000 – 1881 – 0006438　10235

定川草堂詩集北遊艸二卷　（清）張文詮撰　清道光二十三年(1843)刻本　一冊

340000 – 1881 – 0006439　10236

定川草堂詩集北遊艸二卷　（清）張文詮撰　清道光二十三年(1843)刻本　一冊

340000 – 1881 – 0006440　10237

字香亭梅花百詠不分卷　（清）吳立著　（清）吳本涵　（清）吳本厚注　清康熙五十三年(1714)刻本　一冊

340000 – 1881 – 0006441　10238

經序錄不分卷史序錄不分卷　（清）吳承漸纂輯　（清）孫仲謀　（清）吳楷校　清康熙三十一年(1692)刻本　二冊

340000 – 1881 – 0006442　10239

吟秋館詩稿五卷續稿二卷　（清）朱葆元著　清光緒五年(1879)抄本　九冊

340000 – 1881 – 0006443　10240

聽松樓詩鈔不分卷　（清）汪永嵩著　清道光二十一年(1841)抄本　一冊

340000 – 1881 – 0006444　10241

鴻栖館印選一卷　（明）吳忠篆　（明）魏之璜書　明萬曆四十三年(1615)鈐印本　一冊

340000 – 1881 – 0006445　10242

集古印存三十二卷　（清）汪啟淑鑒定　（清）汪紹增編　清鈐印本　四冊　存六卷(十七至十八、二十一至二十二、二十九至三十)

340000 – 1881 – 0006446　10243

彙音釋義千文不分卷　（明）曹邦瑾輯　清刻本　一冊

340000 – 1881 – 0006447　10244

曹振鏞謝摺不分卷　（清）曹振鏞稿　清稿本　一冊

340000 – 1881 – 0006448　10245

汪司馬墓案稿光緒十八年盜葬案一卷　（□）□□撰　清光緒十八年(1892)刻本　一冊

340000 – 1881 – 0006449　10249

新訂釋義便用世事通考雜字二卷　（清）徐三省編　（清）王旮林補　清乾隆四十三年(1778)文光樓刻本　二冊

340000 – 1881 – 0006450　10251

竹溪雜組不分卷　（清）盧培撰　清光緒二十七年(1901)鉛印本　一冊

340000 – 1881 – 0006451　10252

春秋人事輯略不分卷　（清）吳棠纂　清稿本　一冊

340000 – 1881 – 0006452　10255

中庸講略不分卷　（清）潘哦松輯　清抄本

一册

340000－1881－0006453　10256

大學講略不分卷　（清）潘哦松輯　清抄本
一册

340000－1881－0006454　10261

徽州旅漢公立兩等小學堂規則不分卷　余承
宣　汪聲淵審定　邵家驤編　清宣統漢口普
通印刷公司鉛印本　一册

340000－1881－0006455　10263

徽甯思恭堂徵信錄不分卷　（清）胡炳南等撰
　清光緒二十八年（1902）刻本　一册

340000－1881－0006456　10264

誥授資政大夫倪公愚山事畧不分卷　（清）倪
望隆等撰　清光緒二十九年（1903）刻本
一册

340000－1881－0006457　10265

績溪東山高等官小學堂章程不分卷　（□）
□□撰　清光緒木活字印本　一册

340000－1881－0006458　10267

麝塵蓮寸集四卷末一卷　（清）汪淵集詞
（清）程淑校注　清光緒十七年（1891）刻本
一册

340000－1881－0006459　10268

十五調曲譜不分卷　（清）汪宗沂編　清光緒
八年（1882）抄本　一册

340000－1881－0006460　10269

旌邑賓興公項章程不分卷　（□）□□撰　清
同治七年（1868）刻本　一册

340000－1881－0006461　10270

中國地輿約編不分卷　（清）胡本琪編　清光
緒三十二年（1906）世澤樓刻本　一册

340000－1881－0006462　10271

徽郡風化將頹宜禁說不分卷　（清）汪必昌撰
　清嘉慶十七年（1812）刻本　一册

340000－1881－0006463　10272

蟄廬文稿不分卷　（清）王澤春撰　（清）袁爽
評　清光緒三十年（1904）鉛印本　一册

340000－1881－0006464　10273

忠壯公墓闕偽錄五卷　（清）新安程氏諸派輯
　清雍正九年（1731）惇本堂刻本　一册　存
二卷（一至二）

340000－1881－0006465　10274

石倉詠史百二篇　（清）曹侍墀撰　清嘉慶十
七年（1812）抄本　一册

340000－1881－0006466　10275

輟耕吟橐不分卷　（清）倪偉人撰　清抄本
一册

340000－1881－0006467　10277

浙省新建安徽會館不分卷　（清）金曰修撰
清同治刻本　一册

340000－1881－0006468　10278

新安義園徵信錄不分卷　（□）□□撰　清光
緒十八年（1892）刻本　一册

340000－1881－0006469　10279

新安屯溪公濟局徵信錄不分卷　（□）□□撰
　清光緒三十三年（1907）刻本　一册

340000－1881－0006470　10280

劍術不分卷　（□）□□撰　清末安徽陸軍小
學堂鉛印本　一册

340000－1881－0006471　10281

煙譜二卷　（清）蔡家琬輯　清道光元年
（1821）刻本　一册

340000－1881－0006472　10282

黃山紀遊詩二卷　（清）曹來復撰　清嘉慶七
年（1802）刻本　一册

340000－1881－0006473　10283

續方言又補二卷　徐乃昌撰　清光緒二十一
年（1895）刻本　一册

340000－1881－0006474　10284

十華小築詩鈔四卷　（清）余本愚撰　清光緒
十一年（1885）刻本　一册

340000－1881－0006475　10285

聲類表九卷首一卷　（清）戴震撰　清嘉慶十
四年（1809）刻本　二册

340000－1881－0006476　10286
聲韵攷四卷　(清)戴震撰　清乾隆刻本　一冊

340000－1881－0006477　10287
文選集釋二十四卷　(清)朱珔撰　清刻本　一冊　存二卷(十五至十六)

340000－1881－0006478　10288
文選集釋十二卷　(清)朱珔撰　清刻本　六冊　存十二卷(十三至二十四)

340000－1881－0006479　10289
戴氏遺書□□卷　(清)戴震撰　清微波榭刻本　三十四冊

340000－1881－0006480　10290
正己閣精選古文不分卷　(□)□□撰　明抄本　四冊

340000－1881－0006481　10291
語餘謾録十九卷附集二卷　(清)汪璲著　清刻本　八冊

340000－1881－0006482　10292
秘書廿一種九十四卷　(清)汪士漢考校　清康熙八年(1669)刻本　九冊　存八十五卷(汲冢周書一至十、吴越春秋一至六、拾遺記一至十、白虎通一至二、山海經一至十八、博物志一至十、桂海虞衡志一、續博物志一至十、博異記一、高士傳一至三、劍俠傳一至四、楚史檮杌一、晉史乘一、竹書紀年一至二、中華古今注一至三、古今注一至三)

340000－1881－0006483　10293
春秋左傳二十七卷　(清)方宗誠批點　清抄本　二十七冊

340000－1881－0006484　10295
靜怡山房焚燬書目二卷　(清)王以寬纂　清咸豐九年(1859)抄本　一冊

340000－1881－0006485　10296
周易不分卷　(□)□□撰　清抄本　一冊

340000－1881－0006486　10297
古文自娱集不分卷　(□)□□撰　清抄本　五冊

340000－1881－0006487　10298
國朝桐城文錄不分卷　(清)方宗誠輯　清咸豐八年(1858)稿本　三十冊

340000－1881－0006488　10299
文廟賢儒言行纂要三十二卷附聖哲畫像一卷　(清)方宗誠撰　清稿本　三十三冊

340000－1881－0006489　10300
母教宜先錄五卷　(清)夏文蒓纂　清抄本　一冊

340000－1881－0006490　10301
先大夫遺行不分卷遺言不分卷遺札不分卷　夏慎大編　清光緒五年(1879)抄本　一冊

340000－1881－0006491　10303
味秋館詩稿五卷　夏慎大撰　清抄本　一冊

340000－1881－0006492　10304
味秋館賸稿不分卷　(□)□□撰　清光緒五年(1879)抄本　一冊

340000－1881－0006493　10305
味秋館文存不分卷　夏慎大撰　清光緒四年(1878)抄本　一冊

340000－1881－0006494　10306
味秋館雜鈔十卷　(□)□□撰　清抄本　十冊

340000－1881－0006495　10307
澄懷園語二卷　(清)張廷玉著　清光緒十五年(1889)鄒凌澣刻玉雞苗館叢書本　一冊

340000－1881－0006496　10308
衲蘇集二卷　(清)何栻編　清同治元年(1862)刻本　一冊

340000－1881－0006497　10309
紫石泉山房文集十二卷　(清)吴定撰　清光緒十三年(1887)刻本　五冊

340000－1881－0006498　10310
戴東原集十卷年譜一卷覆校札記一卷　(清)戴震著　(清)段玉裁編　清宣統二年(1910)

渭南嚴氏孝義家塾刻本　六冊

340000－1881－0006499　10312

小萬卷齋文藁二十四卷首一卷末一卷　（清）朱琦撰　清道光二十六年（1846）刻本　十八冊

340000－1881－0006500　10313

鄉黨圖考十卷　（清）江永撰　（清）江仁秀等校　清乾隆五十八年（1793）金閶書業堂刻本　四冊

340000－1881－0006501　10314

惜抱尺牘八卷　（清）姚鼐撰　清宣統元年（1909）小萬柳堂刻本　四冊

340000－1881－0006502　10316

屏山朱氏文獻不分卷　（清）朱西村撰　清抄本　一冊

340000－1881－0006503　10317

完白山人篆刻偶存不分卷　（清）鄧石如撰　清光緒三十二年（1906）有正書局石印本　二冊

340000－1881－0006504　10318

養浩齋詩稿九卷續稿五卷　（清）桂超萬撰　（清）桂青萬　（清）桂載萬編　清同治五年（1866）刻本　三冊

340000－1881－0006505　10319

京都續溪館錄六卷　（清）程蘋卿編　清光緒刻本　一冊

340000－1881－0006506　10321

靜觀書屋詩集七卷首一卷末一卷　（清）章鶴齡著　清同治十三年（1874）刻本　二冊

340000－1881－0006507　10323

柏梘山房文集十六卷文續集一卷詩集十卷詩續集二卷駢體文二卷　（清）梅曾亮撰　清咸豐六年（1856）刻同治三年（1864）補刻本　六冊

340000－1881－0006508　10324

國朝江左詩鈔十六卷　（清）朱良焯編　清刻本　三冊　存八卷（九至十六）

340000－1881－0006509　10325

屏山詩乘三集不分卷　（清）朱潒等撰　清同治八年（1869）抄本　一冊

340000－1881－0006510　10326

徽商公所徵信錄不分卷　（清）江城撰　清宣統元年（1909）刻本　一冊

340000－1881－0006511　10327

小萬卷齋詩藁三十二卷經進藁四卷　（清）朱琦撰　清道光九年（1829）刻本　六冊

340000－1881－0006512　10328

少岊賦草箋注四卷重訂少岊賦草續集一卷　（清）夏思沺著　（清）姜兆蘭釋　清道光四年（1824）刻本　二冊

340000－1881－0006513　10333

豐溪存稿不分卷　（唐）呂從慶著　清同治十二年（1873）呂賢彬等刻本　一冊

340000－1881－0006514　10338

新安雜詠一卷潁園雜詠一卷　（清）丁芮模撰　清嘉慶二十四年（1819）刻本　一冊

340000－1881－0006515　10341

韜廬隸譜不分卷　（清）汪宗沂編　清光緒二十二年（1896）刻本　一冊

340000－1881－0006516　10344

惜抱軒全集四十九卷　（清）姚鼐撰　清咸豐四年（1854）會文堂石印本　八冊

340000－1881－0006517　10345

權制八卷　陳澹然撰　清光緒二十六年（1900）徐崇立刻本　四冊

340000－1881－0006518　10347

周易廓二十四卷求志居詩集三十六卷外集不分卷時文不分卷　（清）陳世鎔撰　清咸豐元年（1851）刻本　十六冊

340000－1881－0006519　10348

教務紀略四卷首一卷　周馥編　李剛己輯　清光緒三十一年（1905）南洋官報局刻本　六冊

340000－1881－0006520　10349

南山全集十六卷 （清）戴名世撰 清宣統二年(1910)秀野軒刻本 五冊 存十卷(一至十)

340000 – 1881 – 0006521 10351

李商隱詩集三卷 （唐）李商隱撰 清宣統元年(1909)影印本 二冊

340000 – 1881 – 0006522 10352

蠡測偶記二卷 （清）胡贊采著 清宣統元年(1909)刻本 一冊

340000 – 1881 – 0006523 10354

衡齋算學七卷 （清）汪萊著 清咸豐四年(1854)刻本 一冊

340000 – 1881 – 0006524 10355

皖學編十三卷首三卷 （清）徐定文編 清宣統元年(1909)萬卷樓刻本 六冊

340000 – 1881 – 0006525 10356

水經注不分卷 （北魏）酈道元撰 清嘉慶八年(1803)刻本 十冊

340000 – 1881 – 0006526 10357

新安景物約編不分卷附補遺 （清）江忠儔（清）江正心纂 徽郡紀麗不分卷 （清）洪榜撰 清道光十年(1830)青雲堂刻本 一冊

340000 – 1881 – 0006527 10362

戴南山文鈔六卷首一卷 （清）戴名世撰 清宣統二年(1910)國學扶輪社鉛印本 二冊

340000 – 1881 – 0006528 10363

凌氏六君子傳不分卷 （清）凌彝緝編 清乾隆三十七年(1772)刻本 一冊

340000 – 1881 – 0006529 10365

山法全書十九卷首二卷 （清）葉泰編 清康熙三十五年(1696)刻本 十六冊

340000 – 1881 – 0006530 10366

鴻雪齋題畫小品□□卷 （清）汪卓撰 清刻本 一冊 存二卷(五至六)

340000 – 1881 – 0006531 10367

明歙范晦叔重集艸訣百韻不分卷 （明）范文明輯 清抄本 一冊

340000 – 1881 – 0006532 10369

穆甫學篆節錄不分卷 （清）穆甫撰 清光緒七年(1881)抄本 一冊

340000 – 1881 – 0006533 10370

績溪山水歌略不分卷 胡晉接編 清光緒抄本 一冊

340000 – 1881 – 0006534 10371

績溪山水歌略附圖不分卷 胡晉接編 清光緒抄本 一冊

340000 – 1881 – 0006535 10373

績溪山水歌略附圖不分卷 胡晉接編 清光緒抄本 一冊

340000 – 1881 – 0006536 10374

九華紀勝二十三卷 （清）陳蔚撰 清刻本 一冊 存四卷(七至十)

340000 – 1881 – 0006537 10375

歐陽省堂點勘記二卷附省堂筆記一卷 （清）歐陽泉撰 清同治九年(1870)刻本 二冊

340000 – 1881 – 0006538 10378

海日堂集七卷 （清）程可則著 清康熙二十八年(1689)刻本 二冊

340000 – 1881 – 0006539 10380

沈余遺書八卷 （清）趙舒翹輯 清光緒二十二年(1896)江蘇書局刻本 四冊

340000 – 1881 – 0006540 10381

小萬卷齋詩續稿三十二卷 （清）朱琦撰 清道光二年(1822)刻本 六冊

340000 – 1881 – 0006541 10385

手札存稿不分卷 （□）□□撰 清抄本 十冊

340000 – 1881 – 0006542 10386

野香亭集十三卷 （清）李孚青撰 清光緒十四年(1888)鉛印本 六冊

340000 – 1881 – 0006543 10387

胡少師總集六卷首一卷 （宋）胡舜陟撰（清）胡培翬編 胡少師總集附錄不分卷 （宋）胡舜申撰 清同治二年(1863)胡肇智刻

本　二冊

340000－1881－0006544　10388

退補樓偶吟草三卷　（清）王承煦撰　清光緒
二十一年(1895)木活字印本　三冊

340000－1881－0006545　10391

樂春居吟稿不分卷　（清）孫緒撰　清光緒三
十四年(1908)刻本　一冊

340000－1881－0006546　10394

日記不分卷　（清）章澧芝撰　清抄本　二十
二冊

340000－1881－0006547　10396

強齋印譜不分卷　潘強齋纂　清末石印本
八冊

340000－1881－0006548　10399

愛月軒女史遺稿不分卷　（清）胡凱姒撰　清
光緒十四年(1888)刻本　一冊

340000－1881－0006549　10400

歐陽外翰點勘記不分卷　（清）歐陽泉撰　清
光緒九年(1883)寶硯齋刻本　二冊

340000－1881－0006550　10403

日記不分卷　（□）□□撰　清抄本　九冊

340000－1881－0006551　10404

女教經傳纂要不分卷近事可師錄不分卷
(清)夏文萊輯　清同治十一年(1872)抄本
一冊

340000－1881－0006552　10405

孤兒鑑四卷　（清）夏文萊撰　清抄本　一冊

340000－1881－0006553　10406

史紀閑家二卷　（□）□□撰　清抄本　一冊

340000－1881－0006554　10413

雜鈔不分卷　（□）□□撰　清抄本　二冊

340000－1881－0006555　10415

休寧縣田畝規劃不分卷　（□）□□撰　清同
治十三年(1874)抄本　一冊

340000－1881－0006556　10424

以文公筆記不分卷　（清）許毓撰　清康熙澹

雲館抄本　一冊

340000－1881－0006557　10425

東野詩簡抄不分卷　（□）□□撰　清光緒二
十六年(1900)許承堯抄本　一冊

340000－1881－0006558　10429

麟鄰捷錄不分卷　（清）方昭溥撰　清乾隆四
十三年(1778)抄本　一冊

340000－1881－0006559　10431

巴子安先生賈漢口時家書不分卷　（清）巴慰
祖撰　清乾隆環秀齋抄本　一冊

340000－1881－0006560　10436

畫山石樹木訣不分卷　（清）程雲衢撰　清光
緒抄本　一冊

340000－1881－0006561　10439

棠樾鮑氏安素軒製硯及儲物簿計不分卷
(□)□□撰　清抄本　一冊

340000－1881－0006562　10440

棠樾鮑氏安素軒藏書畫目錄不分卷　（清）棠
樾鮑氏撰　清抄本　一冊

340000－1881－0006563　10442

治事叢錄不分卷　（□）□□撰　清稿本
一冊

340000－1881－0006564　10446

枕經堂金石書畫題跋三卷　（清）方朔撰　清
同治元年(1862)抄本　三冊

340000－1881－0006565　10447

文稿不分卷　（□）□□撰　清抄本　一冊

340000－1881－0006566　10450

黑龍江述略六卷　（清）徐宗亮著　清光緒十
七年(1891)觀自得齋刻本　二冊

340000－1881－0006567　10451

入藥鏡不分卷　（唐）崔希范撰　（明）彭好古
注　明刻本　一冊

340000－1881－0006568　10453

新刻羅經解三卷　（明）熊汝嶽編纂　（明）熊
世章參輯　（明）吳天洪批點　新刻賴太素天

星催官解三卷 （明）朱傳原解 明萬曆四十六年(1618)刻本 一冊 存二卷(新刻羅經解上、新刻賴太素天星催官解二)

340000 – 1881 – 0006569 10454

張行孚論許書條例不分卷 （清）張行孚撰 清抄本 二冊

340000 – 1881 – 0006570 10456

歷代地理沿革圖不分卷 （清）馬徵麐撰 (日本)林丑人校點 （日本)酒井捨彥製圖 清同治十年(1871)奎文堂刻本 一冊

340000 – 1881 – 0006571 10457

泰山志二十卷 （清）金棨纂 清刻本 六冊

340000 – 1881 – 0006572 10461

子遺錄不分卷 （清）戴名世著 （清）王源 （清）方正玉評 清抄本 一冊

340000 – 1881 – 0006573 10462

儀衛軒遺詩二十一卷 （清）方東樹撰 待廬遺集二卷 （清）方澤撰 清光緒十五年(1889)刻本 十冊

340000 – 1881 – 0006574 10464

考槃集文錄十二卷 （清）方東樹撰 清光緒二十年(1894)刻本 八冊

340000 – 1881 – 0006575 10465

三十六鴛鴦吟舫存稿二卷 （清）王夢蘭撰 清光緒二十一年(1895)刻本 一冊

340000 – 1881 – 0006576 10466

皖江三家詩鈔四卷 （清）汪之順 （清）余鵬年 （清）江爾維撰 清同治十三年(1874)抄本 一冊

340000 – 1881 – 0006577 10469

白鹿山房詩草不分卷 （清）方中發著 清抄本 一冊

340000 – 1881 – 0006578 10473

朱文公校昌黎先生文集四十卷外集十卷 （唐）韓愈撰 （宋）朱熹考異 （明）朱吾弼編 明萬曆三十三年(1605)朱崇沐刻本 十六冊

340000 – 1881 – 0006579 10476

桐城馬氏詩鈔七十卷末一卷 （清）馬懋功撰 清道光十六年(1836)可久處齋刻本 十冊

340000 – 1881 – 0006580 10477

枕經堂金石書畫題跋三卷 （清）方朔撰 清同治二年(1863)刻本 一冊

340000 – 1881 – 0006581 10478

洪北江先生[亮吉]年譜不分卷 （清）呂培等同編 清嘉慶十四年(1809)刻本 一冊

340000 – 1881 – 0006582 10479

閑者軒帖考一卷庚子消夏記八卷 （清）孫承澤撰 清乾隆二十六年(1761)刻本 六冊

340000 – 1881 – 0006583 10480

重定金石契不分卷首一卷 （清）張燕昌輯 清光緒二十二年(1896)刻本 五冊

340000 – 1881 – 0006584 10481

山海經十八卷 （晉）郭璞傳 清項絪刻本 二冊

340000 – 1881 – 0006585 10482

爾雅古義二卷 （清）胡承珙撰 清光緒二十五年(1899)抄本 一冊

340000 – 1881 – 0006586 10483

憂菴集不分卷 （清）戴名世撰 清抄本 一冊

340000 – 1881 – 0006587 10484

坡門酬唱二十三卷 （宋）蘇軾輯 清宣統三年(1911)刻本 六冊

340000 – 1881 – 0006588 10487

共墨齋收集古銅鉥印不分卷 （清）周銑詒 (清)周鑾詒藏輯 清光緒十二年(1886)鈐印本 一冊

340000 – 1881 – 0006589 10490

停驂隨筆不分卷 （清）程庭撰 清刻本 一冊

340000 – 1881 – 0006590 10491

黃士陵先生刻印不分卷 （清）黃士陵篆 清鈐印本 一冊

340000－1881－0006591　10492

皖省褒忠錄不分卷　（□）□□撰　清同治刻本　一冊

340000－1881－0006592　10493

廣陵通典十卷　（清）汪中撰　清同治刻本　四冊

340000－1881－0006593　10494

顯密圓通成佛心要畧不分卷　（□）□□撰　清刻本　一冊

340000－1881－0006594　10496

程筱漁詩品印冊不分卷　（清）程筱漁篆　清道光八年(1828)刻本　一冊

340000－1881－0006595　10497

璧合珠聯不分卷　（清）陳良榮撰　清咸豐三年(1853)刻本　一冊

340000－1881－0006596　10499

漢銅印叢十二卷　（清）汪啟淑輯　清乾隆鈐印本　一冊　存二卷(十一至十二)

340000－1881－0006597　10501

静虛精舍印譜不分卷　（清）胡本琪編　清光緒二十七年(1901)鈐印本　一冊

340000－1881－0006598　10505

戒慎集不分卷　（清）金廷柱輯　（清）金廷桂篆　清乾隆二十七年(1762)進修堂刻本　一冊

340000－1881－0006599　10510

飛鴻堂印譜四十卷　（清）汪啟淑輯　清乾隆十八年(1753)鈐印本　四冊　存八卷(二集五至六,三集三至四,五集一至二、七至八)

340000－1881－0006600　10511

姚瑩文集八十卷　（清）姚瑩撰　清道光二十九年(1849)刻本　二十七冊

340000－1881－0006601　10515

七古正宗二卷　（□）□□撰　清抄本　一冊

340000－1881－0006602　10516

聯語聞見錄二卷　（清）徐惠疇撰　清慎宜軒抄本　一冊

340000－1881－0006603　10518

西漢急就章草不分卷　（漢）史游撰　清汪宗沂抄本　一冊

340000－1881－0006604　10519

後湘續集七卷　（清）姚瑩撰　清道光二十九年(1849)刻本　一冊

340000－1881－0006605　10520

校補石鼓文音訓不分卷　（清）周庠撰　清光緒二十一年(1895)刻本　一冊

340000－1881－0006606　10521

古今偽書考不分卷　（清）姚際恒撰　清刻本　一冊

340000－1881－0006607　10522

九華賦略四卷　（清）陳埰編　清嘉慶八年(1803)刻本　一冊

340000－1881－0006608　10524

聲韵考四卷　（清）戴震撰　清乾隆四十一年(1776)刻本　一冊

340000－1881－0006609　10525

姓氏族譜合編十卷　（清）李魁第編　清光緒五年(1879)醉月軒刻本　十冊

340000－1881－0006610　10526

四字鑑六卷　（清）李魁第編　清光緒五年(1879)醉月山房刻本　六冊

340000－1881－0006611　10527

聽松別館印賞二卷　（清）徐之元集存　清光緒三年(1877)鈐印本　二冊

340000－1881－0006612　10529

奕藪不分卷　（明）蘇之軾編　（明）朱士瑜評　明刻本　一冊

340000－1881－0006613　10530

集杜閨情詩不分卷　（清）汪梅英輯　清嘉慶十三年(1808)刻本　一冊

340000－1881－0006614　10532

山門新語音學□□卷　（清）周贇著　清刻本　一冊　存一卷(二)

340000－1881－0006615　10533

一經廬琴學二卷　（清）姚配中撰　清道光二
十五年(1845)刻本　二冊

340000－1881－0006616　10535

爾雅直音二卷　（清）孫佀輯　清嘉慶十五年
(1810)刻本　二冊

340000－1881－0006617　10536

西銘講義一卷　（清）羅澤南撰　清咸豐七年
(1857)刻本　一冊

340000－1881－0006618　10537

誠一堂琴譜六卷　（清）程允基編　清康熙四
十四年(1705)刻本　八冊

340000－1881－0006619　10538

忠壯公墓闕偽録五卷　（清）新安程氏諸派輯
清雍正九年(1731)惇本堂刻本　一冊　存
三卷(三至五)

340000－1881－0006620　10539

三字經訓詁不分卷　（宋）王應麟纂　清康熙
五年(1666)兩儀堂刻本　一冊

340000－1881－0006621　10540

字彙十二卷　（明）梅膺祚音釋　清刻本　一
冊　存一卷(丑)

340000－1881－0006622　10541

師友札記四卷　（清）蘇源生輯　清咸豐三年
(1853)刻本　二冊

340000－1881－0006623　10542

唐賢三昧集三卷　（清）王士禎編　清康熙二
十七年(1688)刻本　二冊

340000－1881－0006624　10543

詠物詩選八卷　（清）俞琰輯　清雍正二年
(1724)刻本　四冊

340000－1881－0006625　10546

績溪景物詩不分卷　（宋）蘇轍等撰　清抄本
一冊

340000－1881－0006626　10547

開眼經不分卷　（清）汪瀚編　清光緒十二年
(1886)大盛堂刻本　一冊

340000－1881－0006627　10548

南陵徐氏修養堂藏書目録不分卷　（□）□□
撰　清抄本　一冊

340000－1881－0006628　10549

黟邑學宮遷復舊址記不分卷　（清）何達善
（清）范汝載　（清）吉夢賫撰　清抄本　一冊

340000－1881－0006629　10550

休邑都圖村鄉志不分卷　（□）□□撰　清光
緒十一年(1885)抄本　一冊

340000－1881－0006630　10553

詞塵五卷　（清）方成培撰　（清）汪懷㫬編
清道光九年(1829)刻本　二冊

340000－1881－0006631　10554

史記集解索隱正義合刻本一百三十卷　（漢）
司馬遷撰　（南朝宋）裴駰集解　（唐）司馬貞
索隱　（唐）張守節正義　清同治九年(1870)
金陵書局刻本　二十冊

340000－1881－0006632　10556

集李白詩不分卷　（唐）李白撰　（清）張潮輯
清刻木　一冊

340000－1881－0006633　10558

杜詩說十二卷　（清）黃生撰　清康熙三十五
年(1696)刻本　四冊

340000－1881－0006634　10559

往來文牘一卷　（清）王升撰　清宣統抄本
一冊

340000－1881－0006635　10560

千里駒不分卷　（清）方語山編　清稿本
一冊

340000－1881－0006636　10561

雷峯塔傳奇四卷　（清）方成培纂　清乾隆三
十六年(1771)刻本　四冊

340000－1881－0006637　10564

燕子箋記二卷　（明）阮大鋮撰　（清）雪韻堂
批點　清同治十三年(1874)刻本　一冊　存
一卷(下)

340000－1881－0006638　10567

屈子正音三卷 （清）方績撰 清光緒六年(1880)网舊聞齋刻本 一冊

340000－1881－0006639 10568

惜抱軒尺牘四卷 （清）姚鼐撰 清光緒十三年(1887)刻本 一冊

340000－1881－0006640 10570

桐舊集□□卷 （清）徐璈編 清刻本 一冊 存四卷(二十一、二十三、二十五、二十八)

340000－1881－0006641 10573

朱子文略四卷 （宋）朱熹撰 （清）朱璘輯 清康熙萬卷堂刻本 一冊 存一卷(四)

340000－1881－0006642 10574

范肯堂文鈔不分卷 （清）范肯堂撰 清抄本 二冊

340000－1881－0006643 10575

桂留堂詩二集十四卷三集七卷 （清）吳之騄撰 清初刻本 二冊 存十卷(桂留堂詩二集一至十)

340000－1881－0006644 10576

安吳四種三十六卷 （清）包世臣撰 清刻本 四冊 存十卷(七至十六)

340000－1881－0006645 10577

手談隨錄不分卷 （清）李子幹編 清宣統二年(1910)石印本 一冊

340000－1881－0006646 10578

金太史集九卷 （明）金聲撰 明刻本 一冊 存二卷(四至五)

340000－1881－0006647 10579

癸巳類稿十五卷 （清）俞正燮撰 清道光十六年(1836)求日益齋刻本 一冊 存一卷(一)

340000－1881－0006648 10582

趙子常選杜律五言注三卷 （唐）杜甫撰 （元）趙汸注 （清）金集 （清）查弘道補 清康熙五十七年(1718)刻本 一冊

340000－1881－0006649 10583

太函集一百二十卷 （明）汪道昆著 明萬曆十九年(1591)刻本 二冊 存九卷(九十三至一百一)

340000－1881－0006650 10584

戴氏遺書文集十卷 （清）戴震撰 清乾隆四十三年(1778)微波榭刻本 一冊 存五卷(六至十)

340000－1881－0006651 10585

楚辭辯證二卷 （宋）朱熹撰 明刻本 一冊

340000－1881－0006652 10586

河洛精蘊九卷 （清）江永著 清乾隆五十年(1785)刻本 一冊 存一卷(一)

340000－1881－0006653 10587

增訂唐詩摘鈔十四卷 （清）黃生選評 （清）朱之荊增訂 清乾隆十八年(1753)南屏草堂刻本 二冊 存四卷(一至四)

340000－1881－0006654 10588

說苑二十卷 （漢）劉向著 明刻本 一冊 存四卷(四至七)

340000－1881－0006655 10589

續東軒遺集不分卷 （清）高均儒著 清光緒七年(1881)刻本 一冊

340000－1881－0006656 10594

戴國公墓盜葬案各族輸費收支清賬不分卷 （□）□□撰 清光緒十八年(1892)刻本 一冊

340000－1881－0006657 10597

在字臨田冊十二卷 （□）□□撰 清嘉慶四年(1799)抄本 一冊 存一卷(十二)

340000－1881－0006658 10600

新安雜詩二十首一卷 （清）陸鼎翰撰 清咸豐五年(1855)刻本 一冊

340000－1881－0006659 10603

官圩修防彙述初編四卷續編五卷三編六卷四編七卷述餘八卷補編一卷 （清）湖□逸叟編 清光緒二十五年(1899)朱詒穀堂木活字印本 三冊 存九卷(官圩修防彙述初編三至四、三編六卷、四編一)

340000－1881－0006660　10606

旌表烈婦錄四卷　（清）汪士珍輯　清同治刻本　一冊

340000－1881－0006661　10607

官圩修防彙述續編圖說五卷　（清）湖□逸叟編輯　清光緒二十五年(1899)朱詒穀堂木活字印本　一冊　存二卷(一至二)

340000－1881－0006662　10608

官圩修防述餘八卷　（清）湖□逸叟編輯　清光緒二十五年(1899)朱詒穀堂木活字印本　一冊　存四卷(一至四)

340000－1881－0006663　10615

通志堂經解目錄不分卷　（清）翁方綱撰　清抄本　二冊

340000－1881－0006664　10617

斗山文會錄五卷　（清）畢懋良等編　（清）黃成忠等參訂　清乾隆三年(1738)刻本　一冊　存二卷(一至二)

340000－1881－0006665　10618

重建渭橋徵信錄不分卷　朱錫鈞撰　清宣統二年(1910)刻本　一冊

340000－1881－0006666　10619

續溪金紫胡氏所著書目二卷　（清）胡培系編　清光緒十年(1884)世澤樓刻本　一冊

340000－1881－0006667　10620

古稀再度壽印不分卷　（清）朱霞撰　清鈐印本　一冊

340000－1881－0006668　10621

國朝貢舉考畧三卷　（清）黃崇蘭輯　清道光刻本　一冊

340000－1881－0006669　10622

中西紀事二十四卷　（清）夏燮著　清同治七年(1868)刻本　八冊

340000－1881－0006670　10623

中星表不分卷　（清）余煌著　清刻本　一冊

340000－1881－0006671　10625

四書古人典林十二卷　（清）江永編　清刻本

五冊　存六卷(三至八)

340000－1881－0006672　10628

淡園文集一卷外編一卷附錄一卷　（清）馬徵麐撰　清光緒思古書堂刻本　一冊

340000－1881－0006673　10629

淡園文集一卷外編一卷附錄一卷　（清）馬徵麐撰　清光緒思古書堂刻本　一冊

340000－1881－0006674　10630

淡園文集一卷外編一卷附錄一卷　（清）馬徵麐撰　清光緒思古書堂刻本　一冊

340000－1881－0006675　10631

淡園文集一卷外編一卷附錄一卷　（清）馬徵麐撰　清光緒思古書堂刻本　一冊

340000－1881－0006676　10632

淡園文集一卷外編一卷附錄一卷　（清）馬徵麐撰　清光緒思古書堂刻本　一冊

340000－1881－0006677　10633

淡園文集一卷外編一卷附錄一卷　（清）馬徵麐撰　清光緒思古書堂刻本　一冊

340000－1881－0006678　10634

淡園文集一卷外編一卷附錄一卷　（清）馬徵麐撰　清光緒思古書堂刻本　一冊

340000－1881－0006679　10635

十三經集字摹本不分卷　（清）彭玉雯纂　（清）萬青銓校　清道光二十九年(1849)刻本　九冊

340000－1881－0006680　10636

四書典林三十卷　（清）江永編　清刻本　一冊

340000－1881－0006681　10637

國朝駢體正宗十二卷　（清）曾燠輯　清同治十三年(1874)刻本　六冊

340000－1881－0006682　10638

續輯明刑圖說不分卷　（清）胡鴻澤編　清光緒八年(1882)刻本　二冊

340000－1881－0006683　10639

精刻大學衍義補摘粹□□卷　（明）許國選輯
　（明）查鐸校　明涇邑查策刻本　一冊　存
　三卷（十至十二）

340000－1881－0006684　10640

長江圖說十二卷　（清）馬徵麐撰　清同治十
年（1871）崇文書局刻本　一冊

340000－1881－0006685　10642

近思錄集解十四卷延平答問一卷　（宋）朱熹
撰　清刻本　一冊

340000－1881－0006686　10643

四洪〔皓、适、遵、邁〕年譜四卷　（清）洪汝奎
編　清宣統元年（1909）晦木齋刻朱印本
四冊

340000－1881－0006687　10644

陳定宇先生文集十七卷　（清）陳嘉基編　清
康熙刻本　五冊　存十五卷（三至十七）

340000－1881－0006688　10645

廣虞初新志二十卷　（清）黃承增輯　清嘉慶
八年（1803）寄鷗閑舫刻本　十六冊

340000－1881－0006689　10647

陶淵明集十卷　（晉）陶潛撰　清光緒二年
（1876）刻本　三冊

340000－1881－0006690　10648

松石齋集古印存不分卷　（清）周懋泰輯　清
光緒十八年（1892）鈐印本　一冊

340000－1881－0006691　10653

玉溪生詩意八卷　（清）屈復著　清抄本　一
冊　存二卷（二至三）

340000－1881－0006692　10654

遊九華詩不分卷　（清）曹煥撰　清抄本
一冊

340000－1881－0006693　10655

應制體排律自得編四卷　（清）陳九松編　清
抄本　一冊

340000－1881－0006694　10656

詩經七聲四音譜四卷　（清）馬徵麐撰　清鉛
印本　八冊

340000－1881－0006695　10657

讀易綱領一卷周易正蒙一卷　（清）馬徵麐撰
清鉛印馬鍾山遺書本　九冊

340000－1881－0006696　10658

舉報原案一卷事實清冊一卷孟子年譜一卷思
古堂課述敘目一卷鍾山公行述一卷　（清）馬
徵麐撰　清鉛印本　十四冊

340000－1881－0006697　10659

廣蠶桑說不分卷　（清）沈練輯　清同治二年
（1863）刻本　一冊

340000－1881－0006698　10661

食貨書不分卷　（清）馬徵麐撰　清鉛印馬鍾
山遺書本　十二冊

340000－1881－0006699　10662

選舉沿革表不分卷　（清）馬徵麐纂　清同治
鉛印本　九冊

340000－1881－0006700　10663

手談隨錄不分卷　（清）李子幹編　清宣統二
年（1910）石印本　一冊

340000－1881－0006701　10665

官制沿革表四卷　（清）馬徵麐纂　清鉛印本
九冊

340000－1881－0006702　10666

抗希堂十六種一百四十五卷　（清）方苞撰
清光緒二十四年（1898）嬛嬛閣刻本　四十
八冊

340000－1881－0006703　10667

抗希堂十六種一百四十五卷　（清）方苞撰
（清）王兆符　（清）顧琮輯　清乾隆十一年
（1746）刻本　六十五冊

340000－1881－0006704　10668

朱子異同條辨四十卷　（清）李沛霖　（清）李
楨纂　清康熙四十四年（1705）刻本　三十
二冊

340000－1881－0006705　10669

昌黎先生集四十卷外集十卷遺文一卷朱子校
昌黎先生集傳一卷　（唐）韓愈撰　（唐）李漢

編　清同治八年(1869)江蘇書局刻本　十冊

340000 – 1881 – 0006706　10670

史記一百三十卷　(漢)司馬遷撰　(南朝宋)裴駰集解　(唐)司馬貞索隱　(唐)張守節正義　明刻本　二十冊

340000 – 1881 – 0006707　10671

安徽同鄉會自日本呈本省紳商公啓不分卷　(清)安徽同鄉會會員撰　清光緒二十九年(1903)鉛印本　一冊

340000 – 1881 – 0006708　10673

儀衛軒文集十二卷　(清)方東樹撰　清同治七年(1868)刻本　二冊　存六卷(一至六)

340000 – 1881 – 0006709　10674

全桐紀畧不分卷　(清)王雯耀著　清康熙八年(1669)影印本　一冊

340000 – 1881 – 0006710　10676

周官精義十二卷　(清)連斗山編　清乾隆四十一年(1776)刻本　六冊

340000 – 1881 – 0006711　10677

陰陽五要奇書三十卷　(晉)郭璞著　(晉)趙載注　(明)江之棟輯　清乾隆五十五年(1790)樂真堂刻本　十冊

340000 – 1881 – 0006712　10680

浪游浪墨不分卷　(清)江峯青撰　清光緒三十三年(1907)石印本　一冊

340000 – 1881 – 0006713　10681

師二明齋遺詩不分卷　(清)江雲龍撰　清光緒三十二年(1906)鉛印本　一冊

340000 – 1881 – 0006714　10682

壹齋集四十卷壹齋集二卷畫友錄一卷記一卷泛槳錄二卷蕭湯二老遺詩合編不分卷　(清)黃鉞著　(清)許文澄　(清)許文深校刊　清咸豐九年(1859)刻本　九冊

340000 – 1881 – 0006715　10683

也是園詩鈔□□卷　(清)吳毓芬撰　清刻本　一冊　存二卷(四至五)

340000 – 1881 – 0006716　10684

史畧八十七卷　(清)朱堃輯　清光緒十三年(1887)積山書局石印本　六冊

340000 – 1881 – 0006717　10690

二十臺詩不分卷　(清)潘世鏞等撰　清道光十二年(1832)刻本　一冊

340000 – 1881 – 0006718　10691

兩淮戡亂記不分卷　(清)張瑞墀著　(清)朱點衣編　清宣統元年(1909)刻本　一冊

340000 – 1881 – 0006719　10696

濟美錄四卷　(明)洪杏庭等撰　明嘉靖十四年(1535)刻本　一冊

340000 – 1881 – 0006720　10697

冰梅詞不分卷　夏慎大輯　清光緒二十九年(1903)刻本　一冊

340000 – 1881 – 0006721　10698

小初詩稿三十卷　(清)王之藩撰　清光緒十四年(1888)刻本　四冊

340000 – 1881 – 0006722　10699

五言今體詩鈔九卷　(清)姚鼐編　清同治五年(1866)金陵書局刻本　二冊

340000 – 1881 – 0006723　10702

喪禮或問不分卷　(清)方苞撰　(清)顧琮訂　清雍正四年(1726)刻本　一冊

340000 – 1881 – 0006724　10708

說文通訓定聲不分卷　(清)朱駿聲撰　清稿本　四冊

340000 – 1881 – 0006725　10709

休寧碎事十二卷　(清)徐卓輯　清嘉慶十五年(1810)刻本　一冊　存六卷(一至六)

340000 – 1881 – 0006726　10710

新安遊草二卷　(清)戴啟文撰　清光緒二十一年(1895)刻本　一冊

340000 – 1881 – 0006727　10711

霧中人不分卷　(清)歙嵐道人填詞　(清)湖上醉漁譜　(清)志道人評　清光緒十六年(1890)暗香樓刻本　一冊

340000－1881－0006728　10713

桃花村盍簪錄一卷　（清）江峯青等撰　清光緒三十四年(1908)石印本　一冊

340000－1881－0006729　10716

析荷編年□□卷　（清）朱萬滋纂　清光緒二十五年(1899)朱詒穀堂木活字印本　一冊　存一卷（上）

340000－1881－0006730　10718

藤香館詩鈔四卷　（清）薛時雨撰　清同治七年(1868)刻本　二冊

340000－1881－0006731　10720

姚氏先德傳七卷　（清）姚瑩撰　清刻本　一冊

340000－1881－0006732　10721

海峯詩集十一卷　（清）劉大櫆撰　清刻本　一冊

340000－1881－0006733　10722

詩經詮義十二卷首一卷末二卷　（清）汪紱輯　清光緒二十五年(1899)刻本　十五冊

340000－1881－0006734　10723

讀近思錄不分卷　（清）汪紱著　清光緒二十二年(1896)刻本　一冊

340000－1881－0006735　10724

讀讀書錄二卷　（清）汪紱著　清光緒青簡齋刻本　一冊

340000－1881－0006736　10725

讀困知記三卷　（清）汪紱著　清光緒二十一年(1895)刻本　一冊

340000－1881－0006737　10726

孔子編年五卷　（宋）胡仔撰　清嘉慶二十三年(1818)刻本　一冊

340000－1881－0006738　10727

慈溪黃氏日抄分類九十七卷　（宋）黃震編　清乾隆三十二年(1767)刻本　一冊

340000－1881－0006739　10729

敦艮吉齋文存四卷　（清）徐子苓撰　劫餘小錄一卷　（清）徐元叔撰　清光緒十二年

(1886)刻本　四冊

340000－1881－0006740　10731

家常文字不分卷　（清）汪犠槎撰　清嘉慶十九年(1814)刻本　一冊

340000－1881－0006741　10736

夜雨秋燈錄初集四卷續集四卷三集四卷　（清）宣鼎撰　清光緒二十一年(1895)鉛印本　一冊

340000－1881－0006742　10737

世忠錄不分卷　（□）□□撰　清刻本　一冊

340000－1881－0006743　10738

餘園叢棗三卷　（清）汪述祖輯　清刻本　一冊

340000－1881－0006744　10742

晴嵐詩存二卷　（清）張若靄撰　（清）張紹華編　清刻本　二冊

340000－1881－0006745　10743

讀志隨筆不分卷　（清）鄭福照撰　清影印本　一冊

340000－1881－0006746　10747

太玄十卷　（清）吳汝綸評點　清末鉛印本　一冊

340000－1881－0006747　10750

方植之先生全集三十二卷　（清）方東樹撰　清光緒刻本　十五冊

340000－1881－0006748　10753

味經山館文鈔四卷　（清）戴鈞衡撰　清咸豐三年(1853)刻本　二冊

340000－1881－0006749　10758

聽弈軒小稿三卷　（清）方成培撰　清乾隆二十七年(1762)刻本　一冊

340000－1881－0006750　10761

徽潭山房古文存稿四卷　（清）程襄龍撰　清嘉慶二年(1797)刻本　三冊

340000－1881－0006751　10762

周給事垂光集一卷　（明）周璽撰　清光緒元

313

年(1875)毓秀堂刻本　一冊

340000－1881－0006752　10765

志學錄八卷　（清）方宗誠撰　清光緒十一年
(1885)刻本　二冊

340000－1881－0006753　10770

亦園詩鈔六卷　（清）石廣均著　清咸豐三年
(1853)刻本　一冊　存四卷(一至四)

340000－1881－0006754　10772

我師錄四卷　姚永樸輯　清末鉛印安徽高等
學堂課本本　一冊

340000－1881－0006755　10775

善思齋文鈔九卷文續鈔四卷詩鈔七卷詩續鈔
二卷歸廬譚往錄二卷黑龍江述略六卷徐勇烈
公行狀一卷　（清）徐宗亮撰　清光緒十五年
(1889)刻本　八冊

340000－1881－0006756　10779

綱目議二卷　（清）朱直著　綱目續議二卷
（清）胡爾梅著　清同治十年(1871)刻本
四冊

340000－1881－0006757　10784

修養窩耕餘偶筆不分卷　（清）朱樹森著　清
末抄本　一冊

340000－1881－0006758　10792

遂園詩鈔六卷　（清）趙昀撰　清光緒二年
(1876)刻本　一冊

340000－1881－0006759　10794

馬孝女遺稿六卷　（清）馬延淑撰　清宣統二
年(1910)鉛印本　三冊

340000－1881－0006760　10797

宋李忠定公文集選十五卷　（宋）李剛撰
（明）周之夔　（明）左光斗　（明）李春熙編
清刻本　十六冊

340000－1881－0006761　10799

考工記圖二卷　（清）戴震撰　清光緒十一年
(1885)花雨樓刻本　二冊

340000－1881－0006762　10801

潛峰紀勝不分卷　（清）江峯青撰　清宣統三

年(1911)刻本　一冊

340000－1881－0006763　10802

不求安居吟草不分卷　（清）陳守吾著　清刻
本　一冊

340000－1881－0006764　10803

齋中讀書不分卷　（清）胡肇昕撰　清光緒二
十五年(1899)世澤樓刻本　一冊

340000－1881－0006765　10804

李文忠公朋僚函稿二十四卷　（清）吳汝綸編
清末鉛印本　十一冊　存二十二卷(一至
二十二)

340000－1881－0006766　10805

桐城姚氏碑傳錄七卷　姚永樸編　清光緒三
十二年(1906)刻本　一冊

340000－1881－0006767　10807

醉芸館詩集不分卷　（清）李經世著　清光緒
二十九年(1903)刻本　一冊

340000－1881－0006768　10810

中庸繹蘊三卷　（清）胡筠著　清道光二十二
年(1842)刻本　三冊

340000－1881－0006769　10811

安吳四種三十六卷　（清）包世臣著　（清）包
世榮　（清）包慎言注　清同治十一年(1872)
刻本　二十冊

340000－1881－0006770　10812

槐卿遺藁六卷　（清）沈衍慶著　清同治元年
(1862)刻本　四冊

340000－1881－0006771　10814

樵貴谷詩選七卷　（清）孫維龍編　清刻本
二冊

340000－1881－0006772　10815

蛻龕詩集八卷　（清）龔元凱著　清末石印本
二冊

340000－1881－0006773　10821

昧菜堂詩集四卷　（清）汪淵撰　清光緒二十
三年(1897)刻本　一冊

340000－1881－0006774　10822

黃山樵唱不分卷　（清）朱師轍撰　清同治十一年(1872)朱印本　一册

340000－1881－0006775　10823

安吳四種三十六卷　（清）包世臣著　（清）包世榮　（清）包慎言注　清咸豐元年(1851)刻本　十一册

340000－1881－0006776　10824

蕉軒隨錄十二卷　（清）方濬師撰　清同治十一年(1872)刻本　八册　存七卷(一至五、七至八)

340000－1881－0006777　10826

新安景物約編不分卷　（清）江忠儔　（清）江正心纂　清道光十年(1830)青雲堂刻本　二册

340000－1881－0006778　10829

魏塘署齋隨筆不分卷　（清）江峯青撰　清宣統元年(1909)刻本　二册

340000－1881－0006779　10830

敦艮吉齋文存四卷　（清）徐子苓撰　劫餘小錄一卷　（清）徐元叔撰　清同治三年(1864)刻本　三册

340000－1881－0006780　10831

黃山艸不分卷　（清）黃元治撰　清刻本　一册

340000－1881－0006781　10832

蘿摩別墅詩鈔一卷　（清）汪承恩撰　清道光二十四年(1844)刻本　一册

340000－1881－0006782　10834

容甫先生遺詩五卷補遺一卷　（清）汪中撰　清光緒十一年(1885)刻本　二册

340000－1881－0006783　10835

黃左田［鉞］年譜不分卷　（清）黃富民編　清同治五年(1866)刻本　一册

340000－1881－0006784　10837

禮記或問八卷　（清）汪紱著　清光緒二十二年(1896)刻本　四册

340000－1881－0006785　10838

觀齋集十六卷　（清）王澤撰　清咸豐四年(1854)刻本　二册

340000－1881－0006786　10839

參讀禮志疑二卷　（清）汪紱撰　清乾隆三十六年(1771)刻本　二册

340000－1881－0006787　10840

余忠宣公文集六卷　（元）余闕撰　（元）郭奎纂　（清）余秉剛編　清同治六年(1867)李鶴章刻本　二册

340000－1881－0006788　10841

思豫述略六卷　（清）江同文撰　清咸豐十年(1860)抄本　二册

340000－1881－0006789　10842

朱子原訂近思錄十四卷附考訂朱子世家　（清）王鼎校次　清同治五年(1866)望三益齋刻本　四册

340000－1881－0006790　10843

立雪齋琴譜二卷首一卷　（清）汪紱輯　清光緒二十二年(1896)刻本　一册

340000－1881－0006791　10844

儒先晤語二卷　（清）汪紱纂　清光緒二十二年(1896)刻本　二册

340000－1881－0006792　10845

黔中雜記不分卷　（清）黃元治著　清康熙二十三年(1684)刻本　一册

340000－1881－0006793　10846

梅麓詩鈔不分卷　（清）齊彥槐撰　清刻本　一册

340000－1881－0006794　10847

白圭堂詩鈔八卷續鈔六卷　（清）江之紀撰　清同治三年(1864)刻本　二册

340000－1881－0006795　10848

衡齋算學七卷覆載通幾九卷　（清）汪萊撰　清光緒十八年(1892)刻本　二册

340000－1881－0006796　10849

青巖集十二卷　（清）許楚著　清光緒二十一

年(1895)抄本　一冊　存三卷(十至十二)

340000－1881－0006797　10850

朱註發明十九卷　(清)王掞編　清雍正刻本
二冊　存十卷(九至十八)

340000－1881－0006798　10852

儀禮古今文疏義十七卷　(清)胡承珙撰　清
光緒三年(1877)湖北崇文書局刻本　四冊

340000－1881－0006799　10854

策略六卷　(清)汪紱著　清光緒二十三年
(1897)刻本　四冊

340000－1881－0006800　10856

敦艮吉齋文存四卷　(清)徐子苓撰　劫餘小
錄一卷　(清)徐元叔撰　清同治三年(1864)
刻本　一冊　存一卷(三)

340000－1881－0006801　10857

敦艮吉齋文存四卷　(清)徐子苓撰　劫餘小
錄一卷　(清)徐元叔撰　清同治三年(1864)
刻本　二冊　存二卷(二至三)

340000－1881－0006802　10859

周易本義四卷　(清)淵海書局編　清宣統元
年(1909)淵海書局刻本　二冊

340000－1881－0006803　10860

元和姓纂十卷　(唐)林寶撰　清嘉慶七年
(1802)刻本　二冊

340000－1881－0006804　10861

敦艮吉齋詩存二卷　(清)徐子苓撰　清同治
五年(1866)刻本　一冊　存一卷(一)

340000－1881－0006805　10867

宋六十一家詞選十二卷　(清)馮煦輯　清光
緒十三年(1887)冶城山館刻本　四冊

340000－1881－0006806　10868

敦艮吉齋詩存二卷　(清)徐子苓撰　清同治
五年(1866)刻本　二冊

340000－1881－0006807　10870

秘書廿一種九十四卷　(清)汪士漢編　清康
熙七年(1668)刻本　五冊　存三十八卷(汲
冢周書一至十、白虎通一至二、楚史檮杌一、

晉史乘一、竹書紀年一至二、博物志一至十、
續博物志一至十、博異志一、桂海虞衡志一)

340000－1881－0006808　10871

禮經釋例十三卷　(清)凌廷堪撰　清刻本
一冊　存一卷(十三)

340000－1881－0006809　10872

讀困知記三卷　(清)汪紱著　清光緒二十一
年(1895)刻本　一冊

340000－1881－0006810　10873

經奏第一集不分卷　(清)黃鈺撰　清咸豐八
年(1858)刻本　一冊

340000－1881－0006811　10874

南華真經副墨八卷　(明)陸西星撰　明刻本
五冊

340000－1881－0006812　10875

偃谷詩鈔不分卷　(清)朱集球著　(清)朱鐘
編　清抄本　一冊

340000－1881－0006813　10877

白雨齋詞話八卷詩鈔一卷詞存一卷　(清)陳
廷焯著　(清)高壽昌編　清光緒十九年
(1893)刻本　三冊

340000－1881－0006814　10878

周易本義啟蒙翼傳四卷　(宋)胡一桂撰
(宋)胡思紹輯　(明)趙昌期校　明萬曆四十
三年(1615)刻本　四冊

340000－1881－0006815　10879

韓昌黎詩集編年箋注十二卷　(清)方世舉纂
清乾隆二十三年(1758)雅雨堂刻本　六冊

340000－1881－0006816　10881

薇香詩鈔一卷　(□)□□撰　清光緒鉛印本
一冊

340000－1881－0006817　10883

板橋重逢圖序不分卷　(清)洪承梓撰　清光
緒十一年(1885)抄本　一冊

340000－1881－0006818　10886

顛沛餘生錄二卷　(清)方宗誠撰　清愛餘軒
稿本　二冊

340000－1881－0006819　10889

詞名集解二卷　（清）汪汲撰　清乾隆五十九年(1794)刻本　二冊

340000－1881－0006820　10890

謙山詩鈔四卷　（清）朱鐘著　清乾隆六十年(1795)抄本　一冊

340000－1881－0006821　10893

開封府君[孫雲錦]年譜二卷　（清）孫孟平纂　清光緒二十一年(1895)鉛印本　一冊

340000－1881－0006822　10894

劫餘生彈詞不分卷　（清）周公樓撰　清抄本　一冊

340000－1881－0006823　10895

兩淮戡亂記不分卷　（清）張瑞墀著　清宣統元年(1909)鉛印本　一冊

340000－1881－0006824　10896

皖南軍務紀畧一卷　（清）陳鐘秀著　（清）陳侃參訂　清同治十三年(1874)刻本　一冊

340000－1881－0006825　10898

嶺雲詞賸稿二卷　（清）胡長庚撰　（清）吳汝暮　（清）程奐輪編　清刻本　一冊

340000－1881－0006826　10899

全桐紀畧不分卷　（清）王雯耀著　清康熙八年(1669)影印本　一冊

340000－1881－0006827　10902

李推官批沙集六卷　（唐）李咸用著　清刻本　一冊　存一卷(五)

340000－1881－0006828　10903

吳氏三世忠孝貞節事實記不分卷　（清）方宗誠等撰　清光緒十年(1884)刻本　一冊

340000－1881－0006829　10904

忠義之門不分卷　（清）曹應鐘等撰　清咸豐六年(1856)刻本　一冊

340000－1881－0006830　10905

顛沛餘生錄二卷　（清）方宗誠撰　清抄本　二冊

340000－1881－0006831　10906

休甯率溪程氏烈婦合傳不分卷　程龍標著　清光緒二十三年(1897)鉛印本　一冊

340000－1881－0006832　10907

孟子三卷　（宋）朱熹集注　清一經堂刻本　一冊

340000－1881－0006833　10908

屈辭洗髓五卷　（清）徐煥龍著　清康熙三十八年(1699)刻本　二冊

340000－1881－0006834　10909

東湖詩鈔二卷　（清）汪士通著　清雍正十一年(1733)刻本　一冊

340000－1881－0006835　10910

金忠節公文集八卷　（明）金聲著　清光緒十四年(1888)刻本　四冊

340000－1881－0006836　10911

鵬南詩鈔十卷首一卷　（清）胡嗣運撰　清刻本　一冊

340000－1881－0006837　10912

覺生詩續鈔四卷附墓志銘　（清）鮑桂星撰　(清)夏家鐔　（清）方瀎師編　清同治四年(1865)退壹步齋刻本　四冊

340000－1881－0006838　10913

十華小築詩鈔四卷　（清）余本愚撰　清光緒十一年(1885)刻本　二冊

340000－1881－0006839　10916

覆瓿集八卷　（明）朱同著　（明）朱時新輯　(明)范淶校　明萬曆四十四年(1616)刻本　二冊

340000－1881－0006840　10917

中復堂集五十四卷　（清）姚瑩撰　清道光十三年(1833)刻本　十五冊

340000－1881－0006841　10918

鵬南文鈔十五卷末一卷　（清）胡嗣運撰　清光緒二十三年(1897)刻本　四冊　存十五卷(鵬南文鈔十五卷)

340000－1881－0006842　10919

鵬南文鈔十五卷末一卷　（清）胡嗣運撰　清光緒三十三年（1907）刻本　三冊　存八卷（一至八）

340000－1881－0006843　10920

文公家禮七卷　（宋）朱熹撰　清康熙五十四年（1715）朱琦刻本　五冊

340000－1881－0006844　10921

文公家禮五卷　（宋）朱熹撰　清光緒六年（1880）公善堂刻本　三冊

340000－1881－0006845　10922

陳定宇先生文集十七卷　（元）陳櫟撰　（清）陳嘉基編　清康熙三十五年（1696）刻本　四冊

340000－1881－0006846　10923

衡齋算學七卷　（清）汪萊撰　清光緒十八年（1892）刻本　一冊

340000－1881－0006847　10924

新安先集二十卷　（清）朱之榛輯　清同治十三年（1874）刻本　六冊

340000－1881－0006848　10925

衡齋遺書九卷衡齋算學七卷　（清）汪萊著　清光緒十八年（1892）刻本　二冊

340000－1881－0006849　10926

周官集注十二卷　（清）方苞撰　清康熙五十九年（1720）刻本　八冊

340000－1881－0006850　10927

安吳四種三十六卷　（清）包世臣著　（清）包世榮　（清）包慎言注　清光緒十四年（1888）刻本　十六冊

340000－1881－0006851　10928

儀禮正義四十卷　（清）胡培翬撰　清道光二十九年（1849）蘇州湯晉苑局刻本　二十冊

340000－1881－0006852　10929

柏堂遺書一百六十八卷　（清）方宗誠撰　清光緒十二年（1886）刻本　六十三冊

340000－1881－0006853　10930

程氏所見詩鈔二十四卷　（清）程鴻緒輯　清

嘉慶十二年（1807）浣月齋刻本　二冊　存六卷（十九至二十四）

340000－1881－0006854　10931

歷代地理沿革圖不分卷　（清）六嚴繪　（清）馬徵麐增輯　清同治十一年（1872）刻本　一冊

340000－1881－0006855　10934

綠蔭軒遺集六卷　（清）胡佩芳撰　清光緒二十三年（1897）刻本　四冊

340000－1881－0006856　10937

覺生詠史詩鈔三卷　（清）鮑桂星撰　清嘉慶二十五年（1820）刻本　一冊

340000－1881－0006857　10938

覺生時文鈔不分卷　（清）鮑桂星撰　清刻本　一冊

340000－1881－0006858　10939

覺生詩鈔十卷　（清）鮑桂星撰　清嘉慶二十五年（1820）刻本　三冊

340000－1881－0006859　10940

覺生詠物詩鈔四卷　（清）鮑桂星撰　清嘉慶二十五年（1820）刻本　一冊

340000－1881－0006860　10941

燕樂考原六卷　（清）凌廷堪撰　清嘉慶十六年（1811）刻本　一冊　存三卷（四至六）

340000－1881－0006861　10942

覺生賦鈔不分卷　（清）鮑桂星撰　清抄本　一冊

340000－1881－0006862　10944

十三經述要六卷　姚永樸撰　清光緒三十四年（1908）鉛印本　二冊

340000－1881－0006863　10945

晚學齋文集二卷詩二集十二卷　（清）鄭由熙撰　清光緒二十四年（1898）刻本　二冊　存四卷（晚學齋文集一、詩二集七至九）

340000－1881－0006864　10946

覺生感舊詩鈔二卷　（清）鮑桂星撰　清嘉慶二十五年（1820）刻本　一冊

340000 – 1881 – 0006865　10947

覺生試律鈔不分卷　（清）鮑桂星撰　清嘉慶刻本　一冊

340000 – 1881 – 0006866　10948

晚學齋詩二集十二卷詩續集一卷文集二卷（清）鄭由熙撰　清光緒二十四年(1898)刻本　三冊　存十二卷(晚學齋詩二集四至十二、詩續集一卷、文集二卷)

340000 – 1881 – 0006867　10949

晚學齋詩初集二卷　（清）鄭由熙撰　清光緒二十四年(1898)刻本　一冊

340000 – 1881 – 0006868　10950

昭昧詹言二十一卷　（清）方東樹撰　清宣統元年(1909)安徽官紙印刷局鉛印本　四冊

340000 – 1881 – 0006869　10951

周易費氏學八卷附一卷　馬其昶撰　清光緒三十二年(1906)刻集虛草堂叢書本　三冊

340000 – 1881 – 0006870　10952

經史新義錄一百卷首一卷　（清）孫璧文撰　清光緒二十七年(1901)刻本　十二冊

340000 – 1881 – 0006871　10953

葬書校注不分卷　（晉）郭璞撰　（宋）蔡發編　（元）吳澄輯　（清）汪宗沂注　清光緒十四年(1888)刻本　一冊

340000 – 1881 – 0006872　10955

也是園詩鈔五卷　（清）吳毓芬撰　清光緒二十四年(1898)刻本　一冊

340000 – 1881 – 0006873　10957

折獄龜鑑八卷　（宋）鄭克撰　清同治十年(1871)刻本　二冊

340000 – 1881 – 0006874　10958

書畫見識錄不分卷　（清）程蔭濤撰　清抄本　六冊

340000 – 1881 – 0006875　10960

心齋牌譜不分卷　（清）張潮輯　清刻本　一冊

340000 – 1881 – 0006876　10967

愜心集十卷　（清）程烈撰　清乾隆五十八年(1793)刻本　二冊

340000 – 1881 – 0006877　10968

兩朝剝復錄六卷首一卷　（明）吳應箕輯（清）夏燮校證　清同治二年(1863)刻本　一冊　存二卷(一、首一卷)

340000 – 1881 – 0006878　10971

種書堂遺稿三卷種書堂題畫詩二卷　（清）查士標著　（清）金之緒　（清）查弘道輯　清康熙四十三年(1704)刻本　一冊

340000 – 1881 – 0006879　10972

李義山詩集三卷　（唐）李商隱撰　（清）朱鶴齡注　明刻本　六冊

340000 – 1881 – 0006880　10974

輟耕吟槀五卷　（清）倪偉人撰　清光緒十六年(1890)刻本　一冊　存二卷(四至五)

340000 – 1881 – 0006881　10975

紅葉讀書樓詩草十卷　（清）孫殿齡撰　清道光二十八年(1848)刻本　四冊

340000 – 1881 – 0006882　10977

長江圖說十二卷首一卷　（清）馬徵麐撰　清同治十年(1871)崇文書局刻本　五冊

340000 – 1881 – 0006883　10978

長江圖說十二卷首一卷　（清）馬徵麐撰　清同治十年(1871)崇文書局刻本　五冊

340000 – 1881 – 0006884　10979

長江圖說十二卷首一卷　（清）馬徵麐撰　清同治十年(1871)崇文書局刻本　五冊

340000 – 1881 – 0006885　10980

山谷詩鈔五卷　（宋）黃庭堅著　（清）姚鼐編　清光緒八年(1882)刻本　二冊

340000 – 1881 – 0006886　10981

小園詩鈔不分卷　（清）吳毓麟著　清道光三年(1823)刻本　一冊

340000 – 1881 – 0006887　10982

註釋唐詩三百首不分卷　（清）孫洙編　清同治十二年(1873)刻本　一冊

340000－1881－0006888　10983

澄心居詩草一卷　（清）程定祥撰　清咸豐二
年（1852）刻本　一冊

340000－1881－0006889　10984

習靜齋詩話八卷　方廷楷輯　清宣統二年
（1910）鉛印本　一冊

340000－1881－0006890　10985

疏影樓名姝百詠不分卷　（清）李淑儀著　清
道光十三年（1833）疏影樓刻本　一冊

340000－1881－0006891　10986

澹餘詩略三卷　（清）汪㻛撰　清咸豐八年
（1858）刻本　一冊

340000－1881－0006892　10987

方望溪文鈔六卷　（清）方苞撰　清宣統二年
（1910）上海國學扶輪社鉛印本　一冊　存一
卷（一）

340000－1881－0006893　10988

爐餘詩鈔一卷　（清）濮文彬編　清光緒十一
年（1885）刻本　一冊

340000－1881－0006894　10989

齊物論齋集不分卷　（清）董士錫著　清刻本
　一冊

340000－1881－0006895　10990

惜抱軒文集十六卷後集十卷　（清）姚鼐撰
清刻本　四冊

340000－1881－0006896　10991

癸巳類稿十五卷　（清）俞正燮撰　清道光十
六年（1836）求日益齋刻本　二冊

340000－1881－0006897　10992

不得已一卷　（清）楊光先撰　清抄本　一冊

340000－1881－0006898　10993

四書益智錄二十卷　（清）桂含章輯　清刻本
　一冊　存一卷（八）

340000－1881－0006899　10994

澣雲詩鈔八卷　（清）汪梅鼎撰　清嘉慶二十
三年（1818）刻本　一冊　存四卷（一至四）

340000－1881－0006900　10995

金忠節公文集八卷　（明）金聲著　清刻本
一冊　存二卷（五至六）

340000－1881－0006901　10998

介亭文集六卷詩鈔一卷筆記六卷筆記存二卷
居暇邇言二卷　（清）江潘源著　清同治十三
年（1874）刻本　五冊

340000－1881－0006902　10999

淡園文集一卷　（清）馬徵麐撰　清光緒思古
書堂刻本　二冊

340000－1881－0006903　11000

羅經指南撥霧集三卷　（清）葉泰撰　（明）吳
天洪批點　清康熙三十二年（1693）刻本
一冊

340000－1881－0006904　11001

論山詩選十五卷　（清）鮑之鍾撰　清道光十
二年（1832）刻本　四冊

340000－1881－0006905　11002

戴氏遺書文集十卷原象一卷　（清）戴震撰
清乾隆四十二年（1777）微波榭刻本　一冊
存六卷（戴氏遺書文集一至五、原象一卷）

340000－1881－0006906　11004

謙齋續集二卷補一卷　（清）王尚辰撰　清光
緒二十八年（1902）刻本　一冊

340000－1881－0006907　11005

開化度人真經三卷　（□）□□撰　清光緒二
十五年（1899）刻本　一冊

340000－1881－0006908　11006

四書典林三十卷四書古人典林十二卷　（清）
江永編　清光緒十四年（1888）石印本　四冊

340000－1881－0006909　11007

程卓芸雜稿不分卷　（清）程卓芸撰　清同治
十一年（1872）刻本　四冊

340000－1881－0006910　11008

寄園寄所寄十二卷　（清）趙吉士輯　（清）馮
雲驤等校　清康熙三十四年（1695）刻本　十
二冊

340000－1881－0006911　11009

亭皋詩鈔四卷　（清）吳綺著　清乾隆四十一年(1776)刻本　二冊

340000－1881－0006912　11010

地理孝思集青囊玉尺合刻貫解十二卷首一卷　（清）舒鳳儀纂　清翠筠山房刻本　六冊

340000－1881－0006913　11011

雪心賦正解四卷　（唐）卜應天著　（清）孟浩注　清大成堂刻本　二冊

340000－1881－0006914　11012

陽宅指掌不分卷　（清）潘陽憶撰　清光緒十八年(1892)刻本　一冊

340000－1881－0006915　11013

龍經一卷　（唐）楊益口訣　（清）汪宗沂注　葬書校注不分卷　（晉）郭璞撰　（宋）蔡發編　（元）吳澄輯　（清）汪宗沂注　青烏子相冢書不分卷　（清）汪宗沂輯　清光緒十四年(1888)刻本　二冊

340000－1881－0006916　11015

種筠書屋較訂撼龍經山法全書二卷　（清）葉泰注　（清）高其倬批　山水忠肝集摘要一卷　（明）蕭克著　清乾隆六年(1741)刻本　四冊

340000－1881－0006917　11016

空谷傳聲不分卷　（清）汪鎣編　清光緒八年(1882)李光明莊刻本　一冊

340000－1881－0006918　11017

惜抱軒文集十六卷　（清）姚鼐撰　清嘉慶刻本　一冊　存七卷(一至七)

340000－1881－0006919　11018

惜抱軒時文不分卷　（清）姚鼐撰　清光緒二年(1876)刻本　一冊

340000－1881－0006920　11019

羅經指南撥霧集三卷　（清）葉泰撰　（明）吳天洪批點　清刻本　二冊

340000－1881－0006921　11020

理氣三訣四卷　（清）葉泰著　清刻本　二冊

340000－1881－0006922　11021

地理六經注六卷　（清）葉泰著　清刻本　四冊

340000－1881－0006923　11022

平陽全書十五卷　（清）葉泰輯　清康熙二十六年(1687)刻本　八冊

340000－1881－0006924　11023

小萬卷齋文藁二十四卷首一卷詩藁三十二卷經進藁四卷　（清）朱珔撰　清光緒十一年(1885)刻本　九冊

340000－1881－0006925　11024

義府二卷　（清）黃生撰　清抄本　二冊

340000－1881－0006926　11026

誠一堂琴談六卷　（清）程允基編　清抄本　一冊　存二卷(一至二)

340000－1881－0006927　11027

文選集釋二十四卷　（清）朱珔撰　清光緒元年(1875)小萬卷齋刻本　十二冊

340000－1881－0006928　11028

杜詩提要十四卷　（唐）杜甫撰　（清）吳瞻泰評選　清雍正刻本　四冊

340000－1881－0006929　11029

香雪詩鈔二卷　（清）曹學詩撰　（清）金忠濤編　清乾隆十五年(1750)黃雲景刻本　二冊

340000－1881－0006930　11030

杜工部詩說十二卷　（清）黃生撰　清康熙三十五年(1696)刻本　四冊

340000－1881－0006931　11031

陶詩彙註四卷首一卷末一卷　（清）吳瞻泰編　清康熙四十四年(1705)刻本　二冊

340000－1881－0006932　11032

請查辦軍營功賞虛冒摺不分卷　（□）□□撰　清咸豐三年(1853)抄本　一冊

340000－1881－0006933　11033

燕在閣文稿九卷　（清）王棠著　漢樂府一卷（清）王棠評注　燕在閣和陶詩一卷燕在閣感懷百首一卷　（清）王棠著　清抄本　四冊

340000 – 1881 – 0006934　　11034

通藝録四十二卷　（清）程瑤田著　清刻本
六冊　存六卷（五至六、九至十、十三至十四）

340000 – 1881 – 0006935　　11035

御覽曲洧舊聞十卷　（宋）朱弁撰　清光緒二
十二年(1896)儷峯書屋刻本　一冊

340000 – 1881 – 0006936　　11036

印譜不分卷　（□）□□撰　清鈐印本　一冊

340000 – 1881 – 0006937　　11038

黃山領要録二卷　（清）汪洪度撰　清乾隆四
十年(1775)抄本　二冊

340000 – 1881 – 0006938　　11039

香雪文鈔□□卷　（清）曹學詩撰　清抄本
一冊

340000 – 1881 – 0006939　　11042

隸法彙纂十卷　（清）項懷述編　清乾隆四十
五年(1780)刻本　六冊

340000 – 1881 – 0006940　　11043

詩倫二卷　（清）汪薇輯　清康熙五十六年
(1717)寒木堂刻本　二冊

340000 – 1881 – 0006941　　11044

詩經言志二十六卷　（清）汪灼撰　清末抄本
三冊

340000 – 1881 – 0006942　　11045

增訂唐詩摘鈔十六卷　（清）黃生選評　（清）
朱之荊增訂　清嘉慶四年(1799)浣月齋刻本
六冊

340000 – 1881 – 0006943　　11046

史鑑節要便讀三卷　（清）鮑東里編　清同治
十三年(1874)江蘇書局刻本　一冊

340000 – 1881 – 0006944　　11047

史外八卷　（清）汪有典著　清乾隆十三年
(1748)刻本　七冊

340000 – 1881 – 0006945　　11048

兩皖校士録□□卷　（清）郭鍾美等撰　清刻
本　二冊　存二卷（三至四）

340000 – 1881 – 0006946　　11049

史畧八十七卷　（清）朱坤輯　清光緒二十四
年(1898)蜚英館石印本　三冊　存四十六卷
（一至十四、四十五至七十六）

340000 – 1881 – 0006947　　11050

古事比五十二卷　（清）方中德著　清光緒二
十九年(1903)益智書局石印本　五冊　存四
十一卷（一至六、十八至五十二）

340000 – 1881 – 0006948　　11052

資治通鑑二百九十四卷　（宋）司馬光纂
（元）胡三省音注　通鑑釋文辯誤十二卷
（元）胡三省纂　明崇禎十年(1637)刻本　一
百冊

340000 – 1881 – 0006949　　11054

紀效新書十八卷首一卷　（明）戚繼光撰　清
光緒二十一年(1895)醉經樓石印本　二冊

340000 – 1881 – 0006950　　11056

朱子文集大全類編□□卷　（宋）朱熹撰　清
刻本　十二冊　存三十五卷（序文全集一至
二十一、雜著二至十五）

340000 – 1881 – 0006951　　11057

施氏家風述畧不分卷續編不分卷隨村先生遺
集六卷　（清）施玙撰　　（清）杭世駿訂
（清）施閏章　　（清）施彥恪輯　清乾隆四年
(1739)刻本　一冊

340000 – 1881 – 0006952　　11059

析荷編年□□卷　（清）朱萬滋纂　清光緒二
十五年(1899)朱詒穀堂木活字印本　一冊
存一卷（下）

340000 – 1881 – 0006953　　11060

官圩修防彙述四編□□卷　（清）朱萬滋編
清朱詒穀堂木活字印本　一冊　存三卷（五
至七）

340000 – 1881 – 0006954　　11061

望江吳先生經驗集略不分卷　（□）□□撰
清刻本　一冊

340000 – 1881 – 0006955　　11062

四書正體校定字音不分卷 （清）呂世鏞撰
清康熙五十八年(1719)刻本 一冊

340000 – 1881 – 0006956 11063

石鼓硯齋集五十二卷 （清）曹文埴撰 清嘉
慶五年(1800)刻本 十二冊

340000 – 1881 – 0006957 11064

包孝肅奏議十卷 （宋）包拯撰 **余忠宣青陽**
山房集五卷 （元）余闕撰 清光緒元年
(1875)毓秀堂刻本 三冊

340000 – 1881 – 0006958 11066

篤素堂文集四卷 （清）張英撰 清鉛印本
一冊

340000 – 1881 – 0006959 11067

大中經不分卷 （□）□□撰 清光緒三十二
年(1906)刻本 一冊

340000 – 1881 – 0006960 11068

明貢舉考畧二卷 （清）黃崇蘭輯 清刻本
一冊

340000 – 1881 – 0006961 11070

敦民吉齋詩存二卷 （清）徐子苓撰 清同治
五年(1866)刻本 二冊

340000 – 1881 – 0006962 11071

聽月樓遺草二卷 （清）汪韞玉撰 清乾隆四
十七年(1782)刻本 一冊

340000 – 1881 – 0006963 11073

龍山憶菊吟不分卷 （清）鮑鴻雪撰 清光緒
二十六年(1900)鉛印本 一冊

340000 – 1881 – 0006964 11076

近光集八卷近光集補卷二卷 （清）汪士鈜編
（清）吳庭寶選輯 清康熙五十八年(1719)
刻本 四冊

340000 – 1881 – 0006965 11077

尚書可解輯粹二卷 （清）潘相潤編 清嘉慶
四年(1799)刻本 一冊

340000 – 1881 – 0006966 11078

物理小識三卷 （明）方以智撰 清光緒十年
(1884)寧靜堂刻本 二冊

340000 – 1881 – 0006967 11079

周易集注八卷 （清）吳定撰 清嘉慶九年
(1804)刻本 二冊

340000 – 1881 – 0006968 11081

詩經八卷 （宋）朱熹集傳 清刻本 四冊

340000 – 1881 – 0006969 11082

新藝錄一百卷 （清）孫壁文撰 清光緒二十
七年(1901)兩湖譯書學堂刻本 三十六冊
存九十七卷(一至九十七)

340000 – 1881 – 0006970 11083

闈義二十二卷 （清）吳街南輯 清同治十年
(1871)影印本 四冊

340000 – 1881 – 0006971 11084

闈義二十二卷 （清）吳街南輯 清同治十年
(1871)影印本 四冊

340000 – 1881 – 0006972 11085

新刻小學千家詩人生必讀二卷 （宋）司馬光
等撰 清光緒七年(1881)刻本 一冊

340000 – 1881 – 0006973 11086

漁古軒詩韻五卷 （清）余照編 （清）朱德蕃
增訂 清道光十七年(1837)刻本 二冊

340000 – 1881 – 0006974 11087

毓大宗師安徽試讀不分卷 （清）許同甸等撰
清末石印本 四冊

340000 – 1881 – 0006975 11088

新刻通用尺牘見心集四卷 （清）汪文芳輯
清同文堂刻本 一冊 存一卷(二)

340000 – 1881 – 0006976 11092

惜陰書屋吟草不分卷 （□）□□撰 清稿本
一冊

340000 – 1881 – 0006977 11097

楚咻集六卷 （清）萬貢璆撰 清抄本 六冊

340000 – 1881 – 0006978 11098

靈棋經不分卷 （清）程芝雲校 清道光三年
(1823)百二漢鏡齋刻本 一冊

340000 – 1881 – 0006979 11099

秘授命理須知滴天髓二卷　（宋）京圖撰
（明）劉基注　（清）程芝雲校　清道光四年
(1824)百二漢鏡齋刻本　一冊

340000－1881－0006980　11100

百二漢鏡齋秘書四種五卷　（清）程芝雲編
清道光四年(1824)百二漢鏡齋刻本　四冊

340000－1881－0006981　11106

孝經不分卷　（清）汪由敦輯　清乾隆二十一
年(1756)刻本　一冊

340000－1881－0006982　11107

性理字訓一卷　（宋）程達原撰　歷代蒙求一
卷　（元）陳櫟撰　清刻本　二冊

340000－1881－0006983　11108

尚書軌範撮要圖不分卷　（清）王暠編　清刻
本　一冊

340000－1881－0006984　11110

世說新語八卷　（南朝宋）劉義慶撰　（南朝
梁）劉孝標注　（宋）劉辰翁批　（明）程稺編
　世說新語補四卷　（明）何良俊增　（明）王
世貞編　（明）王世懋注　清康熙四十三年
(1704)刻本　六冊

340000－1881－0006985　11113

包孝肅奏議十卷　（宋）包拯撰　清刻本　一
冊　存六卷(五至十)

340000－1881－0006986　11115

地學二卷　（清）沈鎬著　清同治八年(1869)
刻本　六冊

340000－1881－0006987　11123

瀛山筆記三卷　（清）黃士壎著　清乾隆三十
年(1765)刻本　一冊

340000－1881－0006988　11124

餘園籤稿三卷　（清）汪世元撰　清刻本
一冊

340000－1881－0006989　11125

禮經釋例十三卷　（清）凌廷堪撰　清刻本
一冊　存一卷(十三)

340000－1881－0006990　11126

晦庵先生朱文公文別集十卷　（宋）朱熹著
明刻本　一冊　存四卷(六至九)

340000－1881－0006991　11128

方田通法補例二卷　（清）張作楠纂　（清）江
臨泰補圖　清刻本　一冊

340000－1881－0006992　11129

勸孝戒浪錄不分卷　（□）□□撰　清光緒十
五年(1889)石印本　一冊

340000－1881－0006993　11132

龍文鞭影二卷　（明）蕭良有纂輯　（明）楊臣
諍增訂　（清）來集之音注　清刻本　二冊

340000－1881－0006994　11133

朱子全書□□卷　（宋）朱熹撰　清刻本　一
冊　存四卷(十三至十六)

340000－1881－0006995　11136

新安先集二十卷　（清）朱之榛輯　清同治十
三年(1874)刻本　一冊　存二卷(十六至十
七)

340000－1881－0006996　11143

黃山草不分卷　（清）黃元治撰　清康熙二十
八年(1689)刻本　一冊

340000－1881－0006997　11148

鮑以文先生[廷博]年譜不分卷　（清）王□□
編　清嘉慶十九年(1814)稿本　一冊

340000－1881－0006998　11149

詩經旁訓四卷　（□）□□撰　明刻本　一冊
　存一卷(一)

340000－1881－0006999　11150

樂有餘齋詩集十卷　（清）沈廷貴撰　清同治
十三年(1874)刻本　一冊　存五卷(一至五)

340000－1881－0007000　11151

補蹉跎齋詩鈔十五卷　（清）沈芝林撰　清同
治十三年(1874)刻本　一冊　存七卷(一至
七)

340000－1881－0007001　11152

一葉草堂附刊舊雨集一卷　（清）趙守瀛撰
清光緒十二年(1886)刻本　一冊

340000 - 1881 - 0007002　11155

馬氏譜識摘鈔一卷　（清）馬徵麐撰　清繼述
堂刻本　一冊

340000 - 1881 - 0007003　11156

鐵硯山房稿一卷　（清）鄧石如撰　清刻本
一冊

340000 - 1881 - 0007004　11170

尚書六體遺範□□卷　（清）金象乾編　清刻
本　一冊　存五卷(六至十)

340000 - 1881 - 0007005　11171

性理纂要八卷　（明）游震得編　明稿本　一
冊　存二卷(七至八)

340000 - 1881 - 0007006　11172

周易不分卷　（宋）朱熹本義　清刻本　二冊

340000 - 1881 - 0007007　11194

音學辨微一卷　（清）江永撰　清乾隆二十四
年(1759)稿本　一冊

340000 - 1881 - 0007008　11197

摹完白山人篆書不分卷　（清）鄧石如篆
（清）程蘅杉拓　清嘉慶十年(1805)拓印本
一冊

340000 - 1881 - 0007009　11200

安吳四種三十六卷　（清）包世臣撰　清抄本
一冊　存一卷(十三)

340000 - 1881 - 0007010　11201

越國汪公雲嵐山墓志六卷　（□）□□撰　清
刻本　四冊

340000 - 1881 - 0007011　11202

青囊玉尺度金鍼集六卷　（清）舒鳳儀圖
（清）段喆纂　清光緒十六年(1890)刻本
六冊

340000 - 1881 - 0007012　11206

晴窗鑑古圖不分卷　（□）□□撰　清光緒二
十二年(1896)朱氏刻本　一冊

340000 - 1881 - 0007013　11216

汪時甫味菜堂詩不分卷　（清）汪淵撰　清抄
本　一冊

340000 - 1881 - 0007014　11217

銅竹齋唐人律賦約選一卷　（清）鮑桂星編
清光緒十一年(1885)抄本　一冊

340000 - 1881 - 0007015　11218

弢廬先生寫詩經大雅二卷　汪采白書　清抄
本　二冊

340000 - 1881 - 0007016　11219

乾隆時潛口汪氏計籍不分卷　（清）汪潤抄
清乾隆抄本　一冊

340000 - 1881 - 0007017　11220

寄園撚鬚寄鏡中寄不分卷　（清）楊文理撰
清康熙四年(1665)抄本　一冊

340000 - 1881 - 0007018　11221

徽州米案全文一卷　（□）□□撰　清抄本
一冊

340000 - 1881 - 0007019　11222

瑩致子良手札不分卷　（□）□□剪貼　清剪
貼本　一冊

340000 - 1881 - 0007020　11224

致石農手札一卷　（清）胡元熙撰　清稿本
十七張

340000 - 1881 - 0007021　11228

休寧縣賦役全書不分卷　（□）□□撰　清康
熙五年(1666)刻本　二冊

340000 - 1881 - 0007022　11229

安慶府賦役全書不分卷　（□）□□撰　清康
熙五年(1666)刻本　一冊

340000 - 1881 - 0007023　11230

江南徽州府績溪縣簡明賦役全書不分卷
（□）□□撰　清康熙五年(1666)刻本　一冊

340000 - 1881 - 0007024　11231

江南安慶府潛山縣簡明賦役全書不分卷
（□）□□撰　清康熙五年(1666)刻本　一冊

340000 - 1881 - 0007025　11232

江南安慶府懷寧縣賦役全書不分卷　（□）
□□撰　清康熙五年(1666)刻本　一冊

340000－1881－0007026　11233

江南安慶府宿松縣簡明賦役全書不分卷
（□）□□撰　清康熙五年(1666)刻本　一冊

340000－1881－0007027　11234

江南徽州府婺源縣簡明賦役全書二卷　（□）
□□撰　清康熙五年(1666)刻本　二冊

340000－1881－0007028　11235

江南徽州府祁門縣簡明賦役全書不分卷
（□）□□撰　清康熙五年(1666)刻本　二冊

340000－1881－0007029　11236

桐城縣賦役全書不分卷　（□）□□撰　清康
熙五年(1666)刻本　一冊

340000－1881－0007030　11237

江南安慶府太湖縣簡明賦役全書不分卷
（□）□□撰　清康熙五年(1666)刻本　一冊

340000－1881－0007031　11238

望江縣賦役全書不分卷　（□）□□撰　清康
熙五年(1666)刻本　一冊

340000－1881－0007032　11239

江南徽州府黟縣簡明賦役全書不分卷　（□）
□□撰　清康熙刻本　二冊

340000－1881－0007033　11240

江南徽州府賦役全書不分卷　（□）□□撰
清康熙刻本　一冊

340000－1881－0007034　11241

江南徽州府歙縣簡明賦役全書不分卷　（□）
□□撰　清康熙刻本　二冊

340000－1881－0007035　11242

音學辨微不分卷　（清）江永撰　清宣統元年
(1909)影印本　一冊

340000－1881－0007036　11243

金石圖說四卷　（清）牛運震纂　（清）褚峻摹
圖　劉世珩編補　清光緒二十一年(1895)聚
學軒刻本　一冊　存一卷(甲上)

340000－1881－0007037　11246

雙鯉魚一卷　（□）□□著　清抄本　一冊

340000－1881－0007038　11248

古黟黃氏印譜一卷　（□）□□撰　清鈐印本
一冊

340000－1881－0007039　11249

鄧石如瘞鶴銘雙鉤一卷　（清）鄧石如篆　清
刻本　一冊

340000－1881－0007040　11250

煮石齋稿一卷　（清）鮑家瑞撰　清光緒十八
年(1892)刻本　一冊

340000－1881－0007041　11253

[安徽涇縣]涇川震山鄉十一都水東翟氏宗譜
不分卷　（明）翟震川修　清咸豐七年(1857)
泥活字印本　一冊

340000－1881－0007042　11255

五經算術二卷　（北周）甄鸞撰　（唐）李淳風
注　（清）紀昀　（清）戴震校　清嘉慶十年
(1805)刻本　一冊

340000－1881－0007043　11257

古今偽書考不分卷　（清）姚際恒撰　清光緒
三年(1877)文學山房刻本　二冊

340000－1881－0007044　11260

水經注圖一卷附錄一卷　（清）汪士鐸撰　清
同治元年(1862)刻本　一冊

340000－1881－0007045　11261

水經注圖一卷附錄一卷　（清）汪士鐸撰　清
同治元年(1862)刻本　二冊

340000－1881－0007046　11262

有恆心齋駢體文三卷　（清）程鴻詔撰　清同
治十二年(1873)吳文楷刻本　一冊

340000－1881－0007047　11264

杜工部集二十卷首一卷　（唐）杜甫撰　吳廣
霈批校　清光緒二年(1876)粵東翰墨園刻六
色套印本　十冊

340000－1881－0007048　11266

說文解字五百四十部目不分卷　（清）胡荄甫
等編　清同治十一年(1872)刻本　一冊

340000－1881－0007049　11271

棋譜三編不分卷 （清）方夢園輯 清光緒元年(1875)刻本 一冊

340000－1881－0007050 11273
文公家禮儀節八卷 （明）丘濬輯 明刻本 一冊 存二卷(二至三)

340000－1881－0007051 11277
出守慶陽雜作一卷 （明）阮堅撰 清抄本 一冊

340000－1881－0007052 11289
墨書不分卷 （明）汪道貫著 明刻本 一冊

340000－1881－0007053 11306
方氏墨譜國華不分卷 （明）方于魯撰 明美蔭堂刻本 一冊

340000－1881－0007054 11307
[安徽涇縣]涇川震山鄉十一都水東翟氏宗譜不分卷 （明）翟震川修 清咸豐七年(1857)泥活字印本 一冊

340000－1881－0007055 11308
文公家禮儀節八卷 （明）丘濬輯 明刻本 一冊 存一卷(八)

340000－1881－0007056 11310
金石文鈔八卷續鈔二卷 （清）趙紹祖輯 清咸豐十年(1860)刻本 十冊

340000－1881－0007057 11312
延古樓讌壽詩不分卷 （清）鮑倚雲撰 清刻本 一冊

340000－1881－0007058 11314
金石圖說四卷 （清）牛運震纂 （清）褚峻摹圖 劉世珩編補 清光緒二十一年(1895)聚學軒刻本 四冊

340000－1881－0007059 11315
淑園詩餘四卷 （清）余庭訓撰 清光緒十七年(1891)江右書局刻本 一冊

340000－1881－0007060 11316
梅麓詩鈔一卷 （清）齊彥槐著 清道光九年(1829)齊學裘刻本 一冊

340000－1881－0007061 11318
嚶鳴集□□卷首一卷 （清）張節彙編 清刻本 一冊 存一卷(首一卷)

340000－1881－0007062 11319
研六室文鈔十卷 （清）胡培翬撰 清道光十七年(1837)刻本 四冊

340000－1881－0007063 11320
松石齋詩草三卷詩續三卷 （清）周懋泰撰 清光緒二十五年(1899)刻本 六冊

340000－1881－0007064 11322
字彙十二卷 （明）梅膺祚音釋 明刻本 六冊 存一卷(丑)

340000－1881－0007065 11323
梅竹軒稿不分卷 （清）呂雲仙著 清宣統二年(1910)鉛印本 一冊

340000－1881－0007066 11324
適軒尺牘八卷 （清）徐菊生著 清光緒七年(1881)魯卿抄本 四冊 存四卷(一至二、七至八)

340000－1881－0007067 11325
石丈齋集四卷 （明）葛應秋著 （明）趙維寰評 梅邱晤言一卷 （明）葛懋學撰 清雍正十二年(1734)刻本 二冊

340000－1881－0007068 11326
鄉試會試硃卷集不分卷 （清）李昭煒等撰 清光緒刻本 六冊

340000－1881－0007069 11327
小學集注六卷 （宋）朱熹撰 清同治六年(1867)金陵書局刻本 一冊 存四卷(一至四)

340000－1881－0007070 11328
恥齋詩草三卷 （清）程珏撰 清光緒二十年(1894)抄本 一冊

340000－1881－0007071 11335
類編標注文公朱先生經濟文衡前集二十五卷 （宋）朱熹撰 （明）馬孟復 （明）王正巳 （明）吳伯與編 明萬曆三十三年(1605)朱

崇沐刻本　一冊　存六卷(一至六)

340000－1881－0007072　11336

溥通學不分卷　(清)王昭三編　清光緒二十八年(1902)刻本　一冊

340000－1881－0007073　11339

汪由敦行述一卷　(清)汪承需　(清)汪承沆　(清)汪承□編　清抄本　一冊

340000－1881－0007074　11341

胡少師總集六卷首一卷　(宋)胡舜陟撰　(清)胡培翬編　胡少師總集附錄不分卷　(宋)胡舜申撰　清同治二年(1863)胡肇智刻本　二冊

340000－1881－0007075　11342

麋塵蓮寸集四卷末一卷　(清)汪淵集詞　(清)程淑校注　清光緒十七年(1891)染翰齋刻本　二冊

340000－1881－0007076　11343

研六室文鈔十卷附補遺　(清)胡培翬撰　清光緒六年(1880)世澤樓刻本　四冊

340000－1881－0007077　11346

鶴舫詩詞二卷　(清)石芝撰　清道光二十六年(1846)掃花山房刻本　一冊

340000－1881－0007078　11347

麋塵蓮寸集四卷末一卷　(清)汪淵集詞　(清)程淑注　清光緒十七年(1891)染翰齋刻本　二冊

340000－1881－0007079　11348

醉二白齋遺稿二卷　(清)許會昌撰　清道光十七年(1837)不除草堂刻本　三冊

340000－1881－0007080　11349

瓊州雜事詩不分卷　(清)程秉釗撰　清光緒十四年(1888)刻本　一冊

340000－1881－0007081　11350

校補石鼓文音訓不分卷　(清)周庠撰　清光緒二十三年(1897)刻本　一冊

340000－1881－0007082　11351

忠敬堂彙錄八卷　(明)胡煜撰　清光緒十三

年(1887)刻本　二冊

340000－1881－0007083　11352

辛壬韓江唱酬集四卷　(清)洪梧撰　清刻本　二冊

340000－1881－0007084　11353

鵬南文鈔十五卷首一卷　(清)胡嗣運撰　達齋存稿六卷　(清)胡榮珂撰　清光緒二十三年(1897)刻本　五冊

340000－1881－0007085　11354

雙溪汪氏科甲名宦不分卷　(□)□□撰　清抄本　一冊

340000－1881－0007086　11355

史鑑節要便讀三卷　(清)鮑東里著　清光緒二十九年(1903)上海書局石印本　二冊　存一卷(上)

340000－1881－0007087　11356

竹溪詩草七卷　(清)程錫光撰　清光緒六年(1880)抄本　二冊

340000－1881－0007088　11358

四書釋名不分卷　(清)胡秉虔撰　清抄本　一冊

340000－1881－0007089　11359

感舊集一卷　(清)程秉釗撰　清光緒十四年(1888)抄本　一冊

340000－1881－0007090　11360

華陽山房詩鈔六卷　(清)方元泰撰　清同治五年(1866)刻本　二冊

340000－1881－0007091　11361

貞素齋集八卷　(元)舒頔撰　清刻本　一冊　存二卷(三至四)

340000－1881－0007092　11362

標孟七卷　(清)汪有光評　(清)汪有聲校　清康熙二十五年(1686)刻本　二冊

340000－1881－0007093　11363

四書注說參證七卷　(清)胡清煦撰　清嘉慶十四年(1809)績溪胡氏受經堂刻本　一冊

340000 – 1881 – 0007094　11364

研六室文鈔補遺一卷 （清）胡培翬撰　清光緒六年(1880)刻本　一冊

340000 – 1881 – 0007095　11365

承菴先生集七卷首一卷補遺二卷附錄二卷 (明)胡松撰　清抄本　四冊

340000 – 1881 – 0007096　11368

春秋左傳通論四卷　姚永樸撰　清末鉛印安徽高等學堂課本本　一冊

340000 – 1881 – 0007097　11369

疑盦詩甲卷不分卷　許承堯撰　清宣統元年(1909)京師京華書局鉛印本　一冊

340000 – 1881 – 0007098　11370

白圭堂詩鈔八卷　（清）江之紀撰　清嘉慶十七年(1812)刻本　一冊　存四卷(一至四)

340000 – 1881 – 0007099　11371

建德尚書七十賜壽圖不分卷　（□）□□撰　清光緒三十三年(1907)石印本　二冊

340000 – 1881 – 0007100　11374

潛溪公房人丁餅簿不分卷　（清）□仲材撰　清同治七年(1868)抄本　一冊

340000 – 1881 – 0007101　11376

日程表不分卷旬課分數不分卷　（清）馮景榮纂　清光緒二十九年(1903)抄本　二冊

340000 – 1881 – 0007102　11377

眠琴山館課草五卷　許承堯撰　清稿本　四冊

340000 – 1881 – 0007103　11378

試草兼抄不分卷　（清）徐際雲等撰　清抄本　一冊

340000 – 1881 – 0007104　11379

八股文不分卷　（□）□□撰　清抄本　一冊

340000 – 1881 – 0007105　11381

光祿公文稿不分卷　（□）□□撰　清稿本　一冊

340000 – 1881 – 0007106　11383

雜文不分卷　（□）□□撰　清抄本　一冊

340000 – 1881 – 0007107　11384

迦陵詞一卷　（清）陳維崧撰　清抄本　二冊

340000 – 1881 – 0007108　11385

許恭壽制藝文不分卷　（清）許恭壽撰　清稿本　一冊

340000 – 1881 – 0007109　11386

算術二卷　（□）□□撰　清胡臨甫抄本　二冊

340000 – 1881 – 0007110　11388

海雲詩鈔十三卷　（清）方江撰　清同治六年(1867)刻本　六冊

340000 – 1881 – 0007111　11389

稼墨軒詩稿一卷　（清）光聰諧撰　清稿本　六冊

340000 – 1881 – 0007112　11390

稼墨軒文稿一卷　（清）光聰諧撰　清稿本　二冊

340000 – 1881 – 0007113　11391

精選詩詞一卷　（清）光聰諧輯　清稿本　十冊

340000 – 1881 – 0007114　11393

秘書廿一種九十四卷　（清）汪士漢編　清康熙七年(1668)刻本　二冊　存六卷(楚史檮杌一、晉史乘一、續齊諧記一、吳越春秋四至六)

340000 – 1881 – 0007115　11394

安徽袖珍同官錄四卷　（清）安徽藩經歷司編　清光緒三十四年(1908)藩經歷司鉛印本　四冊

340000 – 1881 – 0007116　11396

隨手拈來不分卷　（□）□□撰　清宣統抄本　一冊

340000 – 1881 – 0007117　11397

宦海風波一卷　（清）程梁生撰　清稿本　二冊

340000 – 1881 – 0007118　11398
安徽袖珍同官全錄四卷　（清）安徽藩經歷司
編　清宣統元年（1909）藩經歷司鉛印本
三冊

340000 – 1881 – 0007119　11399
說詩雜抄不分卷　（清）光聰諧撰　清稿本
一冊

340000 – 1881 – 0007120　11400
戴東原集十二卷年譜一卷覆校札記一卷
（清）戴震撰　（清）段玉裁輯　清宣統二年
（1910）刻本　六冊

340000 – 1881 – 0007121　11402
有不為齋隨筆一卷　（清）光聰諧撰　清抄本
十冊

340000 – 1881 – 0007122　11403
二知軒詩續鈔八卷　（清）方濬頤撰　清同治
八年（1869）刻本　四冊

340000 – 1881 – 0007123　11404
文公佈告不分卷　（□）□□撰　清光緒十八
年（1892）尚卿居抄本　一冊

340000 – 1881 – 0007124　11405
訴訟狀不分卷　（清）洪其烈撰　清抄本
一冊

340000 – 1881 – 0007125　11406
壽詩不分卷　（□）□□撰　清抄本　一冊

340000 – 1881 – 0007126　11407
東瀛參觀學校記一卷　（清）呂珮芬撰　清光
緒三十四年（1908）晚節香齋鉛印本　一冊

340000 – 1881 – 0007127　11409
小萬卷齋文稿二十四卷　（清）朱琦撰　清光
緒十一年（1885）刻本　十二冊

340000 – 1881 – 0007128　11410
荒政輯要九卷首一卷　（清）汪志伊纂　清嘉
慶十一年（1806）刻本　二冊

340000 – 1881 – 0007129　11412
胭肢焐傳奇二卷　（清）李文瀚詞　（清）周廕
盛譜　（清）張籛評點　清道光二十二年

（1842）刻本　二冊

340000 – 1881 – 0007130　11413
藤香館詩鈔四卷　（清）薛時雨撰　清同治七
年（1868）寶墨齋刻本　四冊

340000 – 1881 – 0007131　11414
澄懷園詩選十二卷　（清）張廷玉撰　清光緒
十七年（1891）刻本　四冊

340000 – 1881 – 0007132　11416
朱文公校昌黎先生文集五十二卷　（唐）韓愈
撰　（宋）朱熹編　（明）朱吾弼重編　明萬曆
三十三年（1605）朱崇沐刻本　八冊

340000 – 1881 – 0007133　11419
黃山領要錄二卷　（清）汪洪度撰　清乾隆四
十年（1775）刻知不足齋叢書本　二冊

340000 – 1881 – 0007134　11420
四本堂印譜不分卷　（清）陳森年輯　清乾隆
五十一年（1786）鈐印本　四冊

340000 – 1881 – 0007135　11421
兼濟堂纂刻梅勿菴先生曆算全書二十九種七
十四卷　（清）梅文鼎著　（清）魏荔彤輯
（清）楊作枚訂補　清光緒十一年（1885）敦懷
書屋刻本　二十四冊

340000 – 1881 – 0007136　11422
夜雨秋燈錄□□卷　（清）宣鼎著　清鉛印本
一冊　存一卷（六）

340000 – 1881 – 0007137　11424
懷幽雜俎叢書十七卷　徐乃昌輯　清宣統二
年（1910）徐乃昌刻本　十冊

340000 – 1881 – 0007138　11425
雲門經摘不分卷　（清）胡嗣運輯　清末抄本
一冊

340000 – 1881 – 0007139　11426
唐拓石鼓十硯拓本不分卷　（清）朱一新拓
清同治八年（1869）拓本　一冊

340000 – 1881 – 0007140　11429
古今醫統大全一百卷　（明）徐春甫編　明刻
本　十二冊　存二十三卷（二至四、十五至二

十、二十一至二十四、三十五至四十二、九十二至九十三)

340000 – 1881 – 0007141　11430

繪像孝女傳試律不分卷　(□)□□撰　(清)毛錦江　(清)程吉人繪　清光緒十七年(1891)在山堂刻本　一冊

340000 – 1881 – 0007142　11431

香山詩選六卷　(唐)白居易撰　(清)曹文埴編　清光緒十七年(1891)金陵書局刻本　二冊

340000 – 1881 – 0007143　11432

德音堂琴譜十卷　(清)吳之振編　清康熙三十年(1691)刻本　四冊

340000 – 1881 – 0007144　11435

春暉堂印始八卷　(清)吳蒼雷鈐　(清)汪啟淑輯藏　清乾隆十四年(1749)春暉堂鈐印本　四冊

340000 – 1881 – 0007145　11437

濱虹印存不分卷　黃賓虹輯　清光緒二十九年(1903)鈐印藍本　一冊

340000 – 1881 – 0007146　11439

簡扎錄要不分卷　(□)□□撰　清抄本　一冊

340000 – 1881 – 0007147　11440

雜函稿不分卷　(□)□□撰　清光緒抄本　一冊

340000 – 1881 – 0007148　11441

味秋館詩鈔不分卷　(清)夏文菳撰　清光緒二十七年(1901)鉛印本　一冊

340000 – 1881 – 0007149　11443

彙姓印苑二卷　(清)王夢弼篆　清鈐印藍本　二冊

340000 – 1881 – 0007150　11444

書札不分卷　(□)□□撰　清抄本　六冊

340000 – 1881 – 0007151　11446

憲法治原四卷首一卷　陳澹然著　清光緒三十二年(1906)鉛印本　二冊

340000 – 1881 – 0007152　11447

官圩田工備覽二卷附圩工條約一卷　(清)史彝尊編　清光緒二十五年(1899)朱詒穀堂木活字印本　二冊

340000 – 1881 – 0007153　11448

丙丁龜鑑七卷　(宋)柴望輯　清刻本　一冊

340000 – 1881 – 0007154　11449

淡園文集一卷外編一卷附錄一卷　(清)馬徵麐撰　清光緒思古書堂刻本　一冊

340000 – 1881 – 0007155　11450

官圩勸民常歌一卷　(□)□□著　清光緒二十二年(1896)朱詒穀堂木活字印本　一冊

340000 – 1881 – 0007156　11451

續輯明刑圖說不分卷　(清)胡鴻澤編　清光緒八年(1882)刻本　一冊

340000 – 1881 – 0007157　11452

十竹齋書畫譜八卷　(明)胡正言編　清光緒五年(1879)刻本　八冊

340000 – 1881 – 0007158　11453

立雪齋琴譜二卷首一卷　(清)汪紱輯　清光緒二十二年(1896)刻本　二冊

340000 – 1881 – 0007159　11454

印譜不分卷　(□)□□撰　清鈐印本　一冊

340000 – 1881 – 0007160　11455

悔堂印外□□卷　(清)汪啟淑輯　清鈐印本　一冊　存一卷(四)

340000 – 1881 – 0007161　11456

飛鴻堂印譜初集四卷　(清)汪啟淑輯　清乾隆十年(1745)鈐印本　四冊

340000 – 1881 – 0007162　11457

拜石軒印存不分卷　(清)黃牧甫篆　清鈐印本　一冊

340000 – 1881 – 0007163　11458

印譜不分卷　(清)胡柏時　(清)胡揖庭篆　清鈐印本　二冊

340000 – 1881 – 0007164　11459

嘯月樓印賞八卷　（清）戴啟偉輯　清乾隆四十三年(1778)鈐印本　四冊

340000－1881－0007165　11460

璧合珠聯不分卷　（清）陳良榮撰　清咸豐三年(1853)刻朱墨套印本　一冊

340000－1881－0007166　11461

吉金樂石齋印賞不分卷　（清）李維勳輯　清光緒十九年(1893)鈐印本　一冊

340000－1881－0007167　11462

程逸漁印譜不分卷　（清）程逸漁篆　清乾隆三十四年(1769)鈐印本　三冊

340000－1881－0007168　11464

印譜不分卷　（清）蓉岸篆　清鈐印本　一冊

340000－1881－0007169　11465

詩畫舫不分卷　（清）點石齋編　清光緒十四年(1888)石印本　六冊

340000－1881－0007170　11469

榮哀錄二卷　（清）丁奎章撰　清光緒二年(1876)刻本　二冊

340000－1881－0007171　11470

巢經巢詩鈔十卷　（清）鄭珍撰　清咸豐二年(1852)刻本　四冊

340000－1881－0007172　11471

隨庵徐氏叢書四十七卷　徐乃昌輯　清光緒三十年(1904)影印本　十冊

340000－1881－0007173　11473

禮記注疏六十三卷　（漢）鄭玄注　（唐）孔穎達疏　明汲古閣刻本　二十冊

340000－1881－0007174　11474

楊忠愍公集四卷　（明）楊繼盛撰　清道光三十年(1850)遺經堂刻本　二冊

340000－1881－0007175　11476

蓮花因不分卷　（清）方江撰　清抄本　五冊

340000－1881－0007176　11477

家園記三卷求增損書一卷嚙齒錄四卷偶遂集二卷牛阜誌一卷烏霍錄一卷　（清）方江撰

清抄本　八冊

340000－1881－0007177　11478

家園記不分卷　（清）方江撰　清抄本　一冊

340000－1881－0007178　11481

註釋唐詩三百首不分卷　（清）孫洙編　清同治十二年(1873)狀元閣刻本　一冊

340000－1881－0007179　11482

忠義集八卷　（清）周之冕輯　（清）周金章重編　清光緒三年(1877)刻朱印本　四冊

340000－1881－0007180　11483

毓大宗師安徽試讀不分卷　（清）劉一誠等撰　清光緒三十年(1904)上海書局石印本　一冊

340000－1881－0007181　11484

古事比五十二卷　（清）方中德撰　清光緒三十年(1904)點石齋石印本　六冊

340000－1881－0007182　11485

詩韻合璧五卷　（清）湯文潞撰　虛字韻藪一卷　（清）潘維城輯　清光緒四年(1878)上海淞隱閣石印本　五冊

340000－1881－0007183　11487

夢痕集甲卷一卷　許承堯著　清光緒三十三年(1907)抄本　一冊

340000－1881－0007184　11488

[光緒壬寅補行庚子辛丑科]邵在方試卷不分卷　（清）邵在方撰　清光緒二十八年(1902)刻本　一冊

340000－1881－0007185　11489

東園詩鈔十二卷　（清）凌泰封撰　清光緒十年(1884)刻本　二冊

340000－1881－0007186　11490

三星贊不分卷　（清）項士松鐫　清乾隆三十九年(1774)鈐印本　一冊

340000－1881－0007187　11491

文昌君陰隲文印譜不分卷　（□）□□撰　清鈐印本　一冊

340000－1881－0007188　11492
信函稿九卷　（□）□□撰　清稿本　九冊

340000－1881－0007189　11493
公牘稿一卷信稿一卷　（□）□□撰　清光緒
二十六年（1900）抄本　二冊

340000－1881－0007190　11495
宋州從政錄一卷　（清）王鳳生撰　清道光六
年（1826）刻本　二冊

340000－1881－0007191　11496
紫石泉山房文集十二卷　（清）吳定撰　清光
緒十三年（1887）刻本　一冊　存一卷（一）

340000－1881－0007192　11497
兼濟堂纂刻梅勿菴先生曆算方程論六卷
（清）梅文鼎著　（清）魏荔彤輯　（清）楊作
枚訂補　清刻本　一冊　存二卷（一至二）

340000－1881－0007193　11498
香雪文鈔□□卷　（清）曹學詩著　清刻本
一冊　存一卷（六）

340000－1881－0007194　11500
柏溪詩鈔二卷　（清）張同準撰　清同治七年
（1868）刻本　二冊

340000－1881－0007195　11502
昌黎先生詩增注証訛十一卷　（唐）韓愈撰
（清）顧嗣立編　（清）黃鉞增注　清咸豐七年
（1857）二客軒刻本　一冊　存一卷（一）

340000－1881－0007196　11503
小萬卷齋詩稿三十二卷　（清）朱琦撰　清刻
本　三冊　存十二卷（九至二十）

340000－1881－0007197　11504
明通鑑四十三卷　（清）夏燮編　清刻本　一
冊　存三卷（三十八至四十）

340000－1881－0007198　11505
懷硯圖一卷　（清）呂錦文等撰　清宣統元年
（1909）影印本　一冊

340000－1881－0007199　11508
庚子銷夏記八卷閒者軒帖考一卷　（清）孫承
澤撰　清乾隆二十六年（1761）刻本　二冊

340000－1881－0007200　11509
墨子十六卷　（清）畢沅校注　清光緒元年
（1875）崇文書局刻本　四冊

340000－1881－0007201　11511
有恆心齋詩七卷　（清）程鴻詔撰　清刻本
一冊　存三卷（一至三）

340000－1881－0007202　11514
荊門洲志士傳一卷　（清）包世臣撰　清影印
本　一冊

340000－1881－0007203　11515
蔗餘偶筆一卷　（清）方士淦撰　鮑覺生先生
未刻詩一卷　（清）鮑桂星撰　梁聞山先生評
書帖一卷　（清）梁巘撰　清同治十一年
（1872）兩淮運署刻本　一冊

340000－1881－0007204　11516
蔗餘偶筆一卷　（清）方士淦撰　鮑覺生先生
未刻詩一卷　（清）鮑桂星撰　梁聞山先生評
書帖一卷　（清）梁巘撰　清同治十一年
（1872）兩淮運署刻本　一冊

340000－1881－0007205　11518
惜抱軒全集四十九卷　（清）姚鼐撰　清咸豐
四年（1854）會文堂石印本　八冊

340000－1881－0007206　11519
癸巳存稿十五卷　（清）俞正燮著　清光緒十
年（1884）刻本　六冊

340000－1881－0007207　11520
字彙十二卷首一卷末一卷　（明）梅膺祚音釋
　明刻本　十三冊

340000－1881－0007208　11521
方望溪先生全集三十二卷　（清）方苞撰
（清）戴鈞衡編　清咸豐二年（1852）刻本　十
六冊

340000－1881－0007209　11522
望溪先生文集三十二卷正集十八卷集外文十
卷集外文補遺二卷［方苞］年譜二卷　（清）方
苞撰　（清）戴鈞衡編　清咸豐元年（1851）刻
本　十冊

340000 – 1881 –0007210　11525

貴池縣沿革表不分卷　劉世珩撰　清光緒二
十八年(1902)刻本　一冊

340000 – 1881 –0007211　11526

訒葊集古印存二十二卷　(清)汪啓淑輯　清
乾隆二十五年(1760)鈐印本　十六冊

340000 – 1881 –0007212　11561

黃帝内經素問二十四卷　(明)吳崐注　清光
緒二十五年(1899)程氏刻本　八冊

340000 – 1881 –0007213　11562

重廣補注黃帝内經素問二十四卷　(唐)王冰
注　(宋)孫兆重改誤　(清)薛福成點校　明
嘉靖二十九年(1550)顧從德刻本　七冊　存
二十一卷(四至二十四)

340000 – 1881 –0007214　11563

黃帝内經靈樞註證發微九卷附補遺一卷
(明)馬蒔註　明刻本　五冊

340000 – 1881 –0007215　11564

黃帝内經素問註證發微九卷　(明)馬蒔註
明萬曆刻本　二冊　存二卷(六、八)

340000 – 1881 –0007216　11565

黃帝内經素問九卷　(清)張志聰編注　(清)
莫承藝參訂　清光緒十六年(1890)浙江書局
刻本　六冊

340000 – 1881 –0007217　11566

鍼灸甲乙經十二卷　(晉)皇甫謐編　清光緒
十三年(1887)刻本　四冊

340000 – 1881 –0007218　11568

黃帝内經素問註證發微九卷　(明)馬蒔註
清嘉慶十年(1805)慎餘堂鮑氏刻本　七冊

340000 – 1881 –0007219　11569

黃帝内經靈樞註證發微九卷附補遺一卷
(明)馬蒔註　清刻本　五冊

340000 – 1881 –0007220　11570

黃帝内經素問註證發微九卷　(明)馬蒔註
清抄本　六冊

340000 – 1881 –0007221　11571

340000 – 1881 –0007221　11571

黃帝内經素問九卷　(清)高世栻註解　清光
緒十三年(1887)浙江書局刻本　八冊

340000 – 1881 –0007222　11573

素問靈樞類纂約注三卷　(清)汪昂纂輯
(清)汪桓編　清光緒十三年(1887)刻本　二
冊　存二卷(一至二)

340000 – 1881 –0007223　11574

醫經原旨六卷　(清)薛雪集註　清乾隆十九
年(1754)刻本　六冊

340000 – 1881 –0007224　11575

醫經原旨六卷　(清)薛雪集註　清乾隆十九
年(1754)刻本　六冊

340000 – 1881 –0007225　11576

圖註八十一難經辨真四卷　(戰國)扁鵲著
(明)張世賢圖註　清刻本　一冊　存二卷
(三至四)

340000 – 1881 –0007226　11577

圖註八十一難經辨真四卷　(戰國)扁鵲著
(明)張世賢圖註　清刻本　二冊

340000 – 1881 –0007227　11578

刪註脈訣規正二卷　(清)沈鏡刪註　清嘉慶
十年(1805)刻本　二冊

340000 – 1881 –0007228　11579

刪註脈訣規正二卷　(清)沈鏡刪註　清嘉慶
十年(1805)刻本　一冊　存一卷(下)

340000 – 1881 –0007229　11580

圖註八十一難經辨真四卷　(戰國)扁鵲撰
(清)蔡伯遴編　圖註脈訣辨真三卷　(晉)王
叔和撰　(明)張世賢註　附脈訣附方一卷
(明)張世賢編　清刻本　四冊

340000 – 1881 –0007230　11581

經脈圖考四卷　(清)陳惠疇著　清光緒四年
(1878)刻本　四冊

340000 – 1881 –0007231　11584

脈訣二卷脈訣附方一卷脈學一卷　(明)張世
賢編　明嘉靖四十三年(1564)刻本　一冊

340000 – 1881 –0007232　11585

圖註脈訣辨真四卷 （晉）王叔和撰 （明）張
世賢註 清刻本 二冊

340000－1881－0007233 11586
奇經八脈考一卷 （明）李時珍撰 清刻本
一冊

340000－1881－0007234 11587
圖註脈訣辨真四卷 （晉）王叔和撰 （明）張
世賢註 清刻本 二冊

340000－1881－0007235 11588
圖註八十一難經辨真四卷 （戰國）扁鵲撰
（明）張世賢註 明刻本 二冊

340000－1881－0007236 11589
脈義簡摩八卷 （清）周學海撰 清光緒二十
一年(1895)刻本 五冊

340000－1881－0007237 11590
診脈統屬賦一卷 （□）□□撰 清抄本
一冊

340000－1881－0007238 11591
指訣一卷 （□）□□撰 清抄本 一冊

340000－1881－0007239 11592
滑伯仁先生脉訣二卷 （元）滑壽編 清程耀
明抄本 一冊

340000－1881－0007240 11593
叔和脈訣一卷 （晉）王叔和撰 清末抄本
一冊

340000－1881－0007241 11594
督脈經絡圖一卷 （□）□□撰 清末抄本
一冊

340000－1881－0007242 11596
內科症治脈訣一卷 （□）□□撰 清末抄本
一冊

340000－1881－0007243 11598
醫家四要一卷 （□）□□撰 清抄本 二冊

340000－1881－0007244 11599
類經三十二卷圖翼十一卷附翼四卷 （明）張
景岳編註 明刻本 二冊 存二卷(二十六、

三十二)

340000－1881－0007245 11600
類經三十二卷圖翼十一卷附翼四卷 （明）張
景岳編註 明天啓四年(1624)刻本 二十冊

340000－1881－0007246 11601
類經三十二卷圖翼十一卷附翼四卷 （明）張
景岳編註 明天啓四年(1624)刻本 二十
四冊

340000－1881－0007247 11602
類經三十二卷圖翼十一卷附翼四卷 （明）張
景岳編註 明天啓四年(1624)刻本 十二冊
存三十卷(類經一至二、七至十二、十九至
三十,圖翼六至十一,附翼四卷)

340000－1881－0007248 11603
脈理會參三卷 （清）余之儁著 清抄本
一冊

340000－1881－0007249 11605
脈經十卷人元脈影歸指圖說二卷 （晉）王叔
和編 （明）沈際飛重訂 明天啓三年(1623)
刻本 四冊

340000－1881－0007250 11606
內經知要二卷 （明）李念莪輯 清乾隆二十
九年(1764)埽葉莊刻本 二冊

340000－1881－0007251 11607
重廣補註黃帝內經素問二十四卷 （唐）王冰
註 （宋）孫兆重改誤 清光緒十年(1884)文
成堂刻本 六冊

340000－1881－0007252 11608
素問靈樞類纂約注三卷 （清）汪昂纂 （清）
汪桓編 清康熙三十三年(1694)還讀齋刻本
二冊

340000－1881－0007253 11609
黃帝內經素問鈔七卷 （元）滑壽撰 明萬曆
四十年(1612)刻本 二冊

340000－1881－0007254 11610
臟腑證治圖說人鏡經八卷附錄二卷 （明）張
俊英纂 （明）張偉英校 明萬曆三十四年

(1606)張偉英刻本　六冊

340000－1881－0007255　11611
華先生中藏經八卷　（漢）華佗撰　明刻本
四冊

340000－1881－0007256　11612
脈訣脈學奇經八脈考三卷　（明）李時珍撰
明萬曆三十一年(1603)本立堂刻本　一冊

340000－1881－0007257　11613
脈訣脈學奇經八脈考三卷　（明）李時珍撰
明萬曆三十一年(1603)本立堂刻本　一冊

340000－1881－0007258　11614
圖注八十一難經辨真四卷　（戰國）扁鵲著
(清)蔡伯遴編　清乾隆三十四年(1769)刻本
二冊

340000－1881－0007259　11615
圖註脈訣辨真四卷　（晉）王叔和撰　（清）蔡
伯遴編　清刻本　二冊

340000－1881－0007260　11616
讀素問鈔三卷　（元）滑壽編　（明）汪機續注
明正德五年(1510)刻本　一冊　存一卷
(上)

340000－1881－0007261　11617
補注黃帝內經素問二十四卷　（唐）王冰注
(宋)孫兆重改誤　清刻本　一冊　存五卷
(五至九)

340000－1881－0007262　11618
素問靈樞類纂約注三卷　（清）汪昂纂　（清）
汪桓編　清刻本　四冊

340000－1881－0007263　11619
素問靈樞類纂約註三卷　（清）汪昂纂　（清）
汪桓編　清同治十年(1871)刻本　三冊

340000－1881－0007264　11620
扁鵲心書三卷神方一卷　（戰國）扁鵲撰
(宋)竇材編　（清）胡珏參論　清光緒七年
(1881)刻本　二冊

340000－1881－0007265　11621
素問病機三卷　（金）劉守真撰　明刻本　一

冊　存一卷(中)

340000－1881－0007266　11622
圖註八十一難經辨真四卷　（戰國）扁鵲著
(明)張世賢圖註　清刻本　二冊

340000－1881－0007267　11623
圖註八十一難經辨真四卷　（戰國）扁鵲著
(明)張世賢圖註　清刻本　一冊　存二卷
(三至四)

340000－1881－0007268　11624
醫家四要四卷　（清）程曦　（清）江誠
(清)雷大震纂　清光緒十二年(1886)刻本
一冊　存一卷(一)

340000－1881－0007269　11625
醫階一卷附醫鏡一卷　（□）□□撰　清稿本
一冊

340000－1881－0007270　11626
重廣補註黃帝內經素問二十四卷　（唐）王冰
註　（宋）孫兆重改誤　清刻本　三冊　存二
十一卷(四至二十四)

340000－1881－0007271　11627
松厓醫徑二卷　（明）程玠撰　明天啓五年
(1625)刻本　二冊

340000－1881－0007272　11628
讀素問鈔三卷　（元）滑壽編　（明）汪機續註
明正德五年(1510)刻本　三冊

340000－1881－0007273　11629
奇經八脈考不分卷　（明）李時珍撰　明萬曆
五年(1577)刻本　一冊

340000－1881－0007274　11630
圖註八十一難經辨真四卷　（戰國）扁鵲撰
(明)張世賢註　明刻本　二冊

340000－1881－0007275　11631
傷寒論十卷　（漢）張仲景撰　（晉）王叔和編
(日本)堀川舟庵校點　清咸豐六年(1856)
影印本　四冊

340000－1881－0007276　11632
張仲景中寒論辯證廣註二卷首一卷　（清）汪

琥註　清刻本　一冊

340000－1881－0007277　11633

張仲景傷寒貫珠集八卷　（清）尤怡註　清嘉慶十五年(1810)刻本　一冊　存一卷(一)

340000－1881－0007278　11634

傷寒大白四卷　（清）秦之楨撰　（清）何燧等糸訂　清光緒九年(1883)陳懋寬刻本　四冊

340000－1881－0007279　11635

傷寒論七卷　（漢）張仲景著　（晉）王叔和解　（宋）成無已注　（明）張卿子參　清刻本三冊　存六卷(二至七)

340000－1881－0007280　11636

傷寒醫驗體集三卷用集三卷　（清）盧雲乘撰　清乾隆三年(1738)刻本　一冊　存一卷(傷寒醫驗體集上)

340000－1881－0007281　11637

溫熱贅言一卷　題(清)寄瓢子撰　**新刻傷寒六書纂要辯疑四卷**　（明）童養學撰　清靈鶴山房刻本　一冊

340000－1881－0007282　11638

注解傷寒論十卷　（漢）張仲景撰　（晉）王叔和解　（宋）成無已注　明刻本　一冊　存八卷(三至十)

340000－1881－0007283　11639

傷寒附翼二卷　（清）柯琴編　清康熙四十五年(1706)刻本　一冊　存一卷(上)

340000－1881－0007284　11640

傷寒明理論四卷　（宋）成無已撰　明萬曆刻本　一冊

340000－1881－0007285　11641

陶節菴傷寒全生集四卷　（明）陶華撰　（明）朱映壁編　清乾隆三十七年(1772)刻本四冊

340000－1881－0007286　11642

傷寒審症表不分卷　（清）包誠撰　清同治十年(1871)崇文書局刻本　一冊

340000－1881－0007287　11643

傷寒纘論二卷　（清）張璐注　清初刻本　一冊　存一卷(下)

340000－1881－0007288　11644

增注類證活人書二十二卷釋音一卷藥性一卷　（宋）朱肱撰　清抄本　一冊

340000－1881－0007289　11645

長沙方歌括六卷　（清）陳念祖撰　清光緒二十九年(1903)益元書局刻本　一冊

340000－1881－0007290　11646

東垣先生此事難知集二卷　（元）王好古撰明吳勉學刻本　二冊

340000－1881－0007291　11647

傷寒論類方四卷　（清）潘霨增輯　（清）徐大椿編釋　**長沙方歌括不分卷**　（清）陳念祖撰　（清）蕭庭滋　（清）潘霨增輯　清同治五年(1866)刻本　四冊

340000－1881－0007292　11649

張仲景傷寒雜病論合編十六卷　（漢）張仲景撰　（清）汪宗沂編　清光緒十四年(1888)刻本　一冊　存一卷(一)

340000－1881－0007293　11650

張仲景傷寒雜病論合編十六卷　（漢）張仲景撰　（清）汪宗沂編　清光緒十四年(1888)刻本　一冊　存一卷(一)

340000－1881－0007294　11651

傷寒證治準繩帙八卷　（明）王肯堂輯　明萬曆三十二年(1604)刻本　四冊

340000－1881－0007295　11652

傷寒論翼註二卷　（清）柯琴著　清初刻本一冊　存一卷(下)

340000－1881－0007296　11653

續傷寒補天石二卷　（明）戈維城著　清嘉慶十六年(1811)白鹿山房木活字印本　一冊

340000－1881－0007297　11654

傷寒心法要訣一卷　（□）□□撰　清競貞抄本　一冊

340000－1881－0007298　11659

傷寒論六卷附傷寒論本義一卷 （清）張志聰
注 （清）高世栻編 清光緒二十五年(1899)
石印本 四冊

340000－1881－0007299 11660
傷寒緒論三卷雜方一卷 （清）張璐撰 清刻
本 一冊 存一卷(傷寒緒論上)

340000－1881－0007300 11661
傷寒醫訣串解六卷 （清）陳念祖著 （清）陳
道著編 清咸豐六年(1856)石印本 一冊

340000－1881－0007301 11662
尚論張仲景傷寒論重編三百九十七法□□卷
（清）喻昌著 清刻本 一冊 存一卷(下)

340000－1881－0007302 11663
問心堂溫病條辨六卷首一卷 （清）吳瑭著
（清）朱武曹點評 清嘉慶十九年(1814)葉氏
潛吾樓刻本 六冊

340000－1881－0007303 11664
問心堂溫病條辨六卷首一卷 （清）吳瑭著
（清）朱武曹點評 清嘉慶十九年(1814)葉氏
潛吾樓刻本 三冊 存四卷(二、四至五,首
一卷)

340000－1881－0007304 11665
問心堂溫病條辨六卷首一卷 （清）吳瑭著
（清）朱武曹點評 清嘉慶十九年(1814)葉氏
潛吾樓刻本 一冊 存一卷(二)

340000－1881－0007305 11666
問心堂溫病條辨六卷首一卷 （清）吳瑭著
（清）朱武曹點評 清嘉慶十九年(1814)葉氏
潛吾樓刻本 三冊

340000－1881－0007306 11667
問心堂溫病條辨六卷首一卷 （清）吳瑭著
（清）朱武曹點評 清嘉慶十九年(1814)葉氏
潛吾樓刻本 一冊 存一卷(六)

340000－1881－0007307 11668
溫熱經緯五卷 （清）王士雄纂 （清）楊照藜
（清）汪曰楨評 清同治十三年(1874)崇文
書局刻本 四冊

340000－1881－0007308 11669
溫熱經緯五卷 （清）王士雄纂 （清）楊照藜
（清）汪曰楨評 清同治十三年(1874)崇文
書局刻本 四冊

340000－1881－0007309 11670
溫疫論二卷 （明）吳有性著 （清）張以增評
點 清雍正十一年(1733)刻本 一冊

340000－1881－0007310 11671
溫疫論補注二卷 （清）楊啟甲撰 清道光二
十一年(1841)刻本 二冊

340000－1881－0007311 11672
瘟疫論類編五卷 （明）吳有性著 （清）劉奎
訂正 （清）劉秉錦編釋 清嘉慶四年(1799)
刻本 一冊

340000－1881－0007312 11673
瘟疫明辨四卷末一卷 （清）鄭奠一著 清同
治四年(1865)刻本 一冊 存二卷(一至二)

340000－1881－0007313 11674
溫疫論詳辯一卷 （□）□□撰 清抄本
一冊

340000－1881－0007314 11676
溫熱病大意一卷 （□）□□撰 清抄本
一冊

340000－1881－0007315 11677
明吳又可先生溫病論不分卷 （明）吳又可撰
清咸豐三年(1853)抄本 一冊

340000－1881－0007316 11679
溫病條辨六卷首一卷 （清）吳瑭著 （清）朱
武曹點評 清嘉慶十八年(1813)著易堂鉛印
本 一冊 存二卷(一、首一卷)

340000－1881－0007317 11681
醫師秘笈二卷 （□）□□撰 濕熱條辨一卷
（清）薛雪著 清嘉慶十四年(1809)寫韵樓
刻本 一冊

340000－1881－0007318 11682
溫熱病治湯頭歌括一卷 （清）韓光蕭撰 清
末抄本 一冊

340000－1881－0007319　11683

時病論八卷　（清）雷豐撰　清光緒三十年（1904）石印本　四冊

340000－1881－0007320　11684

醫貫六卷　（明）趙獻可著　（清）呂留良評　清刻本　一冊　存二卷（一至二）

340000－1881－0007321　11685

醫無閭子醫貫六卷　（明）趙獻可撰　明崇禎元年（1628）刻本　二冊

340000－1881－0007322　11686

證治彙補八卷　（清）李用粹著　清康熙三十年（1691）舊德堂刻本　八冊

340000－1881－0007323　11687

證治彙補八卷首一卷　（清）李用粹著　清康熙三十年（1691）舊德堂刻本　八冊

340000－1881－0007324　11688

證治彙補八卷首一卷　（清）李用粹著　清康熙三十年（1691）舊德堂刻本　七冊

340000－1881－0007325　11690

脾胃論三卷　（金）李杲撰　明吳勉學刻本　一冊　存一卷（下）

340000－1881－0007326　11692

瘍醫準繩六卷　（明）王肯堂輯　清康熙三十八年（1699）刻本　五冊

340000－1881－0007327　11693

瘍醫準繩六卷　（明）王肯堂輯　清康熙三十八年（1699）刻本　七冊　存四卷（一至四）

340000－1881－0007328　11694

外科證治全書五卷末一卷　（清）許克昌（清）畢法輯　清同治六年（1867）刻本　二冊　存三卷（二、五,末一卷）

340000－1881－0007329　11695

外科證治全書五卷末一卷　（清）許克昌（清）畢法輯　清同治六年（1867）刻本　二冊　存三卷（一、五,末一卷）

340000－1881－0007330　11696

外科證治全書五卷末一卷　（清）許克昌

（清）畢法輯　清同治六年（1867）刻本　三冊

340000－1881－0007331　11697

辨證錄十四卷　（清）陳士鐸撰　（清）陶式玉參訂　清刻本　一冊　存二卷（十三至十四）

340000－1881－0007332　11698

重訂外科正宗十二卷　（明）陳實功撰　清刻本　四冊　存八卷（三至六、九至十二）

340000－1881－0007333　11699

外科正宗十二卷　（明）陳實功著　（清）許楣訂　（清）徐大椿評　清咸豐十年（1860）掃葉山房刻本　六冊

340000－1881－0007334　11700

外科症治全生前集三卷後集三卷　（清）王維德著　（清）馬文植評　清光緒十年（1884）刻本　二冊

340000－1881－0007335　11701

外科證治全生五卷　鐵扇散方一卷　（清）王維德撰　（清）沈大潤等撰　清道光二十一年（1841）刻本　一冊　存四卷（外科證治全生三至五、鐵扇散方一卷）

340000－1881－0007336　11702

外科證治全生五卷　（清）王維德撰　清刻本　一冊　存三卷（三至五）

340000－1881－0007337　11703

重訂外科正宗十二卷　（明）陳實功撰　清道光六年（1826）刻本　六冊

340000－1881－0007338　11704

外科理例七卷補遺一卷　（明）汪機編　明刻本　一冊　存四卷（一至四）

340000－1881－0007339　11705

治疗彙要二卷　（清）過鑄輯　清光緒二十二年（1896）刻本　二冊

340000－1881－0007340　11706

增訂治疗彙要三卷　（清）過鑄輯　清光緒二十四年（1898）刻本　二冊

340000－1881－0007341　11707

外科症治神方一卷　（清）程耀明撰　清抄本

一册

340000－1881－0007342　11709
王洪緒先生外科證治全生五卷　（清）王維德
撰　清同治六年(1867)木活字印本　一冊

340000－1881－0007343　11710
新刊外科正宗四卷　（明）陳實功撰　明崇禎
四年(1631)刻本　四冊

340000－1881－0007344　11711
瘡瘍經驗全書□□卷　（宋）竇漢卿著　清康
熙五十六年(1717)浩然樓刻本　二冊　存四
卷(六至七、十一至十二)

340000－1881－0007345　11712
秘授外科一卷　（□）□□撰　清抄本　一冊

340000－1881－0007346　11713
刺疔捷法一卷　（清）張鏡著　清光緒五年
(1879)王鋆刻本　一冊

340000－1881－0007347　11715
應驗傷科一卷　（□）□□撰　清同治三年
(1864)程芝田抄本　一冊

340000－1881－0007348　11716
傷科一卷　（清）程培撰　清光緒元年(1875)
松茂室抄本　一冊

340000－1881－0007349　11719
摘選外科雜症不分卷　（清）程耀明撰　清初
抄本　一冊

340000－1881－0007350　11721
跌打損傷不分卷　（清）胡聖初撰　清抄本
一冊

340000－1881－0007351　11722
瘡瘍秘髓五卷　（□）□□撰　清抄本　五冊

340000－1881－0007352　11723
新刊外科正宗□□卷　（明）陳實功撰　明刻
本　一冊　存一卷(二)

340000－1881－0007353　11724
外科十法一卷附症治方藥一卷　（清）程國彭
著　（清）汪沂校　清雍正十一年(1733)書粟

軒刻本　一冊

340000－1881－0007354　11725
外科症治全生前集三卷後集三卷　（清）王維
德撰　清乾隆四十三年(1778)書業堂刻本
二冊

340000－1881－0007355　11727
外科症治全生前集三卷後集三卷　（清）王維
德撰　清乾隆五年(1740)刻本　一冊

340000－1881－0007356　11728
外科準繩六卷　（明）王肯堂輯　清光緒十八
年(1892)上海圖書集成印書局鉛印本　六冊

340000－1881－0007357　11729
摘選內外雜症不分卷　（□）□□撰　清抄本
二冊

340000－1881－0007358　11730
王洪緒先生外科證治全生五卷　（清）王維德
撰　清道光二十七年(1847)餘慶堂刻本
二冊

340000－1881－0007359　11731
新刊外科正宗四卷　（明）陳實功撰　清乾隆
五十一年(1786)刻本　四冊

340000－1881－0007360　11732
新刊外科正宗六卷　（明）陳實功撰　清刻本
六冊

340000－1881－0007361　11733
瘍醫大全四十卷　（清）顧世澄撰　清同治九
年(1870)刻顧氏秘書本　四十冊

340000－1881－0007362　11735
痘疹真訣二卷　（明）陳文治輯　明萬曆三十
五年(1607)刻本　二冊

340000－1881－0007363　11736
痘疹奇衡二卷　（明）唐雲龍著　清乾隆三十
五年(1770)五松閣刻本　一冊

340000－1881－0007364　11738
保嬰易知錄二卷　（清）吳溶堂撰　清道光十
六年(1836)李宣範刻本　一冊

340000－1881－0007365　11739

摘星樓治痘全書十八卷　（明）朱一麟著
（明）朱法遵補訂　清抄本　十冊

340000－1881－0007366　11740

摘星樓治痘全書十八卷　（明）朱一麟著
（明）朱法遵補訂　清光緒十二年(1886)耕樂
堂刻本　七冊　存五卷(一至五)

340000－1881－0007367　11741

摘星樓治痘全書十八卷　（明）朱一麟著
（明）朱法遵補訂　清道光六年(1826)耕樂堂
刻本　十冊

340000－1881－0007368　11742

摘星樓治痘全書十八卷　（明）朱一麟著
（明）朱法遵補訂　清光緒十二年(1886)耕樂
堂刻本　十一冊

340000－1881－0007369　11744

治痘三法不分卷　（□）□□撰　清初抄本
一冊

340000－1881－0007370　11745

誠求濟幼二卷　（清）吳鏋撰　清道光十年
(1830)抄本　二冊

340000－1881－0007371　11746

福幼編一卷　（清）莊一夔著　（清）莊一鶴訂
清光緒十九年(1893)刻本　一冊

340000－1881－0007372　11747

鬻嬰提要說一卷　（清）張振鋆纂輯　清光緒
十五年(1889)張質刻本　一冊

340000－1881－0007373　11749

小兒藥證直訣三卷　（宋）錢乙著　（宋）閻孝
忠編　**小兒斑疹備急方論一卷**　（宋）董汲著
閻氏小兒方論一卷　（宋）閻孝忠著　清光
緒十七年(1891)周氏刻本　一冊

340000－1881－0007374　11750

達生遂生福幼合編二卷　（□）□□撰　清光
緒四年(1878)鄭觀瀾刻本　一冊

340000－1881－0007375　11751

活幼便覽不分卷　（明）劉廷爵撰　明刻本

一冊

340000－1881－0007376　11752

痘治理辨三卷　（明）汪機編　明嘉靖十三年
(1534)汪機刻本　一冊　存一卷(上)

340000－1881－0007377　11753

痘疹真傳奇書二卷　（清）高如山　（清）高堯
臣纂輯　清道光二十六年(1846)萬順堂刻本
一冊

340000－1881－0007378　11754

引痘略一卷　（清）邱熺輯　（清）李汝霖補輯
清光緒二十八年(1902)木活字印本　一冊

340000－1881－0007379　11755

痘疹金鏡一卷痘疹金鏡類方一卷　（明）崔待
聘輯　明刻本　一冊

340000－1881－0007380　11756

增補秘傳痘疹玉髓金鏡錄真本四卷首一卷
（明）翁仲仁撰　清康熙二十九年(1690)刻本
一冊

340000－1881－0007381　11757

**翁仲仁先生幼科金鏡錄原本三卷痘訣二卷痘
訣餘義一卷熱辨一卷治驗一卷**　（明）翁仲仁
撰　（清）許豫和注　清同治十一年(1872)刻
本　七冊

340000－1881－0007382　11758

小兒諸熱辨一卷　（清）許豫和撰　清刻本
一冊

340000－1881－0007383　11759

翁仲仁先生幼科金鏡錄原本三卷　（明）翁仲
仁撰　（清）許豫和注　清乾隆五十年(1785)
刻本　二冊

340000－1881－0007384　11760

痘訣餘義一卷　（清）許豫和撰　清嘉慶元年
(1796)刻本　一冊

340000－1881－0007385　11761

小兒諸熱辨一卷　（清）許豫和撰　清刻本
一冊

340000－1881－0007386　11762

橡村治驗一卷 （清）許豫和撰 清乾隆四十
七年（1782）刻本 一冊

340000－1881－0007387 11763

痘訣二卷 （清）許豫和撰 清乾隆四十八年
（1783）刻本 二冊

340000－1881－0007388 11767

抱乙子幼科指掌遺藁五卷 （清）葉其蓁編
（清）葉大本撰 清刻本 二冊

340000－1881－0007389 11768

證治要義十卷 （清）陳當務輯 （清）任暶校
清刻本 二冊 存四卷（三至六）

340000－1881－0007390 11769

引痘略一卷 （清）邱熺輯 清抄本 一冊

340000－1881－0007391 11775

汪弢廬先生手集小兒方藥一卷 汪采白撰
清抄本 一冊

340000－1881－0007392 11782

痘疹玄珠一卷 （□）□□撰 清抄本 一冊

340000－1881－0007393 11786

痘疹珍藏一卷 （□）□□撰 清抄本 一冊

340000－1881－0007394 11787

秘傳幼科心法一卷 （□）□□撰 清抄本
一冊

340000－1881－0007395 11788

痘疹藥性一卷 （□）□□撰 清抄本 一冊

340000－1881－0007396 11789

宋杏莊先生痘科法一卷 （□）□□撰 清抄
本 一冊

340000－1881－0007397 11790

痘疹玄珠一卷 （□）□□撰 清程引抄本
一冊

340000－1881－0007398 11793

幼科鐵鏡二卷 （清）夏鼎撰 清宣統元年
（1909）文元書莊石印本 一冊 存一卷（上）

340000－1881－0007399 11795

遂生編一卷福幼編一卷附集驗方 （清）莊一

夔著 清道光八年（1828）文富堂刻本 一冊

340000－1881－0007400 11796

遂生編一卷福幼編一卷 （清）莊一夔著
（清）魏時傑編 清光緒三年（1877）刻本
一冊

340000－1881－0007401 11797

鼎鍥幼幼集成六卷 （清）陳復正編 清刻本
一冊 存二卷（五至六）

340000－1881－0007402 11798

經效產寶三卷續一卷 （唐）昝殷撰 清光緒
七年（1881）影印本 一冊

340000－1881－0007403 11799

女科二卷 （清）傅山撰 清同治八年（1869）
崇文書局刻本 一冊

340000－1881－0007404 11800

女科二卷 （清）傅山撰 清同治八年（1869）
崇文書局刻本 一冊

340000－1881－0007405 11801

產後編二卷 （清）傅山撰 清同治八年
（1869）刻本 一冊

340000－1881－0007406 11803

醫學寶筏女科胎前雜症三卷 （漢）華佗撰
清汪連仕抄本 三冊

340000－1881－0007407 11805

胎產心法三卷 （清）閻純璽撰 清道光二十
六年（1846）題信堂刻本 六冊

340000－1881－0007408 11806

濟陰綱目十四卷 （明）武之望撰 （清）汪淇
注 保生碎事一卷 （清）汪淇撰 清康熙刻
本 七冊 存十三卷（濟陰綱目一至五、八至
十四,保生碎事一卷）

340000－1881－0007409 11807

女科證治準繩五卷 （明）王肯堂輯 明萬曆
三十五年（1607）刻本 十冊

340000－1881－0007410 11808

婦人良方二十四卷 （宋）陳自明編 （明）薛
已注 明刻本 五冊

340000－1881－0007411　11809

重刻產科心法二卷附福幼編一卷　（清）汪喆
（清）莊一夔著　（清）拜松居士增訂　清光
緒十七年(1891)刻本　一冊

340000－1881－0007412　11810

婦科玉尺六卷　（清）沈金鰲撰　清乾隆三十
九年(1774)刻本　一冊　存三卷(一至三)

340000－1881－0007413　11811

產寶一卷　（清）倪枝維撰　（清）許梿訂正
（清）鄒存淦輯　清同治十二年(1873)勤藝堂
刻本　一冊

340000－1881－0007414　11813

胎產心法三卷　（清）閻純璽撰　清同治十年
(1871)刻本　四冊

340000－1881－0007415　11814

女科良方二卷　（清）傅山著　清掃葉山房刻
本　一冊　存一卷(下)

340000－1881－0007416　11816

達生編不分卷　（□）□□撰　清抄本　一冊

340000－1881－0007417　11818

大生要旨五卷　（清）唐千頃撰　清乾隆二十
七年(1762)善鑑堂刻本　一冊

340000－1881－0007418　11819

廣嗣五種備要五卷　（清）王實穎輯　清道光
元年(1821)刻本　二冊

340000－1881－0007419　11820

**女科集要一卷 產科心法二
卷**　（清）程文囿輯 （清）汪喆著　清嘉慶九年(1804)刻本
(女科集要一卷以抄本補配)　一冊

340000－1881－0007420　11821

婦嬰至寶八卷　題(□)亟齋居士編　（□）三
農老人注　（□）松拜居士增訂　清道光十一
年(1831)刻本　一冊

340000－1881－0007421　11822

旃檀保產萬全經一卷　（□）□□撰　清抄本
　一冊

340000－1881－0007422　11823

婦科精蘊圖說五卷　（□）□□撰　清刻本
一冊　存一卷(五)

340000－1881－0007423　11825

達生編一卷　（□）亟齋居士撰　（清）南方恒
人述　清抄本　一冊

340000－1881－0007424　11827

傅氏眼科審視瑤函六卷首一卷　（明）傅仁宇
撰　（明）林長生補　（明）傅維藩編　（明）
張秀徵訂正　清刻本　五冊

340000－1881－0007425　11828

眼科秘方不分卷　（清）程正通撰　清光緒十
七年(1891)刻本　一冊

340000－1881－0007426　11829

眼科秘方不分卷　（清）程正通撰　清光緒十
七年(1891)刻本　一冊

340000－1881－0007427　11833

喉症全科紫珍集二卷附補遺一卷　（清）朱翔
宇輯　清咸豐十一年(1861)刻本　二冊

340000－1881－0007428　11834

時疫白喉揭要一卷　（清）張紹修著　清光緒
二十四年(1898)抄本　一冊

340000－1881－0007429　11835

洞主仙師白喉治法忌表抉微一卷　（清）耐修
子錄　清光緒十八年(1892)湖北官書處刻本
一冊

340000－1881－0007430　11836

洞主仙師白喉治法忌表抉微一卷　（清）耐修
子錄　清光緒十七年(1891)刻本　一冊

340000－1881－0007431　11838

痧喉闡義不分卷　（清）程鏡宇撰　清光緒三
年(1877)刻本　一冊

340000－1881－0007432　11839

重樓玉鑰不分卷　（清）鄭梅潤撰　清光緒五
年(1879)刻本　一冊

340000－1881－0007433　11840

無錫尤氏秘傳喉科一卷　（□）□□撰　清抄
本　一冊

340000－1881－0007434　11842

咽喉秘要全書一卷　（清）言立誠參訂　清宣
統二年(1910)抄本　一冊

340000－1881－0007435　11843

秘傳喉科一卷　（□）□□撰　清抄本　一冊

340000－1881－0007436　11845

鍼灸聚英四卷　（明）高武纂集　明刻本
二冊

340000－1881－0007437　11846

針灸大成十卷　（明）楊濟時撰　明萬曆二十
九年(1601)刻本　八冊

340000－1881－0007438　11847

鍼灸大成十卷　（清）李月桂輯　清康熙十九
年(1680)李月桂刻本　六冊

340000－1881－0007439　11848

新刊補註銅人腧穴鍼灸圖經五卷　（宋）王惟
一編　清宣統元年(1909)刻本　二冊

340000－1881－0007440　11850

小兒推拿廣意三卷　（清）陳世凱編　（清）熊
應雄輯　清刻本　二冊

340000－1881－0007441　11851

新鋟太醫院參訂徐氏鍼灸大全六卷　（明）徐
鳳編　明刻本　二冊

340000－1881－0007442　11852

新編西方子明堂灸經八卷　（□）□□撰　明
平陽府刻本　一冊

340000－1881－0007443　11853

新刊徐氏家傳捷法鍼灸七卷　（明）徐鳳編
明弘治五年(1492)刻本　一冊

340000－1881－0007444　11854

太乙神鍼不分卷　（□）□□撰　清光緒二十
一年(1895)李錦源抄本　一冊

340000－1881－0007445　11855

秘傳小兒科推拏秘訣一卷　（明）周于藩撰
清道光十二年(1832)刻本　一冊

340000－1881－0007446　11857

明堂灸經一卷　（宋）林億等撰　清抄本
一冊

340000－1881－0007447　11859

醫藥雜鈔一卷　（□）□□撰　清尚卿居抄本
二冊

340000－1881－0007448　11860

醫書雜鈔一卷　（□）□□撰　清抄本　五冊

340000－1881－0007449　11863

同壽錄四卷　（清）項天瑞輯　清嘉慶二十一
年(1816)刻本　四冊

340000－1881－0007450　11864

詳校醫宗必讀十卷　（明）李中梓著　清三餘
堂刻本　六冊

340000－1881－0007451　11865

證治要義十卷　（清）陳當務輯　（清）任暻評
點　清乾隆四十年(1775)刻本　五冊

340000－1881－0007452　11866

醫學金鍼八卷　（清）陳念祖撰　（清）潘霨增
輯　清光緒四年(1878)敏德堂刻本　二冊
存三卷(一至三)

340000－1881－0007453　11867

新刊明醫攷訂丹溪纂要全書八卷　（明）盧和
纂　（明）吳文炳訂　明刻本　一冊

340000－1881－0007454　11868

麻痘科秘要一卷　（清）金豈凡撰　清抄本
一冊

340000－1881－0007455　11870

增訂便攷萬病回春善本八卷　（明）龔廷賢編
清初刻本　七冊

340000－1881－0007456　11871

醫書不分卷　（□）□□撰　清抄本　二冊

340000－1881－0007457　11872

雜症會心錄二卷　（清）汪文綺著　清抄本
二冊

340000－1881－0007458　11874

馮氏錦囊秘錄雜症大小合纂二十卷首二卷

（清）馮兆張纂輯　清康熙四十五年（1706）刻本　九冊

340000－1881－0007459　11876

東醫寶鑑□□卷　（朝鮮）許浚撰　清刻本　五冊　存六卷（雜病篇五至六，外形篇一、四，湯液篇二至三上）

340000－1881－0007460　11877

證治準繩□□卷　（明）王肯堂輯　明刻本　一冊　存一卷（八）

340000－1881－0007461　11878

引經證醫四卷　（清）程樑著　清光緒八年（1882）刻本　四冊

340000－1881－0007462　11879

寓意草不分卷　（清）喻昌著　明崇禎十六年（1643）刻本　二冊

340000－1881－0007463　11880

內外傷辨三卷　（金）李杲撰　明吳勉學刻本　一冊

340000－1881－0007464　11881

同壽錄四卷　（清）項天瑞輯　清乾隆二十七年（1762）刻本　二冊

340000－1881－0007465　11882

明醫雜著六卷　（明）薛己注　（明）王綸輯
傷寒鈐法一卷　（漢）張機著　金鏡錄圖方一卷　（明）薛己著　明嘉靖三十五年（1556）刻本　一冊

340000－1881－0007466　11883

石室秘籙六卷　（清）陳士鐸撰　清刻本　一冊　存二卷（二至三）

340000－1881－0007467　11884

醫學心悟六卷　（清）程國彭著　清雍正十年（1732）刻本　四冊

340000－1881－0007468　11885

醫學心悟六卷　（清）程國彭著　清光緒六年（1880）埽葉山房刻本　四冊

340000－1881－0007469　11886

重刻古今醫鑑八卷　（明）龔信編　明萬曆五年（1577）周四達刻本　三冊

340000－1881－0007470　11887

金匱懸解二十二卷　（清）黃元御撰　清乾隆十三年（1748）變穌精舍刻本　二冊

340000－1881－0007471　11888

筆花醫鏡四卷　（清）江涵暾著　清光緒十一年（1885）刻本　一冊

340000－1881－0007472　11889

醫宗必讀十卷首一卷　（明）李中梓撰　明崇禎十年（1637）刻本　二冊　存三卷（一、四，首一卷）

340000－1881－0007473　11890

不知醫必要四卷　（清）梁廉夫著　清光緒七年（1881）刻本　四冊

340000－1881－0007474　11892

內外傷辯三卷　（金）李杲撰　明吳勉學刻本　一冊

340000－1881－0007475　11893

外科精義二卷　（元）齊德之撰　明吳勉學刻本　二冊

340000－1881－0007476　11894

男科二卷　（清）傅山撰　清光緒三十一年（1905）埽葉山房刻本　二冊

340000－1881－0007477　11895

金匱方歌括六卷　（清）陳念祖撰　（清）陳元犀韻注　清光緒三十三年（1907）善成堂刻本　二冊

340000－1881－0007478　11896

金匱要畧淺注十卷　（漢）張仲景撰　（清）陳念祖注　清光緒二十九年（1903）刻本　一冊　存二卷（一至二）

340000－1881－0007479　11897

金匱方歌括六卷　（清）陳念祖撰　（清）陳元犀韻注　清光緒三十三年（1907）善成堂刻本　一冊　存三卷（四至六）

340000－1881－0007480　11898

辨證冰鑑十二卷　（清）陳士鐸著　清宣統元

年（1909）即是山房刻本　十二冊

340000－1881－0007481　11899
金匱玉函經二注二十二卷重刊金匱玉函經二
注補方不分卷　（宋）趙以德撰　（清）周揚俊
補注　清同治二年（1863）養恬齋刻本　六冊

340000－1881－0007482　11900
金匱鉤玄三卷　（元）朱震亨著　（清）周學海
評注　（清）戴元禮錄補　清光緒刻本　一冊

340000－1881－0007483　11901
張仲景金匱要略論注二十五卷　（清）徐彬著
清光緒五年（1879）刻本　六冊

340000－1881－0007484　11902
己任編八卷　（清）高鼓峰著　（清）楊乘六評
清刻本　二冊　存四卷（一至二、五至六）

340000－1881－0007485　11903
證治準繩四十四卷　（明）王肯堂輯　清康熙
三十八年（1699）刻本　一冊　存一卷（一）

340000－1881－0007486　11904
醫述十六卷　（清）程文囿輯　清刻本　一冊
存一卷（七）

340000－1881－0007487　11905
醫宗必讀十卷　（明）李中梓著　清光緒十四
年（1888）刻本　一冊　存二卷（一至二）

340000－1881－0007488　11907
景岳全書六十四卷　（明）張介賓著　（清）魯
超訂　清刻本　一冊　存五卷（三十四至三
十八）

340000－1881－0007489　11908
景岳全書六十四卷　（明）張介賓著　（清）魯
超訂　清順治刻本　二十四冊

340000－1881－0007490　11909
醫宗粹言十四卷　（明）羅周彥編　明萬曆四
十年（1612）刻本　六冊

340000－1881－0007491　11910
石室秘錄六卷　（清）陳士鐸撰　清雍正八年
（1730）萱永堂刻本　六冊

340000－1881－0007492　11911
王宇泰先生訂補古今醫鑑十六卷　（明）龔信
編輯　（明）龔廷賢續編　（明）王肯堂訂補
明萬曆十七年（1589）刻本　六冊

340000－1881－0007493　11912
張仲景金匱要略二十四卷　（清）沈明宗編注
清康熙三十二年（1693）刻本　四冊

340000－1881－0007494　11914
尚論張仲景傷寒論重編三百九十七法四卷
（清）喻昌著　清乾隆三十年（1765）陳守誠刻
本　四冊

340000－1881－0007495　11915
尚論張仲景傷寒論重編三百九十七法四卷
（清）喻昌著　清乾隆二十八年（1763）陳守誠
刻本　四冊

340000－1881－0007496　11916
醫門棒喝□□卷　（清）章楠著　（清）孫廷鉦
參訂　（清）田晉元評點　醫門棒喝二集傷寒
論本旨□□卷　（清）章楠編注　清同治六年
（1867）刻本　九冊　存十卷（醫門棒喝一至
二、醫門棒喝二集傷寒論本旨二至九）

340000－1881－0007497　11917
松厓醫徑不分卷　（明）程玠撰　清康熙九年
（1670）刻本　八冊

340000－1881－0007498　11918
內科女科各說不分卷　（□）□□撰　清抄本
一冊

340000－1881－0007499　11919
男科二卷　（清）傅山撰　清光緒十三年
（1887）湖北官書處刻本　二冊

340000－1881－0007500　11920
褥症會心錄不分卷　（清）汪文綺著　清抄本
二冊

340000－1881－0007501　11921
景岳全書六十四卷　（明）張介賓著　（清）魯
超訂　清順治刻本　二十四冊

340000－1881－0007502　11922

醫學心悟五卷附外科十法一卷　（清）程國彭
著　清乾隆五十六年（1791）書粟軒刻本　四
冊　存五卷(醫學心悟五卷)

340000－1881－0007503　11923

醫學心悟五卷附外科十法一卷　（清）程國彭
著　清乾隆五十六年（1791）書粟軒刻本
五冊

340000－1881－0007504　11924

醫學心悟五卷　（清）程國彭著　清乾隆五十
六年(1791)書粟軒刻本　四冊

340000－1881－0007505　11925

醫門法律六卷寓意草一卷尚論張仲景傷寒論
重編三百九十七法□□卷首一卷　（清）喻昌
著　清乾隆四年（1739）三讓堂刻本　十一冊
　存十四卷(醫門法律六卷,寓意草一卷,尚
論張仲景傷寒論重編三百九十七法二卷、後
四卷、首一卷)

340000－1881－0007506　11926

金匱心典三卷　（漢）張仲景著　（清）尤怡集
注　清同治八年(1869)雙白燕堂陸氏刻本
一冊

340000－1881－0007507　11930

醫學從眾錄八卷　（清）陳念祖著　清石印本
　一冊

340000－1881－0007508　11931

霍亂論二卷　（清）王士雄撰　清咸豐元年
(1851)吟香書屋刻本　一冊

340000－1881－0007509　11932

霍亂論二卷　（清）王士雄撰　清道光十九年
(1839)刻本　二冊

340000－1881－0007510　11934

痢疾論四卷　（清）孔毓禮撰　清乾隆十六年
(1751)謙益堂刻本　二冊

340000－1881－0007511　11935

痧證全生一卷　（清）黃鶴齡著　清同治二年
(1863)刻本　一冊

340000－1881－0007512　11936

理瀹駢文一卷　（清）吳師機撰　清光緒六年
(1880)刻本　四冊

340000－1881－0007513　11937

晰微補化全書二卷　（清）郭鑨纂　清咸豐十
年(1860)刻本　一冊

340000－1881－0007514　11938

疫痧草辨論章三卷　（清）陳耕道撰　清光緒
四年(1878)刻本　一冊

340000－1881－0007515　11939

霍亂論二卷　（清）王士雄撰　清石印本
一冊

340000－1881－0007516　11940

徽瘄秘錄一卷　（清）陳司成著　明崇禎五年
(1632)生白堂刻本　一冊

340000－1881－0007517　11942

吳氏醫學述第三種六卷　（清）吳儀洛輯　清
乾隆二十二年(1757)刻本　三冊

340000－1881－0007518　11943

分部本草妙用十卷　（明）顧逢伯纂　明崇禎
三年(1630)刻本　四冊

340000－1881－0007519　11944

增補本草備要四卷　（清）汪昂撰　清末掃葉
山房石印本　四冊

340000－1881－0007520　11945

本草崇原三卷　（清）張志聰注　（清）高世栻
編　清抄本　三冊

340000－1881－0007521　11946

本草求真九卷本草求真主治二卷　（清）黃宮
繡纂　清刻本　六冊　存六卷(本草求真五
至九、本草求真主治下)

340000－1881－0007522　11947

諸品藥性賦不分卷　（□）□□撰　清稿本
一冊

340000－1881－0007523　11948

神農本草經一卷　（清）張志聰校　清月漁抄
本　一冊

340000－1881－0007524　11950

藥性考□□卷　（清）龍柏撰　清刻本　二冊
　　存二卷（五、七）

340000－1881－0007525　11954

食物本草會纂十二卷　（清）沈李龍撰　清刻
本　四冊

340000－1881－0007526　11956

醫方集解□□卷　（清）汪昂著　醫方湯頭歌
括一卷　（清）汪昂輯　清光緒十三年（1887）
刻本　四冊　存六卷（醫方集解二至六、醫方
湯頭歌括一卷）

340000－1881－0007527　11958

重修政和經史證類備用本草三十卷　（宋）唐
慎微撰　金泰和四年（1204）刻本　一冊　存
二卷（十至十一）

340000－1881－0007528　11959

本草備要不分卷　（清）汪昂撰　清光緒二十
年（1894）寶善書局刻本　一冊

340000－1881－0007529　11960

本草經解要四卷　（清）葉桂集注　清抄本
四冊

340000－1881－0007530　11961

食物本草會纂十二卷　（清）沈李龍撰　清康
熙三十年（1691）刻本　一冊　存一卷（一）

340000－1881－0007531　11962

本草詩箋十卷　（清）朱鑰著　清刻本　一冊
　　存三卷（八至十）

340000－1881－0007532　11963

吳氏醫學述第三種六卷　（清）吳儀洛輯　清
刻本　四冊

340000－1881－0007533　11964

本草經疏輯要十卷　（清）吳世鎧纂　清嘉慶
十四年（1809）刻本　六冊

340000－1881－0007534　11966

湯液本草三卷　（元）王好古編　明刻本
二冊

340000－1881－0007535　11967

珍珠囊指掌補遺藥性賦四卷　（金）李杲編
清玉振堂刻本　一冊

340000－1881－0007536　11969

本草綱目拾遺十卷　（清）趙學敏著　清同治
三年（1864）上海錦章書局石印本　一冊　存
二卷（九至十）

340000－1881－0007537　11970

本草萬方鍼線八卷　（清）蔡烈先輯　清同人
堂刻本　二冊

340000－1881－0007538　11971

圖註本草醫方合編七卷首一卷　（清）汪昂撰
　　清乾隆四十九年（1784）刻本　一冊　存二
卷（醫方集解下、本草備要四）

340000－1881－0007539　11972

圖註本草醫方合編七卷首一卷　（清）汪昂撰
　　清乾隆四十九年（1784）刻本　四冊

340000－1881－0007540　11974

增訂本草備要八卷　（清）汪昂撰　清康熙三
十三年（1694）還讀齋刻本　二冊　存四卷
（一至四）

340000－1881－0007541　11975

本草備要□□卷　（清）汪昂撰　清刻本　三
冊　存四卷（二至四、三十五）

340000－1881－0007542　11976

增訂本草備要八卷　（清）汪昂撰　清康熙三
十三年（1694）刻本　四冊

340000－1881－0007543　11977

本草發揮四卷　（元）徐彥純編　明刻本　一
冊　存二卷（一至二）

340000－1881－0007544　11978

本草崇原三卷　（清）張志聰注　（清）高世栻
編　清乾隆三十二年（1767）刻本　二冊

340000－1881－0007545　11981

雷公炮製藥性解六卷　（明）李中梓編　清嘉
慶二十四年（1819）博古堂刻本　四冊

340000－1881－0007546　11982

本經逢原四卷　（清）張璐撰　清嘉慶六年

(1801)刻本　四册

340000－1881－0007547　11983
鐫補雷公炮製藥性解六卷　（明）李中梓編
明天啓二年(1622)刻本　二册

340000－1881－0007548　11984
本草乘雅半偈十卷　（明）盧之頤撰　清抄本
十册

340000－1881－0007549　11985
本草纂要九卷　（清）鄭一先撰　清懷幽堂抄
本　五册　存五卷(一至四、九)

340000－1881－0007550　11986
本草綱目五十二卷　（明）李時珍撰　明末刻
本　二十三册

340000－1881－0007551　11987
本草綱目五十二卷圖三卷　（明）李時珍撰
（明）張鶴翥編　清康熙、雍正年間刻本　三
十九册　存五十二卷(一、三至五、八至五十
二,圖三卷)

340000－1881－0007552　11988
本草綱目五十二卷首一卷　（明）李時珍撰
清順治十五年(1658)刻本　二十三册

340000－1881－0007553　11989
本草綱目五十二卷首二卷圖三卷　（明）李時
珍編輯　清康熙五十六年(1717)本立堂刻本
三十八册　存五十四卷(本草綱目五十二
卷、首二卷)

340000－1881－0007554　11990
本草綱目五十二卷首一卷圖三卷　（明）李時
珍撰　（清）趙學敏輯　**奇經八脈攷二卷**
（明）李時珍輯　**本草萬方鍼線八卷**　（清）蔡
烈先輯　**本草綱目拾遺十卷**　（清）趙學敏輯
清光緒十一年(1885)味古齋刻本　四十册

340000－1881－0007555　11991
重修政和經史證類備用本草三十卷首一卷
(宋)唐慎微撰　明隆慶六年(1572)刻本　一
册　存一卷(首一卷)

340000－1881－0007556　11992

重修政和經史證類備用本草三十卷　（宋）唐
慎微撰　明隆慶四年(1570)刻本　十九册

340000－1881－0007557　11993
孫真人備急千金要方三十卷　（唐）孫思邈撰
（宋）林億編　明刻本　七册　存十三卷
(十一至十五、十七至二十二、三十五至三十
六)

340000－1881－0007558　11994
備急千金要方三十卷　（唐）孫思邈撰　（宋）
林億編　清光緒四年(1878)麟瑞堂影印本
十一册　存四卷(七至十)

340000－1881－0007559　11995
千金翼方三十卷　（唐）孫思邈撰　（宋）林億
編　清光緒四年(1878)刻本　九册

340000－1881－0007560　11996
千金翼方三十卷　（唐）孫思邈撰　（宋）林億
編　清同治七年(1868)蘇州掃葉山房刻本
十三册

340000－1881－0007561　11997
醫方集解三卷　（清）汪昂撰　清康熙二十一
年(1682)刻本　三册

340000－1881－0007562　11998
醫方集解三卷　（清）汪昂撰　清康熙二十一
年(1682)刻本　三册

340000－1881－0007563　11999
重校醫方湯頭歌訣一卷　（清）汪昂編　清上
海掃葉山房石印本　一册

340000－1881－0007564　12000
醫便二卷　（明）王三才　（明）饒景曜輯　明
萬曆四十二年(1614)洪有助等刻本　一册
存一卷(上)

340000－1881－0007565　12001
醫便五卷　（明）王三才輯　（明）張受孔
(明)姚學顏編　明刻本　一册

340000－1881－0007566　12002
增輯普濟應驗良方八卷　（清）祝韻梅輯　清
光緒十一年(1885)刻本　一册

340000 – 1881 – 0007567　12003

急救危症簡便驗方二卷續集二卷　（清）胡其
重輯　（清）汪炳增編　清抄本　五冊

340000 – 1881 – 0007568　12007

攝生眾玅方十一卷　（明）張時徹輯　明刻本
二冊　存五卷(一至二、九至十一)

340000 – 1881 – 0007569　12008

黃帝素問宣明論方十五卷　（金）劉守真撰
明吳勉學刻本　一冊　存六卷(一至六)

340000 – 1881 – 0007570　12009

醫方集解不分卷　（清）汪昂著　清道光二十
五年(1845)瓶花書屋刻本　四冊

340000 – 1881 – 0007571　12010

被毆傷風方不分卷止血補傷方不分卷　（清）
李世椿撰　清光緒十八年(1892)石印本
一張

340000 – 1881 – 0007572　12011

經驗急救良方不分卷　（□）□□撰　清雍正
九年(1731)刻本　一冊

340000 – 1881 – 0007573　12012

經驗單方彙編不分卷　（清）錢峻編　清康熙
四十六年(1707)刻本　一冊

340000 – 1881 – 0007574　12013

醫方湯頭歌訣一卷　（清）汪昂輯　清康熙三
十三年(1694)文富堂刻本　一冊

340000 – 1881 – 0007575　12014

急救仙方六卷　（□）□□撰　清刻本　一冊

340000 – 1881 – 0007576　12015

仙傳各種經驗奇方一卷　（□）□□撰　清抄
本　一冊

340000 – 1881 – 0007577　12016

濟世良方四卷玉歷鈔傳警世一卷　（□）□□
撰　清嘉慶十四年(1809)刻本　一冊

340000 – 1881 – 0007578　12017

經驗選秘六卷　（清）胡增彬輯　清同治十年
(1871)刻本　一冊

340000 – 1881 – 0007579　12018

普濟應驗良方八卷末一卷　（清）德軒氏纂輯
清咸豐四年(1854)東山墅刻本　一冊

340000 – 1881 – 0007580　12020

醫方論四卷　（清）費伯雄著　（清）費應蘭編
清光緒三年(1877)刻本　一冊　存二卷
(一至二)

340000 – 1881 – 0007581　12021

文堂集驗方四卷　（清）何京輯　清刻本　一
冊　存二卷(三至四)

340000 – 1881 – 0007582　12022

神授急救異痧良方一卷　（清）陳念祖評　清
光緒三年(1877)刻本　一冊

340000 – 1881 – 0007583　12023

急救應驗良方一卷　（清）陳建西輯　清光緒
三年(1877)嘯園刻本　一冊

340000 – 1881 – 0007584　12024

重刊廿一膏良方一卷　（清）吳師機撰　清光
緒四年(1878)刻本　一冊

340000 – 1881 – 0007585　12025

醫方易簡新編六卷　（清）龔自璋編　清刻本
一冊　存一卷(三)

340000 – 1881 – 0007586　12026

醫方湯頭歌括一卷　（清）汪昂編　清光緒二
十七年(1901)刻本　一冊

340000 – 1881 – 0007587　12027

醫方集解一卷　（清）汪昂著　清光緒五年
(1879)掃葉山房刻本　五冊

340000 – 1881 – 0007588　12028

濟世良方六卷首一卷補遺四卷　（清）胡士保
輯　清同治七年(1868)刻本　四冊

340000 – 1881 – 0007589　12029

洪氏集驗方五卷　（宋）洪遵撰　清光緒元年
(1875)刻本　一冊

340000 – 1881 – 0007590　12030

程氏易簡方論五卷　（清）程履新撰　清康熙
三十二年(1693)刻本　四冊

340000 - 1881 - 0007591　12031

程氏易簡方論五卷　（清）程履新述　清嘉慶二十二年(1817)石韞玉刻本　八冊

340000 - 1881 - 0007592　12032

串雅内編四卷　（清）趙學敏纂輯　（清）吳庚生補註　清光緒十四年(1888)榆園刻本　二冊

340000 - 1881 - 0007593　12033

集驗良方一卷　（清）梁文科撰　清康熙四十九年(1710)宏文閣刻本　四冊

340000 - 1881 - 0007594　12034

古方選註一卷　（清）王子接注　（清）方成垣輯　清抄本　一冊

340000 - 1881 - 0007595　12038

重訂唐王燾先生外臺秘要方四十卷　（唐）王燾撰　（宋）林億等編　明崇禎十三年(1640)經餘居刻本　三十二冊

340000 - 1881 - 0007596　12039

重訂唐王燾先生外臺秘要方四十卷　（唐）王燾撰　（宋）林億等編　明崇禎十三年(1640)經餘居刻本　二十四冊

340000 - 1881 - 0007597　12040

增訂本草備要六卷醫方集解六卷　（清）汪昂撰　清乾隆五年(1740)刻本　二冊

340000 - 1881 - 0007598　12041

濟世養生集一卷　（清）毛世洪輯　（清）汪瑜增訂　清道光十六年(1836)刻本　一冊

340000 - 1881 - 0007599　12042

集驗良方拔萃二卷　（清）恬素氏輯　清道光二十一年(1841)刻本　一冊

340000 - 1881 - 0007600　12046

重校舊本湯頭歌訣一卷　（清）汪昂編　清石印本　一冊

340000 - 1881 - 0007601　12049

秘方大藥雜存不分卷　（□）□□撰　清抄本　一冊

340000 - 1881 - 0007602　12050

製大黃丸方一卷　（清）孫星衍撰　清嘉慶十六年(1811)刻本　一冊

340000 - 1881 - 0007603　12051

汪廣期先生擬方不分卷　（清）汪廣期撰　清抄本　一冊

340000 - 1881 - 0007604　12052

類證普濟本事方十卷　（宋）許叔微撰　（清）葉桂注　清嘉慶十九年(1814)刻本　六冊

340000 - 1881 - 0007605　12053

醫方集解三卷　（清）汪昂撰　清康熙二十一年(1682)刻本　四冊

340000 - 1881 - 0007606　12055

鎮濤族兄所授驗方不分卷　（□）□□撰　清光緒二十三年(1897)石卿先生抄本　一冊

340000 - 1881 - 0007607　12057

秘方摘錦不分卷　（□）□□撰　清抄本　一冊

340000 - 1881 - 0007608　12058

驗方錄不分卷　（□）□□撰　清抄本　一冊

340000 - 1881 - 0007609　12064

治症節署不分卷　（清）潘家仁撰　清咸豐三年(1853)李慎堂刻本　一冊

340000 - 1881 - 0007610　12066

唐王燾先生外臺祕要方四十卷　（唐）王燾撰　（宋）林億等編　清光緒二十四年(1898)上海圖書集成印書局石印本　九冊　存二十三卷(一至二十、三十六至三十八)

340000 - 1881 - 0007611　12067

醫方集解本草備要合刻十二卷　（清）汪昂撰　清光緒十七年(1891)上洋珎藝書局鉛印本　一冊　存五卷(醫方集解一至五)

340000 - 1881 - 0007612　12070

驗方新編二十四卷　（清）鮑相璈輯　清刻本　三冊　存七卷(二至四、八至九、十五至十六)

340000 - 1881 - 0007613　12071

驗方新編二十四卷　（清）鮑相璈輯　清同治

元年(1862)刻本　三冊　存三卷(五、八至九)

340000 – 1881 – 0007614　12072
張景岳新方八畧不分卷　（清）吴宏定編　清乾隆三十二年(1767)刻本　一冊

340000 – 1881 – 0007615　12073
唐王燾先生外臺秘要方四十卷　（唐）王燾撰（宋）林億等編　明崇禎十三年(1640)經餘居刻本　二十冊

340000 – 1881 – 0007616　12074
局方發揮不分卷　（元）朱震亨撰　明嘉靖梅南書屋刻本　一冊

340000 – 1881 – 0007617　12075
驗方秘録不分卷　（□）□□撰　清抄本　一冊

340000 – 1881 – 0007618　12076
囘生集二卷續囘生集二卷　（清）陳杰輯　清嘉慶十四年(1809)刻本　四冊

340000 – 1881 – 0007619　12077
醫方集解六卷　（清）汪昂撰　清乾隆五十三年(1788)刻本　一冊　存三卷(一至三)

340000 – 1881 – 0007620　12078
醫方論四卷　（清）費伯雄著　（清）費應蘭編　清光緒三年(1877)刻本　二冊

340000 – 1881 – 0007621　12080
孫真人備急千金要方三十卷　（唐）孫思邈撰（清）張璐注　清光緒三十四年(1908)久敬齋書莊鉛印本　十六冊

340000 – 1881 – 0007622　12081
集驗良方拔萃二卷續補一卷　（清）恬素氏輯　清道光三十年(1850)刻本　一冊

340000 – 1881 – 0007623　12083
囘生集二卷　（清）陳杰輯　清刻本　一冊

340000 – 1881 – 0007624　12084
集驗良方二卷　（□）□□撰　清嘉慶十年(1805)刻本　一冊

340000 – 1881 – 0007625　12085
濟世養生集一卷　（清）毛世洪輯　（清）汪瑜增訂　清道光十六年(1836)刻本　一冊

340000 – 1881 – 0007626　12086
彙選良方九卷　（清）照今居士輯　清同治六年(1867)刻本　二冊

340000 – 1881 – 0007627　12087
隨緣便録一卷　（□）□□撰　清光緒元年(1875)刻本　一冊

340000 – 1881 – 0007628　12088
仙傳外科秘方十一卷　（明）趙宜真輯　明洪武十一年(1378)刻本　十一冊

340000 – 1881 – 0007629　12089
醫方一卷　（□）□□撰　清抄本　一冊

340000 – 1881 – 0007630　12090
驗方新編十六卷　（清）鮑相璈輯　（清）張紹棠增輯　痧症全書三卷　（清）林森撰　（清）王凱編　清光緒七年(1881)刻本　六冊　存十一卷(驗方新編一、十至十六,痧症全書三卷)

340000 – 1881 – 0007631　12092
丹丸簿一卷　（□）□□撰　清抄本　一冊

340000 – 1881 – 0007632　12094
校正醫方湯頭歌訣一卷校正經絡歌訣一卷（清）汪昂編　清光緒二十年(1894)水石居士石印本　一冊

340000 – 1881 – 0007633　12100
葉天師醫案一卷　（清）葉桂撰　清抄本　一冊

340000 – 1881 – 0007634　12103
醫案一卷　（□）□□撰　清抄本　一冊

340000 – 1881 – 0007635　12105
臨證指南醫案十卷　（清）葉桂著　清同治三年(1864)刻本　五冊　存五卷(一、三至五、九)

340000 – 1881 – 0007636　12106
王氏醫案二卷　（清）王士雄著　（清）周鑅輯

王氏醫案續編八卷 （清）王士雄撰 （清）張鴻輯 （清）盛鈞等續輯 清咸豐元年(1851)吟香書屋刻本 三冊

340000－1881－0007637 12107

名醫類案十二卷 （明）江瓘輯 清乾隆三十五年(1770)知不足齋刻本 六冊

340000－1881－0007638 12108

名醫類案十二卷附錄一卷 （明）江瓘輯 清同治十年(1871)藏脩堂刻本 十二冊

340000－1881－0007639 12109

臨證指南醫案十卷 （清）葉桂撰 清道光二十四年(1844)經鉏堂刻朱墨套印本 九冊

340000－1881－0007640 12110

東山別墅醫案不分卷 （清）葉熙鋸著 （清）葉世官編 清抄本 三冊

340000－1881－0007641 12112

醫案五卷 （明）孫一奎編 明余煌等刻本 五冊

340000－1881－0007642 12113

醫案五卷 （明）孫一奎編 明余煌等刻本 一冊 存二卷(一至二)

340000－1881－0007643 12114

醫說八卷 （□）□□撰 明吳勉學刻本 四冊

340000－1881－0007644 12115

醫案初集一卷續錄一卷輯錄一卷 （清）程文囿著 （清）程光庭 （清）程光庠編 清道光九年(1829)刻本 三冊

340000－1881－0007645 12121

臨證指南醫案十卷 （清）葉桂著 種福堂公選溫熱論醫案四卷 （清）葉桂注 清同治三年(1864)刻本 十二冊

340000－1881－0007646 12122

紅樹山莊醫案一卷 （清）葉昶著 清趙詠清抄本 十冊

340000－1881－0007647 12126

管見醫案一卷 （清）陳鴻猷撰 清同治十二年(1873)刻本 一冊

340000－1881－0007648 12129

種福堂公選濕熱論醫案四卷 （清）葉桂注 清刻本 二冊

340000－1881－0007649 12131

修養節要二卷 （□）□□撰 明萬曆二十八年(1600)刻本 一冊

340000－1881－0007650 12132

壽世傳真□□卷 （清）王世芳撰 （清）徐文弼編 清乾隆三十六年(1771)刻本 一冊 存八卷(一至八)

340000－1881－0007651 12133

新編壽世傳真不分卷 （清）王世芳撰 （清）徐文弼編 清光緒三年(1877)抄本 一冊

340000－1881－0007652 12134

延生至寶二卷 （明）馮相編 明抄本 一冊

340000－1881－0007653 12135

飲食須知不分卷 （清）朱泰來纂 清康熙十五年(1676)刻本 二冊

340000－1881－0007654 12136

易筋經義一卷 （唐）釋般刺密諦譯義 清抄本 一冊

340000－1881－0007655 12137

濟世養生集一卷 （清）毛世洪輯 便易經驗集一卷 （清）毛世洪編 （清）汪瑜增訂 養生經驗補遺一卷 （清）毛世洪編 清乾隆五十八年(1793)刻本 一冊

340000－1881－0007656 12138

濟世養生集一卷便易經驗集一卷續刊經驗集一卷 （清）毛世洪編 清乾隆五十八年(1793)刻本 一冊

340000－1881－0007657 12140

醫旨緒餘二卷 （明）孫一奎著 明萬曆刻本 二冊

340000－1881－0007658 12141

赤水玄珠三十卷 （明）孫一奎著輯 明萬曆二十四年(1596)王甘節等刻本 十七冊 存

十五卷(一、七至九、十一至十三、十五至十六、十八至二十、二十四至二十五、三十)

340000－1881－0007659　12144
醫林改錯二卷　(清)王清仁著　清咸豐十一年(1861)刻本　二冊

340000－1881－0007660　12145
味間錄一卷　(□)□□編　清抄本　一冊

340000－1881－0007661　12146
醫醇賸義四卷　(清)費伯雄著　(清)費應蘭編　清光緒三年(1877)刻本　四冊

340000－1881－0007662　12147
醫醇賸義四卷　(清)費伯雄著　(清)費應蘭編　清光緒三年(1877)刻本　三冊　存三卷(一至三)

340000－1881－0007663　12148
醫醇賸義四卷　(清)費伯雄著　(清)費應蘭編　清光緒三年(1877)刻本　四冊

340000－1881－0007664　12149
增註醫宗己任編六卷　(清)高鼓峰著　(清)楊乘六評　(清)王汝謙補註　清光緒十七年(1891)李光明莊刻本　四冊

340000－1881－0007665　12150
醫經原旨六卷　(清)薛雪集注　清乾隆十九年(1754)刻本　六冊

340000－1881－0007666　12151
衛生學問答二編　丁福保纂　清光緒二十九年(1903)石印本　一冊

340000－1881－0007667　12152
醫經溯洄集一卷　(元)王履著　外科精義二卷　(元)齊德之纂　明吳勉學刻本　一冊

340000－1881－0007668　12153
格致餘論一卷　(元)朱震亨撰　明刻本　一冊

340000－1881－0007669　12154
格致餘論一卷　(元)朱震亨撰　明刻本　一冊

340000－1881－0007670　12155
格致餘論一卷　(元)朱震亨撰　元刻本　一冊

340000－1881－0007671　12156
醫學心傳不分卷　(清)程正通撰　清光緒二十七年(1901)抄本　一冊

340000－1881－0007672　12157
醫燈集餤二卷　(□)□□撰　清抄本　一冊

340000－1881－0007673　12158
醫宗說約六卷　(清)蔣示吉撰　清光緒十四年(1888)刻本　六冊

340000－1881－0007674　12159
儒門事親十五卷　(金)張子和著　明嘉靖二十年(1541)吳勉學刻本　五冊

340000－1881－0007675　12160
醫林纂要探源十卷附錄一卷　(清)汪紱輯　清光緒二十三年(1897)江蘇書局刻本　十冊

340000－1881－0007676　12162
胡慶餘堂雪記不分卷　(清)胡光墉編　清光緒三年(1877)刻本　一冊

340000－1881－0007677　12163
葉種德堂丹丸全錄不分卷　(清)葉桂撰　清光緒二年(1876)刻本　一冊

340000－1881－0007678　12164
丸散膏丹良方譜不分卷　(□)□□撰　清光緒十四年(1888)曹立修抄本　一冊

340000－1881－0007679　12165
醫述十六卷　(清)程文囿輯　清抄本　一冊　存二卷(八至九)

340000－1881－0007680　12166
醫衡不分卷　(清)沈時譽撰　清抄本　二冊

340000－1881－0007681　12169
運用之妙不分卷　(□)□□撰　清抄本　一冊

340000－1881－0007682　12170
散記二卷　(清)許豫和撰　清嘉慶二年(1797)刻本　二冊

340000－1881－0007683　12171

散記續編不分卷　（清）許豫和撰　清嘉慶六年(1801)刻本　一冊

340000－1881－0007684　12172

怡堂散記二卷　（清）許豫和著　清嘉慶二年(1797)刻本　二冊

340000－1881－0007685　12173

散記續編一卷　（清）許豫和著　清嘉慶六年(1801)刻本　一冊

340000－1881－0007686　12174

辨症投方不分卷　（□）□□撰　清抄本一冊

340000－1881－0007687　12176

軒轅祖師敕命醫治男女大小百病符章不分卷　（宋）洪雅奇編　清抄本　一冊

340000－1881－0007688　12177

祝由科正集二卷續集四卷　（□）□□撰　清抄本　四冊

340000－1881－0007689　12178

秘藏醫書祝由十三科不分卷　題(宋)淳熙先生著　清同治五年(1866)刻本　一冊

340000－1881－0007690　12182

胡三酉堂鈔不分卷　（□）□□撰　清抄本一冊

340000－1881－0007691　12183

醫學摘要不分卷　（□）□□撰　清樹滋氏抄本　一冊

340000－1881－0007692　12185

隨息居重訂霍亂論四卷隨息居飲食譜七卷（清）王士雄纂　清同治元年(1862)木活字印本　一冊

340000－1881－0007693　12188

醫學三字經不分卷　（清）陳念祖撰　清抄本一冊

340000－1881－0007694　12189

醫宗說約六卷　（清）蔣示吉撰　清石印本一冊　存一卷(五)

340000－1881－0007695　12195

醫方雜鈔不分卷　（□）□□撰　清抄本一冊

340000－1881－0007696　12196

中西匯通醫經精義二卷本草問答二卷　（清）唐宗海撰　清光緒三十四年(1908)石印本一冊

340000－1881－0007697　12197

赤水玄珠二十二卷　（明）孫一奎撰　清抄本十二冊

340000－1881－0007698　12198

臨證指南醫案十卷　（清）葉桂著　清石印本一冊　存一卷(七)

340000－1881－0007699　12201

河間六書二十一卷　（金）劉守真撰　劉河間傷寒醫鑒一卷　（元）馬宗素撰　劉河間傷寒直格論方三卷　（金）葛雍編　附河間傷寒心要一卷　（金）鎦洪編　附張子和心鏡別集一卷　（金）常德編　明萬曆吳勉學刻本　十冊

340000－1881－0007700　12202

河間六書二十一卷　（金）劉守真撰　劉河間傷寒醫鑒一卷　（元）馬宗素撰　劉河間傷寒直格論方三卷　（金）葛雍編　附河間傷寒心要一卷　（金）鎦洪編　附張子和心鏡別集一卷　（金）常德編　明萬曆吳勉學刻本　十冊

340000－1881－0007701　12203

吳醫彙講□□卷　（清）唐大烈撰　清嘉慶元年(1796)刻本　二冊　存十一卷(一至十一)

340000－1881－0007702　12204

新刊東垣十書二十卷　（金）李杲撰　格致餘論一卷　（元）朱彥脩撰　明刻本　六冊　存九卷(新刊宗本李杲先生小兒脈辨良方紳神脾胃論中、新刊東垣十書內外傷辯一至三、新刊東垣先生此事難知集一至二、新刊腸胃論一至二、格致餘論一)

340000－1881－0007703　12205

石山八種二十六卷　（明）汪機著　明崇禎六年(1633)刻本　十四冊

340000－1881－0007704　12206

石山八種二十六卷　（明）汪機著　明崇禎六年（1633）刻本　七册

340000－1881－0007705　12209

御纂醫宗金鑑七十四卷　（清）弘晝等編修　清商務印書館鉛印本　二十四册

340000－1881－0007706　12210

南雅堂醫書全集三十種一百六卷　（清）陳念祖著　清光緒十八年（1892）石印本　二十四册

340000－1881－0007707　12211

薛氏醫按五十四卷　（明）薛巳等撰　（明）吳琯輯　明隆慶五年（1571）刻本　四十四册

340000－1881－0007708　12212

薛氏醫按一百七卷　（明）吳琯輯　清嘉慶十四年（1809）刻本　十九册　缺七卷（婦人良方二十一至二十四、保嬰金鏡一、女科撮要一至二）

340000－1881－0007709　12213

薛氏醫按一百七卷　（明）吳琯輯　（明）薛巳等著　清嘉慶十四年（1809）書業堂刻本　四十八册

340000－1881－0007710　12214

瘑瘍機要三卷女科撮要二卷　（明）薛巳著　明嘉靖三十三年（1554）刻本　二册

340000－1881－0007711　12215

醫林指月二十卷　（清）王琦編　清乾隆三十五年（1770）刻本　十二册

340000－1881－0007712　12216

萬氏家傳保命歌括三十五卷　（明）萬全著（明）祝昌輯　**萬氏秘傳片玉痘疹十三卷**（明）萬全著　**萬氏家傳痘疹心法二十三卷**（明）祝昌輯　明萬曆七年（1579）刻本　十一册　存六十四卷（萬氏家傳保命歌括一至二十八、萬氏秘傳片玉痘疹十三卷、萬氏家傳痘疹心法二十三卷）

340000－1881－0007713　12217

340000－1881－0007714　12218

徐氏醫書六種十六卷　（清）徐大椿著　清同治十二年（1873）刻本　七册　存十一卷（難經經釋上、下，醫論上、下，醫貫砭上、下，傷寒類方一，蘭臺軌範一至二、七至八）

340000－1881－0007715　12220

當歸草堂醫學叢書初編十種四十卷　（清）丁丙輯　清光緒四年（1878）當歸草堂刻本　十二册

340000－1881－0007716　12221

王宇泰先生訂補古今醫鑑十六卷　（明）龔信編輯　（明）龔廷賢續編　（明）王肯堂訂補　明萬曆十七年（1589）刻本　十五册

340000－1881－0007717　12222

醫書滙參輯成□□卷　（清）蔡宗玉輯　清次知齋刻本　一册　存二卷（三至四）

340000－1881－0007718　12223

御纂醫宗金鑑九十卷　（清）吳謙編　清刻本　十册　存十五卷（十六至十七、十九至二十二、二十五至三十三）

340000－1881－0007719　12224

徐氏雜著四種四卷　（清）徐大椿撰　清光緒十九年（1893）上海圖書集成印書局鉛印本　一册

340000－1881－0007720　12225

徐氏醫書十八卷外科正宗十二卷　（清）徐大椿編纂　清光緒十九年（1893）上海圖書集成印書局鉛印徐氏醫書八種本　九册

340000－1881－0007721　12226

南雅堂醫書全集四十種□□卷　（清）陳念祖編纂　清光緒三十四年（1908）商務印書館鉛印本　一册　存七卷（十藥神書註解一卷、急救異痧奇方一卷、瘟疫明辨四卷末一卷）

340000－1881－0007722　12227

時方妙用四卷醫學從眾錄八卷醫學實在易八卷 （清）陳念祖著 清光緒三十二年(1906)飛鴻閣書局石印本 三冊 存十二卷(時方妙用四卷、醫學從眾錄一至四、醫學實在易五至八)

340000－1881－0007723 12228

南雅堂醫書全集四十種□□卷 （清）陳念祖編纂 清光緒三十四年(1908)上海章福記石印本 三冊

340000－1881－0007724 12231

重刊救荒補遺書二卷 （宋）董煟編著 （元）張光大新增 （清）朱熊補遺 （清）王崇慶斷釋 清同治八年(1869)崇文書局刻本 二冊

340000－1881－0007725 12232

醫醇賸義四卷 （清）費伯雄著 （清）費應蘭編 清光緒三年(1877)刻本 四冊

340000－1881－0007726 12241

牛經大全不分卷 （□）□□撰 清抄本 一冊

340000－1881－0007727 12242

秘傳元亨療牛書不分卷 （明）喻本元 （明）喻本亨撰 （清）程壽祺輯 清抄本 一冊

340000－1881－0007728 12244

圖像水黃牛經合併大全二卷附馳經 （明）喻本元 （明）喻本亨撰 清石印本 一冊

340000－1881－0007729 12245

元亨療馬集六卷 （明）喻本元 （明）喻本亨撰 明刻本 一冊 存二卷(三至四)

340000－1881－0007730 12261

宋史四百九十六卷目錄三卷 （元）脫脫等修 明成化七年至十六年(1471－1480)朱英刻本 二冊 存五卷(十九至二十三)

340000－1881－0007731 12262

楚辭八卷 （戰國）屈原撰 元刻本 一冊 存五卷(四至八)

340000－1881－0007732 12263

新增居家必用事類全集十集 （□）□□編

元刻本 三冊 存三集(甲集、己集、庚集)

340000－1881－0007733 12264

劉向說苑二十卷 （漢）劉向撰 明刻本 二冊

340000－1881－0007734 12265

類箋唐王右丞詩集十卷 （唐）王維撰 （明）顧起經注 集外編一卷 （唐）王維撰 （明）顧起經輯 唐王右丞[維]年譜一卷 （明）顧起經撰 唐諸家同詠集一卷唐諸家贈題集一卷歷朝諸家評王右丞詩畫鈔一卷 （明）顧起經輯 明嘉靖三十五年(1556)無錫顧氏奇字齋刻本 四冊

340000－1881－0007735 12266

備遺錄不分卷 （明）張芹編 （明）姜南續校增 明正德十一年(1516)青藜館刻本 一冊

340000－1881－0007736 12267

祝氏集畧三十卷 （明）祝允明撰 明嘉靖三十六年(1557)張景賢刻本 十冊

340000－1881－0007737 12268

杜律二注二卷 （唐）杜甫撰 （元）虞集 （元）趙子常注 明嘉靖二十六年(1547)退省堂刻本 一冊 存一卷(上)

340000－1881－0007738 12269

大學衍義八十一卷 （宋）真德秀輯 明成化刻本 十冊

340000－1881－0007739 12270

紫微斗數四卷 （宋）陳摶撰 （宋）白玉蟾增輯 （明）譚貢編 明萬曆九年(1581)王洛川刻本 一冊

340000－1881－0007740 12271

妙法蓮華經七卷 （明）釋一如集注 明萬曆刻本 七冊

340000－1881－0007741 12272

世說新語三卷 （南朝宋）劉義慶撰 （南朝梁）劉孝標注 （明）王世懋批點 明嘉靖十四年(1535)刻本 六冊

340000－1881－0007742 12273

大廣益會玉篇三十卷　（南朝梁）顧野王撰
明刻本　一册　存十八卷（一至十八）

340000－1881－0007743　12274
車書樓選刻各名公短札字字珠新集不分卷
（明）項桂芳輯　（明）許以忠選　（明）王世
茂注　明金陵書坊刻本　一册

340000－1881－0007744　12275
續資治通鑑綱目二十七卷　（明）商輅等撰
（明）周德泰編　（明）張時泰注　明弘治十七
年（1504）慎獨齋刻本　二十六册

340000－1881－0007745　12276
［正德］武功縣志三卷　（明）康海纂修　明正
德十五年（1520）刻本　二册

340000－1881－0007746　12277
鍼灸節要三卷　（明）高武撰　明嘉靖十六年
（1537）刻本　二册

340000－1881－0007747　12278
禮記集說三十卷　（元）陳澔纂　明刻本
十册

340000－1881－0007748　12279
資治通鑑二百九十四卷　（宋）司馬光纂　明
刻本　十六册

340000－1881－0007749　12280
文山先生全集十六卷　（宋）文天祥著　（明）
張元諭編　明嘉靖三十九年（1560）刻本　七
册　存十四卷（一至四、七至十六）

340000－1881－0007750　12281
新安志補八卷　（明）方信撰　清抄本　一册

340000－1881－0007751　12282
玉海二百四卷六經天文編二卷周書王會一卷
踐阼篇一卷周易鄭康成註一卷詩地理攷六卷
詩攷一卷通鑑答問五卷通鑑地理通釋十四卷
小學紺珠十卷漢制攷四卷漢藝文志攷證十卷
姓氏急就篇二卷急就篇四卷　（宋）王應麟撰
明萬曆刻本　九十八册

340000－1881－0007752　12283
妙法蓮華經七卷　（後秦）釋鳩摩羅什譯　元

刻本　一册　存一卷（六）

340000－1881－0007753　12284
鶴林玉露六卷　（宋）羅大經撰　明刻本
四册

340000－1881－0007754　12285
大明心學測翼不分卷　（明）桂大琏輯　（明）
孫元直校　明萬曆三十五年（1607）刻本
一册

340000－1881－0007755　12286
詳注東萊先生左氏博議二十五卷　（宋）呂祖
謙撰　明刻本　二册　存九卷（一至四、十至
十四）

340000－1881－0007756　12287
馮太史評選酉戌科二三塲程論旁訓全書不分
卷　（明）馮夢禎編　（明）黃從誠注　（明）
陳王政訂釋　明萬曆二十七年（1599）刻本
三册

340000－1881－0007757　12288
音點春秋左傳十六卷　（春秋）左丘明撰　明
弘治十五年（1502）徽州陳理刻本　六册

340000－1881－0007758　12289
唐七律選四卷　（清）毛奇齡編　（清）王錫等
輯　清康熙刻本　一册

340000－1881－0007759　12290
楚辭八卷　（宋）朱熹集注　明成化十一年
（1475）刻本　一册　存四卷（一至四）

340000－1881－0007760　12291
古今詩話纂六卷　（明）李本緯輯　（明）王家
賓編　明萬曆四十一年（1613）黃槐開刻本
三册

340000－1881－0007761　12292
倪雲林先生詩集六卷附錄一卷　（明）蹇曦編
明萬曆十九年（1591）蹇珵刻本　四册

340000－1881－0007762　12293
左傳文苑八卷　（明）張蕭評選　（明）陳繼儒
注釋　明刻朱墨套印本　八册

340000－1881－0007763　12294

丹鉛總錄二十七卷　（明）楊慎撰　明嘉靖三十三年(1554)梁佐刻本　十冊

340000－1881－0007764　12295

[乾道]臨安志十五卷　（宋）周淙纂　清抄本　二冊　存三卷(一至三)

340000－1881－0007765　12296

大明正德乙亥重刊改併五音集韻十五卷　（金）韓道昭編纂　明正德十年(1515)刻本　十冊

340000－1881－0007766　12297

太師誠意伯劉文成公集二十卷　（明）劉基撰　（明）何鏜編　明隆慶六年(1572)刻本　十冊　存九卷(一至九)

340000－1881－0007767　12298

洪武正韻四卷　（明）周家棟輯　（明）吳光義（明）朱光祚校　明萬曆三十年(1602)刻本　四冊

340000－1881－0007768　12299

李詩選五卷　（唐）李白撰　（明）張愈光輯（明）楊慎等批點　明凌濛初刻朱墨套印本　二冊

340000－1881－0007769　12300

皇明疏鈔七十卷　（明）孫旬編　明萬曆十二年(1584)刻本　三十六冊

340000－1881－0007770　12301

太上黃庭內景玉經不分卷　（清）梁丘子注　明萬曆二十二年(1594)刻朱印本　二冊

340000－1881－0007771　12302

禮記集注不分卷　（元）倪士毅撰　明抄本　二冊

340000－1881－0007772　12303

七錄齋文集近稿六卷館課一卷存稿五卷詩稿三卷論略一卷　（明）張溥著　（明）張采選　明崇禎九年(1636)刻本　八冊

340000－1881－0007773　12304

朱文公校昌黎先生文集十五卷　（唐）韓愈撰　（宋）朱熹考異　（宋）王儔畔音釋　明刻本　十冊

340000－1881－0007774　12305

類編古今畫史十八卷　（清）王勣輯　明隆慶五年(1571)抄本　四冊

340000－1881－0007775　12306

禮記集註十卷　（元）陳澔撰　元至治二年(1322)刻本　十冊

340000－1881－0007776　12307

伊川擊壤集二十卷　（宋）邵雍撰　明刻本　六冊

340000－1881－0007777　12309

南華經十六卷　（晉）郭象註　（宋）林希逸口義　（宋）劉辰翁點校　（明）王世貞評點（明）陳仁錫注　明刻四色套印本　八冊

340000－1881－0007778　12310

新鎸選注名公四六雲濤十卷　（明）鍾惺輯注　（明）陸雲龍增定　明崇禎刻本　四冊

340000－1881－0007779　12311

李太史參補古今大方四書大全十八卷　（明）李廷機編纂　（明）申時行校　明宣德二年(1427)建邑書林余氏刻本　十八冊

340000－1881－0007780　12312

白沙先生文編六卷[陳獻章]年譜一卷　（明）陳獻章撰　（明）唐伯元等編　明萬曆十一年(1583)姜召等刻本　三冊

340000－1881－0007781　12313

漢唐秘史二卷　（明）朱權編　明建文三年(1401)刻本　八冊

340000－1881－0007782　12314

續資治通鑑綱目二十七卷　（明）商輅等纂修　明成化十二年(1476)刻本　十三冊　存二十四卷(一至二十二、二十六至二十七)

340000－1881－0007783　12315

呂氏春秋二十六卷　（漢）高誘訓解　（明）姜璧編　明萬曆七年(1579)虞德燁刻本　六冊

340000－1881－0007784　12316

石墨鎸華八卷　（明）趙崡著　明萬曆四十六

年(1618)刻本　　五冊

340000－1881－0007785　12317

詩經說通十三卷首一卷　（明）沈守正纂　明
萬曆四十三年(1615)刻本　　四冊

340000－1881－0007786　12318

世說新語八卷　（南朝宋）劉義慶撰　明萬曆
九年(1581)凌瀛初刻三色套印本　　八冊

340000－1881－0007787　12319

二程先生書五十一卷　（宋）程顥　（宋）程頤
撰　（明）閻禹錫輯　明天順五年(1461)刻本
　　八冊　存四十六卷(一至四十六)

340000－1881－0007788　12320

大學衍義四十三卷　（宋）真德秀撰　明嘉靖
六年(1527)司禮監刻本　　二十冊

340000－1881－0007789　12321

說文解字十五卷　（漢）許慎撰　（宋）徐鉉校
　明汲古閣刻本　　七冊

340000－1881－0007790　12322

皇明大政記三十六卷　（明）朱國禎輯　明崇
禎五年(1632)刻本　　八冊

340000－1881－0007791　12323

春秋左傳不分卷　（明）孫鑛纂　明萬曆四十
四年(1616)吳興閔齊伋刻朱墨套印本　　二十
四冊

340000－1881－0007792　12324

車書樓彙輯各名公四六爭奇八卷　（明）許以
忠編　明萬曆四十八年(1620)刻本　　八冊

340000－1881－0007793　12325

鏡古錄八卷　（明）毛調元著　明刻本　　八冊

340000－1881－0007794　12326

說蘇文六卷　（宋）蘇軾撰　（明）茅坤等評
明閔爾容刻三色套印本　　六冊

340000－1881－0007795　12327

離騷經訂註不分卷　（漢）王逸註　（明）趙南
星編　明萬曆四十一年(1613)刻本　　二冊

340000－1881－0007796　12328

新刊宋學士全集三十三卷　（明）宋濂撰
（明）韓叔陽輯　（明）張元中編　明嘉靖三十
年(1551)刻本　　十四冊

340000－1881－0007797　12329

韋蘇州集十卷　（唐）韋應物撰　明刻朱墨套
印本　　四冊　存五卷(一至五)

340000－1881－0007798　12330

東吳水利考十卷　（明）王圻纂　明萬曆四十
三年(1615)刻本　　六冊

340000－1881－0007799　12331

大明會典二百二十八卷　（明）申時行編　明
萬曆十五年(1587)刻本　　十二冊

340000－1881－0007800　12332

新鍥簪纓必用增補秘笈新書十三卷別集三卷
　（宋）謝枋得編　（明）吳曙谷補　明萬曆三
十六年(1608)刻本　　八冊

340000－1881－0007801　12333

五雜組十六卷　（明）謝肇淛著　明刻本　　十
六冊

340000－1881－0007802　12334

分類經進近思錄集解十四卷　（宋）葉采輯
（明）周公恕編　明吳勉學刻本　　二冊

340000－1881－0007803　12335

新刻熙朝內閣評選六子纂要十二卷　（明）張
位　（明）趙志皋編　明萬曆二十一年(1593)
余成章刻本　　三冊

340000－1881－0007804　12336

六朝事迹編類二卷　（宋）張敦頤編　明刻本
　一冊

340000－1881－0007805　12337

藝苑卮言八卷　（明）王世貞著　　明刻本
四冊

340000－1881－0007806　12338

孟浩然詩集二卷　（唐）孟浩然撰　（宋）劉辰
翁評　明刻朱墨套印本　　二冊

340000－1881－0007807　12339

元板名表二卷　（元）李新芳輯　元大德五年

（1301）刻本　二冊

340000－1881－0007808　12340

欽定四庫全書御定性理大全書□□卷　（清）
吳錫麒編　清抄文津閣四庫全書本　二冊
存三卷(十二至十三、四十五)

340000－1881－0007809　12341

皇甫司勳慶曆稿六卷　（明）皇甫汸撰　明刻
本　二冊

340000－1881－0007810　12342

皇明大政記三十六卷　（明）鄭曉撰　明嘉靖
四十五年(1566)刻本　四冊　存八卷(一至
八)

340000－1881－0007811　12343

淳化秘閣法帖考正十二卷　（清）王澍撰
(清)汪玉球參正　清雍正詩鼎齋刻本　四冊

340000－1881－0007812　12344

文選六十卷　（南朝梁）蕭統編　（唐）李善注
元張伯顏刻本　十二冊　存五十二卷(六
至五十七)

340000－1881－0007813　12345

皇明通紀輯要二十四卷　（明）陳建輯　（明）
馬晉元增定　（明）孫鑛編　明崇禎十二年
(1639)寶日堂刻本　十二冊

340000－1881－0007814　12346

海瓊玉蟾先生文集六卷續集二卷　（宋）葛長
庚撰　（明）朱權編　明刻本　八冊

340000－1881－0007815　12347

詩藪內編六卷外編六卷　（明）胡應麟著
(明)江湛然　（明）趙鳳城輯　（明）吳國琦
編　明崇禎刻本　四冊

340000－1881－0007816　12348

徐文長文集三十卷　（明）徐渭撰　（明）袁宏
道評點　明萬曆四十二年(1614)刻本　四冊

340000－1881－0007817　12349

分類補註李太白詩二十四卷　（唐）李白著
(宋)楊齊賢註　（元）蕭士贇補註　明郭雲鵬
刻本　十冊

340000－1881－0007818　12350

禮經會元四卷　（宋）葉時撰　明刻本　八冊

340000－1881－0007819　12351

文心雕龍十卷　（南朝梁）劉勰撰　明嘉靖刻
本　四冊

340000－1881－0007820　12352

南華真經副墨八卷　（明）陸西星撰　明萬曆
十三年(1585)刻本　八冊

340000－1881－0007821　12353

集千家註杜工部詩集二十卷文集二卷　（唐）
杜甫撰　明嘉靖十五年(1536)刻本　十二冊

340000－1881－0007822　12354

陽明先生[王守仁]年譜三卷　（明）錢德洪撰
　（明）羅洪先考訂　明嘉靖四十三年(1564)
周相等刻本　一冊

340000－1881－0007823　12355

易牙遺意二卷　（明）韓奕編　**酒經一卷**
(宋)朱翼中著　明刻本　一冊

340000－1881－0007824　12356

世說新語補二十卷附釋名　（南朝宋）劉義慶
撰　（南朝梁）劉孝標注　（宋）劉辰翁批
(明)何良俊增　（明）王世貞編　（明）王世
懋批釋　（明）張文柱校注　明萬曆十三年
(1585)張文柱刻本　十冊

340000－1881－0007825　12357

藝林不分卷　（漢）劉熙等撰　（明）張榘校
明嘉靖二十五年(1546)刻本　四冊

340000－1881－0007826　12358

韓文四十卷外集十卷　（唐）韓愈撰　明刻本
六冊

340000－1881－0007827　12359

冰川詩式十卷　（明）梁橋著　明萬曆刻本
四冊

340000－1881－0007828　12360

閨範四卷女蒙要語不分卷　（明）呂坤注　清
康熙四十七年(1708)刻本　四冊

340000－1881－0007829　12361

初唐風緒箋九卷盛唐風緒箋十二卷初唐雅緒箋五卷初唐頌緒箋二卷盛唐雅緒箋二卷歷代名賢詩旨四卷 （明）程元初輯 明刻本 八冊

340000－1881－0007830　12362

春秋左傳釋附二十七卷 （明）黃洪憲輯 明萬曆二十七年（1599）刻本 八冊

340000－1881－0007831　12363

皇明文選二十卷 （明）汪宗元輯 明嘉靖三十三年（1554）刻本 十冊

340000－1881－0007832　12364

金陵瑣事四卷 （明）周暉著 明萬曆三十八年（1610）刻本 四冊

340000－1881－0007833　12365

二續金陵瑣事二卷 （明）周暉著 明刻本 一冊

340000－1881－0007834　12366

古詩歸十五卷 （明）鍾惺 （明）譚元春編 明萬曆四十五年（1617）刻本 四冊

340000－1881－0007835　12367

列子八卷 （明）朱得之注釋 明嘉靖四十三年（1564）刻本 二冊

340000－1881－0007836　12368

陶靖節集十卷 （晉）陶潛著 明萬曆十五年（1587）刻本 二冊

340000－1881－0007837　12369

文公家禮儀節八卷 （明）丘濬輯 （明）楊廷筠訂 明萬曆三十七年（1609）錢時刻本 四冊

340000－1881－0007838　12370

名家詩法八卷 （明）黃省曾編 明嘉靖三十四年（1555）刻本 一冊

340000－1881－0007839　12371

劉子文心雕龍二卷附注 （南朝梁）劉勰撰 （明）楊慎 （明）曹學佺等批點 （明）梅慶生附注 明閔繩初刻五色套印本 四冊

340000－1881－0007840　12372

王氏書苑□□卷 （明）王世貞編 明萬曆十九年（1591）刻本 十冊 存二十七卷（法書要錄一至八、法帖譜系六、東觀餘論一、學古編一、字學新書摘抄一、王氏書苑補益一至五、廣川書跋一至十）

340000－1881－0007841　12373

增廣注釋音辯唐柳先生集四十三卷文別集一卷文外集一卷文集附錄一卷 （唐）柳宗元撰 明刻本 八冊

340000－1881－0007842　12374

六祖大師法寶壇經不分卷 （唐）釋法海輯 明刻本 一冊

340000－1881－0007843　12375

陽明先生文錄五卷 （明）王守仁撰 （明）錢德洪 （明）王畿編 明嘉靖三十六年（1557）胡宗憲刻本 五冊

340000－1881－0007844　12376

欣然堂集十卷 （清）陶孚尹著 （清）陶士銓編 清康熙二十九年（1690）刻本 四冊

340000－1881－0007845　12377

新安學繫錄十六卷 （明）程瞳編 清康熙三十五年（1696）刻本 四冊

340000－1881－0007846　12378

袁中郎十集十六卷 （明）袁宏道著 明萬曆繡水周應麐刻本 三冊 存十二卷（廣莊一、敝篋集一至二、桃源詠一、華嵩遊草一至二、瓶史一、觴政一、狂言一至二、狂言別集一至二）

340000－1881－0007847　12379

孫子集注十三卷 （春秋）孫武撰 （三國魏）武帝曹操等注 明嘉靖三十四年（1555）談愷刻本 五冊

340000－1881－0007848　12380

集千家註杜工部詩集二十卷附錄一卷杜工部文集二卷 （唐）杜甫撰 明嘉靖十五年（1536）刻本 六冊

340000－1881－0007849　12381

精訂易經意旨不分卷　（明）洪符中輯　明稿本　一冊

340000－1881－0007850　12382

東坡先生禪喜集四卷　（宋）蘇軾撰　明萬曆二十六年(1598)舒石泉刻本　一冊

340000－1881－0007851　12383

建置書草不分卷　（□）□□撰　明嘉靖二十八年(1549)刻本　二冊

340000－1881－0007852　12384

李長吉歌詩四卷外詩集一卷　（唐）李賀撰（宋）劉辰翁評　明凌濛初刻朱墨套印本　二冊

340000－1881－0007853　12385

玉茗堂全集十六卷　（明）湯顯祖著　明天啓元年(1621)刻本　六冊

340000－1881－0007854　12386

新刊增補古今名家韻學淵海大成十二卷（明）李攀龍編　明刻本　二冊

340000－1881－0007855　12387

新刻乙未科翰林館課東觀弘文十卷　（明）劉元震　（明）劉楚先編　明刻本　二冊

340000－1881－0007856　12388

儀禮十七卷　（漢）鄭玄注　明刻本　二冊

340000－1881－0007857　12389

宋大家蘇文公文抄十卷　（宋）蘇洵撰　（明）茅坤評　明刻本　六冊

340000－1881－0007858　12390

閑闢錄十卷　（明）程瞳輯　明嘉靖四十三年(1564)刻本　二冊

340000－1881－0007859　12391

莊子南華真經四卷　（戰國）莊周撰　明刻朱墨套印本　四冊

340000－1881－0007860　12392

孟子二卷　（宋）蘇洵批點　明萬曆四十五年(1617)閔齊伋刻三色套印本　二冊

340000－1881－0007861　12393

說苑二十卷　（漢）劉向著　明嘉靖二十六年(1547)刻本　二冊

340000－1881－0007862　12394

世說新語六卷　（南朝宋）劉義慶撰　（南朝梁）劉孝標注　明嘉靖十四年(1535)吳勉學刻本　六冊

340000－1881－0007863　12395

忠經一卷　（漢）馬融撰　（漢）鄭玄注　明刻本　一冊

340000－1881－0007864　12396

韓文一卷　（唐）韓愈撰　（明）郭正域編　明萬曆四十五年(1617)閔齊伋刻朱墨套印本　一冊

340000－1881－0007865　12397

五經旁訓十八卷　（明）陳仁錫輯　明崇禎二年(1629)匯錦堂刻本　五冊

340000－1881－0007866　12398

子書類纂七卷　（明）胡胤嘉輯　明天啓五年(1625)刻本　六冊

340000－1881－0007867　12399

老子翼三卷莊子翼八卷　（明）焦竑輯　明萬曆十六年(1588)刻本　十冊

340000－1881－0007868　12400

李卓吾批選陶淵明集二卷　（明）李贄批　明萬曆四十三年(1615)刻本　一冊

340000－1881－0007869　12401

揚子太玄經十卷　（漢）揚雄撰　說玄一卷（宋）司馬光撰　明天啓六年(1626)武林書坊刻本　一冊　存五卷(揚子太玄經一至四、說玄一卷）

340000－1881－0007870　12402

白虎通德論二卷　（漢）班固撰　明嘉靖元年(1522)刻本　一冊

340000－1881－0007871　12403

唐詩始音十五卷　（元）楊士弘輯　（明）顧璘批點　明刻朱墨套印本　六冊

340000－1881－0007872　12404

春秋經傳集解三十卷　（晉）杜預注　明萬曆刻本　十五冊

340000－1881－0007873　12405

文獻通考三百四十八卷　（元）馬端臨著　元刻本　九十冊

340000－1881－0007874　12406

朱翼管窺十二卷　（明）江旭奇編　明萬曆四十四年(1616)刻本　十二冊

340000－1881－0007875　12407

文儷十八卷　（明）陳翼飛刪輯　（明）畢懋康糸訂　明萬曆三十九年(1611)刻本　十八冊

340000－1881－0007876　12408

新刻張太岳先生文集四十七卷　（明）張居正撰　明萬曆四十年(1612)唐國達刻本　十六冊

340000－1881－0007877　12409

溫飛卿詩集七卷別集一卷集外詩一卷　（唐）溫庭筠撰　（明）曾益注　（清）顧予咸補注　清康熙三十六年(1697)秀野草堂刻本　二冊

340000－1881－0007878　12410

老子翼三卷　（明）焦竑輯　明萬曆十六年(1588)刻本　三冊

340000－1881－0007879　12411

分類補註李太白詩三十卷　（唐）李白著　(宋)楊齊賢註　（元）蕭士贇補註　明郭雲鵬刻本　十冊

340000－1881－0007880　12412

花間集四卷　（唐）趙崇祚編　（明）湯顯祖評　明萬曆四十八年(1620)刻朱墨套印本　四冊

340000－1881－0007881　12413

李太白文集三十卷　（唐）李白著　（唐）李陽冰輯　清康熙五十六年(1717)刻本　四冊

340000－1881－0007882　12414

杜子美詩集二十卷　（唐）杜甫撰　（宋）劉辰翁評點　明刻本　四冊

340000－1881－0007883　12415

宋大家歐陽文忠公文抄三十二卷　（宋）歐陽修撰　（明）茅坤批評　明刻本　十冊

340000－1881－0007884　12416

苑詩類選三十卷　（明）包節輯　明刻本　二冊　存六卷(三至五、十五至十七)

340000－1881－0007885　12417

獨斷二卷　（漢）蔡邕著　明萬曆中新安程氏刻漢魏叢書本　一冊

340000－1881－0007886　12418

諸子品節五十卷　（明）陳深輯　明萬曆十九年(1591)刻本　八冊

340000－1881－0007887　12419

初學記三十卷　（唐）徐堅撰　明嘉靖十年(1531)刻本　六冊

340000－1881－0007888　12420

文選十二卷　（南朝梁）蕭統編　（明）張鳳翼纂注　明萬曆八年(1580)刻本　十二冊

340000－1881－0007889　12421

化書六卷　（五代）譚峭撰　明萬曆十九年(1591)太一書樓刻本　一冊

340000－1881－0007890　12422

藥地炮莊九卷　（明）方以智集　（明）天界覺杖人評　清康熙三年(1664)此藏軒刻本　四冊

340000－1881－0007891　12423

彙選歷代名賢詞府全集二卷　（明）鱐溪逸史編　（明）一得山人點校　明嘉靖三十六年(1557)刻本　一冊

340000－1881－0007892　12424

宋文歸二十卷　（明）鍾惺選評　明集賢堂刻本　十冊

340000－1881－0007893　12425

爾雅註疏十一卷　（晉）郭璞註　（宋）邢昺疏　明刻本　二冊

340000－1881－0007894　12426

新刻注釋草堂詩餘評林六卷　（明）李廷機批評　明萬曆二十三年(1595)鄭世豪刻本

二冊

340000－1881－0007895　12427

易學四同別錄四卷　（明）季本輯　（明）季庚
校　明嘉靖三十九年(1560)刻本　四冊

340000－1881－0007896　12428

呻吟語六卷　（明）呂坤著　明萬曆二十一年
(1593)刻本　八冊

340000－1881－0007897　12429

新刊通鑑題意便覽五卷　（明）李廷機纂　明
萬曆十六年(1588)弘農居士刻本　二冊

340000－1881－0007898　12430

**新刻易經類題辨異首一卷新刻占魁高頭分章
分節易經正文四卷**　（□）□□撰　明張斐刻
本　一冊

340000－1881－0007899　12431

程氏演繁露續集六卷　（宋）程大昌著　明嘉
靖三十年(1551)程煦刻本　二冊

340000－1881－0007900　12432

周易本義通釋十二卷　（元）胡炳文撰　（明）
胡琪輯　明嘉靖元年(1522)潘旦、鄧祀刻本
四冊

340000－1881－0007901　12433

新編曆法總覽合節鰲頭通書大全四卷　（明）
熊秉懋編　明刻本　一冊

340000－1881－0007902　12434

焦氏易林四卷　（漢）焦贛著　（明）鍾惺評
明刻本　八冊

340000－1881－0007903　12435

解脫集四卷附瓶史一卷　（明）袁宏道撰　明
萬曆三十一年(1603)刻本　一冊

340000－1881－0007904　12436

韓子二十卷　（戰國）韓非撰　明天啓五年
(1625)刻本　三冊

340000－1881－0007905　12437

周易本義啓蒙翼傳四卷　（宋）胡一桂撰
（宋）胡思紹輯　（明）趙昌期校　明萬曆四十
三年(1615)刻本　四冊

340000－1881－0007906　12438

太和殿工程錄不分卷　（□）□□撰　清抄本
四冊

340000－1881－0007907　12439

國語評苑六卷　（三國吳）韋昭解　（明）穆文
熙編纂　明光裕堂刻本　二冊

340000－1881－0007908　12440

檀弓二卷　（宋）謝枋得批點　明萬曆四十四
年(1616)刻朱墨套印本　一冊

340000－1881－0007909　12441

南華真經旁注四卷　（明）方虛名輯注　（明）
孫平仲音校　明萬曆二十二年(1594)刻本
四冊

340000－1881－0007910　12442

史記評林一百三十卷　（明）凌稚隆編　明萬
曆五年(1577)刻本　二十冊

340000－1881－0007911　12443

蘇文六卷　（宋）蘇軾撰　（明）茅坤評　明刻
三色套印本　七冊

340000－1881－0007912　12444

新刻譚友夏合集二十三卷　（明）譚元春著
（明）徐汧　（明）張澤等評　**旨齋詩草一卷**
（明）張澤著　（明）潘一桂編　明刻本　六冊

340000－1881－0007913　12445

新編歷代懸鑑古事雋禮七卷　（明）吳從先輯
　（明）蕭伯房訂　明天啓元年(1621)刻本
二冊

340000－1881－0007914　12446

新刻古今碑帖考不分卷　（明）朱晨編　（明）
胡文煥纂校　明刻本　一冊

340000－1881－0007915　12447

新刻格古論要五卷　（明）曹昭著　（明）舒敬
編　（明）王佐增　（明）胡文煥選　明萬曆二
十四年(1596)刻本　二冊

340000－1881－0007916　12448

洪武正韻十六卷　（明）宋濂等撰　明隆慶劉
以節刻本　五冊

340000－1881－0007917 12449

象林不分卷 （明）陳蓋謨編 明崇禎七年
(1634)刻本 一冊

340000－1881－0007918 12450

詩韻輯略五卷 （明）潘恩撰 明隆慶三年
(1569)刻本 五冊

340000－1881－0007919 12451

考工記二卷 （明）郭正域批點 明刻朱墨套
印本 一冊

340000－1881－0007920 12452

弇州山人續稿二百九十五卷 （明）王世貞著
明刻本 四十冊

340000－1881－0007921 12453

新刊舉業明儒論宗八卷 （明）薛應旂批點
明隆慶元年(1567)金陵三山書坊刻本 四冊

340000－1881－0007922 12454

新刊纂圖大字群書事林廣記三十九卷 （宋）
陳元靚編 （明）胡□□點校 明初敬賢堂刻
本 二冊 存二卷(前集一、後集二)

340000－1881－0007923 12455

老子二卷 （宋）林希逸注 明萬曆二年
(1574)刻本 一冊

340000－1881－0007924 12456

御選語錄十九卷 （清）世宗胤禛編 清雍正
十一年(1733)刻本 二十四冊

340000－1881－0007925 12457

諸子彙函二十六卷 （明）歸有光編 明天啓
五年(1625)刻本 二十四冊

340000－1881－0007926 12458

新刻重校增補圓機活法詩學全書二十四卷
（明）李衡輯 明刻本 十六冊

340000－1881－0007927 12459

錦帆集四卷去吳七牘一卷 （明）袁宏道撰
（明）陳以聞閱 （明）袁叔度校 明萬曆三十
七年(1609)袁叔度刻本 二冊

340000－1881－0007928 12460

春秋左傳集解三十卷 （晉）杜預撰 明刻本
四冊 存十卷(九至十二、十四至十六、二
十三至二十五)

340000－1881－0007929 12461

春秋左傳十五卷 （明）孫鑛批點 明萬曆四
十四年(1616)吳興閔齊伋刻朱墨套印本
八冊

340000－1881－0007930 12462

孟子二卷 （宋）蘇洵批點 明萬曆四十五年
(1617)閔齊伋刻三色套印本 二冊

340000－1881－0007931 12463

坡仙集十六卷 （宋）蘇軾撰 明萬曆二十八
年(1600)繼志齋刻本 八冊

340000－1881－0007932 12464

淮南鴻烈集解二十一卷 （漢）劉安著 （漢）
高誘注 （明）張象賢編 明萬曆十九年
(1591)刻本 十冊

340000－1881－0007933 12465

鶡冠子三卷 （宋）陸佃撰 明天啓五年
(1625)刻本 一冊

340000－1881－0007934 12466

敝篋集二卷 （明）袁宏道撰 明刻本 一冊

340000－1881－0007935 12467

剱筴二十七卷 （明）錢希言撰 明翠幄草堂
刻本 十二冊

340000－1881－0007936 12468

宋丞相李忠定公奏議六十九卷附錄九卷
（宋）李綱撰 （宋）朱欽編 清乾隆十七年
(1752)刻本 二十四冊

340000－1881－0007937 12469

陳眉公重訂野客叢書十二卷附錄一卷 （宋）
王楙輯 明嘉靖四十一年(1562)刻本 五冊

340000－1881－0007938 12470

皇明開國臣傳十三卷 （明）朱國禎輯 明刻
本 六冊

340000－1881－0007939 12471

分類補註李太白詩二十五卷 （唐）李白著
（宋）楊齊賢集註 （元）蕭士贇補註 明刻本

十二冊　存二十卷(一至二十)

340000－1881－0007940　12472

新刻旁注四六類函十二卷　(明)朱錦　(明)
許以忠編　(明)閔師孔注　明吳繼武刻本
四冊

340000－1881－0007941　12473

金石韻府五卷　(明)朱雲輯篆　明嘉靖十年
(1531)刻朱印本　五冊

340000－1881－0007942　12474

像象管見四卷繫辭上傳五卷像抄四卷　(明)
錢一本著　明萬曆四十一年(1613)刻本
十冊

340000－1881－0007943　12475

異聞總錄四卷　(宋)□□撰　明刻本　二冊

340000－1881－0007944　12476

古今印則不分卷　(明)程遠摹選　明萬曆三
十九年(1611)宛委堂刻鈐印本　四冊

340000－1881－0007945　12477

柯子答問六卷　(明)柯維騏　(明)吳大揚
(明)方文沂編　清嘉慶十四年(1809)刻本
一冊

340000－1881－0007946　12478

古史談苑三十六卷　(明)錢世揚纂　明萬曆
四十三年(1615)刻本　八冊

340000－1881－0007947　12479

文章辨體五十卷外集五卷　(明)吳訥編　明
天順八年(1464)鍾原刻本　十冊

340000－1881－0007948　12480

疏草不分卷　(明)駱駸曾撰　明萬曆四十四
年(1616)刻本　四冊

340000－1881－0007949　12481

唐詩名媛集一卷唐詩香奩集一卷　(明)楊肇
祉輯　明天啓元年(1621)刻朱墨套印本
一冊

340000－1881－0007950　12482

唐詩觀妓集一卷　(明)楊肇祉輯　清康熙二
十六年(1687)刻本　一冊

340000－1881－0007951　12483

廣輿記二十四卷　(明)陸應陽編　(明)閻光
表增訂　明凝香閣刻本　八冊

340000－1881－0007952　12484

盡言集十三卷　(宋)劉安世撰　明隆慶五年
(1571)刻本　二冊

340000－1881－0007953　12485

唐陸宣公翰苑集二十三卷　(唐)陸贄撰　明
萬曆三十五年(1607)刻本　四冊

340000－1881－0007954　12486

三禮編繹二十六卷　(明)鄧元錫撰　明萬曆
三十三年(1605)官府刻本　十二冊

340000－1881－0007955　12487

蘇長公小品二卷　(宋)蘇軾撰　(明)王聖俞
編　明萬曆三十九年(1611)心遠軒刻本
二冊

340000－1881－0007956　12488

昭代武功編十卷　(明)范景文纂　明崇禎十
一年(1638)刻本　五冊

340000－1881－0007957　12489

茅鹿門文集八卷　(明)茅坤撰　(明)潘拱宸
輯并評　明末刻朱墨套印本　五冊

340000－1881－0007958　12490

再增摭古遺文二卷　(明)李登撰　明萬曆二
十二年(1594)刻本　一冊

340000－1881－0007959　12491

通鑑直解二十八卷　(明)張居正注　(明)鍾
惺編　明天啓元年(1621)刻本　十冊

340000－1881－0007960　12492

宣和集古印史八卷　(明)來行學輯　明萬曆
二十四年(1596)鈐印本　六冊

340000－1881－0007961　12493

昭代典則二十八卷　(明)黃光昇編　明萬曆
二十八年(1600)萬卷樓刻本　十六冊

340000－1881－0007962　12494

禮記二十卷　(漢)鄭玄注　**禮記釋文不分卷**
　(唐)陸德明撰　**撫本禮記鄭注考異二卷**

（清）張敦仁著　清嘉慶十一年（1806）刻本
六冊

340000 – 1881 – 0007963　12495
尚書後案三十卷尚書後辨附一卷　（清）王鳴
盛撰　清乾隆四十五年（1780）刻本　八冊

340000 – 1881 – 0007964　12496
朱栢廬先生愧訥集十二卷附載一卷　（明）朱
用純著　清雍正三年（1725）刻本　四冊

340000 – 1881 – 0007965　12497
禮記二十卷　（漢）鄭玄注　**禮記釋文不分卷**
（唐）陸德明撰　**撫本禮記鄭注考異二卷**
（清）張敦仁著　清嘉慶十一年（1806）刻本
八冊

340000 – 1881 – 0007966　12498
羣經音辨七卷　（宋）賈昌朝撰　清康熙五十
三年（1714）刻本　二冊

340000 – 1881 – 0007967　12499
水經注四十卷　（漢）桑欽撰　（北魏）酈道元
注　清刻本　六冊

340000 – 1881 – 0007968　12500
古文淵鑒六十四卷　（清）徐乾學等編注　清
康熙二十四年（1685）內府刻五色套印本　三
十六冊

340000 – 1881 – 0007969　12501
群書考索古今事文玉屑二十四卷　（明）楊淙
編　明葉貴刻本　十冊

340000 – 1881 – 0007970　12502
孔氏家語十卷　（三國魏）王肅注　明崇禎毛
氏汲古閣刻本　二冊

340000 – 1881 – 0007971　12503
典裘購書歌不分卷　（清）吳騫撰　清康熙五
十八年（1719）刻本　一冊

340000 – 1881 – 0007972　12504
秀野園詩集三卷　（清）顧嗣立撰　清康熙刻
本　一冊

340000 – 1881 – 0007973　12505
禮箋三卷　（清）金榜撰　清乾隆五十九年

（1794）刻本　一冊

340000 – 1881 – 0007974　12506
惠山聽松庵竹爐圖詠四卷　（清）秦文錦臨畫
（清）吳心榮書簡　清乾隆二十七年（1762）
刻本　一冊

340000 – 1881 – 0007975　12508
萬山拜下堂稿不分卷　（清）釋海岳輯　清康
熙四十一年（1702）刻本　一冊

340000 – 1881 – 0007976　12509
太上斗姥大懺不分卷　（明）陳吉士撰　明刻
本　一冊

340000 – 1881 – 0007977　12510
李長吉集四卷外一卷　（唐）李賀撰　（明）黃
淳耀評　（清）黎簡批點　清宣統元年（1909）
掃葉山房朱墨石印本　二冊

340000 – 1881 – 0007978　12511
李長吉集四卷外一卷　（唐）李賀撰　（明）黃
淳耀評　（清）黎簡批點　清光緒十八年
（1892）刻朱墨套印本　二冊

340000 – 1881 – 0007979　12512
文選六十卷　（南朝梁）蕭統編　（唐）李善注
文選考異十卷　（清）胡克家撰　清嘉慶十
四年（1809）胡克家刻本　二十四冊

340000 – 1881 – 0007980　12513
九經五十卷　（明）秦鏷編　清刻本　八冊
存二十八卷（周易一至三、書經一至四、詩經
一至四、春秋一至十七）

340000 – 1881 – 0007981　12514
一老菴遺藳四卷　（清）徐柯著　清刻本
五冊

340000 – 1881 – 0007982　12516
棟亭文鈔一卷詞鈔一卷詩鈔八卷　（清）曹寅
撰　清刻本　二冊

340000 – 1881 – 0007983　12517
李義山詩集十六卷　（唐）李商隱撰　（清）姚
培謙注　清乾隆松桂讀書堂刻本　四冊

340000 – 1881 – 0007984　12518

萬山拜下堂稿一卷 （清）釋海岳輯 清刻本
一冊

340000－1881－0007985 12519

唐中興閒氣集二卷 （唐）高仲武撰 清末武
進費氏刻本 二冊

340000－1881－0007986 12520

新雕校證大字白氏諷諫一卷 （唐）白居易撰
清光緒十九年(1893)刻本 一冊

340000－1881－0007987 12521

新雕校證大字白氏諷諫一卷 （唐）白居易撰
清光緒十九年(1893)刻本 一冊

340000－1881－0007988 12522

欽定滿洲源流考二十卷 （清）麟書等纂修
清乾隆四十二年(1777)刻本 八冊

340000－1881－0007989 12523

晦庵先生校正周易繫辭精義二卷 （宋）呂祖
謙編 周易上經三卷下經三卷 （宋）程頤傳
清光緒九年(1883)刻本 四冊

340000－1881－0007990 12524

易林釋文二卷 （清）丁晏撰 清咸豐四年
(1854)廣雅書局刻朱印本 一冊

340000－1881－0007991 12525

金剛般若波羅密經一卷 （後秦）釋鳩摩羅什
譯 清乾隆五十年(1785)刻本 一冊

340000－1881－0007992 12526

重刊補註洗冤錄集證五卷 （宋）宋慈撰
（清）王又槐增輯 （清）阮其新補註 （清）
李觀瀾補輯 洗冤錄辨正一卷 （清）瞿中溶
撰 附刊洗冤錄解一卷 （清）姚德豫著 清
道光二十七年(1847)刻朱墨套印本 六冊

340000－1881－0007993 12527

漁洋山人精華錄十卷 （清）王士禎撰 （清）
林佶編 清康熙刻本 四冊

340000－1881－0007994 12528

秋崖先生小藁四十五卷詩集三十八卷 （宋）
方岳著 明嘉靖六年(1527)刻本 十冊

340000－1881－0007995 12529

附釋文互註禮部韻略五卷 （宋）丁度撰 明
刻本 八冊

340000－1881－0007996 12530

古文披金二十四卷 （清）納蘭常安編 清康
熙刻本 二十冊

340000－1881－0007997 12531

駢體文鈔三十一卷 （清）李兆洛輯 清刻本
五冊

340000－1881－0007998 12532

儀禮十七卷 （漢）鄭玄注 清乾隆刻武英殿
聚珍版書本 一冊 存六卷(一至六)

340000－1881－0007999 12533

六朝事迹編類十四卷 （宋）張敦頤撰 清光
緒十三年(1887)寶章閣刻本 四冊

340000－1881－0008000 12535

隸韻攷證二卷碑目攷證一卷 （清）翁方綱撰
（清）陶士立摹 清刻本 一冊

340000－1881－0008001 12536

說詩晬語二卷 （清）沈德潛撰 清刻本
一冊

340000－1881－0008002 12537

大宋重修廣韻五卷 （宋）陳彭年等撰 清康
熙四十三年(1704)澤存堂刻本 五冊

340000－1881－0008003 12538

庚子銷夏記八卷 （清）孫承澤著 清乾隆二
十六年(1761)刻本 二冊

340000－1881－0008004 12539

西崑酬唱集二卷 （宋）楊億撰 清康熙四十
七年(1708)刻本 一冊

340000－1881－0008005 12540

論語二十卷 （宋）朱熹傳 明刻本 四冊
存十二卷(六至七、十一至二十)

340000－1881－0008006 12541

宋詩鈔八十一卷 （清）吳之振輯 清康熙十
年(1671)刻本 二十六冊

340000－1881－0008007 12542

天音集三卷歸愚詩鈔二十卷 （清）沈德潛撰
清乾隆十六年(1751)刻本 八冊

340000 – 1881 – 0008008 12543
昌黎先生詩集注十一卷 （唐）韓愈撰 （清）
顧嗣立編 清康熙秀野草堂刻本 二冊

340000 – 1881 – 0008009 12544
說文解字十五卷 （漢）許慎撰 明刻本
六冊

340000 – 1881 – 0008010 12545
吳淵穎先生集十二卷 （元）吳萊撰 （清）王
邦采 （清）王繩曾注 清同治九年(1870)應
氏刻本 五冊

340000 – 1881 – 0008011 12546
本草綱目五十二卷首一卷 （明）李時珍撰
清順治十五年(1658)刻本 四十冊

340000 – 1881 – 0008012 12547
隸辨八卷 （清）顧藹吉纂 清乾隆八年
(1743)刻本 八冊

340000 – 1881 – 0008013 12548
逸語十卷 （清）曹廷棟輯注 清乾隆十二年
(1747)刻本 三冊

340000 – 1881 – 0008014 12549
庭聞錄六卷附錄一卷 （清）劉健撰 清康熙
五十八年(1719)刻本 六冊

340000 – 1881 – 0008015 12550
李義山詩集三卷 （唐）李商隱撰 （清）朱鶴
齡箋注 清乾隆十五年(1750)光霽堂刻本
四冊

340000 – 1881 – 0008016 12551
周易本義四卷 （□）□□撰 明刻本 五冊

340000 – 1881 – 0008017 12552
四書圖史合考二十四卷 （明）蔡清輯 明刻
本 十冊

340000 – 1881 – 0008018 12553
說文引經異字三卷 （清）吳雲蒸撰 清道光
六年(1826)刻本 一冊

340000 – 1881 – 0008019 12554
說文引經異字三卷 （清）吳雲蒸撰 清道光
五年(1825)刻本 一冊

340000 – 1881 – 0008020 12555
冬心先生雜著六種不分卷 （清）金農撰 清
雍正十一年(1733)刻本 一冊

340000 – 1881 – 0008021 12556
戴氏注論語二十卷 （清）戴望撰 清刻本
一冊

340000 – 1881 – 0008022 12557
明三十家詩選初集八卷 （清）汪端輯 清同
治十二年(1873)蘊蘭吟館刻本 八冊

340000 – 1881 – 0008023 12558
筠廊偶筆二卷 （清）宋犖撰 清嘉慶二十年
(1815)刻本 二冊

340000 – 1881 – 0008024 12559
周官精義十二卷 （清）連斗山編 清乾隆四
十一年(1776)刻本 三冊

340000 – 1881 – 0008025 12560
重刻楊園先生全集五十四卷[張履祥]年譜一
卷 （清）張履祥撰 （清）蘇惇元輯 清同治
十一年(1872)刻本 十六冊

340000 – 1881 – 0008026 12562
三餘堂存稿二卷 （清）胡長齡著 清嘉慶十
五年(1810)刻本 二冊

340000 – 1881 – 0008027 12563
柳柳州集四卷 （唐）柳宗元撰 清退補齋刻
本 一冊

340000 – 1881 – 0008028 12564
柳州外集不分卷 （唐）柳宗元撰 清光緒四
年(1878)刻本 一冊

340000 – 1881 – 0008029 12565
四書集注□□卷 （宋）朱熹集注 清刻本
四冊 存八卷(論語集注七至十、孟子集注三
至六)

340000 – 1881 – 0008030 12566
全唐詩話八卷 （宋）尤袤輯 清乾隆三十九

年(1774)刻本　四冊

340000－1881－0008031　12567

世說新語三卷　（南朝宋）劉義慶撰　（南朝梁）劉孝標注　（宋）劉辰翁評　明萬曆八年(1580)刻本　三冊

340000－1881－0008032　12570

周易口訣義六卷　（唐）史徵撰　清乾隆四十五年(1780)刻武英殿聚珍版書本　二冊

340000－1881－0008033　12571

易說四卷　（宋）司馬光撰　清乾隆四十七年(1782)刻武英殿聚珍版書本　二冊

340000－1881－0008034　12572

絜齋毛詩經筵講義四卷　（宋）袁燮撰　清乾隆四十年(1775)刻武英殿聚珍版書本　一冊

340000－1881－0008035　12573

尚書詳解五十卷　（宋）陳經撰　清乾隆四十七年(1782)刻武英殿聚珍版書本　八冊

340000－1881－0008036　12574

春秋釋例十五卷　（晉）杜預撰　清乾隆四十六年(1781)刻武英殿聚珍版書本　六冊

340000－1881－0008037　12575

大戴禮記十三卷　（漢）戴德撰　（北周）盧辯注　清乾隆四十二年(1777)刻武英殿聚珍版書本　二冊

340000－1881－0008038　12576

詩總聞二十卷　（宋）王質撰　清乾隆四十六年(1781)刻武英殿聚珍版書本　四冊

340000－1881－0008039　12577

春秋攷十六卷　（宋）葉夢得撰　清乾隆四十六年(1781)刻武英殿聚珍版書本　四冊

340000－1881－0008040　12578

春秋集注四十卷　（宋）高閌撰　清乾隆四十五年(1780)刻武英殿聚珍版書本　六冊

340000－1881－0008041　12579

平叛記二卷　（清）毛霦編　清康熙五十二年(1713)刻本　一冊

340000－1881－0008042　12580

物理小識十二卷首一卷　（明）方以智撰　清康熙三年(1664)刻本　六冊

340000－1881－0008043　12581

點石齋畫報不分卷　（清）尊聞閣主人輯　（清）吳友如繪　清光緒十年(1884)石印本　十冊

340000－1881－0008044　12582

歷代鐘鼎彝器款識法帖二十卷　（宋）薛尚功輯　明崇禎六年(1633)刻本　三冊

340000－1881－0008045　12583

楚辭燈四卷　（清）林雲銘撰　（清）林沆等校　清康熙三十六年(1697)刻本　二冊

340000－1881－0008046　12584

韓子粹言不分卷　（清）李光地輯　清刻本　四冊

340000－1881－0008047　12585

湯子遺書十卷附錄一卷　（清）湯斌撰　清康熙四十二年(1703)愛日堂刻本　四冊

340000－1881－0008048　12587

孫子十家註十三卷遺說一卷敘錄一卷　（宋）吉天保撰　（清）孫星衍　（清）吳人驥同校　清咸豐五年(1855)淡香齋木活字印本　四冊

340000－1881－0008049　12588

文選六十卷　（南朝梁）蕭統編　（唐）李善注　明刻本　十冊

340000－1881－0008050　12589

呂氏春秋二十六卷　（清）畢沅編　清乾隆五十二年(1787)刻本　三冊

340000－1881－0008051　12590

歷代紀元部表二卷　（清）江永撰　清乾隆二十年(1755)刻本　二冊

340000－1881－0008052　12591

春秋世族譜不分卷　（清）陳厚耀撰　清乾隆四十三年(1778)刻本　一冊

340000－1881－0008053　12592

文獻通考詳節二十四卷　（元）馬端臨著

（清）嚴虞惇錄　清乾隆二十九年(1764)刻本
　　六冊

340000－1881－0008054　12593

易經集粹不分卷　（清）吳日慎纂輯　**周易三
卷**　（宋）朱熹本義　清乾隆元年(1736)刻本
　　二冊

340000－1881－0008055　12594

汲古閣珍藏秘本書目不分卷　（清）毛扆編
清嘉慶五年(1800)刻本　一冊

340000－1881－0008056　12595

季滄葦藏書目不分卷　（清）季振宜撰　清嘉
慶十年(1805)刻本　一冊

340000－1881－0008057　12596

梁昭明文選六十卷　（南朝梁）蕭統撰　（唐）
李善注　明汲古閣刻本　二十四冊

340000－1881－0008058　12598

壽藤齋詩三十五卷　（清）鮑倚雲撰　清乾隆
三十五年(1770)刻本　八冊

340000－1881－0008059　12599

嘯古堂文集八卷　（清）蔣敦復撰　清同治七
年(1868)刻本　二冊

340000－1881－0008060　12600

東萊先生西漢詳節三十卷首一卷東漢詳節三
十卷首一卷　（宋）呂祖謙撰　明陝西布政司
刻本　十六冊

340000－1881－0008061　12601

唐宋文精選批本不分卷　夏慎大藏　明末刻
呂氏家塾讀本　二冊

340000－1881－0008062　12602

雪泥記遊稿不分卷　（清）符曾撰　清乾隆三
年(1738)刻本　一冊

340000－1881－0008063　12603

樹經堂詩初集十五卷　（清）謝啟昆著　清乾
隆五十八年(1793)刻本　十冊

340000－1881－0008064　12604

有懷堂文藁二十二卷　（清）韓菼撰　清康熙
四十二年(1703)刻本　八冊

340000－1881－0008065　12605

淮海英靈集甲集四卷乙集四卷丙集四卷丁集
四卷戊集四卷壬集一卷癸集一卷　（清）阮元
編　清嘉慶三年(1798)小瑯環僊館刻本
十冊

340000－1881－0008066　12607

唐詩英華二十二卷　（清）顧有孝編　（清）顧
有孝　（清）錢謙益箋注　明末清初刻本
八冊

340000－1881－0008067　12608

胡揚貢先生鑒定易經易簡便讀不分卷　（清）
徐錫祥編　清康熙五年(1666)刻本　二冊

340000－1881－0008068　12609

曝書亭集外詩八卷　（清）朱彝尊撰　（清）馮
登府輯　清嘉慶二十二年(1817)刻本　一冊

340000－1881－0008069　12610

曝書亭集八十卷　（清）朱彝尊撰　清刻本
十冊

340000－1881－0008070　12611

山谷題跋三卷　（宋）黃庭堅著　（清）溫一貞
編　清乾隆五十年(1785)又賞𰰀刻本　二冊

340000－1881－0008071　12612

遙集集前編六卷　（清）許貞幹編　清刻本
六冊

340000－1881－0008072　12613

晏子春秋七卷音義二卷　（春秋）晏嬰撰
（清）孫星衍音義　清乾隆五十三年(1788)刻
本　四冊

340000－1881－0008073　12614

帶經堂集九十二卷　（清）王士禎撰　（清）程
哲編　清乾隆十二年(1747)刻本　二十四冊

340000－1881－0008074　12615

蔣氏游藝秘錄二卷　（清）蔣衡著　清乾隆五
十九年(1794)刻本　三冊　存一卷(上)

340000－1881－0008075　12616

李義山詩集三卷　（唐）李商隱撰　（清）朱鶴
齡箋注　（清）沈厚塽輯評　清同治九年

(1870)刻本　四冊

340000 – 1881 – 0008076　12617

元史紀事本末二十七卷　(明)陳邦瞻編
(明)臧懋循補輯　(明)張溥論正　清朝宗書
室木活字印本　四冊

340000 – 1881 – 0008077　12618

春秋辨疑四卷　(宋)蕭楚撰　清乾隆三十八
年(1773)刻武英殿聚珍版書本　二冊

340000 – 1881 – 0008078　12619

明本釋三卷　(宋)劉荀撰　清乾隆三十九年
(1774)刻武英殿聚珍版書本　二冊

340000 – 1881 – 0008079　12620

宋朝事實二十卷　(宋)李攸撰　清乾隆三十
九年(1774)刻武英殿聚珍版書本　四冊

340000 – 1881 – 0008080　12621

元朝名臣事略十五卷　(元)蘇天爵輯　清乾
隆三十九年(1774)刻武英殿聚珍版書本
四冊

340000 – 1881 – 0008081　12622

陶山集十六卷　(宋)陸佃撰　清乾隆四十一
年(1776)刻武英殿聚珍版書本　四冊

340000 – 1881 – 0008082　12623

古香齋鑒賞袖珍春明夢餘錄七十卷　(清)孫
承澤著　清光緒九年(1883)刻本　二十四冊

340000 – 1881 – 0008083　12624

林蕙堂文集十二卷續刻六卷亭皋詩鈔四卷藝
香詞鈔四卷　(清)吳綺著　清乾隆四十一年
(1776)刻本　十二冊

340000 – 1881 – 0008084　12625

葉氏睿吾樓文話十四卷　(清)葉元墀撰　清
道光十三年(1833)刻本　一冊

340000 – 1881 – 0008085　12626

船山詩草二十卷　(清)張問陶撰　清嘉慶二
十年(1815)刻本　四冊

340000 – 1881 – 0008086　12627

養一齋文集二十卷李養一詩集四卷　(清)李
兆洛著　清光緒八年(1882)刻本　十冊

340000 – 1881 – 0008087　12628

尚書集注音疏十二卷末一卷外編一卷　(清)
江聲輯　清乾隆五十八年(1793)刻本　二
十冊

340000 – 1881 – 0008088　12629

慈溪黃氏日抄分類九十七卷　(宋)黃震編
清乾隆三十二年(1767)刻本　二十冊

340000 – 1881 – 0008089　12630

欽定篆文六經四書十卷　(清)李光地等編
清光緒九年(1883)同文書局石印本　十冊

340000 – 1881 – 0008090　12631

物詮八卷校勘書後一卷　(清)汪紱著　清光
緒九年(1883)刻本　四冊

340000 – 1881 – 0008091　12632

管子二十四卷　(唐)房玄齡注　明萬曆十年
(1582)刻本　四冊

340000 – 1881 – 0008092　12633

通雅五十二卷首三卷　(明)方以智撰　(清)
姚文燮編　清康熙五年(1666)立教館刻本
八冊

340000 – 1881 – 0008093　12634

吳越所見書畫錄六卷　(清)陸時化編　清乾
隆四十二年(1777)懷烟閣刻本　六冊

340000 – 1881 – 0008094　12635

帆野集二卷　(清)姚宏烈著　(清)姚鐘發編
清乾隆十八年(1753)刻本　一冊

340000 – 1881 – 0008095　12636

吟紅閣詩鈔五卷　(清)夏伊蘭撰　清道光九
年(1829)刻本　一冊

340000 – 1881 – 0008096　12637

楚辭十卷　(漢)劉向輯　(清)王萌注
(清)王遠玫音　(清)朱軾編　清康熙十六年
(1677)刻本　一冊

340000 – 1881 – 0008097　12638

滄螾軒詩初彙四卷詞一卷　(清)張孟緹撰
清道光二十二年(1842)宛鄰書屋刻本　一冊

340000 – 1881 – 0008098　12639

玉谿生詩箋注三卷首一卷　（唐）李商隱撰
（清）馮浩編　清乾隆三十年(1765)刻本
八冊

340000－1881－0008099　12640

尚書集注音疏十二卷末一卷外編一卷　（清）
江聲輯　清乾隆五十八年(1793)刻本　十冊

340000－1881－0008100　12641

智囊二十八卷　（明）馮夢龍撰　清刻本　十
四冊

340000－1881－0008101　12642

學林十卷　（宋）王觀國撰　清乾隆四十七年
(1782)刻武英殿聚珍版書本　四冊

340000－1881－0008102　12643

御選明臣奏議四十卷　（清）高宗弘曆編　清
乾隆四十六年(1781)刻武英殿聚珍版書本
十冊

340000－1881－0008103　12644

東觀漢記二十四卷　（漢）劉珍撰　清乾隆四
十二年(1777)刻武英殿聚珍版書本　四冊

340000－1881－0008104　12645

文忠集十六卷　（唐）顏真卿撰　清乾隆四十
七年(1782)刻武英殿聚珍版書本　二冊

340000－1881－0008105　12646

西臺集二十卷　（宋）畢仲游撰　清乾隆四十
六年(1781)刻武英殿聚珍版書本　四冊

340000－1881－0008106　12647

公是集五十四卷　（宋）劉敞撰　清乾隆四十
六年(1781)刻武英殿聚珍版書本　八冊

340000－1881－0008107　12648

楊氏全書三十六卷　（清）楊名時撰　（清）楊
應詢編　清乾隆五十八年(1793)刻本　八冊

340000－1881－0008108　12649

何大復先生集三十八卷　（明）何景明撰
（清）何源洙　（清）何維基編　清乾隆十五年
(1750)刻本　八冊

340000－1881－0008109　12650

大戴禮記十三卷　（北周）盧辯注　清乾隆二

十四年(1759)刻本　二冊

340000－1881－0008110　12651

李義山文集十卷　（唐）李商隱撰　（清）徐樹
穀　（清）徐炯注　清康熙四十七年(1708)刻
本　五冊

340000－1881－0008111　12652

桐華館詩稿三卷　（清）楊揆撰　清嘉慶十二
年(1807)刻本　二冊

340000－1881－0008112　12653

孟子集注□□卷　（宋）朱熹集注　清吳志忠
刻本　四冊　存六卷(一至二、七至十)

340000－1881－0008113　12654

韓文四十卷外集十卷　（唐）韓愈撰　柳文四
十三卷別集二卷外集二卷　（唐）柳宗元撰
明嘉靖四十一年(1562)刻本　十二冊

340000－1881－0008114　12655

古文淵鑒六十四卷　（清）聖祖玄燁選　（清）
徐乾學等編注　清康熙內府刻五色套印本
三十二冊

340000－1881－0008115　12656

杜詩論文五十六卷　（唐）杜甫撰　（清）吳興
祚編　（清）吳見思注　（清）潘眉評　清康熙
十一年(1672)刻本　十三冊

340000－1881－0008116　12657

夢樓詩集二十四卷　（清）王文治撰　清乾隆
六十年(1795)食舊堂刻本　十冊

340000－1881－0008117　12658

宋史紀事本末一百九卷　（明）馮琦編　（明）
陳邦瞻纂輯　（明）張溥論正　清朝宗書室木
活字印本　十六冊

340000－1881－0008118　12659

宋史紀事本末十卷　（明）馮琦編　（明）陳邦
瞻纂輯　明萬曆三十三年(1605)刻本　三冊
　　存四卷(一、八至十)

340000－1881－0008119　12660

徐騎省集三十卷附補遺一卷附校勘記一卷
（宋）徐鉉著　清光緒十九年(1893)刻本

八冊

340000 – 1881 – 0008120　12661

欽定四庫全書考證一百卷　（清）王太岳
（清）曹錫寶纂輯　清乾隆三十九年(1774)刻
武英殿聚珍版書本　六十冊

340000 – 1881 – 0008121　12662

攷古質疑六卷　（宋）葉大慶撰　清乾隆四十
年(1775)刻武英殿聚珍版書本　一冊

340000 – 1881 – 0008122　12663

澗泉日記三卷　（宋）韓淲撰　歲寒堂詩話二
卷　（宋）張戒撰　嶺表錄異三卷　（唐）劉恂
撰　清乾隆刻武英殿聚珍版書本　一冊

340000 – 1881 – 0008123　12664

浩然齋雅談三卷　（宋）周密撰　清乾隆刻武
英殿聚珍版書本　一冊

340000 – 1881 – 0008124　12665

雲谷雜記四卷首一卷末一卷　（宋）張淏撰
清乾隆三十九年(1774)刻武英殿聚珍版書本
　一冊

340000 – 1881 – 0008125　12666

元憲集三十六卷　（宋）宋庠撰　清乾隆四十
六年(1781)刻武英殿聚珍版書本　四冊

340000 – 1881 – 0008126　12667

彭城集四十卷　（宋）劉攽撰　清乾隆四十七
年(1782)刻武英殿聚珍版書本　六冊

340000 – 1881 – 0008127　12668

山谷内集二十卷外集十七卷別集二卷　（宋）
黃庭堅撰　清乾隆四十七年(1782)刻武英殿
聚珍版書本　七冊

340000 – 1881 – 0008128　12669

籌筆初梯一卷算籌七卷算策一卷實用籌算一
卷　（□）□□撰　清刻本　四冊

340000 – 1881 – 0008129　12670

班馬字類二卷　（宋）婁機纂　清光緒九年
(1883)後知不足齋刻本　二冊

340000 – 1881 – 0008130　12672

虎鈐經二十卷　（明）許洞撰　清刻本　六冊

340000 – 1881 – 0008131　12673

潛夫論十卷　（漢）王符撰　（清）汪繼培注
清光緒十七年(1891)思賢講舍刻本　四冊

340000 – 1881 – 0008132　12674

陳文恭公手札節要三卷　（清）陳宏謀撰　清
同治七年(1868)崇文書局刻本　一冊

340000 – 1881 – 0008133　12675

山谷老人刀筆二十卷　（宋）黃庭堅撰　明萬
承風刻本　六冊

340000 – 1881 – 0008134　12676

林和靖詩集四卷拾遺一卷　（宋）林逋撰　清
刻本　四冊

340000 – 1881 – 0008135　12678

四史勦說十六卷　（清）史珥著　清乾隆二十
五年(1760)刻本　八冊

340000 – 1881 – 0008136　12679

馮用韞先生北海集四十六卷　（明）馮琦撰
明刻本　三冊　存二十二卷(一至五、三十至
四十六)

340000 – 1881 – 0008137　12680

史外八卷　（清）汪有典著　清同治三年
(1864)刻本　八冊

340000 – 1881 – 0008138　12681

遺山先生詩集二十卷　（金）元好問撰　明末
汲古閣刻本　六冊

340000 – 1881 – 0008139　12682

潛邱劄記六卷　（清）閻若璩撰　左汾近稾一
卷　（清）閻詠撰　清乾隆十三年(1748)眷西
堂刻本　六冊

340000 – 1881 – 0008140　12683

尚書古文疏證八卷　（清）閻若璩撰　朱子古
文書疑一卷　（清）閻詠輯　清乾隆十年
(1745)眷西堂刻本　八冊

340000 – 1881 – 0008141　12684

昌黎先生詩集注十一卷　（唐）韓愈撰　（清）
顧嗣立編　清光緒九年(1883)翰墨園刻朱墨
套印本　四冊

340000 - 1881 - 0008142　12685

杜工部集二十卷首一卷　（唐）杜甫撰　吳廣
霈批校　清光緒二年(1876)粵東翰墨園刻六
色套印本　十二冊

340000 - 1881 - 0008143　12686

漁隱叢話前集六十卷後集四十卷　（宋）胡仔
撰　清乾隆六年(1741)刻本　六冊

340000 - 1881 - 0008144　12688

述學六卷　（清）汪中撰　清嘉慶二十年
(1815)揚州書局刻本　六冊

340000 - 1881 - 0008145　12689

亭林先生補遺十種十四卷顧亭林先生遺書十
種二十七卷首一卷　（清）顧炎武著　（清）席
威　（清）朱記榮輯　清光緒十一年(1885)刻
本　二十冊

340000 - 1881 - 0008146　12690

鐵華館叢書四十五卷　（清）蔣鳳藻輯　清光
緒刻本　六冊

340000 - 1881 - 0008147　12691

大宋重修廣韻五卷　（宋）陳彭年等撰　清光
緒遵義黎氏刻古逸叢書本　三冊

340000 - 1881 - 0008148　12692

急就篇不分卷　（漢）史游撰　清光緒遵義黎
氏刻古逸叢書本　一冊

340000 - 1881 - 0008149　12693

荀子二十卷　（唐）楊倞注　清光緒遵義黎氏
刻古逸叢書本　四冊

340000 - 1881 - 0008150　12694

陶淵明文集十卷　（晉）陶潛撰　清刻本
二冊

340000 - 1881 - 0008151　12695

筆算說畧不分卷　（清）鄭復光撰　清抄本
一冊

340000 - 1881 - 0008152　12696

鄭元甫割圜弧積表不分卷　（清）鄭復光撰
清刻本　一冊

340000 - 1881 - 0008153　12697

夏小正考注不分卷　（清）畢沅撰　清乾隆四
十八年(1783)刻本　一冊

340000 - 1881 - 0008154　12698

三輔黃圖六卷雜錄一卷補遺一卷　（□）□□
撰　清乾隆四十九年(1784)刻本　一冊

340000 - 1881 - 0008155　12699

禹貢指南四卷　（宋）毛晃撰　清乾隆三十八
年(1773)刻武英殿聚珍版書本　二冊

340000 - 1881 - 0008156　12700

南遊記一卷　（清）孫嘉淦撰　清嘉慶十年
(1805)刻本　一冊

340000 - 1881 - 0008157　12701

振古堂詩一卷　（清）趙端著　清康熙六年
(1667)刻本　一冊

340000 - 1881 - 0008158　12702

增訂金壺字考不分卷　（清）郝在田纂　清同
治十三年(1874)刻本　一冊

340000 - 1881 - 0008159　12703

四憶堂詩集六卷　（清）侯方域著　（清）賈開
宗等編注　清順治刻本　一冊

340000 - 1881 - 0008160　12704

壯悔堂文集十卷遺稿一卷　（清）侯方域著
（清）賈開宗等評點　清康熙刻本　一冊　存
四卷(壯悔堂文集八至十、遺稿一卷)

340000 - 1881 - 0008161　12705

偶存草二卷附詩餘　（清）周其祚著　清乾隆
十三年(1748)刻本　一冊

340000 - 1881 - 0008162　12706

秋蘭館燼餘賸稿二卷　（清）儲潤書著　清道
光十年(1830)刻本　一冊

340000 - 1881 - 0008163　12707

乙未亭詩集六卷　（清）徐昂發撰　清康熙刻
本　一冊

340000 - 1881 - 0008164　12708

唐元次山文集十二卷　（唐）元結著　明刻本
一冊

340000－1881－0008165　12709

池北偶談二十六卷　（清）王士禛著　清康熙
四十年(1701)刻本　八冊

340000－1881－0008166　12710

白石樵真稿四卷　（明）陳繼儒著　明刻本
二冊

340000－1881－0008167　12711

春秋公羊傳十二卷　（明）楊紹溥編　明天啓
六年(1626)刻本　三冊

340000－1881－0008168　12712

呂氏春秋二十六卷　（漢）高誘注　（明）黃甫
龍　（明）俞圖隆編　明刻本　四冊

340000－1881－0008169　12713

群書拾補三十九種三十九卷　（清）盧文弨撰
清乾隆、嘉慶間抱經堂刻本　十冊

340000－1881－0008170　12714

黟山紀游一卷　（清）汪淮著　清刻本　一冊

340000－1881－0008171　12715

張子說林不分卷　（清）張之璧著　（清）鍾志
伊　（清）何器輯　清順治七年(1650)刻本
二冊

340000－1881－0008172　12716

黃山紀游一卷　（清）胡元熙撰　清道光三年
(1823)刻本　一冊

340000－1881－0008173　12717

黃山游草一卷漱芳居詩鈔□□卷　（清）趙青
藜著　清乾隆十七年(1752)刻本　一冊　存
二卷(黃山游草一卷、漱芳居詩鈔八)

340000－1881－0008174　12718

黃山紀游一卷　（清）曹鈖著　（清）顧宸評
清康熙八年(1669)刻本　一冊

340000－1881－0008175　12719

農桑輯要七卷　（元）司農司撰　**蠶事要略一
卷**　（清）張行孚撰　清光緒二十一年(1895)
漸西村舍刻本　一冊

340000－1881－0008176　12720

溫飛卿詩集七卷別集一卷集外詩一卷　（唐）
溫庭筠撰　（明）曾益注　（清）顧予咸補注
清康熙三十六年(1697)秀野草堂刻本　二冊

340000－1881－0008177　12721

元詩選六卷附補遺　（清）顧奎光編　清乾隆
十六年(1751)刻本　八冊

340000－1881－0008178　12722

周忠介公燼餘集三卷　（明）周順昌著　清康
熙四十年(1701)刻本　一冊

340000－1881－0008179　12723

老子道德經二卷　（宋）劉辰翁評點　明天啓
四年(1624)刻本　一冊

340000－1881－0008180　12724

人壽金鑑二十二卷　（清）程得齡輯　清嘉慶
二十五年(1820)刻本　八冊

340000－1881－0008181　12725

五代史記七十四卷　（宋）歐陽脩撰　（宋）徐
無黨　（清）彭元瑞注　（清）劉鳳誥編　清道
光八年(1828)刻本　四十冊

340000－1881－0008182　12726

馮太君家傳一卷先妣張太恭人行略一卷
（清）王拯　（清）馮志沂撰　清咸豐八年
(1858)刻本　一冊

340000－1881－0008183　12727

御定全唐詩錄一百卷　（清）徐倬　（清）徐元
正校刊　清康熙四十五年(1706)刻本　十
五冊

340000－1881－0008184　12728

毛詩明辨錄十卷　（清）沈青崖著　清乾隆十
四年(1749)刻本　四冊

340000－1881－0008185　12729

新書十卷　（漢）賈誼撰　清乾隆四十九年
(1784)抱經堂刻本　二冊

340000－1881－0008186　12730

春秋繁露十七卷　（漢）董仲舒著　清乾隆抱
經堂刻本　二冊

340000－1881－0008187　12731

資治通鑑綱目前編二十五卷正編五十九卷續

编二十七卷　（明）陳仁錫評　明萬曆二十三年(1595)刻本　一百冊

340000－1881－0008188　12732
帶經堂詩話三十卷首一卷　（清）王士禎著　清乾隆二十五年(1760)刻本　八冊

340000－1881－0008189　12733
高上玉皇本行集經三卷　（□）□□撰　清康熙十八年(1679)刻朱印本　一冊

340000－1881－0008190　12734
高上玉皇本行集經不分卷　（□）□□撰　清康熙元年(1662)刻本　一冊

340000－1881－0008191　12736
潛園友朋書問十二卷　（清）李鴻章等撰　清光緒影印本　二冊

340000－1881－0008192　12737
梅村詩集箋注十八卷吳梅村詞一卷　（清）吳偉業撰　（清）吳翌鳳注　清光緒十六年(1890)湖北官書處刻本　四冊

340000－1881－0008193　12738
紀文達公遺集十六卷紀文達公遺集十四卷　（清）紀樹馨編　清嘉慶十年(1805)刻本　十六冊

340000－1881－0008194　12739
唐皮日休文藪十卷　（唐）皮日休撰　清光緒二十一年(1895)蘭雪堂影宋刻本　二冊

340000－1881－0008195　12740
橘巢小藁四卷　（清）王世琛著　清乾隆二十三年(1758)刻本　二冊

340000－1881－0008196　12741
宋名臣言行錄前集十卷後集十四卷續集八卷別集二十六卷外集十七卷　（宋）朱熹撰　清同治七年(1868)刻本　十二冊

340000－1881－0008197　12742
後山先生集二十四卷　（宋）陳師道著　（清）趙駿烈編　清雍正八年(1730)刻本　四冊

340000－1881－0008198　12743
隸釋二十七卷隸續二十一卷　（宋）洪适輯釋

清乾隆四十二年(1777)刻本　七冊

340000－1881－0008199　12744
通典二百卷　（唐）杜佑纂　清咸豐九年(1859)崇仁謝氏刻本　四十冊　存一百五十二卷(一至一百二、一百五十一至二百)

340000－1881－0008200　12745
欽定西清古鑑四十卷錢錄十六卷　（清）梁詩正等編纂　清光緒十四年(1888)刻本　二十四冊

340000－1881－0008201　12746
通志二百卷　（宋）鄭樵撰　清乾隆十二年(1747)刻本　一百二十冊

340000－1881－0008202　12747
劍南詩藁八十五卷放翁逸藁二卷　（宋）陸游撰　明汲古閣刻本　六十二冊

340000－1881－0008203　12749
戲考不分卷　（□）□□撰　清石印本　一冊

340000－1881－0008204　12750
凝香室鴻雪因緣圖記三集　（清）麟慶著　清光緒五年(1879)點石齋石印本　六冊

340000－1881－0008205　12757
御製圓明園圖詠不分卷　（清）世宗胤禛輯　清光緒十三年(1887)天津石印書屋石印本　二冊

340000－1881－0008206　12759
聖諭像解二十卷　（清）梁延年編　清光緒二十九年(1903)安徽撫署石印本　十冊

340000－1881－0008207　12760
孔子家語十卷　（三國魏）王肅注　清李光明莊刻本　四冊

340000－1881－0008208　12761
重訂申文定公書經講義會編十二卷　（明）申時行撰　明萬曆二十六年(1598)刻本　七冊

340000－1881－0008209　12762
覺世真經圖說一卷　（□）□□撰　清慎餘堂刻本　一冊

340000－1881－0008210　12763

程朱闕里志八卷　（明）趙淐編　（明）鮑應鰲纂　清雍正十年(1732)刻本　四冊

340000－1881－0008211　12764

欽定滿洲祭神祭天典禮五卷　（清）允祿注　清乾隆十二年(1747)抄本　四冊

340000－1881－0008212　12765

益智圖二卷　（清）童叶庚著　清光緒四年(1878)刻本　二冊

340000－1881－0008213　12766

爾雅三卷　（晉）郭璞注　清光緒十年(1884)同文書局石印本　二冊

340000－1881－0008214　12767

周易本義四卷　（□）□□撰　明刻本　二冊

340000－1881－0008215　12768

論語十卷　（宋）朱熹集注　清刻本　二冊

340000－1881－0008216　12769

南詔野史二卷　（明）楊慎編　清乾隆五十四年(1789)刻本　二冊

340000－1881－0008217　12770

新刻陳定宇倪道川二先生批點大學或問不分卷新刻陳定宇倪道川二先生批點中庸或問不分卷　（明）汪嘉玉輯　明崇禎十年(1637)刻本　一冊

340000－1881－0008218　12771

休那遺稿十二卷詩集一卷貨殖傳評一卷外集三卷　（明）姚康撰　（清）姚灼輯編　清光緒十五年(1889)五桂山房刻本　十二冊

340000－1881－0008219　12772

繪像第六才子書西廂記八卷　（元）王實甫撰　清光緒十年(1884)刻本　六冊

340000－1881－0008220　12773

欽定武英殿聚珍版程式不分卷　（清）金簡撰　清乾隆三十九年(1774)刻本　二冊

340000－1881－0008221　12774

申江時下勝景圖說二卷　（清）談瀛客撰　清光緒二十年(1894)石印本　二冊

340000－1881－0008222　12776

繪圖警世鐘二卷　（清）張季直評注　清宣統二年(1910)上海章福記石印本　一冊

340000－1881－0008223　12778

寶古堂重修宣和博古圖錄三十卷　（宋）王黼撰　明刻本　八冊　存八卷(三至四、六、十二、十四、十七、二十二、二十六)

340000－1881－0008224　12779

亦政堂重修宣和博古圖錄三十卷　（宋）王黼等撰　清乾隆十七年(1752)槐蔭草堂刻本　一冊　存一卷(二十九)

340000－1881－0008225　12782

泛槎圖一卷續泛槎圖一卷續泛槎圖三集一卷灘江泛棹圖五集一卷　（清）張寶撰　清道光十一年(1831)點石齋石印本　四冊

340000－1881－0008226　12783

爾雅三卷　（晉）郭璞注　清光緒十年(1884)同文書局石印本　一冊

340000－1881－0008227　12784

碧血錄五卷　（清）莊仲方撰　清刻本　一冊　存二卷(二至三)

340000－1881－0008228　12786

時事報畫不分卷　（清）時事報館編　清石印本　二冊

340000－1881－0008229　12787

泊如齋重修宣和博古圖錄三十卷　（宋）王黼編　（明）丁南羽　（明）吳左千繪圖　（明）劉季然書錄　明萬曆十六年(1588)刻本　十六冊

340000－1881－0008230　12789

點石齋叢畫十二卷　（清）點石齋輯　清光緒七年(1881)點石齋石印本　八冊

340000－1881－0008231　12790

詳注聊齋志異圖詠十六卷首一卷　（清）蒲松齡著　（清）呂湛恩注　清光緒十二年(1886)同文書局石印本　八冊

340000－1881－0008232　12791

泊如齋重修宣和博古圖錄三十卷 （宋）王黼
撰 明萬曆刻本 四冊 存七卷（二至三、八
至十一、二十七）

340000－1881－0008233 12792

刪訂唐詩解二十四卷 （明）唐汝詢選釋
（清）吳昌祺評 清康熙四十一年（1702）刻本
六冊

340000－1881－0008234 12793

蘇氏印畧一卷 （明）蘇宣篆 明萬曆四十五
年（1617）鈐印本 一冊

340000－1881－0008235 12795

聖諭像解二十卷 （清）梁延年編 清光緒二
十九年（1903）安徽撫署石印本 十冊

340000－1881－0008236 12796

冶梅竹譜不分卷 （清）王寅撰 清光緒八年
（1882）刻本 一冊

340000－1881－0008237 12797

蘭譜不分卷竹譜不分卷 （清）王寅述 清光
緒八年（1882）刻本 二冊

340000－1881－0008238 12798

聖廟祀典圖攷五卷 （清）顧沅輯 清刻本
五冊

340000－1881－0008239 12799

方氏墨譜六卷 （明）方于魯撰 明刻本
一冊

340000－1881－0008240 12800

陰騭文圖說不分卷 （清）黃正元輯 清刻本
一冊

340000－1881－0008241 12801

芥子園畫傳四卷首一卷 （清）王宓草 （清）
王概 （清）王司直摹古 清康熙四十年
（1701）刻本 一冊 存二卷（蘭譜一卷、首一
卷）

340000－1881－0008242 12802

芥子園畫傳四卷首一卷 （清）王宓草 （清）
王概 （清）王司直摹古 清嘉慶五年（1800）
刻本 四冊

340000－1881－0008243 12803

曹江孝女廟誌八卷首一卷末一卷補遺一卷
（清）金廷棟編 清光緒八年（1882）刻本
二冊

340000－1881－0008244 12804

有象列仙全傳九卷 （明）王世貞輯 明汪雲
鵬刻本 一冊 存一卷（一）

340000－1881－0008245 12805

四時景圖不分卷 （清）青蓮主人撰 清光緒
二十三年（1897）刻雙色套印本 一冊

340000－1881－0008246 12807

芥子園畫傳五卷 （清）王槩摹 海上名人畫
譜一卷 （□）□□撰 清康熙刻本 一冊
存二卷（芥子園畫傳五、海上名人畫譜一卷）

340000－1881－0008247 12808

百美新詠圖傳不分卷 （清）顏希源著 清嘉
慶九年（1804）刻本 一冊

340000－1881－0008248 12809

芥子園畫傳五卷 （清）王槩摹 清康熙十八
年（1679）刻本 三冊

340000－1881－0008249 12810

西湖志纂十二卷首一卷 （清）沈德潛 （清）
傅王露輯 （清）梁詩正纂 清乾隆刻本
四冊

340000－1881－0008250 12811

吳郡名賢圖傳贊二十卷 （清）顧沅輯 清道
光九年（1829）刻本 一冊 存三卷（一至三）

340000－1881－0008251 12812

青在堂菊譜不分卷 （清）王槩輯 清康熙四
十年（1701）刻本 一冊

340000－1881－0008252 12813

修身新教科書不分卷 方瀏生 樊光耀編
清光緒三十二年（1906）鉛印本 一冊

340000－1881－0008253 12814

御製圓明園詩二卷 （清）高宗弘曆撰 清乾
隆刻本 一冊 存一卷（下）

340000－1881－0008254 12815

新鐫許真君玉匣記增補諸家選擇日用通書六卷　(晉)許遜撰　清康熙二十三年(1684)刻本　一冊

340000－1881－0008255　12816
西湖志四十八卷　(清)李衛　(清)程元章總裁　(清)王紘　(清)張若震參訂　(清)傅王露總修　(清)蘇滋恢等分修　清乾隆刻本　一冊　存二卷(三至四)

340000－1881－0008256　12817
西湖志纂十二卷首一卷　(清)沈德潛　(清)傅王露輯　(清)梁詩正纂　清乾隆刻本　一冊　存一卷(首一卷)

340000－1881－0008257　12818
武經三書體註大全彙解四卷　(明)夏振翼　(明)湯綱輯　(明)沈相起增輯　(清)胡秉中　(清)沈士衡增訂　清雍正五年(1727)三益堂刻本　一冊

340000－1881－0008258　12819
回文類聚四卷　(宋)桑世昌纂　續編十卷　(清)朱象賢編　清康熙刻本　四冊

340000－1881－0008259　12820
芥子園畫傳四卷　(清)王概　(清)王蓍　(清)王臬摹　芥子園畫傳四卷　(清)王概摹　(清)李漁編　芥子園畫傳二集四卷首一卷　(清)王蓍　(清)王概　(清)王臬摹　青在堂梅譜二卷菊譜二卷　(清)王概　(清)王蓍　(清)王臬摹　清光緒十四年(1888)鴻文書局石印本　十冊

340000－1881－0008260　12821
六經圖二十四卷　(清)鄭之僑編　清乾隆八年(1743)刻本　四冊　存十卷(一至十)

340000－1881－0008261　12822
天下名山記鈔十六卷　(清)吳秋士　(清)汪與圖選　清康熙三十四年(1695)刻本　七冊

340000－1881－0008262　12823
迦陵先生填詞圖題詞不分卷　(清)陳維崧撰　清乾隆五十九年(1794)刻本　一冊

340000－1881－0008263　12824
揚州畫舫錄十八卷　(清)李斗著　清嘉慶二年(1797)刻本　四冊

340000－1881－0008264　12825
六經圖二十四卷　(清)鄭之僑編輯　清乾隆九年(1744)刻本　十四冊

340000－1881－0008265　12826
畫譜心傳四卷　(清)趙仲鵬繪　清石印本　四冊

340000－1881－0008266　12827
吳歈萃雅四卷　(明)梯月主人編　明萬曆刻本　二冊　存二卷(亨、利)

340000－1881－0008267　12828
言孝錄一卷忠孝節義錄一卷　(清)劉瓊輯　清乾隆九年(1744)刻本　二冊

340000－1881－0008268　12829
四雪草堂重訂通俗隋唐演義二十卷一百回　(清)褚人穫編　清康熙三十四年(1695)文盛堂刻本　二十冊

340000－1881－0008269　12830
孝經傳說圖解不分卷　(清)金柘巖　(清)戴蓮洲著　清同治十年(1871)師古齋刻本　二冊

340000－1881－0008270　12831
泊如齋重修宣和博古圖錄三十卷　(宋)王黼撰　明萬曆十六年(1588)刻本　十八冊

340000－1881－0008271　12832
法界安立圖三卷　(明)釋仁潮輯　清刻本　一冊

340000－1881－0008272　12833
新定三禮冕服圖二十卷　(宋)聶崇義釋　清康熙十五年(1676)刻本　一冊　存十卷(一至十)

340000－1881－0008273　12834
詩畫舫六卷　(□)□□撰　清光緒九年(1883)點石齋石印本　六冊

340000－1881－0008274　12835

御製避暑山莊圓明園圖詠不分卷　（清）聖祖玄燁撰　清乾隆六年（1741）刻本　二冊

340000－1881－0008275　12836

新刻八仙出處東遊記二卷　（明）吳元泰撰明刻本　一冊　存一卷（下）

340000－1881－0008276　12837

璇璣碎錦不分卷　（清）萬樹填譜　（清）釋宏倫編　清康熙三十四年（1695）刻本　一冊

340000－1881－0008277　12840

泊如齋重修宣和博古圖錄三十卷　（宋）王黼撰　明萬曆十六年（1588）刻本　二冊　存四卷（一至二、二十一至二十二）

340000－1881－0008278　12841

萬僧問答景德傳燈全錄三十卷　（宋）釋道原編　元刻本　一冊　存二卷（五至六）

340000－1881－0008279　12842

光緒日曆書不分卷　（□）□□撰　清光緒二十年（1894）脩竹齋刻朱墨套印本　一冊

340000－1881－0008280　12843

光緒日曆書不分卷　（□）□□撰　清光緒十七年（1891）寶光閣刻三色套印本　一冊

340000－1881－0008281　12844

孔子家語十卷　（三國魏）王肅注　清光緒十九年（1893）澹雅書局刻本　四冊

340000－1881－0008282　12845

碧血錄五卷　（清）莊仲方著　（清）夏鸞翔繪圖　清光緒八年（1882）上海同文書局石印本五冊

340000－1881－0008283　12846

秋鐙課子圖題詠集二卷　（清）熊方受等撰清道光二十四年（1844）刻本　一冊

340000－1881－0008284　12847

黃山志定本七卷首一卷　（清）閔麟嗣纂（清）蕭晨繪圖　清乾隆三十二年（1767）刻本七冊

340000－1881－0008285　12848

寶古堂重修宣和博古圖錄三十卷　（宋）王黼撰　明萬曆三十一年（1603）寶古堂刻本　四冊　存四卷（五、十八、二十、二十五）

340000－1881－0008286　12849

名勝圖詠不分卷　（□）□□撰　清刻本一冊

340000－1881－0008287　12850

紅樓夢圖詠不分卷　（清）改琦繪　清光緒五年（1879）刻本　四冊

340000－1881－0008288　12851

回教經不分卷　（□）□□撰　清存誠堂刻本一冊

340000－1881－0008289　12852

掃葉山房新鐫繡像列仙傳四卷　（明）洪應明輯　清光緒十三年（1887）掃葉山房刻本四冊

340000－1881－0008290　12854

三國演義十九卷首一卷　（明）羅本撰　（清）毛宗崗評　清順治元年（1644）刻本　一冊存一卷（首一卷）

340000－1881－0008291　12856

二妙竹譜不分卷　（□）□□撰　清刻本一冊

340000－1881－0008292　12857

山海經廣注十八卷　（清）吳志伊注　清康熙六年（1667）刻本　五冊

340000－1881－0008293　12858

石榴記四卷　（清）黃振填詞　清乾隆三十七年（1772）柴灣村舍刻本　四冊

340000－1881－0008294　12859

聖廟祀典圖攷五卷首一卷附二卷　（清）顧沅輯　清道光六年（1826）刻本　六冊

340000－1881－0008295　12860

關帝聖跡圖誌全集十卷　（清）王玉樹輯　清道光十六年（1836）刻本　六冊

340000－1881－0008296　12861

海上名人畫稿不分卷　（清）同文書局編　清光緒十一年（1885）同文書局石印本　二冊

340000－1881－0008297　12862

列僊酒牌不分卷　（清）任熊繪刻　清咸豐任熊刻本　一冊

340000－1881－0008298　12863

午夢堂詩鈔一卷　（明）沈宜修等撰　明崇禎十二年(1639)二弄草堂刻本　二冊

340000－1881－0008299　12864

奇賞齋廣文苑英華二十六卷　（明）陳仁錫編　明天啓四年(1624)刻本　十七冊

340000－1881－0008300　12865

穀梁傳十二卷　（□）□□撰　明刻本　三冊

340000－1881－0008301　12866

名山勝概記四十六卷首一卷　（明）何鏜輯　明刻本　一冊　存一卷(八)

340000－1881－0008302　12867

漁洋山人精華錄訓纂十卷　（清）王士禎撰（清）惠棟訓纂　漁洋山人自撰年譜二卷附錄一卷　（清）王士禎撰　（清）惠棟注補　清雍正紅豆齋刻本　十二冊

340000－1881－0008303　12868

繡刻演劇十本一百二十卷　（明）毛晉輯　明虞山毛氏汲古閣刻本　一百二十冊

340000－1881－0008304　12869

楞嚴經二十五聖圓通懺二卷　（□）□□撰　明萬曆二十年(1592)刻本　一冊　存一卷（上）

340000－1881－0008305　12870

藥師琉璃光如來本願功德經不分卷　（□）□□撰　清康熙十四年(1675)刻本　一冊

340000－1881－0008306　12871

大方廣佛華嚴經八十卷　（唐）釋實叉難陀譯　明刻本　五冊　存五卷(四十六至五十)

340000－1881－0008307　12873

剪燈叢話十二卷　（□）□□輯　明刻本　一冊　存二卷(九至十)

340000－1881－0008308　12874

五倫書六十二卷　（明）宣宗朱瞻基撰　明刻本　一冊　存一卷(二十六)

340000－1881－0008309　12875

明倫大典二十四卷　（明）楊一清等纂修　明嘉靖七年(1528)內府刻本　三冊　存四卷(五至六、十三至十四)

340000－1881－0008310　12876

佛經畫像不分卷　（□）□□撰　明萬曆刻本　一張

340000－1881－0008311　12877

釋迦如來佛像譜不分卷　（□）□□撰　清光緒七年(1881)刻本　一冊

340000－1881－0008312　12878

佛說觀無量壽佛經不分卷附圖頌不分卷（南朝宋）釋畺良耶舍譯　清順治十二年(1655)刻本　一冊

340000－1881－0008313　12880

寫竹簡明法二卷　（清）蔣和輯　清咸豐四年(1854)刻本　二冊

340000－1881－0008314　12881

爾雅三卷　（晉）郭璞注　清嘉慶六年(1801)刻本　三冊

340000－1881－0008315　12882

爾雅三卷　（晉）郭璞注　清嘉慶六年(1801)刻本　三冊

340000－1881－0008316　12884

新刻八仙出處東遊記二卷　（明）吳元泰撰　明刻本　一冊　存一卷(下)

340000－1881－0008317　12885

新訂晉代許旌陽得道擒蛟全傳三卷首一卷（明）鄧謨子編　清同治四年(1865)振文堂刻本　一冊　存二卷(上、首一卷)

340000－1881－0008318　12886

賞奇軒四種合編四卷　（□）□□撰　清刻本　四冊

340000－1881－0008319　12887

楊忠愍公集四卷　（明）楊繼盛著　清康熙三十三年(1694)朱永輝刻本　二冊

340000－1881－0008320　12888

古今詞選十二卷　（清）沈時棟選　清康熙三十五年(1696)瘦吟樓刻本　四冊

340000－1881－0008321　12889

方言十三卷　（漢）揚雄　（晉）郭璞撰　清刻本　一冊

340000－1881－0008322　12891

春秋左傳三十卷名號異稱便覽一卷　（明）鍾惺評點　明刻本　三冊

340000－1881－0008323　12892

新鐫古今大雅北宮詞紀六卷　（明）陳所聞編　（明）陳邦泰輯　明萬曆三十二年(1604)刻本　三冊　存三卷(一至三)

340000－1881－0008324　12893

新鐫古今大雅南宮詞紀六卷　（明）陳所聞編　（明）陳邦泰輯　明萬曆三十二年(1604)刻本　一冊　存一卷(二)

340000－1881－0008325　12894

漢書一百卷　（漢）班固撰　明萬曆四十七年(1619)鍾人傑刻本　三十二冊

340000－1881－0008326　12895

後漢書八十卷　（南朝宋）范曄撰　（唐）李賢注　明萬曆四十七年(1619)鍾人傑刻本　二十冊

340000－1881－0008327　12896

東林十八高賢傳不分卷　（□）□□撰　明刻本　一冊

340000－1881－0008328　12897

冶梅石譜二卷　（清）王寅繪　清光緒六年(1880)刻本　二冊

340000－1881－0008329　12898

說唐傳三集十卷　（清）如蓮居士撰　清道光十一年(1831)刻本　三冊　存三卷(一至三)

340000－1881－0008330　12900

新鐫玉茗堂批評按鑑參補南宋志傳十卷　（明）研石山樵訂正　明刻本　四冊

340000－1881－0008331　12901

列仙傳四卷　（明）洪應明輯　清刻本　四冊

340000－1881－0008332　12902

覽餘閣畫報不分卷　（□）□□撰　清光緒二十五年(1899)刻本　一冊

340000－1881－0008333　12903

二十四孝圖說不分卷　（□）□□撰　清刻本　一冊

340000－1881－0008334　12904

硯因硯證不分卷　（□）□□撰　清道光二十八年(1848)刻本　一冊

340000－1881－0008335　12905

生香館畫報不分卷　（□）□□撰　清光緒二十五年(1899)刻本　九冊

340000－1881－0008336　12906

歷朝名媛詩詞十二卷　（清）陸昶編　清乾隆刻本　二冊

340000－1881－0008337　12907

六經圖不分卷　（清）王皜編　清乾隆五年(1740)向山堂刻本　六冊

340000－1881－0008338　12908

十竹齋書畫譜不分卷　（明）胡曰從摹古　清光緒五年(1879)刻本　一冊

340000－1881－0008339　12909

白衣高王觀音經不分卷　（□）□□撰　清雍正三年(1725)刻本　一冊

340000－1881－0008340　12910

捕蝗要訣一卷除蝻八要一卷　（清）錢炘和撰　清同治八年(1869)崇文書局刻本　一冊

340000－1881－0008341　12911

竹譜不分卷　（□）□□撰　明刻本　一冊

340000－1881－0008342　12912

蠶桑輯要不分卷　（□）□□撰　清光緒九年(1883)金陵書局刻本　一冊

340000－1881－0008343　12913

民間花樣不分卷　（□）□□撰　清石印本　一冊

340000－1881－0008344　12914

李義山詩集六卷　（唐）李商隱撰　（清）朱彝
尊評　清雍正二年(1724)汪水蓮抄本　二冊

340000－1881－0008345　12915

西遊真詮一百回　（明）吳承恩撰　（清）陳士
斌注　清康熙三十五年(1696)刻本　十六冊

340000－1881－0008346　12916

芥子園花卉蟲草不分卷　（清）王概　（清）王
司直　（清）王安草摹　清乾隆四十七年
(1782)刻本　一冊

340000－1881－0008347　12917

書畫同珍二刻不分卷　（清）鄒聖脈輯　清乾
隆七年(1742)刻本　一冊

340000－1881－0008348　12918

智囊補二十八卷　（明）馮夢龍輯　明刻本
四冊

340000－1881－0008349　12919

三才圖會一百六卷　（明）王圻編　明刻本
一冊　存一卷(地理九)

340000－1881－0008350　12920

南樓遺稿一卷　（清）陳棟坡著　（清）陳洼輯
清乾隆抄本　六冊

340000－1881－0008351　12921

慈悲道場懺法十卷　（□）□□撰　明萬曆四
十七年(1619)刻本　三冊

340000－1881－0008352　12922

宋詩鈔初集九十四卷　（清）呂留良　（清）吳
之振　（清）吳爾堯輯　清康熙十年(1671)吳
氏鑒古堂刻本　二十四冊

340000－1881－0008353　12923

萬曆野獲編三十卷補遺七卷萬曆野獲續編十
二卷　（明）沈德符著　清道光七年(1827)刻
本　十九冊

340000－1881－0008354　12924

唐摭言十五卷　（五代）王定保撰　（明）張萱
訂　明萬曆清真館刻本　二冊

340000－1881－0008355　12925

讀書敏求記四卷　（清）錢曾撰　清乾隆六十
年(1795)刻本　四冊

340000－1881－0008356　12926

名山藏不分卷　（明）何喬遠撰　明刻本
一冊

340000－1881－0008357　12927

大方廣佛華嚴經□□卷　（唐）釋實叉難陀譯
明隆慶元年(1567)刻本　二十冊　存二十
卷(一至五、八至十、二十六至三十、五十一至
五十五、六十九至七十)

340000－1881－0008358　12928

兩淮鹽法志四十卷首一卷　（清）吉慶監纂
（清）邵泰總裁　（清）朱續晫等提調　（清）
王世球等纂修　清乾隆十三年(1748)刻本
一冊　存一卷(首一卷)

340000－1881－0008359　12929

三才圖會□□卷　（明）王圻修　明刻本　二
冊　存四卷(人物九至十、地理六至七)

340000－1881－0008360　12930

茅山志十四卷　（清）笪蟾光編　清康熙八年
(1669)刻本　四冊

340000－1881－0008361　12931

考古圖十卷　（宋）呂大臨撰　（元）羅更翁考
訂　（明）揚明時繪圖　明萬曆二十七年
(1599)刻本　四冊

340000－1881－0008362　12932

性命雙脩萬神圭旨四卷　（□）□□撰　明萬
曆四十三年(1615)刻本　四冊

340000－1881－0008363　12933

白嶽圖墨譜不分卷　（明）湛若水等撰　明刻
本　一冊

340000－1881－0008364　12934

南陵無雙譜不分卷　（清）金古良撰　清康熙
二十九年(1690)刻本　一冊

340000－1881－0008365　12935

遠西奇器圖說錄最三卷新器圖說一卷　（德
國）鄧玉函口授　（明）王徵譯繪　明崇禎元

年(1628)武位中刻本　四冊

340000－1881－0008366　12936

新編目連救母勸善戲文三卷　(明)鄭之珍編　(明)葉宗泰校　明萬曆十年(1582)高石山房刻本　三冊

340000－1881－0008367　12937

鑒古齋墨藪一卷　(清)汪近聖撰　清乾隆五十一年(1786)刻本　一冊

340000－1881－0008368　12938

安陽西蔣村馬氏義莊條規不分卷　(□)□□撰　清光緒十五年(1889)崇本堂抄本　一冊

340000－1881－0008369　12947

天水關一卷　(□)□□撰　清咸豐七年(1857)朱德培抄本　一冊

340000－1881－0008370　12948

戲曲抄本一卷　(□)□□撰　清光緒二十七年(1901)抄本　八冊

340000－1881－0008371　12950

諸天科儀一卷　(□)□□撰　清光緒十八年(1892)釋智明抄本　一冊

340000－1881－0008372　12951

中請佛科儀一卷　(□)□□撰　清抄本　一冊

340000－1881－0008373　12952

地獄傳燈儀一卷　(□)□□撰　清光緒十五年(1889)釋智明抄本　一冊

340000－1881－0008374　12953

懸旛科儀不分卷　(□)□□撰　清釋蓮舟抄本　一冊

340000－1881－0008375　12955

採蓮一卷　(□)□□撰　清守拙生抄本　一冊

340000－1881－0008376　12961

飄海一卷　(清)焦慶熙撰　清光緒十六年(1890)抄本　一冊

340000－1881－0008377　12966

關燈地獄科儀二卷　(清)釋世德撰　清光緒十八年(1892)抄本　一冊

340000－1881－0008378　12968

起成都一卷　(□)□□撰　清抄本　一冊

340000－1881－0008379　12969

青燈淚傳奇二本二卷　(清)蔣恩溓撰　清光緒十六年(1890)抄本　二冊

340000－1881－0008380　12971

荐諸葛一卷　(清)陳大同撰　清抄本　一冊

340000－1881－0008381　12973

鹽紅雪白一卷玉潤珠圓一卷　(□)□□撰　清綠杉野屋抄本　二冊

340000－1881－0008382　12974

曲目不分卷　(□)□□撰　清宣統二年(1910)稿本　一冊

340000－1881－0008383　12975

崑曲不分卷　(□)□□撰　清稿本　二冊

340000－1881－0008384　12976

八陣圖不分卷　(□)□□撰　清光緒二十六年(1900)守拙生抄本　一冊

340000－1881－0008385　12977

寶蓮燈不分卷　(□)□□撰　清抄本　一冊

340000－1881－0008386　12978

文淵閣記不分卷文源閣記不分卷文津閣記不分卷文溯閣記不分卷　(□)□□撰　清藜照閣影印本　一冊

340000－1881－0008387　12979

雲嶺志六卷　(清)吳菘等修　(清)釋普職(清)釋蒼霞輯　清康熙五十三年(1714)刻本　二冊

340000－1881－0008388　12980

泊如齋重修考古圖十卷　(宋)呂大臨撰　明萬曆刻本　五冊

340000－1881－0008389　12981

含山宮灘黃不分卷　(□)□□撰　清抄本　三冊

340000－1881－0008390　12983

昆曲譜不分卷　（□）□□撰　清抄本　一冊

340000－1881－0008391　12984

字課不分卷　（□）□□撰　清抄本　一冊

340000－1881－0008392　12985

詩餘圖譜三卷　（□）□□撰　清稿本　一冊

340000－1881－0008393　12986

大財神不分卷　（□）□□撰　清光緒十年（1884）抄本　一冊

340000－1881－0008394　12987

昆曲不分卷　（□）□□撰　清抄本　一冊

340000－1881－0008395　12989

曲譜不分卷　（□）□□撰　清抄本　六冊

340000－1881－0008396　12991

四庫闕書不分卷　（清）徐松編　清道光十二年（1832）抄本　一冊

340000－1881－0008397　12992

汲古閣校刻書目一卷　（明）毛晉編　（清）顧湘校勘　補遺一卷汲古閣刻板存亡考不分卷（清）悔道人輯　（清）顧湘參校　清道光二十一年（1841）刻本　一冊

340000－1881－0008398　12997

咫進齋書目四卷　（清）姚覲元編　清咸豐元年（1851）抄本　二冊

340000－1881－0008399　12998

柘庵薈蕞□□卷薈蕞摘要□□卷　（□）□□撰　清初刻本　七冊　存八卷(柘庵薈蕞二至四、六至八、十,薈蕞摘要五)

340000－1881－0008400　13001

永樂大典序凡例目次不分卷　（□）□□撰　清乾隆抄本　一冊

340000－1881－0008401　13003

政治叢書提要不分卷　（□）□□撰　清抄本　一冊

340000－1881－0008402　13004

鼎鍥葉太史彙纂玉堂鑑綱七十二卷　（宋）劉

恕外紀　（宋）金履祥前編　（明）葉向高彙纂　（明）李京訂義　明萬曆種德堂刻本　二十冊

340000－1881－0008403　13005

續資治通鑑綱目二十七卷　（明）陳仁錫評　清康熙六十一年(1722)四喜堂刻本　三十冊

340000－1881－0008404　13006

懷麓堂集一百卷　（明）李東陽撰　明正德十三年(1518)刻本　二十冊

340000－1881－0008405　13007

海忠介公集六卷　（清）賈棠等編　（清）邱鎮魁注　（清）吳位和等重編　清初刻本　二冊

340000－1881－0008406　13008

東坡先生全集七十五卷　（宋）蘇軾撰　明萬曆刻本　二十四冊

340000－1881－0008407　13009

五代史記七十四卷　（宋）歐陽修撰　（宋）徐無黨注　明萬曆四年(1576)余有丁刻本　八冊　存五十五卷(一至二十、四十至七十四)

340000－1881－0008408　13010

五代史記七十四卷　（宋）歐陽修撰　（宋）徐無黨注　明萬曆四年(1576)余有丁刻本　十二冊

340000－1881－0008409　13011

重校正唐文粹一百卷　（宋）姚鉉纂　明嘉靖三年(1524)徐焴文刻本　十五冊　存七十八卷(二至七十九)

340000－1881－0008410　13012

齊山岩洞志二十六卷　（清）陳蔚輯　清光緒二十七年(1901)唐石簵刻本　八冊

340000－1881－0008411　13013

宋史四百九十六卷　（元）脫脫等撰　明嘉靖刻萬曆遞修本　四十九冊　存二百二卷(志三至二十六、一百七至一百六十二,表十九至三十二,列傳十至七十一、一百六至一百四十六、一百七十至一百七十四)

340000－1881－0008412　13014

漢書一百卷　（漢）班固撰　明萬曆四十七年(1619)鍾人傑刻本　二十册

340000－1881－0008413　13015

可泉擬涯翁擬古樂府二卷　（明）胡統宗注（明）張光孝評　擬漢樂府八卷附錄一卷（明）谷繼宗輯　明嘉靖三十六年(1557)刻本　四册

340000－1881－0008414　13016

文約二卷　（明）劉廣生編　明萬曆四十六年(1618)刻本　二册

340000－1881－0008415　13017

皇明續紀三卷　（明）卜大有撰　明萬曆刻本　一册

340000－1881－0008416　13018

唐文粹一百卷　（宋）姚鉉纂　明刻本　四册　存十九卷(八十二至一百)

340000－1881－0008417　13019

孝經疏義二卷　（宋）邢昺疏　（明）施熷等編　明崇禎六年(1633)刻本　一册

340000－1881－0008418　13020

唐詩選脈會通不分卷　（明）周珽編　明崇禎八年(1635)刻本　二册

340000－1881－0008419　13021

重校正唐文粹一百卷　（宋）姚鉉纂　明刻本　一册　存五卷(十七至二十一)

340000－1881－0008420　13022

東華錄十六卷(天命至雍正朝)　（清）蔣良騏編　清抄本　十册

340000－1881－0008421　13023

漁洋山人感舊集十六卷　（清）王士禎撰（清）盧見曾補傳　清乾隆十七年(1752)刻本　八册

340000－1881－0008422　13024

聖諭像解二十卷　（清）梁延年輯　清康熙二十年(1681)刻本　十四册　存十六卷(一至十、十二、十五至十九)

340000－1881－0008423　13025

齊雲山桃源洞天志一卷　（明）魯點編　明崇禎十年(1637)刻本　一册

340000－1881－0008424　13026

綏寇紀略補遺三卷　（清）吳偉業纂　清照曠閣刻本　一册　存一卷(上)

340000－1881－0008425　13027

元史二百十卷　（明）宋濂等修　明萬曆三十年(1602)國子監刻本　三十四册　存一百四十一卷(一至九十一、一百二至一百五、一百十四至一百十九、一百六十五至一百七十六、一百八十三至二百十)

340000－1881－0008426　13028

宋史四百九十六卷目錄三卷　（元）脫脫等撰　明刻嘉靖三十五年至萬曆二十八年(1556－1600)遞修本　五十册　存二百四十一卷(本紀一至十八、二十四至四十七,志一至二、二十七至三十七、九十一至一百六、表一至十八,列傳一至九、七十二至一百五、一百四十七至一百七十、一百七十五至二百五十五;目錄三卷)

340000－1881－0008427　13029

北齊書五十卷　（唐）李百藥撰　明國子監刻萬曆補修本　二册　存十四卷(十七至二十二、四十三至五十)

340000－1881－0008428　13030

大學衍義四十三卷　（宋）真德秀輯　明刻本　四册　存三十二卷(一至五、十四至四十)

340000－1881－0008429　13031

農政全書六十卷　（明）徐光啓纂輯　明崇禎十二年(1639)平露堂刻本　五册　存五十二卷(一至五十二)

340000－1881－0008430　13032

迷香指南圖解六卷　（□）□□撰　清咸豐五年(1855)精一軒刻本　六册

340000－1881－0008431　13033

元詩選癸集十卷　（清）顧嗣立輯　清光緒十四年(1888)刻本　十六册

340000－1881－0008432　13034

讀杜心解六卷首二卷　（清）浦起龍撰　清雍正二年(1724)寧我齋刻本　十四冊

340000－1881－0008433　13035

江浙十二家詩選二十四卷　（清）王鳴盛選（清）高攀桂緝評　（清）范起鳳編　清刻本　四冊

340000－1881－0008434　13036

青門旅稿六卷　（清）邵長蘅著　（清）王士禛評　清康熙刻本　二冊

340000－1881－0008435　13037

戰國策三十三卷札記三卷　（漢）高誘注　清嘉慶八年(1803)讀未見書齋刻本　二冊　存十二卷(二十五至三十三、札記三卷)

340000－1881－0008436　13038

五代史記□□卷　（宋）歐陽修撰　明刻萬曆至清康熙遞修本　一冊　存九卷(六十六至七十四)

340000－1881－0008437　13039

粵謳不分卷　（□）□□輯　清道光八年(1828)刻本　一冊

340000－1881－0008438　13040

周書五十卷　（唐）令狐德棻撰　明國子監刻萬曆補修本　四冊　存二十六卷(一至七、十五至二十八、四十六至五十)

340000－1881－0008439　13041

南齊書五十九卷　（南朝梁）蕭子顯撰　明國子監刻萬曆三十三年(1605)補修本　四冊　存二十四卷(一至五、三十三至三十九、四十八至五十九)

340000－1881－0008440　13042

明督撫名臣列傳不分卷　（□）□□撰　清抄本　二冊

340000－1881－0008441　13045

生生神數不分卷　（□）□□撰　清光緒二十九年(1903)抄本　一冊

340000－1881－0008442　13047

清國地圖不分卷　（□）□□撰　清影印本　一冊

340000－1881－0008443　13048

明季南略不分卷　九峯居士編　清抄本　一冊

340000－1881－0008444　13050

羅經直解不分卷　（□）□□撰　清光緒十六年(1890)徐秀峰等抄本　一冊

340000－1881－0008445　13051

金陵摭談不分卷　（清）謝介鶴著　清抄本　一冊

340000－1881－0008446　13052

杜詩抄本不分卷　（□）□□撰　清抄本　一冊

340000－1881－0008447　13053

明滇南詩畧十卷首一卷　（清）袁文典纂輯（清）袁文揆纂　清嘉慶六年(1801)肆雅堂刻本　十冊

340000－1881－0008448　13054

諸葛忠武矦故事五卷諸葛忠武矦文集四卷　(三國蜀)諸葛亮撰　（清）張澍纂輯　清嘉慶十七年(1812)刻本　六冊

340000－1881－0008449　13055

金史一百三十五卷目錄二卷　（元）脫脫等撰　明國子監刻萬曆三十四年(1606)補修本　六冊　存三十三卷(四至七、二十三至二十七、五十四至五十八、九十四至九十九、一百十六至一百二十一、一百二十九至一百三十五)

340000－1881－0008450　13057

補未信編四卷　（清）程思宜輯　清抄本　一冊

340000－1881－0008451　13058

士林彝訓八卷　（清）關槐述　清乾隆五十四年(1789)刻本　四冊

340000－1881－0008452　13059

遼史一百十六卷　（元）脫脫修　（明）沈淮重

校刊 明國子監刻萬曆三十四年(1606)補修本 三冊 存三十卷(一至十七、一百四至一百十六)

340000－1881－0008453 13060
梁書五十六卷 (唐)姚思廉撰 明國子監刻萬曆三十三年(1605)補修本 六冊 存三十二卷(一至二、九至十七、二十五至三十七、四十四至四十八、五十四至五十六)

340000－1881－0008454 13061
北史一百卷 (唐)李延壽撰 明國子監刻萬曆補修本 十七冊 存五十九卷(一至三、九至十一、十五至十七、二十一至二十三、二十七至三十五、四十八至五十七、六十二至八十二、九十四至一百)

340000－1881－0008455 13062
禪林鈎玄七卷 (明)楊慎輯 明嘉靖三十八年(1559)刻本 一冊 存一卷(一)

340000－1881－0008456 13063
史記一百三十卷 (漢)司馬遷撰 (唐)司馬貞補撰并注 (明)陳仁錫評 明南監刻萬曆補修本 十五冊 存六十八卷(本紀一至七,世家一至七、十一至十四,列傳十至十五、三十五至五十、五十八至七十,表一至二、六至十,書一至八)

340000－1881－0008457 13064
北史一百卷 (唐)李延壽撰 明萬曆刻本 二十冊 存六十五卷(二十四至八十八)

340000－1881－0008458 13065
宋書一百卷 (南朝梁)沈約撰 明國子監刻萬曆二十六年(1598)補修本 六冊 存三十一卷(二十八至二十九、四十六至五十八、七十六至八十五、九十五至一百)

340000－1881－0008459 13066
魏書一百十四卷 (北齊)魏收撰 明國子監刻萬曆補修本 三十一冊 存一百十卷(一至十二、十七至一百十四)

340000－1881－0008460 13067
白燕詩集十六卷附次白燕先生見贈古詩一百

二十韻即以贈行一卷 (清)張開東著 (清)張兆騫編 (清)杜光德輯 清乾隆五十四年(1789)刻本 四冊

340000－1881－0008461 13068
唐詩鼓吹十卷 (金)元好問編 (元)郝天挺注 (明)廖文炳解 (清)錢朝鼒 (清)王俊臣校注 清康熙四十七年(1708)刻本 二冊

340000－1881－0008462 13069
無罪草不分卷 (清)吳莊著 (清)徐與喬評 清康熙二十三年(1684)刻本 二冊

340000－1881－0008463 13070
紅鶴山莊近體詩二卷 (清)胡慎容著 (清)王金英 (清)蔣士銓評點 清乾隆二十二年(1757)刻本 一冊

340000－1881－0008464 13071
繪風亭評第七才子書琵琶記六卷 (元)高明著 清映秀堂刻本 三冊 存三卷(三至五)

340000－1881－0008465 13072
雪泥鴻爪錄四卷 (清)鮑鉁撰 清雍正十二年(1734)刻本 一冊

340000－1881－0008466 13073
明珠記二卷 (明)陸采撰 明刻本 二冊

340000－1881－0008467 13074
歉夫文稿四卷時體詩七卷古冊子四卷重遊粵東雜詩稿一卷 (清)李夢松著 清嘉慶六年(1801)刻本 六冊

340000－1881－0008468 13075
溯洄集十卷 (清)魏裔介選評 清康熙元年(1662)刻本 六冊

340000－1881－0008469 13076
漁洋山人精華錄訓纂十卷目錄二卷 (清)惠棟撰 清初刻本 十二冊

340000－1881－0008470 13077
香屑集十八卷首一卷末一卷 (清)黃之雋集 清雍正十二年(1734)刻本 三冊 存十四卷(一至十三、首一卷)

340000 – 1881 – 0008471　13078

錢穀輯要五卷　（清）沈文熜撰　清乾隆三十九年(1774)抄本　四冊　存四卷(一至四)

340000 – 1881 – 0008472　13079

七修類藁五十一卷　（明）郎瑛著　明抄本十三冊

340000 – 1881 – 0008473　13080

聖諭像解二十卷　（清）梁延年編　清光緒二十九年(1903)安徽撫署石印本　九冊

340000 – 1881 – 0008474　13081

學海類編四百五十種八百十卷　（清）曹溶輯　（清）陶越編　清道光十一年(1831)六安晁氏木活字印本　一百二十八冊

340000 – 1881 – 0008475　13082

周禮註疏四十二卷　（漢）鄭玄註　（唐）賈公彥疏　明崇禎元年(1628)古虞毛氏汲古閣刻本　五冊　存十卷(一至三、十一、二十五至三十)

340000 – 1881 – 0008476　13083

春秋公羊傳註疏二十八卷　（漢）何休撰　明崇禎元年(1628)古虞毛氏汲古閣刻本　三冊　存八卷(一至八)

340000 – 1881 – 0008477　13084

周易兼義九卷　（三國魏）王弼注　（唐）孔穎達正義　明崇禎十二年(1639)毛氏汲古閣刻本　二冊　存二卷(一、四)

340000 – 1881 – 0008478　13085

闕里文獻考一百卷首一卷末一卷　（清）孔繼汾撰　清乾隆二十七年(1762)刻本　六冊　存四十一卷(一至四十、首一卷)

340000 – 1881 – 0008479　13086

廣川書跋十卷　（宋）董逌撰　（明）毛晉編　清汲古閣刻本　四冊

340000 – 1881 – 0008480　13087

新刻黃棠綸先生評訂神仙鑑首集二十一卷　（清）徐衟撰　清康熙五十一年(1712)生生館刻本　二十四冊

340000 – 1881 – 0008481　13089

制藝文不分卷　（□）韓步雲等撰　清末抄本一冊

340000 – 1881 – 0008482　13090

地理書不分卷　（□）□□撰　清乾隆抄本一冊

340000 – 1881 – 0008483　13093

批點經書凡例不分卷　（□）□□撰　清抄本一冊

340000 – 1881 – 0008484　13094

反切直圖不分卷　（明）薛瑄撰　清抄本一冊

340000 – 1881 – 0008485　13095

正始之音不分卷　（□）□□撰　清抄本一冊

340000 – 1881 – 0008486　13096

韓文不分卷　（唐）韓愈撰　清抄本　一冊

340000 – 1881 – 0008487　13097

歷科廷試狀元策□□卷　（明）焦竑編　（清）胡任興增訂　清乾隆刻本　二冊　存五卷(一至三、十至十一)

340000 – 1881 – 0008488　13102

邵氏危言二卷　（清）邵作舟撰　清抄本　一冊　存一卷(下)

340000 – 1881 – 0008489　13104

國恥篇不分卷　（□）□□撰　清抄本　一冊

340000 – 1881 – 0008490　13105

雜書類不分卷　（□）□□撰　清抄本　一冊

340000 – 1881 – 0008491　13106

地理志略不分卷　（美國）戴德江輯　（清）趙如光譯　清光緒八年(1882)抄本　二冊

340000 – 1881 – 0008492　13108

國朝六家詩鈔八卷　（清）劉執玉編　清乾隆三十二年(1767)刻本　二冊　存四卷(一至二、五至六)

340000 – 1881 – 0008493　13109

函稿不分卷 （□）□□撰 清抄本 一冊

340000－1881－0008494 13110

小倉山房文集三十五卷 （清）袁枚撰 清抄本 二冊 存三卷(三至五)

340000－1881－0008495 13111

詞科掌錄十七卷餘話七卷 （清）杭世駿編 清乾隆道古堂刻本 六冊

340000－1881－0008496 13112

傳書樓詩稿不分卷 （清）汪金順撰 （清）汪尚仁編 清嘉慶二年(1797)刻本 一冊

340000－1881－0008497 13113

曹李尺牘合選二卷 （清）曹溶 （清）李良年撰 （清）茅復編 清刻本 一冊

340000－1881－0008498 13114

尤太史律詩四卷 （清）尤侗撰 清乾隆二十五年(1760)鄒氏青藜書屋刻本 一冊 存一卷(一)

340000－1881－0008499 13115

說郛一百二十卷 （明）陶宗儀編纂 清順治三年(1646)宛委山堂刻本 一冊 存十一卷(一統肇基錄一、在田錄一、賢識錄一、遵聞錄一、儼山纂錄一、復辟錄一、羣碎錄一、墐戶錄一、比事摘錄一、閑中今古錄一、燕聞錄一)

340000－1881－0008500 13116

擬兩晉南北史樂府二卷 （清）洪禮吉撰 清乾隆三十六年(1771)刻本 一冊

340000－1881－0008501 13117

王太初先生五岳遊草十卷 （明）王士性撰 （清）馮甦輯 清康熙三十年(1691)馮甦知還堂刻本 四冊

340000－1881－0008502 13118

史記一百三十卷 （漢）司馬遷撰 （南朝宋）裴駰集解 （唐）司馬貞索隱 （唐）張守節正義 明萬曆二十四年(1596)鍾人傑刻本 二十冊

340000－1881－0008503 13119

千字文不分卷 （南朝梁）周興嗣撰 清抄本

一冊

340000－1881－0008504 13120

青雲集不分卷 （□）□□撰 清抄本 一冊

340000－1881－0008505 13121

汪餘泰承辦盛盤不分卷 （□）□□撰 清抄本 一冊

340000－1881－0008506 13123

李春皋先生讀文八法不分卷 （清）李春皋撰 清抄本 一冊

340000－1881－0008507 13124

禮記日錄三十卷 （明）黃乾行撰 明嘉靖二十六年(1547)刻本 八冊

340000－1881－0008508 13125

泊如齋重修宣和博古圖錄三十卷 （宋）王黼撰 明萬曆刻本 十一冊

340000－1881－0008509 13128

韓愈文不分卷 （唐）韓愈撰 清乾嘉老儒抄本 一冊

340000－1881－0008510 13129

東坡先生詩集註三十二卷東坡紀年錄一卷首一卷 （宋）蘇軾撰 （宋）王十朋纂集 明萬曆刻本 一冊 存一卷(東坡紀年錄一卷)

340000－1881－0008511 13130

御製全韻詩五卷 （清）高宗弘曆撰 清乾隆彭元瑞刻本 一冊 存三卷(上聲、去聲、入聲)

340000－1881－0008512 13131

芥子園畫譜三集 （清）王概編 清康熙四十年(1701)刻本 十三冊

340000－1881－0008513 13132

御定全唐詩錄一百卷 （清）徐倬 （清）徐元正編 清康熙四十五年(1706)刻本 十二冊 存三十六卷(一至五、十三至十四、二十五至三十三、四十三至四十五、五十六至五十八、六十六至六十九、八十一至九十)

340000－1881－0008514 13133

御製詩三集一百卷 （清）高宗弘曆撰 清乾

隆刻本　五冊　存十五卷(四十三至五十七)

340000－1881－0008515　13134

震川先生別集十卷附錄一卷　（明）歸有光撰
清刻本　三冊　存七卷(一至四、九至十,
附錄一卷)

340000－1881－0008516　13135

雪心賦正解四卷　（唐）卜應天著　（清）孟浩
注　辯論三十篇一卷　（清）孟浩著　清刻本
一冊　存三卷(雪心賦正解三至四、辯論三
十篇一卷)

340000－1881－0008517　13136

御製詩二集九十卷　（清）高宗弘曆撰　清刻
本　一冊　存三卷(三十三至三十五)

340000－1881－0008518　13137

桂海虞衡志一卷　（宋）范成大撰　明刻本
二冊

340000－1881－0008519　13138

迦陵文選□□卷　（□）□□編　清抄本　一
冊　存一卷(二)

340000－1881－0008520　13139

納書楹南柯記全譜二卷外集二卷　（清）葉堂
訂譜　清抄本　四冊

340000－1881－0008521　13140

唐書二百二十五卷　（宋）歐陽修撰　明刻明
清遞修本　十一冊　存七十一卷(本紀一至
十,志一至八、三十七至四十七,傳七至十三、
三十五至五十八、一百三十四至一百三十九)

340000－1881－0008522　13141

北齊書五十卷　（唐）李百藥撰　明南監刻明
修本　四冊　存二十九卷(一至十六、三十四
至四十、四十五至五十)

340000－1881－0008523　13143

王崑繩文集一卷　（清）王源著　清康熙信芳
齋刻本　一冊

340000－1881－0008524　13144

影北宋本二李唱和集一卷　（宋）李昉　（宋）
李至撰　清光緒十五年(1889)貴陽陳氏影印

本　一冊

340000－1881－0008525　13145

亦政堂重修宣和博古圖錄三十卷　（宋）王黼
等撰　清乾隆刻本　二冊　存四卷(十六至
十七、二十至二十一)

340000－1881－0008526　13146

元史二百十卷　（明）宋濂撰　清順治刻本
四冊　存十一卷(志六至十三、三十四至三十
六)

340000－1881－0008527　13147

舊揚子江航路圖不分卷　（□）□□撰　清抄
本　一冊

340000－1881－0008528　13148

新鍥崑音點板唾玉拘香二卷　（清）郭之屏編
清吳大訓刻本　一冊　存一卷(一)

340000－1881－0008529　13150

舊筆記不分卷　（□）□□撰　清抄本　一冊

340000－1881－0008530　13151

山東省錢糧地丁冊不分卷　（□）□□撰　清
抄本　一冊

340000－1881－0008531　13152

四大奇書第一種十九卷首一卷　（明）羅貫中
撰　（清）金聖歎外書　（清）毛宗崗評
(明)毛綸編　清光緒十四年(1888)刻本　一
冊　存一卷(首一卷)

340000－1881－0008532　13153

欽定授時通考七十八卷　（清）鄂爾泰等撰
清刻本　二冊　存四卷(三十八至三十九、五
十三至五十四)

340000－1881－0008533　13154

曾國藩奏摺不分卷　（清）曾國藩撰　清咸豐
十一年(1861)抄本　一冊

340000－1881－0008534　13155

善本書室題跋一卷　（□）□□編　清抄本
一冊

340000－1881－0008535　13156

八識規矩節署不分卷　（唐）釋明智編　清抄

本　一冊

340000－1881－0008536　13157

楞嚴神咒不分卷　(唐)釋懷迪譯　清抄本
一冊

340000－1881－0008537　13158

三千有門頌解署不分卷　(□)□□撰　清抄
本　一冊

340000－1881－0008538　13159

急就章一卷　(清)汪宗沂撰　清光緒二十一
年(1895)抄本　一冊

340000－1881－0008539　13160

等韻便讀不分卷　(清)陸隴其撰　清抄本
二冊

340000－1881－0008540　13161

反切直圖一卷　(□)□□撰　清光緒二十六
年(1900)抄本　一冊

340000－1881－0008541　13162

廣西獨秀峯題壁詩一卷　(□)□□撰　清咸
豐二年(1852)抄本　一冊

340000－1881－0008542　13163

蠶桑約編不分卷　(□)□□撰　清抄本
一冊

340000－1881－0008543　13165

六祖大師法寶壇經一卷　(唐)釋慧能撰
(唐)釋法海編　清抄本　一冊

340000－1881－0008544　13166

東周列國全志封建地輿圖考一卷　(□)□□
撰　清抄本　一冊

340000－1881－0008545　13167

性理標本不分卷　(□)□□撰　清抄本
一冊

340000－1881－0008546　13170

東書堂重修宣和博古圖錄二十卷　(宋)王黼
撰　明萬曆三十一年(1603)刻本　十一冊

340000－1881－0008547　13171

詩學正宗十六卷　(明)浦南金輯　明五樂堂

刻本　一冊　存一卷(六)

340000－1881－0008548　13172

昌黎先生詩集注十一卷　(唐)韓愈撰　清道
光二十五年(1845)膺德堂刻朱墨套印本　一
冊　存三卷(九至十一)

340000－1881－0008549　13175

曲園擬墨一卷　(清)俞樾撰　清光緒十五年
(1889)翰墨林抄本　一冊

340000－1881－0008550　13176

曲本一卷　(□)□□撰　清抄本　一冊

340000－1881－0008551　13177

孔氏家語十卷　(三國魏)王肅注　清刻本
一冊　存三卷(八至十)

340000－1881－0008552　13180

駢雅七卷　(明)朱謀瑋撰　(清)魏茂林編
清道光二十五年(1845)刻本　一冊　存二卷
(六至七)

340000－1881－0008553　13181

宋書一百卷　(南朝梁)沈約撰　明汲古閣刻
本　一冊　存六卷(四十二至四十七)

340000－1881－0008554　13182

宋四名家詩四卷　(清)周之鱗　(清)柴升編
清康熙三十二年(1693)刻本　三冊　存二
卷(東坡先生詩鈔一、放翁先生詩鈔一)

340000－1881－0008555　13183

陳書三十六卷　(唐)姚思廉撰　明刻萬曆十
六年(1588)補修本　二冊　存十九卷(十八
至三十六)

340000－1881－0008556　13184

前漢書一百卷　(漢)班固撰　(唐)顏師古注
清順治十八年(1661)刻本　七冊　存三十
六卷(傳一至六、二十七至三十五、四十六至
六十三、六十七至六十九)

340000－1881－0008557　13185

春秋左傳杜林合註五十卷　(晉)杜預　(宋)
林堯叟註釋　(唐)陸德明音義　(明)閔夢得
(明)閔光德編　明刻本　一冊　存五卷

（三十六至四十）

340000－1881－0008558　13186
寶古堂重修宣和博古圖錄三十卷　（宋）王黼撰　明刻本　六冊　存六卷（二、十一、十三、二十四、二十九至三十）

340000－1881－0008559　13189
遼史一百十六卷　（元）脫脫修　明刻嘉靖八年(1529)補修本　三冊　存二十五卷（志一至十七、表一至八）

340000－1881－0008560　13190
金史一百三十五卷　（元）脫脫等撰　明刻嘉靖八年(1529)補修本　九冊　存六十四卷（本紀六至十一,志六至三十三,列傳一至八、十七至二十四、三十八至四十四、五十九至六十五）

340000－1881－0008561　13191
山堂肆考二百四十卷　（明）彭大翼編　明萬曆二十三年(1595)刻本　五十三冊　存一百五十三卷（宮一至二、五至二十一、二十四至四十八,商一至二十三、二十八至三十四、三十六至四十八,角四至十四、十九至二十四、二十八至三十、三十八至四十、四十三至四十四,徵十至十六、二十五至二十七、三十四至四十八,羽四至九、十二至十六、三十二至三十三、三十八至四十）

340000－1881－0008562　13192
古今人物圖十三集　（清）吳友如撰　清宣統元年(1909)上海璧園鉛印本　二十四冊

340000－1881－0008563　13193
坡仙集十六卷　（宋）蘇軾撰　明萬曆二十八年(1600)刻本　八冊

340000－1881－0008564　13194
禮記註疏六十三卷　（漢）鄭玄註　（唐）孔穎達疏　明萬曆十六年(1588)刻本　十二冊　存三十六卷（一至三十六）

340000－1881－0008565　13195
泊如齋重修宣和博古圖錄三十卷　（宋）王黼編　明萬曆十六年(1588)刻本　十六冊

340000－1881－0008566　13196
易經纂註四卷　（明）李廷機輯　書經纂註四卷　（明）袁宗道輯　禮記纂註四卷　（明）王萱輯　清刻本　四冊

340000－1881－0008567　13197
宋史四百九十六卷　（元）脫脫等撰　明萬曆二十八年(1600)刻本　十冊　存五十二卷（志三十八至八十九）

340000－1881－0008568　13198
馮用韞先生北海集四十六卷　（明）馮琦撰　明萬曆四十四年(1616)刻本　十冊　存十八卷（一至十八）

340000－1881－0008569　13199
通鑑紀事本末前編十二卷　（明）沈朝陽纂　通鑑紀事本末四十二卷　（宋）袁樞撰　明崇禎十五年(1642)刻本　八冊　存十五卷（通鑑紀事本末前編十二卷,通鑑紀事本末十七、三十一至三十二）

340000－1881－0008570　13200
易經註疏大全合纂六十四卷首一卷　（明）張溥編　明崇禎七年(1634)刻本　四冊　存十三卷（一、八至十四、三十四至三十八）

340000－1881－0008571　13201
黃山詩選二卷　（明）程顯爵輯　（清）王寅評　（明）詹濩編　明萬曆九年(1581)刻本　一冊

340000－1881－0008572　13202
新鍥袁中郎校訂旁訓古事鏡十二卷　（明）鄧志謨著　（清）謝宗成編　明萬曆四十年(1612)鄭大經刻本　四冊

340000－1881－0008573　13203
元史二百十卷　（明）宋濂撰　明嘉靖至清順治刻清康熙二十五年(1686)補刻本　五十冊

340000－1881－0008574　13204
十三經註疏三百三十三卷　（三國魏）王弼等註　明北京國子監刻萬曆補修本　三十七冊　存一百三十卷（論語註疏解經一至二十,孝經註疏一至九,禮記註疏三十七至六十三,孟

子註疏解經一至十四，春秋左傳註疏一至二十、五十二至六十，春秋穀梁註疏一至二十，爾雅註疏一至十一）

340000－1881－0008575　13205
新刊陳眉公先生精選古今人物論三十六卷
（明）陳繼儒編　明萬曆三十七年（1609）刻本　十二冊　存十卷（六至七、十一至十三、二十九至三十三）

340000－1881－0008576　13206
春秋左傳註疏六十卷　（晉）杜預註　（唐）孔穎達疏　明萬曆十九年（1591）蕭良有刻本　二十冊

340000－1881－0008577　13207
凌煙閣功臣圖不分卷　（清）劉源繪　清光緒十年（1884）影印本　一冊

340000－1881－0008578　13208
爾雅二卷　（晉）郭璞注　清光緒八年（1882）上海同文書局縮印本　二冊

340000－1881－0008579　13209
凝香室鴻雪因緣圖記三集　（清）麟慶著　清光緒二十二年（1896）上海點石齋石印本　六冊

340000－1881－0008580　13210
凝香室鴻雪因緣圖記三集　（清）麟慶著　清光緒六年（1880）點石齋石印本　六冊

340000－1881－0008581　13211
芥子園畫傳初集六卷　（清）王概摹　**芥子園畫傳二集九卷**　（清）王概　（清）王蓍　（清）王臬摹　**芥子園畫傳三集六卷**　（清）王概　（清）王蓍　（清）王臬摹　清光緒十四年（1888）石印本　十二冊

340000－1881－0008582　13212
刊校經理不分卷　（□）□□撰　明萬曆十四年（1586）刻本　一冊

340000－1881－0008583　13213
先考潁叔府君行畧一卷　（清）林師尚撰　清光緒二十四年（1898）稿本　一冊

340000－1881－0008584　13214
埤雅二十卷　（宋）陸佃撰　明刻本　一冊

340000－1881－0008585　13215
百一山房詩鈔一卷　（清）孫士毅撰　清抄本　三冊

340000－1881－0008586　13216
楚辭節註六卷　（清）姚培謙註　清乾隆六年（1741）刻本　二冊

340000－1881－0008587　13217
湛園未定稿六卷　（清）姜宸英撰　清初刻本　四冊

340000－1881－0008588　13218
淞隱漫錄十二卷　（清）王韜撰　清光緒十年（1884）石印本　二冊　存六卷（一至六）

340000－1881－0008589　13219
綏史三卷　（□）□□撰　清刻叢書十二種本　一冊

340000－1881－0008590　13220
芥子園畫傳初集六卷二集九卷　（清）王蓍　（清）王臬摹　清光緒三十二年（1906）石印本　八冊

340000－1881－0008591　13221
同治初曾文正公課試僚屬雜文不分卷　（清）柯華輔等撰　清抄本　一冊

340000－1881－0008592　13222
牡丹亭還魂記二卷　（明）湯顯祖編　清光緒十二年（1886）同文書局石印本　四冊

340000－1881－0008593　13223
百美新詠集詠不分卷圖傳不分卷　（清）顏希源輯　清嘉慶十年（1805）刻本　四冊

340000－1881－0008594　13224
笠翁一家言十六卷　（清）李漁著　清刻本　四冊　存四卷（笠翁文集一至四）

340000－1881－0008595　13225
重訂易經疑問十二卷　（明）姚舜牧著　明萬曆三十八年（1610）刻本　四冊

340000－1881－0008596　13226

芥子園畫傳四卷　（清）王概　（清）王蓍（清）王臬摹　清康熙十八年(1679)刻本　一冊　存一卷(一)

340000－1881－0008597　13227

春秋穀梁傳二十卷　（晉）范甯集解　（唐）楊士勛注疏　明萬曆二十一年(1593)刻本　六冊

340000－1881－0008598　13228

姜太僕大成帖不分卷　（明）姜立綱書　明刻本　五冊

340000－1881－0008599　13229

陶淵明文集十卷　（晉）陶潛撰　清石印本　三冊

340000－1881－0008600　13231

聖僧庵集不分卷　（明）吳應賓補訂　明萬曆刻本　二冊

340000－1881－0008601　13232

古文苑二十一卷　（宋）章樵注　明萬曆二十一年(1593)刻本　四冊

340000－1881－0008602　13233

甲申朝事小紀十卷　（清）抱陽生輯　清抄本　四冊　存三卷(三、六、八)

340000－1881－0008603　13235

莽明官印不分卷　（□）□□編　清抄本　一冊

340000－1881－0008604　13237

蒼珮室墨譜不分卷　（清）周雲鶴等撰　清刻本　一冊

340000－1881－0008605　13238

揚州畫舫錄十八卷　（清）李斗撰　清同治十一年(1872)刻本　四冊

340000－1881－0008606　13239

西京雜記六卷　（晉）葛洪編　明汲古閣刻本　一冊

340000－1881－0008607　13240

詩藪外編六卷　（明）胡應麟著　（明）江湛然輯　明少室山房刻本　一冊　存二卷(一至二)

340000－1881－0008608　13241

印譜不分卷　（□）□□編　清鈐印本　一冊

340000－1881－0008609　13242

退居四首不分卷　（清）胡元熙撰　清稿本　一張

340000－1881－0008610　13243

文類□□卷　（□）□□編　明刻本　十三冊

340000－1881－0008611　13244

陶淵明集六卷　（晉）陶潛撰　明文浩堂刻本　二冊

340000－1881－0008612　13247

新刻校正全像音釋琵琶記評林三卷　（明）肩雲逸叟校　明文秀堂刻本　一冊　存一卷(一)

340000－1881－0008613　13248

紫釵記二卷　（明）湯顯祖撰　明萬曆二十三年(1595)刻本　二冊

340000－1881－0008614　13249

李氏焚餘六卷　（明）李贄撰　明刻本　一冊　存一卷(三)

340000－1881－0008615　13250

木刻花樣不分卷　（□）□□撰　清文華堂刻本　一冊

340000－1881－0008616　13253

紅樓夢題詞不分卷　（□）□□編　清抄本　一冊

340000－1881－0008617　13254

紅樓夢散套十六卷　（清）吳鎬填詞　清嘉慶二十年(1815)蟾波閣刻本　一冊　存六卷(一至六)

340000－1881－0008618　13255

琴譜六卷　（明）楊表正撰　明萬曆金陵三山街書肆唐富春刻本　二冊　存二卷(二至三)

340000－1881－0008619　13256

白石道人歌曲六卷歌詞一卷　（宋）姜夔撰　清宣統二年（1910）刻本　一冊

340000－1881－0008620　13257

重刊補註洗冤錄集證五卷　（宋）宋慈撰　（清）王又槐增輯　（清）阮其新補註　（清）李觀瀾補輯　洗冤錄辨正一卷　（清）瞿中溶撰　（清）李璋煜編　附刊檢驗合參一卷　（清）郎錦麒輯　（清）李璋煜編　附刊洗冤錄解一卷　（清）姚德豫著　（清）李璋煜編　清道光二十七年（1847）刻三色套印本　五冊

340000－1881－0008621　13258

明朝書畫家一卷　（□）□□撰　清康熙抄本　一冊

340000－1881－0008622　13259

唐六如畫譜三卷　（明）唐寅編　清陳虬龍抄本　一冊

340000－1881－0008623　13260

明利瑪竇題寶象圖不分卷　（明）程大約撰　清同治六年（1867）涉園刻本　一冊

340000－1881－0008624　13261

小石帆亭著錄六卷　（清）翁方綱撰　清乾隆五十七年（1792）刻本　一冊

340000－1881－0008625　13262

說鈴二集不分卷　（清）吳震方輯　清康熙四十四年（1705）刻本　八冊

340000－1881－0008626　13264

詩經大全二十卷　（明）胡廣等輯　明刻本　一冊　存三卷（三至五）

340000－1881－0008627　13265

詩人玉屑二十卷　（宋）魏慶之編　清刻本　六冊

340000－1881－0008628　13266

二十一史彈詞輯注十卷　（明）楊慎編　（清）孫德威輯注　清康熙四十年（1701）刻本　四冊

340000－1881－0008629　13267

古今人物論三十六卷　（明）鄭賢輯　清光緒

仁壽堂刻本　十冊　存十七卷（一至十七）

340000－1881－0008630　13268

西湖志纂十五卷首一卷　（清）沈德潛　（清）傅王露輯　（清）梁詩正纂　清乾隆二十七年（1762）刻本　六冊　存一卷（首一卷）

340000－1881－0008631　13269

才調集補注十卷　（五代）韋縠輯　（明）馮舒　（明）馮班評　（清）殷元勳箋注　（清）宋邦綏補注　清乾隆五十八年（1793）刻本　四冊　存六卷（一至六）

340000－1881－0008632　13270

愚公集四卷集頤仲存稿一卷耐翁先生集外詩一卷　（明）錢履撰　明萬曆十三年（1585）汲古閣刻本　一冊

340000－1881－0008633　13271

杜詩偶評四卷　（清）沈德潛纂　清乾隆十二年（1747）賦閒草堂刻本　四冊

340000－1881－0008634　13272

風箏誤傳奇二卷　（清）李漁編　（清）樸齋主人批評　奈何天傳奇二卷　（清）李漁編　（清）紫珍道人批評　清順治刻本　二冊

340000－1881－0008635　13273

崇文會錄十卷　（□）□□撰　清康熙二十四年（1685）刻本　四冊

340000－1881－0008636　13275

杜工部集二十卷［杜甫］年譜一卷　（唐）杜甫撰　（清）錢謙益注　清刻本　四冊

340000－1881－0008637　13276

浣紗記二卷　（明）梁辰魚撰　明刻本　一冊　存一卷（下）

340000－1881－0008638　13277

瀛奎律髓刊誤四十九卷　（宋）方回編　（清）紀昀批點　清乾隆五十三年（1788）刻本　六冊

340000－1881－0008639　13278

牡丹亭還魂記二卷　（明）湯顯祖編　明萬曆二十六年（1598）刻本　二冊

340000－1881－0008640　13279

勸戒圖說不分卷　(明)鄒迪光撰　明萬曆十七年(1589)刻本　一冊

340000－1881－0008641　13280

楞伽山人詩集八卷　(清)顧嗣協撰　清康熙三十七年(1698)刻本　二冊

340000－1881－0008642　13281

明詩別裁集十二卷　(清)沈德潛　(清)周準編　清乾隆刻本　四冊

340000－1881－0008643　13282

隋書八十五卷　(唐)魏徵等撰　明刻萬曆二十三年(1595)補修本　一冊　存四卷(三十一至三十四)

340000－1881－0008644　13283

宋史四百九十六卷　(元)脫脫修　明刻萬曆二十八年(1600)補修本　一冊　存一卷(二百二)

340000－1881－0008645　13284

國朝三家文鈔三十二卷　(清)宋犖　(清)許汝霖選　(清)邵長蘅　(清)宋至訂　清康熙四十三年(1704)刻本　八冊

340000－1881－0008646　13286

古今名人畫稿不分卷　(清)劉海屏繪　清光緒三十一年(1905)上海錦章書局石印本　五冊

340000－1881－0008647　13287

繪圖騙術奇談四卷　(清)雷君曜編　清宣統元年(1909)埽葉山房石印本　四冊

340000－1881－0008648　13288

繪圖上海雜記十卷　(清)藜牀臥讀生編　清光緒三十二年(1906)上海文寶書局石印本　五冊

340000－1881－0008649　13290

南巡盛典一百二十卷　(清)高晉等纂輯　清光緒八年(1882)上海點石齋石印本　八冊

340000－1881－0008650　13291

吳吳山三婦合評牡丹亭還魂記二卷　(明)湯顯祖撰　(清)陳同評點　(清)錢宜參評　明末清初刻本　四冊

340000－1881－0008651　13292

重鐫十三經十七史一千三百三十卷　(明)毛晉編　明崇禎元年至十七年(1628－1644)汲古閣刻清順治五年至十三年(1648－1656)重修本　二百三十冊

340000－1881－0008652　13293

御選唐詩三十二卷目錄三卷　(清)聖祖玄燁編　(清)陳廷敬等注　清康熙五十二年(1713)內府刻朱墨套印本　十五冊

340000－1881－0008653　13294

隨筆記事一卷　(□)□□撰　清道光十三年(1833)抄本　一冊

340000－1881－0008654　13295

尺牘致復集□□卷　(清)飲香居士編　清抄本　一冊　存一卷(上)

340000－1881－0008655　13296

問渠窗課不分卷　(□)□□撰　清抄本　一冊

340000－1881－0008656　13297

八股解一卷　(□)□□撰　清抄本　一冊

340000－1881－0008657　13298

左傳不分卷　(春秋)左丘明撰　清抄本　一冊

340000－1881－0008658　13299

南貨雜記不分卷　(□)□□撰　清光緒三十一年(1905)抄本　一冊

340000－1881－0008659　13300

曾文正公文鈔四卷　(清)曾國藩撰　(清)張瑛編　清抄本　四冊

340000－1881－0008660　13301

何博士備論不分卷　(宋)何去非撰　清光緒十四年(1888)抄本　一冊

340000－1881－0008661　13302

止齋尺牘十卷　(清)朱靖撰　清抄本　一冊　存二卷(九至十)

340000－1881－0008662　13303

論語不分卷　（春秋）孔子等撰　清抄本
一冊

340000－1881－0008663　13304

天台藝文志一卷　（□）□□編　清抄本
一冊

340000－1881－0008664　13305

鹽務使信稿不分卷　（□）□□編　清光緒稿
本　七冊

340000－1881－0008665　13306

三國志六十五卷　（晉）陳壽撰　明萬曆二十
四年（1596）刻本　九冊　存五十二卷（魏書
三至三十、吳書一至九、蜀書一至十五）

340000－1881－0008666　13307

河洛理數七卷　（宋）陳摶著　（宋）邵雍編
明崇禎五年（1632）刻本　四冊

340000－1881－0008667　13308

穀詒彙十四卷　（北齊）顏之推著　（明）陶希
臯輯　明崇禎七年（1634）刻本　四冊

340000－1881－0008668　13309

永寧縣公文不分卷　（□）□□編　清光緒二
十二年（1896）抄本　三十六張

340000－1881－0008669　13310

黎庶昌上書不分卷　（清）黎庶昌著　清同治
抄本　一冊

340000－1881－0008670　13311

唯命是聽一卷　（□）□□撰　清抄本　一冊

340000－1881－0008671　13312

摘要格言不分卷　（□）□□編　清光緒抄本
一冊

340000－1881－0008672　13313

十杉亭帖體詩鈔一卷　（清）吳楷撰　清抄本
一冊

340000－1881－0008673　13314

鄉會試闈墨一卷　（□）□□編　清抄本
一冊

340000－1881－0008674　13315

說唱抄本一卷　（□）□□編　清抄本　一冊

340000－1881－0008675　13316

學庸問題不分卷　（□）□□編　清宣統二年
（1910）抄本　一冊

340000－1881－0008676　13317

倫理學教授案不分卷　（□）□□撰　清光緒
三十四年（1908）抄本　一冊

340000－1881－0008677　13318

文鈔不分卷　（清）吳敬義等撰　清抄本
一冊

340000－1881－0008678　13319

摘抄范鏡川識小錄不分卷　（□）□□撰　清
抄本　一冊

340000－1881－0008679　13320

歙縣志稿不分卷　（□）□□編　清稿本　十
五冊

340000－1881－0008680　13322

詩經不分卷　（□）□□輯　清抄本　六冊

340000－1881－0008681　13324

金壇圍城追記一卷　（□）□□撰　清稿本
一冊

340000－1881－0008682　13327

初等小學修身課本不分卷　張繼良編　徐繼
餘繪圖　清宣統元年（1909）中國圖書公司鉛
印本　一冊

340000－1881－0008683　13328

堅壁清野議一卷　（□）□□撰　清抄本
一冊

340000－1881－0008684　13330

爬疥漫錄一卷　（清）吳門木居士撰　清抄本
一冊

340000－1881－0008685　13331

太康李又哲先生手抄一卷　（□）□□撰　清
抄本　一冊

340000－1881－0008686　13332

李又哲文抄一卷 （清）李又哲撰 清同治元年(1862)抄本 二冊

340000－1881－0008687 13334

水經注四十卷 （漢）桑欽撰 （北魏）酈道元注 明刻本 八冊 存三十三卷(一至二十一、二十五至二十八、三十三至四十)

340000－1881－0008688 13336

名媛尺牘二卷 （清）錢鳳綸等撰 清水鏡山房抄本 一冊 存一卷(下)

340000－1881－0008689 13339

疏影樓詞二卷 （清）姚燮撰 種玉詞一卷 （清）孫家穀撰 清上湖草堂刻本 一冊

340000－1881－0008690 13340

松雪齋集十卷外集一卷附行狀一卷 （元）趙孟頫撰 清清德堂刻本 三冊

340000－1881－0008691 13341

杜工部集二十卷[杜甫]年譜一卷 （唐）杜甫撰 （清）錢謙益注 清刻本 六冊

340000－1881－0008692 13342

洗冤錄詳義四卷首一卷 （宋）宋慈撰 （清）許槤編 洗冤錄摭遺二卷 （清）葛元煦撰 督捕則例附纂二卷 （□）□□撰 清光緒二年(1876)刻本 四冊 存七卷(洗冤錄詳義一、三至四,洗冤錄摭遺二卷,督捕則例附纂二卷)

340000－1881－0008693 13343

繡刻演劇十本一百二十卷 （明）毛晉輯 明刻本 一百二十冊 存十四卷(千金記一至二、玉環記一至二、贈書記一至二、四喜記一至二、鸞鎞記一至二、玉合記一至二、金蓮記一至二)

340000－1881－0008694 13347

平定粵匪功臣戰跡圖一卷題詠一卷 （□）□□撰 清光緒二十年(1894)石印本 一冊

340000－1881－0008695 13348

日湖漁唱一卷補遺一卷續補遺一卷 （宋）陳允平撰 清道光九年(1829)刻本 一冊

340000－1881－0008696 13349

巾經纂二十卷 （清）宋宗元著 清乾隆十六年(1751)刻本 五冊

340000－1881－0008697 13350

香草齋詩註六卷 （清）黃任著 （清）陳應魁註 清嘉慶十九年(1814)刻本 三冊

340000－1881－0008698 13351

神武傳□□卷 （□）□□撰 清刻本 一冊 存一卷(一)

340000－1881－0008699 13352

陶靖節集十卷 （晉）陶潛撰 明刻本 一冊

340000－1881－0008700 13353

心摹手追一卷 （清）鮑瑞駿撰 清同治七年(1868)稿本 一冊

340000－1881－0008701 13354

建炎復辟記一卷 （□）□□撰 清抄本 一冊

340000－1881－0008702 13355

謝疊山先生文章軌範七卷 （宋）謝枋得編 清咸豐二年(1852)刻三色套印本 二冊

340000－1881－0008703 13356

尺素書不分卷 （□）□□撰 清稿本 一冊

340000－1881－0008704 13358

折獄龜鑑八卷首一卷 （宋）鄭克撰 清道光十五年(1835)刻致用叢書本 四冊

340000－1881－0008705 13359

清詩大雅二集不分卷 （清）趙弘恩著 （清）汪觀編 清雍正十二年(1734)靜遠堂刻本 四冊

340000－1881－0008706 13360

資治通鑑綱目五十九卷 （宋）朱熹撰 清吳錡抄本 一冊 存一卷(九)

340000－1881－0008707 13361

木刻花樣不分卷 （□）□□編 清刻本 一冊

340000－1881－0008708 13362

威靖右營洋操圖不分卷　（□）□□編　清抄本　一冊

340000－1881－0008709　13364
大清仁宗睿皇帝實錄□□卷　（清）曹振鏞等編　清抄本　一冊　存一卷(二百七十五)

340000－1881－0008710　13365
大清仁宗睿皇帝實錄□□卷　（清）曹振鏞等編　清抄本　一冊　存一卷(一千一百九十七)

340000－1881－0008711　13366
馬新貽手札不分卷　（清）馬新貽撰　清抄本　三張

340000－1881－0008712　13367
棋譜不分卷　（□）□□撰　清抄本　一冊

340000－1881－0008713　13368
圍棋譜不分卷　（□）□□撰　清抄本　一冊

340000－1881－0008714　13369
圍棋譜不分卷　（□）□□撰　清咸豐四年(1854)抄本　一冊

340000－1881－0008715　13370
性命圭旨不分卷　（□）□□編　明萬曆四十三年(1615)刻本　六冊

340000－1881－0008716　13371
良字號魚鱗圖冊□□卷　（□）□□撰　明萬曆九年(1581)刻本　一冊　存一卷(下)

340000－1881－0008717　13372
爾雅音圖三卷　（晉）郭璞注　清光緒三年(1877)刻本　三冊

340000－1881－0008718　13374
鈔本明人書牘一卷　（□）□□編　清抄本　一冊

340000－1881－0008719　13375
各國通商始末記事目不分卷　（□）□□編　清抄本　一冊

340000－1881－0008720　13376
小雲巢詩草一卷　（□）□□撰　清抄本

一冊

340000－1881－0008721　13377
重校中星細草一卷　（清）博潤纂　清光緒抄本　一冊

340000－1881－0008722　13380
玩易山房雜鈔不分卷　（清）曹震亭撰　清抄本　一冊

340000－1881－0008723　13381
讀書簡要法不分卷　（清）章立撰　清光緒二十七年(1901)稿本　一冊

340000－1881－0008724　13382
說文古籀疏證六卷原目一卷　（清）莊述祖撰　清抄本　四冊

340000－1881－0008725　13386
陸游詩選一卷　（宋）陸游撰　清嘉慶十八年(1813)抄本　一冊

340000－1881－0008726　13388
惜陰齋詩集□□卷　（清）蘇永椿撰　清抄本　一冊

340000－1881－0008727　13389
汪笠夫雜著一卷　汪笠夫撰　清光緒三十年(1904)抄本　一冊

340000－1881－0008728　13391
陶卿日秤□□卷　（清）陶卿撰　清光緒元年(1875)抄本　一冊　存二卷(三至四)

340000－1881－0008729　13392
蒲石初艸一卷　（清）汪希顏等撰　清羅月山房抄本　一冊

340000－1881－0008730　13394
鴉片戰爭史料不分卷　（□）□□編　清抄本　一冊

340000－1881－0008731　13395
吟草二卷　（清）許金門撰　清光緒十五年(1889)抄本　二冊

340000－1881－0008732　13396
己酉辦學函稿不分卷　（□）□□編　清宣統

元年(1909)蒼園抄本　一冊

340000－1881－0008733　13397
己酉辦學日記一卷　蒼園撰　清抄本　一冊

340000－1881－0008734　13398
慕陶齋筆記一卷　（□）□□編　清抄本
一冊

340000－1881－0008735　13399
駒隙錄一卷　（清）鷗水樵漁客撰　清光緒抄
本　一冊

340000－1881－0008736　13401
味蔗吟草四卷　（□）□□撰　清咸豐五年
(1855)抄本　三冊

340000－1881－0008737　13402
大易衷旨便讀三卷　（清）金松纂輯　清抄本
三冊

340000－1881－0008738　13405
摘錄刑案匯覽不分卷　（□）□□撰　清抄本
一冊

340000－1881－0008739　13409
雜函稿不分卷　（□）□□撰　清光緒二十九
年(1903)抄本　一冊

340000－1881－0008740　13413
玉楮詩藁八卷　（宋）岳珂撰　清康熙抄本
三冊　存六卷(一至六)

340000－1881－0008741　13414
欽定古今圖書集成一萬卷目錄三十二卷
(清)蔣廷錫等輯　清抄本　九冊　存十一卷
(邊裔典三十至三十一、一百，二十一都懷古
詩一、靈通寺碑一、五代會要二十八至三十、
蒼霞草十九、日本國考畧一、太平御覽七百八
十)

340000－1881－0008742　13417
律例摘由揔要不分卷　（□）□□編　清抄本
一冊

340000－1881－0008743　13419
周易不分卷　（□）□□編　清抄本　一冊

340000－1881－0008744　13420
丁巳生日記一卷　（□）□□撰　清光緒二十
六年(1900)抄本　二冊

340000－1881－0008745　13422
史記纂不分卷　（明）凌稚隆纂　明萬曆七年
(1579)刻本　一冊

340000－1881－0008746　13423
［弟子規講解□□卷］　（□）□□撰　清抄本
一冊

340000－1881－0008747　13424
子史隨錄二卷　（清）鷗谿漁老編　清抄本
一冊　存一卷(上)

340000－1881－0008748　13425
隨手紀載不分卷　（□）□□撰　清光緒十七
年(1891)抄本　三冊

340000－1881－0008749　13426
［古詩源摘抄不分卷］　（清）沈德潛編　清抄
本　一冊

340000－1881－0008750　13427
翰林院撰文一卷　（清）夏廷楨等撰　清抄本
一冊

340000－1881－0008751　13428
郭芝田課幼草不分卷　（清）郭芝田撰　清抄
本　一冊

340000－1881－0008752　13429
水鏡新書一卷　（清）彭聖壇著　（清）林鐵山
評　清抄本　一冊

340000－1881－0008753　13430
奏議不分卷　（清）彭玉麐等撰　清抄本
一冊

340000－1881－0008754　13431
乾隆稟稿不分卷　（□）□□撰　清抄本
一冊

340000－1881－0008755　13434
今古奇觀四十卷　（明）抱甕老人輯　明刻本
三冊　存十七卷(四至六、八至十二、十五
至十九、三十至三十三)

340000 – 1881 – 0008756　13435

管氏指蒙不分卷　（三國魏）管輅著　（隋）蕭吉　（唐）袁天罡　（唐）李淳風　（宋）王伋注　清抄本　一冊

340000 – 1881 – 0008757　13439

易理蒙訓二卷　（清）陳濬撰　清咸豐九年（1859）抄本　一冊

340000 – 1881 – 0008758　13440

光裕密旨一卷　（晉）郭璞著　清抄本　一冊

340000 – 1881 – 0008759　13441

地理摘要不分卷　（□）□□撰　清抄本　一冊

340000 – 1881 – 0008760　13442

七十二候舊解不分卷　（□）□□撰　清抄本　一冊

340000 – 1881 – 0008761　13443

窗課不分卷　（□）□□編　清光緒二十八年（1902）稿本　二冊

340000 – 1881 – 0008762　13444

周官案論五卷　（□）□□撰　清抄本　五冊

340000 – 1881 – 0008763　13446

易經三種不分卷　（□）□□編　明抄本　五冊

340000 – 1881 – 0008764　13447

皇朝武功續記不分卷　（□）□□編　清抄本　二冊

340000 – 1881 – 0008765　13448

新鍥京本評釋古文正宗□□卷　（明）李廷機評釋　明刻本　一冊　存五卷（五至九）

340000 – 1881 – 0008766　13449

徐文長逸稿二十四卷　（明）徐渭撰　（明）張汝霖　（明）王思任評選　明天啓三年（1623）張維城刻本　五冊

340000 – 1881 – 0008767　13450

黃山志續集八卷　（清）汪士鋐等纂　清康熙刻本　六冊

340000 – 1881 – 0008768　13451

刻新編出像楊家府世代忠勇通俗演義志傳八卷　（明）紀振倫纂　（明）烟波釣叟參編　明萬曆三十四年（1606）刻本　一冊　存一卷（四）

340000 – 1881 – 0008769　13452

金陵古今圖考不分卷　（明）陳沂撰　明天啓四年（1624）刻本　二冊

340000 – 1881 – 0008770　13453

新鐫鈔評校正標題皇明資治通紀十二卷附增補一卷　（明）陳建編著　明萬曆四十四年（1616）余仙源刻本　四冊

340000 – 1881 – 0008771　13454

憐香伴傳奇二卷　（清）李漁編　（清）虞巍評　清刻本　一冊

340000 – 1881 – 0008772　13455

月旦堂仙佛奇踪合刻八卷　（明）洪應明輯　明萬曆刻本　二冊　存四卷（一至二、七至八）

340000 – 1881 – 0008773　13456

湖廣至揚州水程歌不分卷　（□）□□編　清抄本　一冊

340000 – 1881 – 0008774　13457

百將圖傳二卷　（清）丁日昌編　清刻本　一冊　存一卷（下）

340000 – 1881 – 0008775　13458

新刻全像三寶太監西洋記通俗演義二十卷一百回　（明）羅懋登編　（明）釋燈來繪圖　明萬曆二十五年（1597）刻本　十六冊

340000 – 1881 – 0008776　13459

玉茗堂還魂記二卷　（明）湯顯祖撰　清乾隆五十年（1785）刻本　二冊

340000 – 1881 – 0008777　13460

史記一百三十卷　（漢）司馬遷撰　清刻本　二冊　存七卷（一至三、九至十二）

340000 – 1881 – 0008778　13461

後漢書一百二十卷　（南朝宋）范曄撰　明刻

本　一冊　存四卷(一至四)

340000－1881－0008779　13462
唐宋八大家選二十四卷　(明)鍾惺編　清刻本　一冊　存三卷(二十至二十二)

340000－1881－0008780　13463
諸子品節五十卷　(明)陳深輯　明刻本　一冊　存二卷(十至十一)

340000－1881－0008781　13464
劍南詩稾八十五卷　(宋)陸游撰　明汲古閣刻本　一冊　存六卷(四十至四十五)

340000－1881－0008782　13465
東坡先生全集七十五卷　(宋)蘇軾撰　明刻本　五冊　存十卷(四十七至四十八、五十一至五十二、六十二至六十五、七十至七十一)

340000－1881－0008783　13466
武經圍鏡不分卷　(清)王暾集注　清同治四年(1865)刻本　四冊

340000－1881－0008784　13467
車書樓彙輯各名公四六爭奇八卷　(明)許以忠編　明刻本　一冊　存一卷(四)

340000－1881－0008785　13468
讀史恨不分卷　(□)□□撰　明刻本　一冊

340000－1881－0008786　13469
開天傳信記一卷　(唐)鄭綮撰　杜陽雜編三卷　(唐)蘇鶚撰　清照曠閣刻本　一冊

340000－1881－0008787　13470
班馬字類二卷　(宋)婁機撰　清康熙刻本　一冊

340000－1881－0008788　13471
重刻黃文節山谷先生文集三十卷　(宋)黃庭堅著　明萬曆光啟堂刻本　一冊　存四卷(十三至十六)

340000－1881－0008789　13472
春秋繁露十七卷　(漢)董仲舒著　淮南鴻烈解二十一卷　(漢)劉向著　獨斷不分卷　(漢)蔡邕著　忠經不分卷　(漢)馬融撰　孝傳不分卷　(晉)陶潛撰　小爾雅不分卷

(漢)孔鮒著　清刻本　五冊

340000－1881－0008790　13473
鍾伯敬先生補歷朝捷錄前編八卷首一卷　(明)鍾惺撰　清康熙六十年(1721)退思堂刻本　一冊　存三卷(一至二、首一卷)

340000－1881－0008791　13474
梁書五十六卷　(唐)姚思廉撰　明崇禎六年(1633)汲古閣刻本　五冊

340000－1881－0008792　13475
陳書三十六卷　(唐)姚思廉撰　明崇禎四年(1631)汲古閣刻本　三冊

340000－1881－0008793　13476
後周書五十卷　(唐)令狐德棻撰　明崇禎五年(1632)汲古閣刻本　五冊

340000－1881－0008794　13477
晉書一百三十卷　(唐)太宗李世民撰　明鍾人傑刻本　二十五冊

340000－1881－0008795　13478
南史八十卷　(唐)李延壽撰　明萬曆十九年(1591)南監刻本　二十冊

340000－1881－0008796　13479
韓文起十二卷　(唐)韓愈撰　(清)林雲銘注　清康熙三十二年(1693)刻本　六冊

340000－1881－0008797　13480
諸子品節五十卷　(明)陳深輯　明萬曆十九年(1591)刻本　十冊

340000－1881－0008798　13481
遼史一百十六卷　(元)脫脫撰　明南監刻明清遞修本　八冊

340000－1881－0008799　13482
讀書堂精選古文晨書十二卷　(清)徐陳發(清)宋景琛編　清刻本　五冊

340000－1881－0008800　13483
袁中郎集六種八卷　(明)袁宏道撰　明刻本　一冊

340000－1881－0008801　13484

南齊書五十九卷 （南朝梁）蕭子顯撰 明崇禎十年(1637)汲古閣刻本 四冊

340000－1881－0008802　13485

金史一百三十五卷 （元）脫脫等撰 明南監刻明清遞修本 二十冊

340000－1881－0008803　13486

路史四十六卷 （宋）羅泌纂 （宋）羅苹注 明萬曆三十一年(1603)刻本 一冊 存四卷（一至四）

340000－1881－0008804　13487

新鍥二太史註釋評林莊子全書□□卷 （明）焦竑註 （明）翁正春評 明刻本 一冊 存三卷（四至六）

340000－1881－0008805　13488

後漢書一百二十卷 （南朝宋）范曄撰 明刻本 一冊 存六卷（五至十）

340000－1881－0008806　13489

揚子太玄經十卷 （漢）揚雄撰 明刻本 一冊 存六卷（五至十）

340000－1881－0008807　13490

大學衍義補一百六十卷首一卷 （明）丘濬撰 （明）朱錦校 明喬應甲刻本 七冊 存二十四卷（九十七至一百、一百五至一百十五、一百四十二至一百四十六、一百五十五至一百五十七,首一卷）

340000－1881－0008808　13491

納書楹曲譜續集四卷 （清）葉堂訂譜 清乾隆五十七年(1792)刻本 一冊 存一卷（二）

340000－1881－0008809　13492

新增說文韻府羣玉二十卷 （元）陰時夫編 （元）陰中夫注 明萬曆十八年(1590)刻本 二冊 存四卷（一至二、九至十）

340000－1881－0008810　13493

古玉圖二卷考古圖十卷 （清）黃曉峰編 清乾隆十七年(1752)刻本 二冊 存三卷（古玉圖二卷、考古圖九）

340000－1881－0008811　13494

亦政堂重修宣和博古圖三十卷 （宋）王黼等撰 明刻本 七冊 存八卷（二、六至七、十五、二十七至三十）

340000－1881－0008812　13495

小學紺珠十卷 （宋）王應麟撰 （清）陳守誠編 清乾隆十七年(1752)刻本 五冊

340000－1881－0008813　13496

戰國策十二卷 （漢）劉向編 （明）孫鑛評 明刻本 二冊

340000－1881－0008814　13497

伊川經說八卷 （宋）程頤撰 清刻本 二冊

340000－1881－0008815　13498

真文忠公續文章正宗四十卷 （宋）真德秀編 明刻本 三冊 存六卷（七至十、十七至十八）

340000－1881－0008816　13499

通鑑胡注舉正不分卷 （清）陳景雲撰 清刻本 一冊

340000－1881－0008817　13500

周禮註疏刪翼三十卷 （明）王志長編 明崇禎十二年(1639)刻本 五冊 存十三卷（一至八、十七至十九、二十六至二十七）

340000－1881－0008818　13501

後漢書一百二十卷 （南朝宋）范曄撰 （唐）李賢注 明南監刻明清遞修本 三冊 存十卷（一至十）

340000－1881－0008819　13502

點石齋畫報不分卷 （清）點石齋畫報社編 清光緒石印本 一百八冊

340000－1881－0008820　13503

唐詩別裁集二十卷 （清）沈德潛 （清）陳培脈編 清康熙五十六年(1717)刻本 五冊 存十卷（一至十）

340000－1881－0008821　13504

說文解字通釋四十卷 （五代）徐鍇撰 （五代）朱翱反切 清光緒元年(1875)刻本 六冊

340000－1881－0008822　13505

賦鈔箋略十五卷　（清）雷琳　（清）張杏濱編注　清乾隆三十一年(1766)刻本　八冊

340000－1881－0008823　13506

求古錄禮說補遺一卷　（清）金鶚撰　清同治六年(1867)刻本　一冊

340000－1881－0008824　13509

戰國策去毒二卷　（清）陸隴其編　清康熙三十一年(1692)刻本　一冊

340000－1881－0008825　13510

孔叢二卷　（漢）孔鮒著　明刻本　二冊

340000－1881－0008826　13511

徐孝穆全集六卷　（南朝陳）徐陵撰　（清）吳兆宜注　清刻本　二冊

340000－1881－0008827　13512

春秋義補註十二卷首一卷　（清）孫嘉淦撰（清）楊方達增註　清乾隆二十一年(1756)刻本　二冊　存五卷(一至四、首一卷)

340000－1881－0008828　13513

青邱高季迪先生詩集十八卷補遺一卷詩餘一卷附錄一卷　（明）高啓撰　（清）金檀注　清雍正六年(1728)刻本　八冊

340000－1881－0008829　13514

玉谿生詩詳註三卷樊南文集詳註八卷首一卷　（唐）李商隱撰　（清）馮浩編　清乾隆四十五年(1780)刻本　八冊

340000－1881－0008830　13515

顧廻瀾先生歷朝捷錄□□卷　（明）顧充撰明退思堂刻本　一冊　存二卷(六至七)

340000－1881－0008831　13516

續刻溫陵四太史彚選彙評古今名文珠璣十三卷　（明）黃鳳翔等編　明刻本　一冊　存二卷(六至七)

340000－1881－0008832　13517

四書指月十三卷　（明）馮夢龍著　明刻本四冊

340000－1881－0008833　13518

周易兼義上經隨傳九卷　（三國魏）王弼注（唐）孔穎達正義　明崇禎四年(1631)汲古閣刻本　二冊　存三卷(三、八至九)

340000－1881－0008834　13519

春秋公羊註疏二十八卷　（漢）何休撰　明汲古閣刻本　一冊　存三卷(二十至二十二)

340000－1881－0008835　13520

南史八十卷　（唐）李延壽撰　明崇禎汲古閣刻本　二冊　存二十一卷(一至二十一)

340000－1881－0008836　13521

李氏焚書六卷　（明）李贄撰　明刻朱墨套印本　一冊　存一卷(六)

340000－1881－0008837　13522

自娛集十卷　（明）俞琬綸著　明萬曆四十六年(1618)刻本　一冊　存三卷(一至三)

340000－1881－0008838　13523

古文奇賞二十二卷　（明）陳仁錫編　明萬曆刻本　三冊　存七卷(六至十、十三至十四)

340000－1881－0008839　13524

國朝松江詩鈔六十四卷　（清）姜兆翀編　清嘉慶十四年(1809)刻本　十冊

340000－1881－0008840　13525

新刊性理大全七十卷首一卷　（明）胡廣等編明刻本　十一冊

340000－1881－0008841　13526

繡虎軒尺牘八卷二集八卷三集六卷　（清）曹煜著　清康熙十七年(1678)刻本　十一冊

340000－1881－0008842　13527

江楚會奏變法摺稿不分卷　（清）劉坤一（清）張之洞撰　清抄本　一冊

340000－1881－0008843　13528

書畫題跋論贊錄不分卷　（□）□□編　清抄本　一冊

340000－1881－0008844　13529

周官不分卷　（□）□□編　清抄本　一冊

340000－1881－0008845　13530

南汝光道任内稟稿不分卷　（□）□□撰　清抄本　一冊

340000－1881－0008846　13531
家傳堪輿論氣正訣二卷　（五代）何令通著
（五代）游嵩注　清抄本　一冊

340000－1881－0008847　13533
李謫仙奇才詩選不分卷　（唐）李白撰　明抄本　一冊

340000－1881－0008848　13534
書譜不分卷　（□）□□撰　清康熙抄本　一冊

340000－1881－0008849　13535
嵩洛訪碑日記一卷　（清）黃易撰　李氏刊誤二卷　（唐）李涪撰　清影印粵雅堂叢書本　一冊

340000－1881－0008850　13536
武夷山志節錄不分卷　（清）董天工撰　（清）養晦山人節錄　清抄本　二冊

340000－1881－0008851　13537
會心集四卷　（清）劉一明著　摘錄張三丰先生集一卷　（元）張三丰撰　清抄本　五冊

340000－1881－0008852　13538
吳郡名賢圖傳贊二十卷　（清）顧沅輯　清道光九年(1829)刻本　八冊

340000－1881－0008853　13539
杜子美詩集二十卷　（唐）杜甫撰　（宋）劉辰翁評點　明刻本　六冊

340000－1881－0008854　13540
墨池編二十卷　（宋）朱長文編　清雍正十一年(1733)刻本　八冊

340000－1881－0008855　13541
續英烈傳五卷三十四回　（明）空谷老人編　清刻本　二冊

340000－1881－0008856　13542
皇明英烈志傳四卷　（明）徐渭編　明末文富堂刻本　四冊

340000－1881－0008857　13547
人物花鳥畫譜不分卷　（□）□□編　清石印本　一冊

340000－1881－0008858　13548
唐寅竹譜不分卷　（明）唐寅撰　清光緒三十一年(1905)上海萃文齋石印本　一冊

340000－1881－0008859　13549
內廷畫作工料冊不分卷　（□）□□撰　清抄本　一冊

340000－1881－0008860　13553
泊如齋重修宣和博古圖錄三十卷　（宋）王黼編　（明）丁南羽　（明）吳左千繪圖　（明）劉季然書錄　明萬曆十六年(1588)刻本　六冊　存十二卷(一至十二)

340000－1881－0008861　13554
古玉圖二卷　（清）黃晟編　清乾隆十七年(1752)刻本　一冊

340000－1881－0008862　13555
亦政堂重修考古圖十卷　（宋）呂大臨撰（清）黃晟編　清乾隆十八年(1753)刻本　五冊

340000－1881－0008863　13556
大學衍義補一百六十卷　（明）丘濬撰　明嘉靖十二年(1533)宗文堂刻本　二十六冊　存一百五十八卷(三至一百六十)

340000－1881－0008864　13557
閒清集六卷　（清）顧有孝編　（清）陸世楷增輯　清康熙刻本　一冊

340000－1881－0008865　13558
如面譚二集十八卷　（明）鍾惺纂輯　明刻本　一冊　存四卷(一至四)

340000－1881－0008866　13559
夢溪筆談二十六卷　（宋）沈括撰　明刻本　一冊　存七卷(二十至二十六)

340000－1881－0008867　13560
唐詩正聲二十二卷　（明）高棅撰　明刻本　三冊　存十卷(四至六、十六至二十二)

340000－1881－0008868　13561

文苑彙雋二十四卷　（明）孫丕顯彙纂　明萬曆三十六年（1608）刻本　四冊　存十二卷（一至三、七至九、十七至二十二）

340000－1881－0008869　13562

周禮註疏四十二卷　（漢）鄭玄註　（唐）賈公彥疏　明崇禎元年（1628）古虞毛氏汲古閣刻本　二冊　存三十六卷（一至三、七至十一、十五至四十二）

340000－1881－0008870　13563

宦牒筆功十二卷　（明）閔夢得著　明閔氏刻本　三冊　存三卷（三至五）

340000－1881－0008871　13564

寶日堂初集三十二卷　（明）張鼐纂　明刻本　一冊　存三卷（二十三至二十五）

340000－1881－0008872　13565

明季南略不分卷　（清）計六奇撰　清抄本　一冊

340000－1881－0008873　13566

捷録法原旁註十二卷　（明）鍾惺撰　（清）錢炅輯　清康熙刻本　六冊

340000－1881－0008874　13567

荀子二十卷　（唐）楊倞注　明刻本　二冊　存九卷（一至五、十七至二十）

340000－1881－0008875　13568

史記一百三十卷　（漢）司馬遷撰　明刻萬曆補修本　一冊　存七卷（六至十二）

340000－1881－0008876　13569

史記八書八卷世家一卷　（漢）司馬遷撰　（南朝宋）裴駰集解　（唐）司馬貞索隱　（唐）張守節正義　明刻本　一冊

340000－1881－0008877　13570

風俗通義十卷　（漢）應劭著　明堂策檻刻本　一冊

340000－1881－0008878　13571

歸潛志十四卷　（元）劉祁撰　清木活字印道光十年（1830）補修本　四冊

340000－1881－0008879　13572

新刊簪纓必用翰苑新書前集十二卷後集七卷續集八卷別集二卷　（□）□□撰　明仁壽堂刻本　一冊　存二卷（後集三至四）

340000－1881－0008880　13573

明文奇賞四十卷　（明）陳仁錫編　明刻本　一冊　存二卷（十九至二十）

340000－1881－0008881　13574

奉使琉球詩三卷　（清）徐葆光撰　清雍正十一年（1733）刻本　一冊

340000－1881－0008882　13575

石臼前集九卷後集七卷　（清）邢昉著　清乾隆十六年（1751）刻本　六冊

340000－1881－0008883　13576

古詩類苑一百三十卷　（明）張之象編　（明）俞顯卿　（明）張所敬補訂　明刻本　二十五冊

340000－1881－0008884　13577

三聖經靈驗圖註不分卷　（□）□□編　清光緒三十二年（1906）石印本　一冊

340000－1881－0008885　13578

新選十六名家畫寶不分卷　（□）□□編　清宣統三年（1911）石印本　二冊

340000－1881－0008886　13579

繪圖增像第五才子書水滸傳不分卷　（元）施耐庵撰　（清）金聖歎評釋　清鉛印本　十冊

340000－1881－0008887　13580

春秋三十卷　（宋）胡安國注　明萃雅堂刻本　三冊

340000－1881－0008888　13581

楚辭十九卷　（明）陸時雍疏　明刻本　五冊

340000－1881－0008889　13582

文房肆考圖說八卷　（清）唐秉鈞纂　（清）康愷繪圖　清乾隆四十三年（1778）刻本　四冊

340000－1881－0008890　13583

劍南詩槀八十五卷　（宋）陸游撰　明汲古閣刻本　一冊　存三卷（二十至二十二）

340000－1881－0008891　13584

佩文齋書畫譜一百卷　（清）孫岳頒撰　清刻本　六十冊　存九十八卷（一至九十八）

340000－1881－0008892　13585

春秋穀梁傳二十卷　（晉）范甯集解　明永懷堂刻本　四冊

340000－1881－0008893　13586

呂晚邨先生四書講義四十三卷　（清）呂留良撰　（清）陳鏦編　清康熙二十五年（1686）刻本　四冊

340000－1881－0008894　13587

眉公見聞錄八卷　（明）陳繼儒撰　明萬曆三十四年（1606）刻本　二冊

340000－1881－0008895　13588

廣輿記二十四卷　（明）陸應陽編　明萬曆二十八年（1600）刻本　六冊

340000－1881－0008896　13589

呂晚邨先生四書講義四十三卷　（清）呂留良撰　（清）陳鏦編　清康熙二十五年（1686）刻本　六冊

340000－1881－0008897　13590

小學義疏六卷首一卷或問四卷後編二卷攷證一卷釋文二卷　（清）尹嘉銓纂　清乾隆四十一年（1776）刻本　五冊

340000－1881－0008898　13591

乾隆時雜寫書不分卷　（□）□□編　清抄本　一冊

340000－1881－0008899　13592

一百二十名家不分卷　（清）俞長城編　清抄本　一冊

340000－1881－0008900　13594

重刻天傭子全集十卷首一卷末一卷　（明）艾南英撰　清道光刻本　六冊　存十卷（二至十、末一卷）

340000－1881－0008901　13595

藏書五十八卷　（明）李贄撰　明刻本　十三冊

340000－1881－0008902　13596

野獲編三十卷野獲編補遺四卷　（明）沈德符著　（清）錢枋編　清道光七年（1827）扶荔山房刻本　二十冊

340000－1881－0008903　13597

感舊集十六卷　（清）王士禎編　（清）盧見曾補並釋　清乾隆十七年（1752）刻本　六冊

340000－1881－0008904　13598

國語選四卷　（清）儲欣評　清乾隆四十五年（1780）刻本　一冊

340000－1881－0008905　13599

黃忠端公明誠堂十四札疏證一卷　（明）黃尊素撰　（清）黃彭年編　清光緒刻本　一冊

340000－1881－0008906　13600

論語鄭氏注十卷　（清）宋翔鳳編　清嘉慶二十五年（1820）刻本　一冊

340000－1881－0008907　13601

公羊傳不分卷穀梁傳不分卷　（清）王源編　清康熙五十五年（1716）刻本　一冊

340000－1881－0008908　13602

[唐詩選集五十九卷]　（唐）李商隱等撰　明刻本　十二冊

340000－1881－0008909　13603

南陵無雙譜不分卷　（清）金古良繪　清康熙刻本　一冊

340000－1881－0008910　13604

南陵無雙譜不分卷　（清）金古良繪　清康熙刻本　一冊

340000－1881－0008911　13605

二如亭群芳譜二十九卷首一卷　（明）王象晉纂　清刻本　十二冊

340000－1881－0008912　13606

籌海圖編十三卷　（明）胡宗憲輯議　（明）胡燈　（明）胡鳴岡　（明）胡階慶刪定　明天啓四年（1624）刻本　八冊　存十二卷（一至五、七至十三）

340000－1881－0008913　13607

三才圖會一百六卷　（明）王圻編　明刻本
三冊　存四卷（五至八）

340000－1881－0008914　13608

蘭雪堂古事苑定本十二卷　（明）鄧志謨編
清乾隆十四年（1749）蘭雪堂刻本　六冊

340000－1881－0008915　13609

唐陸宣公集二十二卷　（唐）陸贄撰　清雍正
元年（1723）年龔堯刻本　六冊

340000－1881－0008916　13610

符勝堂集五卷　（明）周立勳著　（明）周京
（明）周均編　清乾隆十二年（1747）刻本
二冊

340000－1881－0008917　13611

唐人五言長律清麗集六卷　（清）沈士駿
（清）徐曰璉編　清乾隆二十二年（1757）刻本
二冊

340000－1881－0008918　13612

爾雅直音二卷　（清）孫侃編　清嘉慶五年
（1800）刻本　一冊　存一卷（上）

340000－1881－0008919　13613

白虎通二卷　（漢）班固撰　清康熙七年
（1668）刻本　一冊

340000－1881－0008920　13614

古今類傳四卷　（清）董穀士　（清）董炳文輯
清康熙三十一年（1692）刻本　四冊

340000－1881－0008921　13615

秋影樓詩集九卷　（清）汪繹撰　清光緒二十
三年（1897）鐵琴銅劍樓刻本　二冊

340000－1881－0008922　13616

李義山詩集十六卷　（唐）李商隱撰　（清）姚
培謙箋　清乾隆四年（1739）松桂讀書堂刻本
二冊

340000－1881－0008923　13617

清河書畫舫十二卷　（明）張丑撰　清抄本
九冊

340000－1881－0008924　13618

唐書二百二十五卷　（宋）歐陽修等撰　明國

子監刻明清遞修本　四十四冊

340000－1881－0008925　13619

風俗通義四卷　（漢）應劭著　清康熙七年
（1668）汪士漢刻本　二冊

340000－1881－0008926　13620

太史升菴文集八十一卷目錄二卷　（明）楊慎
著　（明）楊有仁編　（明）張士佩輯　明陳大
科刻本　十九冊

340000－1881－0008927　13621

文獻通考三百四十八卷　（元）馬端臨著　清
乾隆十二年（1747）刻本　一百三冊

340000－1881－0008928　13622

天官賜福曲本不分卷　（□）□□編　清抄本
一冊

340000－1881－0008929　13624

少參公修宋譜凡例不分卷　（□）□□編　清
抄本　一冊

340000－1881－0008930　13626

山城菊隱詩鈔一卷　（□）□□編　清光緒二
十八年（1902）抄本　一冊

340000－1881－0008931　13627

儀禮大要二卷　（清）任兆麟學　清抄本
一冊

340000－1881－0008932　13628

孔叢五卷　（漢）孔鮒撰　（清）姜兆錫編　清
雍正二年（1724）刻本　二冊

340000－1881－0008933　13629

李義山詩集不分卷　（唐）李商隱撰　清康熙
抄本　一冊

340000－1881－0008934　13630

忠雅堂詩集二十七卷補遺二卷銅絃詞二卷
（清）蔣士銓撰　清嘉慶三年（1798）刻本
八冊

340000－1881－0008935　13631

崇禎八大家詩選五十六卷　（明）夏雲鼎選
清刻本　八冊　存六卷（三至八）

411

340000 - 1881 - 0008936　13632

古文眉詮七十九卷首一卷　（清）浦起龍輯釋
清乾隆九年(1744)三吳書院刻本　二十冊

340000 - 1881 - 0008937　13633

學庸意說十一卷首一卷　（清）王志和著　清
乾隆六十年(1795)刻本　三冊

340000 - 1881 - 0008938　13634

西堂全集二十二種六十三卷　（清）尤侗撰
清康熙二十四年(1685)刻本　十四冊

340000 - 1881 - 0008939　13635

御纂性理精義十二卷　（清）李光地等編　清
刻本　五冊

340000 - 1881 - 0008940　13636

唐詩歸三十六卷　（明）鍾惺　（明）譚元春編
　（明）林夢熊重編　明刻本　一冊　存六卷
（三十一至三十六）

340000 - 1881 - 0008941　13637

亭林詩集五卷　（清）顧炎武撰　清刻本
一冊

340000 - 1881 - 0008942　13638

重訂唐詩別裁集二十卷　（清）沈德潛編　清
乾隆二十八年(1763)教忠堂刻本　十冊

340000 - 1881 - 0008943　13639

無悔齋集十五卷附錄一卷　（清）周京著
（清）周宸望　（清）周兆鰲校　清乾隆十七年
(1752)刻本　二冊

340000 - 1881 - 0008944　13640

[清宣統元年]考卷不分卷　（□）□□撰　清
宣統元年(1909)抄本　二十七冊

340000 - 1881 - 0008945　13662

萬曆十年土地丈量冊底不分卷　（□）□□編
　明萬曆十年(1582)刻本　一冊

340000 - 1881 - 0008946　13730

奇門標旨□□卷　（清）王大夏著　（清）徐明
弼編　清抄本　一冊　存一卷(上)

340000 - 1881 - 0008947　13731

雍正陸年分順莊實徵額冊不分卷　（□）□□

編　清雍正六年(1728)抄本　一冊

340000 - 1881 - 0008948　13736

真誥二十卷　（南朝梁）陶弘景撰　清抄本
六冊

340000 - 1881 - 0008949　13737

弔譜補遺八卷　（□）□□編　清抄本　一冊

340000 - 1881 - 0008950　13738

春秋左傳十四卷　（晉）杜預注　清抄本
八冊

340000 - 1881 - 0008951　13739

總隨緣軒主人手鈔之箋十卷　（□）□□編
清抄本　八冊

340000 - 1881 - 0008952　13740

[類抄不分卷]　（□）□□編　清抄本　五冊

340000 - 1881 - 0008953　13741

文會堂詩韻不分卷　（□）□□撰　清康熙抄
本　四冊

340000 - 1881 - 0008954　13742

明末聖僧庵僧玟密手寫疏文不分卷　（□）釋
□□撰　明末釋玟密抄本　一冊

340000 - 1881 - 0008955　13743

怡曠筆談不分卷　（□）□□編　明末抄本
二冊

340000 - 1881 - 0008956　13744

青蓮文集不分卷　（唐）李白撰　清乾隆抄本
　二冊

340000 - 1881 - 0008957　13745

衛永叔先生精選枕中秘一卷　（明）衛泳編
明抄本　一冊

340000 - 1881 - 0008958　13746

詩文別集一卷　（□）□□編　清抄本　一冊

340000 - 1881 - 0008959　13747

歷朝書畫名家姓名備考一卷　（□）□□撰
清抄本　一冊

340000 - 1881 - 0008960　13748

禮書旁通一卷　（□）□□編　清抄本　一冊

340000－1881－0008961　13749

警喻錄一卷　（□）□□編　清康熙抄本
一冊

340000－1881－0008962　13750

周易焦氏學一卷　胡晉接撰　清抄本　一冊

340000－1881－0008963　13751

同治初汪聘卿雜錄本不分卷　（清）汪聘卿編
清抄本　二冊

340000－1881－0008964　13754

周禮一卷　（□）□□編　清末綠畊書屋抄本
一冊

340000－1881－0008965　13755

淮南行鹽引目一卷　（□）□□撰　清抄本
一冊

340000－1881－0008966　13756

詩經讀本□□卷　（□）□□撰　清刻本　一
冊　存一卷（一）

340000－1881－0008967　13760

毛詩故訓傳一卷　（清）段玉裁編　清觴蝶精
舍抄本　一冊

340000－1881－0008968　13762

玄門日誦一卷　（□）□□編　清抄本　一冊

340000－1881－0008969　13766

選鈔書院課文一卷　（□）□□編　清雲帆抄
本　一冊

340000－1881－0008970　13767

簡練揣摩一卷　（□）□□編　清聚文堂抄本
一冊

340000－1881－0008971　13768

賓萌外集一卷　（清）俞樾撰　清抄本　一冊

340000－1881－0008972　13770

文鈔雜錄一卷　（□）□□編　清抄本　一冊

340000－1881－0008973　13771

函抄不分卷　（□）□□編　清讀我書齋抄本
一冊

340000－1881－0008974　13774

捷錄法原旁註十二卷　（明）顧充撰　（清）錢
炅編　清康熙抄本　五冊　存四卷（六、八、
十至十一）

340000－1881－0008975　13775

野史襖錄不分卷　（□）□□編　清嘉慶二十
三年（1818）抄本　一冊

340000－1881－0008976　13776

西湖志一卷　（□）□□編　清抄本　一冊

340000－1881－0008977　13777

詩存一卷　（□）□□編　清嘉慶二十三年
（1818）抄本　一冊

340000－1881－0008978　13779

法訣啟明二卷　（清）升泰撰　清光緒五年
（1879）抄本　二冊

340000－1881－0008979　13780

論文不分卷　（□）□□編　清抄本　一冊

340000－1881－0008980　13782

雜詩匯抄四卷　（□）□□編　清抄本　四冊

340000－1881－0008981　13783

鹽法摘錄不分卷　（□）□□編　清抄本
一冊

340000－1881－0008982　13784

金銀珠寶書不分卷　（□）□□編　清抄本
一冊

340000－1881－0008983　13785

隨筆錄不分卷　（□）□□撰　清抄本　一冊

340000－1881－0008984　13787

二十四史策案十二卷　（清）王鎏編　清梯雲
閣抄本　一冊　存一卷（一）

340000－1881－0008985　13789

三酉堂雜鈔不分卷　（□）□□編　清抄本
二冊

340000－1881－0008986　13791

張河憲奏對不分卷　（清）張□□撰　清道光
八年（1828）抄本　一冊

340000－1881－0008987　13794

詞名韻目□□卷　（□）□□編　清抄本　一
冊　存二卷(一至二)

340000－1881－0008988　13795

編日新書一卷　（明）陳楷編　清抄本　一冊

340000－1881－0008989　13799

試帖詩抄本不分卷　（清）龔自閎編　清抄本
一冊

340000－1881－0008990　13800

詩選不分卷　（□）□□編　清抄本　一冊

340000－1881－0008991　13801

厶廣文筆記一卷　（□）□□撰　清光緒七年
(1881)抄本　一冊

340000－1881－0008992　13802

紅雪詞不分卷　（清）馮雲鵬填詞　（清）李綺
園編　清同治七年(1868)抄本　一冊

340000－1881－0008993　13803

詩賦文雜記不分卷　（□）□□編　清抄本
一冊

340000－1881－0008994　13804

律例總訣一卷　（清）顧天飛纂　清康熙抄本
一冊

340000－1881－0008995　13805

焦氏易林二卷　（漢）焦贛撰　明嘉靖刻本
四冊

340000－1881－0008996　13806

正心會前漢書抄不分卷　（明）趙南星編　明
天啓元年(1621)刻本　六冊

340000－1881－0008997　13807

鄭師山先生文集八卷遺集五卷遺文附錄不分
卷濟美錄四卷　（元）鄭玉撰　明嘉靖十四年
(1535)刻本　五冊

340000－1881－0008998　13808

丹鉛總錄二十四卷　（明）楊慎著　明嘉靖三
十三年(1554)梁佐刻本　十冊

340000－1881－0008999　13809

古香齋鑒賞袖珍禮記三卷　（□）□□編　清

刻本　三冊

340000－1881－0009000　13810

木瘻詩鈔一卷　（□）□□編　清抄本　一冊

340000－1881－0009001　13812

粵囊粵琲黔囊一卷　（□）□□編　清抄本
一冊

340000－1881－0009002　13813

西湖游覽詩文一卷　（□）□□編　明末清初
抄本　一冊

340000－1881－0009003　13814

中山紀署一卷　（清）鮑迪基著　清康熙稿本
一冊

340000－1881－0009004　13815

典制類編一卷　（□）□□編　清抄本　二冊

340000－1881－0009005　13816

安徽財政記署一卷　（□）□□編　清宣統二
年(1910)公華齋抄本　一冊

340000－1881－0009006　13817

清初人書問一卷　（□）□□編　清抄本
一冊

340000－1881－0009007　13818

小學韻語一卷　（清）羅澤南著　清抄本
二冊

340000－1881－0009008　13819

新刻題評名賢詞話草堂詩餘六卷　（明）李攀
龍補　明萬曆四十三年(1615)余文杰刻本
二冊　存三卷(一至三)

340000－1881－0009009　13820

近科二三塲掌錄不分卷　（明）朱天璧輯釋
(明)洪吉臣　（明）張堯翼編　明崇禎刻本
八冊

340000－1881－0009010　13821

歷代甲子編年全圖不分卷　（明）夏洪基編
明末刻本　一冊

340000－1881－0009011　13822

易堂問目四卷　（清）吳鼎輯　清乾隆三十七

年(1772)刻本　二冊

340000－1881－0009012　13823

五經類編二十八卷　（清）周世樟編　清康熙
二十三年(1684)刻本　十冊

340000－1881－0009013　13824

四書讀不分卷　（明）陳大士著　（清）徐渭瑛
　（清）石鏡編　清乾隆三年(1738)古歙齋刻
本　二冊

340000－1881－0009014　13826

徐霞客游記不分卷　（明）徐宏祖著　（明）李
寄輯　（明）季夢良編　清抄本　十二冊

340000－1881－0009015　13827

納書楹曲譜補遺四卷　（清）葉堂訂譜　清乾
隆五十九年(1794)刻本　二冊　存二卷(一、
四)

340000－1881－0009016　13828

納書楹曲譜正集四卷續集四卷補遺四卷牡丹
亭全譜二卷紫釵記二卷邯鄲記二卷　（清）葉
堂訂譜　清乾隆五十七年(1792)刻本　十
八冊

340000－1881－0009017　13829

靈樞經九卷　（清）張志聰注　清光緒十六年
(1890)浙江書局刻本　八冊

340000－1881－0009018　13830

新刻張太岳先生詩集四十七卷　（明）張居正
著　明萬曆四十年(1612)唐國達刻本　十
六冊

340000－1881－0009019　13831

文心雕龍十卷　（南朝梁）劉勰撰　（清）黃叔
琳注　（清）紀昀評　清道光十三年(1833)刻
朱墨套印本　四冊

340000－1881－0009020　13832

寶真齋法書贊二十八卷　（宋）岳珂撰　清乾
隆四十六年(1781)銅活字印本　六冊

340000－1881－0009021　13833

青邱高季迪先生詩集十八卷遺詩一卷扣舷集
一卷鳧藻集五卷　（明）高啟撰　（清）金檀輯

注　清雍正七年(1729)刻本　十冊

340000－1881－0009022　13834

詩經八卷　（宋）朱熹集傳　明刻本　一冊
存一卷(三)

340000－1881－0009023　13835

陶淵明集八卷首一卷末一卷　（晉）陶潛撰
清光緒五年(1879)翰墨園刻朱墨套印本
二冊

340000－1881－0009024　13836

陔餘叢考四十三卷　（清）趙翼撰　清乾隆五
十六年(1791)刻本　十六冊

340000－1881－0009025　13837

漁洋山人文略十四卷　（清）王士禎撰　清康
熙三十四年(1695)刻本　四冊

340000－1881－0009026　13838

輔孝兩書□□卷　（清）吳畹菴撰　清刻本
一冊　存一卷(小兆真機上)

340000－1881－0009027　13839

通志略五十二卷　（宋）鄭樵著　清乾隆十三
年(1748)刻本　二十四冊

340000－1881－0009028　13840

魏書一百二十四卷　（北齊）魏收撰　明刻嘉
靖補修本　一冊　存二卷(一至二)

340000－1881－0009029　13841

史闕十四卷　（明）張岱撰　（明）鄭侸編　清
刻本　六冊

340000－1881－0009030　13842

静惕堂尺牘八卷　（清）曹溶著　（清）黃汝銓
編　清康熙三十九年(1700)刻本　四冊

340000－1881－0009031　13843

東嵒艸堂評訂唐詩鼓吹十卷　（元）郝天挺注
　（明）廖文炳解　（清）朱三錫評　清康熙五
十三年(1714)刻本　五冊

340000－1881－0009032　13844

春秋繁露十七卷　（漢）董仲舒著　（明）孫鑛
評　明天啓五年(1625)花齋刻本　二冊

340000 – 1881 – 0009033　13845

女學六卷　（清）藍鼎元編　清康熙五十一年
(1712)刻本　四冊

340000 – 1881 – 0009034　13846

廣讀書觀不分卷　（清）汪書編　清雍正四年
(1726)刻本　二冊

340000 – 1881 – 0009035　13847

重刊古雋考略六卷　（明）顧充著　清康熙四
十三年(1704)刻本　六冊

340000 – 1881 – 0009036　13848

分類補註李太白詩三十卷　（宋）楊齊賢集註
　（元）蕭士贇補註　明嘉靖二十二年(1543)
郭雲鵬刻本　六冊

340000 – 1881 – 0009037　13849

說文解字通釋四十卷說文解字繫傳校勘記三
卷　（五代）徐鍇撰　（五代）朱翱反切
（清）承培元等校勘記　清光緒三年(1877)平
江吳氏刻本　八冊

340000 – 1881 – 0009038　13850

荀子二十卷校勘補遺一卷　（唐）楊倞注　清
乾隆五十一年(1786)安雅堂刻本　四冊

340000 – 1881 – 0009039　13851

淮南子二十一卷　（漢）高誘注　清乾隆五十
三年(1788)莊逵吉刻本　六冊

340000 – 1881 – 0009040　13852

中山集詩鈔六卷　（清）郝浴著　清康熙刻本
　一冊

340000 – 1881 – 0009041　13853

二程語錄十八卷　（宋）程顥　（宋）程頤撰
（清）張伯行編　清康熙四十八年(1709)正誼
堂刻本　四冊

340000 – 1881 – 0009042　13854

日知薈說四卷　（清）高宗弘曆撰　清乾隆元
年(1736)刻本　二冊

340000 – 1881 – 0009043　13855

刪訂唐詩解二十四卷　（明）唐汝詢輯釋
（清）吳昌祺編　清康熙四十年(1701)刻本

八冊

340000 – 1881 – 0009044　13856

西堂剩稿二十九卷　（清）尤侗撰　清康熙刻
本　十六冊

340000 – 1881 – 0009045　13857

白石道人歌曲四卷別集一卷　（宋）姜夔著
清光緒十年(1884)娛園刻本　二冊

340000 – 1881 – 0009046　13858

管子校正二十四卷　（清）戴望纂　清同治十
二年(1873)刻本　四冊

340000 – 1881 – 0009047　13859

史中要言二卷　（清）汪泰茹纂　清康熙三十
五年(1696)刻本　二冊

340000 – 1881 – 0009048　13860

賓退錄十卷　（宋）趙與旹撰　清乾隆十七年
(1752)刻本　二冊

340000 – 1881 – 0009049　13861

直木齋全集十四卷　（清）任繩隗著　清康熙
十六年(1677)刻本　二冊　存十三卷(一至
十三)

340000 – 1881 – 0009050　13862

荀子二十卷校勘補遺一卷　（唐）楊倞注　清
乾隆五十一年(1786)安雅堂刻本　三冊

340000 – 1881 – 0009051　13863

山曉閣詩十二卷　（清）孫琮撰　清初刻本
四冊

340000 – 1881 – 0009052　13864

明文奇賞四十卷　（明）陳仁錫編　明刻本
十八冊

340000 – 1881 – 0009053　13865

梅村集三十九卷　（清）吳偉業著　（清）許旭
（清）顧湄訂　清刻本　六冊

340000 – 1881 – 0009054　13866

劉端臨先生遺書八卷　（清）劉台拱撰　清道
光十四年(1834)拜經堂刻本　一冊

340000 – 1881 – 0009055　13867

二家詩鈔二十卷　（清）王士禎　（清）宋犖撰
（清）邵長蘅編　清康熙五十八年(1719)刻
本　五冊

340000 – 1881 – 0009056　13868

若菴集五卷　（清）程庭撰　清康熙六十年
(1721)刻本　四冊

340000 – 1881 – 0009057　13869

秋影樓詩集九卷　（清）汪繹撰　清光緒二十
三年(1897)鐵琴銅劍樓刻本　二冊

340000 – 1881 – 0009058　13870

廣陵通典十卷　（清）汪中撰　清刻本　三冊

340000 – 1881 – 0009059　13871

集千家註杜工部詩集二十卷文集二卷　（唐）
杜甫撰　明刻本　六冊　存十四卷(集千家
註杜工部詩集二至十三、文集二卷)

340000 – 1881 – 0009060　13872

四六法海十二卷　（明）王志堅撰　（明）張我
城　（明）王志長　（明）王志慶編　明天啓七
年(1627)刻本　九冊

340000 – 1881 – 0009061　13873

左傳舊疏考正八卷　（清）劉文淇撰　清道光
十八年(1838)刻本　二冊

340000 – 1881 – 0009062　13874

晉畧六十五卷　（清）周濟撰　清道光十九年
(1839)刻本　十二冊

340000 – 1881 – 0009063　13875

玄易增衍天機秘鈐四卷　（漢）樊志張著　明
崇禎五年(1632)玄易堂刻本　四冊

340000 – 1881 – 0009064　13876

世說新語八卷　（南朝宋）劉義慶撰　（南朝
梁）劉孝標注　（明）張懋辰編　明刻本
六冊

340000 – 1881 – 0009065　13877

汲古閣說文訂不分卷　（清）段玉裁撰　清嘉
慶二年(1797)五硯樓刻本　二冊

340000 – 1881 – 0009066　13878

四書釋地不分卷　（清）閻若璩撰　清乾隆八

年(1743)眷西堂刻本　三冊

340000 – 1881 – 0009067　13879

黃葉邨莊詩集八卷續集一卷後集一卷　（清）
吳之振撰　清光緒四年(1878)刻本　四冊

340000 – 1881 – 0009068　13880

欽定明鑒二十四卷　（清）胡敬　（清）陳用光
篡　清嘉慶刻本　十二冊

340000 – 1881 – 0009069　13881

杜詩偶評四卷　（清）沈德潛篡　清乾隆十二
年(1747)賦閒草堂刻本　二冊

340000 – 1881 – 0009070　13882

元經十卷　（晉）郭璞撰　（晉）趙載注
(明)江之棟輯　清康熙三十九年(1700)刻本
一冊　存四卷(一至四)

340000 – 1881 – 0009071　13883

韋蘇州詩集二卷　（唐）韋應物撰　（清）汪立
名編　清康熙刻本　一冊

340000 – 1881 – 0009072　13884

禪雅集詩選二卷　（清）曹貞吉編　清康熙三
十九年(1700)刻本　一冊

340000 – 1881 – 0009073　13885

孫月峰先生評文選十二卷　（明）孫鑛編
(明)閔齊華注　明天啓刻本　四冊

340000 – 1881 – 0009074　13886

集千家註杜工部詩集二十卷　（唐）杜甫撰
明嘉靖十五年(1536)玉几山人刻本　十冊

340000 – 1881 – 0009075　13887

增訂易經存疑的稿十二卷　（明）林希元著
明萬曆二年(1574)刻本　六冊

340000 – 1881 – 0009076　13888

山海經十八卷　（晉）郭璞傳　清刻本　五冊

340000 – 1881 – 0009077　13889

唐宋八大家二十四卷　（明）鍾惺編　明刻本
五冊

340000 – 1881 – 0009078　13890

萬山拜下堂稿一卷　（清）釋海岳編　清康熙

四十一年(1702)刻本　一册

340000－1881－0009079　13891

蕺山先生人譜一卷人譜類記二卷　（明）劉宗
周撰　（清）洪正治編　清雍正四年(1726)教
忠堂刻本　二册

340000－1881－0009080　13892

儒門事親十五卷　（金）張子和撰　明嘉靖十
九年(1540)吳勉學刻本　七册　存十三卷
（二至十四）

340000－1881－0009081　13893

歐陽文忠公五代史抄二十卷　（宋）歐陽脩撰
（明）茅坤評　明刻本　五册

340000－1881－0009082　13894

山海經十八卷　（晉）郭璞傳　清刻本　一册

340000－1881－0009083　13895

蕺山先生人譜一卷人譜類記二卷　（明）劉宗
周撰　（清）洪正治編　清雍正四年(1726)教
忠堂刻本　一册

340000－1881－0009084　13896

阮嗣宗集二卷　（三國魏）阮籍著　明嘉靖二
十二年(1543)刻本　一册

340000－1881－0009085　13897

拍案驚奇三十六卷　（明）凌濛初撰　明刻本
十一册

340000－1881－0009086　13898

轉情集二卷　（明）費元祿撰　明刻本　一册
存一卷（下）

340000－1881－0009087　13899

慎鸞交傳奇二卷　（清）李漁編　（清）匡廬居
士　（清）雲間木叟評　清康熙刻本　一册
存一卷（上）

340000－1881－0009088　13900

聖諭像解二十卷　（清）梁延年編　清光緒二
十九年(1903)刻本　十一册

340000－1881－0009089　13901

聖門志六卷　（明）呂元善　（明）姚士麟纂
（明）樊維城編　明刻本　四册　存五卷（二
至六）

340000－1881－0009090　13902

唐四家詩八卷　（清）汪立名編　清康熙五十
八年(1719)刻本　六册

340000－1881－0009091　13903

趙清獻公集十卷　（宋）趙抃撰　明嘉靖四十
一年(1562)刻本　四册

340000－1881－0009092　13904

新增說文韻府羣玉二十卷　（元）陰時夫編
（元）陰中夫注　明萬曆十八年(1590)刻本
十册

340000－1881－0009093　13905

楊椒山先生集一卷　（明）楊繼盛撰　明萬曆
三十年(1602)刻本　一册

340000－1881－0009094　13906

新刊埤雅二十卷　（宋）陸佃撰　明刻本
三册

340000－1881－0009095　13907

司馬溫公稽古錄二十卷　（宋）司馬光撰　明
刻本　六册

340000－1881－0009096　13908

霽山先生詩文集五卷　（宋）林景熙撰　清康
熙三十二年(1693)刻本　四册

340000－1881－0009097　13909

古今說海二十三卷　（明）陸楫編　明儼山書
院刻本　八册

340000－1881－0009098　13910

草窻梅花集句四卷竹浪亭集補梅花集句一卷
（明）童琥輯　明崇禎十六年(1643)竹浪亭
刻本　一册

340000－1881－0009099　13911

大明會典二百二十八卷　（明）申時行編　明
萬曆十五年(1587)刻本　十二册

340000－1881－0009100　13912

性理大全書七十卷　（明）胡廣等纂修　明刻
本　十二册

340000－1881－0009101　13913

皇極經世書十二卷　（宋）邵雍撰　明刻本
九冊　存八卷(二、六至十二)

340000－1881－0009102　13914

沈隱侯集四卷　（南朝梁）沈約著　明刻本
二冊　存二卷(一至二)

340000－1881－0009103　13915

蘇東坡詩集注三十三卷　（宋）呂祖謙編
（宋）王十朋纂輯　清康熙三十七年(1698)文
蔚堂刻本　十冊

340000－1881－0009104　13916

世說新語六卷　（南朝宋）劉義慶撰　（南朝
梁）劉孝標注　（明）凌濛初編　世說新語補
四卷　（明）何良俊撰　（明）王世貞編
（明）張文柱注　清乾隆十四年(1749)刻本
十冊

340000－1881－0009105　13917

文選補遺四十卷　（宋）陳仁子編　（宋）譚紹
烈纂類　清乾隆二年(1737)刻本　十六冊

340000－1881－0009106　13918

韓子二十卷附錄一卷　（明）趙如源　（明）王
道焜編　明天啓五年(1625)刻本　四冊

340000－1881－0009107　13919

采芳隨筆二十四卷　（清）查彬輯　清刻本
十二冊

340000－1881－0009108　13920

長江集十卷　（唐）賈島著　清刻本　一冊

340000－1881－0009109　13921

重刻昨非菴日纂十八卷　（明）鄭瑄撰　明刻
本　四冊

340000－1881－0009110　13922

歸愚詩鈔十四卷　（清）沈德潛撰　清刻本
二冊

340000－1881－0009111　13923

柳河東先生詩集三卷　（唐）柳宗元撰　清康
熙刻本　一冊

340000－1881－0009112　13924

歷代文粹八卷　（明）陳省編　明隆慶四年
(1570)刻本　一冊　存二卷(一至二)

340000－1881－0009113　13925

諸子奇賞六十卷　（明）陳仁錫輯評　明刻本
九冊

340000－1881－0009114　13926

謝疊山評選韓昌黎文不分卷　（宋）謝枋得選
明萬曆四十五年(1617)刻朱墨套印本
一冊

340000－1881－0009115　13927

天目先生集二十一卷　（明）徐中行著　明刻
本　一冊　存五卷(四至八)

340000－1881－0009116　13928

道德經二篇　（春秋）李耳著　（明）潘基慶注
明刻本　一冊

340000－1881－0009117　13929

禮記旁訓原本六卷　（清）徐立綱撰　清刻本
二冊

340000－1881－0009118　13930

文清公薛先生文集二十四卷讀書錄十一卷讀
書續錄十二卷　（明）薛瑄撰　清雍正十二年
(1734)刻本　二十冊

340000－1881－0009119　13931

詩經纂註四卷　（明）沈一貫編　明刻本
一冊

340000－1881－0009120　13932

王文憲集一卷　（南朝齊）王儉撰　王寧朔集
一卷　（南朝齊）王融撰　郭弘農集二卷
（晉）郭璞撰　傅鶉觚集一卷　（晉）傅玄撰
孫馮翊集一卷　（晉）孫楚撰　齊張長史集一
卷　（南朝齊）張融撰　晉劉越石集一卷
（晉）劉琨撰　明刻本　七冊

340000－1881－0009121　13933

拙尊園叢稿六卷　（清）黎庶昌撰　清光緒十
九年(1893)醉六堂石印本　二冊

340000－1881－0009122　13934

詩紀一百五十六卷　（明）馮惟訥編　明刻本

九冊　存三十三卷(晉二十一至二十四,齊一至四,宋一至四,梁一至七、十二至十六、二十一至二十四,隋一至五)

340000－1881－0009123　13935
[雜書二十九鍾]　(□)□□編　明刻本十冊

340000－1881－0009124　13936
唱經堂杜詩解四卷　(唐)杜甫撰　(清)金聖嘆注　清乾隆九年(1744)刻本　四冊

340000－1881－0009125　13937
孜堂文集二卷二集二卷　(清)張武承著
(清)張咸孫　(清)張益孫編　清康熙四十九年(1710)刻本　四冊

340000－1881－0009126　13938
親征平定朔漠方略四十八卷　(清)溫達等撰
清康熙刻本　五冊　存二十一卷(九至十九、二十三至二十八、四十一至四十四)

340000－1881－0009127　13939
陶淵明文集十卷　(晉)陶潛撰　清刻本三冊

340000－1881－0009128　13940
古今韻略五卷　(清)邵長蘅纂　(清)宋至校
清康熙三十五年(1696)刻本　五冊

340000－1881－0009129　13941
蘇文忠公詩集五十卷　(宋)蘇軾撰　(清)紀昀評　清同治八年(1869)韞玉山房刻朱墨套印本　十二冊

340000－1881－0009130　13942
心嚮往齋詩集二卷　(清)孔繼鑅撰　清道光二十九年(1849)刻本　一冊

340000－1881－0009131　13943
蘭雪堂集八卷　(明)王心一撰　清乾隆十三年(1748)刻本　四冊

340000－1881－0009132　13944
果堂集十二卷　(清)沈彤著　清乾隆十九年(1754)刻本　二冊

340000－1881－0009133　13945

春秋宗朱辨義十二卷首一卷　(清)張自超著
清乾隆五年(1740)世耕堂刻本　六冊

340000－1881－0009134　13946
陳司業集十一卷　(清)陳祖范撰　清乾隆二十九年(1764)刻本　十二冊

340000－1881－0009135　13947
明季南略十八卷　(清)計六奇編　清都城琉璃廠半松居士刻本　十六冊

340000－1881－0009136　13948
鬼谷子三卷　(南朝梁)陶宏景注　清嘉慶十年(1805)石研齋刻本　二冊

340000－1881－0009137　13949
呂子節錄四卷補遺二卷　(明)呂坤著　(清)陳宏謀評　清乾隆元年(1736)刻本　二冊

340000－1881－0009138　13950
人壽金鑑二十二卷　(清)程得齡編　清光緒元年(1875)崇文書局刻本　六冊

340000－1881－0009139　13951
東觀漢記二十四卷　(漢)劉珍撰　清乾隆六十年(1795)掃葉山房刻本　一冊

340000－1881－0009140　13952
省體編一卷　(清)張清夜撰　清乾隆十四年(1749)刻本　一冊

340000－1881－0009141　13953
七子詩選十四卷　(清)沈德潛編　清乾隆十八年(1753)刻本　六冊

340000－1881－0009142　13954
敬齋古今黈八卷　(元)李冶撰　(清)紀昀(清)陸錫熊　(清)平恕編　清乾隆四十年(1775)刻武英殿聚珍版書本　二冊

340000－1881－0009143　13955
濂洛關閩六先生傳不分卷　(清)羅惇衍編
清道光二十七年(1847)刻本　一冊

340000－1881－0009144　13956
事物異名錄三十卷　(清)厲荃編　(清)關槐增纂　清乾隆五十三年(1788)刻本　六冊

340000－1881－0009145　13957

力本文集十三卷力本時文二卷　（清）馬榮祖撰　清乾隆十七年(1752)石蓮堂刻本　六冊

340000－1881－0009146　13958

唐宋八大家文讀本三十卷　（清）沈德潛評點　清乾隆十五年(1750)刻本　十二冊

340000－1881－0009147　13959

唐詩百名家全集三百二十六卷　（清）席啓寓編　清光緒八年(1882)刻本　六十四冊

340000－1881－0009148　13960

函史上編八十二卷下編二十一卷　（明）鄧元錫撰　明崇禎七年(1634)刻本　六十冊

340000－1881－0009149　13961

史記評林七十卷　（漢）司馬遷撰　（南朝宋）裴駰集解　（唐）司馬貞索隱　（唐）張守節正義　清刻本　十八冊

340000－1881－0009150　13962

馬首農言一卷　（清）祁寯藻撰　清道光十六年(1836)刻本　一冊

340000－1881－0009151　13963

香乘二十八卷　（明）周嘉冑纂　清刻本　六冊

340000－1881－0009152　13964

增廣註釋音辯唐柳先生集四十三卷文別集一卷文外集二卷文集附錄一卷　（唐）柳宗元撰　明刻本　四冊

340000－1881－0009153　13965

東坡文選二十卷　（宋）蘇軾撰　明萬曆三十六年(1608)刻本　六冊

340000－1881－0009154　13966

詩經考十八卷　（明）黃文煥撰　明刻本　六冊

340000－1881－0009155　13967

道山清話一卷　（宋）王暐編　**劉賓客嘉話錄一卷**　（唐）韋絢編　**隣幾雜誌一卷**　（宋）江休復著　**避暑漫抄一卷**　（宋）陸游編　**深雪偶談一卷**　（宋）方嶽著　**桐陰舊話一卷**　（宋）韓元吉撰　**養痾漫筆一卷**　（宋）趙潛編　**宣政雜錄一卷**　（□）□□編　**遂昌雜錄一卷**　（元）鄭元祐撰　**文昌雜錄一卷**　（宋）陳襄撰　**聞見雜錄一卷**　（宋）蘇舜欽纂　**行營雜錄一卷**　（宋）趙葵編　**江行雜錄一卷**　（宋）廖瑩中編　**碧湖雜記一卷**　（宋）謝枋得撰　**鐵圍山叢談一卷**　（宋）蔡絛撰　**南海古蹟記一卷**　（元）吳萊撰　**青溪寇軌一卷**　（宋）方勺著　**溪蠻叢笑一卷**　（宋）朱輔撰　**北戶錄一卷**　（唐）段公路撰　明刻本　一冊

340000－1881－0009156　13968

蘇長公合作八卷補二卷　（宋）蘇軾撰　明萬曆四十八年(1620)刻三色套印本　十冊　存八卷(蘇長公合作二至八、補上一)

340000－1881－0009157　13969

合刻三先生老泉文匯十卷潁濱文匯十卷　（明）錢穀編　（明）茅坤評　明刻本　四冊

340000－1881－0009158　13970

呂新吾先生去偽齋文集十卷　（明）呂坤著　（清）呂振　（清）呂聲洎編　清康熙十三年(1674)刻本　十二冊

340000－1881－0009159　13971

清異錄二卷　（宋）陶穀撰　清刻本　四冊

340000－1881－0009160　13972

戰國策十卷　（宋）鮑彪注　明萬曆九年(1581)刻本　八冊

340000－1881－0009161　13973

玉臺新詠十卷　（南朝陳）徐陵編　（清）吳兆宜注　（清）程琰刪補　清乾隆三十九年(1774)刻本　六冊

340000－1881－0009162　13974

江左十五子詩選十五卷　（清）宋犖編　清康熙四十二年(1703)刻本　八冊

340000－1881－0009163　13975

蠻書十卷　（唐）樊綽撰　清漸西村舍刻本　一冊

340000－1881－0009164　13976

陸清獻公祠志一卷　（清）張雲錦編　清乾隆
十三年（1748）刻本　一冊

340000－1881－0009165　13977

湯陰精忠廟志十卷　（明）張應登纂　（清）鄭
懋洵續纂　明萬曆十三年（1585）刻本　六冊

340000－1881－0009166　13978

欽定國朝詩別裁集三十二卷　（清）沈德潛纂
評　清乾隆二十六年（1761）刻本　十六冊

340000－1881－0009167　13979

古文類選十八卷　（明）鄭旻編　明刻本　十
二冊

340000－1881－0009168　13980

穆堂初藳五十卷　（清）李紱撰　清乾隆五年
（1740）無怒軒刻本　十冊

340000－1881－0009169　13981

國語三君注輯存四卷發正二十一卷考異四卷
　（清）汪遠孫編纂　清道光二十六年（1846）
刻本　十冊

340000－1881－0009170　13982

搜神記十卷　（晉）干寶撰　明刻本　一冊

340000－1881－0009171　13983

唐詩歸三十六卷　（明）鍾惺　（明）譚元春編
　（明）林夢熊重編　明刻本　一冊　存四卷
（一至四）

340000－1881－0009172　13984

篇海類編二十卷附錄一卷　（明）張嘉和纂
明刻本　八冊　存十五卷（三至六、九至十、
十三至二十,附錄一卷）

340000－1881－0009173　13985

爾雅三卷　（宋）鄭樵注　明汲古閣刻本
一冊

340000－1881－0009174　13986

高季迪先生大全集十八卷　（明）高啟撰　清
刻本　四冊

340000－1881－0009175　13987

今古奇觀四十卷　（明）抱甕老人輯　清同文
堂刻本　十二冊

340000－1881－0009176　13988

韓文四十卷外集十卷　（唐）韓愈撰　明嘉靖
四十一年（1562）刻本　六冊

340000－1881－0009177　13989

香屑集十八卷首一卷末一卷　（清）黃之雋集
　清雍正十二年（1734）刻本　四冊

340000－1881－0009178　13990

西晉文二十卷　（明）張采編　明刻本　七冊

340000－1881－0009179　13991

宋大家曾文定公文抄十卷宋大家王文公文抄
十卷　（宋）曾鞏　（宋）王安石撰　（明）茅
坤評　明刻本　四冊

340000－1881－0009180　13992

甔甀洞續稿詩部十卷　（明）吳國倫著　明刻
本　四冊

340000－1881－0009181　13993

宋大家蘇文忠公文抄四卷　（宋）蘇軾撰
（明）茅坤評　明刻本　二冊

340000－1881－0009182　13994

甲申傳信錄十卷　（明）錢軹著　清光緒三年
（1877）申報館鉛印本　二冊　存四卷（一至
四）

340000－1881－0009183　13995

張蒼水集二卷附錄一卷　（明）張煌言撰　清
光緒二十七年（1901）鉛印本　二冊

340000－1881－0009184　13996

通鑑彙鑰十卷　（□）□□撰　明刻本　二冊

340000－1881－0009185　13997

媚幽閣文娛一卷　（明）鄭元勳編　明崇禎三
年（1630）刻本　四冊

340000－1881－0009186　13998

楚辭十九卷讀楚辭語一卷附錄楚辭雜論一卷
　（明）陸時雍注　屈原傳一卷　（漢）司馬遷
撰　明末緝柳齋刻本　二冊

340000－1881－0009187　13999

初學記三十卷　（唐）徐堅撰　明萬曆二十六
年（1598）陳大科刻本　四冊

340000－1881－0009188　14000

安龍逸史二卷　（清）屈大均撰　清咸豐六年
(1856)刻嘉業堂叢書本　一冊

340000－1881－0009189　14001

唱道真言二卷　（清）周覺筆受　（清）張太昭
評　（清）殷清籟編　清康熙六十年(1721)刻
虛隱樓文集本　一冊

340000－1881－0009190　14002

青邱高季迪先生鳧藻集五卷　（明）高啓撰
（清）金檀編　清雍正六年(1728)文瑞樓刻本
　一冊

340000－1881－0009191　14003

弘戒法儀不分卷　（唐）釋法藏編　明天啓三
年(1623)刻本　一冊

340000－1881－0009192　14004

皋廡集六卷　（清）彭湘懷著　清刻本　二冊

340000－1881－0009193　14005

增定雅俗稽言四十卷　（明）張見其撰　清刻
本　六冊

340000－1881－0009194　14006

周官祿田考三卷　（清）沈彤著　清乾隆十六
年(1751)刻本　三冊

340000－1881－0009195　14007

繹志十九卷　（清）胡承諾撰　清同治十一年
(1872)浙江書局刻本　六冊

340000－1881－0009196　14008

顧亭林先生[炎武]年譜一卷閻潛丘先生[若
璩]年譜一卷　（清）張穆編　清道光二十七
年(1847)壽陽祁氏刻本　六冊

340000－1881－0009197　14009

南雷文案十卷外卷一卷　（清）黃宗羲撰　清
康熙十九年(1680)刻本　三冊

340000－1881－0009198　14010

徐文長文集三十卷　（明）徐渭撰　（明）袁宏
道評　明萬曆四十二年(1614)刻本　八冊

340000－1881－0009199　14011

駁呂留良四書講義八卷　（清）朱軾撰　清刻

本　三冊

340000－1881－0009200　14012

新刻破愁顏四卷　（明）楊爾曾輯　明刻本
一冊

340000－1881－0009201　14013

廣東新語二十八卷　（清）屈大均撰　清康熙
刻本　七冊　存十五卷(一至五、十三至十
八、二十二至二十五)

340000－1881－0009202　14014

鈍吟全集二十三卷　（清）馮班著　（清）錢謙
益編　清康熙刻本　二冊　存十八卷(馮氏
小集三卷、鈍吟集三卷、鈍吟別集一卷、鈍吟
餘集一卷、鈍吟雜錄十卷)

340000－1881－0009203　14015

中說十卷　（宋）阮逸注　清刻本　二冊

340000－1881－0009204　14016

高令公集一卷　（北魏）高允著　（明）張溥評
　明刻本　二冊

340000－1881－0009205　14017

戰國策纂四卷　（明）張榜編　明天啓二年
(1622)刻本　一冊　存二卷(一至二)

340000－1881－0009206　14018

秋影園詩一卷　（清）吳闌思著　清康熙二十
四年(1685)刻本　四冊

340000－1881－0009207　14019

新鐫歷朝捷錄增定全編大成三卷　（明）鍾惺
編著　（明）陳繼儒　（明）顧充　（明）屠隆
編　新鐫增定元明捷錄大成一卷　（明）周昌
年著　（明）鍾惺續　明刻本　四冊

340000－1881－0009208　14020

幸存錄一卷　（明）夏允彝撰　清刻本　一冊

340000－1881－0009209　14021

新鐫全像通俗演義隋煬帝艷史八卷四十回
(明)齊東野人撰　（明）不經先生評　明刻本
　九冊　存三十回(一至十三、十七至二十、
二十五至三十一、三十五至四十)

340000－1881－0009210　14022

樂府詩集一百卷　（宋）郭茂倩編　明崇禎汲古閣刻本　十二冊

340000－1881－0009211　14023
水心文集二十九卷　（宋）葉適撰　清乾隆二十年(1755)刻本　十二冊

340000－1881－0009212　14025
憶山堂詩錄九卷　（清）宋翔鳳撰　清嘉慶二十三年(1818)刻本　四冊

340000－1881－0009213　14026
全唐詩話八卷　（宋）尤袤輯　清乾隆三十九年(1774)刻本　三冊

340000－1881－0009214　14027
宋孫仲益內簡尺牘十卷　（宋）孫覿撰　（宋）李祖堯編注　（清）蔡龍孫　（清）蔡焯增訂　清乾隆十二年(1747)刻本　四冊

340000－1881－0009215　14028
西堂雜組二集八卷三集八卷　（清）尤侗撰　清康熙十八年(1679)刻本　二冊

340000－1881－0009216　14029
周易本義刪補便蒙解註四卷　（明）郭青螺著　明崇禎元年(1628)刻本　二冊

340000－1881－0009217　14030
草木子四卷　（明）葉子奇著　清刻本　二冊

340000－1881－0009218　14031
杜工部集二十卷［杜甫］年譜一卷諸家詩話一卷唱酬題詠附錄一卷附錄一卷　（唐）杜甫撰　（清）錢謙益注　清康熙六年(1667)靜思堂刻本　十六冊

340000－1881－0009219　14033
聽秋軒詩集六卷　（清）駱綺蘭撰　清乾隆六十年(1795)刻本　二冊

340000－1881－0009220　14034
江左三大家詩鈔三卷　（清）錢謙益　（清）吳偉業　（清）龔鼎孳撰　（清）顧有孝　（清）趙澐輯　清康熙六年(1667)刻本　二冊

340000－1881－0009221　14035
湘中草六卷　（清）湯傳楹撰　清康熙四十四年(1705)刻本　二冊

340000－1881－0009222　14036
四憶堂詩集六卷　（清）侯方域著　（清）賈開宗等編注　清順治刻本　二冊

340000－1881－0009223　14037
康濟譜二十五卷　（明）潘游龍撰　（明）金俊明評　清道光七年(1827)刻本　十二冊

340000－1881－0009224　14038
大學困學錄一卷中庸困學錄一卷　（清）王澍撰　清乾隆二年(1737)刻本　二冊

340000－1881－0009225　14039
世宗憲宗皇帝御製文集三十卷附交輝園遺稿一卷　（清）世宗胤禛撰　清乾隆刻本　十七冊

340000－1881－0009226　14040
世宗憲宗皇帝御製文集二十卷　（清）世宗胤禛撰　清乾隆刻本　八冊

340000－1881－0009227　14041
武經七書七卷　（春秋）孫武等撰　武經題旨明說不分卷　（清）汪本源纂注　清刻本　一冊

340000－1881－0009228　14042
施註蘇詩四十二卷蘇詩續補遺二卷　（清）宋犖　（清）張榕端閱定　（清）顧嗣立　（清）邵長蘅　（清）宋至刪補　清康熙刻本　八冊

340000－1881－0009229　14043
杜律通解四卷　（唐）杜甫撰　（清）李文煒箋注　清雍正三年(1725)刻本　四冊

340000－1881－0009230　14044
選擇天鏡三卷　（清）任端書編　清乾隆十三年(1748)刻本　三冊

340000－1881－0009231　14045
磧砂唐詩三卷　（宋）周弼選　（元）釋圓至注　（清）盛傳敏　（清）王謙纂釋　清康熙十九年(1680)刻本　二冊

340000－1881－0009232　14046
郝文忠公陵川文集三十九卷　（元）郝經撰　（清）王鐸編　清乾隆三年(1738)刻本　八冊

340000 – 1881 – 0009233　14047

蘇長公文集六卷　（宋）蘇軾撰　（明）張溥編　（清）吳偉業批點　（明）呂一經參評　明刻本　四冊

340000 – 1881 – 0009234　14048

改堂先生文鈔二卷　（清）唐紹祖撰　清乾隆十八年(1753)刻本　一冊

340000 – 1881 – 0009235　14049

王遵巖集十卷　（明）王慎中著　（清）張汝瑚編　清康熙二十一年(1682)刻本　八冊

340000 – 1881 – 0009236　14050

文選六十卷　（南朝梁）蕭統編　（明）張鳳翼注　明萬曆八年(1580)刻本　十二冊　存十二卷(一至十二)

340000 – 1881 – 0009237　14051

白虎通德論二卷　（漢）班固撰　明嘉靖刻本　二冊

340000 – 1881 – 0009238　14052

杜氏通典二百卷首一卷　（唐）杜佑纂　清刻本　一冊　存一卷(首一卷)

340000 – 1881 – 0009239　14053

列子冲虛真經八卷　（晉）張湛注　（明）盧之頤編　明刻本　一冊

340000 – 1881 – 0009240　14054

春秋三註粹抄不分卷書經三註粹抄不分卷　（□）□□撰　明刻本　二冊

340000 – 1881 – 0009241　14055

尚書六卷　（明）袁黃刪注　明刻本　二冊

340000 – 1881 – 0009242　14056

晚邨家訓五卷　（清）呂留良撰　清康熙刻本　一冊

340000 – 1881 – 0009243　14057

王百穀集二十一種　（明）王穉登撰　明萬曆四十七年(1619)刻本　三冊

340000 – 1881 – 0009244　14058

屈翁山詩集一卷　（清）屈大均撰　清康熙抄本　二冊

340000 – 1881 – 0009245　14059

嶺南三大家詩選二十四卷　（清）王隼編　清同治七年(1868)刻本　五冊

340000 – 1881 – 0009246　14060

呂晚邨東莊詩蘪一卷　（清）呂留良著　清宣統三年(1911)風雨樓鉛印本　一冊

340000 – 1881 – 0009247　14061

史外八卷　（清）汪有典著　清同治三年(1864)尋樂山房刻本　八冊

340000 – 1881 – 0009248　14062

皇明詔制十卷　（明）孔貞運撰　明崇禎八年(1635)刻本　五冊　存五卷(三、六至八、十)

340000 – 1881 – 0009249　14063

青藤山人路史二卷　（明）徐渭撰　明刻本　一冊

340000 – 1881 – 0009250　14064

寄園寄所寄十二卷　（清）趙吉士輯　（清）馮雲驤　（清）錢晉錫　（清）趙道敳　（清）趙繼抃校訂　清康熙三十五年(1696)刻本　八冊

340000 – 1881 – 0009251　14065

李氏焚書六卷　（明）李贄撰　明刻本　一冊　存三卷(一至三)

340000 – 1881 – 0009252　14066

呂氏春秋二十六卷　（漢）高誘注　明萬曆刻本　三冊　存十九卷(一至十九)

340000 – 1881 – 0009253　14067

古詩賞析二十二卷　（清）張玉穀編注　清刻本　四冊　存十卷(一至十)

340000 – 1881 – 0009254　14068

文選六十卷　（南朝梁）蕭統撰　（唐）李善注　清乾隆三十七年(1772)海錄軒刻朱墨套印本　十六冊

340000 – 1881 – 0009255　14071

同城姚巨農先生篆刻不分卷　姚京受篆　清宣統鈐印本　一冊

340000 – 1881 – 0009256　14072

斷雲殘雨一卷　（□）□□撰　清抄本　一冊

340000－1881－0009257　14075

硃批增註七家詩選七卷　（清）張昶編註　清道光十二年(1832)李光明莊刻朱墨套印本　四冊

340000－1881－0009258　14076

周官祿田考三卷　（清）沈彤著　清乾隆十六年(1751)刻本　一冊

340000－1881－0009259　14077

三江水利紀略四卷　（清）蘇爾德等纂　清乾隆刻本　四冊

340000－1881－0009260　14078

大明會典二百二十八卷　（明）申時行等編　明刻本　一冊　存一卷(二百七)

340000－1881－0009261　14079

皇明通紀集要六十卷　（明）江旭奇編　明末刻本　三冊　存二十二卷(三十九至六十)

340000－1881－0009262　14080

徐文長文集□□卷　（明）徐渭撰　（明）袁宏道評　明刻本　一冊　存四卷(十七至二十)

340000－1881－0009263　14081

壯悔堂文集一卷　（清）侯方域著　清康熙三十四年(1695)抄本　一冊

340000－1881－0009264　14082

增訂廣日記故事詳註二卷　（清）王相增註　清刻本　二冊

340000－1881－0009265　14084

保赤新錄一卷　（□）□□撰　清光緒十九年(1893)石印本　一冊

340000－1881－0009266　14085

贈書記二卷　（□）□□撰　清刻本　二冊

340000－1881－0009267　14086

警世通言二十一卷　（明）可一居士評　明刻本　八冊

340000－1881－0009268　14087

青邱高季迪先生詩集十八卷　（明）高啟撰

（清）金檀編　清雍正六年(1728)刻本　九冊

340000－1881－0009269　14088

歐陽文忠公全集一百五十三卷附錄五卷　（宋）歐陽修撰　清乾隆十二年(1747)刻本　三十二冊

340000－1881－0009270　14089

歸愚文鈔二十卷餘集七卷　（清）沈德潛著　清乾隆二十四年(1759)刻本　十二冊

340000－1881－0009271　14090

江南鐵淚圖新編二卷附編一卷　（清）寄雲山人編　清刻本　一冊

340000－1881－0009272　14091

媚幽閣文娛二集一卷　（明）鄭元勳編　明刻本　一冊

340000－1881－0009273　14092

性命雙脩萬神圭旨不分卷　（□）□□撰　清康熙八年(1669)刻本　一冊

340000－1881－0009274　14093

晚邨先生家訓真蹟五卷　（清）呂留良撰　清光緒三十三年(1907)石印本　二冊

340000－1881－0009275　14094

南雷文定四集四卷　（清）黃宗羲撰　明刻本　二冊

340000－1881－0009276　14095

酌中志六卷酌中志餘二卷　（明）劉若愚撰　明崇禎七年(1634)抄本　八冊

340000－1881－0009277　14096

楊大洪先生集二卷　（明）楊漣撰　清康熙四十九年(1710)刻本　一冊

340000－1881－0009278　14097

湯潛菴先生集二卷　（清）湯斌撰　清康熙四十九年(1710)刻本　一冊

340000－1881－0009279　14099

明名臣言行錄九十五卷　（清）徐開任編　清康熙二十年(1681)刻本　二十冊

340000－1881－0009280　14100

唐宋叢書八十一種　（明）鍾人傑編　明刻本
　六十五冊

340000－1881－0009281　14101

眉公詩鈔八卷　（明）陳繼儒撰　明刻本
　三冊

340000－1881－0009282　14102

晚香堂集十卷　（明）陳繼儒撰　明刻本
　三冊

340000－1881－0009283　14103

明人詩鈔續集十四卷　（清）朱琰編　清乾隆
　刻本　四冊

340000－1881－0009284　14104

小窗自紀四卷　（明）吳從先著　（明）張榜編
　明萬曆四十二年(1614)刻本　一冊　存二
　卷(一、四)

340000－1881－0009285　14105

楊椒山先生文集二卷　（明）楊繼盛撰　（清）
張伯行編　清同治五年(1866)正誼堂刻本
一冊

340000－1881－0009286　14106

文山先生文集二卷　（宋）文天祥撰　（清）張
伯行編　清同治五年(1866)正誼堂刻本
一冊

340000－1881－0009287　14107

明詩別裁集十二卷　（清）沈德潛　（清）周準
編　清乾隆四年(1739)刻本　四冊

340000－1881－0009288　14108

東明聞見錄一卷　（明）瞿共美撰　清刻本
一冊

340000－1881－0009289　14109

幸存錄二卷續一卷　（明）夏完淳著　求野錄
一卷也是錄一卷　（明）鄧凱撰　江南聞見錄
一卷　（□）□□撰　粵游見聞一卷　（明）瞿
共美撰　賜姓始末一卷　（清）黃宗羲撰　兩
廣紀畧一卷　（明）華復蠡撰　清刻本　二冊

340000－1881－0009290　14110

海門初集九卷首一卷　（清）鮑皋著　（清）尹

嘉銓編　清乾隆四年(1739)刻本　二冊

340000－1881－0009291　14111

日知錄集釋三十二卷　（清）顧炎武著　（清）
黃汝成注　日知錄刊誤二卷續刊誤二卷
(清)黃汝成撰　清道光十八年(1838)西谿草
廬刻本　十二冊

340000－1881－0009292　14112

痘治附方一卷　（明）汪機撰　明刻本　一冊

340000－1881－0009293　14113

陽山顧氏叢書六種不分卷　（明）顧元慶撰
明刻本　一冊

340000－1881－0009294　14114

止觀輔行□□卷　（明）釋維棟編　明崇禎十
二年(1639)刻本　一冊　存七卷(三、七、九
至十、十九、二十四、二十六)

340000－1881－0009295　14115

周禮二氏改官改文議一卷　（明）金瑤撰　明
刻本　一冊

340000－1881－0009296　14116

宋大家曾文定公文抄十卷　（宋）曾鞏撰
(明)茅坤評　明刻本　二冊

340000－1881－0009297　14117

金陵諸園記一卷　（明）王世貞撰　明刻本
一冊

340000－1881－0009298　14118

古三墳一卷　（晉）阮咸編　周易略例一卷
(三國魏)王弼著　（唐）邢璹注　詩傳孔氏傳
一卷　（春秋）端木賜撰　詩說一卷　（漢）申
培著　明刻本　一冊

340000－1881－0009299　14119

新鐫性理奧十卷首一卷　（明）丁進纂　（明）
丁遇編　明天啓六年(1626)刻本　二冊

340000－1881－0009300　14120

文致不分卷　（明）劉士鏻編　明萬曆四十四
年(1616)刻本　二冊

340000－1881－0009301　14121

山海經十八卷　（晉）郭璞注　竹書紀年二卷

（南朝梁）沈約注　**中華古今注三卷**　（南朝梁）馬縞編　**古今注三卷**　（晉）崔豹著　**三墳一卷**　題（晉）阮咸編　**風俗通義四卷**（漢）應邵著　**博物志十卷**　（晉）張華撰　**桂海虞衡志一卷**　（宋）范成大撰　**續博物志十卷**　（唐）李石撰　清康熙七年（1668）刻本　五冊

340000－1881－0009302　14122

魏氏三子文集八十卷　（清）魏際瑞　（清）魏禧　（清）魏禮撰　清康熙二十九年（1690）刻本　三十二冊

340000－1881－0009303　14123

三藩紀事本末四卷　（清）楊陸榮編　清康熙五十六年（1717）刻本　一冊

340000－1881－0009304　14124

鄭省齋蜩笑偶書一卷寶顏堂井觀瑣言三卷（明）鄭瑗撰　**瓶史一卷**　（明）袁宏道撰　**蠹泉小品一卷**　（明）田藝蘅撰　**寶顏堂訂正畫說一卷**　（明）莫是龍著　**刻皇明吳郡丹青志一卷**　（明）王穉登撰　**寶顏堂訂正樂府指迷二卷**　（明）張玉田纂　明嘉靖四十二年（1563）刻本　一冊

340000－1881－0009305　14125

韓文十一卷　（唐）韓愈撰　明刻本　一冊

340000－1881－0009306　14126

楚辭八卷　（宋）朱熹集注　明天啓六年（1626）刻本　二冊

340000－1881－0009307　14127

水月齋指月錄三十二卷　（明）瞿汝稷撰　明萬曆三十年（1602）刻本　一冊　存三卷（一至三）

340000－1881－0009308　14128

蘇長公小品二卷　（宋）蘇軾撰　（明）王聖俞編　明萬曆三十九年（1611）刻本　一冊　存一卷（下）

340000－1881－0009309　14129

春秋左傳杜林合注五十卷　（晉）杜預　（宋）林堯叟注　明萬曆二十二年（1594）刻本

八冊

340000－1881－0009310　14130

佛日普照慧辯楚石禪師語錄十卷　（元）釋梵琦撰　（元）釋祖光等編　明萬曆十八年（1590）刻本　六冊

340000－1881－0009311　14131

詩經正義二十七卷　（明）許天贈撰　明萬曆二十五年（1597）慎餘堂刻本　十二冊

340000－1881－0009312　14132

文選十二卷　（南朝梁）蕭統編　（明）張鳳翼纂注　明萬曆八年（1580）刻本　十二冊

340000－1881－0009313　14133

名山藏一百九卷　（明）何喬遠撰　明刻本　二十五冊

340000－1881－0009314　14134

漪東山房批校廬陵曾氏十八史略八卷　（元）曾先之編　明刻本　六冊

340000－1881－0009315　14135

白虎通二卷　（漢）班固撰　清康熙七年（1668）刻本　二冊

340000－1881－0009316　14136

輟耕錄三十卷　（明）陶宗儀撰　明刻本　十二冊

340000－1881－0009317　14137

稗海四十八種二百八十八卷續集二十二種一百六十一卷　（明）商濬編　明萬曆商濬刻清康熙振鷺堂重編補刻本　十冊

340000－1881－0009318　14138

尚書六卷　（明）袁黃刪注　明刻本　一冊

340000－1881－0009319　14139

古本書言故事十卷　（宋）胡繼宗編　（明）陳玩直注　明刻本　一冊　存三卷（六至八）

340000－1881－0009320　14140

越絕十五卷　（明）吳琯校　明刻本　一冊

340000－1881－0009321　14141

袁中郎廣莊一卷瓶史一卷觴政一卷　（明）袁

宏道撰　明刻本　一冊

340000－1881－0009322　14142
居家必備十卷　(明)張一棟撰　明刻本
八冊

340000－1881－0009323　14143
養生導引法一卷　(明)胡文煥撰　明刻本
一冊

340000－1881－0009324　14144
甑甀洞續稿詩部十二卷　(明)吳國倫著　明
刻本　一冊　存二卷(十一至十二)

340000－1881－0009325　14145
河東先生集四十五卷　(唐)柳宗元撰　明刻
本　十冊　存二十四卷(一至二十四)

340000－1881－0009326　14147
五代史記七十四卷　(宋)歐陽修撰　(宋)徐
無黨注　明南監刻萬曆補修本　八冊

340000－1881－0009327　14148
資治通鑑補正二百九十四卷首一卷　(明)嚴
衍撰　清瓶花書屋抄本　一冊　存一卷(首
一卷)

340000－1881－0009328　14149
法書玫八卷　(元)盛熙明撰　清揚州使院刻
本　一冊

340000－1881－0009329　14150
三希堂法帖目錄一卷　(□)□□撰　清抄本
一冊

340000－1881－0009330　14151
新刊增補註解音釋標題高頭古文大全一卷
(明)黃堅編　明刻本　一冊

340000－1881－0009331　14152
杜工部詩集二十卷文集二卷末一卷　(唐)杜
甫撰　(清)朱鶴齡注　清刻本　十冊

340000－1881－0009332　14153
阮嗣宗集二卷　(三國魏)阮籍撰　明崇禎十
年(1637)刻本　二冊

340000－1881－0009333　14154

歷代鐘鼎彝器款識法帖二十卷　(宋)薛尚功
編　清順治刻本　一冊

340000－1881－0009334　14155
和宜春館菊花詩十二律一卷　(□)□□撰
清光緒三十年(1904)抄本　一冊

340000－1881－0009335　14161
天官書增訂圖不分卷　(□)□□撰　清宣統
元年(1909)吳承蔭抄本　一冊

340000－1881－0009336　14162
鮑白波老先生詩彙一卷　(清)鮑白波撰　清
抄本　一冊

340000－1881－0009337　14163
晏子春秋內篇四卷　(明)吳勉學校　明刻本
二冊

340000－1881－0009338　14166
讀書日程二卷　(元)程端禮編　清乾隆八年
(1743)刻本　二冊

340000－1881－0009339　14167
五合曲印譜一卷　(明)陸儀篆　(明)周士德
編　明鈐印本　一冊

340000－1881－0009340　14168
集古印譜□□卷　(明)甘暘編　明鈐印本
一冊　存二卷(四至五)

340000－1881－0009341　14169
宋葉文康公禮經會元四卷　(清)許元淮輯
清乾隆五十年(1785)刻本　四冊

340000－1881－0009342　14170
春秋集說鈔不分卷　(□)□□撰　清抄本
五冊

340000－1881－0009343　14171
尚義不分卷　(□)□□撰　清抄本　一冊

340000－1881－0009344　14173
蒙學課本地球歌韵不分卷　(清)張士瀛撰
清光緒二十七年(1901)抄本　一冊

340000－1881－0009345　14174
[康熙御製詩殘卷一卷]　(清)聖祖玄燁撰

清抄本　一冊

340000－1881－0009346　14179
租稻簿不分卷　（□）□□編　清光緒抄本
一冊

340000－1881－0009347　14180
促織經一卷　（宋）賈似道撰　清光緒十二年
（1886）抄本　一冊

340000－1881－0009348　14181
亥脈入首之圖不分卷　（□）□□編　清抄本
一冊

340000－1881－0009349　14182
天文秘署記一卷　（明）劉基編　清抄本
一冊

340000－1881－0009350　14183
說文字原不分卷　（元）周伯琦撰　清咸豐元
年（1851）抄本　一冊

340000－1881－0009351　14184
樵唱草一卷　（□）□□撰　清尚卿居抄本
一冊

340000－1881－0009352　14185
遐域瑣談二卷　（清）七十一撰　清抄本　一
冊　存一卷（下）

340000－1881－0009353　14186
吟秋閣詩草一卷　（清）繆寶娟著　清光緒三
十四年（1908）抄本　一冊

340000－1881－0009354　14187
呂南石家刻不分卷　（□）□□編　清抄本
一冊

340000－1881－0009355　14189
儀禮不分卷　（□）□□撰　清抄本　一冊

340000－1881－0009356　14190
朱仙鎮一卷　（□）□□編　清琴隱抄本
一冊

340000－1881－0009357　14191
紅藤館詞不分卷　（清）喬守敬著　清抄本
一冊

340000－1881－0009358　14192
天作之合一卷　（□）□□編　清光緒八年
（1882）抄本　一冊

340000－1881－0009359　14193
［詩文稿一卷］　（□）□□編　清影印本　二
十七張

340000－1881－0009360　14194
增巧圖不分卷　（□）□□編　清抄本　一冊

340000－1881－0009361　14195
密宗糾懺拉具送譯稿不分卷　（清）呼畢勒罕
達賴譯　（清）鄧隆編　清抄本　一冊

340000－1881－0009362　14196
［光緒辛卯科］江南鄉試硃卷不分卷　（□）
□□編　清光緒十七年（1891）刻本　五冊

340000－1881－0009363　14197
辨珠玉皮貨細毛不分卷　（□）□□編　清柏
蔭山房抄本　一冊

340000－1881－0009364　14198
改庵選古詩二卷　（□）□□編　清抄本　一
冊　存一卷（下）

340000－1881－0009365　14199
度曲正韻二卷　（□）□□編　清抄本　二冊

340000－1881－0009366　14200
仙苑編珠一卷　（唐）王松年撰　清抄本
一冊

340000－1881－0009367　14201
雪香樓襟存一卷　（清）周彥彬著　清抄本
一冊

340000－1881－0009368　14202
楊道純獻策一卷　（清）楊道純撰　清抄本
一冊

340000－1881－0009369　14203
繪圖滿漢升官圖不分卷　（□）□□編　清周
仲山抄本　一冊

340000－1881－0009370　14206
六韜三卷　（周）呂望著　清光緒十六年

(1890)抄本　一冊

340000 – 1881 – 0009371　14207
四書遵註合糸講義意心傳不分卷　（明）馬猶
龍纂　清洪采暉抄本　一冊

340000 – 1881 – 0009372　14209
蟋蟀經二卷　（清）金楣編　清光緒九年
(1883)抄本　一冊

340000 – 1881 – 0009373　14210
燕山外史二卷　（清）陳球著　清光緒二十三
年(1897)抄本　一冊

340000 – 1881 – 0009374　14211
王夢周文稿不分卷　（清）王夢周撰　清宣統
三年(1911)抄本　二冊

340000 – 1881 – 0009375　14212
紅藕村人詩集一卷　（□）□□撰　清抄本
一冊

340000 – 1881 – 0009376　14213
嘉慶稟稿一卷　（□）□□撰　清抄本　一冊

340000 – 1881 – 0009377　14214
周禮義疏摘要一卷　（□）□□撰　清抄本
一冊

340000 – 1881 – 0009378　14216
李盤金湯十二籌　（明）李盤撰　清抄本　一
冊　存二籌(三至四)

340000 – 1881 – 0009379　14219
古玉圖玫不分卷　（清）吳大澂撰　清光緒二
十六年(1900)吳啓潢抄本　四冊

340000 – 1881 – 0009380　14220
故書異文録一卷　（□）□□撰　清抄本
一冊

340000 – 1881 – 0009381　14221
宋淳熙敕編古玉圖譜一百卷　（宋）劉松年繪
圖　清乾隆四十四年(1779)刻本　十六冊

340000 – 1881 – 0009382　14222
農書二十二卷　（元）王禎撰　清乾隆三十九
年(1774)刻武英殿聚珍版書本　十六冊

340000 – 1881 – 0009383　14225
董公遯世之書一卷　（元）董德彰著　清抄本
一冊

340000 – 1881 – 0009384　14226
大六壬精蘊一卷　（□）□□撰　清抄本
一冊

340000 – 1881 – 0009385　14227
地理抄本一卷　（□）□□撰　清抄本　一冊

340000 – 1881 – 0009386　14228
聽清軒函稿一卷　（□）□□撰　清同治聽清
軒抄本　一冊

340000 – 1881 – 0009387　14230
玉溪生詩意八卷　（清）屈復著　清抄本　一
冊　存三卷(四至六)

340000 – 1881 – 0009388　14231
戶丁冊一卷　（□）□□編　明萬曆抄本
一冊

340000 – 1881 – 0009389　14232
西漢文約選一卷　（清）允禮編　清雍正十一
年(1733)刻本　九冊

340000 – 1881 – 0009390　14233
雜抄不分卷　（□）□□撰　明抄本　一冊

340000 – 1881 – 0009391　14234
東華録十六卷(天命至雍正朝)　（清）蔣良騏
編　清抄本　八冊

340000 – 1881 – 0009392　14235
左傳抄本不分卷　（春秋）左丘明撰　清抄本
一冊

340000 – 1881 – 0009393　14236
淨壇真言一卷　（□）□□撰　清抄本　一冊

340000 – 1881 – 0009394　14238
皇清開國方略三十二卷首一卷　（清）阿桂等
編　清嘉慶抄本　二十冊

340000 – 1881 – 0009395　14239
人倫大統賦二卷　（金）張行簡撰　清光緒三
年(1877)抄本　一冊

340000 – 1881 – 0009396　14241

二十四山消納九星飛佈吉凶全旨訣論不分卷
（□）□□撰　清抄本　一冊

340000 – 1881 – 0009397　14242

太乙數鈴不分卷　（□）□□撰　清咸豐九年
(1859)程石洲抄本　一冊

340000 – 1881 – 0009398　14243

地理原真摘要不分卷　（□）□□撰　清刻本
一冊

340000 – 1881 – 0009399　14244

雜抄不分卷　（□）□□撰　清抄本　一冊

340000 – 1881 – 0009400　14245

地理擇要不分卷　（□）□□撰　清刻本
一冊

340000 – 1881 – 0009401　14246

秘傳玉函心法摘要不分卷　（清）徹□子纂輯
清抄本　一冊

340000 – 1881 – 0009402　14247

選擇天星秘竅不分卷　（明）甘霖撰　清抄本
一冊

340000 – 1881 – 0009403　14248

袖中玄紗一卷　（□）□□撰　清光緒二十三
年(1897)歙西阮溪契靜山莊薇薰氏抄本
一冊

340000 – 1881 – 0009404　14249

聊以自娛不分卷　（□）□□撰　清抄本
一冊

340000 – 1881 – 0009405　14250

原學不分卷　（□）□□撰　清末抄本　一冊

340000 – 1881 – 0009406　14251

摘錄珂雪詞二卷　（清）曹貞吉著　清鋤經書
屋抄本　一冊

340000 – 1881 – 0009407　14252

曲譜不分卷　（□）□□撰　清抄本　一冊

340000 – 1881 – 0009408　14255

孟子雜記四卷　（明）陳士元著　清抄本　一

冊　存二卷(一至二)

340000 – 1881 – 0009409　14256

卜筮歌句不分卷　（□）□□撰　清抄本
一冊

340000 – 1881 – 0009410　14258

天機一貫青囊奧語不分卷　（唐）楊益撰
(清)李三素注　清抄本　一冊

340000 – 1881 – 0009411　14260

諸子粹言一卷讀史粹言一卷　（清）丁晏撰
清道光二十四年(1844)抄本　一冊

340000 – 1881 – 0009412　14261

觀音大士男女報恩懺一卷　（明）胡應麟編
清光緒九年(1883)抄本　一冊

340000 – 1881 – 0009413　14263

靈棋經二卷　（漢）黃石公撰　清抄本　二冊

340000 – 1881 – 0009414　14264

黃山游草一卷　（清）沈德潛撰　清乾隆刻本
一冊

340000 – 1881 – 0009415　14265

黃山翠微寺誌二卷　（清）釋超綱纂　雨峯綱
禪師翠微隨錄一卷　（清）釋通理　（清）釋明
棟錄　清康熙三十年(1691)刻本　三冊

340000 – 1881 – 0009416　14266

明清人時局論文不分卷　（清）計東　（清）姜
宸英　（清）黃與堅撰　清抄本　一冊

340000 – 1881 – 0009417　14267

論書賸語一卷　（清）王澍著　清抄本　一冊

340000 – 1881 – 0009418　14271

西橋五種五卷　（□）□□編　清乾隆二年
(1737)抄本　一冊

340000 – 1881 – 0009419　14272

桐城縣志摘要一卷　（□）□□編　清抄本
一冊

340000 – 1881 – 0009420　14273

淳化閣帖釋文一卷　（清）韓仰山書　清抄本
一冊

340000－1881－0009421　14274

酌中志四卷　（明）劉若愚撰　清咸豐四年
(1854)抄本　二冊

340000－1881－0009422　14275

歷代建元考提要不分卷　（清）鍾淵映撰　清
抄本　二冊

340000－1881－0009423　14276

休寧南游記一卷　（□）□□撰　清抄本
一冊

340000－1881－0009424　14282

康熙時人寫舊詩一卷　（□）□□輯　清抄本
一冊

340000－1881－0009425　14284

石乳山避寇記一卷　（清）程芍庭撰　清咸豐
稿本　一冊

340000－1881－0009426　14285

安徽省圖表說十卷　（□）□□撰　清光緒二
十七年(1901)抄本　三冊

340000－1881－0009427　14286

明末人寫雜文不分卷　（□）□□編　清抄本
一冊

340000－1881－0009428　14287

舊寫本擬謝表不分卷　（清）陸肯堂等撰　清
康熙抄本　一冊

340000－1881－0009429　14288

古文彙選十二卷　（清）高芷卿編　清抄本
八冊

340000－1881－0009430　14291

文苑聯珠一卷　（□）□□編　清抄本　一冊

340000－1881－0009431　14292

程讓翁手書唐詩不分卷　（清）程瑤田書　清
抄本　一冊

340000－1881－0009432　14294

性命雙脩萬神圭旨元集不分卷　（□）□□撰
清抄本　一冊

340000－1881－0009433　14295

壽文雜錄不分卷　（□）□□編　清同治抄本
一冊

340000－1881－0009434　14297

也癡閒話三卷　（清）黃元裳著　清抄本
三冊

340000－1881－0009435　14299

語鶴軒吟草一卷　（□）□□撰　清抄本
一冊

340000－1881－0009436　14300

古學津梁不分卷　（□）□□編　清抄本
一冊

340000－1881－0009437　14301

經史括原不分卷　（清）汪鶴鳴纂輯　清雍正
抄本　一冊

340000－1881－0009438　14302

章邦元年譜不分卷　（清）章錫卿編　清光緒
十四年(1888)翰馨書屋抄本　一冊

340000－1881－0009439　14303

[分類文選不分卷]　（□）□□編　清抄本
二冊

340000－1881－0009440　14304

東三省地理之變遷一卷　莊俞撰　清宣統元
年(1909)抄本　一冊

340000－1881－0009441　14305

儀禮案論不分卷　（□）□□撰　清抄本
二冊

340000－1881－0009442　14306

冰梅詞一刻不分卷　（清）夏文萩編　清光緒
二十九年(1903)抄本　二冊

340000－1881－0009443　14307

禹貢刪註不分卷　（□）□□編　清抄本
一冊

340000－1881－0009444　14308

杜律啟蒙不分卷　（清）吳峻撰　清抄本
一冊

340000－1881－0009445　14310

藕池書屋一卷浮碧山房一卷 （□）□□撰
清浮碧山房抄本 二冊

340000－1881－0009446 14311
穆如錄四卷 （清）柳村居士編 清抄本
一冊

340000－1881－0009447 14312
徐小漣雜記一卷 （清）徐小漣撰 清抄本
一冊

340000－1881－0009448 14313
小窗清紀一卷 （明）吳從先撰 清抄本
一冊

340000－1881－0009449 14314
東遊記畧一卷 （□）□□撰 清宣統元年
(1909)抄本 一冊

340000－1881－0009450 14315
偶錄臺倭戰記一卷 （□）□□撰 清光緒二
十一年(1895)抄本 一冊

340000－1881－0009451 14316
周曉山遺文一卷 （清）周曉山撰 清抄本
一冊

340000－1881－0009452 14317
詩文雜抄一卷 （□）□□編 清光緒五年
(1879)抄本 一冊

340000－1881－0009453 14319
沖虛至德真經八卷 （晉）張湛注 清抄本
一冊

340000－1881－0009454 14320
鶡冠子三卷 （宋）陸佃注 清抄本 一冊

340000－1881－0009455 14321
毅一子三卷外篇一卷 （清）楊覲東著 清抄
本 三冊

340000－1881－0009456 14323
安南使事紀要四卷 （清）李仙根撰 清抄本
一冊

340000－1881－0009457 14324
元邱素話一卷 （明）余紹祉撰 清抄本

一冊

340000－1881－0009458 14325
近光集不分卷 （清）汪士鋐編 清刻本
五冊

340000－1881－0009459 14326
屈原賦戴注一卷 （清）戴震撰 清抄本
一冊

340000－1881－0009460 14328
天籟集二卷 （元）白樸著 白溪山先生文集
四卷白氏家乘刻稿一卷 （明）白永盛撰 清
末抄本 四冊

340000－1881－0009461 14329
梅巖胡先生文集十卷 （宋）胡次焱撰 （明）
胡璉輯 清抄本 二冊

340000－1881－0009462 14330
陸生口譜三卷 （清）陸圻輯 清抄本 四冊

340000－1881－0009463 14331
任中丞集箋注六卷首一卷 （南朝梁）任昉撰
（清）蔣清翊注 清抄本 十二冊

340000－1881－0009464 14332
小嬰詩六卷 （清）凌小嬰撰 清抄本 六冊

340000－1881－0009465 14333
左傳紀事本末不分卷 （清）張士芬輯 清抄
本 二冊

340000－1881－0009466 14334
舊寫本史論一卷 （□）□□編 清抄本
一冊

340000－1881－0009467 14335
舊寫本策對一卷 （明）茅瓚等撰 清抄本
一冊

340000－1881－0009468 14336
宋鄭所南先生心史二卷 （宋）鄭所南著 明
抄本 二冊

340000－1881－0009469 14339
名家尺牘不分卷 （□）□□編 清抄本
一冊

340000－1881－0009470　14340

趣園文稿六卷　（清）馬起升撰　清稿本　一冊　存三卷（一至三）

340000－1881－0009471　14341

桃花扇傳奇四卷首一卷　（清）孔尚任編　清光緒三十三年（1907）蘭雪堂刻本　五冊

340000－1881－0009472　14342

雲峯胡先生文集十卷　（元）胡雲峯撰　（清）胡積城輯　清道光十一年（1831）刻本　二冊

340000－1881－0009473　14343

顏氏學記十卷　（清）戴望述　清同治十年（1871）冶城山館刻本　三冊

340000－1881－0009474　14344

曹秋嶽先生尺牘三卷　（清）曹溶撰　清抄本　二冊

340000－1881－0009475　14345

書法正傳三昧不分卷　（□）□□編　清抄本　一冊

340000－1881－0009476　14346

南田詩鈔一卷　（清）惲格撰　清抄本　一冊

340000－1881－0009477　14347

天壤遺文七卷　（明）徐奮鵬編　（明）徐茂春（明）徐茂盛注　明抄本　二冊　存二卷（一、五）

340000－1881－0009478　14348

舊寫本晚唐人詩一卷　（□）□□編　明抄本　一冊

340000－1881－0009479　14349

群芳別譜一卷　（□）□□編　明抄本　一冊

340000－1881－0009480　14350

舊寫本唐詩一卷　（□）□□編　清抄本　一冊

340000－1881－0009481　14351

曹李尺牘合選二卷　（清）曹溶　（清）李良年撰　清抄本　二冊

340000－1881－0009482　14352

畏雪樓殘書不分卷　（□）□□撰　清抄本　一冊

340000－1881－0009483　14353

篷窗翦燭集二卷　（清）李堂撰　清稿本　一冊

340000－1881－0009484　14355

河東集一卷　（唐）柳宗元撰　清抄本　一冊

340000－1881－0009485　14356

水經注所載碑目一卷　（明）楊慎編　清抄本　一冊

340000－1881－0009486　14357

讀漢記文□□卷　（□）□□撰　清刻本　二冊　存二卷（二、四）

340000－1881－0009487　14359

周禮六卷　（□）□□撰　清抄本　一冊

340000－1881－0009488　14360

北使紀畧一卷　（明）陳洪範撰　清抄本　一冊

340000－1881－0009489　14362

明人書問不分卷　（□）□□編　清抄本　一冊

340000－1881－0009490　14363

光緒皇帝實錄不分卷　（□）□□撰　清抄本　九冊

340000－1881－0009491　14364

欽定四庫全書簡明目錄二十卷　（清）邵懿辰注　清抄本　六冊

340000－1881－0009492　14365

吳梅村詩選一卷　（清）吳偉業撰　王漁洋詩選不分卷　（清）王士禛撰　清抄本　一冊

340000－1881－0009493　14367

唱經堂小雅一卷古詩解一卷批歐陽永叔詞十二首一卷　（□）□□編　清抄本　一冊

340000－1881－0009494　14368

邀月山房墨選掄元集一卷　（清）程濤編　清抄本　一冊

340000－1881－0009495　14369

壽石山房原錄西廂記曲文不分卷　（元）王實甫撰　清抄本　一冊

340000－1881－0009496　14370

摘錄雜句便覽不分卷　（□）□□編　清同治抄本　一冊

340000－1881－0009497　14371

梅花詩一卷　（□）□□編　清抄本　一冊

340000－1881－0009498　14372

文選分類集句不分卷　（□）□□編　清抄本　一冊

340000－1881－0009499　14374

永錫祀事儀不分卷　（□）□□編　清光緒二十七年(1901)抄本　一冊

340000－1881－0009500　14375

選賦鈔琭不分卷　（□）□□編　清抄本　一冊

340000－1881－0009501　14377

八識規矩頌定註不分卷　（唐）釋玄奘撰（清）周鼎清註　清抄本　一冊

340000－1881－0009502　14378

[至正]崑山郡志六卷　（元）楊譓纂　清抄本　一冊

340000－1881－0009503　14380

張子良詩草一卷　（清）張駿撰　清抄本　一冊

340000－1881－0009504　14381

儀禮約文不分卷　（□）□□撰　清嘉慶二十四年(1819)崔應榴抄本　一冊

340000－1881－0009505　14382

東甌樂府一卷　（□）□□編　清光緒八年(1882)抄本　一冊

340000－1881－0009506　14383

呂子節錄四卷　（明）呂坤著　（清）陳弘謀評輯　清同治七年(1868)抄本　六冊

340000－1881－0009507　14385

論語不分卷　（漢）鄭玄注　（清）湯伯玕輯　清抄本　一冊

340000－1881－0009508　14386

康熙時雜錄冊不分卷　（□）□□編　清抄本　一冊

340000－1881－0009509　14387

小學紺珠不分卷　（宋）王應麟撰　清抄本　二冊

340000－1881－0009510　14388

典制偹要一卷　（□）□□編　清抄本　一冊

340000－1881－0009511　14389

周易焦氏學不分卷　胡晉接撰　清稿本　七冊

340000－1881－0009512　14390

七子圓二卷三十五齣　（□）□□撰　清抄本　一冊　存一卷(下)

340000－1881－0009513　14391

學宋齋詞韻一卷　（清）吳烺等編　清抄本　一冊

340000－1881－0009514　14392

四書典制不分卷　（□）□□編　清抄本　二冊

340000－1881－0009515　14393

唐詩評選一卷　（□）□□編　明抄本　一冊

340000－1881－0009516　14394

左傳節選不分卷　（□）□□編　清抄本　二冊

340000－1881－0009517　14395

乾隆時精寫應試詩一卷　（清）史貽直等撰　清抄本　一冊

340000－1881－0009518　14396

集錄備覽不分卷　（□）□□撰　明末抄本　一冊

340000－1881－0009519　14397

明清遺詩一卷　（□）□□輯　清抄本　一冊

340000－1881－0009520　14398

高子遺書不分卷 （明）高攀龍撰 清抄本
一冊

340000－1881－0009521 14399

鍾伯敬先生硃評詞府靈蛇二集不分卷 （明）
鍾惺評 （明）程雲從編 明抄本 一冊

340000－1881－0009522 14402

東皋子集三卷 （唐）王績著 清抄本 二冊

340000－1881－0009523 14403

玉山璞稿一卷 （元）顧瑛撰 清抄本 一冊

340000－1881－0009524 14404

夾漈遺稿三卷 （宋）鄭樵撰 清抄本 一冊

340000－1881－0009525 14405

震川自選讀本不分卷 （明）歸有光撰 清乾
隆抄本 四冊

340000－1881－0009526 14407

危言二卷 （清）邵作舟撰 清抄本 二冊

340000－1881－0009527 14408

歷代州域形勢不分卷 （清）顧祖禹著 清抄
本 一冊

340000－1881－0009528 14411

平定粵匪紀略十八卷附記四卷 （清）杜文瀾
撰 清曼陀羅華閣抄本 十冊

340000－1881－0009529 14412

目耕齋偶錄不分卷 （□）□□編 清抄本
十二冊

340000－1881－0009530 14415

高懶山莊十二詠一卷 （清）吳沐撰 偕樵孫
和湘人叔高懶山莊十二詠一卷 （清）吳枏撰
月山書堂吟槀一卷 （清）胡元熙撰 清抄
本 一冊

340000－1881－0009531 14419

赤道南北黃道南北星圖不分卷 （□）□□編
清抄本 一冊

340000－1881－0009532 14420

科試文藪□□卷 （□）□□編 清抄本 六
冊 存一卷(一)

340000－1881－0009533 14421

光緒府廳州縣歌一卷 （清）金粟庵主人編
清末抄本 一冊

340000－1881－0009534 14422

三友書屋便鈔一卷 （□）□□撰 清抄本
一冊

340000－1881－0009535 14423

四書疑句輯解不分卷 （□）□□撰 清光緒
十二年(1886)研山氏抄本 一冊

340000－1881－0009536 14424

瞻岵詩話二卷 （清）蔡常雲著 （清）紀昀評
清乾隆二十九年(1764)刻本 一冊

340000－1881－0009537 14425

談往記錢牧齋事一則一卷 （□）□□撰 清
抄本 一冊

340000－1881－0009538 14426

[九思齋字彙不分卷] （□）□□編 清抄本
一冊

340000－1881－0009539 14427

明末雜寫冊不分卷 （□）□□編 明抄本
一冊

340000－1881－0009540 14428

左傳一卷 （春秋）左丘明撰 明抄本 一冊

340000－1881－0009541 14432

養浩齋詩續彙四卷 （清）桂超萬撰 清抄本
二冊

340000－1881－0009542 14433

修真諸經不分卷 （□）□□編 明抄本
一冊

340000－1881－0009543 14434

楊升菴先生批點文心雕龍不分卷 （南朝梁）
劉勰著 （明）梅慶生音注 （明）楊慎評 清
抄本 一冊

340000－1881－0009544 14439

康熙以前舊寫本書經不分卷 （□）□□編
清初抄本 一冊

340000－1881－0009545　14442

書畫緣一百十卷　（清）沈辰編　清抄本　十二冊

340000－1881－0009546　14443

再生緣全傳二十卷　（清）陳端生撰　（清）蘭陵居士評　清抄本　四十冊

340000－1881－0009547　14444

案頭雜識不分卷　（□）□□編　清抄本　一冊

340000－1881－0009548　14447

歷代鐘鼎彝器款識法帖二十卷　（宋）薛尚功撰　清抄本　三冊　存八卷（一至二、八至十、十八至二十）

340000－1881－0009549　14448

大南一統志□□卷　（越南）阮朝國史館編　明抄本　一冊　存一卷（三十二）

340000－1881－0009550　14449

清初祝賀書牘不分卷　（□）□□編　清初抄本　二冊

340000－1881－0009551　14450

檀弓不分卷　（明）汪光編　清初抄本　一冊

340000－1881－0009552　14451

見聞錄不分卷　（清）蕉鹿草堂主人編　清抄本　十冊

340000－1881－0009553　14452

五經纂要不分卷　（□）□□撰　明抄本　一冊

340000－1881－0009554　14453

起二十四山玄空大卦挨星法不分卷　（□）□□編　清抄本　一冊

340000－1881－0009555　14454

儀禮不分卷　（□）□□撰　清抄本　一冊

340000－1881－0009556　14455

鄭昨非日纂節抄不分卷　（明）鄭瑄撰　明抄本　三冊

340000－1881－0009557　14456

清初人寫書不分卷　（□）□□編　清初抄本　一冊

340000－1881－0009558　14457

漁洋山人精華錄訓纂十卷　（清）王士禎撰　（清）林佶編　清抄本　四冊

340000－1881－0009559　14458

西湖志纂十二卷　（清）梁詩正纂　（清）沈德潛　（清）傅王露編　清乾隆二十年（1755）刻本　五冊

340000－1881－0009560　14459

唐李長吉詩集四卷外一卷　（唐）李賀撰（明）徐渭　（明）董懋策注　明萬曆刻本　一冊

340000－1881－0009561　14460

黃山谷先生詩集正集四卷外集六卷　（宋）黃庭堅撰　清抄本　四冊

340000－1881－0009562　14461

問奇一覽二卷　（清）李書雲編　清抄本　二冊

340000－1881－0009563　14462

十家詩鈔十卷　（清）錢振倫編　清抄本　一冊

340000－1881－0009564　14465

周官考工記一卷　（□）□□撰　清乾隆八年（1743）吳景園抄本　一冊

340000－1881－0009565　14466

唐五言詩不分卷　（□）□□編　明抄本　一冊

340000－1881－0009566　14467

夏小正箋不分卷　（清）任兆麟注　清抄本　一冊

340000－1881－0009567　14468

遺山先生詩集二十卷　（金）元好問撰　明汲古閣刻本　四冊

340000－1881－0009568　14469

唐兩京城坊攷五卷　（清）徐松撰　（清）張穆補　清道光二十八年（1848）刻連筠簃叢書本

一冊

340000 – 1881 – 0009569　14470
歷科等第試卷詩賦原稿不分卷　（明）馮琦等
撰　明抄本　一冊

340000 – 1881 – 0009570　14474
與聞齋雜錄一卷　（□）□□編　清初抄本
一冊

340000 – 1881 – 0009571　14475
清道光時上諭不分卷　（□）□□編　清抄本
一冊

340000 – 1881 – 0009572　14476
無名氏詩一卷　（□）□□撰　清抄本　二冊

340000 – 1881 – 0009573　14477
俸銀賬簿不分卷　（□）□□編　清抄本
一冊

340000 – 1881 – 0009574　14479
金丹纂要玉洞藏書四卷　（明）孫汝忠　（明）
李勘注　清抄本　一冊

340000 – 1881 – 0009575　14480
清初人手寫書不分卷　（□）□□編　清初抄
本　一冊

340000 – 1881 – 0009576　14481
批評通俗嶺義禪真後史八卷　（明）清溪道人
編　（明）沖和居士評　清初抄本　八冊

340000 – 1881 – 0009577　14482
玉髓真經不分卷　（宋）張洞玄撰　明抄本
一冊

340000 – 1881 – 0009578　14483
千文音義彙畧二卷　（□）□□著　清抄本
一冊

340000 – 1881 – 0009579　14484
名賢手札不分卷　（清）郭慶藩輯　清光緒十
年(1884)岵瞻堂刻本　四冊

340000 – 1881 – 0009580　14485
使黔集一卷　（清）費錫章撰　清嘉慶十八年
(1813)刻本　一冊

340000 – 1881 – 0009581　14487
洴澼百金方預備十四卷　（清）惠麓酒民編
清抄本　十冊

340000 – 1881 – 0009582　14488
輿圖要覽四卷　（清）顧祖禹撰　清抄本
一冊

340000 – 1881 – 0009583　14489
無法與人不分卷　（□）幻庵鑑道人撰　清抄
本　三冊

340000 – 1881 – 0009584　14490
別有商量不分卷　（清）妙因居士撰　清抄本
四冊

340000 – 1881 – 0009585　14491
歷代郡國考略三卷　（清）葉澐編　清初刻本
一冊

340000 – 1881 – 0009586　14492
古文苑二十一卷　（宋）章樵注　明萬曆二十
一年(1593)張象賢刻本　八冊

340000 – 1881 – 0009587　14493
陶淵明集八卷首一卷末一卷　（晉）陶潛撰
清刻三色套印本　四冊

340000 – 1881 – 0009588　14494
唐寫本說文解字木部箋異不分卷仿唐抄本說
文解字木部不分卷　（清）莫友芝撰　清同治
三年(1864)刻本　一冊

340000 – 1881 – 0009589　14495
詩傳孔氏傳一卷　（春秋）端木賜撰　詩說不
分卷　（漢）申培撰　詩品三卷　（南朝梁）鍾
嶸撰　（明）毛晉訂　詩品二十四則不分卷
（唐）司空圖撰　（明）毛晉訂　風騷旨格不分
卷　（唐）釋齊己撰　芥隱筆記不分卷　（明）
毛晉訂　明汲古閣刻本　一冊

340000 – 1881 – 0009590　14496
納書楹曲譜外集二卷　（清）葉堂訂譜　清刻
本　二冊

340000 – 1881 – 0009591　14497
宋孫仲益內簡尺牘十卷　（宋）孫覿撰　（宋）

李祖堯編注　（清）蔡龍孫　（清）蔡焯增訂
清乾隆十二年(1747)刻本　四冊

340000－1881－0009592　14498
晴川會弈圖不分卷　（□）□□撰　清同治四
年(1865)刻本　一冊

340000－1881－0009593　14499
鄭志三卷　（漢）鄭玄撰　清嘉慶三年(1798)
後知不足齋刻本　一冊

340000－1881－0009594　14501
詞栞二十六卷　（清）方成培輯　清刻本　十
三冊

340000－1881－0009595　14504
手臂錄四卷　（清）吳殳著　清抄本　二冊

340000－1881－0009596　14505
貫華堂第六才子書西廂記八卷　（元）王實甫
撰　清康熙刻本　八冊

340000－1881－0009597　14506
新鐫全像通俗演義隋煬帝艷史八卷四十回
（明）齊東野人撰　（明）不經先生評　明崇禎
四年(1631)刻本　六冊　存四卷(一、三、七
至八)

340000－1881－0009598　14507
西遊證道大奇書二十卷　（清）汪象旭　（清）
蔡宷評　清乾隆十五年(1750)九如堂刻本
二十冊

340000－1881－0009599　14508
津逮秘書十五集一百四十一種七百五十一卷
　（明）毛晉編　明崇禎虞山毛氏汲古閣刻本
　一百四十六冊

340000－1881－0009600　14509
新鐫徐文長先生評隋唐演義二十卷　（明）徐
渭評　清大盛堂書坊刻本　五冊

340000－1881－0009601　14510
練川名人畫像四卷坿二卷續編三卷　（清）程
祖慶編　清光緒四年(1878)刻本　二冊

340000－1881－0009602　14511
板橋集六卷　（清）鄭燮著　清乾隆八年

(1743)刻本　二冊

340000－1881－0009603　14513
順治過江四卷　（清）蓬蒿子編　清刻本
二冊

340000－1881－0009604　14515
南華真經識餘三卷　（清）陳壽昌編　清抄本
　二冊

340000－1881－0009605　14516
情史類略二十四卷　（清）馮猶龍撰　（清）詹
詹外史評　清刻本　十二冊

340000－1881－0009606　14517
幽華詩略二卷　（清）范鍇編　清道光二十一
年(1841)刻本　一冊

340000－1881－0009607　14518
同林唱和集不分卷　（清）趙信編　清乾隆二
十四年(1759)刻本　一冊

340000－1881－0009608　14519
元曲選不分卷　（明）臧懋循輯　明刻本
四冊

340000－1881－0009609　14520
評論出像水滸傳二十卷　（元）施耐庵撰　清
順治十四年(1657)刻本　十七冊

340000－1881－0009610　14521
仙媛紀事六卷　（明）楊爾曾編　明刻本
四冊

340000－1881－0009611　14522
四聲猿四卷　（明）徐渭編　明刻本　一冊

340000－1881－0009612　14523
芥子園畫傳四集　（清）王概等編　清嘉慶二
十三年(1818)刻本　八冊　存八卷(初集一、
三至四,二集二至四,四集一、四)

340000－1881－0009613　14524
芥子園畫傳初集五卷二集四卷　（清）王概等
編　清光緒九年(1883)刻本　九冊

340000－1881－0009614　14526
芥子園畫傳五卷　（清）王概　（清）王蓍

（清）王棨編　清康熙十八年（1679）刻本
四冊

340000－1881－0009615　14529

意中緣傳奇二卷　（清）李漁編　（清）禾中女
史評　清刻本　一冊

340000－1881－0009616　14530

玉歷鈔傳警世編不分卷　（□）□□撰　清同
治元年（1862）刻本　一冊

340000－1881－0009617　14531

明精刻殘本集印不分卷　（□）□□編　明鈐
印本　一冊

340000－1881－0009618　14532

古今印則不分卷　（明）程遠摹編　明萬曆宛
委堂鈐印本　一冊

340000－1881－0009619　14533

芥子園畫傳五卷　（清）王棨摹　清康熙十八
年（1679）刻本　五冊

340000－1881－0009620　14534

興朝治畧□□卷　（明）周岂雍編　明愛日齋
刻本　一冊　存二卷（七、十）

340000－1881－0009621　14535

歙西竹枝詞一卷　（□）□□撰　清抄本
一冊

340000－1881－0009622　14536

徽城竹枝詞一卷　（清）吳梅顛撰　清抄本
一冊

340000－1881－0009623　14537

買愁二集二卷　（清）警凡生編　清乾隆書業
堂刻本　二冊

340000－1881－0009624　14538

陳眉公先生批評三國志□□卷　（明）羅貫中
撰　（明）陳繼儒評　明刻本　一冊　存七卷
（七至十三）

340000－1881－0009625　14539

帝鑒圖說不分卷　（明）張居正撰　明刻本
四冊

340000－1881－0009626　14540

漁洋山人精華錄箋注十二卷　（清）王士禎撰
（清）金榮注　（清）徐淮編　清刻本　二冊
存三卷（一至三）

340000－1881－0009627　14542

香奩集二卷　（唐）韓偓著　復古香奩集八卷
（元）楊維楨著　清道光刻本　一冊

340000－1881－0009628　14543

唐詩觀妓集一卷　（明）楊肇祉輯　明刻本
一冊

340000－1881－0009629　14544

閨範不分卷　（明）呂坤編　明刻本　一冊

340000－1881－0009630　14545

離騷圖不分卷　（清）蕭雲從繪　清刻本
一冊

340000－1881－0009631　14546

齊雲山志五卷　（明）魯點纂　明萬曆二十七
年（1599）刻本　五冊

340000－1881－0009632　14547

三國志通俗演義六十卷　（明）羅貫中撰　明
刻本　三冊　存三卷（四至六）

340000－1881－0009633　14549

寰瀛畫報一卷　（□）□□編　清光緒四年
（1878）鉛印本　一冊

340000－1881－0009634　14550

圖畫新聞不分卷　（□）□□編　清末刻本
一冊

340000－1881－0009635　14551

神州畫報不分卷　（清）神州畫報社編　清末
刻本　一冊

340000－1881－0009636　14552

芥子園畫傳二集不分卷　（清）王概　（清）王
蓍　（清）王棨編　清嘉慶五年（1800）刻本
九冊

340000－1881－0009637　14553

狀元譜□□卷　（□）□□編　明末刻本　二
冊　存二卷（二至三）

340000－1881－0009638　14554
任渭長先生畫傳四種　（清）任熊繪　清光緒
十二年(1886)刻本　四冊

340000－1881－0009639　14556
帝鑒圖說不分卷　（明）張居正撰　清刻本
四冊

340000－1881－0009640　14557
趙撝叔印存不分卷　（清）趙之謙篆　清鈐印
本　二冊

340000－1881－0009641　14564
海上名人畫稿不分卷　（清）同文書局編　清
光緒十一年(1885)同文書局石印本　二冊

340000－1881－0009642　14565
海上名人畫稿不分卷　（清）同文書局編　清
光緒十一年(1885)同文書局石印本　二冊

340000－1881－0009643　14566
墨譜不分卷　（□）□□編　清拓本　二冊

340000－1881－0009644　14567
南陵無雙譜不分卷　（清）金古良繪　清順治
刻本　一冊

340000－1881－0009645　14568
十竹齋竹石畫譜不分卷　（明）胡正言編　清
抄本　一冊

340000－1881－0009646　14569
十竹齋畫譜八卷　（明）胡正言編　明刻本
四冊　存二卷(三至四)

340000－1881－0009647　14570
版畫花樣不分卷　（□）□□編　清刻本
二冊

340000－1881－0009648　14574
工師雕斲正式魯班木經匠家鏡三卷首一卷
（明）午榮編　（明）章嚴輯　靈驅解法洞明真
言秘書一卷　（□）□□撰　清咸豐十年
(1860)刻本　二冊

340000－1881－0009649　14575
山海經十八卷　（晉）郭璞傳　明刻本　二冊
　　存四卷(一至二、五至六)

340000－1881－0009650　14576
芥子園畫傳五卷　（清）王槩摹　清康熙十八
年(1679)刻本　五冊

340000－1881－0009651　14577
芥子園畫傳五卷畫傳四集四卷　（清）王槩摹
　清康熙十八年(1679)刻本　二冊　存三卷
(芥子園畫傳三、五,畫傳四集二)

340000－1881－0009652　14578
文廟丁祭譜不分卷　（清）藍鍾瑞等編　清同
治七年(1868)江蘇書局刻本　一冊

340000－1881－0009653　14579
九歌圖一卷　（宋）米芾書　（明）陳洪綬繪
清光緒十年(1884)同文書局石印本　一冊

340000－1881－0009654　14580
唐詩畫譜不分卷　（明）黃鳳池編　明天啓元
年(1621)刻本　二冊

340000－1881－0009655　14581
後梅花喜神譜一卷　（清）鄭淳繪　清道光十
八年(1838)刻本　一冊

340000－1881－0009656　14582
御製耕織圖不分卷　（清）聖祖玄燁撰　清康
熙三十五年(1696)刻本　一冊

340000－1881－0009657　14583
玄玄棋經不分卷　（宋）張擬撰　明刻本
一冊

340000－1881－0009658　14584
耕織圖不分卷　（清）焦秉貞繪　清康熙刻本
　一冊

340000－1881－0009659　14585
大易象數鈎深圖一卷　（宋）陳森等編　明萬
曆刻本　一冊

340000－1881－0009660　14586
孔子聖跡圖不分卷　（□）□□編　清同治十
三年(1874)刻本　一冊

340000－1881－0009661　14587
坐隱先生訂棋譜二卷　（明）汪廷訥纂修　明
萬曆三十七年(1609)刻本　一冊

340000 – 1881 – 0009662　14588

耕織圖不分卷　（清）聖祖玄燁撰　清刻本
八張

340000 – 1881 – 0009663　14589

爾雅三卷　（晉）郭璞注　清光緒三年（1877）
刻本　三冊

340000 – 1881 – 0009664　14590

三國志通俗演義□□回　（明）羅貫中撰　明
刻本　一冊　存十三回（九十三至一百五）

340000 – 1881 – 0009665　14591

影園瑤華集三卷　（明）鄭元勳輯　影園詩稿
一卷　（明）鄭元勳撰　（清）鄭開基編　清乾
隆二十八年（1763）刻本　一冊

340000 – 1881 – 0009666　14592

太平山水圖畫一卷　（清）蕭雲從繪　清順治
五年（1648）裒古堂刻本　三冊

340000 – 1881 – 0009667　14594

酒仙譜不分卷　（明）許茂先編繪　明萬曆酣
酣齋刻本　一冊

340000 – 1881 – 0009668　14595

芥子園畫譜□□卷　（清）王概　（清）王蓍
（清）王臬編　清乾隆四十七年（1782）刻本
一冊　存二卷（梅、菊）

340000 – 1881 – 0009669　14596

太平山水圖畫不分卷　（清）張萬選編注　清
順治刻本　一冊

340000 – 1881 – 0009670　14597

名刻耕織圖不分卷　（清）焦秉貞繪　清康熙
刻本　一冊

340000 – 1881 – 0009671　14599

唐六如畫譜一卷　（明）唐寅繪　新鐫七言唐
詩畫譜一卷　（明）黃鳳池輯　明刻本　一冊

340000 – 1881 – 0009672　14600

十竹齋書畫譜不分卷　（明）胡曰從摹古　清
光緒五年（1879）刻本　一冊

340000 – 1881 – 0009673　14601

歷代名公畫譜不分卷　（明）顧炳纂　明萬曆

三十一年（1603）刻本　二冊

340000 – 1881 – 0009674　14602

唐詩畫譜不分卷　（□）□□撰　明刻本
一冊

340000 – 1881 – 0009675　14603

泊如齋重修宣和博古圖錄三十卷　（宋）王黼
編　明刻本　五冊　存十卷（一至十）

340000 – 1881 – 0009676　14604

三才圖會一百六卷　（明）王圻編　明萬曆三
十七年（1609）刻本　六十三冊

340000 – 1881 – 0009677　14605

新編目連救母勸善戲文三卷　（明）鄭之珍編
明萬曆十年（1582）刻本　六冊

340000 – 1881 – 0009678　14606

汪虞卿梅史不分卷　（明）汪懋孝著　明萬曆
十六年（1588）刻本　一冊

340000 – 1881 – 0009679　14607

新刻劍嘯閣批評西漢演義傳十卷　（明）甄偉
撰　（明）鍾惺評　清康熙刻本　一冊　存一
卷（一）

340000 – 1881 – 0009680　14608

明人寫李卓吾史論殘本不分卷　（明）李贄撰
明抄本　一冊

340000 – 1881 – 0009681　14609

少林棍法闡宗三卷　（明）程沖斗著　明萬曆
四十二年（1614）刻本　一冊

340000 – 1881 – 0009682　14610

新鐫工師雕斲正式魯班木經匠家鏡三卷
（明）午榮編　（明）章嚴輯　靈驅解法洞明真
言秘書一卷　（□）□□撰　明末刻本　二冊

340000 – 1881 – 0009683　14611

新鐫海內奇觀十卷　（明）楊爾曾編　明刻本
一冊　存三卷（五至七）

340000 – 1881 – 0009684　14614

楹聯叢話十二卷續話四卷　（清）梁章鉅撰
清道光二十三年（1843）刻本　六冊

340000 - 1881 - 0009685　14615

列女傳十六卷　（漢）劉向撰　（明）汪道昆編　（清）仇十洲繪圖　清乾隆四十四年(1779)刻本　八冊

340000 - 1881 - 0009686　14616

西湖勝遊圖不分卷　（清）俞樾撰　清抄本　一張

340000 - 1881 - 0009687　14617

十竹齋石譜殘本不分卷　（明）胡正言編　明稿本　一冊

340000 - 1881 - 0009688　14618

畫譜不分卷　（□）□□撰　明稿本　一冊

340000 - 1881 - 0009689　14619

唐詩畫譜不分卷　（□）□□撰　明刻本　一冊

340000 - 1881 - 0009690　14620

閨範四卷　（明）呂坤注　（明）程夢暘等校　明萬曆十八年(1590)刻本　四冊

340000 - 1881 - 0009691　14621

方氏墨譜不分卷　（明）方于魯撰　明萬曆十六年(1588)刻本　五冊

340000 - 1881 - 0009692　14623

修潔齋閑筆八卷　（清）劉堅撰　清乾隆十八年(1753)刻本　二冊

340000 - 1881 - 0009693　14624

草木子四卷　（明）葉子奇撰　清乾隆五十一年(1786)刻本　一冊

340000 - 1881 - 0009694　14625

名句文身表異錄十四卷　（明）王志堅輯　**清異錄二卷**　（宋）陶穀撰　清康熙四十七年(1708)漱六閣刻本　四冊

340000 - 1881 - 0009695　14626

程氏墨苑十四卷　（明）程大約撰　明萬曆滋蘭堂刻本　八冊

340000 - 1881 - 0009696　14627

方氏墨譜六卷　（明）方于魯撰　明萬曆十七年(1589)刻本　七冊

340000 - 1881 - 0009697　14628

方氏墨譜六卷　（明）方于魯撰　明萬曆二十四年(1596)刻本　八冊

340000 - 1881 - 0009698　14629

墨苑□□卷　（明）程大約撰　明萬曆滋蘭堂刻本　一冊　存一卷(四)

340000 - 1881 - 0009699　14630

墨苑□□卷　（明）程大約撰　明萬曆滋蘭堂刻本　三冊　存三卷(三、五至六)

340000 - 1881 - 0009700　14631

墨苑□□卷　（明）程大約撰　明萬曆滋蘭堂刻本　一冊　存一卷(七)

340000 - 1881 - 0009701　14632

墨林初集二卷　（清）曹素功輯　清刻本　二冊

340000 - 1881 - 0009702　14633

契紙不分卷　（□）□□編　清抄本　二十一張

340000 - 1881 - 0009703　14634

鐫李卓吾批點殘唐五代史演義傳八卷　（明）羅貫中編　（明）李贄評　明刻本　五冊

340000 - 1881 - 0009704　14635

元本出相北西廂記二卷　（元）王實甫撰　明刻本　二冊

340000 - 1881 - 0009705　14636

琵琶記四卷附錄一卷　（元）高明撰　明凌濛初刻朱墨套印本　四冊

340000 - 1881 - 0009706　14637

御製勸善要言不分卷　（清）世祖福臨撰　清刻本　一冊

340000 - 1881 - 0009707　14638

杜詩胥鈔十五卷贈言一卷大凡一卷餘論一卷　（明）盧世㴶撰　明崇禎七年(1634)刻本　六冊

340000 - 1881 - 0009708　14639

四書圖史合考二十四卷　（明）蔡清輯　明刻

本　一冊　存四卷(十六至十九)

340000－1881－0009709　14640

感應篇圖說□□卷　(清)許纘曾編　清初刻本　一冊　存一卷(三)

340000－1881－0009710　14641

果報錄圖說不分卷　(清)程梅岑編　清光緒五年(1879)刻本　一冊

340000－1881－0009711　14642

皇明通紀輯要二十四卷　(明)馬晋元編　明寶日堂刻本　三冊　存三卷(十五、二十、二十二)

340000－1881－0009712　14643

嶺南三大家詩選二十四卷　(清)王隼編　清刻本　五冊

340000－1881－0009713　14644

板橋集六卷　(清)鄭燮著　清刻本　一冊

340000－1881－0009714　14645

遂初堂書目不分卷　(宋)尤褒撰　明刻本二冊

340000－1881－0009715　14646

戰國策譚棷十卷　(宋)鮑彪注　(明)張文燁編　明萬曆十五年(1587)刻本　十二冊

340000－1881－0009716　14647

唐六如畫譜不分卷　(明)唐寅繪　明刻本一冊

340000－1881－0009717　14648

顧氏畫譜不分卷　(明)顧炳輯　明刻本四冊

340000－1881－0009718　14649

倪雲林先生詩集六卷附錄一卷　(元)倪瓚撰　(明)蹇曦編　明萬曆十九年(1591)刻本四冊

340000－1881－0009719　14650

兩晋南北合纂四十卷　(明)錢岱纂　明萬曆四十一年(1613)刻本　十冊

340000－1881－0009720　14651

初學記三十卷　(唐)徐堅撰　明萬曆十五年(1587)刻本　五冊

340000－1881－0009721　14652

幼科證治準繩九卷證治準繩八卷　(明)王肯堂編　明萬曆三十五年(1607)刻本　十八冊存十三卷(幼科證治準繩一至二、四至九，證治準繩二、四至七)

340000－1881－0009722　14653

說文解字十五卷　(漢)許慎記　(宋)徐鉉校　清乾隆三十八年(1773)刻本　八冊

340000－1881－0009723　14654

梁書五十六卷　(唐)姚思廉撰　明南監刻萬曆補修本　八冊

340000－1881－0009724　14655

漢書評林一百卷　(明)凌稚隆編　明刻本二十二冊

340000－1881－0009725　14656

大明釋教彙目義門四十一卷目錄四卷標目四卷　(明)釋寂曉編　明萬曆四十七年(1619)刻本　十冊

340000－1881－0009726　14657

芋菴遺集一卷　(清)吳懋謙著　(清)趙寧編　清康熙二十九年(1690)刻本　一冊

340000－1881－0009727　14658

春秋左傳注疏六十卷　(晉)杜預注　(唐)孔穎達疏　(唐)陸德明釋文　明萬曆十九年(1591)刻本　二十冊

340000－1881－0009728　14659

經義考二百九十八卷目錄二卷　(清)朱彝尊撰　(清)李濤　(清)朱昆田校　清乾隆四十二年(1777)刻本　八十冊

340000－1881－0009729　14660

新刻臨川王介甫先生詩集一百卷　(宋)王安石著　明嘉靖二十五年(1546)刻本　十六冊

340000－1881－0009730　14661

歷代史纂左編一百四十二卷　(明)唐順之編　明嘉靖四十年(1561)刻本　四十六冊　存

七十一卷（三十五至四十三、四十五至五十、五十二至六十八、七十一至七十四、一百八至一百四十二）

340000－1881－0009731　14662

大學衍義補一百六十卷首一卷　（明）丘濬撰　（明）陳仁錫評　明萬曆三十三年（1605）刻本　三十冊

340000－1881－0009732　14663

翰海十二卷　（明）沈佳胤編　明崇禎三年（1630）刻本　四冊

340000－1881－0009733　14664

後周書五十卷　（唐）令狐德棻等撰　明南監刻萬曆補修本　八冊

340000－1881－0009734　14665

陳書三十六卷　（唐）姚思廉撰　明南監刻萬曆補修本　六冊

340000－1881－0009735　14666

漢魏叢書七十六種二百五十一卷　（明）何允中輯　明萬曆二十年（1592）刻本　七十冊

340000－1881－0009736　14667

皇明墨留不分卷　（□）□□編　明中正堂刻本　二冊

340000－1881－0009737　14668

後漢書一百二十卷　（南朝宋）范曄撰　（唐）李賢注　明萬曆二十四年（1596）刻本　十四冊

340000－1881－0009738　14669

梁書五十六卷　（唐）姚思廉撰　明萬曆刻本　六冊

340000－1881－0009739　14670

同林唱和集不分卷　（清）趙信編　清乾隆二十四年（1759）刻本　一冊

340000－1881－0009740　14671

毗陵伍氏合集十四卷　（清）伍宇昭等撰　清嘉慶十四年（1809）刻本　四冊

340000－1881－0009741　14672

閬青堂詩集十卷附錄一卷　（清）朱倫瀚撰

清道光十五年（1835）刻本　二冊

340000－1881－0009742　14673

前漢書一百卷　（漢）班固撰　（唐）顏師古注　明北監刻萬曆補修本　十三冊　存四十卷（十三至二十三、二十七至三十六、五十五至五十八、八十六至一百）

340000－1881－0009743　14674

五代史記七十四卷　（宋）歐陽修撰　（宋）徐無黨注　明南監刻萬曆補修本　六冊

340000－1881－0009744　14675

圖繪寶鑑八卷　（元）夏文彥纂　（明）毛晉訂　明汲古閣刻本（卷六續補至卷八爲清抄本）　三冊

340000－1881－0009745　14676

宋史四百九十六卷　（元）脫脫等修　明北監刻萬曆補修本　八冊　存五十一卷（三十七至四十一、四十八至九十三）

340000－1881－0009746　14677

遼史一百十六卷　（元）脫脫修　明南監刻嘉靖補修本　十二冊　存二十五卷（志一至十七、表一至八）

340000－1881－0009747　14678

寶古堂重修宣和博古圖錄三十卷　（宋）王黼撰　明萬曆三十一年（1603）刻本　三十冊

340000－1881－0009748　14679

南史八十卷　（唐）李延壽撰　明南監刻萬曆補修本　二十四冊

340000－1881－0009749　14680

新刊唐荊川先生稗編一百二十卷目錄三卷　（明）唐順之編　明萬曆九年（1581）刻本　四十冊

340000－1881－0009750　14681

元氏長慶集六十卷　（唐）元稹著　明萬曆三十二年（1604）馬元調刻本　二十冊

340000－1881－0009751　14682

隋書八十五卷　（唐）魏徵撰　明南監刻萬曆補修本　二十四冊

340000－1881－0009752　14683

黃嬭餘話八卷　（清）陳錫路撰　清乾隆三十七年（1772）刻本　二冊

340000－1881－0009753　14684

康對山先生文集十卷附錄一卷　（明）康海撰　（清）孫景烈編　清乾隆二十六年（1761）刻本　八冊

340000－1881－0009754　14685

訂譌雜錄十卷　（清）胡鳴玉述　（清）查如堉校　清乾隆二十三年（1758）刻本　二冊

340000－1881－0009755　14686

授堂文鈔八卷　（清）武億撰　清嘉慶六年（1801）刻本　二冊

340000－1881－0009756　14687

月令輯要二十四卷首一卷　（清）李光地等纂　清康熙五十五年（1716）內府刻本　二冊　存二卷（十四至十五）

340000－1881－0009757　14688

小倉山房詩集二十四卷文集二十四卷　（清）袁枚撰　清刻本　十二冊

340000－1881－0009758　14689

大學衍義補一百六十卷　（明）丘濬撰　（明）陳仁錫評　明萬曆刻本　三十八冊

340000－1881－0009759　14690

獅峰如石禪院石堂曠禪師語錄不分卷　（清）釋成琅　（清）釋成玉編　（清）釋本悟輯　清康熙二十六年（1687）刻本　一冊

340000－1881－0009760　14691

四書說叢十七卷　（明）沈守正編　明萬曆四十三年（1615）刻本　六冊

340000－1881－0009761　14692

國朝三家文鈔三十二卷　（清）宋犖　（清）許汝霖選　（清）邵長蘅　（清）宋至訂　清康熙四十三年（1704）刻本　六冊

340000－1881－0009762　14693

媚幽閣文娛不分卷　（明）鄭元勳編　明崇禎三年（1630）刻本　四冊

340000－1881－0009763　14694

新刻校正纂輯皇明我朝捷錄一卷　（明）李良翰撰　明刻本　一冊

340000－1881－0009764　14695

漢丞相諸葛忠武矦全集九卷首一卷　（三國蜀）諸葛亮撰　（明）諸葛羲基編　明崇禎五年（1632）刻本　五冊

340000－1881－0009765　14696

草堂詩餘正集六卷別集四卷續集二卷新集五卷　（明）顧從敬編　（明）沈際飛評　明刻本　五冊

340000－1881－0009766　14697

編珠四卷續編二卷　（隋）杜公瞻撰　清康熙三十七年（1698）刻本　三冊

340000－1881－0009767　14698

李義山詩集三卷　（唐）李商隱撰　（清）朱鶴齡注　清順治十六年（1659）刻本　四冊

340000－1881－0009768　14699

雄雉齋選集六卷　（清）顧圖河撰　清康熙初刻本　一冊

340000－1881－0009769　14700

洪武正韻十六卷　（明）宋濂等撰　明隆慶元年（1567）刻本　五冊

340000－1881－0009770　14701

臨野堂詩集十三卷詩餘二卷　（清）鈕琇著　清康熙二十九年（1690）刻本　二冊

340000－1881－0009771　14702

世說新語三卷　（南朝宋）劉義慶撰　（南朝梁）劉孝標注　（明）王世懋批點　明萬曆九年（1581）刻本　六冊

340000－1881－0009772　14703

隴首集一卷　（明）王與胤著　清雍正刻本　一冊

340000－1881－0009773　14704

綱鑑正史約三十六卷　（明）顧錫疇編纂　明崇禎三年（1630）刻本　十六冊

340000－1881－0009774　14705

癸辛雜識前集一卷後集一卷續集二卷別集二卷　(宋)周密輯　清刻本　三册

340000－1881－0009775　14706

西村詩集二卷補遺一卷　(明)朱朴撰　明萬曆二十九年(1601)刻本　一册

340000－1881－0009776　14707

前漢紀三十卷　(漢)荀悅撰　後漢紀三十卷　(晉)袁宏撰　清康熙五十年(1711)刻本　八册

340000－1881－0009777　14708

王氏漁洋詩鈔十二卷　(清)王士禎撰　(清)邵長蘅編　清康熙三十四年(1695)刻本　五册

340000－1881－0009778　14709

鳥鼠山人小集十六卷　(明)胡纘宗撰　(明)歸仁編　明嘉靖十八年(1539)刻本　八册

340000－1881－0009779　14710

隋書八十五卷　(唐)魏徵撰　明崇禎八年(1635)刻本　十二册

340000－1881－0009780　14711

詩韻釋略五卷　(明)梁應圻纂　清順治十年(1653)刻本　五册

340000－1881－0009781　14712

南宋群賢詩選十二卷　(清)陸鍾輝編　清刻本　四册

340000－1881－0009782　14713

幸魯盛典四十卷　(清)金居敬等纂修　清康熙刻本　二十册

340000－1881－0009783　14714

陶詩集註四卷　(晉)陶潛撰　(清)詹夔錫纂輯　東坡和陶詩一卷　(宋)蘇軾撰　清寶墨堂刻本　二册

340000－1881－0009784　14715

後漢書一百三十卷　(南朝宋)范曄撰　(唐)李賢注　明崇禎十六年(1643)刻本　二十四册　存五十四卷(一至五十四)

340000－1881－0009785　14716

陽明先生集要理學編四卷　(明)王守仁撰　(明)施邦曜編　明刻本　一册　存一卷(四)

340000－1881－0009786　14717

帶經堂集九十二卷　(清)王士禎撰　(清)程哲編　清乾隆十二年(1747)刻本　二十册

340000－1881－0009787　14718

東坡先生文集七十五卷[蘇軾]年譜一卷　(宋)蘇軾撰　(明)陳仁錫評　明刻本　三十二册

340000－1881－0009788　14719

魏書一百十四卷　(北齊)魏收撰　明南監刻萬曆補修本　三十册

340000－1881－0009789　14720

沖虛至德真經八卷　(晉)張湛注　清光緒二十八年(1902)影印本　一册

340000－1881－0009790　14721

通玄真經八卷　(□)□□撰　清光緒二十八年(1902)影印本　一册

340000－1881－0009791　14722

毛詩故訓傳三十卷　(清)段玉裁編　清道光十年(1830)刻本　二册

340000－1881－0009792　14723

述學六卷　(清)汪中撰　清嘉慶二十年(1815)刻本　一册　存四卷(內篇一至三、外篇一)

340000－1881－0009793　14724

寓舟詩集八卷　(清)沈青崖著　清乾隆十三年(1748)刻本　一册

340000－1881－0009794　14725

堯峰文鈔五十卷　(清)汪琬撰　(清)林佶編　清康熙三十二年(1693)刻本　八册

340000－1881－0009795　14726

范忠宣公集二十卷奏議二卷遺文一卷補編一卷　(宋)范純仁撰　清康熙歲寒堂刻本　五册

340000－1881－0009796　14727

袁文箋正十六卷補注一卷　(清)袁枚著

（清）石韞玉注　清嘉慶十七年(1812)刻本
三冊

340000－1881－0009797　14728

五代史記七十四卷　（宋）歐陽修撰　（宋）徐
無黨注　明南監刻萬曆補修本　八冊

340000－1881－0009798　14729

南齊書五十九卷　（南朝梁）蕭子顯撰　明南
監刻萬曆補修本　十冊

340000－1881－0009799　14730

魏書一百三十卷　（北齊）魏收撰　明南監刻
萬曆補修本　二十九冊

340000－1881－0009800　14731

性理大全會通七十卷　（明）胡廣等編　（明）
汪明際點閱　性理會通四十二卷　（明）張行
成撰　明鍾人傑刻本　三十冊

340000－1881－0009801　14732

大學古本說一卷中庸章段一卷中庸餘論一卷
讀論語劄記二卷讀孟子劄記二卷　（清）李光
地撰　清康熙六十一年(1722)刻本　三冊

340000－1881－0009802　14733

世說新語六卷　（南朝宋）劉義慶撰　（南朝
梁）劉孝標注　明嘉靖十四年(1535)吳勉學
刻本　六冊

340000－1881－0009803　14734

婁子靜文集六卷　（明）婁樞撰　明王元登刻
本　六冊

340000－1881－0009804　14735

鸝吹午夢堂遺集二卷鸝吹附集一卷　（明）沈
宜修著　明崇禎九年(1636)午夢堂刻本
六冊

340000－1881－0009805　14736

新纂氏族箋釋八卷　（清）熊峻運撰　（清）楊
煌義編　清乾隆四年(1739)刻本　八冊

340000－1881－0009806　14737

尚史七十卷　（清）李鍇撰　清嘉慶十九年
(1814)刻本　二十六冊

340000－1881－0009807　14739

海上名人畫稿不分卷　（清）同文書局編　清
光緒十一年(1885)同文書局石印本　一冊

340000－1881－0009808　14740

午亭文編五十卷午亭山人第二集三卷　（清）
陳廷敬撰　清乾隆四十三年(1778)刻本　十
七冊

340000－1881－0009809　14741

資治通鑑二百九十四卷　（宋）司馬光編
（元）胡三省音注　（明）陳仁錫評　通鑑釋文
辯誤十二卷　（元）胡三省編　通鑑前編十八
卷通鑑前編舉要二卷　（宋）金履祥編　增定
通鑑前編一卷　（元）陳桱編　資治通鑑外紀
十卷目錄五卷　（宋）劉恕編　甲子會紀五卷
（明）薛應旂編　（明）陳仁錫評　清嘉慶十
六年(1811)刻本　九十冊

340000－1881－0009810　14742

五禮通考二百六十二卷首四卷　（清）秦蕙田
編　清乾隆二十八年(1763)刻本　七十四冊
存二百四十七卷(一至五、十至九十九、一
百四至一百七十九、一百八十六至一百九十
八、二百二至二百四十七、二百五十至二百六
十二,首四卷)

340000－1881－0009811　14743

新刊聖跡圖不分卷　（□）□□撰　清同治十
三年(1874)刻本　一冊

340000－1881－0009812　14744

爾雅三卷　（晉）郭璞註　清光緒三年(1877)
刻本　一冊　存一卷(下)

340000－1881－0009813　14745

遼史一百十六卷　（元）脫脫修　明南監刻明
清遞修本　三冊　存五十一卷(一至三十、九
十六至一百十六)

340000－1881－0009814　14746

春秋左傳杜注三十卷首一卷　（晉）杜預注
(宋)林堯叟附注　（唐）陸德明音釋　（清）
馮李驊集解　清同治七年(1868)崇文書局朱
印本　十二冊

340000－1881－0009815　14747

史記一百三十卷　（漢）司馬遷撰　（南朝宋）裴駰集解　（唐）司馬貞索隱　（唐）張守節正義　三皇本紀一卷　（唐）司馬貞撰並注　明刻明清遞修本　二十冊

340000－1881－0009816　14748

退谷文集十五卷詩集七卷　（清）黄越著　清雍正五年(1727)光裕堂刻本　十二冊

340000－1881－0009817　14749

平津館叢書四十三種二百五十四卷　（清）孫星衍編　清嘉慶蘭陵孫氏刻本　五冊　存三十八卷(漢禮器制度一,漢官一,漢官解詁一,漢舊儀一至二,漢舊儀補遺一至二,漢官儀一至二,漢官典職儀式選用一,漢儀一,魏三體石經遺字考一,古刻叢鈔一,琴操一至二,燕丹子三卷,牟子一,建立伏博士始末上、下,穆天子傳一至六、附錄一,竹書紀年一至二,譙周古史考一,三輔黄圖一,渚宮舊事一至五、補遺一)

340000－1881－0009818　14750

儀禮章句十七卷　（清）吳廷華撰　清光緒二十三年(1897)蘇州書局刻本　二冊

340000－1881－0009819　14751

魏書一百三十卷　（北齊）魏收撰　清乾隆四年(1739)刻本　十冊　存四十四卷(一至四十四)

340000－1881－0009820　14752

北史一百卷　（唐）李延壽撰　明南監刻明清遞修本　十冊　存三十卷(本紀一至十二、列傳一至十八)

340000－1881－0009821　14753

國朝山左詩鈔六十卷　（清）盧見曾纂　清乾隆二十三年(1758)雅雨堂刻本　二十冊

340000－1881－0009822　14754

車書樓彙輯各名公四六爭奇八卷　（明）許以忠編　明萬曆四十八年(1620)刻本　三冊　存六卷(一至六)

340000－1881－0009823　14755

新鐫武經標題正義九卷　（明）趙光裕注　明萬曆十六年(1588)刻武經七書本　一冊

340000－1881－0009824　14756

唐人三家集二十六卷　（唐）駱賓王　（唐）呂溫　（唐）李觀撰　清道光十年(1830)刻本　四冊

340000－1881－0009825　14757

晚笑堂竹莊畫傳一卷　（清）上官周繪編　清乾隆八年(1743)刻本　一冊

340000－1881－0009826　14758

齊名紀數十二卷　（清）王承烈編　清嘉慶十八年(1813)刻本　四冊

340000－1881－0009827　14759

論語集註本義匯參二十卷首一卷　（清）王步青輯　（清）王士耋編　清乾隆十年(1745)敦復堂刻本　十二冊

340000－1881－0009828　14760

陸子餘集八卷　（明）陸粲撰　明嘉靖四十三年(1564)刻本　五冊

340000－1881－0009829　14761

正續名世文宗十六卷　（明）王世貞編　（明）陳繼儒注　（明）錢允治參訂　明萬曆四十五年(1617)刻本　十六冊

340000－1881－0009830　14762

梁書五十六卷　（唐）姚思廉撰　明南監刻萬曆補修本　八冊　存五十卷(一至五十)

340000－1881－0009831　14763

品函二十三卷　（明）陳仁錫編　明刻本　二十冊

340000－1881－0009832　14764

文體明辯四十八卷詩體明辯二十六卷　（明）徐師曾撰　（明）沈芬　（明）沈騏注　明崇禎十三年(1640)刻本　二十四冊

340000－1881－0009833　14765

四六法海十二卷　（明）王志堅撰　明天啓七年(1627)刻本　一冊　存一卷(一)

340000－1881－0009834　14766

淮海集四十卷淮海後集六卷長短句三卷

（宋）秦觀著　清乾隆三十二年(1767)刻本
一冊　存五卷(淮海集一至五)

340000－1881－0009835　14767
壯悔堂文集十卷　（清）侯方域撰　（清）賈開
宗　（清）徐作肅編　清順治九年(1652)刻本
四冊

340000－1881－0009836　14769
恒星經緯表一百二十六卷　（德國）湯若望撰
（明）徐光啟修　明刻本　一冊　存一卷
（五）

340000－1881－0009837　14770
姓氏譜簒□□卷　（明）周星編　明崇禎刻本
三冊　存七卷(一至七)

340000－1881－0009838　14771
南陵無雙譜不分卷　（清）金古良繪　清石印
本　一冊

340000－1881－0009839　14772
陰騭果報圖注不分卷　（清）彭啟豐編　（清）
吳友如繪　清光緒十七年(1891)宏大善書局
石印本　二冊

340000－1881－0009840　14773
陰騭果報圖注不分卷　（清）彭啟豐編　（清）
吳友如繪　清光緒十七年(1891)宏大善書局
石印本　二冊

340000－1881－0009841　14774
淞隱漫錄十二卷　（清）王韜撰　清光緒十年
(1884)石印本　一冊　存三卷(一至三)

340000－1881－0009842　14776
芥子園畫傳二集九卷　（清）王蓍　（清）王概
（清）王臬編　清光緒十四年(1888)鴻文書
局石印本　四冊

340000－1881－0009843　14777
太上寶筏圖說不分卷　（□）□□撰　清同治
七年(1868)石印本　八冊

340000－1881－0009844　14781
南齊書五十九卷　（南朝梁）蕭子顯撰　明南
監刻萬曆補修本　十冊

340000－1881－0009845　14782
戰國策譚棷十卷　（宋）鮑彪注　（明）張文爌
編　明萬曆十五年(1587)刻本　十冊

340000－1881－0009846　14783
文章軌範七卷　（宋）謝枋得編　文章軌範續
集一卷　（明）郭雲鵬編　明正德元年(1506)
刻本　二冊

340000－1881－0009847　14784
丹鉛總錄二十七卷　（明）楊慎纂　明嘉靖三
十三年(1554)刻本　六冊

340000－1881－0009848　14785
空同先生文集六十三卷　（明）李夢陽撰　明
嘉靖九年(1530)刻本　七冊

340000－1881－0009849　14786
通鑑紀事本末正編四十二卷　（宋）袁樞編輯
明萬曆三十五年(1607)刻本　四十二冊

340000－1881－0009850　14787
容齋一筆十六卷二筆十六卷三筆十六卷四筆
十六卷五筆十卷　（宋）洪邁撰　明刻本　三
十六冊

340000－1881－0009851　14788
孟東野集十卷　（唐）孟郊撰　明刻本　一冊
存五卷(一至五)

340000－1881－0009852　14789
雜劇不分卷　（□）□□編　（明）吳興臧校
明刻本　一冊

340000－1881－0009853　14790
張河間集二卷漢蘭臺令李伯仁集一卷東漢馬
季長集一卷東漢荀侍中集一卷阮步兵集一卷
蔡中郎集二卷東漢王叔師集一卷　（漢）張衡
等撰　（明）張溥編　明刻本　五冊

340000－1881－0009854　14791
錦繡萬花谷前集四十卷　（□）□□編　明嘉
靖十五年(1536)繡石書堂刻本　五冊　存二
十五卷(八至十五、二十至二十六、三十一至
四十)

340000－1881－0009855　14792

各家文抄不分卷　（南朝梁)劉孝標等撰　明刻本　二十二冊

340000－1881－0009856　14793

五代史記七十四卷　（宋)歐陽修撰　明萬曆二十四年(1596)鍾人傑刻本　二十冊

340000－1881－0009857　14794

東坡文選二十卷　（宋)蘇軾撰　明萬曆四十八年(1620)鍾惺刻本　四冊

340000－1881－0009858　14795

玉芝堂談薈三十六卷　（明)徐應秋編　清康熙四十二年(1703)刻本　十八冊

340000－1881－0009859　14796

水經四十卷　（漢)桑欽撰　（北魏)酈道元注　清乾隆十八年(1753)刻本　十冊

340000－1881－0009860　14797

讀書錄十一卷　（明)薛瑄撰　明萬曆三年(1575)刻本　四冊

340000－1881－0009861　14798

十種唐詩選十七卷唐賢三昧集三卷唐人萬首絕句選七卷　（清)王士禛編　清康熙刻本　八冊

340000－1881－0009862　14799

古格言十二卷　（清)梁章鉅編　清道光四年(1824)刻本　二冊

340000－1881－0009863　14800

欽定書經傳說彙纂二十一卷首二卷書序一卷　（清)王頊齡編　清乾隆七年(1742)刻本　十二冊

340000－1881－0009864　14801

文獻通考詳節二十四卷　（元)馬端臨著　(清)嚴虞惇錄　清乾隆二十九年(1764)刻本　十冊

340000－1881－0009865　14802

詩瀋二十卷　（清)范家相撰　清乾隆三十九年(1774)刻本　二冊

340000－1881－0009866　14803

白田草堂存稿二十四卷附崇祀鄉賢祠錄一卷

行狀一卷　（清)王懋竑撰　清乾隆二十七年(1762)刻本　六冊

340000－1881－0009867　14804

四書合講十九卷　（清)翁復編　清光緒十四年(1888)點石齋石印本　六冊

340000－1881－0009868　14805

小知錄十二卷　（清)陸鳳藻編　清嘉慶九年(1804)羣玉山房刻本　四冊

340000－1881－0009869　14806

芸窗清賞二卷　（清)嚴而敬纂　清刻本　一冊

340000－1881－0009870　14807

干支集錦二十四卷　（清)秦嘉謨編　清嘉慶二十年(1815)刻本　一冊

340000－1881－0009871　14808

鄴中記一卷　（晉)陸翽撰　清乾隆三十九年(1774)刻本　一冊

340000－1881－0009872　14809

易象意言不分卷　（宋)蔡淵撰　清乾隆三十九年(1774)刻本　一冊

340000－1881－0009873　14810

儀禮識誤三卷　（宋)張淳撰　清乾隆三十九年(1774)刻本　一冊

340000－1881－0009874　14811

甕牖閒評八卷　（宋)袁文撰　清乾隆刻本　二冊

340000－1881－0009875　14812

康熙字典十二集三十六卷字典考證一卷備考一卷補遺一卷　（清)張玉書　（清)陳廷敬總閱　（清)凌紹雯等纂　清光緒三年(1877)四明茹古齋鉛印本　四十四冊

340000－1881－0009876　14813

精校四書小題題鏡四卷　（□)□□編　清光緒十六年(1890)上海廣百宋齋鉛印本　八冊

340000－1881－0009877　14814

書經六卷　（宋）蔡沈集傳　清刻本　四冊

340000－1881－0009878　14815

事類統編九十三卷　（清）黃葆真編　清光緒
十年(1884)石印本　十二冊

340000－1881－0009879　14816

畜德錄二十卷　（明）陳沂撰　（清）席啓圖編
　清康熙繩武堂刻本　六冊　存十二卷(九
至二十)

340000－1881－0009880　14817

史通削繁四卷　（清）紀昀編　清刻朱墨套印
本　三冊

340000－1881－0009881　14818

陶淵明集八卷首一卷末一卷　（晉）陶潛撰
清光緒六年(1880)刻本　四冊

340000－1881－0009882　14819

李義山詩集三卷　（唐）李商隱撰　（清）何焯
　（清）朱彝尊　（清）紀昀　（清）朱鶴齡注
　（清）沈厚塽編　清同治九年(1870)刻三色
本　四冊

340000－1881－0009883　14820

陶淵明集八卷首一卷末一卷　（晉）陶潛撰
清光緒五年(1879)翰墨園刻朱墨套印本
二冊

340000－1881－0009884　14821

昌黎先生詩集注十一卷　（唐）韓愈撰　（清）
顧嗣立編　清光緒九年(1883)翰墨園刻三色
套印本　四冊

340000－1881－0009885　14822

增補蘇批孟子二卷[蘇洵]年譜不分卷　（宋）
蘇洵撰　（清）趙大浣增補　清咸豐六年
(1856)刻朱墨套印本　二冊

340000－1881－0009886　14823

史通削繁四卷　（清）紀昀編　（清）浦起龍注
　清道光十三年(1833)刻朱墨套印本　四冊

340000－1881－0009887　14824

忠雅堂評選四六法海八卷　（清）蔣士銓編
清同治十年(1871)刻朱墨套印本　八冊

340000－1881－0009888　14825

六朝文絜四卷　（清）許槤評選　清光緒三年
(1877)讀有用書齋刻朱墨套印本　二冊

340000－1881－0009889　14826

唐賢三昧集三卷　（清）王士禎選本　（清）吳
煊　（清）胡棠輯注　（清）黃培芳評　清光緒
九年(1883)聽雨齋刻朱墨套印本　三冊

340000－1881－0009890　14827

重刊補註洗冤錄集證四卷　（宋）宋慈撰
（清）王又槐增輯　（清）李觀瀾補輯　（清）
阮其新補註　重刊洗冤錄彙纂補輯一卷
（清）李觀瀾補輯　清光緒三年(1877)浙江書
局刻本　四冊

340000－1881－0009891　14828

虞文靖公道園全集六十卷　（元）虞集撰　清
道光十七年(1837)古棠書屋刻本　二冊　存
八卷(一至八)

340000－1881－0009892　14829

王陽明先生經說弟子記四卷　（清）胡泉編
清咸豐八年(1858)刻本　一冊

340000－1881－0009893　14830

南邦黎獻集十六卷　（清）鄂爾泰編　清雍正
刻本　四冊

340000－1881－0009894　14831

大學衍義四十二卷　（宋）真德秀撰　明崇禎
十一年(1638)刻本　十冊

340000－1881－0009895　14832

資治新書初集十四卷首一卷二集二十卷
（清）李漁編　清康熙六年(1667)刻本　三十
二冊

340000－1881－0009896　14833

晉書一百三十卷　（唐）太宗李世民撰　明南
監刻萬曆補修本　三十八冊

340000－1881－0009897　14834

鐘山札記四卷　（清）盧文弨撰　清乾隆五十
五年(1790)刻本　一冊　存二卷(一至二)

340000－1881－0009898　14835

金匱心典三卷　（漢）張仲景著　（清）尤怡集注　清雍正十年（1732）刻本　一冊

340000－1881－0009899　14836

大戴禮記十三卷　（漢）戴德著　（北周）盧辯注　明刻本　二冊

340000－1881－0009900　14837

恩餘堂經進初藁十二卷續藁二十二卷三藁十一卷策問存課二卷　（清）彭元瑞撰　清刻本　八冊　存二十七卷（恩餘堂經進初藁十二卷、續藁一至十五）

340000－1881－0009901　14838

江邨銷夏錄三卷　（清）高士奇輯　清康熙三十二年（1693）刻本　三冊

340000－1881－0009902　14839

石湖詩集三十四卷　（宋）范成大撰　清刻本　二冊

340000－1881－0009903　14840

文子纘義十二卷　（元）杜道堅撰　清光緒三年（1877）浙江書局刻本　二冊

340000－1881－0009904　14841

天子肆獻祼饋食禮三卷　（清）任啟運纂　清乾隆三十八年（1773）刻本　三冊

340000－1881－0009905　14842

唐賢三昧集三卷　（清）王士禛編　（清）吳煊　（清）胡棠輯注　清乾隆五十二年（1787）聽雨齋刻本　三冊

340000－1881－0009906　14843

韓集點勘四卷　（清）陳景雲撰　清同治九年（1870）江蘇書局刻本　一冊

340000－1881－0009907　14844

盧忠烈公集三卷　（明）盧象昇撰　（清）盧安節編　（清）惠震　（清）盧師儉注　清乾隆二十七年（1762）刻本　一冊

340000－1881－0009908　14845

漁洋山人精華錄箋注十二卷　（清）王士禛撰　（清）金榮注　（清）徐準輯　清鳳翔堂刻本　六冊

340000－1881－0009909　14846

理堂文集十卷詩集四卷日記八卷　（清）韓夢周撰　清道光四年（1824）刻本　八冊

340000－1881－0009910　14847

漁洋山人精華錄十卷　（清）王士禛撰　（清）林估編　清刻本　二冊

340000－1881－0009911　14848

懷清堂集二十卷　（清）湯右曾撰　清乾隆十二年（1747）刻本　四冊

340000－1881－0009912　14849

司馬氏書儀十卷　（宋）司馬光撰　清雍正二年（1724）刻本　一冊

340000－1881－0009913　14850

文公家禮儀節八卷　（明）丘濬編　明萬曆三十七年（1609）錢時刻本　四冊

340000－1881－0009914　14851

蘇文忠公詩集五十卷　（宋）蘇軾撰　（清）紀昀評點　清同治八年（1869）韞玉山房刻朱墨套印本　十二冊

340000－1881－0009915　14852

欽定書經傳說彙纂二十一卷首二卷　（清）王頊齡編　清同治十年（1871）崇文書局刻本　十二冊

340000－1881－0009916　14853

嶺南三大家詩選二十四卷　（清）王隼編　清刻本　六冊

340000－1881－0009917　14854

重刊補註洗冤錄集證六卷　（清）王又槐（清）李觀瀾編　（清）阮其新補註　清光緒三年（1877）浙江書局刻朱墨套印本　五冊

340000－1881－0009918　14855

文心雕龍十卷　（南朝梁）劉勰撰　（清）黃叔琳注　（清）紀昀評　清道光十三年（1833）刻朱墨套印本　四冊

340000－1881－0009919　14856

謝疊山先生文章軌範七卷　（宋）謝枋得編　清光緒二十一年（1895）刻朱墨套印本　二冊

340000－1881－0009920　14857

史記菁華錄六卷　（清）姚祖恩編　清道光四年(1824)刻本　六冊

340000－1881－0009921　14858

實政錄七卷　（明）呂坤著　清同治十一年(1872)浙江書局刻本　六冊

340000－1881－0009922　14859

靜惕堂詩集四十四卷　（清）曹溶撰　清雍正三年(1725)刻本　二冊　存十三卷(一至五、二十九至三十六)

340000－1881－0009923　14860

唐詩金粉十卷　（清）沈炳震纂輯　清雍正二年(1724)刻本　四冊

340000－1881－0009924　14861

欸夫文稿四卷時體詩七卷古冊子四卷重遊粵東雜詩稿一卷　（清）李夢松著　清嘉慶四年(1799)刻本　五冊

340000－1881－0009925　14862

春秋公羊經傳解詁十二卷　（漢）何休撰　清同治二年(1863)刻本　二冊

340000－1881－0009926　14863

增廣試律大觀彙編四卷　（清）補蠹書屋主人纂　清光緒十五年(1889)積文書局石印本　五冊

340000－1881－0009927　14864

四書典林三十卷四書古人典林十二卷　（清）江永編　清光緒十五年(1889)上海石印本　四冊

340000－1881－0009928　14865

重刊補註洗冤錄集證六卷　（清）王又槐（清）李觀瀾編　（清）阮其新補註　作吏要言一卷　（清）葉鎮著　（清）朱椿增　清同治刻本　六冊

340000－1881－0009929　14866

御選唐宋詩醇四十七卷　（清）高宗弘曆編　清刻朱墨套印本　九冊　存二十四卷(五至十二、十五至二十一、二十五至二十七、四十二至四十七)

340000－1881－0009930　14867

徐州二遺民集十卷　（清）萬壽祺　（清）閻爾梅撰　清光緒十九年(1893)刻本　五冊

340000－1881－0009931　14868

古今四大家策論十卷　（宋）何去非　（宋）陳亮　（清）侯朝宗　（清）魏禧撰　清光緒二十七年(1901)會文堂石印本　六冊

340000－1881－0009932　14869

陶淵明集十卷　（晉）陶潛撰　清光緒二年(1876)刻本　二冊

340000－1881－0009933　14870

陶淵明集十卷　（晉）陶潛撰　清光緒二年(1876)刻本　二冊

340000－1881－0009934　14871

蘇東坡尺牘八卷　（宋）蘇軾撰　清道光八年(1828)刻本　四冊

340000－1881－0009935　14872

文物盈科四十六卷　（清）荷花灣上居士撰　清光緒七年(1881)刻本　十冊

340000－1881－0009936　14873

小題一字文準不分卷　（□）□□撰　清光緒十八年(1892)袖海山房影印本　三冊

340000－1881－0009937　14874

小搭新新不分卷　（□）□□撰　清石印本　二冊

340000－1881－0009938　14875

典制分類文稿不分卷　（□）□□撰　清石印本　四冊

340000－1881－0009939　14876

繡像捉拿康梁二逆演義四卷　（□）□□撰　清光緒二十五年(1899)石印本　四冊

340000－1881－0009940　14877

試律大成十卷　（清）吟香室主人編　清光緒十五年(1889)石印本　十二冊

340000－1881－0009941　14878

近科分韻館詩初集六卷　王先謙編　清同治十三年（1874）鉛印本　十六冊

340000－1881－0009942　14879

秋笳集八卷　（清）吳兆騫著　清雍正四年（1726）知止艸堂刻本　四冊

340000－1881－0009943　14880

陶淵明集十卷　（晉）陶潛撰　清光緒二年（1876）刻本　二冊

340000－1881－0009944　14881

文章潤色九卷　（清）朱惺園輯　制藝精華前編三十一卷制藝精華二編十二卷　（清）李鏡山輯　清光緒十一年（1885）暢懷書屋銅活字印本　五冊

340000－1881－0009945　14882

漁洋山人精華錄十二卷　（清）王士禎撰　清刻本　六冊

340000－1881－0009946　14883

張小山小令二卷　（元）張可久撰　（明）李開先編　清刻本　二冊

340000－1881－0009947　14884

四書味根錄三十六卷首二卷　（清）金澂輯　清光緒九年（1883）上海同文書局鉛印本　二冊

340000－1881－0009948　14885

北新關商稅則例不分卷　（□）□□編　清康熙十六年（1677）戴氏刻本　一冊

340000－1881－0009949　14886

中外時務海防新策十二卷　（□）□□撰　清光緒二十三年（1897）石印本　四冊

340000－1881－0009950　14887

十三經集句類聯二十八卷　（□）□□撰　清光緒十五年（1889）鴻寶齋石印本　四冊

340000－1881－0009951　14888

疑雨集四卷　（明）王彥泓撰　清聚秀堂刻本　四冊

340000－1881－0009952　14889

漢書蒙拾三卷後漢書蒙拾二卷　（清）杭世駿

編　清光緒十年（1884）同文書局石印本　二冊

340000－1881－0009953　14890

經場捷訣十八卷　（清）呂國鈞輯　清光緒十五年（1889）上海蜚英書局石印本　六冊

340000－1881－0009954　14891

廣治平畧正集三十六卷續集八卷　（清）蔡方炳定本　清光緒十年（1884）樂善堂石印本　四冊

340000－1881－0009955　14892

角山樓增補類腋六十七卷　（清）姚培謙編（清）趙克宜增輯　清光緒六年（1880）鉛印本　二十四冊

340000－1881－0009956　14893

角山樓增補類腋六十七卷　（清）姚培謙編（清）趙克宜增輯　清光緒二十年（1894）萬選書局石印本　六冊

340000－1881－0009957　14894

山海經箋疏十八卷圖讚一卷　（晉）郭璞傳（清）郝懿行注疏　山海經訂譌一卷　（清）郝懿行撰　山海經敘錄一卷　（清）王照圓校　山海經圖五卷　（清）周松齡繪圖并記　清光緒十七年（1891）石印本　六冊

340000－1881－0009958　14895

禮記十卷　（元）陳澔撰　清乾隆十五年（1750）刻本　十冊

340000－1881－0009959　14896

論語十卷發微一卷　（清）宋翔鳳編　清刻本　一冊

340000－1881－0009960　14897

史記一百三十卷　（漢）司馬遷撰　（明）歸有光　（清）方苞評點　清光緒二年（1876）刻本　十七冊

340000－1881－0009961　14898

唐詩選九卷　（清）王士禎編　清刻本　三冊

340000－1881－0009962　14899

畏壘山人詩集四卷　（清）徐昂發撰　清刻本

一册

340000－1881－0009963　14900

二希堂文集十一卷首一卷　（清）蔡世遠撰
（清）汪由敦等編　清刻本　四册

340000－1881－0009964　14901

文選六十卷　（南朝梁）蕭統撰　（唐）李善注
清乾隆三十七年(1772)海錄軒刻朱墨套印
本　十二册

340000－1881－0009965　14902

六書正譌五卷　（元）周伯琦編注　（明）胡正
言訂篆　清十竹齋刻本　四册

340000－1881－0009966　14903

新鍥鄭先生精選史記旁訓便讀八卷　（明）鄭
維嶽編　明萬曆二十七年(1599)同仁齋刻本
一册　存四卷(五至八)

340000－1881－0009967　14904

地學答問不分卷　（清）魏青江撰　清乾隆九
年(1744)存耕堂刻本　一册

340000－1881－0009968　14905

歷朝名媛詩詞十二卷　（清）陸昶編　清乾隆
三十八年(1773)刻本　四册

340000－1881－0009969　14906

河洛精蘊九卷　（清）江永撰　清抄本　四册

340000－1881－0009970　14907

古詩箋三十四卷　（清）王士禛編　（清）聞人
倓注　清芝蘭堂刻本　十六册

340000－1881－0009971　14908

後漢書一百二十卷　（南朝宋）范曄撰　（唐）
李賢注　（南朝梁）劉昭補注　清同治八年
(1869)金陵書局刻本　十六册

340000－1881－0009972　14909

禮記集說十卷　（元）陳澔集說　明刻本
十册

340000－1881－0009973　14910

三國志六十五卷　（晉）陳壽撰　清同治九年
(1870)金陵書局刻本　八册

340000－1881－0009974　14911

刪訂唐詩解二十四卷　（明）唐汝詢選釋
（清）吳昌祺評　清康熙四十一年(1702)刻本
四册

340000－1881－0009975　14912

三蘇文匯六十卷　（明）錢穀　（明）茅坤
（明）鍾惺編　明刻本　十二册

340000－1881－0009976　14913

段天門丈人詩一卷古文一卷　（清）朱有芊編
清康熙五十五年(1716)存異堂刻本　一册

340000－1881－0009977　14914

廣川書跋十卷　（宋）董逌著　明汲古閣刻本
二册

340000－1881－0009978　14915

網師園唐詩箋十六卷　（清）宋宗元編　清乾
隆三十二年(1767)刻本　四册

340000－1881－0009979　14916

青囊觿二卷諸圖一卷　（清）孫星衍述　清刻
本　一册

340000－1881－0009980　14917

濾月軒詩集二卷詩餘一卷　（清）趙棻撰　清
刻本　一册

340000－1881－0009981　14918

鴻爪集一卷　（清）潘耒撰　清康熙三十年
(1691)刻本　一册

340000－1881－0009982　14919

東坡集選五十卷　（宋）蘇軾撰　（明）陳夢槐
編　蘇文忠公年譜一卷　（宋）王宗稷編　蘇
文忠公外紀二卷　（明）王世貞編　外紀逸編
一卷　（明）璩之璞撰　明刻本　十册

340000－1881－0009983　14920

籙紀三卷嘯旨一卷異域志二卷　（南朝陳）陳
叔齊撰　明萬曆二十五年(1597)荊山書林刻
本　一册

340000－1881－0009984　14921

欽定熙朝雅頌集一百六卷首集二十六卷餘集
二卷　（清）鉄保纂輯　（清）法式善　（清）

安徽博物院古籍普查登記目録

陳希曾編　清嘉慶九年(1804)刻本　二十四冊

340000－1881－0009985　14923

在陸草堂文集六卷　(清)儲欣著　(清)吳之彥　(清)邢維信編　清雍正元年(1723)刻本　四冊

340000－1881－0009986　14924

蘇學士集十六卷　(宋)蘇舜欽撰　清康熙三十八年(1699)刻本　四冊

340000－1881－0009987　14925

水月齋指月錄三十二卷　(明)瞿汝稷編　明刻本　二冊　存七卷(十至十三、十八至二十)

340000－1881－0009988　14926

郅菴重訂李于鱗唐詩選七卷　(明)李攀龍編　(明)蔣一葵注　(明)黃家鼎評　明刻本　三冊　存五卷(三全七)

340000－1881－0009989　14927

重刊許氏說文解字五音韻譜十五卷　(宋)李燾撰　明刻本　四冊　存八卷(一至六、九至十)

340000－1881－0009990　14928

史記一百三十卷　(漢)司馬遷撰　清同治九年(1870)金陵書局刻本　二十冊

340000－1881－0009991　14929

唐宋十大家全集錄五十一卷　(清)儲欣編　清康熙四十四年(1705)刻本　三十六冊

340000－1881－0009992　14930

六家文選六十卷　(南朝梁)蕭統編　(唐)李善注　明刻本　二十冊

340000－1881－0009993　14931

高常侍集十卷　(唐)高適撰　明刻本　二冊

340000－1881－0009994　14932

雅尚齋遵生八牋十九卷目錄一卷　(明)高濂編　明萬曆十九年(1591)刻本　八冊

340000－1881－0009995　14933

春秋胡傳三十卷　(宋)胡安國撰　(宋)林堯

叟音注　明成化十五年(1479)徽州府張英退思堂刻本　四冊

340000－1881－0009996　14934

春秋集傳大全三十七卷　(明)胡廣等纂修　明嘉靖十一年(1532)刻本　八冊

340000－1881－0009997　14935

談冶錄六卷　(明)徐廣編　明萬曆四十一年(1613)陳仲麟刻本　一冊

340000－1881－0009998　14936

王文成公文選六卷　(明)王守仁撰　(明)王畿編　(明)鍾惺評點　明崇禎六年(1633)刻本　三冊

340000－1881－0009999　14937

新刊京本禮記纂言三十六卷　(元)吳澄撰　明正德十五年(1520)刻本　十二冊

340000－1881－0010000　14938

夢溪筆談二十六卷　(宋)沈括撰　明崇禎四年(1631)刻本　十冊

340000－1881－0010001　14939

皇明史悝堂先生遺槀十二卷　(明)史桂芳撰　(明)徐曾孝　(明)史簡編　**嘗悝先生年譜不分卷**　(明)夏子羽編　明刻本　八冊

340000－1881－0010002　14940

韓子二十卷附錄一卷　(明)江應賓校　明萬曆十八年(1590)刻本　三冊

340000－1881－0010003　14941

遜國忠紀十八卷　(明)周鑣編　明刻本　四冊

340000－1881－0010004　14942

山海經圖二卷　(□)□□撰　明萬曆二十一年(1593)刻本　一冊

340000－1881－0010005　14943

兵錄十四卷　(明)何汝賓撰　明崇禎三年(1630)刻本　六冊　存四卷(一至四)

340000－1881－0010006　14944

新鐫旁音直訓句解三訂正譌大字文公天梯小學十卷首一卷　(□)□□撰　明萬曆元年

(1573)熊冲宇刻本　一冊

340000－1881－0010007　14945

古今人物論三十六卷　（明）鄭賢編　明萬曆
三十七年(1609)余彰德刻本　八冊

340000－1881－0010008　14946

芥子園畫傳五卷　（清）王槩摹　清康熙十八
年(1679)刻本　二冊

340000－1881－0010009　14947

楓山章先生文集九卷　（明）章懋撰　（明）章
沛編　明嘉靖九年(1530)刻本　六冊

340000－1881－0010010　14948

唐陸宣公集二十二卷　（唐）陸贄撰　明萬曆
三十四年(1606)光裕堂刻本　六冊

340000－1881－0010011　14949

秦漢文鈔不分卷　（明）馮有翼編　明萬曆十
一年(1583)刻本　六冊

340000－1881－0010012　14950

晦菴文鈔六卷續集四卷　（宋）朱熹撰　（明）
吳訥編　（明）張光祖輯　明嘉靖十九年
(1540)刻本　四冊

340000－1881－0010013　14951

洪尚書重補戚少保南北平定畧二卷　（明）戚
繼光撰　（明）郭應響補　明刻本　二冊

340000－1881－0010014　14952

吾學編六十九卷　（明）鄭曉撰　明萬曆二十
七年(1599)刻本　十二冊　存十卷(皇明大
政記一卷、建文遜國記一卷、皇明名臣記一
卷、建文遜國臣記一卷、皇明天文述一卷、皇
明地理述一卷、皇明三禮述一卷、皇明百官述
一卷、皇明四夷考一卷、北虜考一卷)

340000－1881－0010015　14953

五經九十五卷　（宋）岳珂編　清乾隆四十八
年(1783)武英殿仿宋刻本　七十冊

340000－1881－0010016　14954

論語注疏解經二十卷　（三國魏）何晏集解
（宋）邢昺疏　明萬曆十四年(1586)刻本
四冊

340000－1881－0010017　14955

律呂精義內篇十卷外篇十卷律學新說四卷樂
學新說一卷律曆融通四卷操縵古樂譜一卷旋
宮合樂譜一卷鄉飲詩樂譜六卷六代小舞譜一
卷小舞鄉樂譜一卷靈星小舞譜一卷　（明）朱
載堉撰　明萬曆二十四年(1596)刻本　十
九冊

340000－1881－0010018　14956

世說補菁華四卷　（明）狄期進編　明萬曆二
十九年(1601)刻本　二冊

340000－1881－0010019　14957

米襄陽志林十三卷　（明）范明泰編　米襄陽
遺集一卷海嶽名言一卷寶章待訪錄一卷研史
一卷　（宋）米芾撰　（明）范明泰編　明萬曆
三十二年(1604)刻本　四冊

340000－1881－0010020　14958

石田先生集不分卷　（明）沈周撰　（明）陳仁
錫編　明萬曆四十三年(1615)刻本　二冊

340000－1881－0010021　14959

讀風臆評一卷　（明）戴君恩撰　明萬曆四十
八年(1620)吳興閔齊伋刻朱墨套印本　一冊

340000－1881－0010022　14960

春秋經傳集解三十卷　（晉）杜預注　明末刻
本　十五冊

340000－1881－0010023　14962

五經體注合解全集四十五卷　（清）沈祖燕輯
　清光緒十八年(1892)鴻寶齋石印本　十
二冊

340000－1881－0010024　14963

經藝宏括不分卷　（清）同文書局輯　清光緒
十一年(1885)上海同文書局石印本　十六冊

340000－1881－0010025　14964

山海經十八卷　（晉）郭璞傳　明刻本　二冊

340000－1881－0010026　14965

清閟閣全集十二卷　（元）倪瓚撰　清康熙五
十二年(1713)城書室刻本　四冊

340000－1881－0010027　14966

百美新詠集詠不分卷 （清）顏希源編 清嘉
慶十年(1805)刻本 一冊

340000－1881－0010028 14967

絃泉集一卷 （清）鄭重錫編 清乾隆十五年
(1750)刻本 一冊

340000－1881－0010029 14968

王摩詰集十卷 （唐）王維撰 明刻本 二冊

340000－1881－0010030 14969

屈陶合刻不分卷 （明）毛晉編 明萬曆四十
六年(1618)綠君亭刻本 二冊

340000－1881－0010031 14970

中州集十卷首一卷樂府一卷 （金）元好問編
明汲古閣刻本 十冊

340000－1881－0010032 14972

稗海四十八種二百八十八卷續集二十二種一
百五十九卷 （明）商濬編 明刻本 二十五
冊 存一百三十三卷(博物志十卷,因話錄六
卷,玉泉子一卷,過庭錄一卷,泊宅編三卷,閑
窗括異志一卷,補筆談一卷,學齋佔畢纂一
卷,儲華谷袪疑說纂一卷,墨莊漫錄十卷,侍
兒小名錄拾遺一卷,補侍兒小名錄一卷,續補
侍兒小名錄一卷,冷齋夜話十卷,避暑錄話二
卷;續集:鶴林玉露一至十一、補遺一,儒林公
議二卷,隨隱漫錄五卷,侯鯖錄七至八,暌車
志六卷,江鄰幾雜志一卷,耕祿藁一卷,厚德
錄四卷,桯史十五卷,楓窗小牘二卷,野客叢
書三十卷、附錄一卷,螢雪叢說二卷)

340000－1881－0010033 14973

圖書編一百二十七卷 （明）章潢編 明萬曆
四十一年(1613)刻本 六十二冊 存一百二
十二卷(一至四十六、四十九至五十三、五十
七至一百二十七)

340000－1881－0010034 14975

六經圖說不分卷 （□）□□撰 清拓本
一冊

340000－1881－0010035 14976

文璪清娛四十八卷 （清）華國才編 明崇禎
四年(1631)崟膏堂刻本 四十冊

340000－1881－0010036 14977

牧民忠告一卷風憲忠告一卷廟堂忠告一卷
（元）張養浩著 明隆慶元年(1567)刻本
一冊

340000－1881－0010037 14978

三藩紀事本末四卷 （清）楊陸榮編 清康熙
五十六年(1717)刻本 一冊

340000－1881－0010038 14979

春秋左傳詳節句解三十五卷 （春秋）左丘明
撰 （宋）朱申 （宋）周瀚注 （明）顧梧芳
校 明刻本 四冊

340000－1881－0010039 14980

李卓吾批點世說新語補二十卷 （南朝宋）劉
義慶撰 （南朝梁）劉孝標注 （宋）劉辰翁批
（明）何良俊增 （明）王世貞編 （明）王
世懋批釋 （明）李贄批點 （明）張文柱校注
明萬曆八年(1580)刻本 八冊

340000－1881－0010040 14981

秋夜讀史隨筆二卷 （明）鄒靜長撰 明刻公
文紙本 二冊

340000－1881－0010041 14982

趙恭毅公剩藁四卷 （清）趙申喬撰 趙裘萼
公剩藁四卷 （清）趙熊詔撰 清乾隆六年
(1741)趙侗敔刻本 五冊

340000－1881－0010042 14983

魯齋全書七卷 （元）許衡撰 （明）郝縜編
魯齋遺書十卷 （元）許衡撰 （明）應良編
明正德十三年(1518)刻本 八冊

340000－1881－0010043 14984

史鑑提衡二卷 （明）顧充撰 明刻本 一冊

340000－1881－0010044 14985

邵文莊公經史全書二十七卷 （明）邵寶撰
明崇禎刻本 四冊

340000－1881－0010045 14986

唐宋白孔六帖一百卷 （唐）白居易撰 （宋）
孔傳續 明刻本 九十六冊

340000－1881－0010046 14987

潛確居類書一百二十卷　（明）陳仁錫纂輯
明刻本　十冊

340000－1881－0010047　14988

宋元通鑑一百五十七卷　（明）薛應旂編
（明）陳仁錫評　明天啓六年(1626)刻本　三
十冊

340000－1881－0010048　14989

有懷堂文藁二十二卷詩藁六卷　（清）韓菼撰
　清康熙四十二年(1703)刻本　六冊

340000－1881－0010049　14990

古今合璧事類備要三百六十六卷　（宋）謝維
新編　明刻本　二十四冊　存二百十六卷
（續集一至五十六、別集一至九十四、外集一
至六十六）

340000－1881－0010050　14991

新刊正序古文類抄二十卷　（明）林希元編
明嘉靖三十年(1551)余允錫刻本　六冊

340000－1881－0010051　14992

鈐山堂集四十卷　（明）嚴嵩撰　明嘉靖三十
年(1551)刻本　十六冊

340000－1881－0010052　14993

省軒考古類編十二卷　（清）柴紹炳纂　（清）
姚廷謙評　清雍正四年(1726)刻本　六冊

340000－1881－0010053　14994

韓江雅集十二卷　（清）全祖望撰　清乾隆十
二年(1747)刻本　四冊

340000－1881－0010054　14995

二如亭群芳譜二十八卷首一卷　（明）王象晉
纂輯　（明）毛晉校　明天啓元年(1621)刻本
　二十冊

340000－1881－0010055　14996

古今名媛彙詩二十卷　（明）鄭文昂輯　明泰
昌元年(1620)張正岳刻本　八冊

340000－1881－0010056　14997

管子二十四卷　（唐）房玄齡注　（唐）劉績增
注　（明）朱長春通演　（明）朱養和輯　明天
啓五年(1625)刻本　六冊

340000－1881－0010057　14998

中山傳信錄六卷　（清）徐葆光纂　清康熙六
十年(1721)刻本　四冊

340000－1881－0010058　14999

古今翰苑瓊琚十二卷　（明）楊慎編　（明）姚
鑛評　明天啓元年(1621)刻本　五冊

340000－1881－0010059　15000

大學衍義補纂要六卷　（宋）真德秀撰　（明）
徐栻纂修　明隆慶六年(1572)廣信府刻本
六冊

340000－1881－0010060　15001

楊升庵先生批點文心雕龍十卷　（南朝梁）劉
勰著　（明）梅慶生音注　（明）楊慎評　明天
啓二年(1622)刻本　四冊

340000－1881－0010061　15002

明季遺聞四卷　（清）鄒漪編　清刻本　二冊

340000－1881－0010062　15003

唐漁石集四卷　（明）唐龍撰　明嘉靖十三年
(1534)刻本　三冊

340000－1881－0010063　15004

淵穎吳先生集十二卷附錄一卷　（元）吳萊撰
　（明）宋濂編　明刻本　四冊

340000－1881－0010064　15005

帝京景物畧八卷　（明）劉侗　（明）于奕正修
　明崇禎八年(1635)刻本　八冊

340000－1881－0010065　15006

春秋宗旨十二卷　（明）周震纂　明崇禎三年
(1630)刻本　十二冊

340000－1881－0010066　15007

三蘇文選十八卷　（明）楊慎編　（明）李維楨
注　明崇禎五年(1632)刻本　十二冊

340000－1881－0010067　15008

雪廬讀史快編六十卷　（漢）司馬遷著　（明）
趙維寰編　明天啓四年(1624)刻本　二十
四冊

340000－1881－0010068　15009

桃花扇傳奇二卷　（清）孔尚任編　清康熙刻

本　二册

340000－1881－0010069　15010

荊川先生精選批點語錄十五卷　（明）唐順之
編　明隆慶五年(1571)寶山堂刻本　四册

340000－1881－0010070　15011

删補古今文致十卷　（明）劉士鏻編　（明）王
宇重編　明刻本　五册

340000－1881－0010071　15012

春秋公羊傳二十卷　（春秋）左丘明撰　明隆
慶元年(1567)刻本　二册

340000－1881－0010072　15013

刻仰止子㲁定正傳地理統一全書十卷首一卷
　（明）余象斗編　明崇禎元年(1628)刻本
十二册

340000－1881－0010073　15014

文苑彙雋二十四卷　（明）孫丕顯彙纂　明萬
曆三十六年(1608)刻本　四册

340000－1881－0010074　15015

重刊黃文獻公文集十卷　（元）黃溍撰　（明）
宋濂　（明）王禕編　（明）張維樞重編　明嘉
靖刻本　五册　存七卷(一至二、四至六、九
至十)

340000－1881－0010075　15016

刻一握坤輿十三卷　（明）鄧景南撰　明天啓
七年(1627)刻本　三册

340000－1881－0010076　15017

瀟碧堂集二十卷　（明）袁宏道撰　明刻本
三册

340000－1881－0010077　15018

古今名文走盤珠四卷　（明）施澤深編　明天
啓元年(1621)刻本　四册

340000－1881－0010078　15019

楊鐵崖文集五卷史義拾遺二卷楊鐵崖香奩集
一卷　（元）楊維楨著　西湖竹枝集一卷
(元)楊維楨編　明刻本　四册

340000－1881－0010079　15020

皇明自警編九卷　（明）連士英編　明天啓二

年(1622)刻本　四册

340000－1881－0010080　15021

焦氏易林十六卷　（漢）焦贛撰　明天啓六年
(1626)刻本　四册

340000－1881－0010081　15022

心史二卷　（宋）鄭思肖撰　明崇禎十二年
(1639)刻本　二册

340000－1881－0010082　15023

四書人物考訂補四十卷　（明）薛應旂輯
(明)許胥臣補　明天啓刻本　六册

340000－1881－0010083　15024

二賢言詩二卷　（明）李維楨撰　明虞獻廷刻
本　一册

340000－1881－0010084　15025

嘉樂齋三蘇文範十八卷　（明）楊慎編　（明）
袁宏道注　明天啓二年(1622)刻本　八册

340000－1881－0010085　15026

蘇子瞻二卷　（宋）蘇軾撰　（明）毛晉編　明
天啓五年(1625)綠君亭刻本　三册

340000－1881－0010086　15027

斯羽堂評點謝在杭先生史測二卷　（明）謝肇
淛撰　明天啓四年(1624)刻本　一册

340000－1881－0010087　15028

容齋隨筆十六卷續筆十六卷三筆十六卷四筆
十六卷五筆十卷　（宋）洪邁撰　清初刻本
十六册

340000－1881－0010088　15029

北史一百卷　（唐）李延壽撰　明南監刻萬曆
補修本　三十二册

340000－1881－0010089　15030

藝文類聚一百卷　（唐）歐陽詢撰　明萬曆十
五年(1587)刻本　二十四册

340000－1881－0010090　15031

宋文文山先生全集二十一卷　（宋）文天祥撰
　明崇禎三年(1630)刻本　四册

340000－1881－0010091　15033

水經注釋四十卷首一卷附錄二卷刊誤十二卷
　（北魏）酈道元撰　（清）趙一清注　清光緒
六年(1880)刻本　二十冊

340000－1881－0010092　15034

事類賦三十卷　（宋）吳淑撰注　明嘉靖十一
年(1532)刻本　四冊

340000－1881－0010093　15035

史通通釋二十卷　（清）浦起龍撰　清乾隆十
七年(1752)刻本　六冊

340000－1881－0010094　15036

五經萃室六十九卷　（□）□□撰　清影印本
　三十二冊

340000－1881－0010095　15037

後漢書一百二十卷　（南朝宋）范曄撰　明天
啓七年(1627)刻本　三十冊

340000－1881－0010096　15038

小學纂注六卷　（清）高愈撰　清光緒十八年
(1892)埽葉山房刻本　四冊

340000－1881－0010097　15039

七緯補遺三十八卷　（漢）鄭玄注　（清）趙在
翰纂　清嘉慶十四年(1809)小積石山房刻本
　八冊

340000－1881－0010098　15040

白虎通四卷　（漢）班固等撰　清胡三西堂抄
本　二冊

340000－1881－0010099　15041

釋名四卷　（漢）劉熙撰　清胡三西堂抄本
一冊

340000－1881－0010100　15042

方言十三卷　（漢）揚雄撰　清胡三西堂抄本
　一冊

340000－1881－0010101　15043

獨斷不分卷　（漢）蔡邕著　清胡三西堂抄本
　一冊

340000－1881－0010102　15044

周禮軍賦說四卷　（清）王鳴盛撰　清嘉慶刻
本　四冊

340000－1881－0010103　15045

新刻白虎通德論二卷　（漢）班固撰　明刻本
　二冊

340000－1881－0010104　15046

白虎通德論四卷　（漢）班固撰　明天啓六年
(1626)堂策檻刻本　二冊

340000－1881－0010105　15047

陳司業集十一卷　（清）陳祖范撰　清乾隆二
十九年(1764)刻本　四冊

340000－1881－0010106　15048

白虎通二卷　（漢）班固撰　明刻本　一冊

340000－1881－0010107　15049

文韻集十二卷　（清）李士麟編　清康熙三十
年(1691)敬恕堂刻本　四冊

340000－1881－0010108　15050

藜牀囈語六卷　（清）程瑞祊撰　（清）程世綏
編　清刻本　一冊

340000－1881－0010109　15051

邸報備覽不分卷　（□）□□撰　清抄本
三冊

340000－1881－0010110　15052

白日說夢記一卷　（□）□□撰　清抄本
一冊

340000－1881－0010111　15053

居業錄要語四卷　（明）胡居仁撰　清刻本
三冊

340000－1881－0010112　15054

蟻蠓集五卷　（明）盧柟著　明刻藍印本　四
冊　存四卷(二至五)

340000－1881－0010113　15055

江邨銷夏錄三卷　（清）高士奇輯　清康熙三
十二年(1693)刻本　三冊

340000－1881－0010114　15056

卦本圖考不分卷　（清）胡秉虔撰　清抄本
一冊

340000－1881－0010115　15057

長安宮詞不分卷　（清）胡延撰　清光緒二十八年（1902）刻本　一冊

340000－1881－0010116　15058

大學衍義補一百六十卷首一卷　（明）丘濬撰　明刻本　二冊　存五卷（一百四十九至一百五十二、首一卷）

340000－1881－0010117　15059

潛研堂金石文跋尾七卷　（清）錢大昕撰　清乾隆五十二年（1787）刻本　二冊

340000－1881－0010118　15061

反切直圖一卷　（明）薛瑄撰　清抄本　一冊

340000－1881－0010119　15062

古籀拾遺三卷　（清）孫詒讓撰　清光緒刻本　三冊

340000－1881－0010120　15063

書札不分卷　（□）□□撰　清抄本　四冊

340000－1881－0010121　15064

春秋左傳十五卷　（明）孫鑛批點　明萬曆四十四年（1616）吳興閔齊伋刻朱墨套印本　十二冊

340000－1881－0010122　15066

雲宮法語二卷　（元）汪可孫纂　明抄本　一冊

340000－1881－0010123　15067

晏子春秋八卷　（明）黃之寀校　明萬曆刻本　一冊　存四卷（一至四）

340000－1881－0010124　15068

說文解字十五卷　（漢）許慎撰　（宋）徐鉉校　清刻本　一冊

340000－1881－0010125　15069

本事詩十二卷　（清）徐釚編輯　清乾隆二十二年（1757）汪肯堂刻本　一冊　存二卷（一至二）

340000－1881－0010126　15070

書經讀本不分卷　（春秋）孔子撰　清抄本　一冊

340000－1881－0010127　15071

隸辨八卷　（清）顧藹吉纂　清乾隆八年（1743）刻本　八冊

340000－1881－0010128　15072

道貴堂類稿三卷　（清）徐倬撰　清康熙刻本　二冊

340000－1881－0010129　15073

群經補義五卷　（清）江永撰　清抄本　一冊

340000－1881－0010130　15074

群經韻讀不分卷　（清）江有誥撰　清抄本　一冊

340000－1881－0010131　15075

御纂性理精義十二卷　（清）李光地等纂修　清康熙五十六年（1717）刻本　六冊

340000－1881－0010132　15076

定盦文集□□卷　（清）龔自珍撰　清道光七年（1827）刻本　一冊

340000－1881－0010133　15077

漁洋山人精華錄十卷　（清）王士禎撰　（清）林佶編　清康熙三十九年（1700）刻本　五冊

340000－1881－0010134　15078

黃帝陰符經不分卷　（□）鄧道淳纂注　（明）楊起元評　關尹子二卷　（宋）陳顯微注　明刻本　一冊

340000－1881－0010135　15080

干祿字書不分卷　（唐）顏元孫撰　金壺字考不分卷　（宋）釋適之輯　清抄本　一冊

340000－1881－0010136　15081

明夷待訪錄不分卷　（清）黃宗羲撰　清同治五年（1866）刻本　一冊

340000－1881－0010137　15082

筆嘯軒書畫錄二卷　（清）胡積堂輯　清道光十九年（1839）乙照齋刻本　二冊

340000－1881－0010138　15083

皇朝類苑六十三卷目錄五卷　（宋）江少虞輯　明抄本　三冊　存十七卷（一至三、十一至十七、五十一至五十七）

340000－1881－0010139　15084

二三塲日牋二卷　（明）陳組綬纂　明抄本
二冊

340000－1881－0010140　15085

太史升菴文集八十一卷　（明）楊慎著　（明）
楊有仁編　明刻本　九冊　存二十四卷（四
至十一、四十一至四十二、四十九至五十六、
五十八至五十九、六十四至六十七）

340000－1881－0010141　15086

協律鉤元四卷末二卷　（唐）李賀撰　（清）陳
本禮注　清刻本　二冊

340000－1881－0010142　15087

大廣益會玉篇三十卷　（南朝梁）顧野王撰
明刻本　六冊

340000－1881－0010143　15088

左傳不分卷　（春秋）左丘明撰　清抄本
六冊

340000－1881－0010144　15089

蠶尾集十卷　（清）王士禎撰　清康熙三十五
年（1696）刻本　六冊

340000－1881－0010145　15090

唐抄本說文解字木部箋異一卷　（清）莫友芝
撰　清同治刻本　一冊

340000－1881－0010146　15091

大統黃歷經世二卷　（明）胡獻忠編　明刻本
二冊

340000－1881－0010147　15092

四書章句二十八卷　（宋）朱熹注　明司禮監
刻本　十四冊

340000－1881－0010148　15093

山房清課十一卷　（元）俞宗本等撰　明刻本
一冊

340000－1881－0010149　15094

世說新語八卷　（南朝宋）劉義慶撰　（南朝
梁）劉孝標注　（宋）劉辰翁　（宋）劉應登
（明）王世懋評　明凌瀛初刻四色套印本
八冊

340000－1881－0010150　15095

坡仙集十六卷　（宋）蘇軾撰　（明）李贄編
明萬曆二十八年（1600）繼志齋刻本　八冊

340000－1881－0010151　15096

周禮三卷　（清）梁薌林抄　清抄本　一冊

340000－1881－0010152　15097

山天易說十二卷　（朝鮮）金相岳撰　清刻本
六冊

340000－1881－0010153　15098

三經四書正文十卷　（□）□□撰　清光緒二
十一年（1895）刻本　五冊

340000－1881－0010154　15101

金剛般若波羅蜜經不分卷　（後秦）釋鳩摩羅
什譯　清刻本　三冊

340000－1881－0010155　15102

陽明文錄五卷外集九卷別錄十卷　（明）王守
仁撰　（明）錢德洪輯　（明）王畿編　明胡宗
憲刻本　十二冊　存十一卷（外集七至八、別
錄二至十）

340000－1881－0010156　15103

吳志二十卷　（晉）陳壽撰　明刻本　三冊
存十卷（三至十二）

340000－1881－0010157　15104

五經□□卷　（□）□□撰　清刻本　八冊
存十七卷（論語七卷、孟子七卷、毛詩一卷、尚
書一卷、春秋一卷）

340000－1881－0010158　15105

桂苑筆耕集二十卷　（朝鮮）崔致遠撰　清道
光十四年（1834）刻本　四冊

340000－1881－0010159　15107

燕山外史八卷　（清）陳球著　清嘉慶十六年
（1811）刻本　二冊

340000－1881－0010160　15109

中庸筆記不分卷　（□）□□撰　清抄本
一冊

340000－1881－0010161　15110

烏私集三卷芻獻集五卷既濟金鑑一卷心性元

旨二卷心性元旨續編二卷 （清）徐天璋著
清抄本 一冊

340000－1881－0010162 15111

類鈔京報不分卷 （□）□□撰 清抄本
一冊

340000－1881－0010163 15114

字音清濁辨一卷 （宋）賈昌朝譔 清抄本
一冊

340000－1881－0010164 15116

明因明不分卷 （□）□□撰 清抄本 一冊

340000－1881－0010165 15117

因明本文不分卷 （□）□□撰 清抄本
一冊

340000－1881－0010166 15119

十三經□□卷 （□）□□撰 清抄本 六冊
存六十二卷（儀禮十七卷、監本正誤一卷、
唐石經正誤一卷、爾雅十九卷，春秋公羊傳十
二卷，春秋穀梁傳十二卷）

340000－1881－0010167 15123

莊子十卷 （宋）林希逸注 明刻本 一冊
存三卷（四至六）

340000－1881－0010168 15124

鶴嶺山人詩集十六卷 （清）王澤弘撰 清刻
本 二冊

340000－1881－0010169 15125

安危注四卷 （明）吳甡撰 清刻本 四冊

340000－1881－0010170 15126

李義山詩集箋注十六卷 （唐）李商隱撰
（清）姚培謙注 清松桂讀書堂刻本 四冊

340000－1881－0010171 15127

詩經集傳八卷 （宋）朱熹集傳 明嘉靖刻本
二冊 存四卷（一至二、四至五）

340000－1881－0010172 15128

四書地理備考不分卷 （□）□□撰 清光緒
七年（1881）刻本 二冊

340000－1881－0010173 15129

日本樂善堂精刻銅版縮印書目一卷 （□）
□□撰 清抄本 四冊

340000－1881－0010174 15130

十竹齋題畫詩一卷 （□）□□撰 清抄本
一冊

340000－1881－0010175 15131

司馬溫公文集八十二卷 （宋）司馬光撰 清
康熙四十七年（1708）刻本 二十四冊

340000－1881－0010176 15132

皇明通紀集要六十卷 （明）陳建撰 明崇禎
刻本 九冊

340000－1881－0010177 15133

甲乙剩言一卷 （明）胡應麟著 陳眉公重訂
瓶史一卷新刻陳眉公重訂廣莊一卷 （明）袁
宏道撰 寶顏堂訂正偶譚 （明）李鼎著 明
刻本 一冊

340000－1881－0010178 15134

檀弓二卷考工記二卷 （宋）謝枋得 （明）郭
正域批點 明萬曆四十四年（1616）閔齊伋刻
朱墨套印本 二冊

340000－1881－0010179 15135

麗史提綱二十三卷 （□）□□撰 清康熙六
年（1667）刻本 十二冊

340000－1881－0010180 15136

戴東野農歌集一卷 （宋）戴昺撰 清抄本
一冊

340000－1881－0010181 15137

經子粹言九卷 （□）□□撰 明刻本 一冊

340000－1881－0010182 15138

耕心堂文集不分卷 （清）曹文昇撰 清抄本
三冊

340000－1881－0010183 15140

金詩選四卷 （清）顧奎光選輯 （清）陶玉禾
參評 清乾隆十六年（1751）刻本 一冊

340000－1881－0010184 15141

梵網經菩薩戒不分卷 （後秦）釋鳩摩羅什譯
說戒法儀白不分卷 （□）□□撰 沙彌律

儀要略不分卷 （明）釋袾宏編 清康熙五十五年(1716)刻本 一冊

340000－1881－0010185 15142

瑞陽阿集十卷 （明）江東之撰 清乾隆八年(1743)刻本 二冊

340000－1881－0010186 15143

河南程氏全書六十四卷 （宋）程顥 （宋）程頤撰 （宋）張栻編 清寶誥堂刻本 十五冊

340000－1881－0010187 15144

春秋左傳十五卷 （明）孫鑛批點 明萬曆四十四年(1616)吳興閔齊伋刻朱墨套印本 八冊

340000－1881－0010188 15145

雜劇不分卷 （明）臧懋循輯 明刻本 八冊

340000－1881－0010189 15146

東華錄十六卷（天命至雍正朝） （清）蔣良騏編 清抄本 七冊

340000－1881－0010190 15147

四元玉鑑細艸三卷附一卷增一卷 （元）朱世傑撰 清道光十六年(1836)刻本 六冊

340000－1881－0010191 15148

離騷集傳不分卷 （宋）錢杲之集傳 清光緒元年(1875)崇文書局刻本 一冊

340000－1881－0010192 15149

斜川集六卷附錄不分卷 （宋）蘇過撰 清乾隆五十三年(1788)亦有生齋刻本 二冊

340000－1881－0010193 15150

風角書八卷 （清）張爾岐著 **化書六卷** (五代)譚景升撰 **龍經一卷** （唐）楊益著 清光緒九年(1883)張鵬翔刻本 四冊

340000－1881－0010194 15152

湘煙錄十六卷 （明）閔元京 （明）凌義渠編 清嘉慶三年(1798)刻本 四冊

340000－1881－0010195 15153

填詞圖譜四卷填詞名解四卷 （清）賴以邠著 （清）查繼超增輯 （清）查曾榮 （清）王又華編 清乾隆十一年(1746)刻本 三冊

340000－1881－0010196 15154

唐詩箋註八卷 （清）黃叔燦註 清乾隆三十年(1765)刻本 四冊

340000－1881－0010197 15155

公羊傳不分卷 （清）王源崑評 清康熙五十五年(1716)刻本 二冊

340000－1881－0010198 15156

漁隱叢話前集六十卷後集四十卷 （宋）胡仔撰 清乾隆六年(1741)刻本 十冊

340000－1881－0010199 15157

清綺軒詞選十三卷 （清）夏秉衡編 清乾隆十六年(1751)刻本 十二冊

340000－1881－0010200 15158

浣月齋印譜四卷 （清）程鴻緒編 清嘉慶二十五年(1820)鈐印本 二冊

340000－1881－0010201 15159

香樹齋文集二十八卷續鈔五卷 （清）錢陳羣撰 清乾隆二十九年(1764)刻本 十冊

340000－1881－0010202 15160

初集鍾國母十卷二集鍾國母十卷三集鍾國母十卷四集鍾國母十卷五集鍾國母十卷六集鍾國母十四卷 （清）閒情居士訂 清抄本 十四冊 存四十四卷(初集鍾國母一至三、七至十,二集鍾國母一至六,三集鍾國母十卷,四集鍾國母一至五,五集鍾國母九至十,六集鍾國母十四卷)

340000－1881－0010203 15161

皇明詩鈔十卷 （□）□□編 （明）吳興臧校 明抄本 二冊

340000－1881－0010204 15162

中山詩鈔四卷中山史論二卷 （清）郝浴著 清刻本 四冊

340000－1881－0010205 15163

柳文四十八卷 （唐）柳宗元撰 明刻朱墨套印本 一冊 存一卷(六)

340000－1881－0010206 15164

魏鄭公諫錄五卷 （唐）魏徵撰 （唐）王方慶

编　清乾隆十七年(1752)刻本　二册

340000－1881－0010207　15165

欽定日下舊聞考一百六十卷　（清）于敏中等
編　清乾隆刻本　三十二册

340000－1881－0010208　15167

秋夢樓詞一卷　（清）袁通撰　清抄本　一册

340000－1881－0010209　15168

四韻睟盤一卷　（明）鄔仁卿編　（明）程應雲
校釋　清抄本　一册

340000－1881－0010210　15169

史通通釋二十卷　（清）浦起龍撰　清乾隆十
七年(1752)刻本　四册

340000－1881－0010211　15170

長留集一卷　（清）劉廷璣著　（清）孔尚任編
　清康熙十八年(1679)刻本　一册

340000－1881－0010212　15171

諸大家同訂春秋繁露註釋大全十七卷首一卷
　（漢）董仲舒著　（明）孫鑛評釋　明刻本
四册

340000－1881－0010213　15172

唐詩品彙九十卷　（明）高棅輯　明建文三年
(1401)刻本　十六册　存八十一卷(一至八
十一)

340000－1881－0010214　15173

古今詩三十四卷　（明）李攀龍編　（明）蔣一
葵注　（明）黃家鼎評　明刻本　三册　存二
十一卷(一至六、十二至十九、二十八至三十
四)

340000－1881－0010215　15174

史記評林一百三十卷首一卷　（明）凌稚隆編
　（明）李光縉增補　明萬曆五年(1577)刻本
三十册

340000－1881－0010216　15175

道德真經二篇　（宋）林希逸注　明刻本
二册

340000－1881－0010217　15176

半春唱和詩一卷　（清）符曾等撰　清乾隆元

年(1736)刻本　一册

340000－1881－0010218　15177

爾雅三卷　（晉）郭璞注　清嘉慶十一年
(1806)刻本　一册

340000－1881－0010219　15178

爾雅三卷　（晉）郭璞注　清嘉慶十一年
(1806)刻本　一册

340000－1881－0010220　15179

東坡詩選三卷文選三卷　（宋）蘇軾撰　清抄
本　六册

340000－1881－0010221　15180

陶靖節先生詩四卷　（晉）陶潛撰　吳禮部別
集一卷　（元）吳師道撰　清嘉慶元年(1796)
刻本　一册

340000－1881－0010222　15181

江西詩徵九十四卷　（清）曾燠編　清嘉慶九
年(1804)刻本　四十三册　存八十四卷(三
至四、七至八、十三至十四、十七至九十四)

340000－1881－0010223　15182

百美新詠集詠不分卷圖傳不分卷　（清）顏希
源編　清嘉慶十年(1805)刻本　四册

340000－1881－0010224　15183

淞隱漫錄十二卷　（清）王韜撰　清光緒十年
(1884)石印本　四册

340000－1881－0010225　15185

平山堂圖志十卷首一卷　（清）趙之壁編纂
清乾隆三十年(1765)刻本　四册

340000－1881－0010226　15186

合肥相國七十賜壽圖坿壽言不分卷　（□）
□□撰　清石印本　一册

340000－1881－0010227　15188

籌海圖編十三卷　（明）鄭若曾著　清康熙刻
本　九册

340000－1881－0010228　15189

瓶花齋集十卷　（明）袁宏道撰　明萬曆三十
六年(1608)書種堂刻本　一册　存四卷(一
至四)

340000－1881－0010229　15190

津逮秘書□□卷　（明）毛晉編　明汲古閣刻本　七冊　存三十六卷（山谷題跋九卷、海岳題跋一卷、元豐題跋一卷、水心題跋一卷、魏公題跋一卷、容齋題跋二卷、益公題跋十二卷、止齋題跋二卷、後村題跋四卷、晦菴題跋三卷）

340000－1881－0010230　15191

水經四十卷　（漢）桑欽撰　（北魏）酈道元注　明刻本　二冊　存十六卷（五至十二、三十一至三十八）

340000－1881－0010231　15192

晚邨先生八家古文精選不分卷　（清）呂留良編　清康熙四十三年（1704）刻本　五冊

340000－1881－0010232　15193

東坡先生外集四十一卷　（宋）蘇軾撰　明萬曆三十六年（1608）刻本　八冊

340000－1881－0010233　15194

百川學海□□卷　（宋）左圭輯　（明）□□重輯　明刻本　四冊　存二十二卷（許彥周詩話一卷、司馬溫公詩話一卷、竹坡老人詩話一卷、滄浪詩話一卷、書史二卷、書斷四卷、書評一卷、書譜一卷、續書譜一卷、海岳名言一卷、寶章待訪錄一卷、翰墨志一卷、法帖刊誤二卷、畫史一卷、畫論一卷、紀藝一卷、林泉高致一卷）

340000－1881－0010234　15195

三蘇文範十八卷　（明）楊慎編　明天啓二年（1622）刻本　二冊

340000－1881－0010235　15196

秦文歸十卷漢文歸十八卷　（明）鍾惺編　明古香齋刻本　十六冊

340000－1881－0010236　15197

太上寶筏圖說不分卷　（□）□□撰　清光緒十五年（1889）石印本　八冊

340000－1881－0010237　15198

御製圓明園圖詠二卷　（清）高宗弘曆撰（清）鄂爾泰等注　清光緒十三年（1887）天津石印書屋石印本　二冊

340000－1881－0010238　15199

百美新詠集詠不分卷圖傳不分卷　（清）顏希源編　清嘉慶九年（1804）刻本　三冊

340000－1881－0010239　15200

聽蕉雨樓外集不分卷　（清）黃勤業撰　清咸豐元年（1851）刻本　一冊

340000－1881－0010240　15201

毛詩名物圖說九卷　（清）徐鼎輯　清乾隆三十六年（1771）刻本　二冊

340000－1881－0010241　15202

墨蘭譜不分卷　（清）陳逵繪　清嘉慶三年（1798）刻本　一冊

340000－1881－0010242　15204

焚椒錄一卷　（遼）王鼎撰　陳眉公重訂歸有園塵談一卷　（明）徐學謨著　明刻本　一冊

340000－1881－0010243　15205

書言故事大全十二卷　（宋）胡繼宗輯　明萬曆刻本　九冊　存九卷（四至十二）

340000－1881－0010244　15206

墨客揮犀十卷　（宋）彭乘撰　明刻本　三冊

340000－1881－0010245　15207

名家詩法八卷　（明）黃省曾編　明刻本　一冊

340000－1881－0010246　15208

東坡先生志林五卷　（宋）蘇軾撰　明萬曆二十三年（1595）趙開美刻本　一冊

340000－1881－0010247　15209

楞嚴經如說十卷　（明）鍾惺編　明天啓四年（1624）弘覺山房刻本　五冊

340000－1881－0010248　15210

晚邨先生八家古文精選不分卷　（清）呂留良編　清刻本　八冊

340000－1881－0010249　15211

泛槎圖不分卷續泛槎圖不分卷　（清）張寶編　清嘉慶二十四年（1819）尚古齋刻本　四冊

340000－1881－0010250　15212

文公家禮儀節八卷　（明）丘濬輯　明刻本
二冊

340000－1881－0010251　15213

龍魚圖說一卷　（□）□□撰　清抄本　一冊

340000－1881－0010252　15214

文昌廟樂章不分卷　（□）□□編　清刻本
一冊

340000－1881－0010253　15215

亦政堂重修宣和博古圖錄□□卷　（宋）王黼
等撰　明刻本　一冊　存三卷(八至十)

340000－1881－0010254　15216

四書引經節解圖考十七卷　（明）吳繼仕編纂
（明）吳應箕點訂　明崇禎九年(1636)刻本
十冊

340000－1881－0010255　15217

王摩詰詩集七卷　（唐）王維撰　（宋）劉辰翁
評　明閔刻朱墨套印本　二冊

340000－1881－0010256　15218

集千家註杜工部詩集二十卷附錄一卷杜工部
文集二卷　（唐）杜甫撰　明刻本　十冊　存
二十二卷(集千家註杜工部詩集二至二十、附
錄一卷,杜工部文集二卷)

340000－1881－0010257　15219

水經四十卷　（漢）桑欽撰　（北魏）酈道元注
明槐蔭草堂刻本　十六冊　存二十三卷
(一至四、十三至十四、十六至三十、三十九至
四十)

340000－1881－0010258　15220

武備地利四卷　（清）施永圖撰　清順治刻本
七冊

340000－1881－0010259　15221

新鐫四書七十二朝人物經籍備考二十四卷
（明）薛應旂輯　明刻本　一冊

340000－1881－0010260　15222

西湖佳話古今遺跡十六卷首一卷　（清）墨浪
子編　清刻本　一冊

340000－1881－0010261　15223

紉齋畫賸不分卷　（清）陳允升繪　清光緒二
年(1876)得古觀室刻本　四冊

340000－1881－0010262　15224

年羹堯將軍兵法不分卷　（清）年羹堯撰　清
雍正刻本　二冊

340000－1881－0010263　15225

御製竹鑪圖詠四卷　（清）高宗弘曆撰　清乾
隆刻本　一冊

340000－1881－0010264　15226

直省釋奠禮樂記六卷首一卷末一卷　（清）蔡
松齡等纂　清同治十二年(1873)刻本　四冊

340000－1881－0010265　15227

新增墨蘭竹譜不分卷　（清）陳東橋撰　清光
緒十年(1884)刻本　二冊

340000－1881－0010266　15228

江南名勝圖不分卷　（□）□□編　清影印本
一冊

340000－1881－0010267　15229

御製律呂正義不分卷　（清）允祿等編　清刻
本　一冊

340000－1881－0010268　15230

皇朝祭器樂舞錄二卷　（清）嚴樹森編　清同
治十年(1871)崇文書局刻本　一冊　存一卷
（上）

340000－1881－0010269　15231

晚笑堂畫傳不分卷　（清）上官周著　清乾隆
八年(1743)刻本　四冊

340000－1881－0010270　15232

高士傳三卷　（晉）皇甫謐撰　清光緒三年
(1877)養穌堂刻本　二冊

340000－1881－0010271　15233

眉公秘笈六十四卷　（明）陳繼儒撰　明刻本
十六冊

340000－1881－0010272　15234

名世文宗二十二卷　（明）王世貞編　（明）鍾
惺增補　明刻本　八冊　存十六卷(一至十

四、十九至二十)

340000－1881－0010273　15235
杜工部全集六十六卷　（唐）杜甫撰　明刻本
　一冊　存二十四卷(一至二十四)

340000－1881－0010274　15236
新定三禮玉瑞圖二十卷　（宋）聶崇義纂注
明刻本　二冊　存十一卷(十至二十)

340000－1881－0010275　15237
世說新語三卷　（南朝宋）劉義慶撰　（南朝
梁）劉孝標注　（明）王世懋批點　明萬曆九
年(1581)刻本　四冊

340000－1881－0010276　15238
中說十卷　（宋）阮逸注　老子道經二卷
（春秋）李耳撰　南華真經三卷　（晉）郭象注
（唐）陸德明音義　揚子法言十卷　（唐）柳
宗元　（宋）司馬光注　明萬曆刻六子全書本
四冊

340000－1881－0010277　15239
迪吉錄九卷　（明）顏茂猷編　清康熙元年
(1662)刻本　八冊

340000－1881－0010278　15240
兩漢文二十卷　（明）張采編　明刻本　十冊

340000－1881－0010279　15241
鐵崖先生復古詩集六卷　（元）楊維楨撰
（明）章琬編　明汲古閣刻本　一冊

340000－1881－0010280　15242
吳中平寇記八卷　（清）錢勗撰　清同治四年
(1865)刻本　一冊　存四卷(一至四)

340000－1881－0010281　15243
三修休園詩文集一卷　（清）鄭荊璞編　清刻
本　一冊

340000－1881－0010282　15244
新雕校證大字白氏諷諫不分卷　（唐）白居易
撰　清光緒十九年(1893)刻本　一冊

340000－1881－0010283　15245
唐中興閒氣集二卷　（唐）高仲武撰　清末刻
本　二冊

340000－1881－0010284　15246
儀禮十七卷嚴本儀禮鄭氏注校錄一卷嚴本儀
禮鄭氏注續校一卷　（漢）鄭玄注　清嘉慶二
十年(1815)吳門黃氏讀未見書齋刻本　二冊

340000－1881－0010285　15247
本朝館閣詩二十卷附錄一卷　（清）阮學浩
（清）阮學濬編　清乾隆二十三年(1758)刻本
八冊　存四卷(八、十八至二十)

340000－1881－0010286　15248
文府滑稽十二卷　（明）鄒迪光編　（明）鄒德
基　（明）鄒振基輯　明萬曆三十七年(1609)
刻本　六冊

340000－1881－0010287　15249
詩家全體十四卷　（明）李之用編　明萬曆二
十六年(1598)刻本　六冊

340000－1881－0010288　15250
集古印譜六卷　（明）王常編　明隆慶六年
(1572)顧氏芸閣刻本　六冊

340000－1881－0010289　15251
孟子二卷　（宋）蘇洵批點　明萬曆四十五年
(1617)閔齊伋刻三色套印本　二冊

340000－1881－0010290　15252
金石韻府不分卷　（明）朱雲輯篆　明崇禎十
三年(1640)刻本　二冊

340000－1881－0010291　15253
研硃集四卷壁經類次三卷戴經類次五卷麟經
類次六卷　（清）張瑄編　清順治虹化堂刻本
六冊

340000－1881－0010292　15254
國策註釋新編四卷　（清）丁序賢註　清乾隆
五十七年(1792)郁文堂刻本　四冊

340000－1881－0010293　15255
分類補註李太白詩二十五卷　（宋）楊齊賢集
註　（元）蕭士贇補註　明許自昌刻本　一冊

340000－1881－0010294　15256
四書考二十八卷考異一卷　（明）陳仁錫撰
明崇禎刻本　十二冊

340000 – 1881 – 0010295　15257

類編箋釋國朝詩餘五卷　（明）錢允治編
（明）陳仁錫注　明刻本　一冊　存四卷（一
至四）

340000 – 1881 – 0010296　15258

南陽詩鈔不分卷　（清）呂留良撰　清南陽講
習堂抄本　一冊

340000 – 1881 – 0010297　15259

史記纂不分卷　（明）凌稚隆纂　明萬曆七年
（1579）刻本　六冊

340000 – 1881 – 0010298　15260

名文品節十五卷　（明）沈一貫評　（明）王橋
（明）劉應堅編　明余彰德刻本　五冊　存
十二卷（一至二、五至八、十至十五）

340000 – 1881 – 0010299　15261

歷朝捷錄十二卷首一卷　（明）顧充撰　（明）
徐士俊注　歷朝捷錄直解十二卷首一卷
（清）汪淇編　通鑑總論一卷通鑑總論直解一
卷　（明）諸燮編　清康熙二年（1663）刻本
四冊

340000 – 1881 – 0010300　15262

滴天髓二卷　（宋）京圖撰　（明）劉基注　明
刻本　一冊

340000 – 1881 – 0010301　15263

留溪外集一卷　（清）陳鼎撰　清刻本　一冊

340000 – 1881 – 0010302　15264

天文秘府一卷　（□）□□撰　清抄本　一冊

340000 – 1881 – 0010303　15265

四經五卷　（□）□□編　明刻本　一冊

340000 – 1881 – 0010304　15266

周易兼義九卷　（三國魏）王弼注　（唐）孔穎
達正義　清刻本　五冊

340000 – 1881 – 0010305　15267

類雋三十卷　（明）鍾穀校閱　（明）呂珩校正
明萬曆四年（1576）汪珙刻本　三冊　存三
卷（一、十四、二十三）

340000 – 1881 – 0010306　15268

新刻事物紀原十卷　（宋）高承撰　明刻本
二冊　存四卷（一至二、五至六）

340000 – 1881 – 0010307　15270

中說十卷　（宋）阮逸注　明世德堂刻本
二冊

340000 – 1881 – 0010308　15271

繆篆分韻五卷　（清）桂馥編　清乾隆五十四
年（1789）刻本　二冊

340000 – 1881 – 0010309　15272

小忽雷二卷附大忽雷一卷　（清）顧彩填詞
清宣統二年（1910）暖紅室刻本　二冊

340000 – 1881 – 0010310　15273

旌忠錄不分卷　（清）陳祖碓編　清刻本
二冊

340000 – 1881 – 0010311　15274

尚書古文證疑四卷　（清）孫喬年撰　清嘉慶
十五年（1810）刻本　二冊

340000 – 1881 – 0010312　15275

蘇米志林三卷　（明）毛晉編　明天啓元年
（1621）綠君亭刻本　三冊

340000 – 1881 – 0010313　15276

陳眉公批評琵琶記二卷附釋義二卷　（元）高
明撰　（明）陳繼儒評　清宣統二年（1910）暖
紅室刻本　二冊

340000 – 1881 – 0010314　15277

六朝文絜四卷　（清）許槤評選　清道光五年
（1825）刻朱墨套印本　二冊

340000 – 1881 – 0010315　15278

澄秋閣集二卷　（清）閔華著　清乾隆十七年
（1752）刻本　一冊

340000 – 1881 – 0010316　15279

敬業堂詩集五十卷　（清）查慎行撰　清順治
刻本　十四冊

340000 – 1881 – 0010317　15280

古學彙纂十卷　（清）錢謙益　（明）顧錫疇編
明崇禎十五年（1642）愛日齋刻本　十二冊
存四卷（一至四）

340000－1881－0010318　15281

漢書纂二卷　（明）鍾惺　（明）凌稚隆纂　明刻本　四冊

340000－1881－0010319　15282

楓山集九卷　（明）章懋撰　明嘉靖九年(1530)刻本　六冊

340000－1881－0010320　15283

高常侍集十卷盧照鄰集二卷王勃集二卷宋之問集二卷陳伯玉集二卷　（唐）高適等撰　明刻本　三冊

340000－1881－0010321　15284

汪本隸釋刊誤一卷　（清）黃丕烈撰　清嘉慶刻本　一冊

340000－1881－0010322　15285

隸釋二十七卷　（宋）洪适撰　清乾隆四十三年(1778)樓松書屋汪氏刻本　八冊

340000－1881－0010323　15286

隸續二十一卷　（宋）洪适編　清乾隆四十三年(1778)樓松書屋汪氏刻本　四冊

340000－1881－0010324　15287

歸元鏡二卷　（清）釋智達撰　（清）釋德日編　清光緒二十三年(1897)刻本　一冊

340000－1881－0010325　15288

南山集偶鈔不分卷　（清）戴名世著　（清）尤雲鶚編　子遺錄不分卷　（清）戴名世著　（清）王源　（清）方正玉評　清康熙四十年(1701)寶翰樓刻本　四冊

340000－1881－0010326　15289

寶顏堂訂正風月堂詩話二卷　（宋）朱弁撰　明嘉靖二十七年(1548)刻本　一冊

340000－1881－0010327　15291

駱賓王文集十卷　（唐）駱賓王撰　清嘉慶二十一年(1816)刻本　二冊

340000－1881－0010328　15292

貫華堂才子書彙稿十四卷　（清）金聖歎評　清刻本　八冊

340000－1881－0010329　15293

種書堂遺稿三卷種書堂題畫詩二卷　（清）查士標著　（清）金之繪　（清）查弘道輯　清康熙四十三年(1704)刻本　四冊

340000－1881－0010330　15294

白詩七卷　（唐）白居易著　清刻本　二冊

340000－1881－0010331　15295

漁洋山人精華錄十卷　（清）王士禎撰　（清）林佶編　清康熙三十九年(1700)刻本　二冊

340000－1881－0010332　15296

北遊詩集一卷　（宋）汪夢斗撰　清宜秋館抄本　一冊

340000－1881－0010333　15297

康范詩集一卷　（宋）汪晫撰　清宜秋館抄本　一冊

340000－1881－0010334　15298

唐中興閒氣集二卷　（唐）高仲武撰　清末影印本　二冊

340000－1881－0010335　15299

孫真人備急千金要方□□卷　（唐）孫思邈撰　明刻本　一冊　存五卷(四十六至五十)

340000－1881－0010336　15300

顏氏家訓七卷末一卷　（北齊）顏之推撰　清乾隆五十四年(1789)抱經堂刻本　二冊

340000－1881－0010337　15301

苕溪漁隱叢話一百卷　（宋）胡仔編纂　明刻本　十冊

340000－1881－0010338　15302

地圖綜要三卷　（明）吳學儼等輯　明刻本　八冊

340000－1881－0010339　15303

宣和博古圖錄三十卷　（宋）王黼編　明萬曆十六年(1588)刻本　五冊　存十卷(一至十)

340000－1881－0010340　15304

昌黎先生詩增注証訛十一卷　（唐）韓愈撰　（清）顧嗣立編　（清）黃鉞增注　清咸豐七年(1857)二客軒刻本　四冊

340000－1881－0010341　15305

史記評林一百三十卷　（明）凌稚隆編　明萬曆五年(1577)刻本　四十冊

340000－1881－0010342　15306

凝香室鴻雪因緣圖記三集　（清）麟慶著　清道光二十七年(1847)刻本　六冊

340000－1881－0010343　15307

唐詩品彙一百卷　（明）高棅編　明刻本　六冊　存三十一卷(一至三十一)

340000－1881－0010344　15308

新刻諸名家批評分類註釋百子抄奇四卷　（明）郭偉纂註　明王崇敦刻本　二冊　存二卷(一至二)

340000－1881－0010345　15309

微尚齋詩牋一卷圩笠尉草稾一卷　（清）馮志沂撰　清同治二年(1863)稿本　一冊

340000－1881－0010346　15310

弇州山人四部稿選一百七十四卷　（明）王世貞著　（明）沈一貫編　清刻本　三冊　存八卷(說部一至二、詩部二至四、文部一至三)

340000－1881－0010347　15311

文選六十卷　（南朝梁）蕭統撰　清影印本　二十四冊

340000－1881－0010348　15312

王氏書畫苑九十五卷　（明）王世貞輯　明刻本　五冊　存二十三卷(古畫品錄一卷、續畫品錄一卷、後畫錄一卷、續畫品一卷、貞觀公私畫史一卷、沈存中圖畫歌一卷、筆法記一卷、王維山水論一卷、聖朝名畫評三卷、唐朝名畫錄一卷、五代名畫補遺一卷、畫繼十卷)

340000－1881－0010349　15313

山海經圖讚二卷　（晉）郭璞撰　**數術記遺一卷**　（漢）徐岳撰　（北周）甄鸞注　**搜神記二十卷後記十卷**　（晉）干寶撰　**佛國記一卷**　（宋）釋法顯撰　明刻本　三冊

340000－1881－0010350　15314

高常侍集十卷杜審言集二卷盧照鄰集二卷駱賓王集二卷王勃集二卷沈佺期集二卷陳子昂集二卷宋之問集二卷楊炯集二卷　（明）張遜業編　明嘉靖三十一年(1552)黃埠刻本　四冊

340000－1881－0010351　15315

宋之問集二卷　（唐）宋之問撰　明嘉靖刻本　一冊

340000－1881－0010352　15316

孟浩然集四卷　（唐）孟浩然撰　明刻本　一冊

340000－1881－0010353　15317

宋本唐詩三十八家五十二卷　（唐）韓翃等撰　明刻本　十冊

340000－1881－0010354　15318

重刊校正笠澤叢書四卷補遺一卷續補遺一卷　（唐）陸龜蒙撰　清刻本　二冊

340000－1881－0010355　15319

儀禮十七卷嚴本儀禮鄭氏注校錄一卷嚴本儀禮鄭氏注續校一卷　（漢）鄭玄注　清嘉慶二十年(1815)吳門黃氏讀未見書齋刻本　二冊

340000－1881－0010356　15320

焦氏易林十六卷　（漢）焦贛撰　清嘉慶十三年(1808)吳門黃氏刻本　三冊

340000－1881－0010357　15321

性理大全書七十卷　（明）胡廣等纂修　明刻本　二十六冊

340000－1881－0010358　15322

宋名家詞不分卷　（明）毛晉編　明汲古閣刻本　二十六冊

340000－1881－0010359　15323

山東鹽法志三十卷　（清）徵瑞總裁　（清）吳昇（清）周勳纂　（清）陳逢堯繪圖　清抄本　十五冊

340000－1881－0010360　15325

晉書一百三十卷　（唐）太宗李世民撰　明鍾人傑刻本　三十二冊

340000－1881－0010361　15326

南唐書三十卷 （宋）馬令編　南唐近事三卷
（宋）鄭文寶編　明嘉靖二十九年(1550)刻
本　八冊

340000－1881－0010362　15327
修齊要覽二卷 （明）許樂善編　明萬曆二十
四年(1596)刻本　一冊

340000－1881－0010363　15328
杜工部集二十卷 （唐）杜甫撰　（清）錢謙益
注　清康熙六年(1667)刻本　二十冊

340000－1881－0010364　15329
五雅四十一卷 （明）郎奎金輯　（明）葉自本
訂　明天啓六年(1626)郎氏堂策檻刻本
四冊

340000－1881－0010365　15330
元文類刪四卷 （明）張溥編　明嘉靖十六年
(1537)刻本　二冊

340000－1881－0010366　15331
渭上稿二十五卷 （明）南軒著　明刻本　一
冊　存二卷(十五至十六)

340000－1881－0010367　15334
項仲昭先生纂註五經奇英五卷 （明）項煜纂
註　明劉孔敦刻本　一冊　存二卷(一、五)

340000－1881－0010368　15335
項仲昭先生纂註五經奇英五卷 （明）項煜纂
註　明劉孔敦刻本　一冊　存一卷(四)

340000－1881－0010369　15336
劉向新序十卷 （漢）劉向撰　明刻本　一冊

340000－1881－0010370　15337
鳥鼠山人小集十六卷 （明）胡纘宗撰　（明）
歸仁編　明刻本　六冊

340000－1881－0010371　15338
唐詩類選六卷 （明）張居仁編　明刻本　二
冊　存二卷(二至三)

340000－1881－0010372　15339
海防圖論不分卷 （明）鄭若曾撰　明天啓元
年(1621)刻本　一冊

340000－1881－0010373　15340
增補繪像山海經廣註五卷 （清）吳志伊注
清康熙五十一年(1712)刻本　二冊

340000－1881－0010374　15341
太白山人槲葉集五卷後一卷 （清）李柏著
清康熙三十四年(1695)刻本　五冊

340000－1881－0010375　15342
詩經說通十三卷首一卷 （明）沈守正纂　明
萬曆四十三年(1615)刻本　四冊

340000－1881－0010376　15343
歐陽永叔集選十六卷 （宋）歐陽修撰　（明）
陸夢龍編　明刻本　六冊

340000－1881－0010377　15344
歐文忠公文選十卷 （宋）歐陽修撰　（明）歸
有光編　（明）顧錫疇評訂　明刻本　四冊

340000－1881－0010378　15345
淮海英靈集甲集四卷乙集四卷丙集四卷丁集
四卷戊集四卷 （清）阮元編　清抄本　十八
冊　存九卷(淮海英靈集甲集四卷、乙集二至
三、丙集三、丁集一、戊集一)

340000－1881－0010379　15347
元朝秘史注十五卷首一卷 （清）李文田注
清光緒二十二年(1896)漸西村舍刻本　四冊

340000－1881－0010380　15348
元朝秘史十五卷 （□）□□撰　清道光二十
七年(1847)靈石楊氏刻連筠簃叢書本　一冊

340000－1881－0010381　15350
四書備考二十八卷 （明）陳仁錫編　明崇禎
七年(1634)刻本　十八冊

340000－1881－0010382　15351
論語孟子圖說不分卷 （□）□□撰　明抄本
一冊

340000－1881－0010383　15352
史記要錄不分卷 （漢）司馬遷撰　（□）□□
編　明抄本　一冊

340000－1881－0010384　15353
五行大義五卷 （隋）蕭吉撰　清嘉慶九年

（1804）刻本　二冊

340000 － 1881 － 0010385　15354

事文類聚後集總目不分卷　（宋）祝穆編
（明）陳繼儒注　明抄本　一冊

340000 － 1881 － 0010386　15355

一切經音義二十五卷補訂華嚴經音義二卷
（唐）釋玄應　（唐）釋慧苑撰　清同治八年
（1869）寶晉齋刻本　四冊

340000 － 1881 － 0010387　15356

隸韻十卷碑目攷證一卷　（宋）劉球纂　隸韻
攷證二卷　（清）翁方綱撰　清嘉慶十五年
（1810）刻本　六冊

340000 － 1881 － 0010388　15357

增修埤雅廣要四十二卷　（宋）陸佃撰　（明）
牛衷增修　明萬曆三十八年（1610）孫弘範刻
本　八冊

340000 － 1881 － 0010389　15358

宋文鑑一百五十卷目錄三卷　（宋）呂祖謙編
　明刻本　八冊　存六十三卷（四十一至九
十六、一百二十九至一百三十五）

340000 － 1881 － 0010390　15359

眉公見聞錄四卷　（明）陳繼儒著　明刻本
二冊

340000 － 1881 － 0010391　15360

古文續書十卷　（清）吳之騄編　清康熙四十
九年（1710）刻本　一冊

340000 － 1881 － 0010392　15361

桯史十卷　（宋）岳珂著　（明）毛晉編　明汲
古閣刻本　三冊

340000 － 1881 － 0010393　15362

石湖居士詩集三十五卷　（宋）范成大撰
（清）顧嗣協　（清）顧嗣臬　（清）顧嗣立編
　清康熙二十七年（1688）刻本　四冊　存三
十四卷（一至三十四）

340000 － 1881 － 0010394　15363

文公家禮儀節八卷　（明）丘濬編　明萬曆三
十六年（1608）錢時刻本　八冊

340000 － 1881 － 0010395　15364

却掃編三卷　（宋）徐度撰　（明）毛晉編　明
汲古閣刻本　一冊

340000 － 1881 － 0010396　15365

香祖筆記十二卷　（清）王士禎著　清康熙四
十四年（1705）刻本　四冊

340000 － 1881 － 0010397　15366

大學衍義四十三卷　（宋）真德秀輯　（明）陳
仁錫評閱　明崇禎刻本　十冊

340000 － 1881 － 0010398　15367

陶詩彙註四卷首一卷末一卷　（清）吳瞻泰編
　清康熙四十四年（1705）刻本　二冊

340000 － 1881 － 0010399　15368

類編古今策學衍義一卷　（□）□□撰　明弘
治十七年（1504）慎獨齋刻本　一冊

340000 － 1881 － 0010400　15369

五代史記七十四卷　（宋）歐陽修撰　（宋）徐
無黨注　明崇禎三年（1630）刻本　六冊

340000 － 1881 － 0010401　15370

宋詩紀事一百卷　（清）厲鶚編　（清）沈嘉轍
輯　清抄本　三十冊

340000 － 1881 － 0010402　15371

漢書一百卷　（漢）班固　（唐）顏師古注　明
崇禎十五年（1642）刻本　二十四冊

340000 － 1881 － 0010403　15372

鴻苞集四十八卷　（明）屠隆著　（明）茅元儀
編　明刻本　一冊　存六卷（一至六）

340000 － 1881 － 0010404　15373

陳眉公珍珠船四卷　（明）陳繼儒纂　明刻本
二冊

340000 － 1881 － 0010405　15374

新刻陳徐二先生評選史記則八卷　（明）徐肅
穎編　（明）陳繼儒評　明崇禎四年（1631）陳
國旺刻本　三冊

340000 － 1881 － 0010406　15375

唐詩拾遺十卷　（明）高棅編　明洪武三十一
年（1398）刻本　三冊　存八卷（一至八）

340000 – 1881 – 0010407　15376

臨野堂文集十卷　（清）鈕琇著　清康熙三十
八年(1699)刻本　二冊

340000 – 1881 – 0010408　15377

歐陽文忠公五代史抄二十卷新唐書抄二卷
（宋）歐陽脩撰　（明）茅坤評　明刻本　六冊

340000 – 1881 – 0010409　15378

童蒙訓三卷　（宋）呂本中撰　清雍正刻本
一冊

340000 – 1881 – 0010410　15379

稽瑞一卷　（唐）劉庚編　清刻本　一冊

340000 – 1881 – 0010411　15380

讀杜心解六卷首二卷　（清）浦起龍撰　清雍
正二年(1724)寧我齋刻本　八冊

340000 – 1881 – 0010412　15381

春秋大成三十一卷　（清）馮如京纂編　春秋
大成講意三十一卷　（清）馮雲驤著　清順治
刻本　四冊

340000 – 1881 – 0010413　15382

嘉樂齋三蘇文範十八卷　（明）楊慎編　（明）
袁宏道注　明天啓二年(1622)刻本　八冊

340000 – 1881 – 0010414　15383

史記一百三十卷　（漢）司馬遷撰　（南朝宋）
裴駰集解　清順治汲古閣刻本　十四冊　存
一百十八卷(一至一百十八)

340000 – 1881 – 0010415　15384

蘭雪堂古事苑定本十二卷　（明）鄧志謨編
清康熙蘭雪堂刻本　六冊

340000 – 1881 – 0010416　15385

畏壘筆記四卷　（清）徐昂發撰　清刻本
二冊

340000 – 1881 – 0010417　15386

丹鉛新錄八卷　（明）胡應麟著　（明）江湛然
編　明刻本　一冊

340000 – 1881 – 0010418　15387

名媛八才子詩八卷　（清）鄒流綺編　清刻本
二冊

340000 – 1881 – 0010419　15388

才調集十卷　（五代）韋縠撰　清康熙四十三
年(1704)垂雲堂刻本　二冊

340000 – 1881 – 0010420　15389

周易本義四卷附圖一卷　（宋）朱熹輯　明書
林拱秀堂劉蓮台刻本　二冊

340000 – 1881 – 0010421　15390

朱文公校昌黎先生集四十卷集傳一卷外集十
卷遺文一卷　（唐）韓愈撰　（宋）朱熹考異
清刻本　四冊

340000 – 1881 – 0010422　15391

磧砂唐詩三卷　（宋）周弼選　（元）釋圓至注
（清）盛傳敏　（清）王謙纂釋　清康熙十九
年(1680)刻本　二冊

340000 – 1881 – 0010423　15392

冷齋夜話十卷　（宋）釋惠洪編　明汲古閣刻
本　二冊

340000 – 1881 – 0010424　15393

鮑明遠集十卷　（南朝宋）鮑照著　明刻本
二冊

340000 – 1881 – 0010425　15394

唐詩快十六卷　（明）黃周星編注　清康熙三
十二年(1693)刻本　四冊

340000 – 1881 – 0010426　15395

古今韻略五卷例言一卷　（清）邵長蘅纂
（清）宋至校　清康熙三十五年(1696)刻本
二冊

340000 – 1881 – 0010427　15396

五代史補五卷　（宋）陶岳撰　五代史闕文一
卷　（宋）王禹偁撰　史記索隱三十卷　（唐）
司馬貞撰　明汲古閣刻本　二冊

340000 – 1881 – 0010428　15397

齊雲山志五卷　（明）魯點撰　明嘉靖十九年
(1540)刻本　五冊

340000 – 1881 – 0010429　15398

白石樵真稿二十四卷　（明）陳繼儒著　明刻
本　八冊

340000 – 1881 – 0010430　15399

唐陸宣公集二十二卷　（唐）陸贄撰　清雍正
元年(1723)刻本　十二冊

340000 – 1881 – 0010431　15400

金史一百三十五卷　（元）脫脫著　明南監刻
嘉靖補修本　二十冊

340000 – 1881 – 0010432　15401

綠窗雅詠一卷　（□）□□撰　清乾隆三十五
年(1770)刻本　一冊

340000 – 1881 – 0010433　15402

補寰宇訪碑錄不分卷　（清）趙之謙編　清稿
本　一冊

340000 – 1881 – 0010434　15403

論語二卷孟子七卷　（□）□□撰　明刻本
四冊

340000 – 1881 – 0010435　15405

蒼雪齋詩不分卷　（清）史承豫撰　清稿本
一冊

340000 – 1881 – 0010436　15406

雙節堂庸訓六卷學治臆說二卷後一卷雙節堂
褮錄十九卷佐治藥言一卷續佐治藥言一卷善
俗書一卷春陵褒貞錄一卷　（清）汪輝祖纂
清乾隆五十九年(1794)刻本　四冊

340000 – 1881 – 0010437　15407

張堯峯賓鶴自寫詩一卷　（清）張堯峯撰　清
抄本　一冊

340000 – 1881 – 0010438　15408

文選摘抄不分卷　（□）□□撰　清抄本
一冊

340000 – 1881 – 0010439　15409

夷堅志乙集二卷　（宋）洪邁撰　清刻本
一冊

340000 – 1881 – 0010440　15410

晁具茨先生詩集十五卷　（宋）晁沖之撰　明
刻本　二冊

340000 – 1881 – 0010441　15411

晉唐明詩選不分卷　（□）□□撰　明末抄本

一冊

340000 – 1881 – 0010442　15412

梅花百詠二卷末一卷　（□）□□編　明抄本
二冊

340000 – 1881 – 0010443　15413

瞿忠宣公集十卷　（明）瞿式耜撰　清光緒十
三年(1887)刻本　四冊

340000 – 1881 – 0010444　15414

嘉靖以來內閣首輔傳八卷　（明）王世貞撰
明抄本　一冊　存一卷(五)

340000 – 1881 – 0010445　15415

詩禪一卷　（明）石萬程編　明刻本　一冊

340000 – 1881 – 0010446　15416

明人精製分省地圖不分卷　（□）□□編　清
抄本　一冊

340000 – 1881 – 0010447　15417

平定逆匪紀畧六卷　（清）盛大士纂　清光緒
二十七年(1901)刻本　四冊

340000 – 1881 – 0010448　15418

鴻雪因緣圖記六卷　（清）完顏麟慶著　清光
緒十二年(1886)點石齋石印本　六冊

340000 – 1881 – 0010449　15419

直齋書錄解題二十二卷　（宋）陳振孫撰　清
乾隆三十九年(1774)刻武英殿聚珍版書本
十二冊

340000 – 1881 – 0010450　15420

楚辭集注八卷　（宋）朱熹集注　明聽雨齋刻
朱墨套印本　六冊

340000 – 1881 – 0010451　15421

家語十卷　（三國魏）王肅注　明刻清康熙十
年(1671)補刻本　一冊

340000 – 1881 – 0010452　15422

耕織圖不分卷　（清）聖祖玄燁撰　（清）焦秉
貞繪　清康熙刻本　一冊

340000 – 1881 – 0010453　15423

耕織圖不分卷　（清）聖祖玄燁撰　（清）焦秉

貞繪　清康熙三十五年(1696)刻本　一冊

340000 – 1881 – 0010454　15424

耕織圖不分卷　(清)聖祖玄燁撰　(清)焦秉貞繪　清康熙刻本　一冊

340000 – 1881 – 0010455　15425

神堯耕織圖不分卷　(□)□□撰　清拓本　一冊

340000 – 1881 – 0010456　15426

釋迦如來應化事蹟不分卷　(□)□□撰　清刻本　一冊

340000 – 1881 – 0010457　15427

耕織圖不分卷　(清)聖祖玄燁撰　(清)焦秉貞繪　清康熙內府刻本　一冊

340000 – 1881 – 0010458　15428

孔子聖跡圖不分卷　(□)□□撰　明隆慶六年(1572)任應選刻本　一冊

340000 – 1881 – 0010459　15429

爾雅三卷　(晉)郭璞注　清嘉慶六年(1801)刻本　三冊

340000 – 1881 – 0010460　15430

爾雅三卷　(晉)郭璞注　清嘉慶六年(1801)刻本　三冊

340000 – 1881 – 0010461　15431

白虎通四卷附白虎通校勘補遺一卷　(漢)班固等撰　白虎通義攷一卷　(清)莊述祖撰　白虎通闕文一卷　(清)莊述祖編　清乾隆四十九年(1784)抱經堂刻本　二冊

340000 – 1881 – 0010462　15432

新刊便覽大學衍義補節要四卷　(明)陳增纂輯　(清)范楷校　明嘉靖刻本　二冊

340000 – 1881 – 0010463　15433

國語明道本攷異四卷　(清)汪遠孫編　清刻本　一冊

340000 – 1881 – 0010464　15434

離騷集傳不分卷　(宋)錢杲之集傳　清光緒三十年(1904)徐乃昌刻南陵徐氏隨盦叢書本　一冊

340000 – 1881 – 0010465　15435

漢書蒙拾三卷後漢書蒙拾二卷　(清)杭世駿纂　清刻本　一冊

340000 – 1881 – 0010466　15436

書蔡氏傳旁通六卷　(元)陳師凱撰　清通志堂刻本　二冊

340000 – 1881 – 0010467　15437

白石道人詩集二卷　(宋)姜夔撰　清刻本　一冊

340000 – 1881 – 0010468　15438

玉茗堂文集十六卷　(明)湯顯祖著　清康熙三十三年(1694)刻本　三冊

340000 – 1881 – 0010469　15439

韓文類譜七卷柳先生[宗元]年譜一卷　(宋)呂大防編　清光緒元年(1875)小玲瓏山館刻本　一冊

340000 – 1881 – 0010470　15440

重訂李義山詩集箋注三卷集外詩箋注一卷　(唐)李商隱撰　(清)朱鶴齡注　(清)程夢星編　詩話一卷重訂李義山年譜一卷　(清)程夢星編　清乾隆十一年(1746)刻本　四冊

340000 – 1881 – 0010471　15441

新編古今事文類聚前集六十卷　(宋)祝穆編　元刻本　二冊　存十四卷(一至四、十六至二十五)

340000 – 1881 – 0010472　15442

唐詩品彙九十卷　(明)高棅編　明洪武二十七年(1394)刻本　二冊　存四卷(五言古詩九至十二)

340000 – 1881 – 0010473　15443

前漢紀三十卷　(漢)荀悅撰　明嘉靖二十七年(1548)刻本　四冊

340000 – 1881 – 0010474　15444

玄蓋副草二十卷　(明)吳稼竳著　明萬曆三十四年(1606)刻本　三冊　存五卷(四至六、十九至二十)

340000 – 1881 – 0010475　15445

漢魏叢書鈔四卷　（明）張邦翼編　明萬曆四
十六年(1618)刻本　四冊

340000－1881－0010476　15446
儼山外集□□卷　（明）陸深撰　明刻本　一
冊　存六卷(三十二至三十七)

340000－1881－0010477　15447
玄岳山人詩選八卷　（明）姚袞著　（明）俞安
期　（明）張服采編　明萬曆十八年(1590)刻
本　一冊　存二卷(七至八)

340000－1881－0010478　15448
古今合璧事類備要三百六十六卷　（宋）謝維
新編　明刻本　一冊　存五卷(七至十一)

340000－1881－0010479　15449
唐書志二百二十五卷　（五代）劉昫等纂　明
刻本　二冊　存二卷(二十六至二十七)

340000－1881－0010480　15450
明詩小品不分卷　（清）孔自來選　清抄本
二冊

340000－1881－0010481　15451
舊精寫本詩詞合錄不分卷　（□）□□編　明
抄本　一冊

340000－1881－0010482　15452
遺芳錄三卷　（明）洪伊等編　明正德十六年
(1521)刻本　一冊

340000－1881－0010483　15453
敕脩百丈清規二卷　（唐）釋懷海纂　（元）釋
德輝編　元至正三年(1343)刻本　二冊

340000－1881－0010484　15454
精刻古今女史十二卷　（明）趙世杰編　明刻
本　二冊　存八卷(五至十二)

340000－1881－0010485　15455
昌黎先生集三十五卷　（唐）韓愈撰　明萬曆
刻本　五冊　存十七卷(三至四、十七至二十
二、二十七至三十五)

340000－1881－0010486　15456
鐵崖先生古樂府補六卷　（元）楊維楨撰
（□）□□補　明刻本　一冊

340000－1881－0010487　15457
水經二卷　（漢）桑欽撰　（北魏）酈道元注
明萬曆十三年(1585)刻本　一冊

340000－1881－0010488　15458
春秋經傳集解三十卷　（晉）杜預註　明刻本
十五冊

340000－1881－0010489　15459
老泉先生文集十四卷　（宋）蘇洵撰　明刻本
六冊

340000－1881－0010490　15460
說苑二十卷　（漢）劉向著　明嘉靖二十六年
(1547)鍾人傑刻本　二冊

340000－1881－0010491　15461
元文類刪四卷　（明）張溥編　明嘉靖十六年
(1537)刻本　四冊

340000－1881－0010492　15462
分類補註李太白詩三十卷　（宋）楊齊賢集註
（元）蕭士贇補註　明嘉靖二十二年(1543)
郭雲鵬刻本　九冊

340000－1881－0010493　15463
四書集解十七卷　（明）黃士俊纂輯　明萬曆
刻本　六冊

340000－1881－0010494　15464
星經二卷　（漢）甘公　（漢）石申著　明刻本
二冊

340000－1881－0010495　15465
歐陽文忠公五代史抄二十卷新唐書抄二卷
（明）茅坤評　明萬曆七年(1579)刻本
十冊

340000－1881－0010496　15466
選賦四卷　（南朝梁）蕭統編　明刻朱墨套印
本　四冊

340000－1881－0010497　15467
集千家註杜工部詩集二十卷文集二卷　（唐）
杜甫撰　明刻本　十二冊

340000－1881－0010498　15468
博物典彙二十卷　（明）黃道周纂　明崇禎八

年(1635)刻本　四冊

340000 – 1881 – 0010499　15469

通鑑釋文辯誤十二卷　（元）胡三省著　明刻本　四冊

340000 – 1881 – 0010500　15470

六經圖考不分卷　（宋）楊甲撰　（宋）毛邦翰等補　（清）潘稞鼎編　清康熙六十一年(1722)禮耕堂刻本　六冊

340000 – 1881 – 0010501　15471

梁昭明文選二十四卷　（明）張鳳翼纂注　明萬曆八年(1580)刻本　十冊

340000 – 1881 – 0010502　15472

性命圭旨不分卷　（明）尹真人撰　明萬曆四十三年(1615)三槐堂刻本　二冊

340000 – 1881 – 0010503　15473

性命圭旨不分卷　（明）尹真人撰　清康熙九年(1670)刻本　四冊

340000 – 1881 – 0010504　15474

徐幹中論二卷　（漢）徐幹撰　明刻本　二冊

340000 – 1881 – 0010505　15475

東都事略一百三十卷　（宋）王稱撰　明刻本　四冊　存九卷(五十四至五十六、七十至七十一、七十四至七十五、一百一至一百二)

340000 – 1881 – 0010506　15476

性理大全書七十卷　（明）胡廣等纂修　明嘉靖刻本　九冊　存二十一卷(一、九至十、十六至二十一、二十八至二十九、四十至四十二、四十七至四十八、五十二至五十六)

340000 – 1881 – 0010507　15477

論語集注先進篇一卷　（宋）朱熹集注　明初刻本　一冊

340000 – 1881 – 0010508　15478

解學士先生集三十一卷　（明）解縉撰　（明）黃諫編　明天順二年(1458)刻本　三冊　存十四卷(一至五、十六至十九、二十七至三十一)

340000 – 1881 – 0010509　15479

書經集注六卷　（宋）蔡沈集注　明刻本　一冊

340000 – 1881 – 0010510　15480

王陽明先生傳習錄四卷　（明）王守仁撰　明萬曆二十一年(1593)刻本　二冊

340000 – 1881 – 0010511　15481

書經六卷　（宋）蔡沈集注　明嘉靖衛王府刻本　一冊

340000 – 1881 – 0010512　15482

潛虛一卷　（宋）司馬光撰　明刻本　一冊

340000 – 1881 – 0010513　15483

禮記集說十卷　（元）陳澔集說　明刻本　十冊

340000 – 1881 – 0010514　15484

陽明先生外集九卷　（明）王守仁撰　（明）錢德洪　（明）王畿編　明胡宗憲刻本　二冊　存四卷(一至四)

340000 – 1881 – 0010515　15485

獨斷二卷忠經一卷輶軒使者絕代語釋別國方言十三卷　（漢）蔡邕等撰　（明）程榮校　明宣德九年(1434)刻本　一冊

340000 – 1881 – 0010516　15486

嵇中散集十卷　（晉）嵇康著　明嘉靖四年(1525)刻本　二冊

340000 – 1881 – 0010517　15487

陸士衡集十卷　（晉）陸機著　明刻本　二冊

340000 – 1881 – 0010518　15488

揚子雲集三卷　（漢）揚雄著　明刻本　二冊

340000 – 1881 – 0010519　15489

風俗通義四卷　（漢）應邵著　明天啓六年(1626)堂策檻刻本　一冊

340000 – 1881 – 0010520　15490

集古印譜六卷　（明）王常編　（明）顧從德校　明萬曆三年(1575)顧氏芸閣刻本　六冊

340000 – 1881 – 0010521　15491

陸士龍文集十卷　（晉）陸雲著　明刻本

二册

340000－1881－0010522　15492

硯廬詩一卷　（清）朱之俊著　明刻本　一册

340000－1881－0010523　15493

石林燕語十卷　（宋）葉夢得撰　明刻本
四册

340000－1881－0010524　15494

重刊許氏說文解字五音韻譜十二卷　（宋）李
燾撰　明刻本　四册

340000－1881－0010525　15495

資治通鑑二百九十四卷通鑑釋文辯誤十二卷
　（宋）司馬光纂　（元）胡三省音注　（明）
陳仁錫評　明天啓五年(1625)刻本　一百
九册

340000－1881－0010526　15496

揚子雲集三卷　（漢）揚雄著　明刻本　二册

340000－1881－0010527　15497

孫月峰先生批點南華真經八卷　（明）孫鑛注
　明萬曆三十九年(1611)刻本　二册

340000－1881－0010528　15498

五經文字三卷新加九經字樣一卷　（唐）張參
撰　清刻本　四册

340000－1881－0010529　15499

說文解字十二卷　（漢）許慎撰　明刻本
四册

340000－1881－0010530　15500

投筆集一卷　（清）錢謙益撰　清抄本　一册

340000－1881－0010531　15501

書經選要不分卷　（□）□□撰　清康熙精抄
本　一册

340000－1881－0010532　15502

春秋集義二十卷　（清）鄭江纂　清乾隆抄本
　二十册

340000－1881－0010533　15503

性理大全書七十卷　（明）胡廣等纂修　明刻
本　一册

340000－1881－0010534　15504

性理大全書七十卷　（明）胡廣等纂修　明刻
本　十九册　存六十九卷(二至七十)

340000－1881－0010535　15505

閨範四卷　（明）呂坤注　（明）程夢暘等校
明萬曆十八年(1590)刻本　八册

340000－1881－0010536　15506

中州集十卷首一卷　（金）元好問編　明汲古
閣刻本　十一册

340000－1881－0010537　15507

中州樂府不分卷　（金）元好問編　明汲古閣
刻本　一册

340000－1881－0010538　15508

爾雅翼三十二卷　（宋）羅願撰　（元）洪焱祖
釋　明崇禎六年(1633)刻本　六册

340000－1881－0010539　15509

重刊草木子四卷　（明）葉子奇著　明萬曆八
年(1580)楊瑞刻本　一册

340000－1881－0010540　15510

新刻風俗通義皇霸十卷　（漢）應邵著　明刻
本　二册

340000－1881－0010541　15511

己山先生文集十卷別集四卷　（清）王步青撰
　清乾隆十七年(1752)刻本　四册

340000－1881－0010542　15512

借菴詩艸二卷　（明）朱昂撰　清抄本　二册

340000－1881－0010543　15513

三國志六十五卷　（晉）陳壽撰　明萬曆二十
四年(1596)刻本　八册　存三十九卷(魏志
四至三十、吳志一至十二)

340000－1881－0010544　15514

晉書鈞玄二卷　（明）錢普撰　明萬曆六年
(1578)刻本　二册

340000－1881－0010545　15515

三國志六十五卷　（晉）陳壽撰　（南朝宋）裴
松之注　清乾隆四年(1739)刻本　十四册

340000－1881－0010546　15516

古今韻會舉要三十卷禮部韻畧七音三十六母通攷一卷　(宋)黃公紹編　(元)熊忠舉要　明嘉靖十五年(1536)刻本　九冊　存二十七卷(古今韻會舉要一至二十、二十五至三十、禮部韻畧七音三十六母通攷一卷)

340000－1881－0010547　15517

東坡集選五十卷餘一卷　(宋)蘇軾撰　蘇文忠公年譜一卷　(宋)王宗稷編　蘇文忠公外紀二卷　(明)王世貞編　外紀逸編一卷　(明)璩之璞補　明刻本　十冊

340000－1881－0010548　15518

昭德先生郡齋讀書志十卷附志二卷後志二卷附考異一卷　(宋)晁公武撰　清康熙六十一年(1722)刻本　四冊　存八卷(昭德先生郡齋讀書志一至五、後志二卷、考異一卷)

340000－1881－0010549　15519

蘭雪堂古事苑定本十二卷　(明)鄧志謨編　清康熙二十五年(1686)蘭雪堂刻本　六冊

340000－1881－0010550　15520

八品仙經二卷　(唐)呂巖撰　清刻本　四冊

340000－1881－0010551　15521

文子二卷　(明)彭好古編　明吳勉學刻本　一冊

340000－1881－0010552　15522

春秋公羊傳十二卷穀梁傳十二卷　(明)閔齊伋注　明天啓刻本　八冊

340000－1881－0010553　15523

通志略五十二卷　(宋)鄭樵著　清乾隆十三年(1748)刻本　十五冊

340000－1881－0010554　15524

古逸書三十卷首一卷末一卷　(明)潘基慶編注　明萬曆四十年(1612)刻本　十冊

340000－1881－0010555　15525

五經讀五卷　(明)陳際泰撰　明崇禎刻本　三冊

340000－1881－0010556　15526

先進遺風二卷　(明)耿定向著　(明)毛在增補　陳眉公訂正夢溪補筆談二卷　(宋)沈括著　見聞紀訓不分卷　(明)陳良謨撰　明萬曆十八年(1590)刻本　一冊

340000－1881－0010557　15527

春秋左傳十一卷　(明)閔齊華　(明)閔齊伋　(明)閔象泰編　明萬曆刻朱墨套印本　十一冊

340000－1881－0010558　15528

鐫地理參補評林圖訣全備平沙玉尺經二卷　(元)劉秉忠著　(明)劉基注　(明)賴從謙增注　明陳賢刻本　二冊

340000－1881－0010559　15529

李詩選五卷　(唐)李白撰　(明)張愈光編　(明)楊慎等批點　明凌濛初刻朱墨套印本　四冊

340000－1881－0010560　15530

諸子綱目類編八卷　(明)李元珍編　明刻朱墨套印本　八冊

340000－1881－0010561　15531

新刻白虎通德論二卷　(漢)班固撰　明刻本　二冊

340000－1881－0010562　15532

大明萬曆乙亥重刊改併五音類聚四聲篇十五卷　(金)韓孝彥　(金)韓道昭編　明萬曆三年(1575)刻本　八冊

340000－1881－0010563　15533

二如亭群芳譜二十八卷首一卷　(明)王象晉纂輯　(明)毛晉校　明天啓元年(1621)刻本　二十四冊

340000－1881－0010564　15534

鄧子一卷　(春秋)鄧析撰　(明)楊慎評注　明張懋桳刻本　一冊

340000－1881－0010565　15535

列子冲虛真經八卷　(戰國)列禦寇撰　明吳勉學刻本　一冊

340000－1881－0010566　15536

公孫龍子三卷　（宋）謝希深注　**尹文子二卷**
（戰國）尹文撰　明刻本　一冊

340000－1881－0010567　15537

李義山文集十卷　（唐）李商隱撰　（清）徐樹
穀　（清）徐炯注　清康熙四十七年（1708）刻
本　二冊

340000－1881－0010568　15539

青邱高季迪先生詩集十八卷　（明）高啟撰
（清）金檀輯注　清雍正六年（1728）文瑞樓刻
本　八冊

340000－1881－0010569　15540

三魚堂文集十二卷　（清）陸隴其著　清前期
刻本　六冊

340000－1881－0010570　15541

顏氏家訓二卷　（北齊）顏之推撰　明正德十
三年（1518）刻本　一冊

340000－1881－0010571　15542

蔗菴詩選不分卷　（清）孫暘著　清康熙二十
九年（1690）刻本　四冊

340000－1881－0010572　15543

博物典彙二十卷　（明）黃道周纂　明崇禎八
年（1635）刻本　六冊

340000－1881－0010573　15544

濂洛風雅九卷　（清）張伯行編　清康熙四十
七年（1708）刻本　二冊

340000－1881－0010574　15545

嵇中散集十卷　（晉）嵇康著　明嘉靖四年
（1525）刻本　二冊

340000－1881－0010575　15546

阮嗣宗集二卷　（三國魏）阮籍著　明嘉靖二
十二年（1543）刻本　二冊

340000－1881－0010576　15547

盱壇直詮二卷　（明）曹胤儒編　**盱壇直詮補**
一卷　（元）詹士龍輯　明刻本　三冊

340000－1881－0010577　15548

五子近思錄發明十四卷　（清）施璜纂注　清
康熙四十四年（1705）刻本　八冊

340000－1881－0010578　15549

楚騷二卷　（戰國）屈原撰　明萬曆刻本　一
冊　存一卷（上）

340000－1881－0010579　15550

地圖綜要不分卷　（明）吳學儼等編　明萬曆
十三年（1585）刻本　七冊

340000－1881－0010580　15551

增定南九宮曲譜二十卷附錄一卷　（明）沈暻
編　明刻本　四冊

340000－1881－0010581　15552

春秋四傳三十八卷　（□）□□編　明刻本
十冊

340000－1881－0010582　15553

徐文長文集二十九卷　（明）徐渭撰　（明）袁
宏道評　明刻本　八冊

340000－1881－0010583　15554

元代雜劇不分卷　（元）楊景賢等撰　明刻本
六冊

340000－1881－0010584　15555

六書正譌五卷　（元）周伯琦編注　明嘉靖元
年（1522）刻本　四冊

340000－1881－0010585　15556

農政全書六十卷　（明）徐光啟纂輯　明崇禎
十二年（1639）平露堂刻本　二十四冊

340000－1881－0010586　15557

續文獻通考二百五十四卷　（明）王圻纂編
明萬曆三十一年（1603）刻本　六十冊

340000－1881－0010587　15558

文選六十卷　（南朝梁）蕭統撰　（唐）李善注
清乾隆三十七年（1772）海錄軒刻朱墨套印
本　十六冊

340000－1881－0010588　15559

三朝要典二十四卷　（明）顧秉謙等編　明天
啓六年（1626）刻本　八冊

340000－1881－0010589　15560

孟東野集十卷　（唐）孟郊著　明嘉靖三十五
年（1556）刻本　四冊

340000－1881－0010590　15561

李杜詩選十一卷　(唐)李白　(唐)杜甫撰
(明)張含輯　(明)楊慎等評　明刻朱墨套印
本　四冊

340000－1881－0010591　15562

國語二十一卷　(三國吳)韋昭解　(宋)宋庠
補音　明刻本　八冊

340000－1881－0010592　15563

春秋左傳屬事二十卷　(明)傅遜纂　明萬曆
十三年(1585)日殖齋刻本　十二冊

340000－1881－0010593　15564

古詩歸十五卷　(明)鍾惺　(明)譚元春選定
　明刻本　四冊

340000－1881－0010594　15565

大明一統賦三卷　(明)莫旦撰　(明)司馬泰
編　明嘉靖十六年(1537)刻本　三冊

340000－1881－0010595　15566

新鐫古今大雅南宮詞紀六卷北宮詞紀六卷
(明)陳所聞編　(明)陳邦泰輯　明萬曆三十
三年(1605)刻本　十二冊

340000－1881－0010596　15567

四六法海十二卷　(明)王志堅撰　(明)張我
城　(明)王志長　(明)王志慶編　明天啓七
年(1627)刻本　七冊

340000－1881－0010597　15568

埤雅二十卷　(宋)陸佃撰　明刻本　四冊

340000－1881－0010598　15569

呂氏春秋二十六卷　(秦)呂不韋撰　(漢)高
誘注　明嘉靖七年(1528)許宗魯刻本　八冊

340000－1881－0010599　15570

歷代鐘鼎彝器款識法帖二十卷　(宋)薛尚功
輯　明崇禎六年(1633)刻本　四冊

340000－1881－0010600　15571

帝京景物略八卷　(明)劉侗　(明)于奕正纂
　明刻本　八冊

340000－1881－0010601　15572

龍谿王先生全集二十二卷　(明)王畿撰

340000－1881－0010602　15573

篆澧偏旁點畫辯不分卷　(□)□□撰　明嘉
靖二十三年(1544)刻本　一冊

340000－1881－0010603　15574

松漠記聞一卷附續記聞不分卷補遺不分卷
(宋)洪皓輯　金虜圖一卷族帳部曲錄一卷
(宋)張棣撰　清抄本　一冊

340000－1881－0010604　15575

唐王右丞詩集六卷　(唐)王維撰　(明)顧可
久注　明嘉靖三十九年(1560)刻本　二冊

340000－1881－0010605　15576

弇州山人讀書後八卷　(明)王世貞撰　明刻
本　四冊

340000－1881－0010606　15577

新鐫全補標題音註歷朝捷錄四卷　(明)顧充
編著　(明)顧憲成音釋　(明)李王孫評註
明刻本　二冊

340000－1881－0010607　15578

選詩七卷　(南朝梁)蕭統選　(明)凌濛初評
　明刻本　六冊

340000－1881－0010608　15579

渭南文集五十二卷　(宋)陸游著　明正德八
年(1513)刻本　六冊

340000－1881－0010609　15580

兩漢博聞十二卷　(宋)楊侃撰　明嘉靖三十
七年(1558)刻本　八冊

340000－1881－0010610　15581

莊子鬳齋口義十卷　(宋)林希逸撰　明刻本
　二十冊

340000－1881－0010611　15582

蘇長公外紀十二卷　(明)王世貞編　明萬曆
二十三年(1595)刻本　四冊

340000－1881－0010612　15583

崆峒集六十三卷　(明)李夢陽著　明嘉靖九
年(1530)刻本　十二冊

340000 – 1881 – 0010613　15584

水經注四十卷　（漢）桑欽撰　（北魏）酈道元注　明崇禎二年(1629)刻本　八冊

340000 – 1881 – 0010614　15585

王槐野先生存笥稿二十卷　（明）王維楨著　明嘉靖三十七年(1558)尹應元刻本　十冊

340000 – 1881 – 0010615　15586

韓非子二十卷　（戰國）韓非撰　明萬曆十年(1582)刻本　八冊

340000 – 1881 – 0010616　15587

崇道堂四書不分卷　（宋）朱熹章句　（清）俞正燮評　清乾隆六十年(1795)崇道堂刻本　二冊

340000 – 1881 – 0010617　15588

明狀元圖考不分卷　（明）顧鼎臣撰　清刻本　二冊

340000 – 1881 – 0010618　15589

松絃館琴譜二卷　（明）嚴澂輯　（明）趙應良編　明萬曆四十二年(1614)刻本　二冊

340000 – 1881 – 0010619　15590

宋文鑑删十二卷　（明）張溥編　明刻本　十二冊

340000 – 1881 – 0010620　15591

游名山一覽記十二卷　（明）何鏜編　（明）慎蒙增選　明萬曆四年(1576)刻本　十六冊

340000 – 1881 – 0010621　15592

天中記六十卷　（明）陳耀文纂　明萬曆十七年(1589)刻本　五十八冊

340000 – 1881 – 0010622　15593

鍾伯敬評註唐詩選七卷附錄一卷　（明）李攀龍編　（明）鍾惺評註　（明）劉孔敦批點　明刻本　四冊

340000 – 1881 – 0010623　15594

南唐書十八卷　（宋）陸游撰　明汲古閣刻本　二冊

340000 – 1881 – 0010624　15595

墨書一卷附墨表　（明）汪道貫著　明刻本一冊

340000 – 1881 – 0010625　15596

天中記六十卷　（明）陳耀文纂　明刻本　十四冊

340000 – 1881 – 0010626　15597

鮑氏國策十卷　（宋）鮑彪注　明嘉靖七年(1528)刻本　八冊

340000 – 1881 – 0010627　15598

許文穆公集六卷　（明）許國撰　（明）焦竑校　明萬曆三十九年(1611)刻本　六冊

340000 – 1881 – 0010628　15599

筠溪牧潛集七卷　（元）釋圓至撰　（明）釋明河訂　明崇禎十二年(1639)汲古閣刻本　二冊

340000 – 1881 – 0010629　15600

御製避暑山莊詩二卷　（清）聖祖玄燁撰　清康熙五十一年(1712)刻本　二冊

340000 – 1881 – 0010630　15601

群書備數十二卷　（明）張九韶編　明嘉靖七年(1528)刻本　二冊

340000 – 1881 – 0010631　15602

古文奇賞二十二卷　（明）陳仁錫編注　明萬曆四十六年(1618)刻本　三十二冊

340000 – 1881 – 0010632　15603

元曲選不分卷　（明）臧懋循輯　明刻本　五十二冊

340000 – 1881 – 0010633　15604

補漢兵志并註一卷　（宋）錢文子撰　清乾隆三十二年(1767)李文藻抄本　一冊

340000 – 1881 – 0010634　15605

河東先生集四十五卷外集二卷龍城錄二卷附錄二卷集傳一卷　（唐）柳宗元撰　（唐）劉禹錫編　明嘉靖濟美堂刻本　十二冊

340000 – 1881 – 0010635　15606

刻京本三閭大夫楚辭八卷楚辭註解後語八卷楚辭辯證二卷　（宋）朱熹集註　明萬曆三十五年(1607)積善堂刻本　二冊

340000 – 1881 – 0010636　15607

讀書紀數略五十四卷　（清）宮夢仁編　清康熙四十六年(1707)刻本　十六冊

340000 – 1881 – 0010637　15608

遊藝塾文規五卷　（明）袁黃著　明刻本　二冊

340000 – 1881 – 0010638　15609

桃花扇傳奇二卷　（清）孔尚任編　清刻本　六冊

340000 – 1881 – 0010639　15610

御選唐詩三十二卷目錄三卷　（清）聖祖玄燁編　（清）陳廷敬等注　清康熙五十二年(1713)內府刻朱墨套印本　三十冊

340000 – 1881 – 0010640　15611

林臥遙集二卷　（清）趙吉士著　（清）于漢翔（清）汪灝評　清康熙三十五年(1696)刻本　二冊

340000 – 1881 – 0010641　15612

太乙山房文集十五卷　（明）陳際泰著　明崇禎六年(1633)刻本　六冊

340000 – 1881 – 0010642　15613

名句文身表異錄不分卷　（明）王志堅輯　清康熙刻本　二冊

340000 – 1881 – 0010643　15614

廣博物志五十卷　（明）董斯張纂　明萬曆三十五年(1607)高暉堂刻本　三十二冊

340000 – 1881 – 0010644　15615

醉石居增刪皇明論名山業一集不分卷表名山業一集不分卷策名山業一集不分卷　（明）周鐘評定　（明）張溥編　明醉石居刻本　八冊

340000 – 1881 – 0010645　15616

容臺別集四卷　（明）董其昌著　（清）董庭輯（清）董延編　清初刻本　一冊

340000 – 1881 – 0010646　15617

四書人物考訂補四十卷　（明）薛應旂　（明）朱焯注　（明）許胥臣補　明天啓七年(1627)刻本　五冊

340000 – 1881 – 0010647　15618

春秋繁露十七卷附錄一卷　（漢）董仲舒著（明）孫鑛評　（明）沈鼎新　（明）朱養純參評　明天啓五年(1625)刻本　二冊

340000 – 1881 – 0010648　15619

廣博物志五十卷　（明）董斯張纂　明萬曆三十五年(1607)高暉堂刻本　二十四冊

340000 – 1881 – 0010649　15620

雅尚齋遵生八牋十九卷目錄一卷　（明）高濂編　明萬曆十九年(1591)刻本　二十冊

340000 – 1881 – 0010650　15621

御製古文淵鑒六十四卷　（清）聖祖玄燁選（清）徐乾學等編注　清康熙四十九年(1710)刻五色套印本　四十冊

340000 – 1881 – 0010651　15622

賞奇軒四種合編不分卷　（□）□□撰　清刻本　二冊

340000 – 1881 – 0010652　15624

憑山閣留青廣集十二卷　（清）陳枚編　清康熙三十年(1691)刻本　十二冊

340000 – 1881 – 0010653　15625

吳友如畫寶十二集二十四卷　（清）吳嘉猷繪　清上海璧園石印本　十冊　存六集(三、六、八至十一)

340000 – 1881 – 0010654　15628

元史紀事本末四卷　（明）陳邦瞻編　（明）臧懋循補　（明）徐申　（明）劉曰梧校　明萬曆三十四年(1606)刻本　一冊

340000 – 1881 – 0010655　15629

歸有園稿七卷　（明）徐學謨著　明萬曆二十一年(1593)刻本　六冊

340000 – 1881 – 0010656　15630

南宋襍事詩七卷　（清）沈嘉轍撰　清刻本　四冊

340000 – 1881 – 0010657　15631

王陽明先生全集二十二卷首一卷　（明）王守仁撰　（清）俞嶙編　清康熙十七年(1678)刻

本　十冊

340000－1881－0010658　15632

說文解字十二卷　（漢）許慎撰　明萬曆二十
六年(1598)岱雲樓刻本　六冊

340000－1881－0010659　15633

御定歷代賦彙一百四十卷外集二十卷逸句二
卷　（清）陳元龍編　清康熙四十五年(1706)
刻本　五十冊

340000－1881－0010660　15634

東萊先生音註唐鑑二十四卷　（宋）范祖禹撰
（宋）呂祖謙註　明刻本　四冊

340000－1881－0010661　15635

檀弓二卷　（□）□□編　明末刻本　一冊

340000－1881－0010662　15636

困學紀聞注二十卷　（宋）王應麟撰　清刻本
十冊

340000－1881－0010663　15637

新刻通鑑集要二十八卷　（明）吳守譔編　明
萬曆三十五年(1607)刻本　十二冊

340000－1881－0010664　15638

春秋公羊傳二十八卷　（漢）何休撰　（明）金
蟠編　明崇禎永懷堂刻本　四冊

340000－1881－0010665　15639

宋朝道學名臣言行錄外集十七卷別集十三卷
續八卷　（宋）李幼武纂集　明張鰲山刻本
七冊

340000－1881－0010666　15640

諸史紀數四卷　（明）徐鑒編　明萬曆七年
(1579)刻本　五冊

340000－1881－0010667　15641

白香山詩集四十卷　（唐）白居易撰　（清）汪
立名編　清康熙四十二年(1703)一隅草堂刻
本　十二冊

340000－1881－0010668　15642

太古遺音四卷　（明）楊掄編　明刻本　二冊
存三卷(一至三)

340000－1881－0010669　15643

遺山先生詩集二十卷　（金）元好問撰　明刻
本　六冊

340000－1881－0010670　15644

春秋三十卷　（宋）胡安國撰　清刻本　四冊

340000－1881－0010671　15645

柳亭詩話十九卷　（清）宋長白纂　清康熙四
十四年(1705)天茁園刻本　八冊

340000－1881－0010672　15646

性理大全書七十卷　（明）胡廣等撰　明嘉靖
三十八年(1559)刻本　三十冊

340000－1881－0010673　15647

墨池編六卷　（宋）朱長文撰　明刻本　二冊

340000－1881－0010674　15648

元詩選十一集　（清）顧嗣立編　清康熙三十
三年(1694)秀野草堂刻本　十四冊

340000－1881－0010675　15649

施註蘇詩四十二卷蘇詩續補遺二卷　（清）顧
嗣立　（清）邵長蘅　（清）宋至編　清康熙三
十九年(1700)刻本　十二冊

340000－1881－0010676　15650

易經明洛義二卷明洛二義二卷明洛三義一卷
明洛四義一卷　（明）孫慎行纂　明刻本
六冊

340000－1881－0010677　15651

泊如齋重修宣和博古圖錄三十卷　（宋）王黼
編　（明）丁南羽　（明）吳左千繪圖　（明）
劉季然書錄　明萬曆十六年(1588)刻本　十
六冊

340000－1881－0010678　15652

倘湖樵書初編六卷二編六卷　（清）來集之纂
清康熙二十二年(1683)刻本　十二冊

340000－1881－0010679　15653

遂園禊飲集三卷　（清）徐乾學編　清康熙三
十三年(1694)刻本　一冊

340000－1881－0010680　15654

古今韻略五卷例言一卷　（清）邵長蘅纂

（清）宋至校　清康熙三十五年(1696)刻本
五册

340000－1881－0010681　15655

鍥旁註事類捷録十五卷　（明）鄧志謨著　明
萬曆三十一年(1603)德聚堂刻本　六册

340000－1881－0010682　15656

大學衍義補一百六十卷　（明）丘濬撰　明嘉
靖十二年(1533)刻本　十册

340000－1881－0010683　15657

御定全唐詩録一百卷　（清）徐倬　（清）徐元
正校刊　清康熙四十五年(1706)刻本　二十
四册

340000－1881－0010684　15658

小學集註六卷　（明）陳選集註　明崇禎八年
(1635)刻本　二册

340000－1881－0010685　15659

松溪漫興十卷　（清）王晫著　（清）顧有孝
（清）徐崧編　清順治霞舉堂刻本　一册

340000－1881－0010686　15660

琴音記二卷　（清）程瑤田著　清刻本　一册

340000－1881－0010687　15661

重修宣和博古圖録三十卷　（宋）王黼編　明
刻本　十三册

340000－1881－0010688　15662

敝篋集二卷廣莊一卷瓶史一卷　（明）袁宏道
撰　明刻本　二册

340000－1881－0010689　15663

瓶花齋集十卷　（明）袁宏道撰　明萬曆三十
六年(1608)刻本　三册

340000－1881－0010690　15664

劉須溪先生記鈔八卷　（宋）劉辰翁著　明天
啓三年(1623)刻本　一册

340000－1881－0010691　15665

晉書一百三十卷　（明）鍾惺評　（明）蔣之翹
删定　（明）陳邦俊參校　明崇禎十二年
(1639)刻本　二十册

340000－1881－0010692　15666

古今萬姓統譜一百四十卷歷代帝王姓系統譜
六卷氏族博攷十四卷　（明）凌迪知纂　明萬
曆七年(1579)刻本　三十册

340000－1881－0010693　15667

禮記課兒述註□□卷　（明）沈一中著　明天
啓二年(1622)刻本　四册　存十八卷(一至
十八)

340000－1881－0010694　15668

鄭端簡公徵吾録二卷　（明）鄭曉撰　明嘉靖
四十五年(1566)刻本　二册

340000－1881－0010695　15669

春秋左傳綱目定注三十卷　（晉）杜預　（宋）
林堯叟　（明）李廷機注　春秋左傳異名考一
卷　（明）李廷機編　明萬曆元年(1573)余泰
垣刻本　八册

340000－1881－0010696　15670

梁昭明文選十二卷　（南朝梁）蕭統撰　（明）
張鳳翼纂注　明萬曆二十九年(1601)刻本
十二册

340000－1881－0010697　15671

皇明四大家文選五卷　（明）孫慎行編　明刻
本　四册　存四卷(一、三至五)

340000－1881－0010698　15672

梁昭明文選二十四卷　（南朝梁）蕭統撰
（明）張鳳翼纂注　明刻本　十册　存十卷
(二至九、十一至十二)

340000－1881－0010699　15673

新增格古要論十三卷　（明）曹昭著　（明）舒
敏編　清刻本　四册

340000－1881－0010700　15674

文體明辯四十八卷詩體明辯二十六卷　（明）
徐師曾纂　（明）沈芬　（明）沈騏注　明崇禎
十三年(1640)刻本　十二册　存四十四卷
(文體明辯一至二十一、二十六至四十八)

340000－1881－0010701　15675

秋水菴花影集二卷　（明）施紹莘著　明刻本

二冊

340000－1881－0010702　15676

後山居士詩話一卷　（宋）陳師道撰　許彥洲
詩話一卷　（宋）許顗撰　明刻本　一冊

340000－1881－0010703　15677

方正學先生遜志齋集二十四卷外紀二卷
（明）方孝孺撰　明萬曆四十年(1612)刻本
十冊

340000－1881－0010704　15678

重刻張閣老經筵四書直解二十七卷　（明）張
居正輯著　（明）焦竑增補　鄒魯指南主意不
分卷　（明）宋鳳翔著　明萬曆四十六年
(1618)葉顯吾刻本　十二冊

340000－1881－0010705　15679

昌黎先生詩集注十一卷　（唐）韓愈撰　（清）
顧嗣立編　清康熙三十八年(1699)秀野艸堂
刻本　二冊

340000－1881－0010706　15680

唐宋八大家文鈔一百四十四卷　（明）茅坤評
　明萬曆七年(1579)刻本　四十冊

340000－1881－0010707　15681

鐵網珊瑚二十卷　（明）朱存理集錄　明刻本
　十六冊

340000－1881－0010708　15682

陶靖節集八卷附錄一卷蘇東坡和陶詩二卷
（晉）陶潛撰　明萬曆四十七年(1619)刻本
三冊

340000－1881－0010709　15683

新刻張太岳先生詩集四十七卷　（明）張居正
著　明萬曆四十年(1612)唐國達刻本　十冊

340000－1881－0010710　15684

石鏡山房周易說統十二卷　（明）張振淵編
明萬曆四十三年(1615)刻本　五冊　存十卷
(一至十)

340000－1881－0010711　15685

新鋟訂正評注便讀草堂詩餘七卷　（明）董其
昌編　（明）曾六德參釋　明萬曆三十年

(1602)刻本　一冊

340000－1881－0010712　15686

陶靖節集十卷　（晉）陶潛著　宋刻本　一冊
　存二卷(九至十)

340000－1881－0010713　15687

韋蘇州集十卷　（唐）韋應物撰　明刻本　四
冊　存四卷(一至四)

340000－1881－0010714　15688

新刻古器具名二卷　（明）胡文煥編　明萬曆
二十一年(1593)刻本　二冊

340000－1881－0010715　15689

史懷十七卷　（明）鍾惺述　（明）蔣勵志
（明）蔣勵修輯　明崇禎元年(1628)刻本
八冊

340000－1881－0010716　15690

詞譜四十卷　（清）王奕清等纂修　清康熙五
十四年(1715)王奕清刻本　三十冊　存三十
卷(一至二、六、八、十至十三、十六至二十五、
二十七至三十、三十二至三十六、三十八至四
十)

340000－1881－0010717　15691

忠雅堂詩一卷　（清）蔣士銓撰　清抄本
四冊

340000－1881－0010718　15692

新增格古要論十三卷　（明）曹昭著　（明）舒
敏編　清刻本　四冊

340000－1881－0010719　15693

王氏畫苑四卷　（明）王世貞撰　明刻本
一冊

340000－1881－0010720　15694

老子道德經二卷　（明）釋德清編　明刻本
二冊

340000－1881－0010721　15695

施註蘇詩四十二卷蘇詩續補遺二卷　（清）顧
嗣立　（清）邵長蘅　（清）宋至編　清康熙三
十九年(1700)刻本　八冊

340000－1881－0010722　15696

新鋟抱朴子內篇四卷外篇四卷　（晉）葛洪撰
明萬曆十二年（1584）三衢舒石泉刻本
四冊

340000－1881－0010723　15697

錢警石先生兩漢書校本二百二十卷首一卷末
一卷　徐乃昌編纂　清光緒三十二年（1906）
抄本　三十二冊

340000－1881－0010724　15698

游名山記十七卷　（明）何鏜著　清抄本
十冊

340000－1881－0010725　15699

陳眉公訂正震澤長語二卷　（明）王鏊撰　明
刻本　一冊

340000－1881－0010726　15700

西漢文統四卷　（明）王思任編　明刻本
四冊

340000－1881－0010727　15701

唐雅八卷　（明）張之象編輯　明嘉靖二十年
（1541）吳勉學刻本　四冊

340000－1881－0010728　15702

陳太史選評戰國策文範六卷　（宋）鮑彪注
（明）陳仁錫編　明刻本　三冊

340000－1881－0010729　15703

壯悔堂文集十卷遺集一卷　（清）侯方域撰
（清）賈開宗　（清）徐作肅編　清順治十三年
（1656）刻本　四冊

340000－1881－0010730　15704

彙編唐詩十集　（明）高棅等編　（明）唐汝詢
補評　明天啟三年（1623）刻本　十六冊

340000－1881－0010731　15705

鍥旁訓古事鏡十二卷　（明）鄭志謨著　明萬
曆四十三年（1615）余彰德刻本　四冊

340000－1881－0010732　15706

名媛詩歸三十六卷　（明）鍾惺編　明刻本
十二冊

340000－1881－0010733　15707

蘇長公合作八卷補二卷　（宋）蘇軾撰　（明）

高啟等批點　（明）鄭之惠評述　明萬曆四十
八年（1620）凌啟康刻三色套印本　十冊

340000－1881－0010734　15708

國語二十一卷　（三國吳）韋昭解　（宋）宋庠
補音　明刻本　四冊

340000－1881－0010735　15709

易經纂註四卷　（明）李廷機編　明刻本
一冊

340000－1881－0010736　15710

解脫集四卷　（明）袁宏道撰　明萬曆二十五
年（1597）刻本　二冊

340000－1881－0010737　15711

對類二十卷　（□）□□撰　明刻本　十六冊

340000－1881－0010738　15712

陶靖節集八卷附錄一卷蘇東坡和陶詩二卷
（晉）陶潛撰　明萬曆四十七年（1619）刻本
五冊

340000－1881－0010739　15713

名賢詩評二十卷　（明）俞允文編　明刻本
六冊

340000－1881－0010740　15714

唐陸宣公集二十二卷　（唐）陸贄撰　明萬曆
三十五年（1607）刻本　八冊

340000－1881－0010741　15715

南華真經副墨八卷　（明）陸西星撰　明萬曆
六年（1578）刻本　四冊

340000－1881－0010742　15716

南村輟耕錄三十卷　（明）陶宗儀撰　明刻本
十二冊

340000－1881－0010743　15717

選詩七卷　（明）馮惟訥注　明萬曆九年
（1581）刻本　六冊

340000－1881－0010744　15718

道援堂集十卷　（清）屈大均著　（清）沈用濟
編　清刻本　四冊

340000－1881－0010745　15719

新編事文類聚後集五十卷別集二十八卷續集三十二卷新集三十六外集十五卷 （宋）祝穆（元）富大用編 明壽德堂刻本 三十冊

340000－1881－0010746 15720

六臣註文選六十卷 （南朝梁）蕭統撰 （唐）李善等註 明刻本 二十一冊 存三十九卷（一至九、十五至十六、二十一至二十八、四十一至六十）

340000－1881－0010747 15721

劉向說苑二十卷 （漢）劉向撰 明刻本 四冊

340000－1881－0010748 15722

元文類七十卷目錄三卷 （元）蘇天爵編 明修德堂刻本 二十冊

340000－1881－0010749 15723

京本音釋註解書言故事大全十二卷 （宋）胡繼宗編 （明）陳玩直註 明刻本 一冊 存三卷（四至六）

340000－1881－0010750 15724

麗句集不分卷 （明）許之吉編 明刻本 六冊

340000－1881－0010751 15725

新刻九我李太史校正古文歷史大方通鑑四十一卷 （明）李廷機編 明嘉靖三十八年(1559)余象斗刻本 十七冊

340000－1881－0010752 15726

續藏書二十七卷 （明）李贄著 （明）陳仁錫評 明刻本 十冊

340000－1881－0010753 15727

續藏書二十七卷 （明）李贄著 （明）陳仁錫評 明刻本 十二冊

340000－1881－0010754 15728

李氏說書九卷 （明）李贄編 明刻本 四冊

340000－1881－0010755 15729

藏書世紀六十八卷 （明）李贄撰 （明）陳仁錫評 明萬曆二十七年(1599)刻本 二十六冊

340000－1881－0010756 15730

秋士史疑四卷 （明）宋存標撰 （明）陳繼儒編 明崇禎二年(1629)君子堂刻本 四冊

340000－1881－0010757 15731

藏書世紀六十八卷 （明）李贄撰 （明）陳仁錫評 明萬曆二十七年(1599)刻本 二十冊

340000－1881－0010758 15732

昌黎先生集四十卷外集十卷遺文一卷 （唐）韓愈撰 （唐）李漢編 明東雅堂刻本 八冊

340000－1881－0010759 15733

分類補註李太白詩二十五卷 （宋）楊齊賢集註 （元）蕭士贇補註 唐翰林李太白年譜一卷 （宋）薛仲邕編 明徐自昌刻本 四冊

340000－1881－0010760 15734

精刻大學衍義補摘粹四卷 （明）許國編 明隆慶元年(1567)查策刻本 二冊

340000－1881－0010761 15735

海嶽山房存稿詩部五卷文部十五卷附錄一卷 （明）郭造卿著 （明）于慎行編 明萬曆三十四年(1606)刻本 四冊

340000－1881－0010762 15736

李翰林全集四十二卷 （唐）李白撰 明刻本 十二冊

340000－1881－0010763 15737

新刊高明大字少微先生資治通鑑節要二十卷外紀五卷首一卷新刊四明先生高明大字續資治通鑑節要二十卷 （宋）江贄撰 明嘉靖二十八年(1549)雙桂堂刻本 十冊

340000－1881－0010764 15738

新刻補遺標題論策指南綱鑑纂要總論二十卷首一卷 （明）余有丁編 （明）申時行補遺 （明）王錫爵攷正 明萬曆二十七年(1599)余氏自新齋刻本 六冊

340000－1881－0010765 15739

書集傳六卷序一卷圖一卷 （宋）蔡沈集傳 （元）鄒季友音釋 朱子說書綱領一卷 （宋）朱熹撰 明正統十二年(1447)內府刻本

七冊

340000－1881－0010766　15740

禮書一百五十卷　（宋）陳祥道編　明刻本
十五冊

340000－1881－0010767　15741

王摩詰詩集七卷　（唐）王維撰　（宋）劉辰翁
評　明萬曆刻朱墨套印本　三冊

340000－1881－0010768　15742

初潭集三十卷　（明）李贄撰　明刻本　四冊

340000－1881－0010769　15743

東坡先生詩集註三十二卷　（宋）蘇軾著
（宋）王十朋纂輯　明刻本　十二冊

340000－1881－0010770　15744

修辭指南二十卷　（明）浦南金編　明五樂堂
刻本　四冊

340000－1881－0010771　15745

新刊爾雅翼三卷　（晉）郭璞注　明刻本
二冊

340000－1881－0010772　15746

繡虎軒尺牘八卷二集八卷三集八卷　（清）曹
煜著　清康熙二十九年(1690)書林許氏刻本
十冊

340000－1881－0010773　15747

穀山筆麈十八卷　（明）于慎行著　（明）郭應
寵編　明刻本　二冊

340000－1881－0010774　15748

四書名物考二十四卷　（明）陳禹謨編　（明）
錢受益　（明）牛斗星補　明末牛斗星刻本
八冊

340000－1881－0010775　15749

白沙子全集九卷附錄一卷　（明）陳獻章撰
明萬曆四十年(1612)刻本　十冊

340000－1881－0010776　15750

漢魏六朝一百三家集一百十八卷　（明）張溥
編　明刻本　八十冊

340000－1881－0010777　15751

玉茗堂文集七卷　（明）湯顯祖著　明萬曆四
十五年(1617)刻本　二冊

340000－1881－0010778　15752

龍川先生文集二十六卷附錄一卷　（宋）陳亮
撰　（明）王世德編　明王世德刻本　二冊
存二十六卷(龍川先生文集二十六卷)

340000－1881－0010779　15753

宋洪魏公進萬首唐人絕句四十卷目錄四卷
（宋）洪邁編　（明）黃習遠補　明萬曆三十四
年(1606)寒山小宛堂刻本　十二冊

340000－1881－0010780　15754

逸史搜奇四集　（明）棲閒居士編　明刻本
二冊

340000－1881－0010781　15755

家禮易簡編不分卷　（明）朱天球撰　明萬曆
十二年(1584)刻本　一冊

340000－1881－0010782　15756

牧齋初學集詩註二十卷　（清）錢謙益撰
（清）錢曾註　清玉詔堂刻本　七冊

340000－1881－0010783　15757

歸先生文集三十二卷附錄一卷　（明）歸有光
著　明萬曆十六年(1588)雨金堂刻本　十冊

340000－1881－0010784　15758

二酉園尺牘選二十卷　（明）陳文燭著　明萬
曆十九年(1591)吳勉學刻本　六冊

340000－1881－0010785　15759

併音連聲字學集要四卷　（明）陶承學撰
（明）毛曾編　明萬曆二年(1574)刻本　四冊

340000－1881－0010786　15760

詩所五十六卷　（明）臧懋循注　明萬曆三十
一年(1603)刻本　四十冊

340000－1881－0010787　15761

集古評釋西山真先生文章正宗二十四卷
（宋）真德秀編　（明）唐順之注　（明）俞思
沖補　明萬曆四十六年(1618)容與堂刻本
十二冊

340000－1881－0010788　15762

六書正譌五卷　(元)周伯琦編注　明刻本
五冊

340000－1881－0010789　15763

秦漢魏晉文選十卷　(明)洪廷論輯　明嘉靖
刻本　十冊

340000－1881－0010790　15764

朱文公校昌黎先生集四十卷外集十卷　(唐)
韓愈撰　(宋)朱熹編　(明)朱吾弼重編　明
萬曆三十三年(1605)朱崇沐刻本　八冊

340000－1881－0010791　15765

水經四十卷　(漢)桑欽撰　(北魏)酈道元注
明萬曆十三年(1585)刻本　八冊

340000－1881－0010792　15766

皇明館課經世宏辭續集十五卷　(明)陸翀之
纂　(明)王錫爵續補　明萬曆二十一年
(1593)周曰校刻本　十冊

340000－1881－0010793　15767

春秋四傳三十八卷　(宋)胡安國著　(明)汪
應魁句讀　明末刻本　八冊

340000－1881－0010794　15768

重訂書經疑問十二卷　(明)姚舜牧著　明萬
曆三十九年(1611)刻本　二冊

340000－1881－0010795　15769

柳文二十二卷　(唐)柳宗元撰　明萬曆二十
年(1592)刻本　十冊

340000－1881－0010796　15770

山堂肆考二百四十卷　(明)彭大翼纂　(明)
張幼學編　明萬曆四十七年(1619)刻本　四
十冊

340000－1881－0010797　15771

博物典彙二十卷　(明)黃道周纂　明崇禎八
年(1635)刻本　五冊

340000－1881－0010798　15772

留餘堂名公尺牘八卷　(明)潘大復編　明刻
本　八冊

340000－1881－0010799　15773

諸葛忠武書十卷　(三國蜀)諸葛亮撰　(明)

楊時偉編　明萬曆刻本　五冊

340000－1881－0010800　15774

明詩綜一百卷　(清)朱彝尊編　(清)汪森輯
評　清康熙四十四年(1705)刻本　四十冊

340000－1881－0010801　15775

漢書評林一百卷　(明)凌稚隆編　明萬曆十
一年(1583)刻本　四十八冊

340000－1881－0010802　15776

明詩選十二卷　(明)李攀龍編　(明)陳子龍
重編　明刻本　十二冊

340000－1881－0010803　15778

金史一百三十五卷　(元)脫脫著　明南監刻
嘉靖補修本　二十四冊

340000－1881－0010804　15779

賴古堂名賢尺牘十二卷　(清)高阜　(清)羅
燿編　清康熙元年(1662)賴古堂刻本　四冊

340000－1881－0010805　15780

古今振雅雲箋八卷　(明)徐渭纂輯　明刻本
四冊

340000－1881－0010806　15781

唐大家柳柳州文抄十二卷　(明)茅坤評　明
茅一桂刻本　二冊

340000－1881－0010807　15782

尺牘清裁六十卷補遺一卷　(明)王世貞編
明嘉靖三十七年(1558)刻本　五冊

340000－1881－0010808　15783

文子十二卷　(唐)徐靈府　(宋)朱弁
(元)杜道堅注　(明)孫鑛評　明刻本　一冊

340000－1881－0010809　15784

春秋公羊穀梁合纂二卷　(明)張榜纂　明刻
本　一冊

340000－1881－0010810　15785

路史四十六卷　(宋)羅泌纂　明萬曆三十九
年(1611)刻本　二十八冊

340000－1881－0010811　15786

諸史會編大全一百十二卷　(明)金㷬編　明

嘉靖四年(1525)金壇縣刻本　　五十六冊

340000－1881－0010812　15787
黃山普門和尚究心指不分卷　　(明)釋惟安撰
明天啓二年(1622)刻本　一冊

340000－1881－0010813　15788
黃山普門和尚行蹟二卷　　(明)釋性淨等編
明天啓三年(1623)刻本　二冊

340000－1881－0010814　15789
普門和尚不像語不分卷　　(明)釋惟安撰　明
天啓三年(1623)刻本　一冊

340000－1881－0010815　15790
禮記十卷　　(元)陳澔著　清汲古閣刻本
四冊

340000－1881－0010816　15791
荀子二十卷　　(唐)楊倞注　清乾隆五十一年
(1786)安雅堂刻本　四冊

340000－1881－0010817　15792
蘇詩選不分卷　　(宋)蘇軾撰　清乾隆抄本
一冊

340000－1881－0010818　15793
稗海四十八種二百八十八卷續集二十二種一
百六十一卷　　(明)商濬編　明萬曆商濬刻清
康熙振鷺堂重編補刻本　六十冊

340000－1881－0010819　15794
皇明大政記三十六卷　　(明)鄭曉撰　明崇禎
刻本　十二冊　存八卷(一至八)

340000－1881－0010820　15795
許文穆公集六卷　　(明)許國撰　明萬曆三十
九年(1611)許立言刻本　十二冊

340000－1881－0010821　15796
大泌山房集一百三十四卷目錄二卷　　(明)李
維楨著　明萬曆三十九年(1611)刻本　四十
八冊

340000－1881－0010822　15797
性理大全書七十卷　　(明)胡廣等纂修　明萬
曆二十五年(1597)師古齋刻本　三十冊

340000－1881－0010823　15798
莊子十卷　　(戰國)莊周著　明萬曆九年
(1581)刻本　二冊

340000－1881－0010824　15799
吳匏翁手書詩稿不分卷　　(明)吳寬撰　明成
化十六年至弘治三年(1480－1490)稿本
四冊

340000－1881－0010825　15800
五言今體詩抄九卷七言今體詩抄九卷　　(清)
姚鼐著　清嘉慶三年(1798)刻本　四冊

340000－1881－0010826　15802
李氏續焚書六卷　　(明)李贄撰　明萬曆四十
六年(1618)刻本　二冊

340000－1881－0010827　15803
豫變紀畧八卷附紀事本末辨訛一卷明季遺聞
辨訛一卷白愚濕襟錄摘語一卷　　(清)鄭廉撰
清刻本　二冊

340000－1881－0010828　15804
洪武正韻十六卷　　(明)樂韶鳳　(明)宋濂撰
明嘉靖二十七年(1548)衡藩刻藍印本
五冊

340000－1881－0010829　15805
刻精選百家錦繡聯六卷　　(明)竹溪主人編
明刻本　一冊

340000－1881－0010830　15806
聽雨軒雜記不分卷　　(清)清涼道人撰　清嘉
慶十一年(1806)刻本　四冊

340000－1881－0010831　15807
五代史記七十四卷　　(宋)歐陽修撰　(宋)徐
無黨注　元刻明嘉靖修本　五冊

340000－1881－0010832　15808
寧都三魏全集八十三卷　　(清)魏際瑞等著
清刻本　三十二冊

340000－1881－0010833　15812
修身新教科書不分卷　　方瀏生　樊光耀編纂
清光緒三十二年(1906)石印本　一冊

340000－1881－0010834　15813

楚辭十七卷 （漢）王逸章句 明刻本 三冊

340000－1881－0010835　15815

清夜鐘八卷 （明）陸雲龍撰 明刻本 一冊

340000－1881－0010836　15816

幽夢影二卷 （清）張潮撰 清抄本 二冊

340000－1881－0010837　15817

周禮不分卷 （戰國）周公旦撰 清抄本
一冊

340000－1881－0010838　15818

選詩分韻不分卷 （□）□□撰 清抄本
一冊

340000－1881－0010839　15819

鰻䤵亭集三十二卷 （清）祁寯藻撰 清咸豐
六年(1856)刻本 六冊

340000－1881－0010840　15820

叅同契後篇三卷 （□）□□撰 清抄本
一冊

340000－1881－0010841　15821

皋鶴堂批評第一奇書金瓶梅一百回 （清）張
竹坡評 清康熙三十四年(1695)刻本 六冊
存二十七回(一至十七、二十四至二十九、
七十一至七十四)

340000－1881－0010842　15822

聊齋誌異八卷 （清）蒲松齡著 （清）王士正

評 清抄本 四冊

340000－1881－0010843　15823

李氏焚書六卷 （明）李贄撰 清光緒三十四
年(1908)國學保存會鉛印本 二冊 存三卷
(一至三)

340000－1881－0010844　15848

御題棉華圖不分卷 （清）高宗弘曆撰詩
（清）方觀承編 清拓本 二冊

340000－1881－0010845　15849

雜抄詩文不分卷 （□）□□編 清光緒二十
年(1894)尚卿居抄本 一冊

340000－1881－0010846　15850

欽定西清古鑑四十卷錢錄十六卷 （清）梁詩
正等編纂 清光緒十四年(1888)刻本 一冊

340000－1881－0010847　15851

爾雅翼三十二卷 （宋）羅願撰 （元）洪焱祖
釋 明崇禎六年(1633)刻本 六冊 存一卷
(十七)

340000－1881－0010848　15852

易經大義不分卷 （清）鄒登崾撰 清康熙五
年(1666)刻本 八冊

340000－1881－0010849　2：13358/2：14102

賢劫九百佛品第九 （晉）釋寶賢書 北涼神
璽三年(399)抄本 一冊

書名筆畫字頭索引

498

七畫

499

501

九畫

503

十畫

十一畫

506

十二畫

507

508

十四畫

510

十五畫

十六畫

515

書名筆畫索引

一畫

二畫

三畫

四畫

五畫

八畫

577

578

十一畫

601

603

十二畫

613

十三畫

十四畫

637

十五畫

641

十六畫

646

十七畫

十八畫

二十畫

二十二畫

二十三畫

二十四畫